Otto Knoch

Dem, der glaubt, ist alles möglich

Otto Knoch

Dem, der glaubt, ist alles möglich

Die Botschaft
der Wundererzählungen der Evangelien

Mit 37 Holzschnitten von Anna Braungart

Verlag Katholisches Bibelwerk GmbH, Stuttgart

Die Deutsche Bibliothek – CIP-Einheitsaufnahme

Knoch, Otto:
Drei Werkbücher zur Bibel / Otto Knoch. –
Stuttgart: Verl. Kath. Bibelwerk.
  ISBN 3-460-30010-8
NE: Knoch, Otto: [Sammlung]

Knoch, Otto: Dem, der glaubt, ist alles möglich. –
Unveränd. Neuausg. – 1993

Knoch, Otto:
Dem, der glaubt, ist alles möglich: die Botschaft der
Wundererzählungen der Evangelien / Otto Knoch.
Mit 37 Holzschn. von Anna Braungart. – Unveränd. Neuausg. –
Stuttgart: Verl. Kath. Bibelwerk, 1993
  (Drei Werkbücher zur Bibel / Otto Knoch)
  ISBN 3-460-30010-8

© 1986/1993 Verlag Katholisches Bibelwerk GmbH, Stuttgart
Druck: Ebner Ulm
Titelfoto: The Image Bank, München
(Joseph Savant)

Das Buch ist gewidmet
Hans Böhringer
und den Freunden und Weggefährten
in der »Gemeinschaft«,
die mir zu einem
bewußten und freudigen Leben
in der Freundschaft mit Jesus Christus
und in der Gemeinschaft seiner Kirche
verhalfen.

*»Nicht müde werden,
sondern dem Wunder
leise
wie einem Vogel
die Hand hinhalten.«*

Hilde Domin

Inhalt

DRITTER TEIL

Vorwort

In Goethes Faustdichtung (1. Teil, Nacht) erklingt dem jungen Faust, als er sich das Leben nehmen will, der Chor der Engel: »Christ ist erstanden!« Faust antwortet darauf: »Die Botschaft hör ich wohl, allein mir fehlt der Glaube; das Wunder ist des Glaubens liebstes Kind. Zu jenen Sphären wag ich nicht zu streben, woher die holde Nachricht tönt; und doch, an diesen Klang von Jugend auf gewöhnt, ruft er auch jetzt zurück mich in das Leben.« Die daraufhin sich einstellende Erinnerung an den Frieden, den ihm der Sonntagsgottesdienst und das Gebet geschenkt haben, bewegen Faust dazu, weiterzuleben: »Die Erde hat mich wieder.«

In dieser, zum geflügelten Wort gewordenen Aussage spiegelt sich das Dilemma, das sich bei jedem meldet, der als moderner Zeitgenosse und Christ der Wunderüberlieferung der Bibel begegnet. Die Wirkung der Aufklärung, welche die Wundererzählungen zu frommen Märchen degradierte, ist auch heute bei vielen gläubigen Christen noch nicht überwunden. Die Wundererzählungen der Bibel verursachen Unbehagen. Man geht ihnen daher unter gebildeten Christen aus dem Weg. In Predigten und im Religionsunterricht werden sie – wenn es sein muß, dazu Stellung zu nehmen – meist geistig gedeutet als Einkleidungen, bildhafte Aussagen von Glaubenswahrheiten, z. B. über die Hoffnung auf ein Fortleben nach dem Tod oder über die wunderbare Sorge Gottes um den frommen und guten Menschen oder über die außergewöhnlichen seelischen Kräfte und Möglichkeiten, die ein fester Glaube schenkt. Man bemüht sich zu zeigen, daß das Wunder des Glaubens nicht darin bestehe, Wunder im eigentlichen Sinn für möglich zu halten und in Notzeiten zu erwarten und darum zu beten, sondern aus dem Glauben die Kraft zu gewinnen, alle Schwierigkeiten des Lebens tapfer und voll Hoffnung zu bestehen. Dabei versäumt man es nicht, auf Jesus zu verweisen, den Gott aus seinem Leiden – trotz seines Gebets am Ölberg – nicht wunderbar errettet, sondern ihm aufgrund seines Gebetes die Kraft gegeben habe, sein Leiden gehorsam und ergeben zu bestehen.

Damit aber ist die Frage nicht beantwortet, ob Jesus, wie alle Evangelien berichten, Wunder gewirkt hat, und wenn ja, was er damit beabsichtigte; es ist auch nicht einsichtig gemacht, warum die Evangelisten so viele Erzählungen von Wundertaten Jesu in ihre Evangelien aufgenommen haben. Diese Fragen erfordern eine glaubwürdige Antwort für jeden, der die Bibel als Wort Gottes, als Urkunde des Glaubens ansieht.

Insofern gilt es, sich diesen Fragen zu stellen und dem Aufruf zeitgenössischer Theologen nach »Ehrlichkeit im Umgang mit Wundern« zu folgen.[1] Das hier vorgelegte Buch will Seelsorgern, Religionslehrern und nachdenklichen Christen helfen, den Überlieferungen der Evangelien von Wundertaten Jesu mit den Einsichten und Kriterien zu begegnen, welche die Wissenschaften, vor allem die biblische Theologie, heute erarbeitet haben, um diese Überlieferung sachgemäß und verantwortlich auszulegen. Denn im wunderbaren Wirken Jesu an Kranken, dämonisch Geplagten und Sterbenden zeigt sich ein Wesenzug dessen, was Jesus unter Heil und Erlösung verstand.

ERSTER TEIL

I. Die Voraussetzung: Die Wunderüberlieferungen des Alten und Neuen Testaments

1. Die allgemeine Wundervorstellung

Ein Wunder ist ein Ereignis, ein Vorgang, ein Geschehen, das verwundert, das Verwundern, Staunen hervorruft. Ihm ist das Element des Überraschenden, Erstaunlichen, Großartigen, Unerklärlichen, Überwältigenden eigen.

Im engeren Sinn wird mit dem Begriff Wunder ein religiöses Phänomen bezeichnet, in dem sich etwas Göttliches, Hilfreiches, Befreiendes, Rettendes, Erlösendes im Ablauf des Schicksals einer Person oder Personengruppe auf eine Weise zeigt, die erstaunt. Nach Ausweis der Religionsgeschichte gehören außergewöhnliche, wunderhafte Ereignisse zu jeder echten, religiösen Erfahrung, weil in ihnen sich das ganz Andere, das Heilige, das Göttliche (oder auch das Dämonische, Böse, Verführende, Vernichtende) zeigt. Die außergewöhnlichen Vorgänge religiös wunderhafter Art sind dabei sehr vielfältig und nach einzelnen Religionen und Kulturkreisen verschieden. Zu ihnen rechnet man: Inspirationserfahrungen, Ekstasen, Trance- und Entrückungszustände, Visionen, Präkognition (Vorherwissen), Träume, Levitationen (Erhebung über den Boden, freies Schweben), wunderbare Errettungen, Krankenheilungen, Dämonenaustreibungen, Totenerweckungen und Speisebeschaffungen. Träger der Wunderkräfte sind – neben den jeweiligen göttlichen Mächten, die sie hervorbringen – charismatisch begabte Menschen (Schamanen, Medizinmänner, Magier, Seher, Heiler, Totenbeschwörer), zuweilen ereignen sie sich an besonderen Orten oder in Verbindung mit gewissen Zeichen und Symbolen.[2]

Die biblische Botschaft setzt allgemeine Wundererwartungen, Wundererfahrungen, Wunderhoffnungen voraus und motiviert sie neu. Sie bezieht sie auf den wahren Gott, seinen Heilswillen und seine Treue zu seinem Volk in der Geschichte Israels und vor allem im Auftreten Jesu, seines geliebten Sohnes. Trotz aller Kritik, die die Bibel am heidnischen Götterglauben übt, indem sie den allzu menschlichen Göttergestalten der heidnischen Völker, diesen »Nichtsen«, den weltüberlegenen, geistigen, sittlich guten, einzigen und wahren Gott gegenübergestellt, bleibt der Gott Israels ein Gott, der Wunder wirkt. Er ist der lebendige, in der Geschichte Israels und der Völker auch auf außergewöhnliche Weise handelnde Gott.

2. Die Wunderüberlieferungen des Alten Testaments

Der Glaube an den in Schöpfung und Geschichte lebendig sich bezeugenden und handelnden Gott drückt sich im Glauben Israels vielfältig aus: »Jahwe, der Gott Israels allein vollbringt Wunder« (Ps 72,18). Dieser Wundertaten Gottes zugunsten seines Volkes wird an den Festen Israels gedacht, vor allem an Pascha (vgl. Ex 34,18−24; Num 28f.). »Jahwe hat ein Gedächtnis an seine Wunder gestiftet« (Ps 111,4).

Von den Wundertaten des Bundesgottes[3] berichten vor allem die Bücher Exodus (beim Auszug aus Ägypten, bei der Rettung am Schilfmeer, beim Zug durch die Wüste Sin; vgl. Ex 7 − 11; 12; 13,17 − 14,31; 16f.); das Buch der Richter; vgl. 6,11 − 7,25); das Buch der Könige (1 Kön 17 − 19; 2 Kön 1f.: die Wunder des Propheten Elija; 2 Kön 2,19 − 9,29: die Wundertaten des Propheten Elischa); das zweite Makkabäerbuch, die Bücher Tobit, Judit, das Büchlein Jona, auch einzelne Psalmen (vgl. Ps 48; 66; 77; 78; 99; 105; 106; 107; 111; 114; 115; 118; 124; 126; 135; 136; 145; 147); die Bücher der Weisheit (10 − 19) und Jesus Sirach (44 − 50).

Im Buch Jesaja ist eindrücklich ausgesprochen, was der Glauben an die Erwählung durch den wahren, wundermächtigen Gott für Israel bedeutete: »So spricht Jahwe, der dich geschaffen hat, Jakob, und der dich geformt hat, Israel: ›Fürchte dich nicht, denn... ich habe dich beim Namen gerufen, du gehörst mir. Wenn du durch Wasser schreitest, bin ich bei dir, wenn durch Ströme, dann reißen sie dich nicht fort. Wenn du durchs Feuer gehst, wirst du nicht versengt, keine Flamme wird dich verbrennen. Denn ich, Jahwe, bin dein Gott, ich der Heilige Israels, bin dein Retter... Ich bin Jahwe, ich, und außer mir gibt es keinen Retter‹« (Jes 43,1−3a.11a).

Bedeutsam ist, daß alle Hinweise auf Wunder und die Erzählungen von Wundertaten des Bundesgottes dem Bekenntnis und Lob Jahwes dienen. Sie sind Ausdruck des Glaubens Israels, das diesem Gott und seinem oft wunderbaren Handeln sein Leben verdankt. Es handelt sich also um Glaubenszeugnisse, nicht um historische Protokolle oder um dogmatische oder apologetische Darlegungen der Eigenschaften, Möglichkeiten und Verhaltensweisen des wahren Gottes, wie er sich in der Geschichte seines Volkes zeigte.

Diesen Glaubenszeugnissen kommt nach Ausweis der Bibel grundlegende Bedeutung für das Volk Gottes zu, weil darin sich die Macht,
Treue und Liebe des Bundesgottes zeigen. Darum muß dieser wunderbaren Taten Gottes immer neu in Kult und Leben des Volkes Israel
gedacht werden, um das Volk in seinem Glauben und in der Treue zu
diesem Gott zu bestärken. »Wenn dich morgen dein Sohn fragt:
Warum achtet ihr auf die Satzungen, die Gesetze und Rechtsvor-
schriften, auf die der Herr, unser Gott, euch verpflichtet hat?, dann
sollst du deinem Sohn antworten: Wir waren Sklaven des Pharao in
Ägypten, und der Herr hat uns mit starker Hand aus Ägypten geführt.
Der Herr hat vor unseren Augen gewaltige, unheilvolle Zeichen und
Wunder an Ägypten . . . getan, uns aber hat er dort herausgeführt, um
uns in das Land . . . hineinzuführen und es uns zu geben. Der Herr hat
uns verpflichtet, alle diese Gesetze zu halten und den Herrn, unseren
Gott, zu fürchten, damit es uns das ganze Leben lang gut geht . . .«
(Dtn 6,20 – 24).

3. Die Wunderüberlieferungen des Neuen Testaments

Auch im Neuen Testament spielen Wundererzählungen und Hinweise
auf Wundertaten Gottes und von Gott begnadeter Menschen eine
große Rolle.[4] Im Anschluß an das Alte Testament wird die Auffassung
übernommen, daß der einzige Gott, der Herr des Himmels und der
Erde auch auf außergewöhnliche Weise in der Geschichte handelt. So
wird bereits das Leben *Jesu* als des verheißenen Messias vom wunderbaren Handeln Gottes umgriffen. Nach Aussage der Vorgeschichten
des Matthäus- und des Lukasevangeliums wird Jesus, der Sohn Gottes,
durch Eingreifen des Geistes Gottes auf wunderbare Weise, ohne
Zutun eines Mannes, von der Jungfrau Maria, der Vermählten Josefs,
empfangen (Mt 1,16 – 25; Lk 1,26 – 38; 2,1 – 20). Dabei wird eigens
herausgestellt: »Für Gott ist nichts unmöglich« (Lk 1,37). Ähnliches
wird von der wunderbaren Empfängnis und Geburt des Täufers durch
überaltete und unfruchtbare Eltern gesagt (Lk 1,5 – 25.57 – 66). Maria
wird dabei deshalb von Elisabet gepriesen, weil »sie geglaubt hat, daß
sich erfüllt, was der Herr ihr angekündigt hat« (Lk 1,45). Diese
Empfängnis und Geburt des Messias wird dabei als Erfüllung der
Verheißung Jes 7,14 LXX verstanden (s. Mt 1,22 f.; Lk 1,31). Glauben
heißt in diesem Zusammenhang, auch an die wunderbare Erfüllung
göttlicher Zusagen und Verheißungen glauben.

Sodann wird Jesus, der durch Kreuzigung hingerichtet wird, zwar
nicht auf wunderbare Weise vor dem Tod bewahrt, was seine Gegner

unter dem Kreuz höhnisch feststellen (Mk 15,29−32 par), aber Gott erweckt ihn vom Tod, schenkt ihm eine neue, pneumatische Form von Leben und läßt ihn vor seinen Jüngern, aber auch vor Saulus aus Tarsus in leibhaftiger Weise sichtbar werden und seine Jünger wieder sammeln und zur Fortführung seiner Aufgabe neu aussenden (1 Kor 15,1−11; Apg 2,22−36; Mk 16,6f.9−18).

Jesus selbst aber *wirkt bewußt Wundertaten*, wie alle Evangelien übereinstimmend berichten (Mk 1−12 par; Joh 1−11). Näherhin handelt es sich um die Heilung vielfältiger Krankheiten, darunter Blindgeborene, Taubstumme, von Geburt an Gelähmte, Aussätzige. Jesus befreit Menschen von Krankheitsdämonen, die diese an freier Selbstverfügung über sich hinderten, und erweckt selbst kurz vorher verstorbene Tote. Daneben werden auch sogenannte Naturwunder von ihm vollbracht, so die Vermehrung von Brot, die Verwandlung von Wasser in Wein, die Stillung eines Sturms auf dem See Gennesaret; hier sind auch zu nennen das Gehen über den See Gennesaret und das Schweben über der Erde bei der Verklärung auf einem Berg in Galiläa (Belege dazu s. im 2. Teil des Buches). Jesus will dadurch anzeigen, daß er der verheißene Messias ist und daß durch sein Wirken die im Alten Testament verheißene Heilzeit bereits beginnt:

»Der Täufer hörte im Gefängnis von den Taten Christi. Da schickte er seine Jünger zu ihm und ließ ihn fragen: ›Bist du der, der kommen soll, oder müssen wir auf einen anderen warten?‹ Jesus antwortete ihnen: ›Geht und berichtet Johannes, was ihr hört und seht: *Blinde sehen* wieder, und *Lahme gehen, Aussätzige werden rein*, und *Taube hören; Tote stehen auf*, und *Armen wird das Evangelium verkündet*‹« (Mt 11,1−5; die kursiv gedruckten Stellen sind Zitate aus Jes 26,19; 29,18; 35,5f.; 61,1; vgl. Lk 7,18; auch 4,16−21.25−27). Insofern haben die Wundertaten Jesu messianischen Zeichencharakter.

Im Markusevangelium prägen die Wundererzählungen, nicht die Worte und Reden Jesu, das Evangelium als Ganzes; aber auch in den übrigen Evangelien nimmt die Wunderüberlieferung neben der Wortüberlieferung einen bedeutsamen Raum ein. Insofern gehört das Wunderwirken wesenhaft zum messianischen Programm und Handeln Jesu. Dies zeigt auch die sehr alte, urchristliche Jesusverkündigung, die in der Überlieferung von der Bekehrung des Hauptmanns Kornelius zum Glauben an Christus enthalten ist: »Da begann Petrus zu reden und sagte...: ›Ihr wißt, was im... Land der Juden geschehen ist, angefangen in Galiläa, nach der Taufe, die Johannes verkündet hat: wie Gott Jesus von Nazaret gesalbt hat mit dem Heiligen Geist und mit Kraft, wie dieser umherzog, Gutes tat und alle heilte, die in der Gewalt des Teufels waren; denn Gott war mit ihm‹« (Apg 10,34.37f.). Diese Verkündigung zeichnet Jesus allein als Wundertäter, nicht als Verkünder des Reiches Gottes. Die Wendung ›Gott war mit ihm‹ weist auf Jes 7,14 zurück und enthüllt Jesus als den verheißenen Messias. Die Brechung der Unheilsherrschaft Satans und die Heilung von Krankheiten und Übeln aller Art wird hier als Mitte der Heilssendung Jesu herausgestellt. Diese Auffassung entspricht in etwa dem Bild, das Markus in seinem Evangelium von Jesus entwirft. Bei ihm wird von Jesus gegenüber dem Vorwurf der Schriftgelehrten, er wirke seine Wundertaten in der Macht Satans, darauf hingewiesen: »Wie kann der Satan den Satan austreiben?... Es kann keiner in das Haus eines starken Mannes eindringen und ihm seinen Besitz rauben, wenn er den Mann nicht zuvor fesselt...« (Mk 3,22–27 par). Jesus bekennt sich in dieser Antwort als der, der die Macht Satans überwindet und die Menschen, über die Satan Macht ausübt, ihm entreißt und befreit.

Der 4. Evangelist, der den zeichenhaften Charakter der Wundertaten Jesu herausstellt und sieben solcher Zeichen überliefert und deutet, schließt sein Evangelium mit folgender Feststellung ab: »Noch viele andere Zeichen... hat Jesus vor den Augen seiner Jünger getan. Diese aber sind aufgeschrieben, damit ihr glaubt, daß Jesus der Messias ist, der Sohn Gottes, und damit ihr durch den Glauben das Leben habt in seinem Namen« (Joh 20,30f.). In den Wundertaten zeigt sich also Jesu Sendung und Vollmacht und wird zugleich sichtbar, was Erlösung und Heil im Sinne Jesu ist.

Nach Aussage der Evangelien hat Jesus seine *Jünger* an seiner Sendung beteiligt und sie dazu mit entsprechenden Vollmachten ausgestattet. »Jesus sandte die Zwölf..., jeweils zwei und zwei, aus und gab ihnen die Vollmacht, die unreinen Geister auszutreiben... Die Zwölf machten sich auf den Weg und riefen die Menschen zur Umkehr auf. Sie trieben viele Dämonen aus und salbten viele Kranke mit Öl und heilten sie« (Mk 6,7–12 par).

Die Apostelgeschichte berichtet, daß die Jünger Jesu, vor allem die führenden Männer, Petrus und Paulus, aber auch Stephanus, im Zuge ihrer missionarischen Tätigkeit auch Wundertaten vollbrachten (Apg 2,43; 3,1–10; 5,1–11; 6,8; 9,32–43; 14,8–10). Über Petrus und Paulus finden sich bereits Erzählungen von Wunderheilungen mit legendenhaften Zügen in der Apostelgeschichte (Apg 5,12–16: der Schatten des Petrus; 9,36–42: Totenerweckung des Petrus; 19,11–20: die Schweiß- und Taschentücher des Paulus; 20,7–12: Totenerweckung des Paulus). Die Jünger Jesu wirkten aber diese Wundertaten nicht in eigener Kraft, sondern in der Kraft Jesu Christi und nach seiner Auferstehung unter

Anrufung seines Namens (vgl. Apg 3,6: »im Namen Jesu Christi«; 4,9–12; 9,34; 19,13.17). Wo sein Name voll Glaube angerufen wird, da wirkt der Auferstandene auch auf außergewöhnliche Weise (vgl. Apg 4,12: »Es ist uns Menschen kein anderer Name unter dem Himmel gegeben, durch den wir gerettet werden sollen«). Um der heilbringenden Herrschaft Jesu Christi, des Auferstandenen, den Weg zu den Menschen zu bereiten, beteten die ersten Christen zu Gott: »Herr, gib deinen Knechten die Kraft, mit allem Freimut dein Wort zu verkünden. Streck deine Hand aus, damit Heilungen und Zeichen und Wunder geschehen durch den Namen deines heiligen Knechtes Jesus« (Apg 4,29 f.).

Der *Apostel Paulus* schreibt im Römerbrief (15,14 f.), daß er das Evangelium nicht nur durch sein Wort und Zeugnis, sondern auch »in der Kraft von Zeichen und Wundern, in der Kraft des Geistes Gottes« überallhin verbreitet habe. Obwohl Paulus darauf verzichtet, das Evangelium »durch gewandte und kluge Worte zu verkünden, damit (die Botschaft vom) Kreuz Christi nicht um seine Kraft gebracht wird« (1 Kor 1,17), weiß er doch, daß dort, wo er das Zeugnis von der Rettung der Menschen durch den Tod und die Auferstehung Christi ablegt, dieses »mit dem Erweis von Geist und Kraft verbunden ist, damit sich der Glaube (der Hörer) nicht auf Menschenweisheit, sondern auf die Kraft Gottes stütze« (1 Kor 2,4 f.). Er weist im 2. Korintherbrief darauf hin, daß »das, woran man den Apostel erkennt, unter euch vollbracht wurde: Zeichen, Wunder und machtvolle Taten« (2 Kor 12,12). Paulus nimmt also an, daß Apostel und urchristliche Missionare auch über die Fähigkeit verfügen, Zeichen und Wunder zu wirken, um dem Evangelium Glaubwürdigkeit zu verleihen. Daneben läßt sich aus 1 Kor 12 schließen, daß zu den besonderen Gaben des Geistes an getaufte Christen auch die Charismen gehören, »Krankheiten zu heilen und Wunder zu wirken« (1 Kor 12,10.28 f.). An welche Wundertaten neben Krankenheilungen hier gedacht ist, läßt sich nicht näher bestimmen. Aus den genannten Charismen läßt sich aber erschließen, daß die Fähigkeit, im Namen Jesu außergewöhnliche Taten zu wirken und Kranke zu heilen, zur Wirklichkeit des christlichen Lebens der Kirche der apostolischen Zeit gehörte. Insofern diente die Überlieferung von Wundertaten Jesu der Aktualisierung der Wunderkräfte, die der auferstandene Herr den Glieder seines Leibes durch die Taufe verleiht (s. Gal 3,4 f.). Zu bemerken ist noch, daß Paulus der Meinung ist, auch der Satan könne durch ihm ergebene Menschen außergewöhnliche Taten vollbringen, um Menschen zu verführen (vgl. 2 Kor 11,13 f.; Gal 1,6–9).

Die ersten Christen sind also überzeugt, daß das Wirken von Wundern, vor allem von Heilungen, zur Sendung Jesu gehörte und daß Jesus seiner Kirche ebenfalls die Vollmacht verlieh, in der Kraft des Geistes Gottes Wundertaten zu vollbringen. Diese Fähigkeit wurde vor allem den Aposteln und Missionaren geschenkt, sie war sodann denen verfügbar, die dazu ein besonderes Charisma von Gott erhalten hatten. Es fehlen Hinweise, daß diese Wundermacht lediglich der Zeit der Apostel und Apostelschüler verfügbar gewesen sei. Die Fähigkeit, im Namen Jesu und in der Kraft seines Geistes außergewöhnliche Taten zu wirken, ist vielmehr eine Grundwirklichkeit der Kirche Christi.

II. Das Problem: Die Wunderkritik der Neuzeit

1. Die einseitig rationale Weltdeutung – das naturwissenschaftliche Weltbild

Solange zur Deutung und zum Verstehen der Weltwirklichkeit von der Tatsache der Schöpfung und der Voraussetzung eines göttlichen Schöpfers ausgegangen wurde, unterschied man zwischen der gewöhnlichen Ordnung des Kosmos, die nach dem Willen und den Gesetzen des Schöpfers sich vollzog, und den außergewöhnlichen Möglichkeiten, die dem Schöpfer verblieben, um in den Gang der Schöpfungsordnung einzugreifen und darin zu handeln. Wunder waren demnach außergewöhnliche Ereignisse, die sich letztlich einem außerordentlichen Eingreifen Gottes im Ganzen seines Heilswirkens verdankten. Von diesen Voraussetzungen ging das patristische und das scholastische Denken auch naturwissenschaftlich aus und sah deshalb keinen unüberbrückbaren Widerspruch zwischen einer in sich selbständigen kosmischen Ordnung und Wunderereignissen, die diese Ordnung durchbrachen, sprengten oder überstiegen.

Diese Voraussetzung wurde aber grundsätzlich in Frage gestellt. durch die Aufklärung und die immanente Welterklärung der neuzeitlichen Naturwissenschaft.[5] Der niederländische jüdische Philosoph und Religionskritiker *Baruch Spinoza* (1632–1677) stellte die Regel auf: »Was gegen die Natur ist, ist auch gegen die Vernunft, und was gegen die Vernunft ist, ist widersinnig und darum zu verwerfen.« Mit Hilfe der Vernunft kann man die ewigen Gesetze und Regeln erkennen, nach denen sich alles in der Welt vollzieht. Die Gesetze der Vernunft und die Gesetze der Natur entsprechen dem ewigen Wesen Gottes. Daher ist es unsinnig anzunehmen, Gott könne und wolle gegen die von ihm gegebenen Naturgesetze handeln; es ist außerdem auch Gottes unwürdig, zu denken, er müsse seine Naturordnung ständig korrigieren.

Der schottische Philosoph *David Hume* (1711–1776) bestritt die Möglichkeit, die menschliche Vernunft könne über den Augenschein und das praktische Wahrnehmen von Vorgängen und Eindrücken hinaus Schlußfolgerungen auf übersinnliche oder gar metaphysische Ursachen und Einflüsse hin ziehen. Alles, was über die sinnliche Erfahrungswirklichkeit hinausgeht, ist ein Produkt des Bewußtseins und so Glaube, nicht aber Erkenntnis von Wirklichkeit; insofern seien Wunder als Wundertaten Gottes nicht erkennbar. Die Zeugnisse über Wunderereignisse seien daher grundsätzlich unzulässig.

Diese beiden Voraussetzungen des *Rationalismus* und des *Empirismus* griff nicht nur die Bewegung der Aufklärung auf, sie wurden durch die liberale, historisch-kritische Methode auch auf die Erforschung der Bibel übertragen. Diese forderte, die Bibel müsse wissenschaftlich, streng undogmatisch ausgelegt und verstanden werden, genauso wie jedes sonstige Dokument des Altertums. Dabei sei auszugehen von dem, was in der normalen Welterfahrung sich als Regel und Gesetz erkennen lasse. Der einflußreiche Religions- und Kulturphilosoph *Ernst Troeltsch* (1865–1923) formulierte den dabei zugrundegelegten Grundsatz der Analogie so: »Die Analogie des vor unseren Augen Geschehenden und in uns sich Begebenden ist der Schlüssel zur historischen Kritik… Die Übereinstimmung mit normalen, gewöhnlichen oder doch mehrfach bezeugten Vorgangsweisen und Zuständen, wie wir sie kennen, ist das Kennzeichen der Wahrscheinlichkeit für die Vorgänge, die die Kritik als wirklich geschehen anerkennen… kann.«

Die in der Neuzeit aufkommende Naturwissenschaft geht aufgrund dieser geistigen Voraussetzungen grundsätzlich davon aus, daß alle Ereignisse im Bereich der Materie aus Ursachen zu erklären sind, die demselben Bereich angehören und darin wirken. Diese Ursachen müssen durch Regeln erschlossen werden, die nachweislich gelten und daher empirisch meßbar und feststellbar sind. Im Sinne der Naturwissenschaft genügt es, wenn nachgewiesen werden kann, nach welcher Regel und welchen Umständen es aus dem Zustand A zu dem Zustand B gekommen ist (und immer wieder kommen kann).

Der Philosoph *Immanuel Kant* (1724–1804) formulierte diesen Grundsatz so: »Wenn wir erfahren, daß irgend etwas geschieht, so setzen wir dabei jederzeit voraus, daß irgend etwas in der Welt Wirkendes vorausgehe, worauf es nach einer Regel folgt.« Wenn sich also nach den bisherigen Regeln außergewöhnliche oder unerklärliche Vorgänge beobachten lassen, ist das kein Widerspruch gegen den Grundsatz des innerweltlich Möglichen, sondern bedarf einer Überprüfung der bisher erkannten und aufgestellten Regeln und einer Differenzierung und Ergänzung derselben. Ein außergewöhnliches Ereignis erlaubt daher keinen Rückschluß auf eine außerweltliche Ursache, auf ein göttlich außerordentliches Einwirken auf die gegebene Naturordnung.

Noch *Rudolf Bultmann* (1884–1976) hat diesen Grundsatz aufgegriffen und seinem Entmythologisierungsprogramm zugrundegelegt, indem er feststellt: »Welterfahrung und Weltbemächtigung sind in Wissenschaft und Technik so weit entwickelt, daß kein Mensch im Ernst am neutestamentlichen Weltbild festhalten kann... Man kann nicht elektrisches Licht und Radioapparat benutzen, in Krankheitsfällen moderne medizinische und klinische Mittel in Anspruch nehmen und gleichzeitig an die Geister- und Wunderwelt des Neuen Testaments glauben.«

Von diesen Voraussetzungen aus rechnete man die Wundererzählungen einem naiven, vorwissenschaftlichen Weltverständnis zu, das keine klare Grenze zwischen dem Bereich Gottes und der konkreten Weltganzheit zu ziehen vermochte und auf der Stufe eines magischen, spiritistischen Weltentwurfs stehen geblieben war. Die Wundererzählungen und Hinweise auf Wunder, die sich in den Evangelien finden, spiegeln demnach das kritisch unentwickelte Weltbild der urchristlichen Verkünder und der Evangelisten, das vom aufgeklärten Menschen nicht mehr ernstgenommen werden könne. Die Wundergeschichten seien deshalb zu deuten als Einkleidungen religiöser Aussagen über Jesus, seine Vollmacht und Hoheit, sein Heil und über die Macht und Bedeutung des Glaubens.

Christen, die dennoch versuchten, in den Wundererzählungen einen historischen Kern freizulegen, galten daher von vornherein als naiv und unkritisch.

2. Der naturwissenschaftlich geprägte Wunderbegriff

Dem modernen Begriff der Naturwissenschaft und dem rein von weltimmanenten Kräften getragenen, streng gesetzlich bestimmten Weltbild der Neuzeit entsprach der metaphysische Wunderbegriff: Wunder im strengen Sinn seien erst dort gegeben, wo es sich nachweislich um die Durchbrechung feststehender Naturgesetze handle, die auf das Einwirken einer welttranszendenten Kraft hinweist. Steht das außerordentliche Geschehen in einem Zusammenhang, das einen Bezug zu Gott und seinem Heilswillen hat, ist auf dessen Einwirken selbst zu schließen.

Diese Feststellung wurde einerseits dem Zeugnis der Bibel, vor allem der Fülle der Heilungswunder nicht gerecht, übersah die Bedeutung des Glaubens beim Wundervorgang und mißachtete den Grundsatz, daß Gott in den Ablauf der Naturordnung nicht direkt eingreift, sondern sich dazu geschöpflicher Möglichkeiten bedient. Vor allem aber wurde nicht nachgewiesen, daß die Weltordnung streng nach starren Gesetzen abläuft. Auch wurde übersehen, daß der Schluß von Vorgängen im Naturgefüge auf Gottes unmittelbares Eingreifen nicht überzeugend geführt werden kann, da unbekannte innerweltliche Kräfte und Möglichkeiten dafür verantwortlich sein könnten.

Der naturwissenschaftlich bestimmte Wunderbegriff verhinderte eine unbefangene Beschäftigung mit den Wunderereignissen des Neuen Testaments und trug dazu bei, sich mit den Wundererzählungen nicht näher zu befassen oder sie einfach unreflektiert zu übernehmen.

3. Das psychologisch und ethisch geprägte Verständnis von Religion

Nach dem Angriff des Rationalismus auf die christliche Offenbarungsreligion und die Offenbarungsvoraussetzungen des biblischen Glaubenszeugnisses versuchte der evangelische Theologe *Friedrich Daniel Schleiermacher* (1768–1834), den Ansatz für die religiöse Erkenntnis und den Glauben im Gefühl zu verankern als »Sinn und Geschmack für das Unendliche«, näherhin als »Gefühl der schlechthinnigen Abhängigkeit«. Die Glaubenslehre wurde so zu einer je zeitgebundenen Beschreibung des Wesens des christlichen Glaubens. Die Erlösung besteht in der Vollendung der menschlichen Natur. In diesem Rahmen kam der Wunderüberlieferung der Bibel die Bedeutung zu, die religiöse Erfahrung darzustellen und auszudrücken.

Der protestantische Philosoph *Immanuel Kant* (1724–1804) bestritt grundsätzlich die Möglichkeit einer Wesenserkenntnis Gottes oder der Natur und ordnete deshalb die Religion der praktischen Vernunft zu (»Was soll ich tun?«; »Was darf ich hoffen?«). Das Allgemeingültige, das hinter der biblisch-christlichen Tatsachenreligion aus angeblich geschehener Offenbarung steht, ist der moralische Vernunftglaube, der als Ziel den guten Lebenswandel hat. »Nicht eine göttliche Offenbarung, sondern der moralische Imperativ in uns ist das Wort Gottes.«[6] Letztlich geht es der ethischen Vernunftreligion Kants um den Gewinn ewiger Glückseligkeit. Jesus Christus kommt daher als Person keine erlösende Bedeutung zu. Der Glaube an Wunder entspricht einer naiven (magischen!) Stufe des menschlichen Bewußtseins und der Religion.

Für den evangelischen Theologen *David Friedrich Strauß* (1808–1874) sind Wunder mythische Einkleidungen religiöser Aussagen über den schlichten Menschen Jesus von Nazarét, um an diesem die Idee vom Gottmenschentum vorbildhaft aufzeigen zu können.

Für den französischen Theologen *Ernst Renan* (1823–1892) sind alle übernatürlichen Aussagen der Bibel, gerade auch über Jesus, fromme Legende. Gerade die Wundererzählungen tragen deutlich das Merkmal der Ungeschichtlichkeit an sich.

Die im Anschluß an den scharfen Angriff auf den traditionellen biblischen Offenbarungsglauben durch den Hamburger Orientalisten und Philosophen *Hermann Samuel Reimarus* (1694–1768; Veröffentlichung seines Werkes »Apologie oder Schutzschrift für die vernünftigen Verehrer Gottes« durch *G. E. Lessing*, 1729–1781) im evangelischen Raum entstandene *Leben-Jesu-Forschung* stellt Jesus als den edlen Lehrer vernünftigen Glaubens an den guten Vatergott aller Menschen, der Unsterblichkeit der Seele, des Reiches der Wahrheit und Liebe und der am Liebesgebot geläuterten Sittlichkeit dar. Die Wunder Jesu werden dabei streng »natürlich« erklärt, oft auch psychologisch motiviert und konstruiert. Die natürliche Erklärung der überlieferten Wunder Jesu wuchs sich nicht selten zu grotesken Kombinationen phantasievoller, oft auch banaler Vernünfteleien aus. All diesen Versuchen, vorwiegend auf der Grundlage des weithin historisch verstandenen Evangeliums des »naiven« Evangelisten Markus machte das bahnbrechende Werk von *Albert Schweitzer*, Geschichte der Leben-Jesu-Forschung (1906) ein Ende. Allerdings stand auch für Schweitzer fest, daß Jesus ein reiner Mensch war, der keine Wunder wirkte und dessen überzeitliche Bedeutung in seiner ethischen Lehre und in seinem vorbildhaften Leben besteht.

Die hier geschilderten Gegebenheiten bestimmten maßgeblich die Auslegung der Bibel im wissenschaftlichen, z. T. auch im pädagogischen Bereich.

4. Die existentialistisch-eschatologische Deutung der Evangelien

Durch *Johannes Weiß* (1863–1914) und *Albert Schweitzer* (1875–1965) kam es zur Erkenntnis des eschatologischen Charakters der Verkündigung und des Wirkens Jesu: Er kündigte das unmittelbar bevorstehende Reich Gottes an und wollte zur Teilnahme daran vorbereiten, ja diese vermitteln. Die Gattungs- und Formgeschichte deckte auf, daß die Evangelien nicht historische Berichte, sondern Zusammenfassungen der Verkündigung der Urkirche über Jesus, den verheißenen Christus, sind, daß also eine Rückfrage nach dem historischen Jesus nicht unmittelbar möglich ist. Insofern gilt es zu scheiden zwischen dem historischen Jesus und dem Christus des Glaubens. Vertreter dieser Richtung waren vor allem *Martin Dibelius* (1883–1947) und

Rudolf Bultmann (1884–1976). Während Dibelius sich noch mühte, zum historischen Jesus vorzustoßen, ist für Bultmann das Christusbekenntnis des urchristlichen Kerygmas der objektivierte Ausdruck für die überzeitliche »geschichtliche« Bedeutung Jesu. Beide gehen aber davon aus, daß Jesus vom unmittelbar bevorstehenden Reich Gottes überzeugt war, deshalb zur endgültigen Entscheidung angesichts des Hereinbrechens des Reiches Gottes aufrief und dem Hören auf seinen Umkehrruf und dem Anschluß an seine Person heilsentscheidende Bedeutung zumaß. Nach Bultmann ging es dabei letztlich um den Ruf, die eigene Existenz auf die Herrschaft Gottes hin unbedingt auszurichten. Diese grundlegende Neuorientierung der eigenen Existenz auf den Gott hin, den Jesus verkündigte, ist nach ihm das Entscheidende der Person und der Botschaft Jesu. Die Wunderüberlieferung steht im Dienst dieser existentiellen Neuwerdung, hat insofern entscheidend kerygmatischen Charakter.

Allerdings kam es durch die Formgeschichte und die von ihr entwickelten Methoden zur Feststellung eines Kerns glaubwürdiger Überlieferung von Wunderhandlungen Jesu, die nicht auf die Glaubensverkündigung der Urkirche zurückzuführen ist, die also nicht um der Verkündigung willen geschaffen wurde. Man rechnete diesem Kern allein wunderbare Heilungen zu; die sog. Naturwunder verdankten sich demnach der urchristlichen Gemeindeverkündigung. Die Erkenntnis, daß der historische Jesus Heilungswunder wirkte, verdichtete sich noch durch die weitere formgeschichtliche Forschung. Allerdings war damit die Frage nicht beantwortet, welche Bedeutung Jesus diesen Wundertaten zuerkannte, und vor allem, welchen Sinn diese Wundertaten für den Glauben der Christen heute haben. Es wuchs jedoch die Überzeugung, daß Jesus durch seine Wundertaten das angekündigte endgültige Heil bereits zeichenhaft vorweg-vergegenwärtigen wollte. Aber dieser Sachverhalt wurde nur unter dem Vorbehalt anerkannt, daß das im Einzelnen nur sehr schwer »historisch Erweisbare nicht über den Bereich auch anderswo bezeugter psychisch-somatischer Heilwirkungen hinausführt.«[7] Insofern bestimmte die moderne Skepsis gegenüber Wundern und das Bestreben, dem modernen Menschen den Zugang zum Glauben an Jesus, den Heilbringer Gottes, nicht zu erschweren, die nach wie vor äußerst zurückhaltende Art, sich der Wunderüberlieferung unvoreingenommen zu stellen. Wenn man dies aber tat, geschah es auf existentiell-eschatologische Weise.

5. Die »peinlichen« Wundererzählungen

All das hier Angedeutete führte Theologen, Verkünder und Religions-
lehrer dazu, sich der Wunderüberlieferungen zu schämen, diese still-
schweigend zu übergehen oder, wenn es sich nicht umgehen ließ, an
den Rand der Verkündigung und Auslegung zu verweisen und sie je
nach Gelegenheit »geistig«, d. h. übertragen, symbolisch zu erklären.
Die Wunderüberlieferung war – ebenso wie der biblische Hinweis auf
Engel, böse Geister und Satan – dem gebildeten Christen peinlich,
schaffte ihm Unbehagen, galt theologisch als überholt. Dies läßt sich
leicht an all den Auslegungshilfen und Handreichungen ablesen, die
sich mit Wundergeschichten beschäftigten. Sie sind wenig zahlreich,
widmen sich nicht durchgängig der ganzen Wunderüberlieferung in all
ihren Dimensionen und deuten sie behutsam entweder als »natürlich«
oder doch auf unverfängliche Weise als Einkleidungen von Glaubenswahrheiten. Wo einzelne Theologen, Verkünder und Religionspäd-
agogen die berichteten Wunder Jesu auch historisch ernst zu nehmen
suchten als vom Geist Gottes getragene Machttaten des endgültigen
Heilbringers, des Sohnes Gottes, wurden sie als naiv, biblizistisch,
unzeitgemäß, pietistisch-harmlos, theologisch überholt und pädago-
gisch unverantwortlich angesehen. Dies gilt in abgeschwächterem
Sinn auch für die katholische Kirche.

Erst in neuester Zeit bahnt sich hier in exegetischer Hinsicht in
Forschung und Verkündigung ein Umschwung an, wie sich an der
entsprechenden Literatur ablesen läßt. In Variierung des eingangs
zitierten Goetheworts kann man von der Aufklärung bis zur neuesten
Zeit feststellen:

Die Wunderüberlieferungen der Bibel waren seit dem Rationalismus und der Aufklärung für Theologie, Verkündigung und Unterweisung wie auch für das religiöse Interesse des gebildeten Christen das am
wenigsten geliebte Kind.

III. Die Eigenart der Überlieferung von Wundern Jesu in den Evangelien

1. Die grundsätzliche historische Glaubwürdigkeit der urchristlichen Überlieferung von Wundertaten Jesu

Die Fachleute des Neuen Testaments stimmen heute darin überein, daß es einen sehr frühen Kern der urchristlichen Überlieferung gibt, der glaubwürdig bezeugt, daß Jesus von Nazaret nach Auffassung seiner Zeitgenossen, Anhängern wie Gegnern, Wundertaten wirkte. Näherhin rechnet man dazu Heilungen aller Arten von Krankheiten, wobei man auch die Dämonenaustreibungen dazu zählt. Uneinigkeit besteht in der Frage der Abgrenzung dieser wunderbaren Heilungstaten. Skepsis herrscht vor gegenüber der Überlieferung von sog. Naturwundern in den Evangelien.[8] An Gründen für die Glaubwürdigkeit der Wunderüberlieferung werden näherhin namhaft gemacht:

Für den besonderen Heilbringeranspruch des ›Messias‹ Jesus waren Wunder nach alttestamentlicher und jüdischer Auffassung zur Zeit Jesu nicht notwendig erforderlich. Vom Täufer Johannes, der nach seinem Tod von einem Teil seiner Anhänger messianisch verehrt wurde, werden keine Wundertaten überliefert. Jesus selbst wurde von seinen Zeitgenossen weithin in die Gruppe der Propheten eingereiht (vgl. Mt 16,13–15).

Hinweise auf Wunder Jesu finden sich in den Evangelien sowohl in der Überlieferung von Worten Jesu, die z. T. noch auf die vorösterliche Verkündigung Jesu zurückgeht; sodann in der sog. Quelle Q, einer Sammlung von Worten und einzelnen Wundertaten Jesu, die von Judenchristen in Palästina nach dem Tod Jesu zusammengestellt und früh ins Griechische übersetzt wurde für den Gebrauch in der Missionspredigt, bei Streitgesprächen mit Gegnern und für den Unterricht in den christlichen Gemeinden; näherhin im Markusevangelium und in der johanneischen Überlieferung. Im 4. Evangelium läßt sich eine eigene, von den synoptischen Evangelien unabhängige Sammlung von Wundern Jesu nachweisen, die sog. Zeichenquelle, der Johannes sieben Wunder, je zu dem Stichwort ›Zeichen‹, entnahm und überarbeitete.

Außerdem zeigen die sog. Sammelberichte von Wundertaten Jesu in den synoptischen Evangelien, daß die Verfasser dieser Evangelien der Auffassung waren, Jesus von Nazaret habe vielfältige Wunder gewirkt.

Unter den *Zeugnissen in vorösterlichen Jesusworten*, die wahrscheinlich auf Jesus selbst zurückgehen, sind mit Vorrang zu nennen:

»Weh dir, Chorazin! Weh dir Betsaida! Wenn einst in Tyrus und Sidon die Wunder geschehen wären, die bei euch geschehen sind – man hätte dort in Sack und Asche Buße getan. Ja, das sage ich euch: Tyrus und Sidon wird es am Tag des Gerichts nicht so schlimm ergehen wie euch!« (Mt 11,21 f.; Lk 10,13 f.). Abgesehen davon, daß das Wort einen aramäischen Hintergrund hat und der sog. Q-Quelle entstammt (s. die gleichgestaltete Überlieferung bei Matthäus und Lukas), weist es auf zwei Ortschaften in Galiläa im Umkreis von Kafarnaum hin, von denen nicht berichtet wird, Jesus hätte sie besucht und dort gewirkt. Auch findet sich kein Motiv für eine nachösterliche Bildung dieser Aussage. Analog dem unmittelbar angeschlossenen Hinweis auf Jesu Wirken in Kafarnaum (Mt 11,23 f.; Lk 10,15) kann auf außergewöhnliche Heilungstaten in diesen Städten geschlossen werden (vgl. dazu Mt 4,23–25; 8,5–13; 9,1–8).

Vorösterlicher Herkunft ist auch die Antwort Jesu auf den Vorwurf jüdischer Schriftgelehrter aus Jerusalem, Jesus vollbringe seine exorzistischen Heilungen in der Kraft des obersten Teufels, Beelzebul (vgl. Mk 3,22; Mt 12,24; Lk 11,15). Diese Antwort ist sowohl durch die Tradition überliefert, auf die Markus zurückgreift, als auch durch die Quelle Q, die Matthäus und Markus zusätzlich benützten. Bei Markus lautet sie: »Wie kann der Satan den Satan austreiben? Wenn ein Reich in sich gespalten ist, kann es keinen Bestand haben. Es kann auch keiner in das Haus eines starken Mannes einbrechen und ihm den Hausrat rauben, wenn er den Mann nicht vorher fesselt« (Mk 3,23–27). Diese Aussage ist in der Q-Fassung so formuliert: »Wenn ich die Dämonen durch den Geist Gottes (Lukas: Finger Gottes) austreibe, dann ist das Reich Gottes schon zu euch gekommen« (Mt 12,28; Lk 11,20). Die Fassung des Lukas ist dabei der Wendung »Finger Gottes« wegen als ursprünglich anzusehen. Da Jesus hier noch nicht mit einem nachösterlichen Titel der Urchristen charakterisiert wird, er selbst sein exorzistisches Wirken aber in einen Bezug zum Hereinbrechen des Reiches Gottes setzt, ist dieses Wort als jesuanisch anzusehen. Bei den jüdischen Schriftgelehrten wurde das Reich Gottes immer als streng zukünftige Wirklichkeit angesehen. Die Auffassung, daß mit Jesu Wirken das Reich Gottes bereits anbricht, spricht auch aus der Seligpreisung der

Jünger durch Jesus, die ebenfalls durch die Q-Tradition überliefert wurde: »Selig zu preisen sind die Augen, die sehen, was ihr seht, und die Ohren, die hören, was ihr hört. Denn ich sage euch: Viele Propheten und Könige wollten sehen, was ihr seht, und haben es nicht gesehen, und wollten hören, was ihr hört, und haben es nicht gehört« (Lk 10,24; Mt 13,16). Auch hier fehlt eine titulare Bezeichnung Jesu; auch hier wird das Wirken Jesu als eschatologisches Zeichen angesehen; im Unterschied zu den Schülern der Schriftgelehrten steht das Sehen an erster Stelle, vor dem Hören. Bei dem, was zu sehen ist, ist wieder an Heilungen und Dämonenaustreibungen zu denken.

Als echtes Jesuswort gilt auch die Antwort Jesu an seinen Landesherrn, die allein bei Lukas überliefert wird: »Geht und sagt diesem Fuchs: Ich treibe Dämonen aus und heile Kranke, heute und morgen…« (Lk 13,32). Jesus sieht die Zeit seines Wirkens vor seinem Jerusalemzug noch nicht als vollendet an und läßt sich deshalb von Herodes auch durch ein böses Gerücht nicht vertreiben. Das angeschlossene Wort vom dritten Tag dürfte später, nach dem Tod Jesu, zugewachsen sein.

Nicht allgemein als im Kern vorösterliches Wort Jesu wird die Antwort Jesu auf die Anfrage des Täufers angesehen, die ebenfalls in der Sammlung Q überliefert wurde: »Geht und berichtet Johannes, was ihr seht und hört: *Blinde sehen wieder*, und *Lahme gehen, Aussätzige werden rein*, und *Taube hören, Tote stehen auf*, und *den Armen wird das Evangelium verkündet!* Selig ist, wer an mir keinen Anstoß nimmt« (Mt 11,5 f.; Lk 7,22 f.). Die kursiv gedruckten Worte stammen aus alttestamentlichen Prophetien, die durch das Heilswirken Jesu nun erfüllt werden (vgl. Jes 26,19; 29,18; 35,5 f.; 61,1). Auffällig ist, daß darüber hinaus auch von Heilungen Aussätziger die Rede ist. Hier geht Jesu Wirken über das heilsgeschichtliche Gesetz: Verheißung – Erfüllung hinaus. Auch hier fehlt eine Näherbestimmung Jesu durch einen urchristlichen Titel, und auch hier ist der Reich-Gottes-Bezug deutlich. Vor allem aber zeigt sich, daß für den Täufer das Wirken Jesu seiner messianischen Erwartung nicht entsprach. Dies spricht für ein hohes Alter dieser Überlieferung.

All diese Aussagen weisen auf Heilungen und Exorzismen Jesu hin.

Sehr breit ist die *Überlieferung von Wundertaten Jesu im Markusevangelium*, wobei die Forschung nachgewiesen hat, daß Markus einen Großteil seiner Wundergeschichten einer nachösterlichen Sammlung von Wundern entnahm, die zwar judenchristlich geprägt war, aber im Dienst der Heidenmission stand. Dieser Sammlung gehörten die

Stücke an: Stillung des Seesturms (4,35—41); Heilung des Besessenen von Gerasa (5,1—20), Heilung einer Frau mit Blutungen und Erweckung der Tochter des Jaïrus (5,21—43), Speisung der Fünftausend (6,32—44) und Wandel über den See (6,45—51). Eingeleitet und abgeschlossen wurde diese Sammlung je durch einen Sammelbericht über das Wunderwirken Jesu (3,7—12; 6,53—56).[9]

Auch ein Teil der übrigen Wunderstücke weist auf hohes Alter der urchristlichen Fassung und Überlieferung hin, so z.B. die Heilungen der Schwiegermutter des Simon (Mk 1,30f.) und des blinden Bartimäus (10,46—52).[10]

In der Sammlung der Herrenworte, die in der Forschung als *Q-Quelle* bezeichnet wird, fanden sich nach Ausweis der Auswertung durch das Matthäus- und das Lukasevangelium als feste Stücke die Erzählungen von der Heilung des Dieners des Hauptmanns von Kafarnaum (Mt 8,5—13; Lk 7,1—10) und eines stummen Besessenen (Mt 12,22—23; Lk 11,14). Die Heilung des stummen Besessenen bildet den Anlaß zur Beelzebulverdächtigung mit der Antwort Jesu; die des Dieners des Hauptmanns leitet die Aussage über die Teilhabe der Heiden am Reich Gottes ein. Insofern liefern diese Wunder je den beglaubigenden Rahmen für bedeutsame Worte Jesu. Beide Überlieferungen sind alt und haften fest an einem bestimmten historischen Ereignis.[11]

Die Quelle, aus der das 4. Evangelium seine Wundererzählungen in den Kapitel 2—12, insgesamt sieben, entnimmt, erhielt in der Forschung den Namen »Zeichen-Sammlung«, griechisch: *Semeia-Quelle*, weil alle Wunder zum Stichwort »Zeichen« (semeion) gesammelt und in der angenommenen Vorlage wohl zeitlich geordnet waren. Es handelt sich um folgende Stücke: 2,1—11: Weinwunder zu Kana: »Anfang der Zeichen«; 4,46—54: Heilung des Sohnes eines Beamten: »2. Zeichen«; 6,1—15: Brotvermehrung: »Zeichen«; 5,2—9: Krankenheilung am Teich Betesda; 6,16—21: Seewandel; Kap. 9: Heilung eines Blinden in Jerusalem; 11,1—44: die Erweckung des Lazarus. Diese Sammlung weist Beziehungen zur vormarkinischen Wundersammlung (s. Brotvermehrung) und zu den Wundern der Quelle Q (s. Sohn eines königlichen Beamten) auf und enthielt mehr Wunder, als Johannes verwertete. Diese Wundererzählungen waren dabei einfach gestaltet, ohne besondere theologische Reflexion. Die Schlußformel Joh 20,30f., die auf die Bedeutung der Zeichen Jesu hinweist, dürfte den Abschluß der Sammlung gebildet haben.[12]

Über diese Zeugnisse einer breiten, urchristlichen Wundertradition Jesu hinaus weisen auch die sog. *Sammelberichte* der Evangelien (Mk 1,32−34 par; 3,7−12 par; 6,5−6 par; 6,53−56; Mt 4,23−25; 9,35; 14,14; 15,29−31; 19,2; 21,14; Lk 7,21; 9,11) von Heilungstaten Jesu auf die Bedeutung der Wunderüberlieferung für die Verkündigung und den Glauben der ersten Christenheit hin, ebenso das sog. *Sondergut*, das die Evangelisten Matthäus und Lukas über Markus und die Q-Quelle hinaus aus uns unbekannten Quellen in ihre Evangelien aufgenommen haben (Mt 9,27−31.32−34; Lk 5,1−11; 7,11−17; 13,10−17; 14,1−6; 17,11−19; 22,51). Hier ist auch die im Nachtrag zum Johannesevangelium sich findende Erzählung vom wunderbaren Fischfang zu nennen (Joh 21,1−14; vgl. Lk 5,1−11).

Diese Breite der Wunderbezeugung in der urchristlichen Jesusüberlieferung und -verkündigung zeigt an, daß das Zeugnis von Wundertaten Jesu zum ursprünglichen Bestand der Jesusüberlieferung gehörte, und macht äußerst wahrscheinlich, daß Jesus selbst zahlreiche Wunder wirkte und daß er dieses außergewöhnliche Handeln als Teil seiner Sendung ansah, das Reich Gottes anzukündigen und zugleich anfanghaft zu verwirklichen.

2. Der offene Wunderbegriff der evangelischen Wundererzählungen

Prüft man die Bezeichnungen für die Wundertaten Jesu in den Evangelien, so fällt auf, daß sie nicht auf das Wesen der entsprechenden Vorgänge abheben, sondern deren Ursprung oder Funktion hervorheben. Die Aufhebung von Naturgesetzen oder starren Schöpfungsordnungen Gottes ist nicht der Sinn der Vorgänge, sondern der Hinweis auf Gottes außergewöhnliches Handeln im Ganzen der Heilsgeschichte.

Bedeutsam ist auch, daß heidnische Wunderbezeichnungen, die auf die besonderen Fähigkeiten und Methoden von Wundermännern, Magiern, Zauberern und Medien abheben, vermieden werden.

Die Bezeichnungen
Der Häufigkeit nach begegnen die *Bezeichnungen:*
dynameis − Machttaten, machtvolle Taten, Taten, in denen die besondere Macht (dynamis) Gottes zum Vorschein kommt:
Mt 11,20.21.23; 13,54.58; 14,2
Mk 6,2.14
Lk 10,13; 19,37

dynamis – die Kraft, Macht, Wunder zu tun; die einzelne Machttat:
Mk 5,30; 6,5; 9,39
Lk 4,36; 5,17; 6,19; 8,46; 9,1; 10,19

semeion, semaia – wunderbare(s) Zeichen, das (die) auf die göttliche
Vollmacht hinweist(-en):
Mt 12,38.39; 16,1.3.4
Mk 8,11.12
Lk 11,16.29.30
Joh 2,11.18.33; 3,2; 4,48.54; 6,2.14.26.30; 7,31; 9,16; 10,41.47; 12,18.37;
20,30

ergon, erga – Tat, Taten wunderbarer Art, die auf göttliche Vollmacht
verweisen:
Mt 11,6.19
Lk 24,19
Joh 5,20.36; 7,3.21; 9,3.4; 10,25.32.33.37.38; 14,10.11.12; 15,24; 17,4

thaumasion, thaumasia – staunenerregende Taten wunderbarer Art:
Mt 21,15

endoxon, endoxa – großartige, herrliche Taten göttlicher Vollmacht:
Lk 13,17

terata und semeia – Wundertaten und Wunderzeichen:
Joh 4,48

teras allein wird für die Wundertaten Jesu *nicht* gebraucht, weil dieser
Begriff die Taten heidnischer Zauberer und Magier bezeichnete.

paradoxa – unglaubliche, unbegreifliche Wundertaten:
Lk 5,26

Beachtenswert ist in diesem Zusammenhang, daß häufig festgestellt
wird, daß die Wundertaten Staunen bei den Zeugen dieser Vorgänge
hervorriefen:
Mt 8,27; 9,8.33; 15,31; 21,20
Mk 5,20; 6,51
Lk 8,25; 9,43; 11,14
Joh 5,20.28; 7,21

Meidung heidnischer Begriffe
Die Übersicht zeigt, daß die Evangelien die in der heidnischen Umwelt
üblichen Begriffe für wunderbare Taten, die von Göttern oder dazu
begabten Menschen gewirkt werden *(teras, terata; mythos; phasma,
phantasma; thaumasion)*, meiden, weil sie den Eindruck vermeiden
wollen, Jesus sei einer der üblichen Zauberer und Wundertäter gewe-

sen. Sie wollen vielmehr darauf hinweisen, daß Jesus in göttlicher Macht, Vollmacht handelte, wobei sein Wort die Tat bewirkte. Gebet, Opfer, entsprechende magische Handlungen und Rituale treten demgegenüber deutlich zurück, ja fehlen meist völlig.[13]

Die verwendeten Bezeichnungen, die alttestamentliche Begriffe aufgreifen[14] und weiterführten (vgl. *teras = mofet*, d.h. göttliches Zeichen, vgl. Dtn 13,2; Jes 8,18; 20,3; *thaumasion, -ia = pälä, niflaot, noraot*, staunenerregende, wunderbare Taten und Ereignisse, vgl. Ex 3,20; 34,10; Ps 71,17; *semeion = 'ot*, göttliches Zeichen, vgl. Ex 4,21; 7,3; *dynameis = geburot, gedolot*, Machttaten, Großtaten Gottes, vgl. 2 Sam 7,23; *erga = ma'asäh, ma'alal*, d.h. große, wunderbare Taten, vgl. Dtn 3,24; Ps 68,8), haben verweisenden, nicht definierenden Charakter. Sie weisen auf Gottes Eingreifen durch seine Macht hin und rufen Staunen, Glauben, Dank und Bekenntnis hervor. Sie setzen die allgemeine Schöpfungsordnung voraus und gelten nicht als Infragestellungen oder Durchbrechungen derselben, sondern als Erweise des außerordentlichen Wirkens Gottes in der gefallenen, von bösen Mächten beeinflußten Schöpfung zugunsten von Menschen und Menschengemeinschaften, die auf seine besondere Hilfe hoffen und darum bitten. Als Werk Gottes ist die Schöpfung dabei offen für Gottes besonderes, heilwirkendes Handeln. Die Wundererzählungen des Alten Testaments sind Zeugnisse des Glaubens an den einen guten Gott, der als der Schöpfer und Herr der Welt zugunsten seines Volkes und bestimmter Menschen in Notlagen und Krisenzeiten der Geschichte auf außergewöhnliche Weise handelte und handelt. Insofern gehören sie zur Gattung der Glaubenszeugnisse und Glaubensbekenntnisse. Sie münden meist in Bekenntnisaussagen und Dankeshymnen aus (vgl. das sog. geschichtliche Credo des Alten Bundes, Dtn 26,5–10; auch die Geschichtspsalmen 77; 78; 107; 114; 135; 136; 145).

Erzählungen von Wundertaten Jesu weisen analog auf seine besondere, göttliche Vollmacht hin und stehen im Dienste seiner Heilssendung. Wunder haben Zeichencharakter im Ganzen des Heilshandelns Gottes. Sie ereignen sich unter Personen und gehören deshalb dem Bereich der Heilsgeschichte, der religiösen Offenbarung und Erfahrung, nicht dem Bereich der Naturwissenschaft an. Sie zielen auf Staunen, Glauben, Bekenntnis und Lob gegenüber Gott ab, nicht auf Analyse, Erkenntnis, Beschreibung von Ursachen und Möglichkeiten und naturwissenschaftliche Definition und Systematik.

3. Die Bedeutung des Glaubens für das Wunderwirken Jesu

Im Unterschied zu außerbiblischen, auch alttestamentlichen und jüdischen Wundererzählungen spielt das *Element des Glaubens* in der Wunderüberlieferung von Jesus eine wesentliche Rolle.[15] Für sie ist bezeichnend, daß Jesus ohne vorausgehenden Glauben des oder der Heilsuchenden, d. h. ohne Offenheit für Jesu besondere Vollmacht und ohne Vertrauen auch auf außergewöhnliche Hilfsmöglichkeiten seiner Person, keine Wunder wirkte. All seinen Machttaten ging eine Begegnung mit seiner Persönlichkeit und seinem Wort voraus, oft vorbereitet durch das Zeugnis anderer, die besondere Erfahrungen mit Jesus gemacht hatten. Seine Wundertaten sind insofern eingebunden in seine Botschaft und sein allgemeines Wirken.

Darum lehnte Jesus grundsätzlich *Schau- und Demonstrationswunder* ab (vgl. Mk 8,11 f.: »Die Pharisäer forderten von ihm ein Zeichen vom Himmel... Jesus sagte: ›Dieser Generation wird niemals ein Zeichen gegeben werden!‹«; s. dazu auch Mt 12,38 f.; Lk 11,16.19; Joh 6,30).

Jesus ist von Gott *verwehrt, für sich* und zu seinem Besten *Wunder zu wirken* (s. dazu die Versuchungsgeschichten Mt 4,1−11; Lk 4,1−13; das Fehlen wunderbarer Taten in den Passionsgeschichten, ausgenommen die von Lukas berichtete Heilung des Ohres des Dieners des Hohenpriesters bei der Gefangennahme, Lk 22,51); auch den Spott der Delegierten des Hohen Rats unter dem Kreuz: »Anderen hat er geholfen, sich selbst kann er nicht helfen. Er ist doch der König von Israel! Er soll vom Kreuz herabsteigen, dann werden wir an ihn glauben«, Mt 27,42; vgl. Mk 15,31; Lk 23,35−37).

Erst dort, wo Menschen offen sind für die Begegnung mit dem Geheimnis der Person und der Sendung Jesu, kann sich Jesus eröffnen und seine Vollmacht zeigen. Wo Menschen sich daraufhin Jesus anvertrauen, ruft ihr *Vertrauen auf* seine außergewöhnliche Würde, Ausstrahlung und *Macht*, aber auch der Glaube an seinen besonderen Anspruch dessen wunderbare Vollmacht zum Handeln auf. Ihr Glauben an seine Hilfsbereitschaft und außergewöhnliche Fähigkeit, auch in scheinbar aussichtsloser Lage helfen zu können, ruft das Wunder der Hilfe hervor. Jesu Wundertat beglaubigt den ihm entgegengebrachten Glauben. Wo man Jesus abschätzig und ablehnend begegnet, hilft er nicht auf wunderbare Weise, wirkt er kein Wunder. Über den Besuch in seinem Heimatort Nazaret berichtet Mk 6,1−6: »Er konnte dort kein Wunder tun...; und er wunderte sich über ihren Unglauben.« Dasselbe gilt auch dort, wo man Jesus nicht zutraut, in aussichtsloser Lage noch helfen zu können, wo man also nur mit skeptischem

Vorbehalt Jesus begegnet. Dem Vater eines stummen Jungen mit einem unreinen Geist, der Jesus mit einem solchen Vorbehalt um Hilfe bittet: »Wenn du kannst, hilf uns!«, antwortet Jesus: »Wenn du kannst? Alles kann, wer glaubt!«; daraufhin bittet der Vater, ihm zu einem hinreichenden Vertrauen zu helfen: »Ich glaube; hilf meinem Unglauben!« Erst dann kann die Heilung geschehen (vgl. Mk 9,14–27).

Diese Voraussetzung, daß Jesus erst dort seine außergewöhnliche Macht in Erscheinung treten läßt, wo man ihm Vertrauen entgegenbringt, wird in einigen Wundergeschichten so sehr verstärkt, daß man meinen könnte, die Kraft des Glaubens an die Wundermacht Jesu bewirke selbst das Wunder. Nach Mt 8,13 sagt Jesus zum Hauptmann von Kafarnaum: »Es soll geschehen, wie du geglaubt hast!« Nach Mk 5,34 spricht er zu der Frau mit Blutungen: »Es soll geschehen, wie du geglaubt hast!« Demnach bestimmt das Maß und die Intensität des Vertrauens in Jesu Hilfsbereitschaft und Vollmacht das Ausmaß seiner wunderbaren Hilfe.

Wenn auch in den letztgenannten Wundergeschichten die Bedeutung des Glaubens an Jesu Macht in besonderer Weise herausgearbeitet wurde durch die Überlieferung der Kirche und die Evangelisten, so kommt in ihnen doch nur ein Element deutlich zum Vorschein, das in allen Wundererzählungen enthalten ist und einen Wesenszug der Wundertaten Jesu zur Sprache bringt, daß nämlich das *Wundergeschehen eine Begegnungserfahrung vertrauender Menschen* in Not *mit Jesus* und seiner Heilsvollmacht und Sendung darstellt. Gerade dieser Charakter personaler Begegnung von Menschen in Not mit Jesus, dem von Gott bevollmächtigten Heiland, macht das Besondere der Wundertaten Jesu aus. Die Wunder Jesu dienen nicht dazu, den Glauben an Jesus als Heilbringer und Messias hervorzubringen, sie wachsen vielmehr aus der gläubigen Begegnung mit Jesus hervor und beglaubigen Jesus in seinem Anspruch, Gottes verheißener Heilbringer zu sein.

Diese Eigenart der Wunderereignisse wurde vor allem vom Evangelisten Johannes herausgearbeitet. Die Wunder sind Zeichen, die auf Jesu Person, Sendung und besondere Vollmacht hinweisen und dadurch zum Glauben an ihn als den verheißenen Messias, den eingeborenen Sohn Gottes und endgültigen Heilbringer führen sollen. Besonders eindrücklich ist diese Zielsetzung an der Gestaltung der Erzählung von der Heilung des Sohnes eines königlichen Beamten, Joh 4,43–53, zu erkennen: Der Ablehnung eines naiven Wunderglaubens (»Wenn ihr nicht Zeichen und Wunder seht, glaubt ihr nicht!«) folgt ein Akt des Vertrauens auf das Heilungswort Jesu (»Der Mann glaubte dem Wort, das Jesus zu ihm gesagt hatte, und machte sich auf den

Weg.«). Nach dem Eintreten der Heilung führt die Einsicht in Jesu Macht zum Glauben an Jesu Sendung (»Da wurde der Mann gläubig mit seinem ganzen Haus«).

Die Wundertaten Jesu setzten insofern gläubige Offenheit und Vertrauen gegenüber Person und Wort Jesu voraus und führten zum Glauben an seinen Heilbringeranspruch und seine göttliche Sendung. Sie führten also *vom Wunderglauben zum Glauben an Jesus*, den Messias, den endgültigen Heilbringer Gottes. Nur in dieser Hinsicht kann man von einer glaubensbegründenden Funktion der Wundertaten Jesu sprechen. Vor allem das Vierte Evangelium hebt diesen Aspekt hervor: »Glaubt wenigstens den Werken, die ich vollbringe, wenn ihr mir nicht glaubt« (Joh 10,38). »Noch viele andere Zeichen, die in diesem Buch nicht aufgeschrieben sind, hat Jesus vor den Augen seiner Jünger getan. Diese aber sind aufgeschrieben, damit ihr glaubt, daß Jesus der Messias ist, der Sohn Gottes, und damit ihr durch den Glauben das Leben habt in seinem Namen« (Joh 20,30 f.). Dieser Aspekt stellt jedoch nur eine Seite des Wundervorgangs dar. Er setzt zunächst das Auftreten, Predigen und Wirken Jesu unter seinen Volks- und Religionsgenossen und den ungeheuren Eindruck seiner Persönlichkeit voraus und zielt auf Hinwendung, Vertrauen, Offenheit gegenüber seinem Wort und seiner Person. Wo ihm dies entgegengebracht wird, werden Jesu heilende Kräfte frei und bewirken zeichenhaft etwas von dem Heil, das er dem Volk Gottes als ganzem zuwenden soll, wenn es ihm glaubt und auf ihn hört. Insofern sind die Wunder Jesu Erfahrungen mit der neuen Wirklichkeit des Reiches Gottes, das sich durch ihn offenbaren will. Sie haben so einen ganz spezifischen Charakter und können als qualitativ neue Erfahrungen der Macht des Glaubens an Jesus, den Christus, den endgültigen Heilbringer Gottes für das Volk Gottes, bezeichnet werden. In ihnen zeigt sich die neue Wirklichkeit des Reiches Gottes in unserer Menschenwelt.

4. Gebet und Wunderereignis

Bezeichnend für die Wunder Jesu, wie sie in den Wundererzählungen aufscheinen, ist, daß Jesus sie ohne besondere magische Handlungen und ohne Gebet bewirkte. Bei den Exorzismen zeigt sich dies am deutlichsten, da Jesus den Dämonen den Befehl zum Ausfahren im eigenen Namen, ohne Berufung auf Gott, erteilte. Dem scheint die Beobachtung zu widersprechen, daß Jesus bei einigen außergewöhnlichen Machttaten nach Aussage einzelner Wundererzählungen vor der Wundertat betete. Zu nennen sind hier die Heilung eines Taubstummen nach Mk 7,31–37 (»Jesus legte ihm die Finger in die Ohren und berührte dann die Zunge des Mannes mit Speichel; danach blickte er zum Himmel auf, seufzte und sagte zu dem Taubstummen: ›Effata!‹«, V. 33 f.) und die Erweckung des Lazarus vom Tod, Joh 11,1–44 (»Jesus aber erhob seine Augen und sprach: ›Vater, ich danke dir, daß du mich erhört hast. Ich wußte, daß du mich immer erhörst; aber wegen der Menge, die um mich herumsteht, habe ich es gesagt, denn sie sollen glauben, daß du mich gesandt hast.‹ Nachdem er dies gesagt hatte, rief er mit lauter Stimme: ›Lazarus, komm heraus!‹«, VV. 41–43). Es ist aber zu beachten:

Die Wundergeschichte Mk 7,31–37, die Markus einer ihm vorliegenden Wundersammlung entnahm, spielt im heidnischen Randgebiet Galiläas, dient also einem missionarischen Zweck – Jesus öffnet die Heiden für Gottes Wort –; die Handlungsgesten sollen den Taubstummen psychologisch für die Heilung vorbereiten und das nötige Vertrauen auf Jesu Handeln schaffen. Speichel galt als volkstümliches Heilmittel und darf nicht als magischer Träger von Heilungskraft mißdeutet werden. Die Heilung wird allein durch das Machtwort Jesu bewirkt. Das aramäische Wort ›Effata‹ darf dabei nicht als magisches Zauberwort mißverstanden werden, sondern – wie die beigegebene griechische Übersetzung zeigt – als sinnvolles Heilungswort. Der Aufblick zum Himmel und das Aufseufzen Jesu sind in diesem Zusammenhang weder als Ausdruck des Gebets zu verstehen, da Markus das Verb seufzen (stenazein) nicht für das Beten Jesu verwendet und die anderen Heilungen und Exorzismen im Evangelium nicht durch Gebet eingeleitet werden, noch als Ausdruck pneumatischer Erregung. Eher ist an eine Äußerung des Mitgefühls und der Anteilnahme am Leiden dieses Menschen oder des Unwillens über ungenügenden Glauben zu denken (vgl. Mk 1,41; 3,5; 5,36.38 f.; 6,34; 9,19; 10,49). Daß die Vorlage des Markus diesen Zug als Ausdruck des Kraftempfangs für das Wunder verstanden haben könnte, soll durch diese Auffassung nicht grundsätzlich bestritten werden.[16]

Das Gebet Jesu vor der Erweckung des Lazarus (Joh 11,41 f.) fällt insofern aus dem Rahmen des Wunderhandelns Jesu, als Jesus die übrigen Totenerweckungen nach dem Zeugnis der Evangelien allein durch sein Machtwort bewirkte (s. Mk 5,36–42: Tochter des Jaïrus; Lk 7,11–15: junger Mann von Naïn). Im Gebet wird sodann herausgestellt, daß Jesus es »der Menge wegen«, die um ihn herumstand, sprach; »denn sie sollen glauben, daß du (Vater) mich gesandt hast« (11,42). Jesus wußte nämlich, daß der Vater ihn immer erhört (11,42). Das Wunder wuchs also aus der unmittelbaren Verbundenheit des Sohnes mit dem Vater heraus, der dem Sohn die Vollmacht übertragen hatte, »die Toten aufzuerwecken und lebendig zu machen« (5,21). Das Besondere des Wunders besteht darin, daß es sich bei diesem Toten nicht um jemand handelte, der kurz zuvor verstorben war, wie bei den beiden anderen Totenerweckungen, sondern um einen bereits verwesten Leichnam. Nach jüdischer Auffassung war die Seele nur bis zum dritten Tag noch in der Nähe des Leichnams (vgl. Lk 24,21): »Heute ist schon der dritte Tag«, nämlich seit der Kreuzigung!), um zurückgerufen werden zu können (s. die Totenerweckungen der Propheten Elija und Elischa, 1 Kön 17,17–24; 2 Kön 4,18.37). Es handelte sich bei der Totenerweckung des Lazarus demnach um die Neuschaffung eines bereits verwesten Leibes, nicht um die Wiederbelebung eines kurz zuvor Verstorbenen. Dies erforderte eine besondere göttliche Vollmacht. Die Totenerweckung des Lazarus ist für den Evangelisten daher ein Vorzeichen der künftigen Totenauferstehungen der Christen nach der Auferstehung Jesu und ein Hinweis auf die Auferstehung Jesu selbst. Das Gebet Jesu ist deshalb als theologischer Hinweis des Evangelisten auf die Bedeutung dieses Geschehens, nicht als Wirkmittel des Wunders zu verstehen.[17]

So bleibt also festzustellen, daß Jesus seine Wunder aus eigener Vollmacht heraus vollzog und sie nicht durch eine besondere Gebetskraft von Gott erbat.

Anders war dies allerdings bei den Jüngern Jesu. Ihnen übertrug Jesus die Vollmacht zur Beglaubigung ihrer Sendung an Israel, auch Kranke zu heilen und Dämonen auszutreiben (vgl. Mk 6,7.13; Mt 10,1; Lk 9,1; 10,9). Dies konnten sie aufgrund ihrer Vollmacht (vgl. Lk 10,17–19: »Ich habe euch die Vollmacht gegeben, ... die ganze Macht des Feindes zu überwinden.«). Es scheint aber, daß es bei besonders schweren Fällen dämonischer Erkrankung noch nachhaltigen Gebetes bedurfte, um Erfolg zu haben (s. Mk 9,29: »Diese Art kann nur durch Gebet ausgetrieben werden«).

Die Gebetsmahnung, die im Evangelium des Markus an die Erzählung vom verwünschten Feigenbaum angeschlossen ist, fordert die Jünger Jesu deshalb zu vertrauensvollem Gebet in allen Notlagen auf; sie können dadurch gemeistert werden: »Alles, worum ihr betet und bittet – glaubt nur, daß ihr es schon erhalten habt, dann wird es euch zuteil« (Mk 11,20–25; Mt 21,20–22). Das Bild vom Berg weist auf scheinbar unlösbare Probleme hin, die durch vertrauensvolles Gebet überwunden werden können.

Die Urkirche betete deshalb, Gott möge »seine Hand ausstrecken, damit Heilungen, Zeichen und Wunder geschehen durch den Namen deines heiligen Knechtes Jesus« (Apg 4,30). Sie bedurfte der Anrufung des Namens Jesu und des Gebetes, wenn sie Zeichen und Wunder wirken wollte.[18]

5. Eigenart und Sinn der Wunderüberlieferung von Jesus

Will man feststellen, wie und wozu die Urkirche von Jesu Wundern erzählte, muß man zunächst mit Hilfe verschiedener *Methoden* von den in den heutigen Evangelien begegnenden Wunderhinweisen und Wundergeschichten zurückschließen auf den urchristlichen Kern der Wunderüberlieferung und dann vorsichtig den Schluß wagen auf das, was als typisch für Jesu Wunderwirken in dieser Tradition greifbar wird und welche Elemente der Überlieferung einzelner Wundergeschichten sich als historisch glaubwürdig erweisen. Dazu bedarf es redaktionsgeschichtlicher (Wie hat der einzelne Evangelist die ihm vorliegende Wundertradition verkündet?), traditions- und formengeschichtlicher (Wie haben die Traditionen ausgesehen, die den einzelnen Evangelisten vorlagen, und wie kam es zu diesen Traditionen? Gab es davor eine gemeinsame Urtradition? Welche historisch-glaubwürdigen Elemente sind in dieser Urtradtion enthalten?) Untersuchungen.

Das dann so gefundene Ergebnis ist hineinzustellen, in das, was sich als ursprünglich für Jesus, seine Botschaft, sein Wirken, sein Wollen aus den Evangelien erschließen läßt (Was ist typisch jesuanisch?). Dabei spielen als Urteilsmotive die Prinzipien der Kohärenz, des Zusammenhangs mit der Botschaft und dem Schicksal Jesu, der Kontinuität, der Einbettung in die alttestamentliche und jüdische Glaubensüberlieferung, der zeitgeschichtlichen Entsprechung zur religiös-politischen Situation der Zeit und Umwelt Jesu und zuletzt der Unähnlichkeit, d. h. der Absetzung von der Umwelt und der Tradition durch die Originalität Jesu, eine maßgebliche Rolle. Die Prinzipien der Ähnlichkeit und der Unähnlichkeit, der Traditionsgebundenheit und der Originalität Jesu kommen bei den Wundergeschichten vor allem dadurch zum Vorschein, daß einerseits die Wundergeschichten nach Aufbau und Gestaltung sich anlehnen an die Wundergeschichten, die man im jüdischen und im hellenistischen Raum der Zeit und Umwelt Jesu und seiner Jünger erzählte, daß sie aber dort, wo sie von diesen Vorlagen abweichen, ja diesen Modellen entgegenstehen, ihr Eigenes, eben das Jesuanische und Christliche, zum Ausdruck bringen.[19]

Zu beachten ist, daß Jesus Wunder vollbrachte, aber keine Wundergeschichten formulierte. Die Wundererzählungen, d. h. die Versprachlichung der Wundertaten Jesu geht auf die Tätigkeit der urchristlichen

Verkünder und Lehrer zurück, die nach den Erscheinungen Jesu, des Auferstandenen, die Wundertaten Jesu sammelten, in Worte faßten, um so auf Jesus, den endgültigen Heilbringer, und auf die Eigenart des durch ihn bewirkten Heiles hinzuweisen.

Bei der Versprachlichung des Wunderwirkens Jesu durch urchristliche Verkünder und Lehrer bedienten diese sich der *Vorlagen*, die sich im Alten Testament fanden und dann, als christliche Missionare mit der Heidenmission begannen, der im Bereich der griechischen Religion begegnenden Wundererzählungen von heidnischen Göttern (vor allem Asklepios), Heiligtümern (z. B. Epidauros), Heroen und großen Wundertätern. So kam es zu Mischformen von Wundergeschichten aus christlicher Überlieferung jesuanischer Wundergeschichten, alttestamentlich-jüdischer Reflexion, griechischer Stilformen und späterer Bearbeitung durch die einzelnen Evangelisten. Man kann deshalb nicht einfachhin von der heute in den Evangelien vorliegenden Wundererzählung auf die ihr zugrunde liegende Wundertat Jesu schließen. Um diese festzustellen, bedarf es im einzelnen schwieriger methodischer Schritte. Dem soll im zweiten Teil des Buches je bei den einzelnen Wundergeschichten nachgegangen werden, soweit dies für die Auslegung heute wichtig ist. Hier genügt es, auf die wichtigsten Typen der urchristlichen Wundererzählungen von Jesus hinzuweisen, um durch den Vergleich mit außerchristlichen Parallelen deren Eigenart festzustellen und festzuhalten.

Folgende *Elemente* prägen die urchristlichen Wundererzählungen: die Wundertat Jesu selbst, die Form der frühesten sprachlichen Fassung derselben, der Einfluß des judenchristlichen Nachdenkens über diese Machttaten Jesu mit Hilfe des Alten Testamentes und schließlich die Übernahme von Stilformen der hellenistischen Wundererzählungen für die Verkündigung vor Heiden.

Erzählungen über wundertätige Rabbinen *aus dem palästinischen Judentum* sind erst ab dem Ende des 1./Anfang des 2. Jahrhunderts bezeugt und weisen keine Parallelen zu den Wundertaten Jesu auf, da es sich dort jeweils um Gebetserhörungen handelt.

Deutliche *alttestamentliche Elemente* finden sich vor allem bei Erzählungen von sog. Naturwundern.[20] Hinzuweisen ist hier vor allem auf die Überlieferung von einer oder zwei wunderbaren Brotvermehrungen Jesu (vgl. Mk 6,30−44 par; Joh 6,1−13 und Mk 8,1−10 par mit der Spendung des Manna durch Mose, Ex 16,1−5.14−36; Ps 78,24 und mit der wunderbaren Speisung von 100 Männern durch den Propheten Elischa, 2 Kön 4,42−44), auf die Erzählung von der Erweckung eines toten jungen Mannes (vgl. Lk 7,11−17 mit der Erweckung einziger

Söhne, in einem Fall einer Witwe, durch die Propheten Elija und Elischa, 1 Kön 7,17–24: Witwe! und 2 Kön 4,8–37), auf die Gestaltung der Erzählung von der Stillung eines Sturms (vgl. Mk 4,35–41 par mit Ps 65,8; 107,23–32) und des Seewandels Jesu (vgl. Mk 6,45–52 par; Joh 6,16–21 mit Ps 77,9: Ijob 9,8; 38,16). Auch auf die Heilung von Aussätzigen ist hier hinzuweisen (vgl. Mk 1,40–45 par und Lk 17,11–19 mit 2 Kön 5,1–27). Diese Erzählungen sind zwar nicht aus dem Alten Testament herausgewachsen, weisen aber doch deutlich auf den Einfluß der Überzeugung der urchristlichen Verkünder hin, daß Jesus durch sein Wirken die alttestamentlichen Wunderzeichen überbot und heilsgeschichtlich erfüllte. Die Wundertaten werden von Jesus selbst in den Evangelien ausdrücklich als Erfüllung der messianischen Verheißungen des Propheten Jesaja gedeutet (vgl. Mt 11,5; Lk 7,22 mit Jes 26,19; 29,18; 35,5 f. und 61,1).

Auf die Gesetze von Erfüllung und Überbietung der altbundlichen Vorzeichen und Hinweise verweist auch das dunkle Wort Jesu vom Zeichen des Jona und der Vergleich mit Salomo (s. Mt 12,41 f.; Lk 11,29–32).

Nach Matthäus handelte es sich beim Jonazeichen um das dreitägige Verweilen des gekreuzigten Jesus im Grab, während nach Lukas Jona selbst als gottgesandter Umkehrprediger das Vorbild für Jesu Auftreten war. Im ersteren Fall wäre dies also ein Zeichen, das nicht Jesus selbst wirkte, sondern das Gott durch ihn nach seinem Tod gewirkt hätte.

Für die Judenchristen waren die alttestamentlichen Hinweise von großer Bedeutung, weil sie im Wirken Jesu die prophetischen Vorzeichen und Verheißungen erfüllt sahen, wobei sich Jesus dabei als der heilsgeschichtlich Größere, der Vollender der Heilsgeschichte erwies (vgl. »Hier ist mehr als Jona!«). Jesus war größer als Mose, Elija und Elischa, die größten Wundertäter des Alten Testaments.[21]

Die *christlichen Wundererzählungen* über Jesu Machttaten dürften *ursprünglich sehr knapp* gewesen sein und neben dem Hinweis auf das Geschehen selbst eine kurze theologische oder christologische Deutung, eine Lehre oder Weisung Jesu enthalten haben, die sie beglaubigten oder erläuterten (vgl. Mk 1,40–45; 3,1–6; 7,24–30). Dabei konnte in Palästina zunächst vorausgesetzt werden, daß die Leute Jesus weithin noch gekannt und von seinen Wundertaten gehört hatten oder doch in Beziehung zu Leuten standen, die solche Wundertaten selbst erlebt hatten. In der Missionsverkündigung außerhalb Palästinas vor Menschen, die Jesus nicht gekannt und auch von Wundertaten Jesu noch nichts erfahren hatten, war es nötig, über die Wundermacht Jesu zu berichten und diese auch aufzuzeigen an einzelnen, eindrücklichen Beispielen, die Jesu Überlegenheit über alle vergleichbaren Wundertäter vor Augen stellten. Letzteres war besonders bei Heiden im römischen Reich nötig, die mit den Legenden vom Wunderwirken heidnischer Götter und Heroen vertraut waren (vgl. dazu Apg 14,8–13, die Reaktion der Leute in Lystra, die erlebten, wie Paulus einen Gelähmten heilte, und die Paulus und Barnabas für Götter in Menschengestalt hielten).

Dabei paßten die urchristlichen Missionare sich dem Typ von Wundererzählungen an, der im Heidentum dieser Zeit, besonders in Kleinasien und Griechenland, gebräuchlich war. Hier spielten vor allem die Erzählungen über die Wunderheilungen des Gottes Asklepios, dessen bekanntestes Heiligtum in Epidaurus stand, eine bedeutsame Rolle. Allerdings ist es ungerechtfertigt, daraus den Schluß zu ziehen, auf dieser Stufe der urschristlichen Verkündigung hätten die christlichen Missionare Wundergeschichten erfunden und auf Christus bezogen, um die Anziehungskraft Christi für Heiden zu verstärken. Der Kern der sog. hellenistischen Wundererzählungen ist deutlich jesuanisch geprägt. In den Evangelien weisen vor allem die ausgeführten Wundererzählungen, die sich bei Markus finden, den Einfluß hellenistischer Stilmerkmale auf. Markus schrieb ja für Heiden und Heidenchristen, etwa 40 Jahre nach dem Tod Jesu, um das Jahr 70 n. Chr., sein Evangelium.[22] Die *hellenistischen Wundererzählungen* weisen folgendes Aufbaugerüst auf:[23]

☐ Zunächst schildert eine *Einleitung* die Ausgangssituation des Geschehens. Sie ist geprägt durch das Auftreten der handelnden Personen: des Wundertäters, des Hilfsbedürftigen und seiner Begleiter oder seines Stellvertreters, aber zuweilen auch von Gegnern. Es kommt zu einer ersten Begegnung mit dem Wundertäter.

☐ Dann folgt die *Schilderung des Verlaufs der Begegnung,* die sog. *Exposition.* Die *Not* wird näher beschrieben; *Einwände* werden vorgebracht, so vor allem bei dämonisch Besessenen, Skepsis und Spott wird laut von seiten der Umstehenden; der Kranke, seine Begleiter oder Vertreter *bitten* um Hilfe und äußern ihr *Vertrauen.* Das *Verhalten des Wundertäters* wird beschrieben: Abwehr oder Mitleid, Klage, Zuspruch, Klärung der Situation, Ringen um Vertrauen, Anweisungen zur Vorbereitung der Heilung.

☐ Die *Mitte des Geschehens bildet die Heilung* mit folgenden Teilmomenten: die Zurüstung der Heilung; die Wunderheilung durch Geste, Wort, Auftrag, Ausfahrbefehl; die Mitteilung der Heilung und die Feststellung der wunderbaren Heilung.

☐ Der *Schluß* dient der Feststellung der Reaktion der Heilsuchenden und der Teilnehmer, nicht selten gekoppelt mit einem Auftrag, z. B. zur Geheimhaltung. Verbunden damit ist ein Hinweis auf die weitere Wirkung des Geschehens (positiv, negativ).

Diese Elemente sind nicht in allen Erzählungen von Wunderheilungen in allen Einzelheiten enthalten, weisen aber auf das Grundmodell hin, das die Wundererzählungen prägt. Die frühesten Zeugnisse von Wunderschilderungen dieser Art finden sich auf Inschriftentafeln des Asklepiosheiligtums von Epidaurus ab dem 6./5. Jahrhundert v. Chr.

Während die Wundergeschichten im heidnischen Raum dem Ruhm besonderer Heilgötter oder göttlich bevollmächtigter Menschen, den sog. theioi andres, »göttlichen Männern«, dienen und Vertrauen auf deren Hilfe wecken wollen, haben sie bei Markus und den anderen Evangelien die Aufgabe, auf Jesus als den endgültigen Heilbringer Gottes für alle Menschen hinzuweisen und zum Glauben an ihn aufzurufen (vgl. Mk 1,27; 2,12; 3,11; 4,41; 5,42; 6,51; 7,37). Das Heil, das Christus im Auftrag Gottes bringt, ist umfassender als die Heiltätigkeit der heidnischen Wundertäter. Es erstreckt sich nicht nur auf Leib und Seele, sondern schließt das ewige Leben bei Gott mit ein und hat die Teilhabe am Reich Gottes zum Ziel. Umkehr, Glaube an Gott und an Jesus Christus und die volle Teilhabe am Reich Gottes sind das Ziel der christlichen Wundererzählungen.

Zu beachten ist in diesem Zusammenhang, daß die Wundererzählungen der Evangelien *eingeordnet* sind *in den Rahmen des Wirkens Jesu*, also nur einen Teil derselben bilden. Zwar nehmen sie bei Markus im Ganzen seiner Darstellung des Wirkens Jesu den größten Raum ein, bei Matthäus und Lukas aber treten sie, ebenso wie bei Johannes, deutlich hinter der Überlieferung der Worte und Reden Jesu sowie hinter der Darstellung seines Verhaltens und seines Schicksals zurück.

Die Ablehnung der Zeichenforderung der Juden durch Jesus (vgl. Mk 8,11f.; Mt 16,1–4; auch Mt 12,38–40; Lk 11,16.29f.) macht deutlich, daß er nicht als Wundertäter im herkömmlichen Sinn verstanden sein wollte.[24] In diesen Zusammenhang gehören der Weggang Jesu aus Kafarnaum (»Laßt uns anderswohin gehen..., damit ich auch dort predige; denn dazu bin ich gekommen!«, Mk 1,35–39; Lk 4,42–44) und die bei Markus sich findenden Verbote, die Wundertaten Jesu bekannt zu machen (s. die sog. Schweigegebote: Mk 1,34; 1,44; 3,12; 5,43; 7,36). Damit soll einem falschen Verständnis Jesu gewehrt werden.

Vor allem aber ist zu sehen, daß alle Evangelien abgeschlossen werden durch eine Erzählung von der Passion Jesu. Auf diese eilen die

Evangelien zu, in ihr findet sich der Schwerpunkt der Verkündigung über Jesus. Bezeichnend für diesen zweiten Teil jedes Evangeliums (ab Mk 14,1ff.; Mt 26,1ff.; Lk 22,1ff.; Joh 18,1ff.) ist, daß in ihm keine Wundertaten Jesu mehr berichtet werden (ausgenommen der Hinweis des Lukas in 22,51 auf die Heilung des Ohres eines Dieners des Hohenpriesters bei der Gefangennahme Jesu), ja daß Jesus darin deswegen verspottet wird, weil er sich selbst nicht (mehr) wunderbar zu helfen vermochte (s. Mk 4,30–32 par). Erst dieser Kontrast von vollmächtigem Wundertäter im 1. Teil der Evangelien und gehorsamem, ohnmächtigem Knecht Gottes im 2. Teil macht die Eigenart der Sendung und Vollmacht Jesu aus. Wer Jesus nur als Wundertäter[25] sieht, übersieht das Eigentliche der Sendung Jesu: seinen gehorsamen Dienst am Heil der Menschen nach dem Auftrag Gottes, seines Vaters. Die Wundervollmacht stand Jesus nicht zur Verfügung für seine Selbstdarstellung und seinen Einfluß, sondern für den Dienst an der Heraufführung des Reiches Gottes und der Erlösung der Menschen von der Sünde. An dieser Stelle zeigt sich das Eigene und Eigentliche der Person und Vollmacht Jesu. Dieser Kontrast ist durch das Schicksal Jesu den Evangelisten vorgegeben und spricht für die grundsätzliche historische Glaubwürdigkeit der evangelischen Jesusüberlieferung.

6. Typen der Wundertaten Jesu

Allgemeine Einteilung[26]

Wundertaten lassen sich nach der Eigenart des wunderbaren Geschehens zunächst in sog. *Naturwunder* und in Personalwunder unterscheiden. Bei den Naturwundern ist das Objekt des Wunderhandelns die Sachwirklichkeit der Welt, z. B. ein vom Sturm aufgewühlter See, Wasser statt Wein, eine ungenügende Anzahl von Broten und Fischen zur Speisung einer großen Menge, ein unfruchtbarer Feigenbaum, ein in Verwesung übergegangener Toter, eine nicht zum Begehen geeignete aufgewühlte Wasserfläche eines Sees, das Hineindrängen von Fischen ins ausgeworfene Netz zu ungünstiger Zeit. Die sog. Naturwunder haben alle Zeichencharakter und werden deshalb besser als Zeichenwunder im allgemeinen Sinn bezeichnet. Es geht in ihnen nicht um Jesu Macht über die Schöpfung, sondern um seine Vollmacht als Heiland, als verheißener Heilbringer der Welt.

Bei den *Personalwundern* sind immer Menschen das Objekt des wunderbaren Handelns, wobei diese durch das Wirken des Wundertäters zum mitwirkenden Subjekt gemacht werden. Hier sind also auch psychische Faktoren auf seiten ›des Objekts‹ am Zustandekommen des Wundervorgangs beteiligt. Bei den Personalwundern sind zu unterscheiden Heilungswunder im umfassenden Sinn und Wunder anderer Art. Dazu gehören wunderbare Seelenkenntnis anderer Menschen (vgl. Mk 2,8; Joh 1,48; 2,24), Verwandlung des Aussehens (vgl. Mk 9,2 par), Überwindung der Schwerkraft (vgl. Mk 6,45–52 par; Joh 6,16–21), Vorhererkenntnis künftiger Ereignisse (vgl. Mk 13,1–23 par: Untergang Jerusalems).

Heilungswunder

Bei den *Heilungswundern* lassen sich zwei Gruppen unterscheiden: Heilungen von Erkrankungen allgemeiner Art, wobei die Wiedererweckung kurz zuvor verstorbener Toter wohl als Grenzfall von Krankenheilungen anzusehen ist, und Austreibung dämonischer Geister als Verursacher besonders schwerer, meist psychisch mitbedingter, z. T. psychiatrischer Erkrankungen, sog. Exorzismen. Für letztere ist typisch, daß die Krankenheilung durch ein Befehlswort an ein dämonisches Ich geschieht, das durch die überlegene geistige Macht des Heilers zum Weichen gezwungen wird (s. Mk 5,8: »Verlaß diesen Mann, du unreiner Geist!«).

Bei den Heilungswundern selbst ist wieder zu unterscheiden zwischen der Heilung anwesender oder räumlich entfernter Personen. In den Evangelien werden Fernheilungen von allgemeinen Krankheiten (s. Mt 8,5–13 par; Joh 4,46–53) wie auch von dämonisch verursachten Erkrankungen berichtet (Mk 7,24–30).

Den *Krankheiten* nach finden sich Fieber (Mk 1,29–31 par); Aussatz (Mk 1,40–45 par; Lk 17,11–19); Lähmungen (Mk 2,1–12 par; Joh 5,1–9); Blindheit, auch angeborene (Mk 8,22; 10,46–52 par; Mt 9,27–31; Joh 9,1–34); Taubheit und Stummheit (Mk 7,31–37; Mt 9,32–34; 12,22f.; Lk 11,14); Auszehrung (Mk 3,1–6 par: verdorrte Hand); unnormale Blutungen (Mk 5,25–34 par); Verkrümmung (Lk 13,10–17); Wassersucht (Lk 14,1–6); abgeschlagenes Ohr (Lk 22,51).

An *Erweckungen* kurz zuvor *Verstorbener* ist auf die Tochter des Jaîrus (Mk 5,22–24.35–45 par) und auf den jungen Mann von Naîn (Lk 7,11–17) hinzuweisen.

Einen Sonderfall bildet die Auferweckung des bereits vier Tage toten Lazarus (Joh 11,1–44).

Bei den *dämonisch verursachten Krankheitsbildern* läßt sich auf Schizophrenie und Tobsucht (Mk 5,1–20 par), Epilepsie und Mondsucht (Mk 9,14–29 par), auf Stummheit (Mt 9,32–34) und auf Rückgratverkrümmung (Lk 13,10–17) schließen.

Zu beachten ist in diesem Zusammenhang, daß die unreinen oder bösen Geister, die sog. *Dämonen,* in den Evangelien nicht zum Haß gegen Gott und gegen religiöse oder heilige Einrichtungen oder gar zur Lästerung Gottes führen, sondern den Menschen der freien Verfügung über sein Ich, seine Psyche oder seinen Leib berauben. Es handelt sich dabei um besonders auffällige Formen von Krankheiten. Diese Dämonen sind in den Evangelienberichten über Exorzismen als Verursacher besonders schwerer psycho-physischer Krankheiten verstanden (vgl. die Aussagen über Dämonen: Mk 7,26.29.30; Mt 9,33; 17,18; Lk 4,33.35; 8,27.30.33.35.38; 9,42; 11,14; bzw. über unreine oder böse Geister: Mk 1,23−26; 5,2.8.13; 7,25; 9,17.20.25; Mt 12,43; Lk 4,33; 8,2; 8,29; 9,39.42).

Bemerkenswert ist in diesem Zusammenhang, daß das Johannesevangelium keine Fälle von dämonisch gedeuteten Krankheiten enthält. Verzichtet es auf diese Kategorie von Krankheiten, weil es die volkstümliche Auffassung nicht vertrat, daß es Krankheitsdämonen und damit dämonisch verursachte Krankheiten gibt?

Die Annahme von Dämonen als Verursacher besonders schwerer psycho-physischer Krankheiten teilt das Neue Testament mit dem zeitgenössischen Juden- und Heidentum. Hier ist heute zu fragen, ob diese Auffassung auch von Jesus geteilt wurde oder ob die dämonologische Gestaltung der Heilungserzählungen entsprechender Krankheiten auf die urchristlichen Verkünder und auf die synoptischen Evangelisten zurückgeht. Für letztere Annahme spricht der Verzicht des vierten Evangeliums auf exorzistische Fallbeschreibungen.

In den Heilungserzählungen finden sich *Heilungen aller Arten* von Erkrankungen und Schädigungen.

Während die Evangelien noch erkennen lassen, daß Jesus sich nicht berufen wußte, alle damals unheilbaren Erkrankungen bei denen zu heilen, die ihn darum baten, ja daß er sich dem Versuch entzog, ihn zum ständigen Wunderheiler zu machen (vgl. Mk 1,35−39 par; auch Mk 7,24−30; 8,11−13; Joh 7,1−9), weisen die Sammelberichte bei Matthäus und Lukas darauf hin, daß Jesus nicht nur alle Arten von Krankheiten zu heilen vermochte, sondern auch »alle Krankheiten und Leiden im Volk« heilte (vgl. Mt 4,23f.; 9,35; Lk 6,18). Demnach wuchs und verbreitete sich im Lauf der Zeit und der sich ausgestaltenden Christusverkündigung die Aussage über Jesus, den Heiler aller Krankheiten und Übel. Dennoch blieb auch bei Matthäus und Lukas die Überlieferung erhalten, daß Jesus an erster Stelle gesandt war, das Reich Gottes zu verkünden, ja, das Bild von Jesus, dem Verkünder des

Reiches Gottes und dem Erlöser von Sünden, ist bei ihnen gegenüber Markus noch verstärkt (s. das Zurücktreten der Wundererzählungen gegenüber der Redeüberlieferung Jesu).

Motive der Wundererzählungen

Den *Motiven* nach, denen Wundererzählungen dienen, unterscheidet die Wissenschaft: Epiphanie- oder Beglaubigungswunder, Heilungswunder, Rettungswunder, Geschenkwunder, Profitwunder, Normenwunder, Schau- und Demonstrationswunder und Strafwunder.

Da Jesus bestimmte, von ihm geforderte Zeichen als *Beglaubigungstaten* seines Sendungsanspruchs ablehnte (vgl. Mk 8,11 f.), fehlen eigentliche Beglaubigungswunder in den Evangelien. Ein Beglaubigungsmotiv findet sich in der Erzählung von der Heilung eines Gelähmten zum Erweis der Vollmacht, Sünden vergeben zu können (vgl. Mk 2,1–12). Dieses Motiv dürfte der Überlieferung erst auf späterer Stufe der Reflexion über Jesu Vollmacht zugewachsen sein.

Reine *Epiphaniewunder* fehlen ebenfalls, doch enthalten die Wunder der Stillung eines Sturms und des Gehens auf dem Wasser des Sees Gennesaret Züge, in denen die göttliche Hoheit Jesu aufleuchtet (vgl. Mk 4,40 f. par; 6,49–51 f.; Joh 6,19–21); dasselbe gilt von den Erzählungen eines wunderbaren Fischfangs auf das Geheiß Jesu hin (vgl. Lk 5,1–11; Joh 21,1–14).
Diese Wundererzählungen weisen deutliche Züge des nachösterlichen Christusglaubens an die Vollmacht und die Gegenwart des Auferstandenen bei seinen Jüngern auf. Bei der wunderbaren Brotvermehrung in der Steppe (Joh 6,1–15, vgl. Mk 6,31–44 par) und bei der Verwandlung von Wasser in Wein (Joh 2,1–11) bestimmen die Motive der Erfüllung alttestamentlicher messianischer Verheißungen die Darstellung maßgeblich mit. Insofern handelt es sich um *messianische Vollmachtswunder*. Ihrer Gesamtheit nach aber prägen sich in ihnen die Motive des *Geschenkwunders* und des Rettungswunders aus (vgl. noch Mk 8,1–9; Mt 15,32–39).

Als *Rettungswunder* sind ihrer Gesamtgestalt nach die Erzählungen von der Rettung aus Sturmnot (Mk 4,35–41 par) und widrigen Situationen auf dem nächtlichen See Gennesaret (Mk 6,45–52 par; Joh 6,16–21) anzusehen. Beide Erzählungen sind deutlich von der Reflexion über die Situation der verfolgten Kirche mitgeprägt. Hierher gehören auch in gewisser Hinsicht die wunderbaren Speisungen in der Steppe (s. oben).

Zur Gruppe der *Normenwunder*, durch die neue religiöse Grundsätze begründet werden, gehören die Heilung eines Gelähmten, Mk 2,1–12 par (Vollmacht Jesu zur Sündenvergebung) und die Heilungen am Sabbat (Nachweis des Rechts und der Pflicht, am Sabbat zu heilen und Gutes zu tun).

Straf- und Gerichtswunder fehlen in den Evangelien ebenso wie *Profit-, Schau-* und *Demonstrationswunder.* Dies ist für Jesu Sendungsbewußtsein ebenso wie das Fehlen eigentlicher Beglaubigungswunder bezeichnend. Die Verwünschung eines Feigenbaums in Jerusalem (Mk 11,12–14 par) ist als messianische Zeichenhandlung zu verstehen. Jesus darf aus egoistischen Gründen keine Wunder wirken, auch durch Wunder niemandem schaden. Seine Wundertaten stehen ganz im Dienst seiner Sendung, die Herrschaft Gottes anzusagen und aufzurichten. Im Mittelpunkt seines Wunderwirkens stehen die Heilungswunder. Das Heil, das im Reich Gottes den Menschen geschenkt werden soll, bezieht sich auf den ganzen Menschen, auch auf seinen Leib und seine Psyche. Es soll den Menschen auch von Vergänglichkeit und Tod befreien.

Die Normenwunder zeigen, daß Jesus bewußt die theologischen und sozialen Normen des zeitgenössischen Judentums dort verändern will, wo sie dem Erbarmen Gottes und dem Hauptgebot widersprechen und die Freiheit und Würde des Menschen einengen.

Die Epiphanie- und Rettungswunder beziehen sich auf die Kirche und weisen deutlich nachösterliche Fragestellungen und Einsichten auf.

Alle Wundererzählungen der Evangelien sind deutlich theologisch geprägt. Sie stehen im Dienst der Verkündigung des Reiches Gottes und machen dieses dort zeichenhaft sichtbar, wo Menschen der Reich-Gottes-Botschaft glauben.

7. Jesus, die Dämonen und Satan

Die *Unterscheidung von »normalen« und von »dämonisch verursachten« Krankheiten* und die verschiedene Art des Heilvorgangs, die zu verschiedenen Gattungen der Wundererzählungen geführt hat (Heilungswort oder Heilgeste, an den Kranken gerichtet – Befehlswort an den Dämon, der als geistiges Ich verstanden wird), werfen das Problem auf: Hat Jesus mit der Wirklichkeit von dämonischen Krankheitsverursachern gerechnet, oder hat er sich hier der Auffassung seiner Zeitgenossen angepaßt? Im letzteren Fall ginge die Unterscheidung und

Beschreibung dämonischer Erkrankungen auf die urchristlichen Verkünder und Missionare zurück, welche die Wundertaten Jesu sammelten und sprachlich prägten. Aufgrund der Quellen, die von ältester Zeit an exorzistische Heilungen überliefern, läßt sich hier keine historische Sicherheit gewinnen. Zu bedenken ist aber, daß das Johannesevangelium nicht auf exorzistische Heilungen hinweist. Fehlten solche Überlieferungen bereits in der sog. Zeichensammlung von Wundern, die der Evangelist benützte? Dieser Tatbestand hindert, als sicher anzunehmen, daß Jesus den Dämonenglauben seiner Umwelt geteilt hat. Auch sind die Dämonen in den Evangelien nicht gleichgesetzt mit satanischen Geistern, die zur Auflehnung gegen Gott und seine Gebote, zur Lästerung Gottes und der Einrichtungen seines Bundes (z. B. Tempel, Opfer, Priester) und zur Sünde verführen. Sie werden zwar gleichgesetzt mit unreinen, d. h. kultisch verunreinigenden Geistwesen (s. Mk 1,23.26 f.; 3,11.30; 5,2.8.13; 7,25; 9,17.20; Mt 8,16; 10,1; 12,43.45; Lk 4,33.36; 6,18; 8,29; 9,39; 10,20; 13,11) und mit bösen Geistern (Mt 12,45; Lk 7,21; 8,2; 11,24.26), aber sie verführen nicht zu sittlich oder religiös Bösem. Sie übermächtigen lediglich den betroffenen Menschen so, daß er keine freie Verfügungsmacht mehr über sich besitzt, teilweise oder ganz, unterwerfen ihn aber nicht dem bösen Willen Satans selbst.

Unabhängig von den dämonischen Krankheitsauffassungen finden sich auch weitere *Spuren des zeitgenössischen Dämonenglaubens* in den Evangelien, z. B. daß die Dämonen gerne in Menschen oder Tieren oder in der Wüste hausen, daß sie gern in Gruppen auftreten und daß sie vor allem im heidnischen Gebiet anzutreffen sind (s. Mk 5,11−13; Lk 11,24−26).[27] Ein echtes Jesuswort über die Existenz und das Wesen der Dämonen oder unreinen Geister findet sich nicht in den Evangelien.[28]

Nach zeitgenössischer Auffassung stehen auch *die Krankheits- und Schadensdämonen im Dienste Satans*, der die Menschen in jeder Hinsicht schädigen, unterjochen und versklaven will. Diese Auffassung begegnet auch im Neuen Testament im Munde Jesu (vgl. Lk 13,16: »Diese Tochter Abrahams hat Satan schon seit 18 Jahren gefesselt«). Aber auch hier ist zu fragen, ob diese Aussage nicht auf die urchristliche Tradition zurückgeht.

Den Schlüssel zur Frage nach der Einstellung Jesu gegenüber einem persönlichen bösen Wesen, dem Satan als dem Widersacher Gottes, liefert die Antwort Jesu auf den Vorwurf seiner Gegner, er treibe Dämonen durch Beelzebul, d. h. durch Satan selbst aus (Mk 3,22−30;

Mt 12,24−29.31f.; Lk 11,15−22; 12,10). Nach zeitgenössischer Auffassung gibt es eine *satanische Hierarchie*, an deren Spitze Beelzebul, d. h. Satan selbst steht. Die Antwort Jesu enthüllt, daß er mit einer Satansherrschaft über die Menschen rechnete und sich selbst als den starken Gegenspieler Satans verstand, der diesen überwältigt und ihm die Menschen entreißt, die in seiner Gewalt sind: »Es kann keiner in das Haus des Starken einbrechen und ihm seinen Hausrat rauben, wenn er den Starken nicht zuvor fesselt« (Mk 3,27). Als »Hausrat«, »Gefäße« *(ta skeua)* sind hier die Menschen zu verstehen, die Jesus heilt, denen er die Sünden vergibt, die Jesus nachfolgen. Von hier aus läßt sich schließen, daß Jesus auch schwere Krankheiten als Auswirkungen der Unheilsherrschaft Satans verstand.

Diese Auffassung legt allerdings eine gewisse Offenheit Jesu gegenüber dem zeitgenössischen Dämonenglauben nahe. Vor allem aber drängt sich die Überzeugung auf, daß Jesus mit der Existenz und dem Wirken eines persönlichen Bösen rechnete (s. die Bitte im Vaterunser: ›rette uns vor dem Bösen‹, Mt 5,13b). Sie wird verstärkt durch das sicher echte Jesuswort, welches das Wirken Jesu, auch seine Heilungen und Exorzismen und die seiner Jünger deutete: »Ich sah den Satan wie einen Blitz vom Himmel fallen!« (Lk 11,20). Jesus verstand sein Wirken also als Brechung und Sturz der Satansherrschaft über die Menschen. Sie gewinnen dort, wo sie glauben und sich heilen lassen, ihre Freiheit zurück und können als Kinder Gottes, des guten Vaters, in froher Gemeinschaft mit ihm leben.

In diesen Zusammenhang gehört auch das Wort Jesu: »Wenn ich die Dämonen durch den Finger Gottes austreibe, dann ist das Reich Gottes schon zu euch gekommen« (Mt 12,28: »durch den Geist Gottes«). Es deutet das exorzistische Wirken Jesu als Aufrichtung der befreienden Herrschaft Gottes.

Insofern läßt sich mit gutem Grund behaupten, daß Jesus mit der *Wirklichkeit und Macht Satans* als des persönlichen Gegenspielers Gottes rechnete und neben der Sünde auch Gebrechen und Krankheiten letztlich auf dessen unheilvolle Herrschaft zurückführte. Nicht nur die Vergebung von Sünden hat daher Heilsbedeutung für die Anhänger Jesu, sondern auch die Heilung schwerer psychischer, psychiatrischer und leiblicher Erkrankungen, die den Menschen versklaven und ihn seiner freien Selbstverfügung berauben.

Auch wenn Unheilsdämonen heute nicht mehr als die Ursachen und Elemente schwerer psychischer und psycho-physischer Erkrankungen verstanden werden können, festzuhalten ist aber an der Überzeugung

Jesu, daß die Menschenwelt seit dem Fall des Menschen sich im Unheil befindet, daß dieses Unheil sich auch leiblich, geistig und psychisch auswirkt und daß hinter allem Unheil auch eine personale geistige Macht sichtbar wird, die sich dieses Unheils bedient für ihre böse Absicht, den Menschen zu versklaven und Gott und seiner Liebe zu entfremden. Umfassende Heilung und volles Heil kann deshalb nicht durch psychische, soziale, pädagogische und medizinische Faktoren allein bewirkt werden, sondern bedarf entscheidend der heilenden Kräfte des Glaubens, der Christus- und Gottesgemeinschaft und der Lebensmacht Gottes, der Gnade.

8. Grundzüge der Wundertaten Jesu

Im Vertrauen darauf, daß in der Wunderüberlieferung der Evangelien die Grundzüge des Wunderwirkens Jesu im wesentlichen festgehalten worden sind (s. auch die Analyse bei den einzelnen Wundererzählungen), lassen sich folgende Grundelemente des wundertätigen Handelns Jesu feststellen:[29]

☐ Die Wundertaten Jesu gehören zu seiner Heilssendung und stehen im Dienst der Her27aufführung des Reiches Gottes.

☐ Es handelt sich immer um Notlagen oder dringliche Umstände, in denen Jesus wunderbar tätig wird.

☐ Jesus wird um Hilfe angegangen, oder von ihm wird Hilfe erwartet.

☐ Jesus handelt normalerweise nur dort, wo Menschen ihm besonderes Vertrauen in seine Hilfsbereitschaft und in seine Hilfsmöglichkeiten entgegenbringen.

☐ Jesus lehnt es ab, für sich selbst, seinen Vorteil, seine Macht und seinen Einfluß tätig zu werden; daher lehnt er auch Beglaubigungswunder ab.

☐ Er handelt immer aus eigener Vollmacht heraus und bittet weder Gott noch andere weltüberlegene Mächte um Hilfe.

☐ Er heilt und wirkt durch sein Wort, durch seinen Willen unter Verzicht auf magische oder sonstige religiöse Praktiken.

☐ Die mit seinem Wort verbundenen Handlungen haben Zeichencharakter: sie bereiten auf das außergewöhnliche Geschehen vor und unterstützen es auf ›leibhaftige‹ Weise.

☐ Die Wirkung tritt unmittelbar und sicher ein.

☐ Die Wundertaten dienen dem Wohl und Heil der Menschen und beziehen den ganzen Menschen nach Leib und Seele in die Heilswirklichkeit des Reiches Gottes ein.

☐ Die Wundertaten Jesu weisen auf die heile Ordnung und die heilenden Kräfte des Reiches Gottes hin und lassen dessen Wirklichkeit
zeichenhaft erfahren.

☐ Die Wunder erwachsen aus der gläubigen Begegnung mit Jesus und
beziehen die Entscheidung der Menschen, zugunsten derer sie
geschehen, in den Vollzug mit ein. Sie sind Wirkungen heilbringen-
der Begegnungen mit Jesus mit existentiellem Charakter.

☐ Sie stehen in einem unlöslichen Zusammenhang mit der Reich-
Gottes-Verkündigung Jesu und seinem Heilandswirken.

☐ Sie weisen auf Jesus als den endgültigen Heilbringer Gottes hin,
setzen seine außergewöhnliche Heilsvollmacht voraus und rufen
dazu auf, sich in jeder Not vertrauensvoll an Jesus zu wenden.

☐ Die Wunder Jesu offenbaren den Gott Israels als liebenden Vater aller
Menschen in Not und korrigieren das jüdische Bild von Gott, seinem
Willen, seinem Wirken und seinen letzten Zielen. Die Wunder Jesu
sind außergewöhnliche Erfahrungen der barmherzigen Liebe Gottes,
der die Welt heilen, erlösen und vollenden will.

Nicht der Ruhm des Wundertäters prägt das Handeln Jesu, sondern
sein Heilsdienst als Beauftragter Gottes zur Verwirklichung des Reiches Gottes wirkt sich auch in seinen Heilstaten an Besessenen,
Kranken und Notleidenden aus. Insofern haben die Wundertaten Jesu
messianisch-eschatologischen Charakter.

Die Eigenart des Wunderwirkens Jesu im Gesamt seiner Sendung als
der verheißene Heilbringer für das Volk Gottes wird gut ausgesagt in
der Antwort Jesu auf die Anfrage des Täufers: »Berichtet Johannes,
was ihr hört und seht: ›Blinde sehen wieder, und Lahme gehen,
Aussätzige werden rein, und Taube hören; Tote stehen auf, und den
Armen wird das Evangelium verkündet‹« (Mt 11,4f.).

9. Die Dialektik des Zeichencharakters der Wundertaten Jesu

Die Evangelien berichten einerseits, Jesus hätte es abgelehnt, der
Zeichenforderung der jüdischen religiösen Autoritäten zu entsprechen, andererseits verstehen die Evangelisten die Wundertaten Jesu für
jeden Gutwilligen und Einsichtigen als glaubwürdige Zeichen für
seinen Heilbringeranspruch. Wie ist diese Spannung zu lösen?[30]

Die Ablehnung der Zeichenforderung durch Jesus
Markus berichtet, »die Pharisäer ... forderten von Jesus ein Zeichen
vom Himmel, um ihn auf die Probe zu stellen. Da seufzte er tief auf und

sagte: ...›Amen, das sage ich euch: Dieser Generation wird niemals ein Zeichen gegeben werden‹« (Mk 8,11 f.). Die Zeichenforderung zielte auf eine eindeutige Beglaubigung seiner Person und seiner Botschaft durch Gott. Die Wundertaten Jesu, die später als dämonische Machttaten gedeutet wurden (vgl. Mk 3,22—30), waren demnach für die religiösen Führer seines Volkes nicht eindeutig genug. Jesus wies demgegenüber in prophetischer Erregung darauf hin, daß Gott über die schon gegebenen Zeichen hinaus keine weiteren Zeichen geben werde. Wer nicht sehen wolle, was Gott durch ihn wirke, dem werde kein weiteres Zeichen gegeben werden.

Dieselbe Tradition wird bei Johannes in dem Vorwurf Jesu greifbar: »Wenn ihr nicht Zeichen und Wunder seht, glaubt ihr nicht« (Joh 4,48). Das Wirken Jesu fordert zum Glauben auf; Wunderglaube allein genügt nicht, um Jesus zu verstehen und sich ihm anzuschließen.

Das Zeichen des Jona
Bei Matthäus und Lukas findet sich die ablehnende Antwort Jesu in anderer, erweiterter Fassung gegenüber Markus: »Dieser bösen und treulosen Generation... wird kein anderes Zeichen gegeben werden als das Zeichen des Propheten Jona« (Mt 12,39; vgl. Lk 11,29). Sieht man von der je verschiedenen Deutung des Jonazeichens bei Matthäus (Hinweis auf Tod und Auferstehung Jesu analog der Errettung des Jona aus dem Fischbauch) und Lukas (Buß- und Gerichtsprediger als Verweis auf den Menschensohn als künftiger Weltrichter, vgl. Mt 12,38—42 mit Lk 11,29—32) ab, war der ursprüngliche Sinn des Jonazeichens wohl der Verweis auf die Buß- und Umkehrpredigt Jesu. Zur Beglaubigung seiner Umkehrforderung dienten seine Vollmachtstaten.

Um sich deren Eindruck zu entziehen, deuteten seine Gegner diese Taten letztlich als Machttaten Satans selbst (Mk 3,22—30; Mt 12, 22—27; Lk 11,14—23). Beelzebul ist hier als Bezeichnung für Satan selbst zu verstehen (ursprünglicher Sinn: Baal-Zebul, d. h. Mistgott), den Herrscher über ein ganzes Heer von dämonischen Geistern.

Seine Dämonenaustreibungen seien nur Täuschung, Betrug. Dieser böswilligen Mißdeutung seiner Heilungstaten drohte Jesus das Gericht Gottes an. Denn er wirkte Gutes und überwand die Unheilsmächte des Bösen, die sich in Krankheit und Besessenheit auswirken. Satan kann nicht gegen seine eigenen bösen Helfershelfer, die Dämonen, aufstehen, weil er sonst selbst seine Herrschaft schädigen und zerstören würde.

Zeichen für den Anbruch der verheißenen Heilszeit

Jesus verstand seine Taten als deutliche Zeichen dafür, daß durch ihn die bei den Propheten verheißene Heilszeit bereits angebrochen ist: *»Blinde sehen wieder,* und *Lahme gehen, Aussätzige werden rein,* und *Taube hören; Tote stehen auf,* und den *Armen wird das Evangelium verkündet«* (Mt 11,5; Lk 7,22; die kursiv gedruckten Worte sind Anspielungen auf Jes 26,19; 29,18; 35,5f.; 61,1, die sich alle auf die messianische Heilszeit beziehen). Diese Aussageabsicht seiner Wundertaten ist einzubeziehen in sein sonstiges Handeln. Hier ist vor allem auf das messianische Zeichen zu verweisen, das Jesus beim Einzug in Jerusalem bei seiner letzten Reise dadurch setzte, daß er auf einer Eselin mit Fohlen in die Stadt einritt (vgl. Mt 21,1—11). Er wollte damit hinweisen auf die Verheißung beim Propheten Sacharja: »Sagt der Tochter Zion: ›Siehe, dein König kommt zu dir: Er ist friedfertig, und er reitet auf einer Eselin und auf einem Fohlen, dem Jungen eines Lasttiers‹« (Sach 9,9; vgl. Mt 21,4f.).

Jesus wollte auch durch seine Wundertaten darauf aufmerksam machen, daß er der verheißene endgültige Heilbringer Gottes ist und daß durch sein Wirken die verheißene Heilszeit anbricht. Diese Zeichen sollten seine Aufforderung beglaubigen: »Die Zeit ist erfüllt, das Reich Gottes ist nahe. Kehrt um, und glaubt an das Evangelium!« (Mk 1,15). Deshalb wollte Jesus nicht als Wunderheiler mißverstanden werden. Seine Heilstaten waren seinem Dienst am Reich Gottes zu- und untergeordnet. Darum verließ er Kafarnaum, als man ihn dort als Wunderheiler festhalten wollte, und sagte seinen Jüngern: »Laßt uns anderswohin gehen…, damit ich dort predige; denn dazu bin ich gekommen« (Mk 1,35—38).

Vorbedingungen und Sinn der Zeichen Jesu

Die urchristliche Überlieferung hat in ihrer Verkündigung auf Jesu Wundertaten mit Nachdruck hingewiesen, um Jesu Sendung und Heilsbedeutung zu beglaubigen. Die einzelnen Evangelisten haben den Zeichencharakter der wunderbaren Taten Jesu in ihren Evangelien treulich festgehalten. Dabei haben die synoptischen Evangelien im Anschluß an Markus den Glauben als notwendige Vorbedingung für das Zustandekommen von Wundertaten und Wunderbegegnungen mit Jesus Christus herausgestellt.

Dagegen hat das Johannesevangelium den Zeichencharakter der Wunder als wichtiges Motiv für den Glauben an Jesus, den Messias, den Sohn Gottes herausgearbeitet. »Diese Zeichen sind aufgeschrieben, damit ihr glaubt, daß Jesus der Messias ist, der Sohn Gottes, und damit ihr durch den Glauben das Leben habt in seinem Namen« (Joh 20,31). Letzteres Motiv wurde vor allem wichtig für die missionarische Verkündigung der Kirche. So bildet der Glaube einerseits die Voraussetzung für die Bitte an den Auferstandenen, auch auf wunderbare Weise der Kirche und den Gläubigen in ihren Nöten beizustehen, andererseits für die wunderbare Erhörung dieser Bitten zum vertieften Glauben an Jesus Christus, den Herrn der Kirche, und seinen Vater. Insofern stehen Glaube, Bitte, Erhörung und vertiefter Glaube zueinander in einem dialektischen Verhältnis.

10. Die Wirkung der Wunder Jesu auf seine Volksgenossen

Die Bedeutung der Wunder Jesu wurde *in* der herkömmlichen katholischen *Theologie und Katechetik* einseitig gesehen und stark *übertrieben*. Man unterschied nicht zwischen Wundererzählung und Wundertat und verstand die Wundergeschichten der Evangelien weithin als historisch getreue Berichte der Wundertaten Jesu selbst. Vor allem aber meinte man, die göttliche Vollmacht und Wesenheit Jesu aufgrund der Wundererzählungen des Neuen Testaments beweisen zu können. Dabei übersah man, daß alle Wundertaten Jesu im Alten Testament ebenso wie in den außerbiblischen Religionen göttlich oder dämonisch begabten Menschen zugeschrieben wurden (s. die ›Wunderlegenden‹ über Mose, Bileam, Elija und Elischa im Alten Testament), also keine eindeutigen Beweise für Jesu Gottheit sein können.

Als menschliche Fähigkeiten und Wirkungen, die in nahezu allen Religionen, vor allem aber im Alten Testament und in der Heiligengeschichte der Kirche bezeugt sind, können Wunder deshalb nicht grundsätzlich als Beweise göttlicher Eigenschaften ihrer Bewirker gedeutet werden.

Außerdem sind Wundertaten abhängig vom *Weltbild der Beobachter und Überlieferer* und damit von deren Urteilskriterien. So sind sie, selbst wenn sie glaubwürdig überliefert sind, in sich selbst als Werk und als Deutung von Menschen grundsätzlich mehrdeutig. Sie können auf eine besondere psychische Begabung oder auf dämonische oder auf göttliche Kräfte zurückgeführt werden. Die Gegner Jesu haben seine Wundertaten konsequent auf das Wirken Satans zurückgeführt (vgl. Mk 3,22).

Die einfachen Leute deuteten *Jesus* als *charismatisch begabten Heiler und Propheten*, nicht jedoch als den verheißenen Messias (vgl. Mk 8,27 f.; auch Mk 6,14–16 par). Dem Versuch der Heilungssuchenden, ihn als Wunderheiler festzuhalten, entzog sich Jesus, weil er sich selbst nicht als charismatischen Arzt, sondern als den endgültigen Heilbringer Gottes verstand (vgl. Mk 1,23–29; auch Mk 2,17). Deshalb entzog er sich auch dem Versuch, ihn als Messias auszurufen, weil er nicht politisch mißverstanden werden wollte (vgl. Mk 6,45 par; Joh 6,1–15). Die religiösen und politischen Führer Israels wurden durch die Wundertaten in der Ablehnung Jesu bestärkt (s. Joh 11,47–53), da sie Jesus als dämonischen Verführer und Falschmessias mißdeuteten.

Die Anhänger Jesu dagegen, einschließlich der Jünger, wurden durch seine Wundermacht zu der Annahme verleitet, er werde notfalls unter Einsatz seiner besonderen Fähigkeiten in Jerusalem die Macht ergreifen und eine messianische Herrschaft aufrichten (vgl. Mk 10,35–45; Lk 24,19f.).

Die positive Wirkung der Wundertaten im Ringen Jesu um Anerkennung seiner Botschaft und seiner Sendung war also erstaunlich gering. Man kann die Bedeutung der Wundertaten Jesu nur dann richtig verstehen, wenn man sie einordnet in das Besondere und Einzigartige des Heilbringeranspruchs Jesu. Dieser aber erschließt sich eindeutig erst vom Kreuz und der Auferstehung Jesu her. Insofern kann die Wunderüberlieferung auch nur im Gesamtzeugnis des Neuen Testaments von Jesus, dem Christus, richtig gewürdigt und gedeutet werden.

11. Die Eigenart der Wunderüberlieferung der einzelnen Evangelien

Die Evangelisten haben die ihnen überlieferten Wundererzählungen und Wundersammlungen nicht einfach in ihre Evangelien aufgenommen, um sie zu erhalten und weiterzugeben, sie haben vielmehr entsprechend ihrem Interesse ausgewählt, bearbeitet und in ihr Evangelium aufgenommen, was ihren Zielsetzungen und ihrem Christusbild entsprach.

Will man verstehen, was sie durch die von ihnen überlieferten Wundererzählungen ihren Lesern sagen wollten, muß man darauf achten, welche Wunder sie ausgewählt haben, in welchen Rahmen sie diese Erzählungen in ihren Evangelien einordneten, welche Bearbeitung sie darum vorgenommen haben und in welchem Verhältnis sie zum Rede- und Erzählgut in ihren Evangelien stehen. Dem Markusevangelium kommt dabei für die anderen Evangelien Schlüsselbedeutung zu. Matthäus und Lukas gehen von der Markusvorlage aus; ihre Redaktion läßt sich im Gegenüber zu Markus leicht bestimmen. Bei Johannes ist eine deutliche Weiterentwicklung einer Vorlage gegeben,

die enge Beziehungen zu der Tradition aufweist, die Markus selbst
benützte. Die redaktionelle Verarbeitung der von Markus benützten
Vorlage ist erheblich schwieriger festzustellen. Hier ist man weithin
auf Schlüsse aufgrund verschiedener methodologischer Überlegungen
angewiesen. Doch läßt sich auch bei Markus feststellen, welche
Interessen und Absichten seine Verarbeitung der urchristlichen Wunderüberlieferung prägen.

Die Eigenart der Wunderüberlieferung im Evangelium des Markus

Das Übergewicht der Wunderüberlieferungen

Im Markusevangelium nimmt die *Wunderüberlieferung* einen *breiten
Raum* ein.[31] Demgegenüber tritt die Überlieferung von Worten und
Reden Jesu deutlich zurück; abgesehen von den Redekompositionen in
den Kapiteln 4 (Reich-Gottes-Gleichnisse), 7 (Rein und Unrein), 12
(5 Streitgespräche) und 13 (Endereignisse) fehlen längere Redeab-
schnitte. Die Wundertaten und die Wundervollmacht Jesu prägen
deutlich das Evangelium und die Christusverkündigung des Markusevangeliums. Das wird bereits zu Beginn seines Evangeliums auch
zweimal im Zusammenhang mit dem ersten Wunder, der Austreibung
eines Dämons aus einem Besessenen in der Synagoge von Kafarnaum,
thematisch hervorgehoben: »Er lehrte die Menschen wie einer, der
(göttliche) Vollmacht hat, nicht wie die Schriftgelehrten« (1,22). – »Da
erschraken alle, und einer fragte den andern: ›Was hat das zu bedeuten?
Hier wird mit Vollmacht eine ganz neue Lehre verkündet. Sogar die
unreinen Geister gehorchen seinem Befehl‹« (1,27). Nicht religiöse
Lehre, sondern bevollmächtigte Wahrheit Gottes wird durch Jesus,
den Sohn Gottes, den Menschen geoffenbart. Dasselbe will Markus
auch durch sein Evangelium tun!

Keine Wunderzeugnisse im Passionsteil

Berichte von den Wundertaten Jesu finden sich aber *nur im ersten Teil des
Evangeliums*, der vom öffentlichen Wirken Jesu handelt, angefangen
von Galiläa bis zum Zug nach Jerusalem zum Todespascha und seinem
letzten Ringen um den Glauben der religiösen Führer Israels (1,14 –
12,44). Kapitel 13 stellt ein Übergangskapitel dar, das vom Gericht
über Jerusalem und über die Menschheit vom Kommen des Menschensohnes handelt. Die Erzählung über die Passion Jesu bis zu seiner
Grablegung (Kap. 14 – 15) enthält keinen Wunderbericht, bildet also
ein Gegengewicht zum ersten Teil des Evangeliums, der von Wundererzählungen geprägt ist. Insofern stehen beide Teile in deutlichem

Kontrast zueinander. Dabei läuft der erste Teil auf den zweiten zu. Wundervollmacht und Kreuzesgehorsam bilden die beiden Schlüssel zur Enthüllung des Geheimnisses der Person, Vollmacht und Sendung Jesu. Der Schwerpunkt des Evangeliums liegt in der Passion. Der Gehorsam Jesu gegenüber dem Willen seines Vaters, der am Kreuz sich vollendet (s. Mk 14,32−42), zeigt erst, wer Jesus ist: kein Wundertäter, kein magischer Heiler oder von göttlichen Kräften überquellender Wundermann, vielmehr der von Gott bevollmächtigte endgültige Heilbringer für Israel und die Völker, der Messias, der Sohn Gottes (1,1).

Göttliche Vollmacht und selbstloser Gehorsam prägen das Bild vom Sohn Gottes im Markusevangelium. Im demütigen, ohnmächtigen Sterben am Kreuz enthüllt sich erst die Eigenart der Heilssendung Jesu. Der Glaube an Jesus schließt also sowohl die Kraft der Gnade Gottes als auch den selbstlosen Gehorsam gegenüber dem Willen Gottes bis zur Hingabe des eigenen Lebens in Demut ein.

Die Schweigegebote

Daß die Passion Jesu den Höhepunkt des Wirkens Jesu und damit den Zielpunkt des Evangeliums bildet, zeigen die *Schweigegebote*, die an vielen Stellen die Wundererzählungen abschließen und die für Markus typisch sind (1,34.44; 3,12; 5,43). Denn sie laufen dem Sinn des Wunderwirkens Jesu zuwider, zeichenhaft auf Jesus und seine Vollmacht hinzuweisen. Die Schweigegebote sollen verhindern, in Jesus nur den göttlichen Wundermann zu sehen oder sein Sterben am Kreuz zu übersehen (s. den Spott der Hohenpriester und Schriftgelehrten unter dem Kreuz: »Anderen hat er geholfen, sich selbst kann er nicht helfen. Der Messias, der König von Israel! Er soll doch jetzt vom Kreuz herabsteigen, damit wir sehen und glauben«, 15,31f.).

Die Schweigegebote entsprechen dem *Verbot*, Jesus als Messias vor seiner Auferstehung bekannt zu machen (Mk 8,30) und auf seine messianische Gottessohnschaft aufmerksam zu machen (9,9: »Er verbot ihnen, irgend jemand zu erzählen, was sie gesehen hatten, bis der Menschensohn von den Toten auferstanden ist«). Erst die Auferstehung Jesu, des Gekreuzigten, macht unmißverständlich klar, wer er wirklich ist und was glauben an ihn heißt.

Das Christuszeugnis des Evangeliums

Darum ist *das Evangelium des Markus umgriffen und durchzogen von Zeugnissen über Wesen und Sendung Jesu:* Zu Beginn: Das Zeugnis des Evangelisten (Überschrift: Mk 1,1), das Zeugnis des Täufers und die

Stimme aus dem Himmel (1,7f.; 1,10f.); am Ende: das Zeugnis des Hauptmanns unter dem Kreuz (15,34) und des Engels im leeren Grab (16,1—8, bes. V. 6); in der Mitte: das Zeugnis der Stimme aus dem Himmel, d.h. Gottes, bei der Verklärung Jesu (9,2—10), das auf die Auferstehung Jesu hinweist und diese zeichenhaft vorwegnimmt (9,9f.).

Der erste Teil des Evangeliums hat im Leiden und der *Auferweckung* sein *Ziel*. Von dorther findet die Person und die Vollmacht Jesu ihre endgültige Deutung und Bedeutung. Die göttliche Vollmacht, die sich in den Wundertaten Jesu zeigt, dient der Beglaubigung seiner Verkündigung vom Anbruch des Reiches Gottes in seiner Person und seinem Wirken. Die entscheidende Heilstat geschieht im gehorsamen Leiden und Sterben entsprechend dem Willen Gottes, nicht in den Wundertaten vorher. Sie weisen auf diese endgültige Heilstat hin und beglaubigen sie zugleich.

Die Hauptaspekte des Wunderzeugnisses: Glaube und Kreuz
Um die Wundertaten Jesu im ersten Teil des Evangeliums richtig zu verstehen, hebt der Evangelist im Zusammenhang der Wundererzählungen immer auf einen *doppelten Aspekt* ab: Er stellt zunächst den Heilssinn, den zeichenhaften Verweis auf das durch Jesus bewirkte Heil heraus, zugleich wehrt er falsches Verstehen ab.

Die Wunderepisoden werden im Evangelium in Gruppen geboten. Dazwischen stehen Stücke der Botschaft Jesu, die durch die Wunder beglaubigt werden soll. Eine Feineinteilung der einzelnen Bauelemente des ersten Teils des Evangeliums fehlt jedoch, da dem Evangelisten schematisches Denken fremd ist, auch weil die vorgegebene Tradition bereits in kleinere Einheiten zusammengefaßt war, die der Evangelist nicht nach Belieben aufteilen und neu bearbeiten konnte.

Die *Wundertaten Jesu* sind im Evangelium *mit der Führung der Jünger zum richtigen Glauben an Jesus verknüpft*. Da die Jünger in ihrem jüdisch beeinflußten Messiasglauben verstrickt sind, kommen sie vor der Auferstehung Jesu nicht zum Glauben im Vollsinn des Wortes (vgl. Mk 10,35—45: Rangstreit der Jünger vor Jerusalem). Der erste, der wirklich glaubt, ist der heidnische Hauptmann unter dem Kreuz, der den Gekreuzigten als den Sohn Gottes bekennt: »Wahrhaftig, dieser Mensch war Gottes Sohn« (15,39). Zu diesem Glauben sollen auch die Jünger geführt werden. Man kann sie daher bei Markus als Zeugen Jesu bezeichnen, die langsam zum wahren Glauben geführt werden. Im Licht der Osterbotschaft wird ihnen klar, wie erst das Zusammen von

Reich-Gottes-Verkündigung, Wundertaten und Leiden Jesu die Eigenart seiner Sendung und seines Heiles darstellen. Der Faden der Jüngererziehung verbindet die Wundertaten Jesu mit der Passion und Auferstehung Jesu.

Die Jünger sind von Anfang an Zeugen der Wundertaten Jesu (1,16–20). 3,35–38 zeigt, daß der Schwerpunkt der Sendung Jesu auf der Verkündigung des Reiches Gottes liegt. 3,13–15 weist auf die Aufgabe der Jünger hin, zu predigen und Dämonen auszutreiben. Nach 4,34 werden die Jünger in das Geheimnis des Reiches Gottes eingeweiht, sie haben aber in der Not des Seesturms noch keinen Glauben (4,40). Zwar sind die drei führenden Jünger, Simon, Jakobus und Johannes, bei der Erweckung der Tochter des Jaïrus vom Tod dabei (5,37–42), doch begreifen auch sie den Sinn der Hilfe auf dem See und des Brotvermehrungsgeschehens nicht (6,51f.: Speisung der Fünftausend; 8,14–21: Speisung der Viertausend). Simon denkt auch nach dem Messiasbekenntnis nicht, was Gott will (8,32f.), dasselbe gilt von allen Jüngern (10,35–45). Das Verklärungserlebnis macht sie ratlos in Hinsicht auf die Totenauferstehung (9,2–10). Immer wieder wird festgestellt, daß sie Jesus nicht verstehen und ihm damit zur Last fallen (9,18f.; 9,32; 10,10f.; 10,28ff.; 11,12–14.20–25). Daher nehmen sie an Jesu Leiden und Sterben Anstoß (14,26–31), schlafen am Ölberg (14, 32–42), verleugnen Jesus (14,66–72), ja fliehen alle. Die Wundertaten Jesu waren also nicht imstande, sie zum richtigen Glauben zu bringen. Wunderglaube ohne Glauben an den Gekreuzigten und Auferstandenen, Wunderverkündigung ohne Passions- und Auferstehungsverkündigung ist also unzulänglich, ja gefährlich, weil einseitig.

Die Wundererzählungen

Folgende *Wundergeschichten* werden *als Erzählganzheiten* im Evangelium vorgeführt: 1,21–39: *Erste Wunder in Kafarnaum:* Austreibung eines Dämons in der Synagoge (1,23–28), Heilung der fieberkranken Schwiegermutter des Simon und Andreas (1,29–31), Heilung von Besessenen und Kranken (1,32–34), Mißverständnis Jesu als Wunderheiler durch die Jünger und die Leute und Verweis auf Verkündigung des Reiches Gottes als Hauptaufgabe (1,35–39). Thema der Einheit: Dämonenaustreibungen und Heilungen als Hinweise auf Jesu vollmächtige Heilsbotschaft: »Eine ganz neue Lehre mit Vollmacht« (1,27; vgl. 1,22.38f.).

1,40–2,28: Zwei Heilungen in und bei Kafarnaum mit Hinweisen auf die neue Lehre und die neuen Heilsgaben Jesu: ein Aussätziger

(1,40−45: mit Reinigung), ein Gelähmter (2,1−12: mit Sündenverge-
bung), Berufung des Levi, Mahl mit Zöllnern und Sündern (2,13−17:
Wort vom Arzt der Sünder) mit Hinweis auf messianische Freudenzeit
(2,18−22) und Freiheit vom engen Sabbatgebot (2,23−28). Diese
Gruppe dient dem Nachweis, daß mit Jesu Kommen die Zeit enger
Gesetzlichkeit vorbei ist und daß Jesus Freude, Freiheit, Sündenverge-
bung und Heilung von Krankheiten schenkt: »Ich bin gekommen, um
Sünder zu rufen« (2,17).

3,1−35: *Heilungen von allen möglichen Leiden als Zeichen der endgültigen
Heilszeit. Scheidung der Geister − die neue Familie Jesu als Gemeinde des
Sohnes Gottes* mit folgenden Teilen: Heilung am Sabbat (3,1−6);
Heilungen vieler, auch Besessener (3,7−12); Wahl und Aufgabe der
Jünger: Mitarbeit an der Sendung Jesu (3,13−19); Mißdeutungen des
Wirkens Jesu durch Verwandte und Gegner (3,20−30), die wahren
Verwandten Jesu (3,31−35).

4,1−34: *Die Botschaft vom Reich Gottes mit Aufforderung, richtig zu
hören!* Sie bildet die Mitte der Verkündigung Jesu und ist daher von
Vollmachtstaten Jesu beglaubigend umgeben (vgl. dazu die Parr. Kap.
7: Rede über wirkliche Reinheit; 10,1−45: Reden über Ehe und
Ehescheidung, über Nachfolge und wahre Größe und 11,20−12,44:
Aussagen über Vollmacht Jesu, Hauptgebot, Verwerfung Israels,
Auferstehung der Toten).

4,35−8,26: *Große Wundertaten − Ablehnung in seiner Heimat − Aussen-
dung der Jünger − Warnung vor Gegnern − Heilung eines Blinden (als
Zeichen).*
Folgende Stücke finden sich: Sturmstillung (4,35−41), Besessener
von Gerasa (5,1−20: Heidenmission); Heilung einer Frau mit Blutun-
gen und Erweckung der Tochter des Jaïrus von Toten (5,21−43);
Ablehnung Jesu in seiner Heimat (6,1−6a), Aussendung der Zwölf mit
Vollmacht zur Austreibung unreiner Geister (6,6b−13), Urteil des
Herodes über Jesus mit Ende des Täufers (6,14−29), Rückkehr der
Jünger und Speisung der Fünftausend (6,30−44), Gang über den See
(6,45−52), Krankenheilungen in Gennesaret (6,53−56), Rede über
Rein und Unrein (7,1−23), Heilung der Tochter einer Heidin (7,24−
30), Heilung eines Taubstummen (7,31−37), Speisung der Viertausend
(8,1−10), Verweigerung eines Zeichens (8,11−13), Warnung vor den
Pharisäern und Herodes (8,14−21), Heilung eines Blinden (8,22−26).
Dieser entscheidende Abschnitt, in dem von der Loslösung Jesu aus
der Synagoge und dem Übergang zur Mission der Kirche die Rede ist,
birgt einen umfassenden Komplex von Wundertaten, grundlegenden
Worten und Taten Jesu, die das Neue markieren, das mit Jesus in die

Welt trat. In diesem Abschnitt finden sich daher die größten Machttaten Jesu. Die Heilung eines Blinden am Ende des Abschnitts markiert den Übergang von den verstockten Gegnern Jesu zu den Jüngern Jesu, die durch Kreuz und Auferweckung stufenweise sehen lernen.

8,27 – 11,33: Jesus auf dem Weg zum Leiden – die letzten Zeichen Jesu, des Messias, des Sohnes Gottes

Der Abschnitt enthält folgende Stücke: Das Messiasbekenntnis des Petrus (8,27–30); die erste Ankündigung von Leiden und Auferstehung (8,31–33) und die Aufforderung zur Kreuzesnachfolge (8,34–9,1); die Verklärung Jesu (9,2–10) mit Gespräch über das Kommen des Elija (9,11–13); die Heilung eines besessenen Jungen (9,14–29); die zweite Ankündigung von Leiden und Auferstehung (9,30–32), den Hinweis auf die wahre Größe bei Jüngern (9,33–37); das Wort über fremde Wundertäter (9,38–41), über Verführung (9,42–48) und über die richtige Grundhaltung der Jünger (9,49f.); den Aufbruch nach Judäa (10,1), Belehrungen über Ehe und Ehescheidung (10,2–12), Kinder (10,13–16), Reichtum und Nachfolge (10,17–31); die dritte Ankündigung von Leiden und Auferstehung (10,32–34); den Aufruf an die Jünger zur Leidensnachfolge (10,35–45); die Heilung des blinden Bartimäus bei Jericho (10,46–52), den Einzug in Jerusalem (11,1–11) und die Verwünschung eines Feigenbaumes als letztes Zeichen Jesu (11,12–14), die Reinigung des Tempels (11,15–19), die Belehrung über die Wunderkraft vertrauensvollen Gebets (11,20–25) und die Frage nach der Vollmacht Jesu (11,27–33).

Der Abschnitt ist bestimmt durch den Weg nach Jerusalem und die drei Ansagen des bevorstehenden Leidens. In ihm finden sich vier große Wunderzeichen, die Verklärung Jesu mit Hinweis auf die Auferstehung (9,2–10), die Heilung eines besessenen Jungen mit Hinweis auf die Kraft des Glaubens (9,14–29), die Heilung eines Blinden bei Betsaida mit Christusbekenntnis (10,46–52) und die Verwünschung eines Feigenbaums als Gerichtszeichen über das ungläubige Israel (11,12–14). Das abschließende Stück, die Frage nach der Vollmacht Jesu, bleibt deshalb unbeantwortet, weil die Führer Israels sich nicht entscheiden können, was sie vom Täufer und Jesus halten sollen (11,27–33). Nach diesem Abschnitt werden keine Wunder mehr im Markusevangelium berichtet.

Die prägenden Motive
Neben den Aussagen, daß mit Jesu Wirken die Dämonenherrschaft gebrochen wird und die Heilszeit anbricht und daß Jesus dazu göttliche Vollmacht besitzt (vgl. Mk 1,22.27; 3,23–27), prägen folgende *Motive*

die Wundererzählungen bei Markus: die Beglaubigung der neuen Lehre Jesu (Reich Gottes, Sabbat, Rein und Unrein, Stellung zu Reichtum, Ehe, Kindern, Jüngerschaft), die Vollmacht zur Sündenvergebung (2,10), die Bevollmächtigung der Jünger zu Dämonenaustreibungen und Heilungen (3,13 f.; 6,7–13), die Mission unter Heiden (5,19 f.; 7,24–30), die Erkenntnis Jesu als Messias und Sohn Gottes (s. Bekenntnisse der Besessenen), vor allem aber die Bedeutung und Macht des Glaubens für das Leben der Jünger Jesu in der kranken, bösen und bedrohten Welt (vgl. Mk 5,34: »Dein Glaube hat dir geholfen!«; 5,36: »Sei ohne Furcht, glaube nur!«; 9,23 f.: »Alles kann, wer glaubt!«, »Ich glaube, hilf meinem Unglauben!«; 11,22: »Ihr müßt Glauben an Gott haben!«). Darum münden die Wundererzählungen ein in die abschließende Feststellung über die Macht des Glaubens, 11,20–25, obwohl im Zusammenhang mit der Verwünschung des Feigenbaums eher ein Wort der Erklärung dieses Zeichens zu erwarten wäre. Bedingung und Macht des echten Glaubens an Jesus Christus und den Vater im Himmel stehen also im Mittelpunkt der Wunderdarbietung des Evangelisten.

Die sogenannten Naturwunder

Die Sturmstillung auf dem See, das Gehen Jesu über den See und die Erzählungen von den wunderbaren Speisungen der Hörer Jesu (4,35–41; 6,45–52; 6,30–44 und 8,1–10) weisen auf die Gegenwart des auferstandenen Christus und seine Hilfe für die bedrängte Kirche hin (s. die Motive). Sie sind deutlich österlich, von der Auferstehung Jesu her, und kirchlich, von deren Fragestellungen her, geprägt (Bedrohung der Kirche, Agapen, Eucharistiefeier). Der Glaube der Kirche darf sich nicht schrecken lassen durch äußere Bedrohung und innere Schwäche (vgl. 4,40; 6,50; 8,14–21). Die eigentliche Gefahr für die Kirche ist der Unglaube, der vergißt, daß der Auferstandene der Kirche nahe ist und ihr auf wunderbare Weise beisteht. Wie der Vater des besessenen Jungen hat daher die Kirche immer neu zu bitten: »Ich glaube, hilf meinem Unglauben« (9,24). Ihr wird abschließend – ebenso wie jedem einzelnen Gläubigen – gesagt: »Ich sage euch: ›Alles, worum ihr betet und bittet – glaubt nur, daß ihr es schon erhalten habt, dann wird es euch zuteil!‹« (9,24 f.).

Der Verweis auf die Macht des Glaubens in der Ohnmacht und Bedrohung der Nachfolge des gekreuzigten und auferstandenen Herrn (Mk 8,34–38) ist der tiefste Sinn der Wundererzählungen im Markusevangelium.

Der Vergleich mit der Markusvorlage
Die Funktion und Eigenart der Wundererzählungen im Evangelium
des Matthäus läßt sich durch den Vergleich mit dem Markusevangelium deutlich erkennen. Denn Matthäus legte das Markusevangelium
seinem Evangelium zugrunde. Er übernimmt weithin auch dessen
Wundergeschichten. Wo er solche wegläßt, bearbeitet oder umstellt,
wird seine theologische Absicht greifbar.[32]

Zunächst folgt Matthäus der Zweiteilung des Markus. Jesus wirkt
Wunder von Galiläa bis zu seinem Einzug zum Leidenspascha in
Jerusalem (4,23 – 21,17). Deutlicher als bei Markus ist das Evangelium
umgriffen von den wunderbaren Heilswahrheiten des Lebens Jesu
Christi: seiner wunderbaren Empfängnis und Geburt (Kap. 1 – 2) und
seinen Erscheinungen nach seiner Auferstehung in Jerusalem und
Galiläa (Kap. 28).

Weglassungen und Sondergut
Von den *Wundergeschichten des Markus* hat Matthäus *nicht übernommen*
jene von der Heilung eines Taubstummen (Mk 7,31–37), wohl weil
ihn die magisch mißdeutbaren Riten störten, mit denen Jesus die
Heilung begleitete. Ähnliches gilt von der Heilung eines Blinden bei
Betsaida (Mk 8,22–26), wobei er auch den Eindruck vermeiden
wollte, Jesus hätte sein erstes Eingreifen korrigieren müssen. Matthäus
zeigt ein theologisch vertieftes und vergeistigtes Verständnis der
Wundertaten Jesu.

Das läßt sich auch an der Art der *Bearbeitung der Wundererzählungen
des Markus* erkennen. Ihn interessieren nicht die Wunder als solche,
sondern die darin zum Vorschein kommende soteriologische und
christologische Wahrheit. Darum strafft er die breiten, z. T. dramatischen Wundererzählungen des Markus, so daß sie ihre Farbigkeit
verlieren und lehrhaften Charakter gewinnen.

An Wundererzählungen bietet er *über Markus hinaus aus der sog.
Quelle Q*, deren auch Lukas sich bedient, die von der Heilung des
Knechts des Hauptmanns von Kafarnaum (Mt 8,5–13; s. Lk 7,1–10)
und von der Heilung eines stummen Besessenen (Mt 12,22f.; s. Lk
11,14).

Aus anderer Überlieferung bringt er die Heilung eines besessenen
Stummen (9,32–34). Von seiner Hand gestaltet dürfte die Erzählung
von der Heilung zweier Blinder sein (9,27–31). Da er die Heilung des
blinden Bartimäus bei Jericho verdoppelte (Mt 20,29–34: 2 Blinde bei

Jericho; s. Mk 10,46−52), dürfte auch die Verdoppelung der Blinden Mt 9,27−31 auf Matthäus zurückgehen.

Summarien

Matthäus weist über Markus hinaus noch *sechs weitere* allgemeine Hinweise auf Heilungen Jesu auf: 4,23−25: in den Synagogen Galiläas; 9,35: in Galiläa; 14,14 (wie Lk 9,11): vor der ersten Brotvermehrung; 15,29−31: auf dem Berg; 19,2: im Ostjordanland; 21,14: im Tempel. Dies weist auf das besondere Interesse des Matthäus an der Heilung jeglicher Krankheit und jeglichen Gebrechens durch Jesus hin (vgl. Mt 4,23 f.). Das Heil zeigt sich gerade an der Heilung leiblicher, geistiger und psychischer Krankheiten und Gebrechen. Deswegen fügt Matthäus bei der Aussendung der Zwölf über Markus hinaus noch den Hinweis auf den Auftrag und die Vollmacht der Mitarbeiter Jesu bei, »*alle* Krankheiten und Leiden zu heilen« (Mt 10,1; vgl. Mk 6,7: nur Vollmacht zur Dämonenaustreibung; s. noch Mk 3,15). Jesus ist als der Messias der Heiland aller Krankheiten und Kranken.

Der Wunderzyklus Mt 8 − 9

Am bemerkenswertesten ist aber, daß Matthäus die *Wundergeschichten* des Markus *neu geordnet* hat. Er beginnt mit einem Sammelbericht über die Heilungen Jesu in Galiläa seinen Bericht über das öffentliche Wirken Jesu, 4,23−25. Dann folgt die drei Kapitel umfassende Darstellung der neuen Lehre Jesu (Kap. 5 − 7: Bergpredigt). Diese endgültige Offenbarung des Willens Gottes durch Jesus wird beglaubigt durch einen Bericht über *dreimal drei Wundertaten Jesu in den Kapiteln 8 und 9*. Es handelt sich um: die Heilung eines Aussätzigen (8,1−4); des Knechtes eines Hauptmanns zu Kafarnaum (8,5−13) und der Schwiegermutter des Petrus (8,14 f.), abgeschlossen von einem Sammelbericht über Heilungen von Besessenen und Kranken (8,16 f.).

Eingeschoben ist ein Wort über Bedingungen der Jüngernachfolge (8,18−22); dann folgen: die Stillung eines Sturms auf dem See (8,23−27), die Heilung zweier Besessener von Gadara (8,28−34) und die Heilung eines Gelähmten (9,1−8). Zwei weitere Einschübe handeln von der Berufung des Zöllners Levi in die Nachfolge und überliefern zwei Worte über die Sendung Jesu als Arzt für Kranke und als Heiland der Sünder und als messianischer Freudenbringer (9,9−13.14−17). Abgerundet wird die Wundersammlung durch drei weitere Wundererzählungen: die Doppelerzählung von der Heilung einer Frau mit Blutungen und der Erweckung der Tochter des Jaïrus (9,18−26), von der Heilung zweier Blinder (9,27−31) und eines Stummen (9,32−34).

Den redaktionellen Abschluß des galiläischen Wunderzyklus bildet der Sammelbericht 9,35–38, der den ersten Sammelbericht z. T. im Wortlaut aufgreift und durch den Hinweis auf die Situation des Volkes Israel weiterführt: der Herde Gottes fehlte bisher der Hirte, und der in die Aufforderung einmündet: »Die Ernte ist groß, aber es gibt nur wenige Arbeiter. Bittet also den Hern der Ernte, Arbeiter für seine Ernte auszusenden!« (9,37).

Diese für die Kirche des Matthäus wichtige Aussage zeigt außerdem, daß der *Wunderzyklus* nicht allein der *Beglaubigung der Lehre und Sendung Jesu* dient, sondern *zugleich* die Funktion hat, *die Jünger Jesu auf ihre Aufgabe hinzuweisen.* Dies geschieht in diesem Abschnitt auch durch die eingeschobenen Lehrstücke über die Bedingungen der Nachfolge und Mitarbeit am Werk Jesu (8,18–22), über die Sendung Jesu zu den Kranken und den Sündern (9,12 f.) und durch den Hinweis auf den grundsätzlichen Neuansatz des Wirkens und der Worte Jesu, des Messias: »Neuen Wein füllt man in neue Schläuche« (9,14–17). Die alten Formen der Frömmigkeit reichen für den Jüngerkreis Jesu nicht mehr aus. Denn die Jünger haben die frohe Botschaft des Evangeliums mitzuteilen und die Gaben der messianischen Zeit zu vermitteln (9,14 f.).

Die Stellung der Wunderzeugnisse im Evangelium
Zu beachten ist in diesem Zusammenhang, daß Matthäus die Redeüberlieferung von Jesus nach dem Vorbild der 5 Bücher Mose in fünf Redeeinheiten zusammenzieht, die er je mit der Formel abschließt: »Als Jesus diese beendet hatte…« (tat er das und das), vgl. 7,28; 11,1 (für 10,1 ff.); 13,53 (für 13,1–52), 19,1 (für Kap. 18), 26,1 (für Kap. 23–26). Entsprechend verteilt er die *Wundererzählungen im ersten Teil seines Evangeliums:* vgl. *Kap. 8–9* (Wunderzyklus); *12,9–14* (Sabbatheilung); *14,13–36: drei Wunder,* die an das Gleichniskapitel über das Himmelreich angeschlossen sind (Kap. 13): Speisung der Fünftausend, Gang auf dem See und Krankenheilungen in Gennesaret; *15,21–39: drei Wunder:* Erhörung der Bitte einer heidnischen Frau, Heilung vieler Kranker am See von Galiläa und Speisung der Viertausend; *drei weitere Wunder in dem Abschnitt 17,1–27:* die Verklärung Jesu (17,1–9) und die Heilung eines mondsüchtigen Jungen (17,14–21), der Fang eines Fisches mit einer Steuermünze (17,27: zur Beglaubigung der Steuerfreiheit Jesu); *zuletzt drei Wunder bei und in Jerusalem 20,29–21,22:* die Heilung zweier Blinder bei Jericho (20,29–34), die Heilung von Lahmen und Blinden im Tempel (21,14 f.) und die Verwünschung

eines Feigenbaums als Symbol des ungläubigen Volkes Israel (21,18—22). Damit endet das Wunderwirken Jesu.

Matthäus hat zwar die anderen Redeeinheiten nach der Bergpredigt nicht durch eigene Wunderkapitel beglaubigen lassen, doch hat er, je nach Möglichkeit der markinischen Vorlage, die Wunderberichte so verteilt, daß sie im Ganzen seines Evangeliums Jesu Worte, Zeichenhandlungen und Reden beglaubigen.

Wunder und Wort Jesu

Vor allem aber hat Matthäus *nur Wundererzählungen* in sein Evangelium übernommen, *die eine bedeutsame Aussage,* ein Wort Jesu, ein sog. Apophthegma, ein Lehrwort, *enthalten.* Die Wunder haben insofern sprechenden Charakter. Alle ausschmückenden und entbehrlichen berichtenden Züge der Wundererzählungen des Markus hat Matthäus dagegen gestrichen (vgl. 8,28—34 mit Mk 5,1—17; 9,18—26 mit Mk 5,21—43; 7,14—21 mit Mk 9,14—29). Die Wundererzählungen haben also belehrenden Charakter und sind dem *Hauptziel* des Evangeliums untergeordnet, *die neue Lehre vom Reich Gottes* (vgl. Kap. 13, auch Bergpredigt Kap. 5 — 7) *zu veranschaulichen und zu beglaubigen.* Näherhin geht es um folgende Aussagen: die Reinigung eines Aussätzigen (8,1—4: neue Form der Reinheit, vgl. 15,1—20), die Berufung der Heiden anstelle des ungläubigen Israel (8,5—13: Knecht des Hauptmanns), stellvertretende Übernahme von Leiden und Krankheiten (8,16f.: Sammelbericht), die Macht Jesu über alle Mächte, welche die Jünger Jesu bedrohen (8,23—27: Sturm auf dem See), die Heilung von heidnischen Besessenen (als Hinweis auf spätere Heidenmission der Kirche), die Vollmacht zur Sündenvergebung (9,1—8: Heilung eines Gelähmten), Heilung heimgesuchter Frauen (9,18—26: Frau mit Blutungen, Erweckung der Tochter des Jaïrus, Tod), die Heilung zweier Blinder (9,27—31: Hinweis auf Macht des Glaubens), Heilung eines Stummen (9,32—34: Verdächtigung Jesu, dämonische Wunder zu wirken), Heilung eines Mannes am Sabbat (12,9—14: am Sabbat sind gute Taten erlaubt), Speisungen von Fünftausend bzw. Viertausend (14,13—21; 15,32—39) als Hinweise auf Jesus, den neuen Mose, den wahren Leiter und Gesetzgeber der Agapen und Eucharistiefeiern der Kirche; der Gang auf dem Wasser und die Rettung des Petrus (14,22—33: Hinweis auf die Sorge des Auferstandenen um die Kirche und auf die Macht des Glaubens), die Heilung eines Mondsüchtigen als Aufruf zu einem vollen Glauben (17,14—21), der Fang eines Fisches mit einer Steuermünze im Maul als Hinweis auf die Steuerfreiheit Jesu und des Simon (17,24—27), die Heilung zweier Blinder bei Jericho (20,29—34:

Hinweis auf Jesus, den »Sohn Davids«) und der Feigenbaum als Verweis auf die Vollmacht Jesu als Messias (21,23−27).

Die messianische Beglaubigungsfunktion

Die Wunder Jesu beglaubigen also Jesus als Messias, seine Vollmacht zur Sündenvergebung und zur Krankenheilung, veranschaulichen seine messianischen Gaben an die Kirche (Sündenvergebung, caritative und eucharistische Speisung der Kirche) und weisen auf die Macht des Glaubens, die Gefahr des Kleinglaubens (8,26; 14,31; 21,21 f.) und die Heilsgabe der Heilung von allen möglichen Krankheiten und Gebrechen hin. Mit Jesu heilendem Wirken hebt wirklich die messianische Zeit an (11,2−6: »Blinde sehen wieder, Lahme gehen, Aussätzige werden rein, Taube hören, und Tote stehen auf«).

Der Hauptmann von Kafarnaum stellt die Maßstäbe und Ordnungen der Heilszeit heraus, die mit Jesu Kommen und Wirken anbricht, die Zeit der Wirklichkeit des Glaubens: »Viele werden von Osten und Westen kommen und mit Abraham, Isaak und Jakob im Himmelreich zu Tisch sitzen, die aber, für die das Reich bestimmt war, werden hinausgeworfen in die äußerste Finsternis« (8,11.12b). Die Heiden und die Jünger Jesu erkennen die neuen Möglichkeiten des Glaubens im Reich Gottes; die jüdischen Führer können in Jesus nur einen dämonischen Betrüger erkennen (vgl. Mt 27,63). Wer glaubt, wird die heilenden Kräfte Jesu Christi erfahren und selbst freisetzen zum Heil anderer.

Die Eigenart der Wunderüberlieferung im Evangelium des Lukas

Der Vergleich mit der Markusvorlage

Auch das Evangelium des Lukas ist stärker als das Markusevangelium umgriffen von dem Einbruch der Gnade Gottes in die Geschichte: in der wunderbaren Empfängnis, Geburt und Kindheit Jesu, des Sohnes Gottes (Kap. 1 − 2) und in der Erweckung des Gekreuzigten und seinen Erscheinungen in und bei Jerusalem (Kap. 24).

Innerhalb dieses *heilsgeschichtlichen Rahmens* folgt Lukas aber der Vorlage des Markus, abgesehen von kleineren Umstellungen (Vorverlegung des Besuchs Jesu in Nazaret an den Anfang des Auftretens Jesu, vgl. Lk 4,16−30 mit Mk 6,1−6; die Verschiebung der Erstberufung von Jüngern auf die Zeit nach dem ersten Wirken Jesu, vgl. Lk 5,1−11 mit Mk 1,16−20; die Zusammenziehung der Täuferaussagen, vgl. Lk 3,1−20 mit Mk 3,1−6.7−10; 6,17 f.) und vor allem von *zwei Einschüben lukanischen Sondergutes in den Aufriß des Markus (kleine Einschaltung:* Lk

6,17−8,3 nach Mk 3,19; *große Einschaltung:* Lk 9,51−18,14, der sog. Reisebericht, nach Mk 9,41). *Dabei streicht Lukas je einen Abschnitt bei Markus,* so Mk 3,20−30 und Mk 9,42−10,12.[33]

Überprüfung der Wunderüberlieferung des Markus

Auffällig ist nun, *daß Lukas* auch *Wundererzählungen des Markusevangeliums wegfallen läßt,* so die zweite Brotvermehrungsperikope (Mk 8,1−10), die er wohl als Dublette des ersten Berichts ansah; die Heilung der Tochter der syrophönizischen Frau (Mk 7,24−30), weil ihn als Heidenchristen das Wort von den unreinen heidnischen »Hunden« wohl gestört hat; die ›stufenweise‹ Heilung eines Blinden bei Betsaida (Mk 8,22−26), weil diese »tastende« Art des Heilens seinem hoheitsvollen Jesusbild widersprach; der Seewandel Jesu (Mk 6,45−52), der Jesus als Gespenst erscheinen läßt, wohl aus demselben Grund; schließlich die »irrationale« Verwünschung eines Feigenbaums (Mk 11,12−14), weil er zu der angegebenen Jahreszeit gar keine Früchte tragen konnte.

Wie Matthäus hat Lukas *die Wundererzählungen des Markus stilistisch verbessert und auf das jeweilige Kerygmawort hin gestrafft.*

Überlieferungen aus der Quelle Q

An Überlieferungen aus der Quelle Q übernahm Lukas die zwei Heilungsgeschichten, die auch Matthäus in sein Evangelium aufgenommen hat, die Heilung des Dieners des Hauptmanns von Kafarnaum (7,1−10; vgl. Mt 8,5−13) und die Befreiung eines stummen Besessenen von seinem Dämon (11,14; vgl. Mt 12,12 f.).

Sondergut

An Sondergut weist sein Evangelium die Erzählungen vom wunderbaren Fischfang (5,1−11; vgl. Joh 21,1−14), von der Erweckung eines toten jungen Mannes in Naîn (7,11−17), von der Heilung einer gekrümmten Frau am Sabbat (13,10−17), eines wassersüchtigen Mannes am Sabbat (14,1−6) und von zehn Aussätzigen, darunter ein Samariter (17,11−19), sowie die eines abgeschlagenen Ohres bei der Festnahme Jesu (22,51) auf. Letztere Heilung durchbricht das Schema des Markus, daß Jesus nach seinem Einzug in Jerusalem zum Leidenspascha keinerlei Wunder mehr wirkte.

Über Markus hinaus bietet Lukas auch einen *weiteren Sammelbericht* (Lk 7,21).

Stärker als bei Markus und Matthäus wird im Redegut des Lukas auf Wundertaten Jesu hingewiesen (vgl. Lk 4,16−30: Antrittspredigt in Nazaret; 5,39: Wort vom alten Wein; 10,17−20: Hinweis auf das exorzistische Wirken der Jünger; 13,32: Antwort an Herodes; 16,30f.: Hinweis auf Totenerweckung). Die Wunder spielen bei Lukas eine größere Rolle als Anstöße zum Glauben als bei Markus. Darauf verweist auch die Rahmung der Feldrede (6,20–49) durch Hinweise auf Wundertaten Jesu (6,17–19: Sammelbericht; 7,1–17: Diener eines Hauptmanns; junger Mann von Naïn).

Das soziale Motiv
Bezeichnend ist das soziale Motiv, das sowohl die Auswahl der Wunder des Sonderguts wie auch die Redaktion der Wunderüberlieferung betrifft. So wird bei der Totenerweckung zu Naîn bemerkt, der junge Mann sei der einzige Sohn einer Witwe gewesen (7,12), bei der Heilung einer gekrümmten Frau, sie sei als Tochter Abrahams vom Satan ungerechterweise geknechtet worden (13,16); bei der Heilung von zehn Aussätzigen (17,11–19) wird gesagt, daß der einzige, der Jesus dankte, ein Samariter war (17,16).

Wunder als Anzeichen der Heilszeit
Noch nachdrücklicher als bei Matthäus wird *herausgestellt, daß durch Jesu Wirken die von den Propheten verheißene Heilszeit anbricht,* indem Lukas mit einem Zitat aus Jes 61,1f. das öffentliche Wirken Jesu in der Synagoge zu Nazaret beginnen läßt: ». . . Der Herr hat mich gesalbt, . . . damit ich . . . die Zerschlagenen in Freiheit setze und ein Gnadenjahr des Herrn ausrufe« (4,18–19). Im Beitext wird dabei auf die Wunder des Elija und Elischa verwiesen, näherhin Totenerweckung, wunderbare Speisenbeschaffung und Aussätzigenheilung (4,25–27; s. 1 Kön 17, 1–7.8–16; 2 Kön 5,1–27); vgl. dazu noch die Antwort Jesu an die Jünger des Täufers unter Verweis auf Heilungen und Totenerweckungen, Lk 7,22 (s. Jes 26,19; 29,18; 35,5f.; 61,1: »Blinde sehen wieder, Lahme gehen, und Aussätzige werden rein; Taube hören, Tote stehen auf . . .«).

Die *Reaktion der Zeugen von Wundertaten Jesu* hebt diesen Aspekt eigens hervor: »Ein großer Prophet (analog Elija und Elischa!) ist unter uns aufgetreten: Gott hat sich seines Volkes angenommen!« (7,16; vgl. 13,17).

Auch die Jünger Jesu werden mit Jesu Heilungsvollmacht ausgestattet und erhalten den Auftrag, an Jesu Sendung durch Exorzismen und Heilungen teilzunehmen: »Ich habe euch die Vollmacht gegeben, auf Schlangen und Skorpione zu treten und die ganze Macht des Feindes zu überwinden. Nichts wird euch schaden können« (10,18f.; vgl. 9,1: »Er gab den Zwölf die Kraft und die Vollmacht, alle Dämonen auszutreiben und die Kranken gesund zu machen«; 10,9: »Heilt die Kranken, die

dort sind, und sagt den Leuten: Das Reich Gottes ist euch nahe!«) (Wort
an die 72 bzw. 70 Jünger).

Das heilende Wirken Jesu und seiner Jünger wird nach 10,18
gedeutet als *Brechung der Unheilsherrschaft des Satans:* »Ich sah den Satan
wie einen Blitz vom Himmel fallen!« (vgl. 13,16: »Diese Tochter
Abrahams, die der Satan schon seit achtzehn Jahren gefesselt hielt«).

Auch das Wirken fremder Exorzisten, die sich dabei des Namens
Jesu bedienten, ist in dieses Heilsgeschehen eingeschlossen (s. 9,49 f.:
»Hindert ihn nicht! Denn wer nicht gegen euch ist, der ist für euch!«).

Stärkere Prägung durch hellenistische Vorbilder

Die Heilungsgeschichten des Lukas sind stärker als die der übrigen Evangelisten *vom Schema der hellenistischen Wundergeschichten geprägt.* Dies zeigt
sich vor allem am Öffentlichkeitscharakter der Wundertaten Jesu, am
Staunen und an der Reaktion der Zeugen (am sog. Chorschluß) und
auch an der Zeichnung Jesu als von göttlicher Kraft geladenen Heiler
aller Arten von Krankheiten. Lukas hat die Schweigegebote des
Markus nahezu alle getilgt; Wunder sind dazu da, bekannt zu werden,
um Gott verherrlichen zu können und nach Jesu Geheimnis zu fragen
(vgl. 4,36: »Da waren alle erstaunt und erschrocken, und einer fragte
den andern: ›Was ist das für ein Wort?‹«; 5,9: »Simon Petrus und seine
Begleiter waren erstaunt und erschrocken«; 5,26: »Da gerieten alle
außer sich, sie priesen Gott und sagten voll Furcht: ›Heute haben wir
etwas Unglaubliches gesehen!‹«; 7,16: »Alle wurden von Furcht
ergriffen, sie priesen Gott und sagten: ›Ein großer Prophet ist unter uns
aufgetreten‹«; 7,49: »Da dachten die anderen Gäste: ›Wer ist das, daß er
sogar Sünden vergibt?‹«; 8,25: »Sie fragten einander voll Schrecken
und Staunen: ›Was ist das für ein Mensch, daß sogar die Winde und das
Wasser seinem Befehl gehorchen?‹«; 8,56: »Ihre Eltern [Jaïrustochter]
waren außer sich« [hier folgt ein Schweigegebot!]; 13,17: »Das ganze
Volk freute sich über all die großen Taten, die er vollbrachte«; 18,43:
»Alle Leute, die das gesehen hatten [Blindenheilung], lobten Gott«;
19,37 f: »Alle Jünger begannen [beim Einzug in Jerusalem], freudig und
mit lauter Stimme Gott zu loben wegen all der Wundertaten, die sie
erlebt hatten. Sie riefen: ›Gesegnet sei der König, der kommt im
Namen des Herrn!‹«, vgl. Ps 118,26).

Vor allem aber wird *Jesu göttliche Kraft zum Heilen herausgestellt.* Sie
ist so stark, daß eine gläubige Berührung seines Gewandes zur Heilung
ausreicht, ja, daß diese Kraft ihn sogar zum Heilen drängt (vgl. 4,14.36;
5,17; 5,19; auch 19,37; vgl. auch Apg 10,37 f.: »Wie Gott Jesus von
Nazaret gesalbt hat mit dem Heiligen Geist und mit Kraft, wie dieser

umherzog, Gutes tat und alle heilte, die in der Gewalt des Teufels waren; denn Gott war mit ihm«).

Der charismatische Prophet und Heiland

Diese Linie wird aber nur angedeutet, nicht als charakteristisch für Jesus ausgezogen. Vielmehr wird *Jesus als »großer Prophet« dargestellt,* durch den Gott sein Volk gnädig heimsucht (7,16), so daß der Dank sich an Gott richtet. *Die Wundertaten Jesu weisen auf den Anbruch des Reiches Gottes hin und rufen zu Umkehr und Glauben auf* (10,13–16.21f.23f.), können allerdings auch zu Unglauben (4,23ff.: Bewohner von Nazaret; 8,20f.: Verwandte) und zu böswilliger Mißdeutung führen (11,15: Beelzebulvorwurf).

Darum weist Jesus die Forderung nach Schau- und Beglaubigungswundern grundsätzlich ab (9,9; 23,8f.; 11,29–32; bes. 16,19–31: »Wenn sie auf Mose und die Propheten nicht hören, werden sie sich auch nicht überzeugen lassen, wenn einer von den Toten aufersteht«; beachte auch die Ablehnung der Versuchung durch Satan, Wundertaten zu wirken, 4,3–12).

Außerdem wird *nachhaltig auf den Glauben als Voraussetzung für das Wunderhandeln Jesu an Kranken und Heilungsuchenden verwiesen* (vgl. 4,23ff.; 7,9; 8,25; 8,48; 8,50; 9,41; 18,35–43). Durch die Formel: »Dein Glaube hat dich gerettet«, bei Lukas in Jesu Mund sowohl bei Wunderheilungen wie bei der Begnadigung großer Sünder gebraucht, wird angezeigt, daß die Heiltätigkeit Jesu seiner soteriologischen Sendung zu- und eingeordnet ist (vgl. 7,50; 8,48; vgl. 8,50). *Die Wundertaten sind Ausdruck der Sendung Jesu als Heiland der Kranken, der Besessenen, der Sterbenden und der Sünder* und beglaubigen diese zugleich. Der soteriologische Auftrag Jesu, des Heilandes Gottes, der alle Menschen retten will, wird von Lukas mit Hilfe der Wundertaten Jesu nachhaltig herausgearbeitet.

Die Eigenart der Wunderüberlieferung im Evangelium des Johannes

Die Erscheinung des menschgewordenen Logos

Auch die Christus- und Heilsbotschaft des vierten Evangeliums ist umgriffen vom *Mysterium der Menschwerdung des vorweltlichen Logos Gottes* (1,1–18: Prolog) und den Erscheinungen des auferstandenen Christus (Kap 20f.). *Im irdischen Leben Jesu offenbart sich,* anders als in den synoptischen Evangelien, *die göttliche Vollmacht, Wesenheit und Herrlichkeit des wesensgleichen Sohnes Gottes* (»Und das Wort ist Fleisch geworden…, und wir haben seine Herrlichkeit gesehen, die Herrlichkeit des einziggezeugten Sohnes vom Vater... Aus seiner Fülle haben wir alle empfangen, Gnade über Gnade«, 1,14.16).

Das *Ziel des Evangeliums* ist, seine Leser und Hörer *zum Glauben an »Jesus, den Messias, den Sohn Gottes«, zu führen* (20,31). *Dem dienen auch die sieben großen Wunderzeichen, die es von Jesus berichtet.*[34]

Die sieben großen Zeichen im 1. Teil des Evangeliums
Sie finden sich *alle im ersten Teil des Evangeliums Kap. 1 – 12.* Es handelt vom Kommen und vom Wirken des Sohnes Gottes in der Welt. Der zweite Teil, der mit dem Abendmahl beginnt und mit den Erscheinungen des Auferstandenen endet (Kap. 13 – 20; Kap. 21 ist ein Nachtrag), handelt von der Rückkehr des Sohnes Gottes zum Vater und der Vorbereitung der Sendung des Parakleten, des Beauftragten Gottes zur Vollendung des Heilswerkes Jesu in der Welt.

Die sieben Wundererzählungen sind so in das Zeugnis vom öffentlichen Wirken Jesu eingeordnet, daß in ihnen sich die Offenbarung der Herrlichkeit des Sohnes Gottes zeichenhaft ereignet. Es beginnt mit dem Wunder zu Kana, dem ersten Zeichen (2,1–12: »So tat Jesus sein erstes Zeichen, in Kana in Galiläa, und offenbarte seine Herrlichkeit, und seine Jünger glaubten an ihn«, V. 11) und steigert sich von Zeichen zu Zeichen bis hin zum letzten und größten Zeichen, der Auferwekkung des toten Lazarus am vierten Tag nach seinem Tod (11,1–45: »Ich bin die Auferstehung und das Leben..., und jeder, der lebt und an mich glaubt, wird auf ewig nicht sterben!«, V. 25f.). Die sieben Zeichenwunder bilden so das Gerüst des Offenbarungsgeschehens des Sohnes Gottes im ersten Teil des Evangeliums.

Die sieben Wundererzählungen sind einer *Sammlung von Wundertaten Jesu entnommen,* die diese unter dem Stichwort »Zeichen« (sēmeion) zusammenstellte und in zeitlicher Abfolge ordnete. Darauf weisen die beiden ersten Wundererzählungen hin, die vom Evangelisten als »erstes« und »zweites« Zeichen Jesu überliefert werden (s. 2,11 und 4,54), obwohl es in den ersten Kapiteln Hinweise auf weitere Wundertaten gibt, die aber vom Evangelisten nicht eigens gezählt werden (s. 2,23: Zeichen in Jerusalem; 3,2: Zeichen allgemein). Näherhin handelt es sich um folgende »Zeichen«: 2,1–11: Verwandlung von Wasser in Wein zu Kana (1. Zeichen); 4,46–54: Fernheilung des Sohnes eines königlichen Beamten aus Kafarnaum von Kana aus (2. Zeichen); 5,1–9: Heilung eines seit 38 Jahren Gelähmten am Teich Betesda in Jerusalem; 6,1–13: wunderbare Speisung von fünftausend Männern am See von Tiberias mit fünf Gerstenbroten und zwei Fischen; 6,16–21: Gang Jesu über den nächtlichen See bei Sturm; 9,1–34: Heilung eines Blindgeborenen am Teich Schiloach in Jerusalem; 11,1–44: die Erweckung des seit vier Tagen verstorbenen Lazarus zu Betanien.

Einige dieser Wundererzählungen berühren sich nach Inhalt und Form mit synoptischen Wunderberichten, so die Heilung des Beamtensohnes mit der Fernheilung des Knechtes des Hauptmanns von Kafarnaum (Mt 8,5–13; Lk 7,1–10: Quelle Q), die wunderbare Speisung von fünftausend Männern am See mit jener von allen Synoptikern berichteten am See Gennesaret (Mk 6,31–44; Mt 14,13–21; Lk 9,10–17) und der angeschlossene »Seewandel« mit derselben Erzählung, die bei Markus und Matthäus ebenfalls der Brotvermehrung folgt (Mk 6,45–52; Mt 14,22–33). Es scheint, daß diese beiden Erzählungen auch in der Vorlage des Markus bereits fest miteinander verbunden waren.

Dämonenaustreibungen und Exorzismen fehlen bei Johannes völlig

Die christologische und soteriologische Deutung der Zeichen
Bemerkenswert ist, daß die Wundergeschichten der »Zeichen«-Sammlung bei Johannes *durch angeschlossene Reden von der Hand des Evangelisten in ihrem Aussagesinn erschlossen* werden, wobei in der *Mitte* dieser Erschließungen *eine christologische Offenbarungsaussage* steht, die bei den größten Wundertaten in der Form einer *Ich-bin-Aussage Jesu* mitgeteilt wird. Da die Ich-bin-Formel als Selbstoffenbarungsformel Gottes im Alten Testament dient, handelt es sich bei diesen Ich-bin-Aussagen um göttliche Offenbarungszeugnisse. Bezeichnend ist dabei, daß diese Ich-bin-Aussagen *je mit einem soteriologischen Symbol verbunden* sind, das die Heilsbedeutung Jesu für die Menschen erschließt: »Ich bin das Brot des Lebens« (6,48); »Solange ich in der Welt bin, bin ich das Licht der Welt« (9,5; vgl. 8,12); »Ich bin die Auferstehung und das Leben« (11,25). In den Wunderzeichen offenbart sich Jesus also als der göttliche Heilbringer für die Welt (vgl. noch 6,20); zugleich weisen diese Heilszeichen auf die Heilsmittel hin, die der Sohn Gottes durch seinen Sühnetod und seine Auferstehung der Kirche schenkte: Taufe und Eucharistie (vgl. 2,1–11; 3,1–13 und 6,1–15; 6,22–59 in Verbindung mit einem Verweis auf die Heilsbedeutung des Sohnes Gottes, 19,34 f.: »sogleich floß Blut und Wasser aus seiner Seite heraus!«; s. auch die Deuteworte Ex 12,46 und Sach 12,10 für den Tod Jesu).

Zwar läßt sich das Motiv des *Glaubens* als Vorbedingung des Wundergeschehens, das die Wundererzählungen der Synoptiker prägt, auch in den Wundergeschichten des Johannes noch feststellen (vgl. 2,5; 4,48.49.53; 11,24–27.40), auch findet sich bei ihm die Ablehnung von

Schau- und Demonstrationswundern (4,48), aber im vierten Evangelium dienen die Wunderzeichen anders als bei den synoptischen Evangelien dazu, das Wesen Jesu zu enthüllen und Glauben an seine Person und Heilsbedeutung hervorzurufen. Insofern *dienen die Wundererzählungen deutlich der Beglaubigung der Christusverkündigung und des Christusglaubens der Kirche.* Das stellen die beiden Aussagen deutlich heraus, mit denen der Evangelist die »Zeichenargumentation« abschließt: »Obwohl Jesus so viele Zeichen vor ihren Augen getan hatte, glaubten sie nicht an ihn. So sollte sich das Wort erfüllen, das der Prophet Jesaja gesprochen hat: ›Herr, wer hat unserer Botschaft geglaubt?‹...« (12,37−41), und: »Noch viele andere Zeichen... hat Jesus vor den Augen seiner Jünger getan. Diese aber sind aufgeschrieben, damit ihr glaubt, daß Jesus der Messias ist, der Sohn Gottes, und damit ihr durch den Glauben das Leben habt in seinem Namen!« (20,30f.). Die letzte Aussage bildete ursprünglich wohl den Schluß der vom Evangelisten benützten »Zeichensammlung«.[35]

Das Fehlen von Wunderzeichen im 2. Teil des Evangeliums
Im zweiten Teil des Evangeliums finden sich keine Wunderzeugnisse. Allerdings ist zu beachten, daß der Evangelist den Weg zur Passion als Weg zur Erhöhung des Sohnes Gottes darstellt (vgl. 12,32: »Und ich, wenn ich über die Erde erhöht bin, werde alle zu mir ziehen«). Deshalb tilgt er alle Aussagen, die Jesu Hoheit beeinträchtigen könnten (Gebetsringen am Ölberg, Verlassenheitsruf am Kreuz unter Verwendung von Ps 22,2), und deutet mehrfach an, daß es bis zuletzt in der Hand Jesu lag, sich in die Hände seiner Feinde zu geben. Schon in der Hirtenrede sagte Jesus: »Deshalb liebt mich der Vater, weil ich mein Leben hingebe, um es wieder zu nehmen. Niemand entreißt es mir, sondern ich gebe es aus freiem Willen hin. Ich habe Macht, es hinzugeben, und ich habe Macht, es wieder zu nehmen. Diesen Auftrag habe ich von meinem Vater empfangen« (10,17f.). Bei der Gefangennahme »wichen die Soldaten und Gerichtsdiener der Hohenpriester zurück und stürzten zu Boden, als Jesus zu ihnen sagte: ›Ich bin es‹« (18,6). Beim Verhör vor Pilatus bekennt Jesus: »Mein Königtum ist nicht von dieser Welt..., sonst würden meine Leute kämpfen, damit ich den Juden nicht ausgeliefert würde« (18,36), und er weist Pilatus darauf hin: »Du hättest keine Macht über mich, wenn es dir nicht von oben gegeben wäre« (19,11). Und Jesus selbst ist es, der den Zeitpunkt seines Todes setzt: »Als Jesus von dem Essig genommen hatte, sprach er: Es ist vollbracht! Und er neigte das Haupt und gab seinen Geist auf« (19,30).

Jesus verzichtete also bewußt darauf, seine Wundermacht zu gebrauchen, weil der Heilswille des Vaters es so beschlossen hatte. Er fiel nicht bösen Umständen anheim, sondern blieb bis zuletzt Herr seines Geschicks.

Das Zeugnis der »Werke« für Jesus

Die Wunder offenbaren, daß Jesus der Wirklichkeit Gottes zugehört, daß er deshalb die Herrschaft Satans zu brechen (12,31: »Jetzt wird Gericht gehalten über diese Welt, jetzt wird der Herrscher dieser Welt hinausgeworfen«) und selbst die Herrschaft über die Welt durch Tod und Auferstehung zu ergreifen vermochte (12,32: »Und ich, wenn ich über die Erde erhöht bin, werde alle zu mir ziehen«) und daß jeder, der sich ihm durch Glaube und Sakramente anschließt, göttliches Leben gewinnt, das schon mitten in der Welt sich heilbringend für Leib und Seele entfaltet und einmal volle Teilhabe am Leben Gottes ermöglichen wird. »Die Werke, die ich... vollbringe, legen Zeugnis dafür ab, daß mich der Vater gesandt hat« (5,36). Der Begriff »Werk (Gottes)«, *»Werke (Gottes)«,* den Johannes für die Wundertaten Jesu gebraucht, *weist auf Jesus* als *den endgültigen göttlichen Heilbringer* hin (vgl. 4,34; 5,20−30; 7,21; 9,3f.; 10,32.37f.; 15,24; 17,4).

Das Wunderzeugnis im Nachtragskapitel Joh 21

Das von den Schülern des Evangelisten nach seinem Tod dem Evangelium angefügte *Kapitel 21* (vgl. 21,24f.) berichtet noch von einem weiteren Wunder, das allerdings der Auferstandene am See von Tiberias wirkte, einen wunderbaren Fischzug zur ungünstigsten Zeit (21,1−14). Dieses Stück ist verwandt mit Lukas 5,1−11. Es geht dabei um die Fortführung des Werkes Jesu durch die Kirche und den Hinweis auf die Aufgabe des Simon Petrus (21,15−17) nach dem Tod Jesu.[36]

Diese Wundergeschichte stammt nicht aus der ›Zeichenquelle‹, ist auch nicht als ›Zeichen‹ bearbeitet. An ihr läßt sich ablesen, wie die Wundererzählungen aussahen, die dem Evangelisten vorlagen, und wie er diese Erzählungen theologisch bearbeitet hat, um sie zu Offenbarungsereignissen des Sohnes Gottes auszugestalten in einer Welt, die sich gegen dieses Heil verschließt und den Heilbringer Gottes und seine Gesandten verfolgt, weil sie unter der Macht von Sünde und Satan steht. An den ›Zeichentaten‹ kommt insofern auch das Drama des Ringens zwischen Licht und Finsternis, Gott und Satan, Glaube und Unglaube, Leben und Tod, Heil und Unheil zum Vorschein, auf welches das Evangelium so eindrücklich hinweist.

12. Die Bedeutung der Auferstehung Jesu für die Botschaft der Wundererzählungen

Die Wundertaten Jesu im Licht des Kreuzestodes

Jesus von Nazaret wurde trotz seiner außergewöhnlichen Machttaten von den Führern seines Volkes als der Messias Israels abgelehnt und wegen des Einflusses seiner ungewöhnlichen Persönlichkeit auf das Volk als Gefahr angesehen und zum Tod verurteilt. *Jesus entzog sich der Verurteilung nicht und machte bei Prozeß, Gefangennahme und Hinrichtung keinen Gebrauch von seiner Wundermacht.* Da er sich vor dem Hohen Rat als der Messias bekannte, stand mit dem Ausgang der Hinrichtung auch die Glaubwürdigkeit seines Sendungsanspruchs auf dem Spiel. Auf diesen Aspekt des Geschehens machten seine Gegner bei seiner Kreuzigung öffentlich aufmerksam: »Er ist doch der König von Israel! Er soll vom Kreuz herabsteigen, dann werden wir an ihn glauben. Er hat auf Gott vertraut, der soll ihn jetzt retten, wenn er an ihm Gefallen hat; er hat doch gesagt: Ich bin Gottes Sohn« (Mt 27,42 f.). Jesus hielt demgegenüber an seinem Anspruch fest und stellte als unschuldig Verfolgter mit dem Gebet von Psalm 22 seine Sache Gottes gerechtem Entscheid anheim. Da Jesus am Kreuz starb, ohne daß Gott zu seinen Gunsten eingegriffen hatte, schienen seine Gegner mit ihrem Urteil, ein falscher Messias, ein Verführer zu sein, recht bekommen zu haben. »Verflucht ist jeder, der am Pfahl hängt!« (Dtn 21,23; vgl. Gal 3,13). Die Wundertaten Jesu erschienen von diesem scheinbar gottverlassenen Sterben her wirklich als ein Werk des Satans.

Die Wundertaten Jesu im Licht der Auferstehung

Jedoch entzogen die Erscheinungen des Auferstandenen vor seinen Jüngern, aber auch vor Paulus, dem fanatischen Gegner, zusammen mit dem Verschwinden des Leichnams Jesu, diesem vordergründigen Urteil die Grundlage. Die Auferweckung des Gekreuzigten durch Gott beglaubigte zunächst seinen Sendungsanspruch und überzeugte seine Anhänger, daß mit seinem Wirken das Reich Gottes wirklich angebrochen war. Diese Überzeugung, der sog. Osterglaube, bildet die Voraussetzung für die nachösterliche Christusverkündigung der ersten Christen in Jerusalem: »Israeliten, hört diese Worte: Jesus, der Nazoräer, den Gott vor euch beglaubigt hat durch machtvolle Taten, Wunder und Zeichen, die er durch ihn in eurer Mitte getan hat, wie ihr selbst wißt – ihn hat Gott von den Wehen des Todes befreit und auferweckt... Dafür sind wir alle Zeugen« (Apg 2,22–24.32). »Mit Gewißheit erkenne das ganze Haus Israel: Gott hat diesen Jesus, den ihr gekreuzigt habt, zum Herrn und Messias gemacht« (Apg 2,36). Dadurch wurde all das, was Jesus gesagt und getan hatte, von neuem wichtig für den Glauben und die Verkündigung der ersten Christen.[37]

Die Lebensmacht des Auferstandenen

Zugleich bewirkte die Begegnung mit dem Auferstandenen eine neue Weise der Erfahrung der Lebensmacht des Auferstandenen für alle, die an ihn als Messias und Sohn Gottes glaubten. Am eindrücklichsten wurde dies am ersten christlichen Pfingstfest erfahren. Die ersten Christen deuteten diese Heilserfahrung als Mitteilung des Pneumas Gottes und Christi, als Erfüllung der im Alten Testament angekündigten Ausgießung der Lebensmacht Gottes: »Ich werde von meinem Geist ausgießen über alles Fleisch…« (Apg 2,17; Joël 3,1–5; vgl. Ez 36,27–28: »Ich lege meinen Geist in euch und bewirke, daß ihr meinen Gesetzen folgt und auf meine Gebote achtet und sie erfüllt… Ich werde euer Gott sein, und ihr werdet mein Volk sein«).[38]

Die Wirkungen der Taufe

Diese neue Lebensmacht wurde durch die Taufe an die Glaubenden weitergegeben. »Petrus sagte: ›Kehrt um, und jeder von euch lasse sich auf den Namen Jesu Christi taufen zur Vergebung seiner Sünden; dann werdet ihr die Gabe des Heiligen Geistes empfangen‹« (Apg 2,38). Die Gabe des Geistes teilt nach Paulus die Gnade der Gotteskindschaft mit und schenkt darüber hinaus vielfältige Gnadengaben zu einem neuen Leben in der Gemeinschaft der Kirche und in der Welt (vgl. Gal 3,26–4,7; Röm 8,9–17).

Im ersten Korintherbrief führt Paulus darüber näher aus: »Es gibt verschiedene Gnadengaben (Charismen), aber nur den einen Geist; es gibt verschiedene Dienste (diakoniai), aber nur den einen Kyrios; es gibt verschiedene Kräfte, die wirken (energēmata), aber nur den einen Gott. Er bewirkt alles in allen. Jedem aber wird die Offenbarung des Geistes geschenkt, damit sie anderen nützt« (1 Kor 12,4–7). Dann zählt Paulus die Gaben auf, die den Christen in Korinth näherhin geschenkt wurden durch die Taufe: Rede der Weisheit, Rede der Erkenntnis, Glaubenskraft, das Charisma der Krankenheilung, die Kraft, Wundertaten zu vollbringen (energēmata dynameōn), Prophetenrede, Unterscheidung der (Propheten-)Geister, verschiedene Arten von Sprachengebet (Glossolalie) und die Gabe, dieses Gebet zu deuten (1 Kor 12,8–11). Im selben Kapitel des ersten Korintherbriefs faßt Paulus diese Gnadengaben, Charismen (von griechisch charis = Gnade), noch einmal zusammen: »So hat Gott in der Kirche die einen eingesetzt als

Apostel, die anderen als Propheten, die dritten als Lehrer; ferner verlieh er die Kraft, Wunder zu tun (dynameis), die Gaben der Heilung (von Krankheiten, charismata iamatōn), der Hilfe, der Steuerung (der Gemeinden), des Sprachengebets. Sind etwa alle Apostel, alle Propheten, alle Lehrer? Haben alle die Kraft, Wunder zu tun (dynameis)? Haben alle die Charismen der Heilung (charismata iamatōn)? Beten alle in Sprachen? Können alle solches Beten auslegen?« (1 Kor 12,28–30).

Demnach wurden durch die Taufe den Christen unter anderem die Gaben zuteil, die Jesus seinen engsten Mitarbeitern, den Zwölf und Zweiundsiebzig, übertrug für ihre Sendung an Israel: »Er gab seinen zwölf Jüngern die Vollmacht, die unreinen Geister auszutreiben und alle Krankheiten und Leiden zu heilen« (Mt 10,1; vgl. Mk 3,15; Lk 10,1–9).[39]

Auf das Weiterleben der Heilsvollmachten Jesu in der Kirche weist auch der Schluß des Markusevangeliums hin: »Durch die, die zum Glauben gekommen sind, werden folgende Zeichen geschehen: ›In meinem (des Auferstandenen) Namen werden sie Dämonen austreiben; sie werden in neuen Sprachen reden; wenn sie Schlangen anfassen oder tödliches Gift trinken, wird es ihnen nicht schaden; und die Kranken, denen sie die Hände auflegen, werden gesund werden.‹ ... Und der auferstandene Herr stand ihnen bei und bekräftigte die Verkündigung durch die Zeichen, die er geschehen ließ« (Mk 16,17–20). In der Apostelgeschichte werden vor allem Petrus und Paulus als große Wundertäter im Namen Jesu geschildert (s. Apg 5,12–16; 19,11–20).[40]

Die Wundertaten als Hinweise auf die Heilsgaben des Auferstandenen

Die Wundertaten, die Jesus bei seinem öffentlichen Wirken vollbrachte, gewannen jetzt als Hinweise auf die Heilsgaben des Auferstandenen für die Glaubenden neue Bedeutung. Denn in ihnen deutete sich bereits an, was die durch den Glauben und die Sakramente der Taufe, der Eucharistie und der Sündenvergebung bewirkte Gemeinschaft mit dem Auferstandenen letztlich beinhaltete: die Teilhabe an der göttlichen Lebensfülle Christi, die dieser durch die Überwindung des Todes gewonnen hatte. Sie prägte sich zeichenhaft aus in den im Namen Jesu Christi geschehenden seelischen und leiblichen Heilungen und in der Erfahrung der gnadenhaft bewirkten Grundstimmungen und Grundhaltungen von Friede, Freude, Glaube, Hoffnung und Liebe (vgl. Gal 5,22ff.; auch Röm 14,17). Paulus beschreibt diese neue Grunderfahrung der Christen mit dem Satz: »Wenn jemand in Christus ist, dann ist er eine neue Schöpfung« (2 Kor 5,17). Johannes deutet die Neuwerdung durch die Taufe als eine Wiedergeburt durch das Pneuma, die Lebensmacht des Auferstandenen (vgl. Joh 3,1–13), Paulus als eine Lebensgemeinschaft mit dem auferstandenen Christus: »Wir alle, die auf Christus getauft sind..., wurden mit ihm begraben durch die Taufe auf den Tod; und wie Christus durch die Herrlichkeit des Vaters von den Toten auferweckt wurde, so sollen auch wir als neue Menschen leben« (Röm 6,3 f.). »Wir haben als Erstlingsgabe (des neuen Lebens) den Geist (Christi). Wir wissen, daß die gesamte Schöpfung... in Geburtswehen (des Reiches Gottes) liegt« (Röm 8,21–23). »Wenn der Geist dessen in euch wohnt, der Jesus von den Toten auferweckt hat, dann wird er, der Christus Jesus von den Toten auferweckt hat, auch euren sterblichen Leib lebendig machen durch seinen Geist, der in euch wohnt« (Röm 8,11). Die neue Lebensmacht durchdrang alle Bereiche des Menschseins, wie bereits die Wundertaten Jesu zeigten.

Die Ausgestaltung der Wunderüberlieferung durch die Urkirche
Die Wunderüberlieferungen wurden von der Urkirche daher gesammelt und so gestaltet, daß einerseits das durch den Auferstandenen verbürgte, im irdischen Wirken Jesu bereits gegenwärtige Heil darin deutlicher hervorgehoben wurde, andererseits die in der Kirche lebendige Heilsmacht des Auferstandenen in ihnen sichtbar wurde. Dies geschah vor allem durch die Herausstellung der Macht des Glaubens an Christus und die aus dem Glauben erwachsende Kraft des Bittgebets (vgl. Mk 11,20–25; Mt 21,20–22) sowie durch die Hinordnung mancher Wundertaten Jesu auf die Heilsgemeinschaft der Kirche und auf die Sakramente.[41]

So gewannen z.B. die aramäischen Heilungsworte ›Effata‹ (›Öffne dich‹, Mk 7,34) und ›Talita kum‹ (›Mädchen, steh auf‹, Mk 5,41) im Zusammenhang mit den Krankensegnungen der Kirche neue Bedeutung (vgl. die Heilungsformel des Petrus: ›Tabita kum‹, d.h. ›Tabita, steh auf‹, Apg 9,40; zu den Krankensegnungen s. Mk 6,13: »Sie trieben viele Dämonen aus, salbten viele Kranke mit Öl und heilten sie«; vgl. Jak 5,14–16).

Die Totenerweckungen, vor allem jene des Lazarus, werden als Hinweise auf die Auferstehung Jesu verstanden und als Zeichen der Hoffnung auf die künftige Auferstehung der Christen (vgl. Mk 5,39; Lk 7,14; Joh 5,21–26: »Die Stunde ist schon da, in der die Toten die Stimme des Sohnes Gottes hören werden; und alle, die sie hören, werden leben«; 11,25 f.: »Jeder, der lebt und an mich glaubt, wird auf ewig nicht sterben!«). Die Verlängerung des Todeszustands des Lazarus bis zum vierten Tag dient derselben Absicht, Jesus als den zu erweisen, der auch die bereits verwesten Toten wieder mit einem neuen Leib ausstatten und zum Leben rufen kann.

Insofern empfangen alle Wundererzählungen durch die Kirche eine Prägung durch den Glauben an den Auferstandenen. In ihnen wird die Heilsbedeutung des Glaubens an Jesus, den Christus, den Sohn Gottes, den zur Rechten Gottes sitzenden Kyrios der Welt, greifbar. Vom Auferstandenen her empfangen die Wundererzählungen der nachösterlichen Kirche über die Heilsbedeutung Jesu für die Glaubenden ihre letzte und entscheidende Glaubwürdigkeit. Dies zeigen gerade die Ich-bin-Aussagen des vierten Evangeliums ganz deutlich. Sie setzen das Osterereignis und den dadurch gesicherten Glauben an den zur Rechten Gottes lebenden, wesensgleichen Sohn Gottes voraus. Wäre Jesus im Tod geblieben, wären solche Deutungen der Wundertaten Jesu nicht möglich geworden. Die christologischen und soteriologischen Deutungen der Wunderzeichen Jesu im vierten Evangelium spiegeln das nachösterliche gläubige Nachdenken im Licht der Auferstehung Jesu über den letzten Sinn seiner Wundertaten. Theologische Spuren der gläubigen Meditation der nachösterlichen Kirche über Jesu Person und Wirken finden sich auch bereits in den synoptischen Wundererzählungen. Auch sie setzen die Auferstehung Jesu und sein heilstiftendes Wirken in der Kirche voraus und dienen der Vertiefung des Christusglaubens und der Einsicht in das Wesen des durch Christus geschenkten Heils. Die Aussage Jesu über das Ziel seiner Sendung gilt vollauf für das in der Kirche anwesende Heil: »Blinde sehen wieder, und Lahme gehen, Aussätzige werden rein, und Taube hören, Tote stehen auf, und den Armen wird das Evangelium verkündet« (Mt 11,5; vgl. Lk 7,22). Das bestätigen die Erzählungen von den Heilstaten der Apostel in der Apostelgeschichte (s. Apg 3,1–10.16: »Der Name Jesu hat diesen Mann hier zu Kräften gebracht; der Glaube, der durch ihn kommt, hat ihm vor aller Augen die volle Gesundheit geschenkt«; 4,30; 5,12–16: »Durch die Hände der Apostel geschahen viele Zeichen und Wunder im Volk«; 9,32–41; 14,8–17; 16,16–18; 19,11–20; 20,9 f.). Darauf weisen Texte wie 1 Kor 12,4–10.28–30 hin, die von den Charismen der Krankenheilung und der Wundermacht allgemein in den christlichen Gemeinden berichten, aber auch Hebr 11,32–35 (»Durch den Glauben sind sie stark geworden...; Frauen haben ihre Toten durch Auferstehung zurückerhalten«).

Kerygmatische Prägung der Wundererzählungen

Nachhaltig vom Glauben an das Wirken des Auferstandenen in der Kirche sind die sog. *Naturwunder* geprägt. Denn in ihnen kommt zeichenhaft zum Ausdruck, wie der Auferstandene für die Kirche und in der Kirche wirkt. Sie sind deshalb besser als *kerygmatische Wundererzählungen* oder als Zeichenwunder zu kennzeichnen.

Das gilt zunächst für die sog. *Speisewunder*[42], die wunderbare Speisung des Volkes Gottes durch Jesus in der Wüste, entsprechend der wunderbaren Speisung des Volkes Gottes in der Wüste beim Zug in das verheißene Land (s. Ex 16,4f.14−36; Num 11,7−9; Mk 6,30−44; Mt 14,13−21; Lk 9,10−17; Joh 6,1−13; Mk 8,1−10; Mt 15,32−39). Denn die Darstellungen der wunderbaren Speisung durch Jesus in der Wüste weisen deutlich auf die mit der Eucharistiefeier verbundenen Gemeindemähler, die Agapen, hin, wie folgende Züge zeigen: die Aufforderung an die Jünger: »Gebt ihnen zu essen!« (Mk 6,37; Mt 14,16; Lk 9,13), die Bildung von Speisegemeinschaften (Mk 6,39f.; Mt 14,19; Lk 9,14f.; Joh 6,10), die sprachliche Angleichung des Segensvollzugs Jesu über das Brot (und die Fische) an die Abendmahlsberichte (vgl. Mk 6,41; Mt 14,19; Lk 9,16: Aufblick zum Himmel, Lobspruch, eulogein, Austeilung an die Jünger, und Joh 6,11: Dankgebet, eucharistein, Austeilung an die Versammelten mit Mk 14,22; Mt 26,26: Lobspruch, eulogein; Lk 22,19; 1 Kor 11,24: Dankgebet, eucharistein), die Einschaltung der Jünger bei der Austeilung der Speise und beim Einsammeln der Reste (nach Joh 6,11 teilt Jesus selbst aus), die Feststellung, daß alle satt wurden und daß sogar noch Brot übrig blieb (je 12 Körbe voll), auch der Hinweis auf die große Zahl der Mahlteilnehmer (5000 Männer) und die Zählung der Männer allein (nur Männer waren opfer- und kultberechtigt im Judentum). Hier wird also deutlich auf die Agape- und Eucharistiefeiern der urchristlichen Gemeinden Bezug genommen, die die Evangelisten in dieser wunderbaren Speisung des Volkes Gottes zeichenhaft vorgeprägt sahen.

Der bei Markus und Matthäus überlieferte Doppelbericht von der wunderbaren Speisung von 4000 Männern (Mk 8,1−10; Mt 15,32−39) weist die gleichen eucharistischen Hinweise auf (Mk 8,6; Mt 15,36: 7 Brote, Dankgebet ›eucharistein‹, Brechen der Brote, Austeilung an die Jünger; 7 Körbe voll übrig; 4000 Männer). Hier haben die urchristlichen Verkünder, die diese Erzählungen geprägt haben, wohl die Überlieferung einer wunderbaren Speisung einer Schar von Zuhörern Jesu in einer einsamen Gegend so ausgestaltet, daß darin einerseits die Erfüllung des alttestamentlichen Vorbildes erkannt werden konnte

(s. Joh 6,14: »Als die Menschen das Zeichen sahen,… sagten sie: ›Das ist wirklich der Prophet, der in die Welt kommen soll‹«; s. Dtn 18,15.18: der Messias = der neue Mose!), andererseits darin ein Vorzeichen für die christliche Eucharistiefeier (im Rahmen eines Agapemahles) gesehen werden konnte. Bei Johannes wird die eucharistische Deutung dieses Zeichens Jesu in Form zweier Reden eigens an die Wunderüberlieferung angeschlossen (Joh 6,32−47: »Ich bin das wahre Brot des Lebens«; 6,48−59: »Mein Fleisch ist wirklich eine Speise, und mein Blut ist wirklich ein Trank«).

Die überaus großzügige Weinspende bei der Hochzeit zu Kana (Joh 2,1−11) ist ebenfalls in diesem Zusammenhang zu sehen. Sie ist einerseits messianisches Zeichen (die Hochzeit galt als Symbol für die Zeit des Messias, der als Bräutigam Israels angesehen wurde), andererseits eucharistisches Vorzeichen.[43]

Der wunderbare Fischfang weist auf den missionarischen Auftrag der Kirche und zugleich auf die nachhaltige Mitwirkung Jesu Christi, des Herrn, am Werk der Kirche hin (s. Lk 5,1−11; Joh 21,1−7).[44]

Der geheimnisvolle *Gang Jesu nach der Brotvermehrung über den nächtlichen,* von bösen Winden aufgewühlten *See* von Gennesaret, um seinen Jüngern zu helfen, die mit ihrem Boot nur mühsam vorankamen, weist auf den Beistand des Auferstandenen (s. die Fremdheit Jesu, ein festes Motiv der Erscheinungserzählungen) gegenüber seiner Kirche hin, die mit vielen Widrigkeiten zu kämpfen hat (Mk 6,45−52; Mt 14,22−33; Joh 6,16−21).

Dasselbe gilt von der wunderbaren *Stillung eines gefährlichen Sturmes auf dem See Gennesaret* (Mk 4,35−41; Mt 8,18−27; Lk 8,22−25). Das Schlafen Jesu im Boot verweist auf das scheinbare Schweigen des Auferstandenen gegenüber seiner verfolgten Kirche.[45]

Da die Evangelisten bei den von ihnen überlieferten, z.T. auch überarbeiteten Wundererzählungen voraussetzten, daß diese im Kern historisch glaubwürdig waren, ist anzunehmen, daß am Anfang der Erzählungen je eine Überlieferung von wunderbarer Hilfe Jesu in der Steppe, beim Fischen (vgl. Lk 5,1−11; Joh 21,1−14) und in Seenot stand, die dann von der nachösterlichen Erfahrung der Gegenwart und des Wirkens Jesu Christi in der Kirche so überformt wurde, daß der Glaube an die treue Hilfe Jesu in jeder echten Not der Kirche nachhaltig bestärkt wurde.

Diese kerygmatischen Wundergeschichten dienen der Darstellung der Heilsbedeutung des Glaubens an den auferstandenen Herrn der Kirche. Sie empfangen ihre bleibende Wahrheit letztlich nicht von dem in ihnen vorausgesetzten historischen Geschehen her, sondern von der bleibenden Gegenwart und dem Wirken des Auferstandenen in der Kirche. Es geht ihnen daher nicht um die Überlieferung außergewöhnlicher Taten Jesu, sondern um die beispielhafte Herausstellung der Bedeutung des Auferstandenen für das Leben der Kirche und das Heil jedes Christen. Der Auferstandene kann um seine Hilfe angerufen werden, sieht aber auch die Not der Kirche und ihrer Glieder und schenkt durch sein Wort, durch seine Sakramente und durch spontane Hilfe sein Heil.

Der Sinn der nachösterlichen Wunderzeugnisse
Grundsätzlich läßt sich von der Entstehung und Entfaltung der Wundergeschichten der Evangelien her festhalten: *Alle Wundererzählungen der Evangelien dienen dazu, die Heilsmacht der gläubigen Bindung an Jesus Christus,* den auferstandenen Herrn und Erlöser der Welt, lebendig darzustellen und *immer neu zu verkünden.* Die Wundererzählungen haben dabei historischen Anhalt an den Wundertaten Jesu an geistig, psychisch und leiblich Kranken und an Verstorbenen und an der Abhilfe von allen Arten menschlicher Not und gehen grundsätzlich von Ereignissen aus, die im Wirken Jesu außergewöhnlichen Charakter hatten und auf Jesus als den endgültigen Heilbringer Gottes, den Verwirklicher der verheißenen Heilszeit, hinweisen sollten. Diese wurden nach der Auferstehung Jesu gesammelt, sprachlich gestaltet und den verschiedenen Aufgaben der christlichen Glaubensverkündigung dienstbar gemacht. Zugleich wurden sie im Prozeß der Entfaltung und Vertiefung der Glaubenseinsicht und der Heilserfahrung in der Kirche weiter ausgestaltet und überarbeitet. Daher läßt sich oft im einzelnen der ursprüngliche Vorgang des wunderbaren Geschehens nicht mehr genau bestimmen. Denn vielerlei Motive prägen häufig die einzelnen Wundergeschichten in ihrer heutigen Gestalt.

Die Motive und Aussagen der einzelnen Wundergeschichten empfangen aber ihre bleibende theologische Glaubwürdigkeit und Wahrheit vom Auferstandenen und seinem heilstiftenden Wirken in der Kirche her. Seine Auferstehung und seine in der Kirche wirkende Kraft bewahrheiten die Botschaft von dem in Christus erschienenen, in der Kirche und im einzelnen Gläubigen bereits wirkenden endgültigen Heil. Insofern haben alle Wundererzählungen österlichen Charakter. In ihnen spricht sich aus, was der auferstandene Herr für alle Menschen bedeutet, die durch den Glauben und die Sakramente der Kirche in die Gemeinschaft mit Jesus Christus eintreten und daraus zu leben versuchen. In ihnen zeigen sich die heilenden Kräfte des Reiches Gottes, die in der ihrem Ende zueilenden alten Unheilswelt bereits anwesend sind und sich befreiend und erlösend auswirken wollen. In den Wundererzählungen wird lebendig dargestellt, was der auferstandene Herr Jesus Christus für den, der ihm vertraut und in sakramentaler Gemeinschaft mit ihm lebt, bedeutet: Er ist Rettung, Heilung, Sündenvergebung, neues Leben, Kraft der Auferstehung und Grundlage und Inhalt des ewigen Lebens, das bereits in dieser Weltordnung da ist und sich entfalten will.[46]

IV. Die grundsätzliche Möglichkeit von Wundern im biblischen Sinn

Die Frage nach der Möglichkeit außergewöhnlicher Ereignisse und Erfahrungen im Bereich des religiösen Glaubens begegnet heute einer offenen Haltung im Bereich der Wissenschaft allgemein.[47] Einerseits stieß die Erforschung der sog. Natur auf Bereiche, die durch andere Ursachen nicht völlig vorherbedingt und damit auch nicht völlig vorausberechenbar sind. Dies gilt insbesondere für den Mikrokosmos und den Bereich des Lebendigen. Hier ist vor allem auf die Erkenntnisse der Quantenmechanik und der sog. Relativitätstheorie hinzuweisen. Heute kann deshalb festgestellt werden, daß »die früher als unlösbar geltende Bindung der Naturwissenschaften an die materialistische Vorstellungswelt zerbrochen ist«, so daß »die religiöse Gedankenwelt ohne logischen Widerspruch mit der heutigen Naturwissenschaft zusammen bestehen kann«[48]. Andererseits haben die Erforschung der menschlichen Psyche und die vergleichende Religionsgeschichte erstaunliche Phänomene außergewöhnlichen Vermögens des Menschen aufgewiesen, die sowohl der vom Rationalismus und Materialismus behaupteten absoluten Determiniertheit allen innerweltlichen Geschehens durch mechanistische Faktoren und Kräfte widersprechen, wie auch den Blick öffnen für die besonderen Gegebenheiten und Kräfte der menschlichen Geist-Seele. Dadurch ist für die Frage nach der Möglichkeit und dem Sinn von Wunderereignissen im biblischen Verständnis eine grundsätzlich neue offene Situation entstanden.

1. Das Zeugnis der Religionsgeschichte und der vergleichenden Religionswissenschaft

Zum Erfahrungsschatz aller Religionen gehören außergewöhnliche, wunderhafte Ereignisse, die von überweltlichen Mächten gewirkt oder von dazu begabten oder beauftragten Menschen hervorgebracht wurden. Die historisch-kritische Erforschung der entsprechenden Zeugnisse zeigt, daß sich hinter einem Mantel an Seltsamem, Gedachtem, Erdichtetem, Gewünschtem ein fester Kern echter Erfahrungen außergewöhnlicher Ereignisse findet, die als Krafttaten von dazu »von den

Göttern« bevollmächtigten Menschen bewirkt oder als Antwort auf vertrauensvolles Gebet gewährt wurden. Diese wunderhaften Erfahrungen schließen prophetisches Vorherwissen künftiger Ereignisse, Seelenkenntnis, Heilungen aller Art, wunderbare Errettungen aus vielfältiger Not, Speisebeschaffungen, selbst Erweckungen kurz Verstorbener, wunderbare Nahrungslosigkeit über längere Zeit, Levitationen, Erscheinungen und Sichmelden von Toten, auch außergewöhnliche dämonische Einflüsse ein. Da diese Phänomene bis in die neueste Zeit im Raum außerchristlicher Religionen auftreten, können sie in ihrer Tatsächlichkeit historisch zunehmend gesichert werden. Nicht wenige dieser Phänomene entsprechen auf analoge Weise außergewöhnlichen Phänomenen im Raum der Bibel. Dazu bieten die »wunderbaren« Ereignisse, die durch christliche Heilige gewirkt wurden und die in der Neuzeit historisch als wahrscheinlich oder gar als zuverlässig gesichert werden können, sowie die Heilungen und Gebetserhörungen, die an Wallfahrtsorten gemacht und bezeugt werden, ein reiches Parallelmaterial zu den Phänomenen, die in der Bibel, speziell im Neuen Testament, als außergewöhnliche Taten Gottes überliefert werden.[49]

Insofern stehen die Überlieferungen von Wundertaten Jesu historisch nicht isoliert da. Vielmehr kann man auf sie ebenfalls den historisch-kritischen Glaubwürdigkeitsgrundsatz der Analogie, d.h. der inhaltlichen Entsprechung anwenden. Aus dem breiten Erfahrungsbereich wunderbarer Ereignisse im Bereich des religiösen Glaubens heraus sind deshalb die Wunderzeugnisse der Evangelien und darüber hinaus die des Neuen Testaments als grundsätzlich glaubwürdig anzusehen. Dies gilt auch dann, wenn es sich dabei nicht um genaue Protokolle einzelner Ereignisse handelt, sondern um typisierte Zusammenfassungen gleichartiger Ereignisse.

2. Die Erkenntnisse der Parapsychologie

Eine besondere wissenschaftliche Disziplin, die im Bereich zwischen Psychologie und Naturwissenschaft arbeitet, die sogenannte Parapsychologie,[50] beschäftigt sich mit Phänomenen, die mit einzelnen Ereignissen, welche in der religiösen Wunderüberlieferung begegnen, näherhin mit Gedankenübertragung (Telepathie), Hellsehen und Vorhersehen (Präkognition), aber auch mit Spukerscheinungen, Levitationen und unerklärbarem Verhalten von Gegenständen. Diese Phänomene, welche die uns vertrauten Abläufe gesetzmäßiger Art durchbrechen und mit den bekannten Naturgesetzen nicht erklärt werden können, weisen jedoch oft gleichartige Symptome und Gegebenheiten auf, so daß sie zum Gegenstand methodischer Untersuchungen gemacht werden können. Die Parapsychologie hat durch ihre Forschungen vor allem auf außergewöhnliche Fähigkeiten der menschlichen Seele aufmerksam gemacht, die sich gerade auch im religiösen Bereich auswirken können.

3. Die Offenheit der Naturordnung für außergewöhnliche psychische Fähigkeiten

Die Psychologie, die Parapsychologie und die vergleichende Religionswissenschaft weisen auf die ungewöhnlichen Fähigkeiten der menschlichen Seele hin, sowohl hinsichtlich der Wahrnehmung künftiger, entfernter oder verborgener Ereignisse, wie auch hinsichtlich der Bewirkung von Vorgängen, die deutlich den Rahmen des üblicherweise Menschenmöglichen übersteigen (z. B. Telekinese, Nahrungslosigkeit, Schmerzlosigkeit, Heilungen durch Wort, Zeichenhandlung oder Berührung, Speisebeschaffungen, außergewöhnliche Kraftakte, Störung elektromagnetischer Felder). Dies macht zugleich offenkundig, daß auch die Naturordnung durch besondere seelische Fähigkeiten des Menschen in Dienst genommen und beeinflußt werden kann. Gerade in diesem Bereich zeigt sich, daß es eine starre, der menschlichen Psyche verschlossene, streng kausal beherrschte materielle Wirklichkeit nicht gibt. Zwischen den Kräften der menschlichen Seele und den Antriebskräften der unbeseelten Natur besteht eine Entsprechung, die von Menschen mit außergewöhnlichen seelischen Fähigkeiten genützt werden kann. In diesem Zusammenhang ist darauf hinzuweisen, daß heute auch von den Naturwissenschaftlern angenommen wird, die Freiheit des menschlichen Geistes sei letztlich nicht durch die Materie determiniert, sondern sei offen für das werthafte Abwägen der menschlichen Vernunft und könne im Bereich des menschlichen Willens auch Entscheidungen setzen, die den Antriebskräften der Materie und der vitalen Triebe entgegengesetzt sind.[51] Dies wird am deutlichsten beim selbstlosen Lebensopfer aus ethischen oder religiösen Motiven. »Den Naturforschern fällt es heute nicht mehr schwer, die Möglichkeit freier Entscheidungen mit ihrem Naturverständnis in Einklang zu bringen.«[52]

4. Gottes Wirken in der Welt

Das herkömmliche, von der Scholastik geprägte Wunderverständnis, das zwischen natürlichen und übernatürlich gewirkten Phänomenen unterschied, also einen deutlich aufweisbaren Gegensatz zwischen dem »gewöhnlichen Wirken Gottes« in der Welt durch natürliche Kräfte und einem »außergewöhnlichen Wirken Gottes« ohne geschöpfliche Kräfte voraussetzte, ist heute nicht mehr festzuhalten. Dagegen sprechen vor allem folgende Gründe: Der heutigen Naturwissenschaft fehlt eine Methode, um in jedem Fall alle Ursachen genau bestimmen zu können, die ein Ereignis, einen Vorgang prägen; vor allem aber gibt es keine Methode, um ein direktes Eingreifen Gottes in die Schöpfung unter Ausschaltung geschöpflicher Zwischenelemente zu beweisen. Es gibt kein Einzelereignis in der Welt, das sich nicht auch anderen geschöpflichen Kräften und Gegebenheiten verdankt. Auch ist hier auf den theologischen Einwand hinzuweisen, Gott würde selbst ein Teil der Welt, wenn er als geschöpfliche Zwischenursache wirkte. Gott kann zwar durchaus auch in der Welt handeln, wie er will, aber in der von ihm gewollten und getragenen Schöpfung handelt er aufgrund seiner eigenen Setzung immer entsprechend der von ihm verfügten Ordnung. Er bedient sich in der Welt immer, auch bei »wunderhaftem« Handeln, geschöpflicher Elemente, Kräfte und Träger. Darum versteht die Naturwissenschaft das Auftreten von Phänomenen, die den bisher bekannten Naturgesetzen widersprechen bzw. durch diese nicht erklärt werden können, zu Recht nicht als Wunderereignisse, sondern als in der Naturordnung mögliche Phänomene, für die es noch keine zureichende innerweltliche Erklärung gibt. Zugleich ist sie überzeugt, eine solche Erklärung aus innerweltlichen Faktoren heraus später finden zu können.[53] Dabei ist zu beachten, daß es zahlreiche einmalige, überraschende Phänomene in der Welt gibt. Dazu gehören z. B. die von einer internationalen, religiös neutralen Ärztekommission in Lourdes registrierten außergewöhnlichen Heilungswunder in dem Wasser der dortigen Grotte. Zu verweisen ist dabei auch auf das Phänomen der sittlichen und religiösen Freiheit des Menschen. Für dieses Einmalige gibt es keine zureichende naturwissenschaftliche Erklärung, weil die Naturwissenschaft es grundsätzlich mit dem Wiederholbaren und Meßbaren in der Wirklichkeit der Welt zu tun hat. Insofern ist die naturwissenschaftliche Methode begrenzt und kann die volle Wirklichkeit der Welt nicht eindeutig erfassen und erklären. Das wird vor allem dort deutlich, wo die Evolutionsforschung es mit sogenannten spontanen Entwicklungen, sogenannten Sprüngen, zu qualitativ höheren Formen des Lebens zu tun hat. Diese können ebenso wenig wie die gesamte Evolutionsentwicklung – aus innerweltlichen Ursachen heraus – erklärt werden. Diese sogenannten einmaligen Vorgänge und Phänomene heben aber die vorher festgestellte Tatsache nicht auf, daß alle innerweltlichen Vorgänge in einem notwendigen Zusammenhang mit anderen innerweltlichen Kräften, Gesetzen und Ursachen stehen. Das gilt auch für wunderhafte Geschehnisse. Insofern kann man Wunder nicht dadurch bestimmen, daß man nachweist, sie verdankten sich letztlich außerweltlichen Kräften, sondern allein dadurch, daß sie in einem unerwarteten, heilstiftenden, religiös sinnhaften Zusammenhang stehen, so daß ein solches »Wundergeschehen« den Menschen, der es erfährt, notwendig auf Gott als letzten Bewirker hinweist. Darin erreichen die geschöpflichen Möglichkeiten ihre höchste Verwirklichung. Erst durch die Wunderereignisse hindurch wird sichtbar, was in der Schöpfung an gottgewollten Möglichkeiten letztlich steckt, woraufhin sie angelegt ist. Der Apostel Paulus spricht davon, daß die Schöpfung auf das Heil des Menschen hingeordnet ist und daß sie erst durch die volle Ausprägung der Möglichkeiten der Kinder Gottes zu ihrer vollkommenen Verwirklichung gelangt. »Die ganze Schöpfung wartet sehnsüchtig auf das Offenbarwerden der Söhne Gottes... Auch die Schöpfung soll von der Sklaverei und Verlorenheit befreit werden zur Freiheit und Herrlichkeit der Kinder Gottes. Wir wissen, daß die gesamte Schöpfung bis zum heutigen Tag seufzt und in Geburtswehen liegt. Auch wir, die wir als Erstlingsgabe den Geist (Gottes) haben, seufzen in unserem Herzen und warten darauf, daß wir mit der Erlösung unseres Leibes als Söhne offenbar werden« (Röm 8,19–23). Demnach ist die Schöpfung hingeordnet auf das Heil des Menschen und offen für das Wirken seines, vom Geist Gottes zu seiner vollen Möglichkeit verstärkten und entfalteten Geistes.

Die Schöpfung ist zugleich offen für das Walten des Geistes Gottes selbst, der sich jedoch immer der in der Schöpfung liegenden Möglichkeiten und Ordnungen bedient. Dabei ist der Heilswille Gottes, der die Freiheit des Menschen und dessen Vertrauen in seine Güte grundsätzlich achtet und ernst nimmt, immer für den Menschen und zusammen mit ihm mit Hilfe der Möglichkeiten der Naturordnung heilschaffend tätig. Es ist ein Zeugnis für Gottes überlegene Weisheit, daß er auch in seinem Heilshandeln so wirkt, daß er weder die Naturordnung aufhebt, noch auch die Freiheit des Menschen beeinträchtigt oder »manipuliert«. Der glaubende Mensch sieht in überraschenden, außergewöhnlichen Ereignissen Gottes Weisheit und Liebe am Werk; für den, der nicht glaubt, ist alles reiner Zufall.

Im ›Wunder‹, biblisch verstanden, gewinnt nicht nur die menschliche Geschichte und das persönliche Schicksal, sondern auch die Erfahrung des eigenen Stehens in den Ordnungen der Schöpfung dialogischen Charakter. Der Mensch erfährt darin Gottes Walten und zugleich die Möglichkeit und Kraft des Glaubens.[54] In den Wundern wird die Schöpfung durchsichtig als Medium der Begegnung von Gott und Mensch, des Heilswillens Gottes und des menschlichen Vertrauens, als Möglichkeit, Heil umfassend zu erfahren in dieser Welt, auch im Bereich der sogenannten stummen Natur.

»Wunder (ist demnach) ein außergewöhnliches, unser Vorverständnis in bezug auf das innerweltlich Mögliche gleichsam sprengendes Ereignis, durch welches der transzendente Gott, mittels der eigenen, zum Hervorbringen auch von Neuem und Unvorhergesehenem fähigen Kräfte des Geschöpfs, d. h. weltimmanent wirkend, auf unerwartete Weise innerweltliche Rettung oder irdisches Heil dem Menschen schenkt und somit seine persönliche, auf unbedingtes Heil ausgerichtete Liebe zeichenhaft zum Ausdruck bringt.«[55]

5. Naturordnung, Schicksal und Macht des Glaubens

Es ist eine Grunderfahrung des Menschen, daß er nicht völlig eingebunden ist in eine vorgegebene Ordnung, die ihn völlig bestimmt und sein Schicksal prägt, sondern daß er letztlich frei ist und daß trotz aller Vorgegebenheiten physischer, erblicher, psychischer, sozialer und existentieller Art sein Weg und sein Schicksal entscheidend in seine eigene Hand gelegt ist. Daß das Schicksal des Menschen nicht absolut vorbestimmt ist, zeigt sich am deutlichsten am je verschiedenen Geschick eineiiger Zwillinge, die unter gleichen sozialen und psychischen Bedingungen aufgewachsen sind und deren Leben daher auch gleichartig ablaufen müßte. Es ist daher nicht von vornherein auszumachen, wie ein Mensch auf die Herausforderung des Schicksals reagieren wird. Es kann den einen zur resignativen Hinnahme veranlassen, den anderen herausfordern, dagegen anzukämpfen und im Ringen mit dem Schicksal zu reifen und schöpferisch zu handeln.

Es gehört zum Wesen der menschlichen Geistseele, über Handlungs- und Wahlfreiheit zu verfügen, wie auch um die Ordnung geistiger und sittlicher Werte zu wissen und um den Anruf Gottes selbst, der in dem Anspruch der sittlichen und religiösen Werte auf Anerkennung und Ernstnahme an den Menschen je und je herantritt. In seiner Geistseele weiß der Mensch zugleich um die Hinordnung auf eine letzte Sinnhaftigkeit und Sinnverantwortung für sein Leben. Dieser Anspruch meldet sich im Gewissen eines jeden Menschen. Darin erfährt sich der Mensch vor ein absolutes Du gestellt, demgegenüber er sein Wollen, Streben und Handeln letztlich verantworten muß. »Wenn Heiden, die das Gesetz (Gottes) nicht haben, von Natur aus tun, was im Gesetz gefordert ist, ... so zeigen sie, daß ihnen die Forderung des Gesetzes ins Herz geschrieben ist. Ihr Gewissen legt Zeugnis davon ab, ihre Gedanken klagen sich gegenseitig an und verteidigen sich ...« (Röm 2,14 f.). In seiner Geistseele weiß sich der Mensch zugleich der Wirklichkeit des absoluten Geistes, dem er sich ebenso wie die Welt verdankt, gegenübergestellt. Die religiöse Anlage des Menschen legt ebenso wie die Religionsgeschichte der Menschheit dafür Zeugnis ab. Der Mensch weiß sich angerufen, herausgefordert, aber auch beschenkt und geführt. Im Raum der biblischen Offenbarung Gottes wird dieses Urwissen des Menschen zur unleugbaren Gewißheit. Dabei zeigt sich, daß es wirklich Sinn hat, mit diesem Gott in eine persönliche Beziehung einzutreten, auf ihn zu hören, zu ihm zu beten, mit ihm geistig zu ringen, ihn in allen Nöten, vor allem in Todesgefahr, um Hilfe anzurufen. Gott selbst ermuntert den Menschen dazu und fordert ihn dazu auf. Und jeder, der dies tut, erfährt, daß Gott antwortet und ihn erhört. Im Gebet erfährt der Gottes Liebe und Weisheit vertrauende Mensch nicht nur die höchste Verwirklichung seiner Personhaftigkeit, sondern auch seiner Freiheit. Denn hier wird er inne, daß Gott selbst der Welt in transzendenter Freiheit gegenübersteht und sie nach seinem Willen zu lenken vermag, wie auch, daß er selbst durch Hinwendung zu Gott in Vertrauen und Bitte sein Schicksal beeinflussen und zum Guten wenden kann, und zwar gerade auch in scheinbar aussichtslosen Situationen. Dabei handelt es sich nicht nur um Gegebenheiten, die durch Menschen bestimmt, sondern auch um solche, die durch Kräfte bewirkt sind, die dem Einfluß der menschlichen Psyche oder dem Einfluß des Geistes Gottes auf Menschenseelen entzogen sind, z. B. schwere organische Krankheiten, Erdbeben, Dürre oder Blitzschlag, Unglücksfälle, unmittelbare Todesnot. Der betende und Gottes Führung sich anvertrauende Mensch erfährt immer wieder, daß er erhört und wider alles Erwarten wunderbar gerettet wird. Die großen Wallfahrtsstätten geben Kunde von solchen Erhörungen. Die Macht des religiösen Glaubens ist entscheidend in solchen Erhörungen begründet. Nicht selten ist es dabei so, daß der um Hilfe bittende Mensch mitten im Gebet plötzlich die Gewißheit gewinnt, sein Gebet sei erhört, noch bevor die Wende zum Guten eintritt. Außerdem gibt es Menschen, die anderen solche Errettung ganz sicher zusprechen können aus der Einsicht ihres prophetischen Glaubens heraus, wobei eine solche Zusage sich bei echten ›Sehern‹ tatsächlich bewährt.

Es ist bis heute wissenschaftlich nicht geklärt, wie Gebet und Glaube ein böses Geschick zum Guten zu wenden vermögen, aber es ist unbestreitbar, daß solches immer wieder geschieht. In der Erhörung menschlicher Bitten erweist sich die Schöpfungsordnung als offen für Gottes geheimnisvolles Wirken in den Ordnungen der Natur, zeigt sich aber auch die Macht des Glaubens.[56]

Bei der weitaus größten Zahl biblischer Wunderereignisse handelt es sich um Erhörungswunder. Zu diesen gehören auch die wunderbaren Errettungen vor dem Tod oder sogar aus dem Tod (vgl. 1 Kön 17,17–24; 2 Kön 4,8–37; Joh 11,1–44). Schon die Sprecher Gottes im Alten Testament, vor allem aber Jesus, fordern dazu auf, in jeder, selbst in aussichtsloser Lage Gott um Hilfe anzurufen, und sie rechnen immer mit dem Wunder der Erhörung, gerade auch in Fällen, wo ›normalerweise‹, d.h. von den Gesetzmäßigkeiten in der Natur her, keine Errettung möglich scheint.

Das religiöse Leben Israels ist geprägt vom Dank für die wunderbaren Rettungstaten des Bundesgottes, denen Israel seine Existenz verdankt. »Danket dem Herrn, denn er ist gütig, denn seine Huld währt ewig... Der allein große Wunder tut..., der Israel herausführte aus Ägypten..., der das Schilfmeer zerschnitt in zwei Teile..., der sein Volk durch die Wüste führte..., der uns den Feinden entriß...« (Ps 136). Ps 107 weist auf vielfältige Situationen hin, aus denen Gott die rettete, »die in ihrer Bedrängnis zum Herrn schrien«: Hunger und Durst in der weglosen Wüste, Gefangenschaft, Krankheit, Seesturm, Niederlage und Vertreibung, und fordert auf, Gott zu danken und ihm in aller Not zu vertrauen.[57]

Jesus weist immer wieder auf die Wundermacht des Glaubens hin, der in aller Not zu retten vermag. So sagt er zu dem Vater des epileptischen Jungen, der skeptisch ist, ob Jesus hier zu helfen vermag: »Alles kann, wer glaubt« (Mk 9,23). Und er fordert auf, in allen Notlagen voll Vertrauen zu bitten: »Ihr müßt Glauben an Gott haben. Amen, das sage ich euch: Wenn jemand zu diesem Berg sagt: ›Heb dich empor, und stürz dich ins Meer!‹, und wenn er in seinem Herzen nicht zweifelt, sondern glaubt, daß geschieht, was er sagt, dann wird es geschehen. Darum sage ich euch: Alles, worum ihr betet und bittet, glaubt nur, daß ihr es schon erhalten habt, dann wird es euch zuteil« (Mk 11,22–24).

Jesus selbst betete in äußerster Todesnot am Ölberg: »Abba, lieber Vater, alles ist dir möglich. Nimm diesen Kelch von mir. Aber nicht, was ich will, sondern was du willst, soll geschehen« (Mk 14,36). Und der Hebräerbrief stellt dazu fest: »Als er auf Erden lebte, hat er mit lautem Schreien und unter Tränen Gebete und Bitten vor den gebracht, der ihn aus dem Tod retten konnte, und er ist erhört und aus seiner Angst befreit worden« (Hebr 5,7). Er versteht die Auferweckung Jesu also als Erhörung seines Gebetes. Gott bedient sich bei der Erhörung der Bitten von Menschen in Not durchaus der Möglichkeiten seiner Schöpfungsordnung. Das zeigt ausdrücklich die Rettung Israels am Schilfmeer vor den Grenzwachen des ägyptischen Reiches: Mose kannte die seichte Furt; es war Ebbe, als das Volk hindurchzog; ein starker Ostwind hielt die Flut zurück und trocknete die Furt aus. Als die Ägypter kamen, drehte der Wind und verstärkte so die zurückbrandende Flut (vgl. Ex 14,10–30). In dieser Verknüpfung günstiger Umstände sah Israel Gottes Hand am Werk (vgl. Ex 34,11; 15,1–21). In den Wundertaten Gottes und Jesu zeigen sich zudem die außergewöhnlichen Möglichkeiten der Schöpfungsordnung.

Wichtig ist zu sehen, daß die Wunder Glaubenserfahrungen mit dem menschenfreundlichen Gott sind und in den Bereich des Gottvertrauens und des Bittgebetes gehören. Die Kraft des Glaubens und des Gebetes als Ausdruck desselben macht insofern die Schöpfung letztlich dem Heilswillen Gottes und dem Heil der Menschen dienstbar. Dabei wird deutlich, daß die Welt dazu geschaffen ist, Gott zu verherrlichen und den Menschen zu dienen. Insofern bestimmen nicht das Naturgesetz und die Macht der Natur letztlich das Ziel der Evolution, sondern Gottes Heilswille in Verbindung mit dem Glauben des Menschen. Das ist deutliche Aussage der Offenbarung: »Gott, du hast den Menschen eingesetzt als Herrscher über das Werk deiner Hände« (Ps 8,7f.). »Wir erwarten, Gottes Verheißung gemäß, einen neuen Himmel und eine neue Erde, in denen die Gerechtigkeit wohnt« (2 Petr 3,13).

V. Sinn und Absicht der Wunderüberlieferungen der Evangelien

1. Sinn und Absicht des Wunderwirkens Jesu

Zeichenhafte Mitteilung von Heil

Will man verstehen, warum die Evangelien Zeugnisse über das Wunderwirken Jesu enthalten, muß man zuerst danach fragen, warum Jesus Wunder wirkte. Denn die Evangelien berichten zunächst deshalb von den Wundern Jesu, weil sie treu festhalten wollten, was Jesus sagte und tat.

Es ist *charakteristisch für Jesu Sendungsbewußtsein und Verhalten, daß er* nicht nur das Reich Gottes ansagen, sondern dessen *Heil auch zeichenhaft wirken* und anbieten *wollte.* Die Wundertaten schenkten Menschen zeichenhaft Heil, die physisch oder psychisch im Unheil waren. Sie bezogen dabei den ganzen Menschen nach Leib und Psyche in das neue Heil ein, das Jesus Christus im Auftrag Gottes ansagte und vermittelte. Sie wiesen zugleich darauf hin, daß Gott alle Bereiche der gefallenen Schöpfung heilen und verwandeln will, nicht nur die Geistseele des Menschen.

Während es nach der jüdischen Messiaserwartung der Zeit Jesu nicht wesenhaft zur Sendung des Messias gehörte, Wunder zu wirken, entsprach Jesu Wunderwirken seinem Sendungsbewußtsein. Die Wundertaten bildeten einen Teil seiner Verkündigung vom Reich Gottes und gehörten zum messianischen Programm Jesu. Er wußte sich von seinem Vater gesandt und bevollmächtigt, nicht nur die Nähe des Reiches Gottes anzusagen, sondern die Wirklichkeit der rettenden Liebe Gottes bereits dort gegenwärtig zu setzen, wo sich Menschen seinem Wirken vertrauensvoll öffneten. Die Wundertaten ließen die rettenden Kräfte des Reiches Gottes bereits ebenso leibhaftig erfahrbar werden wie das Wort der Sündenvergebung und der Zuspruch der Zugehörigkeit zum Reich Gottes (vgl. Mk 2,1–12; Lk 23,39–43).

Die im Kern auf Jesus zurückgehende Deutung seiner Wundertätigkeit durch Worte des Jesajabuches, die sich auf die kommende Heilszeit beziehen, weist auf diesen Sinn seines Wunderwirkens hin (vgl. Mt 11,5; Lk 7,22, auch Lk 4,16–19 mit Jes 26,19; 29,18; 35,5 f.; 61,1). Dasselbe spricht das Wort Jesu ausdrücklich aus: »Wenn ich die

Dämonen mit dem Finger (Geist, Mt 12,28) Gottes austreibe, dann ist das Reich Gottes schon zu euch gekommen« (Lk 11,20).

Die Sabbatheilungen

Dies ist auch der *Grund, warum Jesus bewußt an Sabbaten heilte*, weil dadurch erfahrbar wurde, daß durch sein Wirken die verheißene Heilung der dem Bösen unterworfenen Schöpfung begann (s. Mk 3,1–6 par; Lk 13,10–17; 14,1–6). Denn am Sabbat gedachte Israel der heilen Schöpfung des Anfangs und betete um die Wiedergewinnung der verlorenen Vollkommenheit der Welt (vgl. Gen 1,31–2,3; Ex 20,8–11). Der nach Leib, Seele und Geist heile und gute Mensch, der von den Einflüssen des Bösen und der Sünde befreit ist und in einem Verhältnis vertrauter Kindschaft mit Gott lebt, war das Ziel des Heilandswirkens Jesu. Die wesenhafte Verknüpfung von Reich-Gottes-Verkündigung, Sündenvergebung und Wunderwirken ist für Jesu Sendungsbewußtsein eigentümlich und damit für die Deutung seiner Wundertaten wesentlich.

Die Entmachtung Satans

Im Bild von dem Stärkeren, der in das Haus eines Starken einbricht, ihn überwältigt und ihm seine Beute entreißt, *deutete Jesus selbst sein Tun* (Mk 3,27). Der ›Starke‹, den Jesus überwältigt, ist Satan mit seinen bösen Helfershelfern, den Unheilsmächten, durch die er die Menschen in der sündigen Welt beherrscht und versklavt. Zu den Helfern Satans gehören nach Jesu Auffassung auch leibliche und seelische Krankheiten, die den Menschen seiner Freiheit, Selbstbestimmung und damit der sinnvollen Gestaltung seines Lebens berauben.

Jesus, der endgültige Heilbringer

Die Wundertaten Jesu machten also auf die Sendung Jesu aufmerksam, der endgültige Heilbringer Gottes an Israel, der Messias, zu sein. Die programmatische Predigt Jesu in der Synagoge zu Nazaret, die Lukas dem öffentlichen Wirken Jesu bewußt vorangehen läßt, macht diese Zielsetzung offenbar: »Jesus... fand die Stelle, wo es heißt: ›Der Geist des Herrn ruht auf mir; denn der Herr hat mich gesalbt. Er hat mich gesandt, damit ich den Armen eine gute Nachricht bringe; damit ich den Gefangenen die Entlassung verkünde und den Blinden das Augenlicht; damit ich die Zerschlagenen in Freiheit setze und ein Gnadenjahr des Herrn ausrufe.‹ ... Dann begann er ihnen darzulegen: ›Heute hat sich das Schriftwort, das ihr eben gehört habt, vor euren Augen erfüllt‹« (Lk 4,18–21).

2. Sinn und Absicht der Wunderverkündigung der Urkirche

Göttliche Beglaubigung Jesu
Wie das Neue Testament zeigt, wiesen die Jünger und Anhänger Jesu nach dessen Auferstehung in ihrer Christusverkündigung vor den Juden auch auf dessen Machttaten hin, weil sie in ihnen seine göttliche Beglaubigung als Messias sahen. »Ihr wißt, was im ganzen Land der Juden geschehen ist, angefangen in Galiläa, nach der Taufe, die Johannes verkündet hat: wie Gott Jesus von Nazaret gesalbt hat mit dem Heiligen Geist und mit Kraft, wie dieser umherzog, Gutes tat und alle heilte, die in der Gewalt des Teufels waren; denn Gott war mit ihm. Und wir sind Zeugen für alles, was er im Land der Juden und in Jerusalem getan hat« (Apg 10,37−39).

Hinweise auf die Erlösung
Die Machttaten Jesu wurden als Taten der *Befreiung aus dem Joch Satans* und der *Erlösung aus dem Elend der Sünde* und ihren Folgen gedeutet. Das Erlösungshandeln Jesu fand in seinem Sühnetod am Kreuz seine Vollendung. »Israeliten, hört diese Worte: Jesus, den Nazoräer, den Gott vor euch beglaubigt hat durch machtvolle Taten, Wunder und Zeichen, die er durch ihn in eurer Mitte gewirkt hat, wie ihr selbst wißt – ihn, der nach Gottes Ratschluß und Vorauswissen hingegeben wurde, habt ihr durch die Hand von Gesetzlosen ans Kreuz geschlagen und umgebracht. Gott aber hat ihn von den Wehen des Todes befreit und auferweckt... Diesen Jesus hat Gott auferweckt, dafür sind wir alle Zeugen... Mit Gewißheit erkenne also das ganze Haus Israel: Gott hat ihn zum Herrn und Messias gemacht, diesen Jesus, den ihr gekreuzigt habt... Kehrt um, und jeder von euch lasse sich auf den Namen Jesu Christi taufen zur Vergebung eurer Sünden!« (Apg 2,22−24.32.36.38; vgl. 3,13−21; 4,10−12).

Zeichen für die Heilsmacht der Urkirche
Zugleich waren die Apostel und die ersten judenchristlichen Anhänger Jesu Christi überzeugt, daß der Auferstandene durch seine Gläubigen dieselben Zeichen und Wunder wirken werde, wie er dies während seines öffentlichen Wirkens in Israel getan hatte. Dazu fühlten sie sich in besonderer Weise befähigt durch die *Gabe des Geistes Gottes*, die an Pfingsten der Kirche als Gemeinschaft geschenkt und die jedem Glied der Kirche Christi durch die Taufe mitgeteilt wurde. Diese Vollmacht wurde dabei unterstützt durch die Anrufung des Namens Jesu. Denn Jesus wurde nach dem Glauben der ersten Christen bei der Auferwek-

kung in die Herrschaft zur Rechten Gottes eingesetzt. Als solcher gewann er Macht über alle Kräfte des Unheils. Ihn bekannte seine Kirche als ›den Kyrios‹, den Herrn, und rief ihn in ihren Gebeten und Gottesdiensten um Hilfe an. Über die neugewonnene Herrschaft des Auferstandenen sagt der Bekenntnishymnus des Philipperbriefes: »Christus Jesus war Gott gleich, er wurde wie ein Sklave und den Menschen gleich... Er erniedrigte sich und war gehorsam bis zum Tod... Darum hat ihn Gott über alle erhöht und ihm den Namen verliehen, der größer ist als alle Namen, damit alle (Wesen) im Himmel, auf der Erde und unter der Erde ihre Knie beugen vor dem Namen Jesu und jeder Mund bekennt: ›Jesus Christus ist der Herr (Kyrios) – zur Ehre Gottes, des Vaters‹« (Phil 2,6–11). Der Apostel Paulus spricht im Brief an die Römer von der erlösenden Macht des Bekenntnisses zu Jesus Christus, dem Kyrios: »Wenn du mit deinem Mund bekennst: ›Jesus ist der Herr‹, und in deinem Herzen glaubst: ›Gott hat ihn von den Toten auferweckt‹, so wirst du gerettet werden. Wer mit dem Herzen glaubt und mit dem Mund bekennt, wird Gerechtigkeit und Heil erlangen« (Röm 10,9 f.).

Darum betete die Urgemeinde in Jerusalem, als sie auf die Widerstände des Hohen Rates gegen ihre Mission stößt: »Herr (Gott)... gib deinen Knechten die Kraft, mit allem Freimut dein Wort zu verkünden. Streck deine Hand aus, damit Heilungen und Zeichen und Wunder geschehen durch den Namen deines heiligen Knechtes Jesus« (Apg 4,29–30). Im Namen Jesu wirken die Apostel und die ersten Christen Wunder (vgl. Apg 3,1–10: Heilung eines Gelähmten; beachte die Aussagen über Stephanus, 6,8; Petrus, 5,12–16; 9,32–42; Paulus, 16,16–18; 19,11–20). Petrus erklärt vor dem Hohen Rat in Jerusalem: »Ihr Führer des Volkes und ihr Ältesten! Wenn wir heute wegen einer guten Tat an einem kranken Menschen darüber vernommen werden, durch wen er geheilt worden ist, so sollt ihr alle und das ganze Volk Israel wissen: im Namen Jesu Christi, des Nazoräers, den ihr gekreuzigt habt und den Gott von den Toten auferweckt hat. Durch ihn steht dieser Mann gesund vor euch... In keinem anderen ist das Heil zu finden. Denn es ist uns Menschen kein anderer Name unter dem Himmel gegeben, durch den wir gerettet werden sollen« (Apg 4,8–12).

Aufruf zum Glauben
Die Urkirche rief ihre Gläubigen durch den Hinweis auf die Wundertaten Jesu und die *Bedeutung des Glaubens* zu deren Zustandekommen dazu auf, in allen, auch scheinbar aussichtslosen Situationen, den

auferstandenen Herrn um Hilfe anzugehen und an dessen Bereitschaft und Fähigkeit zu helfen unbedingt zu glauben. Die Vorbilder unbedingten Glaubens waren dabei nach Aussage der Apostelgeschichte die Apostel mit Simon Petrus an der Spitze, Paulus und Stephanus. Sie zeigten, was dem Glaubenden in der Kraft des Geistes Gottes und unter Anrufung des Namens Jesu möglich ist.

Hinweis auf Charismen

Bald wurde auch erkannt, daß einzelne Christen durch den Heiligen Geist besondere Gnadenkräfte, sogenannte Charismen, erhielten. Paulus nennt unter diesen Charismen: »Glaubenskraft, die Gabe, Krankheiten zu heilen und Wunderkräfte« (vgl. 1 Kor 12,9 f. 28 f.). Die Kirche wies ihre Gläubigen deshalb auf die neuen Möglichkeiten des Glaubens für Leib, Psyche und Seele mitten in der alten, vom Unheil geprägten Welt hin. Sie erkannte, daß die Gaben des Reiches Gottes in ihrer Gemeinschaft bereits zeichenhaft gegenwärtig waren. Die Kräfte des Auferstandenen wirkten auf neue Weise Heil in der Gemeinschaft der Glaubenden. »Wenn jemand in Christus ist, dann ist er eine neue Schöpfung!« (2 Kor 5,17), stellte Paulus fest. Das angebotene Heil war für den, der glaubt, in der Kirche bereits erfahrbar.

Weitere Heilsgaben

Dazu kamen als weitere Elemente des bereits gegenwärtigen Heils: die Vergebung der Sünden; die Annahme als Söhne und Töchter durch Gott, den Vater; die Fähigkeit, gut, gerecht, hilfsbereit und liebend zu leben; in den Sakramenten das göttliche Leben des Auferstandenen bereits zu empfangen; zu einer neuen, familienhaften Gemeinschaft mit allen Menschen in der Kirche befähigt zu werden (›Brüder und Schwestern in Christus‹); außerdem die Kräfte zuversichtlichen Menschseins wie Friede, Freude, Güte, Ausdauer, Liebe in sich zu erfahren (vgl. Apg 2,38.42.47; Röm 6,1−14; 8,1−17.28−39; 1 Kor 6,9−11; 11,23−26; 12,4−31; 13; 15,20−22; Gal 3,26 − 4,7; 5,22−25).

3. Sinn und Absicht der Wunderzeugnisse der Evangelien

Hinweise auf das bereits gegenwärtige Heil in der Urkirche

Die Evangelien verweisen, wie oben in *Abschnitt III,11* bereits ausgeführt, zunächst darauf, daß Jesus seine Heilssendung auch durch Heilungen von Krankheiten aller Art, einschließlich der Erweckung kurz Verstorbener aus dem Tod, vollzog und so zeichenhaft *die Heilung der Welt* in Gang setzte. Damit zeigte er an, daß die Überwindung von

Not, Leiden und Tod zur Erlösung der Welt zu den Absichten Gottes gehört. In den Dämonenaustreibungen sehen sie einen Verweis darauf, daß die Mächte des Bösen und des Unheils, die den Menschen versklaven, durch Jesus Christus grundlegend besiegt wurden und einmal ganz aus der Schöpfung verbannt sein werden.

Erfüllung der altbundlichen Verheißungen und Vorbilder
Daneben deuten sie bestimmte Wunderhandlungen Jesu als messianische Zeichen heilsgeschichtlicher Art, entsprechend den prophetischen Zeichenhandlungen im Alten Testament, so die Verwünschung eines Feigenbaums beim Einzug in Jerusalem, die wunderbare Weinspende zu Kana und die wunderbare Speisung der Anhänger Jesu in der Steppe analog dem Mannawunder beim Zug des Volkes Gottes ins verheißene Land.

Nach dem Modell von *Verheißung und Erfüllung*, von alttestamentlicher Vorverwirklichung und neutestamentlicher Vollverwirklichung, zeigen sie zugleich auf, daß Jesu messianisches Handeln die alttestamentlichen Vorzeichen weitaus überbietet. Das gilt sowohl für die wunderbare Speisung der Anhänger Jesu im Gegenüber zu den Speisungen des Mose, des Elija und Elischa (s. oben III,5, 1. Teil), wie auch für die Totenerweckungen Jesu gegenüber jenen des Elija und Elischa (ebda.). Ein Schlüssel für dieses Vorgehen ist dabei das Wort Jesu: »Hier ist einer, der ist mehr als Jona, mehr als Salomo« (Mt 12,41 f.; s. auch die Selbstvergleiche Jesu mit Mose und Abraham bei Joh 5,45−47; 8,48−59).

Hinweise auf die Mahlgemeinschaften der Kirche
Die Evangelisten sehen zudem in den wunderbaren Speisungen Jesu Vorzeichen für die späteren Mahlgemeinschaften der Kirche (Agapen und sakramentale Mähler; vgl. die Verwandtschaft der Speisungsberichte mit den Abendmahlsworten Mk 6,30−44 par und Mk 8,1−10 par mit Mk 14,17−25 par; Lk 22,14−23; 1 Kor 11,23−25 sowie die eucharistische Deutung der Brotvermehrung bei Joh 6,22−59 mit Joh 6,1−15); dazu gehört auch die messianische Weinspende bei der Hochzeit (messianisches Zeichen!) zu Kana (Joh 2,1−12).

Hinweise auf den Beistand des Auferstandenen gegenüber seiner Kirche
Von kirchlichen Motiven sind auch die Erzählungen über wunderbare Fischfänge (Lk 5,1−11; Joh 21,1−14) geprägt. Sie deuten auf den wunderbaren Beistand des Auferstandenen bei der Mission der Kirche unter den Völkern hin (vgl.: »Ich werde euch zu Menschenfischern

machen!« Mk 1,17; Lk 5,10: Zuspruch von Simon Petrus, vgl. Joh 21,15ff!). Auf die Mission der Kirche verweist auch die Austreibung einer Legion von Dämonen aus einem heidnischen Besessenen im heidnischen Wohngebiet des Zehnstädtebezirks (Mk 5,1–20 par; beachte den Auftrag Mk 5,19). Das ist ein Vorbild für das spätere kirchliche Wirken in den von bösen Mächten, Götzenglauben und schrecklichem Sittenverfall geprägten heidnischen Großstädten des römischen Reiches (vgl. 1 Thess 1,9f.; 1 Kor 1,26–29; 6,9–11; Röm 1,18–32). Die Kirche sieht in dieser Heilung eines Heiden vorbildhaft die überlegene Kraft des Geistes Christi am Werk, der ihr an Pfingsten für ihre Mission geschenkt wurde. Auf die Mission unter den Samaritern verweist die Heilung eines Samariters durch Jesus (vgl. Lk 17,11–18; dazu Joh 4,19–26.34–42, bes. V. 35: »Die Felder sind reif zur Ernte«).

Eine bestimmte kirchliche Situation äußerster Bedrohung wird in der Wundererzählung von der Befreiung der Jünger Jesu aus einem unheimlichen nächtlichen Sturm auf dem See Gennesaret bedacht und beantwortet (Mk 4,35–41; vgl. Mt 8,18.23–27; Lk 8,22–25; auch Mk 6,45–52; Mt 14,22–33; Joh 6,16–21). Auch wenn das Schiff der Kirche aufs äußerste bedroht ist und Jesus als der Auferstandene scheinbar schläft oder fern zu sein scheint, Jesus, der Herr, ist doch bei den Seinen und entläßt sie nicht aus seiner Sorge.

Aufruf an die Kirche zu festem Vertrauen
Diese kerygmatischen Wundererzählungen wollen zeigen, daß der Auferstandene auch in Gegenwart und Zukunft seiner Kirche nahe sein und sie beschützen wird. Nicht die äußere *Bedrohung* ist *für die nachösterliche Kirche* gefährlich, denn der Herr ist bei seiner Kirche, vielmehr sind es der *Unglaube und der Kleinglaube* ihrer Glieder (beachten Sie den Verweis Jesu Mk 4,40; Mt 8,26).

Damit tritt ein Motiv hervor, das die Evangelisten, vor allem Markus und Johannes, bei der redaktionellen Bearbeitung der urkirchlichen Wunderüberlieferung bewegt: der Aufruf an eine Kirche, die in Gefahr steht, müde zu werden und zu zweifeln. Die Kraft, welche die Macht des Auferstandenen in der Geschichte zum Wirken bringt, ist der Glaube der Kirche, vor allem ihrer Führer. Er hat sich gerade in Bedrohung und innerem Angefochtensein zu bewähren. Dies zeigt vor allem der Evangelist Markus an entscheidenden Stellen seines Evangeliums: Dem verzweifelten Jaïrus, dem mitgeteilt wird: »Deine Tochter ist gestorben. Warum bemühst du den Meister noch länger!«, sagt Jesus: »Sei ohne Furcht; glaube nur!« (Mk 5,35f.). Den vor Todesangst kopflosen Jüngern hält Jesus in der Sturmnacht auf dem See vor: »Warum habt ihr solche Angst? Habt ihr noch keinen Glauben?« (4,40). Dem Vater des epileptischen Knaben antwortet Jesus auf seine resignierte Bitte »Wenn du kannst, hilf uns; hab Mitleid mit uns!«: »Wenn du kannst? Alles kann, wer glaubt!« (9,22 f). Die richtige Antwort eines Christen auf bedrückende und verzweifelte Situationen ist, um zureichenden Glauben zu bitten: »Ich glaube; hilf meinem Unglauben!« (9,24).

Der Hinweis auf den verdorrten Feigenbaum dient Jesus nach Markus als Anlaß zur Belehrung seiner Jünger: »Ihr müßt Glauben an Gott haben... Darum sage ich euch: Alles, worum ihr betet und bittet, glaubt nur, daß ihr es schon erhalten habt, dann wird es euch zuteil!« (11,22—24).

Matthäus folgt Markus in der Übernahme der Abschnitte von der Heilung der Tochter des Jaïrus (9,18—26), des besessenen (mond-süchtigen) Knaben (17,14—21), der Stillung eines Seebebens (8,23—27) und der Belehrung über den Glauben im Anschluß an den verdorrten Feigenbaum (21,18—22). Als Hauptgefahr der Jünger zeigt der Evan-gelist in diesen Stücken auf, daß die Jünger nur über einen kleinen, allzu schwachen Glauben verfügen (s. 8,26; 17,19 f.). Die entscheidende Aussage über die Macht des Glaubens macht bei Matthäus der Hauptmann von Kafarnaum: »Sprich nur ein Wort, dann wird mein Diener gesund!« (8,8). Diesen Glauben stellt Jesus dem Unglauben Israels gegenüber und sieht im heidnischen Hauptmann von Kafar-naum das Vorbild aller Glaubenden aus der Heidenwelt (8,10—13).

Lukas übernimmt wie Matthäus von Markus die Erzählungen der Wunderheilungen der Tochter des Jaïrus (Lk 8,40—56), des besesse-nen Knaben (9,37—43a) und der wunderbaren Errettung der Jünger aus Seenot (8,22—25), läßt jedoch die Perikope vom verdorrten Feigen-baum weg samt Lehrgespräch über die Macht gläubigen Gebets. Davon spricht er aber vielfältig an anderer Stelle (vgl. 11,5—13; 17,5 f. und 18,1—8). Er folgt in seinen Aussagen über das Verhältnis von Glaube, Gebet und Wunder im ganzen dem Vorbild des Markus, wenn er auch die Macht des Glaubens nicht so dramatisch herausstellt wie dieser. Er zeichnet jedoch bewußt Jesus als den großen Beter, der aus der Kraft des Gebetes heraus handelt (6,12; 9,29; 11,1; 22,39—46; bes. VV. 43.46) und seine Jünger zu ausdauerndem Gebet auffordert (11,9—13; 18,1; 21,34—36; 22,40.46).

Spannung von Wundermacht und Gehorsam des Glaubens

Bei den Synoptikern, am deutlichsten bei Markus, fällt die scharfe Zweiteilung des Evangeliums in eine Zeit der Wundertätigkeit und eine Zeit gehorsamen Glaubens Jesu auf. Die Grenze wird markiert durch den Einzug in Jerusalem. Vom Gebet am Ölberg an ist Jesus in den Gehorsam des Glaubens gestellt und hat sein Leiden in der Kraft dieses Gehorsams zu bestehen: »Vater, alles ist dir möglich. Nimm diesen Kelch von mir! Aber nicht, was ich will (soll geschehen), sondern was du willst!« (Mk 14,36; vgl. Mt 26,39; Lk 22,42). Jesus darf für sich kein Wunder wirken.

Diese Spannung von Wundermacht des Glaubens und Gehorsams des Glaubens im Leiden prägt alle Evangelien. Vorbild dafür ist das Verhalten und Schicksal Jesu. Dieses Vorbild hat der glaubende Mensch zu beachten, wenn er aufgerufen ist, seinen Glauben in Leiden und Verfolgung zu bewähren. Diese Dialektik von Wundermacht und Gehorsam des Glaubens wurde zum Grundgesetz für das Leben der ersten Christen. Dadurch wurden sie befähigt, die früh anlaufende Verfolgung zu bestehen, ohne am Glauben irre zu werden. »Christus hat gelitten und euch ein Beispiel gegeben, damit ihr seinen Spuren folgt« (1 Petr 2,21; vgl. Hebr 2,9—18).

Die besonderen Zielsetzungen der einzelnen Evangelisten

Über die genannten Zielsetzungen hinaus verfolgen die einzelnen Evangelisten noch besondere Absichten:

Das Evangelium des Markus erweist Jesus im ersten Teil als den Herrn über alle Mächte des Unheils und über Satan selbst. Diese Vollmacht eignet auch der Evangeliumsverkündigung der Kirche, wo sie gläubig ausgerichtet wird (s. Mk 1,27: »Hier wird mit Vollmacht eine ganz neue Lehre verkündet«; vgl. 4,3—9; 4,26—29; 11,22—24). Aber diese Macht des Glaubens muß im Gehorsam der Nachfolge, des Bekenntnisses und des Leidens bewährt werden (s. 8,31—38: »Weg mit dir, Satan!«; 10,43—45; 14,38).

Matthäus liegt besonders daran zu zeigen, daß der Herr die Macht hat, alle Krankheiten und Gebrechen unter den Glaubenden zu heilen. Er zeichnet Jesus als den Heiland der Kranken und der Sünder und fordert dadurch dazu auf, in allen Krankheiten des Leibes, des Geistes und der Seele vertrauensvoll zu Jesus zu gehen (vgl. Mt 4,23—25; 8,16f.; 12,15—21). Außerdem benützt er die Wundertaten Jesu, um dessen Lehre zu beglaubigen (Kap. 8f.). Diese beiden Motive sind ihm für das Wirken der Kirche seiner Zeit wichtig.

Lukas zeichnet Jesus als den Heiland der Armen, Kranken, der

Frauen, der Witwen, der Verlorenen (vgl. Lk 4,40f.; 6,17−19; 7,11−17. 18−23; 9,1; 10,9; 13,10−17). Er möchte, daß die Kirche seiner Zeit. ebenso sozial handelt und sich der Notleidenden annimmt, auch durch ihre Wunderkraft, wie ihr Herr (s. die Wunderheilungen der Apostelgeschichte, bes. Apg 3,1−10: »Silber und Gold besitze ich nicht [sagt Petrus], doch was ich habe, das gebe ich dir: Im Namen Jesu Christi, des Nazoräers, geh umher!«; 5,12−16; beachte bes. die soziale Motivation der Wunderheilungen des Petrus 9,32−42).

Johannes bringt im ersten Teil seines Evangeliums 7 Wunderzeichen (Kap. 2−11), die er alle theologisch auswertet: als Zeugnis für die Macht des Glaubens (Joh 4,46−53; 11,17−44: »Wenn du glaubst, wirst du die Herrlichkeit Gottes sehen«), als Hinweis auf das messianische Geheimnis Jesu, des Sohnes Gottes, des Heilbringers der Welt (2,1−12; 5,1−18; 6,1−15.22−59; 9,1−12.13−34; 11,1−44), und als Symbol für die Bedeutung der Sakramente für das Leben der Christen (2,1−11; 6,1−15.48−58). Das Wunder im Nachtragskapitel 21 wird ekklesiologisch ausgewertet (Mission).

Der vierte Evangelist will also nicht unmittelbar zum Wunderglauben ermutigen, sondern zum rechten Glauben an Jesus Christus und zum richtigen Gebrauch der Sakramente führen. Wer im Sinn des vierten Evangelisten an Christus glaubt und die Sakramente der Taufe, Eucharistie und Sündenvergebung empfängt (Joh 6,47; 3,4f.; 6,53−58; 20,21−23), empfängt das ewige Leben. Doch stellt Christus auch im vierten Evangelium noch fest: »Amen, amen, ich sage euch: Wer an mich glaubt, wird die Werke, die ich vollbringe, auch vollbringen, und er wird noch größere vollbringen; denn ich gehe zum Vater. Alles, um was ihr in meinem Namen bittet, werde ich tun, damit der Vater im Sohn verherrlicht wird. Wenn ihr mich um etwas in meinem Namen bittet, werde ich es tun!« (Joh 14,12−14).

Die hier aufgewiesenen Motive und Zielsetzungen gilt es je nach Situation zu beachten, sollen die Wunderzeugnisse der Evangelien heute in verantwortlicher, d.h. den Glauben verlebendigender Weise zur Sprache kommen.

4. Jesus Christus, der Wundertäter, der Herr über Satan und die Mächte des Unheils

Jesus, der »verkündigte« Wundertäter
Im Gefolge der Aufklärung wurde, vor allem durch die sogenannte religionsgeschichtliche Schule, die Auffassung vertreten, *Jesus* von Nazaret sei durch die christlichen Missionare im heidnischen Raum der

damaligen hellenistischen Welt *zum Wundertäter stilisiert* worden, um so der Konkurrenz der heidnischen Heilandsgötter, allen voran des Heilgottes Asklepios, und der heidnischen Halbgötter, Heroen und Wundertäter begegnen zu können.

In zahlreichen Wundergeschichten, vor allem des Markus-, Lukas- und Johannesevangeliums, sah man heidnische Wundermotive am Werk (Dämonenaustreibung, Heilung von außergewöhnlichen Krankheiten, z. B. Epilepsie, Mondsucht, Aussatz; Speisewunder, z. B. Weinspende zu Kana; Totenerweckungen). Diese Auffassung wurde in neuester Zeit durch den Versuch variiert, Jesus mit magischen Kräften auszustatten als Grundlage für die Stilisierung zum großen Magier. Letzteres sei aus missionarischen Gründen unumgänglich gewesen in der von Aberglauben und vom ›Glauben‹ an Zauberer, Wahrsager, Wunderheiler und Persönlichkeiten mit magischen Kräften bestimmten Welt des römischen Reiches. Vor allem die Unter- und Mittelschichten, besonders in der östlichen Hälfte des römischen Reiches, seien von dieser Art von Aberglauben bzw. »Glauben« geprägt gewesen. In diesen Schichten habe daher das Christentum zuerst Fuß zu fassen vermocht, weil es Jesus als den Sohn des wahren Gottes darstellte, der mächtiger sei als alle Dämonen und Geistermächte und der durch sein Wirken und seine Auferstehung auch Satan und die Mächte des Todes überwunden habe.

Die Ausgestaltung der Wunderüberlieferungen durch das hellenistische Christentum

Wenn sich auch die Behauptung nicht halten läßt, erst die hellenistischen Christen hätten aus missionarischen Gründen Jesus von Nazaret zum größten Wundertäter gemacht, so ist doch die Beobachtung *richtig, daß die christliche Verkündigung im hellenistischen Bereich Jesus vor allem auch als den Herrn über alle Dämonen- und Geistermächte vorgestellt hat*, der den Menschen aus allen Arten von Unheil zu befreien vermag. Dies zeigt sich bereits an der Formulierung des Wortes Jesu vom Sturz Satans aus seiner Herrschaftsstellung über die gefallene Welt bei Lukas: »Die Zweiundsiebzig berichteten voll Freude: ›Herr, sogar die Dämonen gehorchen uns, wenn wir deinen Namen aussprechen.‹ Da sagte Jesus zu ihnen: ›Ich sah den Satan wie einen Blitz vom Himmel fallen! Seht, ich habe euch die Vollmacht gegeben, auf Schlangen und Skorpione zu treten und die ganze Macht des Feindes zu überwinden. Nichts wird euch schaden können. Doch freut euch nicht darüber, daß euch die Geister gehorchen, sondern freut euch darüber, daß eure Namen im Himmel verzeichnet sind‹« (Lk 10,17–20; vgl. Mt 12,28).

Schlangen und Skorpione sind nach Ps 91,13 als böse, gottwidrige, den Beauftragten Jesu feindliche Mächte zu verstehen.

In denselben Zusammenhang gehört der im 2. Jahrhundert dem Markusevangelium zugefügte Schluß 16,9−20, der den christlichen Missionaren im Namen des Auferstandenen verheißt: »Durch die, die zum Glauben gekommen sind, werden folgende Zeichen geschehen: In meinem Namen werden sie Dämonen austreiben; sie werden in neuen Sprachen reden; wenn sie Schlangen anfassen oder tödliches Gift trinken, wird es ihnen nicht schaden; und die Kranken, denen sie die Hände auflegen, werden gesund werden.« Dieser Zusatz setzt die Kenntnis der übrigen Evangelien und der Apostelgeschichte (s. dort die Zeugnisse von Wundern der Apostel, bes. das Überleben des Paulus nach einem Schlangenbiß Apg 28,3−6) und die Erfahrungen mit der Macht des Evangeliums in der heidnischen Mission voraus, wie sie auch bei Paulus berichtet werden (vgl. 1 Thess 1,5f.; 1 Kor 1,5−7; 2,4f.; 12,9.28f.).

Von der Macht der christlichen Mission im Namen Jesu, des auferstandenen Herrn, berichtet die Apostelgeschichte auf idealisierte, legendenhafte Weise in den Abschnitten 5,12−16 (»wenn der Schatten des Petrus auf Kranke fiel«, wurden sie geheilt), 16,16−18 (Austreibung eines Wahrsagegeistes aus einer heidnischen Sklavin) und 19,11−20 (die Wunder des Paulus in Ephesus). Im letzten Abschnitt wird geschildert, wie Paulus in der für ihre Zauberei berüchtigten Stadt Ephesus im Namen Jesu Christi Menschen aus der Macht der Dämonen, Zauberer und heidnischer Magier und Scharlatane befreite und auch jüdische Exorzisten als Heuchler entlarvte.

»Auch ungewöhnliche Zeichen und Wunder tat Gott durch die Hand des Paulus. Sogar seine Schweiß- und Taschentücher nahm man ihm vom Körper weg und legte sie den Kranken auf; da wichen die Krankheiten, und die bösen Geister fuhren aus. Auch einige der umherziehenden jüdischen Beschwörer versuchten, den Namen Jesu, des Herrn, über den von bösen Geistern Besessenen anzurufen. Das taten sieben Söhne eines gewissen Skeuas, eines jüdischen Oberpriesters. Aber der böse Geist antwortete ihnen: ›Jesus kenne ich, und auch Paulus ist mir bekannt. Doch wer seid ihr?‹ Und der Mensch, in dem der böse Geist hauste, sprang auf sie los, überwältigte sie und setzte ihnen so zu, daß sie nackt und zerschunden aus dem Haus fliehen mußten. Das wurde allen Juden und Griechen, die in Ephesus wohnten, bekannt; alle wurden von Furcht gepackt, und der Name Jesu, des Herrn, wurde hoch gepriesen. Viele, die gläubig geworden waren, kamen und bekannten offen, was sie (früher) getan hatten. Und nicht wenige, die Zauberei getrieben hatten, brachten ihre Zauberbücher herbei und verbrannten sie vor aller Augen. Man berechnete den Wert der Bücher auf 50000 Silberdrachmen. So wuchs das Wort des Herrn mit Macht und wurde stark« (Apg 19,11–20).

Dieser Abschnitt, den Lukas wohl aus einer in christlichen Kreisen von Ephesus verbreiteten Überlieferung übernahm, weist eindeutig legendenhafte Züge magischer Prägung auf (s. die Heilungsmacht der Kleidungsstücke des Paulus und den makabren Humor des Dämons gegenüber den jüdischen Exorzisten), schildert die christliche Mission als Kampf der Christen im Namen Jesu gegen die Anhänger heidnischer Götzen und Magie und gibt einen guten Einblick in die Situation der christlichen Mission in der hellenistisch-heidnischen Welt Kleinasiens. Nicht zu übersehen sind das christliche Überlegenheitsgefühl über alle heidnischen Götzen, Dämonen und magischen Mächte und die christliche Ironie, die aus dieser Überlieferung sprechen. Die Überlieferung ist zwar nicht frei von dinglich-magischen Vorstellungen, aber nichts an ihr weist darauf hin, daß die letztverantwortlichen Träger der Mission der apostolischen Kirche sich magischer Vorstellungen bei ihrer Christusverkündigung bedienten. Sowohl die Evangelien wie auch die Paulusbriefe sind frei von magischen Elementen bei der urchristlichen Christus- und Erlösungsverkündigung.

Die geforderte Bewährung des Christentums in Not und Verfolgung
Nicht übersehen werden darf in diesem Zusammenhang, *daß die christliche Mission* ihren Hörern und Gläubigen *keine Sicherheit gegenüber Krankheit, Not, Verfolgung und Martyrium versprach*, im Gegenteil immer darauf hinwies, daß Leiden und Verfolgung zum Leben eines Christen wesenhaft gehören. So heißt es bereits im ersten christlichen Dokument, dem 1. Brief des Apostels Paulus an die Christen in Thessalonich (um 51 n. Chr.): »Ihr habt das Wort trotz großer Bedrängnis mit der Freude aufgenommen, die der Heilige Geist gibt. So wurdet ihr zum Vorbild für alle Gläubigen in Mazedonien und Achaia« (1 Thess 1,6f.). »Brüder, ihr seid den Gemeinden Gottes in Judäa gleich geworden, die sich zu Christus Jesus bekennen. Ihr habt von euren Mitbürgern das gleiche erlitten wie jene von den Juden. Diese haben sogar Jesus, den Herrn, und die Propheten getötet; auch uns haben sie verfolgt« (2,14f.). An seine Lieblingsgemeinde Philippi schreibt Paulus: »Euch wurde die Gnade zuteil, für Christus dazusein, also nicht nur an ihn zu glauben, sondern auch seinetwegen zu leiden. Denn ihr habt den gleichen Kampf zu bestehen, den ihr früher an mir gesehen habt und

von dem ihr auch jetzt hört« (Phil 1,29f.; vgl. außerdem Apg 14,22; Hebr 10,32—35; 12,1—3; 1 Petr 4,12—19; Offb 12,7—18). Der Grundsatz, daß Jesus für sich kein Wunder wirken durfte und sich im Leiden zu bewähren hatte, gilt auch für die Apostel, die christlichen Missionare, die christlichen Wundercharismatiker (s. 1 Kor 12,9f.28f.) und alle Christen. Die Szene in der Apostelgeschichte, in der Paulus nach einem Wunder an einem Gelähmten in Lystra gesteinigt wird, weil er es ablehnte, sich als ein Magier und Gott verehren zu lassen (Apg 14,8—20), stellte dies in der Apostelgeschichte den Lesern und Hörern dieser christlichen Missionsschrift eindrücklich vor Augen. Und Paulus betont in seinen Briefen nachdrücklich, er habe sich in seiner Mission von jeder List und betrügerischen Praxis freigehalten (vgl. 1 Kor 2,2; 4,1—5; 9,19—23; 2 Kor 4,1f.; 6,1—10; 12,19).

Vor allem aber ist zu sehen, daß Paulus im 1. Korintherbrief ausdrücklich darauf hinweist, daß prophetische und charismatische Fähigkeiten nur dann vor Gott einen Wert haben, wenn sie mit Glaube, Hoffnung und Liebe verbunden sind und dem Aufbau des Leibes Christi dienen. Als außergewöhnliche Fähigkeiten allein können sie auch Äußerungen menschlichen Geltungs- und Machtstrebens sein: »Wenn ich prophetisch reden könnte und alle Geheimnisse wüßte und alle Erkenntnis hätte; wenn ich alle Glaubenskraft besäße und Berge damit versetzen könnte, hätte aber (dienstbereite) Liebe nicht, so wäre ich (vor Gott) nichts« (1 Kor 13,2).

Kerygmatische Züge der Wunderzeugnisse der Evangelien

Trotzdem kann nicht übersehen werden, daß die im hellenistischen Heidentum missionierende Kirche Jesus bewußt als Wundertäter, als Herrn und Bezwinger auch Satans und der bösen Geister herausstellte, wobei sie auf Jesu Sendungsaussagen und seine ursprünglichen Wundertaten zurückgriff und sich bei der Schilderung der Wundertaten Jesu der sogenannten hellenistischen Wunderdarstellungen bediente (s. oben III,5, 1. Teil). Sie hüllte ihre Botschaft von Jesus Christus, dem Befreier und Erlöser aller Menschen aus den Mächten des Unheils und der Sünde, in ein griechisches Gewand, ohne aber das Wesen dieser Botschaft zu verändern oder zu verfälschen. Dabei griff sie bewußt auf Traditionen zurück, die der heidnischen Erlösungssehnsucht und religiösen Erwartung besonders entsprachen. Vor allem gestaltete sie *die kerygmatischen Züge in den entsprechenden Wundererzählungen* besonders aus. Zu verweisen ist hier auf dramatische Dämonenaustreibungen (s. der Besessene von Gerasa Mk 5,1ff. mit einer Legion von Dämonen, d.h. 6000 Geistern; dabei der Versuch des Gegenexorzismus durch den Besessenen), auf die Meinung, schwere psychische Erkrankungen seien auf Dämonen zurückzuführen (vgl. Mk 5,1−20; 9,14−29), die Vorstellung von der Möglichkeit der Kraftübertragung der Heilkräfte des Heilers auf die Kranken durch Berührung (vgl. Mk 5,24b−34; Lk 4,40 f.; 6,19), der Drang der Heilungskraft in Jesus, Heilungen zu wirken (Lk 5,17), die Auferweckung von Toten durch Berührung (Mk 5,41 f.; Lk 7,14 f.), die Möglichkeit der wunderbaren Beschaffung von Speisen (Mk 6,38−44; 8,1−10 par; vgl. Lk 9,10−17; Joh 6,1−13; auch Joh 2,1−12: Kana), die Vorstellung von einer Hierarchie der Dämonen und Geister (Mk 3,21−27; Mt 8,8 f.), die Annahme, Dämonen hausten gerne in Tieren und an abgelegenen Orten (Mt 12,43−45 par), die Fähigkeit zu wunderbarer Herzenskenntnis (Mk 2,8; Joh 1,48; 2,24 f.), die Bezwingung widerspenstiger Elemente der Natur (Seesturm Mk 4,39; der Gang über den See Mk 6,45−52 par); die Verwandlung Jesu beim Gebet (Mk 9,2−10 par); die Möglichkeit der Erweckung eines schon in Verwesung übergegangenen Toten durch ein Machtwort (Lazarus, s. Joh 11). Aber all diese Ereignisse und Einzelelemente stammen nicht allein aus der hellenistischen Welt, sondern haben auch Vorbilder im Alten Testament und im Judentum der Zeit Jesu und der Apostel (s. die Nachweise bei den einzelnen Wundererzählungen). Insofern sind sie nicht einfach abgeleitet aus der hellenistischen Welt, sondern haben durchaus einen jüdischen Hintergrund. Das gilt auch von der Vorstellung, der Geist eines gewaltsam getöteten Propheten könne in einem anderen Menschen weiterwirken und durch diesen seine Sendung erfüllen (vgl. Mk 6,14−16; 8,28; 9,11−13).

Das Fehlen magischer Züge im Bild Jesu

Zu beachten ist in diesem Zusammenhang, daß von Jesus nie gesagt wird, er habe magische Beschwörungen und Riten vorgenommen. Der geforderte Glaube ist ein Personal- oder Vertrauensglaube, nicht eine magische Kraftansammlung oder Disposition. Jesus lehnt Zeichenwunder ausdrücklich ab und empfindet die Aufforderung dazu als satanische Versuchung (vgl. Mk 8,11−13 par; Mt 4,1−11 par). Um Jesus herrscht eine *nüchterne Sphäre*. Der Glaube, den er fordert, ist eine religiöse Entscheidung und mündet in eine sittliche Umkehr (Mk 1,14 par; Mt 12,38−42 par). Die einzige echte Zeichenhandlung, der Einzug auf einem Esel in Jerusalem (Mk 11,1−11 par), ist messianischer, nicht mirakulöser Art. Jesus versucht nicht, sich durch ein Wunder seinem Tod zu entziehen. Die Elemente der Schau-, Profit-, Straf- und Schutzwunder fehlen in der Jesusüberlieferung völlig.

Die Wundertaten Jesu als Hinweise auf das Reich Gottes

Zwar verknüpfte Jesus auf einzigartige Weise sein Auftreten und Wirken, auch in seinen Wundern, mit der Ansage und dem *Anbruch des Reiches Gottes* (vgl. Mt 12,28; 11,2–5 par), aber das war nur für den einsichtig, der an Jesu Botschaft glaubte: »Jesus wandte sich an die Jünger und sagte zu ihnen allen: ›Selig sind die, deren Augen sehen, was ihr seht. Ich sage euch: Viele Propheten und Könige wollten sehen, was ihr seht, und haben es nicht gesehen, und wollten hören, was ihr hört, und haben es nicht gehört‹« (Lk 10,23 f. par).

Die Verdächtigung Jesu als dämonischer Verführer

Es war damals im Judentum sogar gefährlich, als Wundertäter aufzutreten. Denn das rief die *Verdächtigung* hervor, über dämonische Kräfte zu verfügen. Weil Jesus den Willen Gottes auf neue Weise interpretierte (vgl. Mk 3,22 par), wurde damit der Vorwurf verbunden, *Juden zum Abfall zu verführen*. Daß dieser Vorwurf in der Jesusüberlieferung erhalten blieb, zeigt, daß die christlichen Missionare überall dort, wo sie auf Juden stießen, also auch in den heidnischen Städten mit jüdischen Synagogengemeinden, mit dieser Verdächtigung zu rechnen hatten. Auch darf nicht übersehen werden, daß am Ende des ersten christlichen Jahrhunderts gerade die Judenchristen aus Palästina noch enge Verbindungen zum Tempel und zur Synagoge pflegten (vgl. Apg 15,1–35; 21,18–26). Eine wesensändernde Hellenisierung der Christusverkündigung durch die Heidenchristen und ihre Missionare hätte notwendigerweise zu einer Spaltung der christlichen Gemeinden geführt. Eine solche Wesensverwandlung der Christusbotschaft läßt sich in den Schriften des Neuen Testaments aber nicht nachweisen. Insofern geht die Unterstellung, das hellenistische Christentum hätte aus missionarischen Gründen Jesus von Nazaret zu einem großen Wundertäter und Magier gemacht, ins Leere. Es läßt sich nur eine Anpassung der historisch glaubwürdigen Wunderüberlieferung an die hellenistische Frömmigkeit und Geistigkeit feststellen, ohne daß dabei das Wesen und der Inhalt der christlichen Erlösungsbotschaft verfälscht wurden.

Der Glaube als Befreiung aus Dämonen- und Götterfurcht

Das Christentum war von seinen Ursprüngen her, durch *die Kraft des Glaubens*, überzeugt, daß Jesus als der menschgewordene Gottessohn die Macht Satans über die Menschen gebrochen hat, so daß ein Christ daher weder Satan noch irgendwelche dämonischen Mächte fürchten muß, und daß der gläubige Mensch das Heil Jesu auch leiblich und psychisch befreiend erfahren und anderen vermitteln kann. Paulus spricht diese Überzeugung im 1. Korintherbrief in Form eines Glaubensbekenntnisses deutlich aus: »Wir wissen, daß es keine Götzen gibt in der Welt und keinen Gott außer dem einen. Und selbst wenn es im Himmel oder auf der Erde sogenannte Götter gibt – und solche Götter und Herren gibt es viele –, so haben wir doch nur einen Gott, den Vater. Von ihm stammt alles, und wir leben auf ihn hin. Und einer ist der Herr: Jesus Christus. Durch ihn ist alles, und wir sind durch ihn« (1 Kor 8,4–6; vgl. zur Herrschaft Christi über die Geistermächte noch Phil 2,9f.; Gal 4,8–10; Eph 4,8–10; Kol 1,16; 2,10.15.18–23; Hebr 1,1–14; auch Offb 2,24).

Nicht die Verkündigung Jesu Christi als größtem Magier und Wundertäter hat dem Christentum zum Sieg in der antiken Welt verholfen, vielmehr hat sich die Erfahrung der Person und des Wirkens Jesu durch die Urjünger und der Kräfte des Auferstandenen durch die Gläubigen in der damaligen Welt durchgesetzt und bis heute bewährt. Das, was der christliche Glaube von Jesus Christus bekennt, daß er der Erlöser und der Heilbringer Gottes ist, kann der Christ im Raum der Kirche nach Maßgabe seines Glaubens auch heute durchaus erfahren, zwar immer nur zeichenhaft und unvollkommen entsprechend den Möglichkeiten der sich im Unheil befindenden Welt, aber doch wirklich und überzeugend. Es ist die Wahrheit des Glaubens, die sich in der Geschichte durchsetzt, nicht das Wunschdenken religiöser Menschen.

VI. Grundprinzipien für die sach- und zeitgerechte Auslegung der Wunderüberlieferungen der Evangelien heute

In diesem Abschnitt wird der Frage nachgegangen, wie man die Wunderüberlieferung der Evangelien so auslegt, daß einerseits das, was Jesus mit seinen Wundertaten wollte und was die apostolische Kirche durch die Gestaltung dieser Überlieferung über das Heilswirken des auferstandenen Herrn in der Kirche sagen will, sachgerecht erschlossen wird, daß aber andererseits zugleich deutlich wird, was der auferstandene Herr den Menschen heute vermittels dieser Zeugnisse sagen will.

Dazu ist zunächst festzustellen, welchen Platz die Wunderüberlieferungen in der Verkündigung der Kirche des Anfangs einnahmen und welche Bedeutung sie für den Glauben der ersten Christen hatten.

1. Die Funktion der Wunderverkündigung im Ganzen des Heilsdienstes der urchristlichen Gemeinden

Jesus – der verheißene Messias

Nach Apg 2,22; 10,38 dienten die Wunder *Jesu der* nachösterlichen Kirche dazu, ihn als den *von Gott beglaubigten Messias* auszuweisen. Den entscheidenden Hinweis auf seine Messianität bildete die Auferweckung (vgl. Apg 2,36). Auf die neue Funktion des Auferstandenen als des in die Herrschaft Gottes eingesetzten Kyrios wiesen die Wundertaten hin, die unter Anrufung des Namens Jesu durch die Apostel und ersten Christen gewirkt wurden (vgl. Apg 5,12–16; 4,9–12; 4,30; 16,18). Veranlassung dazu, den Namen des Herrn über Kranke auszurufen, war wohl die Erinnerung an Jesu Wirken an Kranken und Besessenen und an den Auftrag Jesu, selbst Kranke zu heilen (vgl. Mk 6,7; Mt 10,8; Lk 9,2; 10,9.17–19). Ähnlich ging Paulus bei seiner Mission unter Heiden vor, wie 1 Thess 1,5; 1 Kor 1,6f.; 2,4f.; 2 Kor 3,6; 4,7; 6,7; 12,12; Röm 15,18f. zeigen. Er spricht in 2 Kor 12,12 von Merkmalen (»Zeichen«), an denen man die Vollmacht eines Apostels Christi erkennt und nennt näherhin: »Zeichen, Wunder und machtvolle Taten« (sēmeia, terata, dynameis; vgl. Röm 15,18f.: »Ich wage nur von dem zu reden, was Christus, um die Heiden zum Gehorsam zu führen, durch mich in Wort und Tat bewirkt hat, in der Kraft von Zeichen und Wundern, in der Kraft des Geistes Gottes«, en dynamei sēmeiōn kai teratōn, en dynamei pneumatos). Insofern kann man feststellen, daß auch das paulinische Christentum neben dem Glauben an die Macht des Evangeliums von der Erfahrung der Wunderkraft des Auferstandenen geprägt ist. Dies zeigt sich vor allem am Stand von Christen, denen durch den Geist Gottes vermittels der Taufe besondere gnadenhafte Fähigkeiten, nämlich die »Charismen der Krankenheilung« (charismata iamatōn) und die »Energie zu Krafttaten« (energēmata dynameōn; dynamis = Wundermacht), geschenkt sind (1 Kor 12,9f.; vgl. 12,28−30). Diese Charismen bilden − zusammen mit dem Auftrag Jesu an seine Jünger, Kranke zu heilen (s. oben) − die Grundlage für den aus dem Jakobusbrief 5,14f. erschließbaren sakramentalen Brauch, über Kranke durch die Gemeindeleiter (Presbyter, Älteste) im Namen des Herrn beten zu lassen und sie mit Öl zu salben. Als Wirkungen dieser sakramentalen Handlung werden Sündenvergebung, Heilung der Krankheit und Mitteilung der Heilsgnade genannt (»das gläubige Gebet wird den Kranken retten, sōzein, und der Herr wird ihn aufrichten, und wenn er Sünden begangen hat, werden sie ihm vergeben«).

Der Glaube als erlösende Kraft

Das Ziel der apostolischen Verkündigung in Verbindung mit Krafttaten des Geistes Gottes ist der Glaube an Jesus Christus, den Heiland und Herrn, und an die frohe Botschaft von der Erlösung durch seinen Sühnetod und seine Auferstehung (vgl. Röm 1,1−3.16−18; 10,8−13; 1 Kor 15,1−11). Dieser Glaube bildet die Grundlage der Heilsvermittlung an jeden Menschen, sei er Jude oder Heide. »Das Evangelium ist eine Kraft Gottes, die jeden rettet, der glaubt… Denn im Evangelium wird die Gerechtigkeit Gottes offenbart aus Glauben zum Glauben, wie es in der Schrift heißt: ›Der aus Glauben Gerechte wird leben‹« (Röm 1,16f.; Hab 2,4). »Wenn du mit deinem Mund bekennst: ›Jesus ist der Herr!‹ und in deinem Herzen glaubst: ›Gott hat ihn von den Toten auferweckt‹, so wirst du gerettet werden« (Röm 10,9).

Die Taufe auf den Namen Jesu

Dieser Glaube führt zum Empfang der Taufe auf den Namen Jesu (Apg 2,38) oder auf den dreifaltigen Gott (Mt 28,19). Dadurch tritt der Glaubende in eine Lebensgemeinschaft mit Jesus Christus ein, erfährt Vergebung seiner Sünden, Annahme an Kindes Statt durch Gott, den

Vater Jesu Christi, und erhält Anteil am göttlichen Leben des Auferstandenen (vgl. 1 Kor 6,11; Gal 3,26–28; 4,4–7; Röm 6,3–11; 8,15–
17). Zugleich wird er eingegliedert in die Gemeinschaft der Kirche
(1 Kor 12,12f.; Röm 12,4f.; Eph 4,4–6). Nun wirken die Kräfte des
neuen Lebens »in Christus«, auch die Gnadengaben des Heiligen
Geistes im Getauften (vgl. 1 Kor 13; Gal 5,22f.; 1 Kor 12,1–11.28–30).
Er empfängt damit auch die Befähigung zu einer besonderen Aufgabe
in seiner Ortsgemeinde und in der Kirche (vgl. 1 Kor 12,1–11.28–30;
Röm 12,4–8; auch Phil 1,1f.; 1 Kor 16,15–18). Er wird durch den
Geist Gottes vor allem fähig, dem Willen Gottes und dem Hauptgebot
der Liebe zu entsprechen (vgl. Phil 2,12f.; 1 Kor 13; Gal 5,13–18.
22–25; 1 Joh 3,23f.; 4,7–21; 5,3f.). Er erfährt eine neue Form von
Menschengemeinschaft in den kirchlichen Gemeinden, eine Gemein-
schaft gegenseitiger Sorge und helfender Liebe (vgl. Gal 3,28f.; 5,6.14;
Kol 3,1–17; Röm 12,9–20).

Die Teilnahme an der Eucharistiefeier
Er darf an der Eucharistiefeier teilnehmen, dabei den Leib und das Blut
Christi sakramental empfangen und das Leben des Auferstandenen
leibhaftig in sich aufnehmen (vgl. Joh 6,53–58; 1 Kor 11,26; 10,3f.
14–17).
    Der Hebräerbrief beschreibt die Lebenselemente, die das Leben des
Christen prägen, so: »Der Grund wird gelegt durch die Belehrung über
die Abkehr von toten Werken (frühere Lebenspraxis), den Glauben an
Gott und die Taufe« in Verbindung mit einer Handauflegung des
Täufers. Dabei wird der Glaubende »erleuchtet«. In der Eucharistie
»genießt er die himmlische Gabe« und gewinnt so durch Glaube und
Sakramente »Anteil am Heiligen Geist«. Dadurch »lernt er die Kräfte
der zukünftigen Welt kennen« (Hebr 6,1–5).

Leben in der Kraft des Geistes Gottes
Zwar muß der Christ noch kämpfen und sich in einem Leben nach den
Weisungen Christi in der Gemeinschaft der Kirche bewähren (vgl.
Röm 6,12–14; 12,9–20; Gal 6,1–10; Eph 4,17–5,20; 6,10–20; Phil
2,12). Aber er kann dies, wenn er *sich vom Geist Gottes leiten läßt* (vgl.
Röm 8,14f.). Er ist dieser Welt nicht entnommen und spürt die bösen
Mächte des gefallenen Menschen in sich noch als wirksam; aber er kann
in der Liebe Christi siegen und weiß, daß ihm alles, auch das Böse,
selbst Leiden und Sterben, zum Guten dienen muß (vgl. Röm 8,24–38;
s. auch 1 Joh 5,3–6.13–20). Glaube, Hoffnung und Liebe sind die
Grundhaltungen des neuen Lebens in Christus (1 Kor 13,13).

Welchen Ort und welche Funktion haben in diesem Kosmos des christlichen Lebens nach Ausweis des Neuen Testaments die Verkündigung über die Wunderkraft des Glaubens und der so geprägte Glaube näherhin?

2. Der Ansatz der Wunderverkündigung im Leben und Wirken der Urkirche

Die Kirche, das neue Volk Gottes aus Juden und Heiden, hat ihren Ursprung in der alle vorgegebenen religiösen Formen sprengenden Sendung des Sohnes Gottes. Sein Wirken war getragen von der schöpferischen Kraft des Geistes Gottes, die gläubigen Menschen auch leiblich und seelisch Heilung schenkte. Diese Kraft des neuen göttlichen Lebens wurde der Kirche an Pfingsten geschenkt und wird jedem Gläubigen in der Taufe als Möglichkeit zu einem guten, sinnvollen, heiligen Leben zuteil. Insofern muß es in der Kirche einen Raum geben für das besondere, überraschende, heilschaffende Walten des Auferstandenen durch den Heiligen Geist.

Die Beglaubigung durch Kraftwirkungen des Geistes Gottes
Der besondere Ort dafür ist *das missionarische Wirken der Kirche*, das Sich-Behaupten in Bedrückung und Verfolgung und ist der Bereich der Seelsorge. Die Apostelgeschichte spricht, ebenso wie Paulus in seinen Briefen, von den vielfältigen Erfahrungen wunderbarer Mitwirkung des Geistes Gottes bei der Mission der Kirche. Paulus weist immer wieder darauf hin, daß sein missionarisches Wirken *durch Kraftwirkungen des Geistes Gottes beglaubigt* wurde und stellt fest, daß dies auch geschah, wenn er krank und niedergeschlagen seine Mission an neuen Orten begann (vgl. 1 Kor 2,1–5; Gal 4,12–16 mit 3,1–5). Der deutlichste Hinweis auf die Erfahrung göttlicher Kraft ist 2 Kor 1,3–12, wo der Apostel bekennt, daß er am Leben verzweifelte, aber dann doch von Gott wunderbar gerettet und ermutigt wurde. Im gleichen Brief weist er darauf hin, daß Gottes Kraft ihre wunderbaren Möglichkeiten dadurch beweise, daß er trotz seiner körperlichen Schwäche Ungewöhnliches zu vollbringen vermöge (2 Kor 12,7–9). Weitere bewegende Zeugnisse dieser Erfahrung von göttlicher Kraft in der eigenen Ohnmacht sind die Abschnitte 1 Kor 4,9–13; 2 Kor 4,7–18, vor allem aber die sogenannte Narrenrede 2 Kor 11,21–33. Das ›Wunderbare‹ in diesen Zeugnissen ist die Befähigung zu außergewöhnlichen Leistungen selbst in körperlicher Schwäche und geistiger Erschöpfung.

Dazu kommt die Erfahrung, daß die menschlich absurde Botschaft vom gekreuzigten Sohn Gottes als Erlöser der Menschheit immer neu Glauben findet und Menschen verwandelt (vgl. 1 Kor 1,17–31; Röm 1,16f.; 10,16f.; 15,17–21). Zugleich ist aber auch auf die wunderbaren Heilungen und Vorgänge hinzuweisen, welche z.B. die Apostelgeschichte bezeugt (ab Apg 13; vgl. aber auch 1 Kor 12). Damit diese Kraft des Geistes Gottes sich noch stärker auswirken kann, bittet Paulus seine Gemeinden immer wieder, sein Wirken durch das Gebet zu unterstützen (s. Phil 4,15f.; Röm 15,30–32; 2 Kor 1,11; vgl. Eph 6,18f.).

Die Macht des Glaubens in der Verfolgung
Die wunderbare Macht des Glaubens bewährt sich sodann immer neu in den Verfolgungen, die Paulus und seine Gemeinden zu bestehen haben. Daß die kleinen Gemeinden nach kurzer Zeit der Missionierung fähig sind, diese Verfolgungen zu bestehen und dabei sogar zu wachsen und sich auszubreiten, ist letztlich dem Wirken des Geistes Gottes zu verdanken und weist auf dessen Möglichkeiten in der Geschichte hin (vgl. 1 Thess 1,2–10; 2,1f.13–16; 3,6–10; Phil 1,27–30; s. auch 1 Petr 4,12–17; Offb 1,9 – 3,22).

Das Problem der Sünde
Ein besonderes Feld für das außergewöhnliche Wirken des Geistes Gottes sind dabei die Situationen und Fälle, die einen besonderen Beistand des Heiligen Geistes zu ihrer Bewältigung erfordern. Hier ist zu verweisen auf das Problem der Sünde unter Christen nach der Taufe (vgl. Apg 5,1–11; 1 Kor 5,1–5; 11,30–32), dazu auf vielfältige Fragen: ob auch Samariter und Heiden direkt in die Kirche aufgenommen werden dürfen (vgl. Apg 8,4–25; Kap. 10f.; 15; s. auch Gal 1f.), ob Christen auch an heidnischen religiösen Feiern teilnehmen und Opferfleisch essen dürfen (s. 1 Kor 8; Röm 14), ob die Kirche neue Ämter und Dienste einführen darf, ob die Heilsgnade Christi durch sakramentale Zeichen weitergegeben werden kann, ob die Christen noch an das mosaische Gesetz gebunden sind (s. Apg 6; 14,23; 1 Kor 12,1–28; Phil 1,1f.; Röm 16,1–6), um einige wichtige zu nennen. Oft werden die Lösungen durch besondere Gnadenführungen dazu berufener Personen vorbereitet und durch den Geist Gottes auch beglaubigt (vgl. Apg 8; 10f.; 15). Die ungeheure schöpferische Dynamik, die aus einer jüdischen messianischen Sekte innerhalb einer Generation eine Weltreligion mit eigenem Glaubensbekenntnis, eigener Verfassung, eigenen Sakramenten, neuen Formen des Gebetes, des Gottesdienstes, des

Lebens und der Stellung in Staat und Gesellschaft hervorgehen ließ, ist ohne das Mitwirken des Auferstandenen und seines Geistes nicht erklärbar (s. Eph 2,11–4,16; auch Mt 28,18–20; Apg 1,6–8). Im Pfingstwunder tritt diese neue Kraft, durch das Evangelium Menschen verschiedener Herkunft, Sprache, Kultur, Schicht und Religion zu einen, zeichenhaft in Erscheinung (Apg 2,1–12).

Wo immer die Kirche Christi heute missioniert, Verfolgungen und Anfeindungen zu bestehen und neue seelsorgliche Aufgaben zu bewältigen hat, ist sie aufgerufen, um den besonderen Beistand des Geistes Gottes zu bitten, und darf sie auch heute auf dessen Eingreifen und Wirken hoffen.

3. Der Ansatz der Wunderverkündigung bei den besonderen Nöten des Christen

Der Christ steht durch Glaube und Taufe in einer besonderen Lebensgemeinschaft mit dem auferstandenen Herrn und durch ihn mit Gott, dem Vater. Obwohl er dadurch bereits Anteil hat am göttlichen Leben des Auferstandenen und die Kraft des Geistes Gottes in ihm gegenwärtig ist und wirkt, ist er noch der alten Unheilsordnung der gefallenen Menschheit verhaftet, wirken die Kräfte des Bösen noch in ihm, ist seine leibseelische Ganzheit der Vergänglichkeit, der Krankheit, dem Leiden und der Erfahrung des Bösen in Umwelt und Geschichte ausgesetzt. Er wird deshalb in seinem Glauben trotz Gebet, Mitleben mit der Kirche und Sakramentenempfang vielfältig angefochten und hat sich in seinem Glauben zu bewähren.

Glaube als Heilungsmacht und als Kraft zum Gehorsam

Der Hinweis auf die Wundertaten Jesu zeigt, daß *Christi Heil den ganzen Menschen nach Leib und Seele* erfassen und gesunden lassen will. Die Erinnerung an die neuen, schöpferischen Kräfte des Geistes Gottes im Christen ruft diesen dazu auf, der Macht des Glaubens zu vertrauen, in besonderen Nöten um Gottes Beistand zu bitten und auch auf wunderbare Erhörung und Hilfe zu hoffen. Insofern ist beides zu betonen: das »Alles kann, wer glaubt« und gläubig bittet (vgl. Mk 9,23; 11,22–24), und das »Dein Wille geschehe, nicht der meine, Vater« (Mk 14,36). Einerseits müssen die wunderbaren Möglichkeiten des Glaubens herausgestellt werden, andererseits muß verwiesen werden auf *das gehorsame Vertrauen in die Führung des guten Vatergottes*. Keineswegs aber darf kurzschlüssig zur Ergebung in ein schweres Schicksal angehalten werden. Erst im Ringen mit Gott wird oft deutlich, welche Weise des christlichen Lebens und Erleidens die je beste und sinnvollste ist. Jesus selbst rang mit seinem Vater um seinen Weg am Ölberg, dasselbe taten auch die Großen der Kirche des Anfangs. Petrus ließ im Gefängnis in Jerusalem für sich beten und kam daraufhin wunderbar frei (vgl. Apg 12,6–11), auch Paulus erfuhr in Gefängnis und Todesgefahr vielfältige wunderbare Errettungen (vgl. Apg 14,19f.; 16,19–34; 27,21–26; 2 Kor 1,8–11; 11,23–33; auch 2 Tim 3,10f.). Darum bat er auch in dreimaligem inständigem Gebet um Befreiung von einem schmerzhaften Leiden. Allerdings wurde ihm daraufhin die Antwort zuteil: »Meine Gnade genügt dir; denn sie erweist ihre Kraft in der Schwachheit« (2 Kor 12,7–9). Mit ihrer Hilfe wird er sein Leiden meistern können. Deshalb auch sieht er sich dann in der Lage, sein Leiden anzunehmen und es als sinnvoll anzusehen (2 Kor 12,10).

Die Bewährung des Glaubens in der Verfolgung

Von der sieghaften Kraft des Glaubens in der Verfolgung spricht der Hebräerbrief und fordert seine Adressaten auf, sich um diese Vollform des Glaubens zu mühen: »Gideon, Barak, Simson, Jiftach, David, Samuel und die Propheten haben aufgrund des Glaubens Königreiche besiegt, Gerechtigkeit geübt, Verheißungen erlangt, Löwen den Rachen gestopft, Feuersglut gelöscht; sie sind scharfen Schwertern entgangen; sie sind stark geworden, als sie schwach waren; sie sind im Krieg zu Helden geworden und haben feindliche Heere in die Flucht geschlagen. Frauen haben ihre Toten durch Auferstehung zurückerhalten. Einige nahmen die Freilassung nicht an und ließen sich foltern, um eine bessere Auferstehung zu erlangen« (Hebr 11,32–35).

Dann weist er hin auf das Urbild und Vorbild echten Glaubens, Jesus Christus, der aus dem vollen Vertrauen zu seinem Vater lebte, zu unbedingtem Glauben herausforderte und ermutigte und sich zugleich ganz in diesen Gehorsam des Glaubens stellte: »Laßt uns auf Jesus blicken, den Urheber und Vollender des Glaubens!« (Hebr 12,2).

4. Die Funktion des Wunderglaubens im religiösen Leben des Christen

Glaube als neue Möglichkeit zu schöpferischem Menschsein

Auch der Christ lebt noch im Glauben, nicht im Schauen. Er ist zwar schon Kind Gottes, hat bereits den Geist Gottes als Angeld und Erstlingsgabe empfangen (Röm 8,16.23) und gewinnt immer neu die Gabe ewigen Lebens in den Sakramenten; er steht nicht mehr unter der Macht Satans und der Sünde, erfährt in sich schon als Früchte des neuen

Lebens Friede und Freude (Gal 5,22 f.; Röm 14,17) und ist bereits vom Tod ins Leben hinübergegangen; zugleich lebt er noch im alten, vergänglichen Leib, erfährt Leiden, Nöte und Versuchungen, empfindet Trauer, Niedergeschlagenheit, Angst und Verzweiflung (vgl. 2 Kor 1) und hat sich in dieser Welt noch zu bewähren. Er ist auf Hoffnung hin gerettet (Röm 5,1–5). Aber diese Hoffnung wird nicht trügen, denn er ist der Liebe Gottes im Leiden seines Sohnes durch den Geist innerlich gewiß geworden (vgl. Röm 8,31–39). Insofern weiß er im Glauben, daß ihm alles zum Guten gereichen muß (Röm 8,28). Er steht mitten in der alten Weltordnung und in der Erfahrung seines gebrochenen und bedrohten Menschseins in einem Verhältnis vertrauender Liebe zu Gott, seinem Vater, und zu Jesus Christus, seinem Herrn, Bruder und Freund. Insofern hat sich ihm durch diese gnadenhaft ermöglichte Gemeinschaft der Liebe mit Gott und seinem Sohn eine neue Weise vertrauenden, hoffenden, sinnhaften, guten Lebens erschlossen, in der die Gesetze geschöpflicher Gebundenheit und sündhaft-gebrochenen Verhältnisses zu Gott nicht mehr gelten.

In Glaube, Hoffnung und Liebe, im Gebet und in der Hingabe an Gott und seine Führung eröffnen sich dem begnadeten Menschen *neue Möglichkeiten schöpferischen Menschseins*. Paulus sagt darüber: »Denen, die Gott lieben, gereichen alle Dinge zum Guten« (Röm 8,28). »Gerecht gemacht aus Glauben, haben wir Frieden mit Gott durch Jesus Christus, unseren Herrn. Durch ihn haben wir Zugang zu der Gnade erhalten, in der wir stehen, und rühmen uns unserer Hoffnung auf die Herrlichkeit. Mehr noch, wir rühmen uns unserer Bedrängnis; denn wir wissen: Bedrängnis bewirkt Geduld, Geduld aber Bewährung, Bewährung Hoffnung. Die Hoffnung aber läßt nicht zugrunde gehen; denn die Liebe Gottes ist ausgegossen in unsere Herzen« (Röm 5,1–5). »Wenn jemand in Christus ist, dann ist er eine neue Schöpfung. Das Alte ist vergangen, Neues ist geworden. Aber das alles kommt von Gott, der uns durch Christus mit sich versöhnt hat« (2 Kor 5,17 f.). »Freut euch im Herrn zu jeder Zeit! Noch einmal sage ich: Freut euch! … Sorgt euch um nichts, sondern bringt in jeder Lage betend und flehend eure Bitten mit Dank vor Gott! Und der Friede Gottes, der alles Begreifen übersteigt, wird eure Herzen und eure Gedanken in Christus Jesus bewahren!« (Phil 4,4–7).

Die Macht des gläubigen Bittgebets
Im Evangelium des Johannes führt Christus über die grundlegend neue Situation seiner Jünger gegenüber Gott aus: »Wenn ihr in mir bleibt und wenn meine Worte in euch bleiben, dann bittet um alles, was ihr

wollt: Ihr werdet es erhalten. Mein Vater wird dadurch verherrlicht, daß ihr viel Frucht bringt und meine Jünger werdet. Wie mich der Vater geliebt hat, so habe ich euch geliebt. Bleibt in meiner Liebe« (Joh 15,7–9). »Amen, amen, ich sage euch: Was ihr vom Vater erbitten werdet, das wird er euch in meinem Namen geben... Bittet, und ihr werdet empfangen, damit eure Freude vollkommen ist« (16,23f.). »Wenn jemand mich liebt, wird er an meinem Wort festhalten; mein Vater wird ihn lieben, und wir werden zu ihm kommen und bei ihm wohnen« (14,23). »Amen, amen, das sage ich euch: *Wer an mich glaubt, wird die Werke, die ich vollbringe, auch vollbringen, und er wird noch größere vollbringen*, denn ich gehe zum Vater. Alles, um was ihr in meinem Namen bittet, werde ich tun, damit der Vater im Sohn verherrlicht wird. Wenn ihr mich um etwas in meinem Namen bittet, werde ich es tun« (14,12–14).

Die in der Christusgemeinschaft gründende neue Gottesgemeinschaft erschließt dem Glaubenden aufgrund des Gebetes im Namen Jesu neue Möglichkeiten. Darin sind Wundertaten und Erfahrungen wunderbarer Führung durch Gott ausdrücklich eingeschlossen. Die Geschichte der christlichen Heiligen ist dafür ein lebendiges Zeugnis. Der 1. Johannesbrief vertieft das hier Gesagte noch, indem er feststellt: »Gott ist die Liebe, und wer in der Liebe bleibt, bleibt in Gott, und Gott bleibt in ihm. Darin ist unter uns die Liebe vollendet, daß wir am Tag des Gerichts Zuversicht haben. Denn wie er (Christus, der Sohn), sind auch wir in dieser Welt. Furcht gibt es in der Liebe nicht, sondern die vollkommene Liebe vertreibt die Furcht« (1 Joh 4,16f.). »Alles, was von Gott stammt, besiegt die Welt. Und das ist der Sieg, der die Welt besiegt hat, unser Glaube« (1 Joh 5,4).

Der Christ ist nicht einfach einer blind ablaufenden Naturordnung, einem herzlosen und sinnlosen Schicksal preisgegeben, er weiß, daß sein Leben von der Weisheit und Liebe Gottes umgriffen und geleitet wird. Als Kind Gottes ist ihm die Möglichkeit geschenkt, im Gebet Gottes Liebe anzurufen und sein Geschick aus der Kraft des Glaubens mitzugestalten. Nach dem Zeugnis des Neuen Testaments und der Erfahrung der Kirche gibt es keine Situation, die in der Kraft des Glaubens nicht gemeistert werden könnte. Der Christ kann es dabei Gott überlassen, wie er auf sein vertrauendes Gebet antworten will, er darf aber jederzeit darauf hoffen, daß Gott auch auf außergewöhnliche, wunderbare Weise antworten kann. Jesus fordert alle auf, die in seinem Namen beten, immer auch mit wunderbaren Erhörungen durch seinen Vater zu rechnen (vgl. Mk 11,22–24; auch Joh 14,12–14). Nur wer Gott zutraut, auch auf überraschende, außergewöhnliche Weise auf

seine Bitten zu antworten, nimmt die Möglichkeiten des Glaubens
ernst und überläßt es Gott, sich auch als Gott zu zeigen. Wer im Namen
Jesu bittet, weiß jedoch zugleich, daß dies auch heißt, es Gottes Willen
anheim zu stellen, ob und wie er erhören und antworten will. Vorbild
dafür ist Jesu Gebet vor seinem Leiden: »Vater, alles ist dir möglich!
Nimm dieses bittere Schicksal von mir: Aber nicht, was ich will,
sondern was du willst (soll geschehen)!« (Mk 14,36).

Glauben und beten im Sinne Jesu und des Neuen Testaments heißt
nicht, um Kraft und Einsicht dafür zu bitten, sich mit den unabänderlichen Gegebenheiten abzufinden und nur die Dinge zu ändern, die zu
ändern sind, sondern heißt zunächst, alle Situationen zum Guten zu
verändern und dann, wenn Gott es so gefügt hat, sie gläubig anzunehmen und hoffend zu bestehen. Echter Glaube rechnet mit Gottes
schöpferischem Eingreifen auch in den scheinbar unabänderlichen
Gegebenheiten dieser Welt und freut sich darauf, Gottes überraschen-
des Walten mit den Augen der Liebe immer neu am Werk zu sehen.

5. Die bleibende Berechtigung der christlichen Verkündigung von der Wundermacht des Glaubens

*Die fortdauernde Not des Menschen – die fortwährende
Hilfsbereitschaft Gottes*

Zwei Hauptgründe rechtfertigen bleibend die Verkündigung der
Kirche, daß der Glaubende auch um Gottes außerordentliche Hilfe in
schweren Nöten und Bedrängnissen bitten soll und daran glauben darf,
daß er Erhörung finden wird: *die* auch nach der Auferstehung Jesu
fortdauernde leibliche, seelische, geistige, religiöse, soziale und politische
Not der Menschheit, auch der Christen, die durch die Heilsgaben, die der
Auferstandene seiner Kirche anvertraut hat, noch nicht endgültig
überwunden ist; *und die ebenso fortdauernde Bereitschaft des auferstandenen
Herrn und seines Vaters, auf diese Not in besonderen Fällen* auch *auf
außergewöhnliche Weise zu antworten,* nach dem Maß des Glaubens der
Bittenden und der Weisheit Gottes.

Es hat sich gerade durch die umfassenden, methodisch geplanten
und großzügig betriebenen modernen Versuche, Frieden zu schaffen,
für gerechtere Verhältnisse zu sorgen, den Menschen bessere Ausbil-
dungsmöglichkeiten zu verschaffen und sie zugleich durch ein ausge-
klügeltes soziales und medizinisches System angemessen zu sichern,
gezeigt, daß ein unaufhebbarer Rest von Not allen menschlichen
Bemühungen widerstehen wird. Die menschliche Gesellschaft ist auch
dort, wo sie guten Willens ist, nicht fähig, menschliche Not ganz aus

der Welt zu schaffen, weil der Mensch in sich selbst nicht fähig ist, ganz gerecht, hilfsbereit und gut zu sein. Außerdem entziehen sich gewisse Faktoren des Unheils dem Zugriff des Menschen: die Neigung zu destruktivem Verhalten, die Lust am Stören, Zerstören und Selbstzerstören, die Lust an Macht, Ausbeutung, Unterdrückung und Verführung; darüber hinaus psychische und somatische Erkrankungen; technische Mängel und Unfälle; das Leiden an vielfältiger Unfähigkeit, an Sinnmangel, geistiger Leere und die Versuchung, das Vakuum durch falsche Zielsetzungen und durch Ideologien zu füllen. Dazu das vielfältige Erbe der Geschichte, die geistige Zerrissenheit und das stetig herrschende Widerspiel von Streit, ungesundem Wettbewerb, Zwietracht, Sich-Behaupten und rücksichtslosem Sich-Durchsetzen.

Die bleibende Aufforderung zu Glauben und Gebet
Es hat sich außerdem herausgestellt, daß dort, wo die Menschheit ein Stück vorangekommen ist im Kampf gegen das Unheil, gegen Not, Elend, Unrecht und Krankheit, sich neue Nöte, Bedrohungen und Übel eingestellt haben: Arbeitslosigkeit durch Technisierung, Verkehrstod durch Motorisierung, Umweltzerstörung durch Ausbeutung, Herzinfarkt und Krebs anstelle von Tuberkulose, Unterernährung, Überforderung; Tablettensucht und sonstige Süchte anstelle von mangelnden medizinischen Mitteln, um nur einige zu nennen.

Es gilt auch für den Bereich der Not, des Übels und des vielfältigen Leidens analog das Wort Jesu: »Arme und Menschen in Not werdet ihr immer unter euch haben!« (vgl. Mk 14,7). Damit soll das Streben nach Bewältigung der Not und des Leidens nicht gelähmt werden. Es soll nur darauf hingewiesen werden, daß angesichts dieser Situation *das Gebet und das Vertrauen auf Gottes außerordentliche Hilfe ihre bleibende Berechtigung* haben. Denn letztlich geht es um Menschen in Not, um deren Hoffnung auf ein sinnvolles Leben und um deren Erfahrung, von Gott in Liebe bejaht, angenommen, getragen und geführt zu sein. Gott hat die Not der Welt nicht durch Programme und Maßnahmen zu beseitigen versucht, er hat seinen Sohn zu den Menschen in Not gesandt, um ihnen seine Liebe persönlich mitzuteilen und mit ihnen zusammen einen Weg aus der Not zu suchen. Die Menschen in Not wollen persönlich erfahren, ob ihr armseliges Leben, ihr Leiden, ihre Not einen Sinn haben, und sie wollen erleben, daß Gott mit ihnen geht und ihnen hilft, die Not zu bestehen und daraus Segen zu ziehen. Dies ist ohne persönliches Eingreifen Gottes nicht möglich. Er bedient sich dabei durchaus aller möglichen Mittler, Helfer und Umstände, aber so, daß zugleich erfahren werden kann, daß er selbst es ist, der hier in Liebe am Werk ist und dem Menschen in Not helfend begegnet. Außerdem muß der Mensch empfänglich sein für Gottes Liebe. Aber es ist immer nötig, daß Gott sich die Möglichkeit vorbehält, sich persönlich zu zeigen und seine Nähe, Treue, Liebe und Hilfe erfahrbar werden zu lassen. Darum fordert die Kirche im Namen Christi auf, sich in jeder Not persönlich an Gott zu wenden und auf seine Hilfe zu vertrauen. Und sie verheißt jedem, aufgrund göttlicher Bevollmächtigung und eigener Erfahrung, daß Gott sicher helfen wird und daß es daher nötig ist, so lange auszuharren, bis Gottes Wirken deutlich wird. Allerdings ist es möglich, daß der Mensch erst nach längerer Zeit wirklich Einsicht gewinnt in die Weise und den Sinn von Gottes individuellem Handeln. Diese Einsicht setzt nämlich eine gewisse geistliche Reife voraus, die mancher erst nach einer längeren Zeit des Glaubens, Betens und Hoffens gewinnt. Wer sich aber bewußt an Gott festhält, sein Leben auf ihn ausrichtet und um den Geist der Weisheit und Einsicht betet, wird diese Reife des Urteils sicher gewinnen.

6. Die konkreten Ausdrucksformen des christlichen Wunderglaubens

Glaube an Gottes Hilfsbereitschaft

Der Anlaß für das Suchen nach besonderer Hilfe ist die vielfältige Not und Lebensbedrohung; der Grund ist die Ermunterung und Ermutigung durch Jesus und die Kirche; die notwendige Voraussetzung ist der unbedingte Glaube an Gottes Liebe und Hilfsbereitschaft; die konkreten Ausdrucksformen sind das Gebet und der Gottesdienst in Verbindung mit heilstiftenden Zeichen und Akten.

Vertrauendes Bittgebet

Jesus fordert zum vertrauenden und beharrlichen Bittgebet auf und übt dieses selbst (vgl. Lk 11,1−13; 18,1−14; 22,39−46 par; Mk 11,20−25 par; Joh 14,13; 16,23f.; 17,1−26). Auch seine Apostel und Jünger handeln und lehren entsprechend (vgl. Apg 4,24−30; 12,5; 16,25; 1 Thess 5,17; Phil 4,6; 2 Kor 12,8; Röm 15,30−32; Eph 3,14−19; Kol 3,17; Hebr 5,7; Jak 5,13−18; Offb 5,8−14). Bezeichnend ist in diesem Zusammenhang, daß der Vater des epileptischen Jungen um einen zureichenden Glauben betet: »Ich glaube, hilf meinem Unglauben (ab)!« (Mk 9,24), und daß Matthäus in den von ihm überlieferten Wundererzählungen den Hilfeschrei der Not je in ein Stoßgebet verwandelt (s. Mt 8,8; 8,25, vgl. mit Mk 4,38 und Lk 8,24; Mt 9,18, vgl. mit Mk 5,21 f.; 14,30, vgl. mit den Parr bei Mk 6,45 ff. und Joh 6,15 ff.).

Die rechte Ausdrucksform des hilfeheischenden Glaubens ist das Bittgebet: »Ist einer von euch bedrückt, dann soll er beten!« (Jak 5,13).

Die Fürbitte anderer

Das persönliche Gebet kann und soll durch die Fürbitte anderer unterstützt werden, seien es einzelne oder eine Gemeinde oder die Kirche als ganze (vgl. Mt 18,19f.; Apg 12,5.11; Röm 15,30—32; Phil 1,18f.; Jak 5,16—18). Eine weitere Übung, die Kraft des Gebetes zu verstärken, ist das fürbittende Fasten (vgl. Mk 9,29, beachte den Zusatz in manchen alten Handschriften »und Fasten«, Apg 13,2f.).

Krankensalbung

Eine Sonderform des Bittgebets ist die Verbindung mit einem *sakramentalen Zeichen*. Der Jakobusbrief bezeugt den Ritus der Krankensalbung durch die Ältesten der Gemeinde in Verbindung mit Gebet und sagt, daß dadurch Sünden nachgelassen und dem Kranken Heilungskräfte geschenkt werden (Jak 5,14ff.).

Fürbittgebet mit Handauflegung

Heilwirkungen werden auch vom Fürbittgebet anderer über Kranke mit Berührung und Handauflegung im Neuen Testament berichtet (vgl. Apg 5,4f.; 9,17f.; 20,9—12; 28,8f.). Es ist anzunehmen, daß das Charisma der Krankenheilung in Verbindung mit Gebet und einem entsprechenden Segensgestus ausgeübt wurde (s. 1 Kor 12,10f.28—30; vgl. Mk 6,13).

Stellvertretendes Leiden

Von der Segenskraft stellvertretenden Leidens als einer Sonderform des Fürbittgebets sprechen 1 Kor 4,9—16; 2 Kor 4,10—15; Kol 1,24f.; auch 1 Kor 12,26f. Das Vorbild dafür ist das stellvertretende Leiden Christi für die Seinen (s. 1 Petr 1,21—25).

Das gläubige Gebet als Glied am Leib Christi in Verbindung mit dem Gottesdienst und den Segenshandlungen der Kirche ist also die legitime Weise, in der das unbedingte Vertrauen auf Gottes und Christi Hilfe, sei es auf normalem oder außergewöhnlichem Weg, seinen heilschaffenden Ausdruck findet.

VII. Grundregeln für eine sinn- und sachgerechte Auslegung der Wunderzeugnisse der Evangelien in der Verkündigung heute

1. Die exegetische und bibeltheologische Vorarbeit

☐ Die Auslegung hat auszugehen von den Texten der Evangelien. Es gilt zunächst, den jeweiligen Textabschnitt nach Form und Aufbau näher zu bestimmen, um auf diese Weise die Sinnspitze, die Aussageabsicht der jeweiligen Perikope festzustellen.

☐ Dabei gilt es zu erheben, auf welche Weise in dem betreffenden Abschnitt von Wundertaten Jesu gesprochen wird und welcher Wunderbegriff dabei zugrunde gelegt ist.

☐ Sodann ist zu prüfen, um welche Gattung von Wundern es sich dabei handelt (z. B. Exorzismus, Heilungswunder).

☐ Als nächstes ist zu prüfen, welche Tradition hinter dem betreffenden Text steht, in welcher Form diese Tradition dem Evangelisten vorlag. Dabei sind die entsprechenden Methoden zu berücksichtigen (Literarkritik, Wortstatistik, Frage einer aramäischen Vorlage, Formgeschichte). Hier wird sich der Verkündiger und Ausleger auf die Vorarbeiten wissenschaftlicher Untersuchungen und Kommentare stützen. Dieses Werkbuch bietet eine knappe Darlegung des gegenwärtigen Forschungsstandes nach Auffassung des Verfassers.

☐ Dann ist auf die Bearbeitung zu achten, die der einzelne Evangelist an der überkommenen Tradition vorgenommen hat (Redaktionskritik), und in welchen Rahmen er das überarbeitete Stück eingeordnet hat. Daraus ist zu schließen, welchen Aussagesinn er der Perikope im Ganzen seines Evangeliums gab. Ein Vergleich der redaktionellen Bearbeitungen und Einordnungen in die jeweiligen Evangelien läßt erkennen, wie die Evangelisten die vorgegebenen Traditionen gedeutet und ausgewertet haben.

☐ Durch den Vergleich der redaktionellen Bearbeitung der Wunderüberlieferung in den einzelnen Evangelien läßt sich auch erheben, welche Rolle die Wunderbotschaft und der Wunderglaube in den Kirchenbereichen spielte, welchen die einzelnen Evangelisten zugehörten und welchen Stellenwert die einzelnen Evangelisten der Wunderverkündigung zumaßen.

☐ Zuletzt ist darauf zu achten, welche Bedeutung der Wunderverkündigung und dem Wunderglauben der einzelnen Evangelien im Gesamt der urkirchlichen Heilsbotschaft nach Ausweis der theologischen Aussagen des Neuen Testaments in seinen verschiedenen Vertretern (z. B. Paulusschule) zukommt. Erst vor diesem Hintergrund läßt sich erkennen, welche bleibende theologische und pastorale Bedeutung das Wunderkerygma für den Glauben und das Leben der Kirche als ganzer und der einzelnen Christen hat.

2. Die kerygmatische Vorarbeit

☐ Zunächst gilt es, die theologische Aussageabsicht der jeweiligen Perikope freizulegen und diese im Rahmen des einzelnen Evangeliums theologisch zu bedenken.

☐ Hilfreich kann dabei sein zurückzuverfolgen, was die Perikope über das Wunderhandeln Jesu aussagt bzw. voraussetzt. Anhand dieser Rückfrage wird deutlich, wie der jeweilige Evangelist dieses Wunderhandeln nachösterlich deutet und im Ganzen seines Evangeliums für die Kirche seiner Zeit zur Geltung bringt. Zu beachten ist dabei, daß die Evangelisten nicht Historiker, sondern Verkündiger der lebendigen Heilsbotschaft vom auferstandenen Herrn an ihre Zeit- und Glaubensgenossen sein wollten. Sie wollen also neu der Kirche sagen, was Jesus seinen Zeit- und Volksgenossen im Ganzen seiner Reichgottesbotschaft mitteilen wollte.

☐ Dann ist nach der Situation der damaligen Kirche zu fragen, in die hinein der jeweilige Evangelist die Botschaft vom wunderbaren Heilshandeln Jesu Christi, des Herrn, zu sagen versuchte. Analog ist nach der Situation der Kirche unserer Zeit und ihrer Glieder zu fragen, auf die hin diese Botschaft im Anschluß an das vorgegebene Glaubenszeugnis neu zu sagen ist. Auf diese Weise kann festgestellt werden, wie das Kerygma der damals formulierten, inspirierten Botschaft heute neu akzentuiert und als Heilsbotschaft verlautbart werden muß.

☐ Hilfreich dafür kann die Rückfrage danach sein, wie die Kirche im Verlauf ihrer Geschichte die vorgegebene Perikope zur Geltung gebracht und deren Wahrheit ausgeschöpft und erfahren hat. Das gilt sowohl in bezug auf Glauben, Frömmigkeit und geistliche Erfahrung der Heiligen wie auch auf die theologische Verarbeitung in der kirchlichen Reflexion und Tradition. Diese geistige und geistliche Wirkungsgeschichte zeigt, was dem jeweiligen pneumatischen Kerygma eines Textes zugetraut werden kann und zu welcher Art von Ernstnahme im Glauben der Kirche und ihrer Glieder er heute herausfordert und ermutigt.

☐ Bei der näheren kerygmatischen Auswertung ist zu achten auf die besonderen Nöte der Kirche und der Christen, ja der Menschen heute, auf die Gott durch Christus und die Heilsbotschaft der Kirche mit Hilfe der Wunderüberlieferung Jesu Christi neu antworten will. Diese Frage bildet den Schlüssel für die Befragung des vorgegebenen Glaubenszeugnisses auf dessen Sinnspitze und auf die heutige Situation der Kirche und der einzelnen Gläubigen hin. Bedeutsam sind für diese existentielle Auslegung und Proklamation dabei die Antworten des Glaubens, die durch kompetente Verkünder und Glaubenszeugen heute in diesem Zusammenhang gegeben wurden und werden. Diese Zeugnisse und Deutungen sind zugänglich in der zeitgenössischen theologischen und spirituellen Literatur und deren großen Vertretern (z. B. K. Rahner, H. U. v. Balthasar, Ch. de Foucauld). Nicht zu übersehen sind dabei die theologischen und spirituellen Aussagen der Kirche der Gegenwart (z. B. die Urkunden des 2. Vatikanischen Konzils, der Synode der Bistümer Deutschlands, des deutschen Einheitsgesangbuchs, des neuen Erwachsenenkatechismus der deutschen Diözesen und wichtige Verlautbarungen der Kurie und der Bischöfe). Ebenso ist zu verweisen auf die Texte der offiziellen Liturgie und der freien gottesdienstlichen und geistlichen Angebote.

Anmerkungen

[1] S. dazu *H. Küng*, Die Gretchenfrage des christlichen Glaubens. Systematische Überlegungen zum neutestamentlichen Wunder, ThQ 152 (1972) 214–233; *M. Seckler*, Zum Sprachproblem in der Theologie, ThQ 153 (1973) 196–198; *ders.*, Plädoyer für Ehrlichkeit im Umgang mit Wundern, ThQ 151 (1971) 337–345; *B. Schwank*, Das Problem der Wunder, EuA 49 (1973) 233–237.

[2] Vgl. *B. Thum*, Wunder, religionsgeschichtlich, LThK 10, ³1965, 1251f.; *G. Mensching*, Wunder, religionsgeschichtlich, RGG 6, ³1962, 1831ff.; *ders.*, Das Wunder im Glauben und Aberglauben der Völker, Heiden 1957; *B. Weissmahr/ O. Knoch*, Natürliche Phänomene und Wunder, Christlicher Glaube in moderner Gesellschaft 4, 1982, 122–148.

[3] S. dazu *F.-E. Wilms*, Wunder im Alten Testament, Regensburg 1979: gute Übersicht mit knapper Deutung der einzelnen Wunderüberlieferungen; auch *J. Haspecker*, Wunder im Alten Testament, Theol. Akademie 2, Frankfurt 1965, 29–56.

[4] S. dazu *K. Bornkamm*, Wunder und Zeugnis, Tübingen 1968; *F. Mussner*, Die

Wunder Jesu, München 1967; *R. Pesch*, Jesu ureigene Taten? QD 52, Freiburg 1970; *R. H. Fuller*, Die Wunder Jesu in Exegese und Verkündigung, Düsseldorf 1967; *A. Weiser*, Was die Bibel Wunder nennt. Sachbuch. Stuttgart ⁶1985; *G. Theissen*, Urchristliche Wundergeschichten, Gütersloh 1974; *A. Suhl*, Die Wunder Jesu, Gütersloh 1967; auch die gute Übersicht von *E.* und *M.-L. Keller*, Der Streit um die Wunder. Kritik und Auslegung des Übernatürlichen in der Neuzeit, Gütersloh 1968. Behandelt werden vor allem die Auffassungen von Augustinus, Spinoza, H. S. Reimarus, C. F. Bahrdt, D. F. Strauß, L. Feuerbach, R. Bultmann, E. Bloch.

⁵ Neben den in Anm. 4. genannten Arbeiten s. dazu noch *B. Schilling*, Die Frage nach den Wundergeschichten in der deutschen neutestamentlichen Forschung, SEA 35 (1970) 61–78; *Fritzleo Lentzen-Deis*, Die Wunder Jesu. Zur neueren Literatur und zur Frage nach der Historizität, ThPh 43 (1968) 392–402; *F. Zehrer*, Das Problem der Wunder Jesu, ThPQ 122 (1973) 233–243; *H. J. Verweyen*, Die historische Rückfrage nach den Wundern Jesu, TThZ 90 (1981) 41–58; *G. Schille*, Die urchristliche Wundertradition, AzTh I, 29, Stuttgart 1967; *X. Lèon-Dufour*, Les miracles de Jésus selon le Nouveau Testament, Paris 1977; *H. van der Loos*, The miracles of Jesus, Suppl. Nov. Test. 9, Leiden 1968.

⁶ *G. Söhngen*, Art. Kant, LThK 5, Sp. 1308.

⁷ *E. Käsemann*, Art. Wunder, RGG³6, Sp. 1837.

⁸ S. dazu neben den Kommentaren *R. H. Fuller*, Die Wunder Jesu in Exegese und Verkündigung, Düsseldorf 1967, 25–76, und *A. Vögtle*, Wunder im NT, LThK 10, ³1965, 1255–1261.

⁹ S. den Exkurs: Die vormarkinische Wundergeschichtensammlung und die sog. theios-anēr-Christologie im Markusevangelium, in: *R. Pesch*, Das Markusevangelium, 1. Teil, HThK II,1, Freiburg 1976, 277–281.

¹⁰ S. den Exkurs 9: Wunder Jesu, in: *J. Gnilka*, Das Evangelium nach Markus, EKK II,1, Zürich–Einsiedeln–Köln 1978, 221–226.

¹¹ S. dazu die Liste bei *W. G. Kümmel*, Einleitung in das Neue Testament, Heidelberg ¹⁷1973, 39, auch *R. A. Edwards*, A concordance to Q, Sources for Biblical Study 7, Missoula/USA 1975, und *W. Schenk*, Synopse zur Redequelle der Evangelien, Düsseldorf 1981.

¹² S. dazu *R. Schnackenburg*, Das Johannesevangelium, HThK IV,1, Freiburg 1965, 51–55.

¹³ Vgl. *R. Fuller*, Die Wunder Jesu in Exegese und Verkündigung, Düsseldorf 1967, 22–24.

¹⁴ Vgl. *F.-E. Wilms*, Wunder im Alten Testament, Regensburg 1979, 32–142.

¹⁵ S. dazu *D. Merli*, Glaube und Vertrauen in den Wundererzählungen der Evangelien, BiLe 14 (1973) 210–215.

¹⁶ Diese Deutung folgt weithin *J. Ernst*, Das Evangelium nach Markus, RNT, Regensburg 1981, 214–217, gegen *R. Pesch*, Das Markusevangelium, HThK II,1, Freiburg 1976, 391–400.

¹⁷ Zum Ganzen s. *R. Schnackenburg*, Das Johannesevangelium, HThK IV,2, Freiburg 1971, 396–433.

¹⁸ S. dazu *R. Pesch*, Das Markusevangelium, a.a.O. 96f., 202–208.

¹⁹ Vgl. *E. Schweizer*, Die Wunder und das Wunder. Zur Wunderaussage im Neuen Testament, Zeitwende 45 (1974) 378–390; *D. Schellong*, Hinweis und Widerspruch. Zum Verständnis der Wunder Jesu, ebd. 390–407; *A. Vögtle*, Jesu Wundertaten vor dem Hintergrund ihrer Zeit, in: *G. Strube*, Wer war Jesus von Nazareth?, München 1972, 209–220; *K. Kertelge*, Zur Interpretation der

Wunder Jesu (Literaturbericht), BiLe 9 (1968) 140–153; R. *Pesch*, Zur theologischen Bedeutung der ›Machttaten‹ Jesu, ThQ 152 (1972) 203–213.

[20] S. dazu P. *Fiebig*, Jüdische Wundergeschichten des neutestamentlichen Zeitalters, Tübingen 1911; H. L. *Strack*, P. *Billerbeck*, Kommentar zum Neuen Testament aus Talmud und Midrasch I/II, München [5]1969.

[21] Vgl. zum alttestamentlichen Hintergrund der neutestamentlichen Wundererzählungen O. *Betz*, W. *Grimm*, Wesen und Wirklichkeit der Wunder Jesu. Heilungen, Rettungen, Zeichen, Aufleuchtungen, ANTJ 2/Frankfurt 1977.

[22] Beachte hier die Diskussion zwischen F. *Mussner*, Die Wunder Jesu, München 1967, und R. *Pesch*, Jesu ureigene Taten? QD 52, Freiburg 1970; außerdem H. K. *Nielsen*, Ein Beitrag zur Beurteilung der Tradition über die Heilungstätigkeit Jesu, StNTU 3 (1978) 58–90.

[23] S. dazu G. *Theissen*, Urchristliche Wundergeschichten. Ein Beitrag zur formengeschichtlichen Erforschung der synoptischen Evangelien, Gütersloh 1974. Beachte noch G. *Delling*, Antike Wundertexte, Kl. Texte 79, Berlin 1960; R. *Herzog*, Die Wunderheilungen von Epidauros, Leipzig 1931, und R. *Reitzenstein*, Hellenistische Wundererzählungen, Stuttgart [2]1963.

[24] S. dazu die Übersicht bei B. *Schwank*, Wunderbericht und Wunderkritik in den neutestamentlichen Schriften, EA 50 (1974) 259–273.

[25] Vgl. zur hellenistischen Vorstellung vom göttlichen Wundertäter, dem sog. theios anēr, L. *Bieler*, Theios Anēr. Das Bild des »göttlichen Menschen« in Spätantike und Frühchristentum, Darmstadt 1967 (Nachdruck der Ausgaben Wien 1935/36) und die kritische Beurteilung des Einflusses dieser Vorstellung auf das Neue Testament bei D. L. *Tiede*, The charismatic figure as miracle worker, Society of Biblical Literature, Diss. Ser. 1, Missoula/USA 1972 (kein direkter Einfluß, höchstens Anlehnungen aus missionarischen Gründen), und J. *McHull*, Hellenistic Magic and the Synoptic Tradition, StBiblTh/2. Serie 28, London 1928 (keine direkte Beeinflussung, lediglich unbewußte Anpassung bei Mk nachweisbar, und zwar über die urchristliche Tradition).

[26] S. dazu die Überlegungen bei G. *Theissen*, Urchristliche Wundergeschichten, Gütersloh 1974.

[27] Zur Sache s. O. *Böcher*, Christus Exorcista, BWANT, 5. Folge, Heft 16, Stuttgart 1972; *ders.*, Das Neue Testament und die dämonischen Mächte, SBS 58, Stuttgart 1972; W. *Kirchschläger*, Jesu exorzistisches Wirken aus der Sicht des Lukas. Ein Beitrag zur lukanischen Redaktion, ÖBS 3, Klosterneuburg 1981; J. *Kremer*, Besessenheit und Exorzismus. Aussagen der Bibel und heutige Problematik, BiKi 48 (1975) 22–28; K. *Kertelge*, Jesus, seine Wundertaten und der Satan, Conc (D) 11 (1975) 168–173; *ders.*, Teufel, Dämonen, Exorzismen in biblischer Sicht, in: Teufel, Dämonen, Besessenheit. Zur Wirklichkeit des Bösen, hrsg. von W. *Kasper* und K. *Lehmann*, Mainz 1978, 9–39; M. *Limbeck*, Die Wurzeln der biblischen Auffassung vom Teufel und den Dämonen, Conc (D) 11 (1975) 161–168; *ders.*, Jesus und die Dämonen. Der exegetische Befund, BiKi 30 (1975) 7–11; E. *Fuchs*, Die Entwicklung der Beelzebulkontroverse bei den Synoptikern (zu Mk 3,22–27 parr), StNTU, Serie B/5, Linz 1980.

[28] Gegen O. *Böcher*, Christus Exorcista, Stuttgart 1972, der das Wort vom ausgetriebenen Dämon, der mit 7 weiteren zurückkehrt (Mt 12,43–45; Lk 11,24–26), als ein echtes Jesuswort ansieht und deshalb behauptet, »Jesus hat die gemeinantike Anschauung von dämonischen Schädigern des Menschen geteilt« (S. 166). Diese Auffassung ist in der Forschung umstritten.

[29] Vgl. *R. Pesch*, Zur theologischen Bedeutung der ›Machttaten‹ Jesu: Reflexionen eines Exegeten, TThQ 152 (1972) 203–213.

[30] S. dazu *B. Schwank*, Wunderberichte und Wunderkritik in den neutestamentlichen Schriften, EA (Erbe und Auftrag) 50 (1974) 259–273.

[31] S. dazu *K. Kertelge*, Die Wunder Jesu im Markusevangelium. Eine redaktionsgeschichtliche Untersuchung, StANT 23, München 1970; *L. Schenke*, Die Wundererzählungen des Markusevangeliums, SBB, Stuttgart 1974; *R. Pesch*, Exkurs: Die vormarkinische Wundergeschichtensammlung und die sog. theiosanēr-Christologie im Markusevangelium, in: Das Markusevangelium, HThK II,1, Freiburg 1976, 277–281; *J. Gnilka*, Exkurs 9: Wunder und Exorzismen Jesu, in: Das Evangelium nach Markus, EKK II,1, Zürich–Neukirchen 1978, 221–226; *J. Ernst*, Exkurse: Die Dämonenaustreibungen Jesu; Die Wunder Jesu im Markusevangelium, in: Das Evangelium nach Markus, RNT, Regensburg 1981, 65–67, 80–82.

[32] S. neben den Einleitungen und Kommentaren *G. Bornkamm, G. Barth, H. J. Held*, Überlieferung und Auslegung im Matthäusevangelium, WMANT 1, Neukirchen ⁵1965.

[33] S. dazu *W. Kirchschläger*, Jesu exorzistisches Wirken aus der Sicht des Lukas. Ein Beitrag zur lukanischen Redaktion, ÖBS 3, Klosterneuburg 1981; *U. Busse*, Die Wunder des Propheten Jesus. Die Rezeption, Komposition und Interpretation der Wundertradition im Evangelium des Lukas, fzb 24, Stuttgart–Würzburg 1977.

[34] S. dazu *R. Schnackenburg*, Exkurs: Die johanneischen ›Zeichen‹, in: Das Johannesevangelium, HThK IV,1, Freiburg 1965, 344–356; *R. T. Fortna*, The Gospel of Signs. A reconstruction of the Narrative Source underlying the Fourth Gospel, SNTS MS 11, Cambridge 1970, 29–109 (mit Vorbehalt, da er zur ›Zeichenquelle‹ auch Stücke aus der Passionsgeschichte, Erscheinungen des Auferstandenen und Jüngerberufungstexte rechnet).

[35] Vgl. *R. Schnackenburg*, Das Johannesevangelium, HThK IV,3, 80–83.

[36] Vgl. *R. Schnackenburg*, Das Johannesevangelium, HThK IV,3, 406–470; auch *R. Pesch*, Der reiche Fischfang Lk 5,1–11; Joh 21,1–14, Düsseldorf 1969.

[37] Zum Ganzen s. *F. Mussner*, Die Auferstehung Jesu von Nazaret, BiHb 7, München 1969; *E. Ruckstuhl, J. Pfammatter*, Die Auferstehung Jesu Christi. Heilsgeschichtliche Tatsache und Brennpunkt des Glaubens, Luzern 1968; *J. Kremer*, Das älteste Zeugnis von der Auferstehung Jesu Christi (zu 1 Kor 15,1–11), SBS 17, Stuttgart ³1969; *ders.*, Die Osterevangelien – Geschichten um Geschichte, Stuttgart 1977; *ders.*, Entstehung und Inhalt des Osterglaubens. Zur neuesten Diskussion, ThR 72 (1976) 1–14.

[38] S. dazu *J. Kremer*, Pfingstbericht und Pfingstgeschehen (zu Apg 2,1–13), SBS 63/64, Stuttgart 1973.
S. meine Studie, Der Geist Gottes und der neue Mensch. Der Heilige Geist als Grundlage und Norm des christlichen Lebens nach dem Apostel Paulus, Stuttgart 1975.

[40] Vgl. meinen Aufsatz: Leibliche und seelische Gesundheit als Heilsgabe Gottes, in: Dynamik im Wort, hrsg. vom Kath. Bibelwerk, Stuttgart 1983, 287–296.

[41] Vgl. dazu: *D. A. Koch*, Die Bedeutung der Wundererzählungen für die Christologie des Markusevangeliums, BZNW 42, Berlin 1975; *R. Kratz*, Rettungswunder, EHS.T 123, Frankfurt 1979.

[42] S. dazu *L. Schenke*, Die wunderbare Brotvermehrung. Die neutestamentlichen Erzählungen und ihre Bedeutung, Würzburg 1983.

[43] Vgl. *R. Schnackenburg*, Das Johannesevangelium, HThK IV,1, Freiburg 1965, 328–344.

[44] S. *R. Pesch*, Der reiche Fischfang Lk 5,1–11; Joh 21,1–14, Düsseldorf 1969.

[45] Vgl. *R. Pesch*, Das Markusevangelium, HThK II,1, 267–281, 357–364.

[46] Vgl. *A. Weiser*, Was die Bibel Wunder nennt, Stuttgart [6]1985, 160–162.

[47] Vgl. zum ganzen Abschnitt *K. Rawer, O. H. Pesch*, Kausalität, Zufall, Vorsehung, in: Christlicher Glaube in moderner Gesellschaft, Bd. 4, Freiburg 1982, 47–119 (mit Literatur).

[48] *P. Jordan*, Schöpfung und Geheimnis, Oldenburg 1970, 148f., zitiert bei *K. Rawer*, Kausalität…, a.a.O. 73.

[49] Vgl. dazu *G. Mensching*, Das Wunder im Glauben und Aberglauben der Völker, Leiden 1957; *N. Büchel*, Wunder und parapsychologische Phänomene, in: *H. Harsch, G. Voss* (Hrsg.), Versuche mehrdimensionaler Schriftauslegung, Stuttgart–München 1972, 144ff.

[50] S. dazu *F. Annen*, Parapsychologie und Wunder, in: *G. Condrau* (Hrsg.), Die Psychologie des 20. Jahrhunderts, Bd. 15, Zürich 1979, 706–716; *H. Bender*, Parapsychologie, LThK[2], Bd. 8, Sp. 84–90.

[51] Vgl. *K. M. Meyer-Abich*, Determination und Freiheit, in: Christlicher Glaube in moderner Gesellschaft, Bd. 4, Freiburg 1982, 1–45; *K. Rawer, O. H. Pesch*, Kausalität, Zufall, Vorsehung, a.a.O. 47–119.

[52] *K. Rawer*, a.a.O. 72.

[53] S. dazu *B. Weissmahr*, Natürliche Phänomene und Wunder, in: Christlicher Glaube in moderner Gesellschaft, Bd. 4, Freiburg 1982, 121–124, 134–148 (mit Literatur).

[54] Vgl. dazu *O. H. Pesch*, Kausalität, Zufall, Vorsehung, s. Anm. 45, 88–113.

[55] *B. Weissmahr*, Natürliche Phänomene und Wunder, s. Anm. 51, 146.

[56] Zu Gebet s. den Artikel in LThK[2], 4, 537–551 (von *B. Thum, A. Bea, W. Hillmann, F. Wulf, G. Frei*).

[57] Dazu vgl. *F. E. Wilms*, Wunder im Alten Testament, Regensburg 1974 (dort Literatur, bes. *J. Haspecker*, Wunder im Alten Testament, Theol. Akademie[2], 1965, 29–56).

ZWEITER TEIL

Auslegungshilfen zu den einzelnen Wundererzählungen der Evangelien

Darbietung nach Sachgruppen

Aus praktischen Gründen werden die Wundererzählungen der Evangelien in diesem Werkbuch nach Sachgruppen und in diesen selbst nach Motivgruppen dargeboten (z. B. Heilungen, bes. Motiv: am Sabbat). Auf diese Weise läßt sich auch leichter erfassen, wie die einzelnen Evangelisten die gleichwertigen Überlieferungsstücke gedeutet und ausgestaltet haben und welche Bedeutung sie einzelnen Sachgruppen von Wundern (z. B. Exorzismen) in ihren Evangelien zuerkennen. Näherhin werden die Wundererzählungen in folgender Gliederung geboten:

1) *Wunderbare Heilungen*
2) *Dämonenaustreibungen (Exorzismen)*
3) *Totenerweckungen*
4) *Messianische Zeichenhandlungen*
5) *Vollmachtswunder (Normenwunder)*
6) *Die Zeichenwunder des Johannesevangeliums*
7) *Rettungswunder*
8) *Christologische Offenbarungswunder (Epiphaniewunder).*

Aufbau der Auslegungs- und Arbeitseinheiten

Die einzelnen Auslegungshilfen sind als Arbeitseinheiten gestaltet, so daß jede aus sich selbst heraus das nötige Material zum rechten Verstehen und Auslegen der zugrunde gelegten Wundererzählung enthält. Das birgt die Gefahr in sich, daß sich Wiederholungen gleichartiger Gedanken und Hinweise in den verschiedenen, vor allem inhaltlich und formal verwandten Erzählstücken finden, hat aber den Vorteil, daß lästiges Blättern und Suchen entfällt. Näherhin ist folgender *Raster* zugrunde gelegt:

1) *Hinführung*
2) *Form*
3) *Aufbau*

4) *Text und Botschaft*
   (bei Parallelüberlieferung untergliedert nach den einzelnen Zeugen)
5) *Rahmen*
6) *Anregungen für die Auslegung heute.*

I. Wunderbare Heilungen

Die evangelischen Zeugnisse von Heilungswundern sind in der Tabelle I.2. (3. Teil) aufgeführt. Sie werden hier in folgender Abfolge behandelt: allgemeine Hinweise, knappe Feststellungen, breite Darstellungen, theologisch und soteriologisch ausgestaltete Überlieferungen.

Allgemeine Hinweise auf Jesus, den Heiland der Kranken
Solche finden sich in sogenannten Sammelberichten und in redaktionellen Vermerken. Von Heilungen vieler Kranker sprechen die synoptischen Sammelberichte Mk 1,32−34 par; 1,39 par; 3,10−12 par; 6,2.5 par; 6,53−56 par sowie die Zeugnisse, die sich im Sondergut bei Matthäus (9,35; 14,14; 15,30f.; 19,2; 21,14) und bei Lukas (7,21; 9,11) finden. Bei Johannes fehlen Sammelberichte.

Es lassen sich zwei Gruppen von Heilungen unterscheiden: solche mit – nach damaliger Auffassung – ›normalen‹ Krankheiten und solche mit ›dämonischer‹ Verursachung. Am nachhaltigsten weist Matthäus in allgemeiner Weise auf die Heilungstaten Jesu hin und betont, daß Jesus nicht nur alle Arten von Krankheiten zu heilen vermochte (so auch Mk und Lk), sondern auch *alle* Kranken gesund machte, die zu ihm gebracht wurden (vgl. Mt 8,16: »alle« mit Mk 1,34: »viele«; Lk 4,41: »viele«; Mt 4,23: »jede Art von Krankheit und Übel«; Mt 12,15: »alle« mit Mk 3,10: »viele«; s. auch Mt 9,35: »jede Art von Krankheit und Übel«; 15,30: »alle Kranken«, genannt werden: Lahme, Blinde, Krüppel, Stumme und viele andere Arten; 19,2: redaktioneller Vermerk über Mk hinaus; 21,15: ebenso; beachtenswert: Heilungen im Tempel!). Matthäus will dadurch Jesus als den Messias erweisen, der die bei den Propheten versprochene Heilszeit heraufgeführt hat (vgl. Mt 8,17: »Dadurch sollte sich erfüllen, was durch den Propheten Jesaja gesagt worden ist [Jes 53,4]: ›Er hat unsere Leiden auf sich genommen und unsere Krankheiten getragen.‹«) Dazu gehört auch das programmatische Wort Mt 11,4: »Geht und berichtet Johannes, was ihr hört und seht: ›Blinde sehen wieder, und Lahme gehen; Aussätzige werden rein, und Taube hören; Tote stehen auf, und den Armen wird das Evangelium verkündet!‹« (Jes 26,19; 29,18; 35,3f.; 61,1). Das Wort Jesu: »Die Kranken brauchen den Arzt, nicht die Gesunden« (Mt 9,12) ist daher auch in diesem Sinn zu verstehen. Vor allem aber weist

Matthäus im Zusammenhang mit einem Sammelbericht über Heilungen eigens auf Jesus, den verheißenen messianischen Arzt, hin: »Viele folgten Jesus, und er heilte alle Kranken. Aber er verbot ihnen, in der Öffentlichkeit von ihm zu reden. Auf diese Weise sollte sich erfüllen, was durch den Propheten Jesaja gesagt worden ist: ›Seht, das ist mein Knecht, den ich erwählt habe, mein Geliebter, an dem ich Gefallen gefunden habe. Ich werde meinen Geist auf ihn legen, und er wird den Völkern das Recht verkünden. Er wird nicht zanken und nicht schreien, und man wird seine Stimme nicht auf den Straßen hören. Das geknickte Rohr wird er nicht zerbrechen und den glimmenden Docht nicht auslöschen, bis er dem Recht zum Sieg verholfen hat. Und auf seinen Namen werden die Völker ihre Hoffnung setzen‹« (Mt 12,15–21; Jes 42,1–4). Aufgrund des Zusammenhangs (s. die vorangestellte Heilungsgeschichte 12,9–14 und den Sammelbericht 12,15 sowie den folgenden Hinweis auf eine Heilung 12,22) ist dieser Hinweis auf Jesus, den verheißenen Heilbringer Gottes für alle Menschen, nicht nur auf die Sünder und Verlorenen, sondern vor allem auf die Kranken und Leidenden zu beziehen, die durch die vorherrschende Meinung, Krankheit und Heimsuchungen seien Strafe für Sünden, auch in ihrem religiösen Selbstbewußtsein besonders belastet waren.

Jesus ist auch der Heiland aller Kranken, Leidenden, Belasteten, Heimgesuchten, das ist die Botschaft, welche die Evangelisten, allen voran Matthäus, durch ihre Heilungszeugnisse, besonders die Sammelvermerke zum Ausdruck bringen wollen. Dadurch werden die Leser und Hörer der Evangelien aufgefordert, sich in allen Nöten, gerade auch solchen leiblicher und psychischer Art, mittels des Gebetes an den Herrn zu wenden. Die Verantwortlichen der Kirche, aber auch alle Christen, werden zugleich an ihre Aufgaben erinnert, für Kranke zu sorgen auf jede nur mögliche Weise.

Letzterem dient die Erinnerung an den Auftrag Jesu an die Zwölf: »Jesus rief seine zwölf Jünger zu sich und gab ihnen die Vollmacht, die unreinen Geister auszutreiben und alle Krankheiten und Leiden zu heilen!« »Geht hin und verkündet: ›Das Himmelreich ist nahe!‹ Heilt Kranke, weckt Tote auf, macht Aussätzige rein, treibt Dämonen aus. Umsonst habt ihr empfangen, umsonst sollt ihr geben!« (Mt 10,1.7f.; Mk 6,7; Lk 9,1).

Darum auch wird der Menschensohn beim Endgericht einen jeden fragen, wie er sich um die Kranken in seiner Umgebung gekümmert hat, und wird sich mit jedem Kranken identifizieren: »Ich war krank, und ihr habt mich besucht! – Ich war krank, und ihr habt mich nicht besucht!« (Mt 25,36f.43f.).

Die Sorge der Kirche um die Kranken entspringt dem Willen und Auftrag des Herrn; zugleich weisen die Evangelien auf die Vollmacht hin, Kranke zu heilen, die der Herr der Kirche übermittelte. Dabei denken die Evangelisten, wie vor allem die Apostelgeschichte zeigt (vgl. Apg 3,6f. 12−16; 4,8−12; 9,34), an das Gebet über Kranke »im Namen des Herrn«, an Handauflegung und Segnung unter Anrufung des Namens Jesu, dann wohl auch an eine sakramentale Ölsalbung (vgl. Mk 6,13; Jak 5,13−16).

Jesus, die verkörperte Heilkraft Gottes in Person
Unter den Hinweisen auf die überragende Heilungskraft Jesu findet sich die Aussage, Menschen hätten diese Heilungskraft sich zunutze machen können, wenn sie seinen Leib, ja bereits schon seine Kleider berührt hätten (vgl. Mk 3,10: »Er heilte viele, so daß alle, die ein Leiden hatten, sich an ihn herandrängten, um ihn zu berühren«; ähnlich Lk 6,19; Mk 6,56; Mt 14,35f.: »Man bat Jesus, er möge die Kranken wenigstens den Saum seines Gewandes berühren lassen. Und alle, die ihn berührten, wurden geheilt.« Diese Hinweise finden sich in den Stücken, die sich der Markusüberlieferung verdanken.

Allerdings hat Lk 6,19 die Markusvorlage 3,10 noch durch die Bemerkung verstärkt: »Alle Leute versuchten, ihn zu berühren, denn es ging eine Kraft von ihm aus, die alle heilte.« Außerdem hat Lukas der Einleitung der von Markus übernommenen Heilungserzählung eines Gelähmten (vgl. Lk 5,17−26 mit Mt 9,1−8) noch die Bemerkung angefügt: »Und die Kraft des Herrn drängte ihn dazu, zu heilen.« Hier wird zwar die Heilungsgabe Jesu ausdrücklich auf Gott zurückgeführt (beachte auch die Hinweise auf die Fülle des Geistes, die in Jesus nach seiner Taufe wirkt, Lk 3,22; 4,1−14), aber sie wird als so groß dargestellt, daß sie Jesus gleichsam zum Heilen drängte und bewegte. Diese Aussage steht dabei in Spannung zum Wort Jesu, daß er dazu gekommen sei, »das Evangelium vom Reich Gottes zu verkünden« (vgl. Lk 4,43; Mk 1,38), nicht also primär dazu, alle Kranken zu heilen. Aber das Bild von Jesus, dem Träger der Heilungskraft Gottes in Fülle, entspricht der damaligen, vor allem hellenistischen Vorstellung von einem Wunderheiler, der über besondere göttliche Heilungskraft verfügte.[1] Zu dieser Vorstellung gehörte die Überzeugung, daß diese Kraft normalerweise durch Berührung auf Kranke übertragen werden kann. Dadurch wird deren Lebenskraft verstärkt und gewinnt die Oberhand über alle lähmenden, krankmachenden, das Leben gefährdenden Mächte. Darum wird Jesus immer wieder gebeten, Kranken die Hände aufzulegen, und gedrängt, dies rechtzeitig zu tun, bevor der

Kranke stirbt. Die Erzählung von der Heilung einer Frau mit Blutungen (Mk 5,25—34 par) setzt diese Vorstellung voraus. Die Aussage, Jesus habe gespürt, »wie eine Kraft von ihm ausströmte« (Mk 5,30), entspricht vollauf diesem dynamistischen Denken.

Zu beachten ist in diesem Zusammenhang, daß hinter solchen Überlieferungen das Bestreben steht, Jesus als den auszuweisen, der allen sonstigen Wunderheilern überlegen ist. Daneben versteht die Evangelientradition die – unbestreitbar vorhandene – außergewöhnliche Heilungsmacht als gottgegebene Vollmacht Gottes, die der Heilssendung Jesu dienend zugeordnet ist und die Jesus nicht egoistisch mißbrauchen darf. Außerdem ist auf seiten des Menschen Glaube erforderlich, der sich entsprechend bekundet. Das Streben nach leiblichem Kontakt mit Jesus wird in diesem Zusammenhang als eine Äußerung des Vertrauens und der Bitte verstanden. (Beachte hier das Streben heutiger Pilger und Hilfesuchender, heilige Orte und Gegenstände, z. B. Reliquien von Heiligen, gläubig zu berühren!).

Die nachapostolische Kirche wußte sich aus solchen Überlegungen heraus berechtigt, ebenfalls Heilungsakte in Form zeichenhafter Fürbitte- und Segnungshandlungen vorzunehmen (vgl. Apg 19,11 f.; Mk 6,13; 16,18; Jak 5,14 f.). Auch sah sie in solchen leibhaftigen Begegnungen mit Jesus die sakramentale Begegnung mit dem Auferstandenen vorgebildet. Darauf weist besonders Paulus in seinen Ausführungen über die Wirkungen würdigen und unwürdigen Eucharistieempfanges im 1. Korintherbrief hin (s. 1 Kor 10,3—6.14—22; 11,26—34). Die Weiterführung der Sehnsucht kranker Christen nach leibhaftiger Begegnung mit der Heilungsmacht des Auferstandenen in der Kirche gilt es bei der Auslegung solcher Texte zu beachten. (In diesen Zusammenhang gehörte z. B. die Segnung der Kranken in Lourdes bei der täglichen eucharistischen Prozession, die Entwicklung eines eigenen Krankensegens und einer Andacht für Kranke durch die Kirche, die Eucharistiefeier für Kranke, die Spendung der Krankensalbung und der Empfang der Eucharistie durch Kranke. Beachte auch die zahlreichen Schlußorationen der Meßliturgie, die darum bitten, daß der Empfang der Eucharistie den Empfängern Gesundheit an Leib und Seele schenke.)

Die Aussage, daß »die Kraft Gottes« Jesus drängte, Kranken zu helfen und sie von ihrem Leiden zu befreien, ist in dem größeren Zusammenhang zu sehen, daß zu Jesu Heilssendung auch das Geschenk leiblicher und seelischer Befreiung und Heilung gehörte und daß Jesus ein Herz hatte für alle Menschen in Not (vgl. Mt 14,14: »Als Jesus die vielen Menschen sah, hatte er Mitleid mit ihnen und heilte die

Kranken, die bei ihnen waren«). Heute will der auferstandene Herr diese Seite seiner Sendung weiterführen durch die Kirche mit ihren vielfältigen Diensten für Menschen in Not: mit Gebet, Fürbitte, Gottesdienst für Notleidende und Kranke, Segnungen, Sakramentenspendungen und Charismen. Vor allem ist hier auf das Charisma der Krankenheilung zu verweisen, auf das zuerst der Apostel Paulus hinweist (vgl. 1 Kor 12,9.28; auch Mk 16,18).

Die hier genannten urchristlichen Glaubenszeugnisse wollen jeden Christen auch heute dazu ermuntern, nicht nur für Kranke zu beten, sondern auch über sie mit ausgebreiteten Händen oder unter Handauflegung zu beten und ihnen den Segen im Namen des dreifaltigen Gottes und Jesu Christi zu wünschen und zuzusprechen (mit Kreuzzeichen, evtl. mit Weihwasser – s. Gotteslob).

Außerdem zeigen diese Hinweise, daß es durchaus sinnvoll ist, in Krankheit um den Segen der Kirche zu bitten und auch von anderen sich segnen zu lassen, besonders von Menschen, die im begründeten Ruf besonderer Glaubenskraft oder Segensmacht stehen.

1. Die Heilung der
   Schwiegermutter des
   Petrus am Sabbat
   (Mk 1,29—31; Mt 8,14;
   Lk 4,38 f.)

Hinführung

Das Evangelium des Markus läßt das Heilswirken Jesu mit dessen
Predigt in der Synagoge von Kafarnaum an einem Sabbat, im Beisein
der ersten Jünger, beginnen (Mk 1,21—31). Die Vollmacht des Wortes
Jesu wird bei Markus beglaubigt durch zwei Wunder, ein öffentliches
und ein privates: durch die Heilung eines Besessenen in der Synagoge
und durch die Heilung der fieberkranken Schwiegermutter des Simon
in dessen Haus. Abgeschlossen wird dieser erste Tag messianischen
Wirkens in Kafarnaum durch Heilungen am Abend nach Sonnenuntergang (1,32—34).

Der Evangelist hat dieses Stück wohl bereits einer Vorlage entnommen. Matthäus und Lukas haben beide die Vorlage des Markus in ihre
Evangelien übernommen und bearbeitet.

Form

Der Eigenart nach handelt es sich um eine Heilungswundererzählung
(zum Aufbau s. oben III, 6, 1. Teil) mit biographischen Zügen
(Erinnerung an das Haus des Simon und die Frühgeschichte der
Jesusbewegung). Die historischen Angaben sind glaubwürdig.

Aufbau

Die Erzählung ist entsprechend den hellenistischen Heilungserzählungen aufgebaut: *Einleitung* (1,29.30a): die Situation; *Verlauf der Begegnung* (1,30b): Erläuterung der Situation (mit implizierter Bitte); *Mitte*
(1,31ab): Heilungsvorgang; *Schluß* (1,31c): Wirkung.

Simon, der aus Betsaida stammt (Joh 1,44), wohnt im Haus seiner Schwiegermutter. Dieses Haus wählte Jesus zu ›seinem Haus‹ (vgl. Mk 2,1; 3,31 u. ö.). Die Heilung der Schwiegermutter ist die erste Heilung einer Frau durch Jesus. Sie wird zur ersten Jüngerin Jesu. Man darf annehmen, daß es sich um eine bemerkenswerte Frau gehandelt hat, da Jesus in ›ihrem Haus‹ Quartier nahm. Nach Aussage des Textes wohnte auch Andreas in diesem Haus. Die neuesten Ausgrabungen in Kafarnaum erbrachten für das Haus des Petrus den Typ einer ›Wohninsel‹ um einen Innenhof herum, der leicht einer vielschichtigen ›Großfamilie‹ Herberge geben konnte.[2]

Die Heilung erfolgt durch Kraftübertragung mittels Berührung. Der Vorgang selbst vollzieht sich ohne Begleitworte, ist auch in keiner Weise weiter ausgestaltet. Als Krankheit wird allgemein ›Fieber‹ angegeben. Diese Erzählung ist die einzige unmittelbare Fieberheilung (Joh 4,52 ist Fieber ein Begleitelement der schweren Erkrankung des Beamtensohnes von Kafarnaum).

Daß die wenig aufsehenerregende Heilung als Wundertat überliefert wurde, verdankt sie ihrem Bezug zu Simon Petrus. Daß ›Fieber‹ mit charismatischer Therapie beizukommen ist, ist unbestritten.[3] Das Ziel der Heilung ist, daß die Schwiegermutter – weder vom Schwiegervater noch von der Frau des Simon ist die Rede – ihre Funktion erfüllen kann, ihre Hausgenossen und vor allem ihren Gast und seine Jünger zu bewirten. Es entsteht so das Bild einer Hauskirche. Die Jüngerschaft Jesu, des Messias, ist im Haus des Simon zu Gast. Die neue Familie Gottes nimmt Gestalt an in Form einer Tisch- und Hausgemeinschaft. Die Jesusbewegung enthüllt ihren familienhaften Charakter, in ihr haben auch Frauen ihre Aufgabe und ihre Würde.

Die Umschreibung des Wirkens der geheilten Hausmutter als ›dienen‹ (diakonein), Dienst (diakonia) ist in der Erzählung bezeichnend.

Zieht man die vorgegebenen kerygmatischen Sinnlinien aus, dann ergeben sich folgende Perspektiven: Jesus zeigt durch diese Heilung an, daß sein Heil auch den privaten Lebensbereich verwandelt. Dieses Heil wirkt sich zunächst im Haus derer aus, die zur neuen Familie Gottes gehören, an Männern, Frauen und Kindern. Auf die neue Familie Jesu weisen die Worte Jesu hin: »Wer den Willen Gottes erfüllt, der ist für mich Bruder und Schwester und Mutter« (Mk 3,35, vgl. 3,20 f. 31–35), und »Amen, ich sage euch: Jeder, der um meinetwillen und um des Evangeliums willen Haus oder Brüder, Schwestern, Mutter, Vater, Kinder oder Äcker verlassen hat, wird das Hundertfache dafür empfangen: Jetzt in dieser Zeit wird er Häuser, Brüder, Schwestern, Mütter, Kinder und Äcker erhalten, wenn auch unter Verfolgungen, und in der kommenden Welt das ewige Leben« (Mk 10,28−30). Die neue familienhafte Gemeinschaft der in Hausgemeinschaften lebenden Kirche war für die Evangelisten bereits Wirklichkeit (vgl. Apg 18,2; 1 Kor 1,11; 16,19; Röm 16,16). In diesen Hausgemeinden kamen den Frauen wichtige Dienste zu (vgl. Phil 4,2; Röm 16,1f.3−5.6.12. 13−15). Von der besonderen Diakonia der Frau sprechen Stellen wie Lk 8,3; 10,40; auch 1 Tim 3,11; 5,3−16. Näherhin ist dabei auf Gastfreundschaft, Sorge um Kranke, Alte und Kinder, aber auch auf Gemeindeaufgaben vielfältiger Art zu verweisen. Von der Frau des Simon wird überliefert, daß sie ihren Mann auf seinen Missionsreisen begleitete (s. 1 Kor 9,5).

Jesus schenkt in der Heilung der Schwiegermutter des Simon allen christlichen Frauen Würde und Gnade zu ihrem Dienst in ihren Familien, in den Hausgemeinden und der Mission der Kirche.

Zuletzt ist noch darauf hinzuweisen, daß die christliche Frau durch Taufe, Eucharistiefeier und Teilhabe am Leben der Kirche neue Kräfte und Motivationen erhielt für ihren spezifischen Dienst in Haus, Familie und Gemeinde (vgl. Gal 3,26 − 4,7; 1 Kor 7,14.39f.; 1 Petr 3,1−6; Eph 5,25−33; Hebr 11,11f.; 11,33.35−40).

Rahmen

Bei *Markus* dient die Erzählung der Beglaubigung »der neuen Lehre in Vollmacht« (1,22). Wo Jesus Christus auftritt, wird die Welt heil, bricht das Reich Gott es an (1,21−34). Der Schwerpunkt des Reiches Gottes in seiner gegenwärtigen Gestalt liegt im Glauben an das Evangelium (1,38), in der befreienden Gemeinschaft mit Jesus Christus (s. 1,25−27; 1,34.39) und in der neuen Gemeinschaft der Familie Gottes in dienstbereiter Liebe (1,30f.; 3,1−35; 10,28−30). Das eben will Markus aufweisen, daß Jesus das Haus und die Familie des Simon besonders auszeichnete (1,29f.)

Matthäus hat nur den Abschnitt Mk 1,29−34 in sein Evangelium aufgenommen (Mt 8,14−16), das Auftreten Jesu in der Synagoge zu Kafarnaum aber weggelassen. Bei ihm dienen die Erzählung von der Heilung der Schwiegermutter des Petrus und der Sammelbericht Mk 1,32−34 neben vielen anderen Wunderzeugnissen (insgesamt 10) in den Kapiteln 8 und 9 zur Beglaubigung der vollmächtigen neuen Lehre des verheißenen Messias, dargestellt in der sogenannten Bergpredigt (Mt 5 − 7).

Diese Rede wird eingeleitet durch einen Sammelbericht vom Predigen und Heilen Jesu in Galiläa (4,23—25) und abgeschlossen durch das Beispielkapitel 8 f. über die Vollmachtstaten des Messias. Dem alten Israel wird dabei das neue Israel gegenübergestellt, verkörpert durch die, die an Jesus glauben und sich seiner Jüngergemeinschaft mit Petrus an der Spitze (s. den Titel ›Petrus‹, 8,14; beachte das Petruswort 16,17—19) anschließen (beachte bes. 8,10—12; 8,18—22; 9,11—13).

Insofern sieht Matthäus in der Schwiegermutter des Petrus die Gemeinschaft der Kirche vorgebildet, in der die Frauen besondere Dienstaufgaben haben (vgl. 19,29) und in der die heilenden Kräfte des Auferstandenen wirken (durch Glaube, Heilungsmacht und Sakramente, s. besonders 8,17: »Dadurch sollte sich das Wort des Propheten Jesaja erfüllen: ›Er hat unsere Leiden auf sich genommen und unsere Krankheiten getragen‹«, Jes 53,4; dazu noch Mt 10,1—8.12 f.).

Lukas hat im Unterschied zu Matthäus den ganzen Abschnitt Mk 1,21—39 in sein Evangelium übernommen (4,31—44), hat ihm aber die Antrittspredigt in der Synagoge zu Nazaret aus programmatischen Gründen vorangestellt (4,16—30). Dadurch werden die nachfolgenden Machttaten Jesu zu Hinweisen darauf, daß nun ›das Gnadenjahr des Herrn‹ angebrochen ist (4,19 f.). Der Schwerpunkt des Heilandswirkens liegt dabei auf der Heilung aller Besessenen und Kranken, die zu Jesus kommen oder ihm begegnen (s. 4,40: »Er legte jedem Kranken die Hände auf und heilte alle«). Die Heilungserzählung der Schwiegermutter des Simon (4,38 f.) ist deshalb umrahmt von Dämonenaustreibungen (4,33—37; 4,40—41). In der Erzählung hat Lukas die Erkrankung verstärkt (»hohes Fieber«), außerdem läßt er Simon und die Schwiegermutter eigens um Heilung bitten (»sie baten ihn«). Die Heilung selbst wird durch das Wort Jesu bewirkt (»er beugte sich über sie und befahl dem Fieber zu weichen«), nicht durch Berührung. Will Lukas hier besonders an das Gebet der Kirche über Kranke erinnern (vgl. Jak 5,14)?

Bezeichnend ist, daß Lukas die sofortige Gesundung und Kräftigung der Frau für ihren Dienst betont (»sofort stand sie auf und sorgte für sie«). Durch das diakonein, dienen (hier: sorgen, bedienen) bindet Lukas diese Erzählung ein in die Reihe seiner Hinweise auf den Dienst von Frauen in der Jesusbewegung (beachte 8,2 f.: »einige Frauen... dienten Jesus und den Jüngern mit dem, was sie besaßen«; auch 10,40: Maria und Marta, vgl. 10,38: Aufnahme Jesu und seiner Jünger durch Marta). Diesen Hinweis auf die neue Aufgabe und Würde der christlichen Frauen in der Kirche hat Lukas im Evangelium und in der Apostelgeschichte noch vertieft (vgl. Lk 23,27.55 f.; 24,1—10.24; Apg 1,14; 2,1—4; 4,32—35; 9,36—42; 12,12—17; 16,11—15; 17,34; 18,2 f. 26;

21,5—8). Er sieht in der Schwiegermutter des Simon – nach Maria, der Mutter Jesu (vgl. Lk 1,41—55) – die erste Christin und ›Mutter‹ einer Hausgemeinde (vgl. 8,19—21; 18,28—30).

Anregungen zur Auslegung heute

1. Welche Wundertaten sind nach Mk 1,21—39 Zeichen dafür, daß Jesus mit göttlicher Vollmacht handelt?
2. Was spricht für die geschichtliche Glaubwürdigkeit der Überlieferung von der Heilung der Schwiegermutter des Petrus? Beachten Sie Zeit- und Ortsangabe, Wahl der Personen, Art der Krankheit, Sinn des Wunders!
3. Wie heilt Jesus die Frau? Welche sonstigen Weisen der Krankenheilung werden von Jesus im Neuen Testament berichtet?
4. Was ist das Ziel der Heilungstaten Jesu?
5. Wie steht Jesus nach Aussage dieses Textes zu Frauen? Was sagen die Evangelien (bes. Lukas) allgemein darüber?
6. Welche Stellung und Aufgaben hatten Frauen in den urchristlichen Gemeinden? Suchen Sie dazu Aussagen in der Apostelgeschichte und den Paulusbriefen. Was sagt unsere Perikope darüber?
7. Wie hat Matthäus die Überlieferung in sein Evangelium eingeordnet? Beachten Sie den Zusammenhang und den Umfang der Übernahme der Vorlage des Markus! Wie verstand er dieses Zeugnis?
8. Wie hat Lukas die Überlieferung in sein Evangelium eingeordnet? Beachten Sie den Zusammenhang und den Umfang der Übernahme der Vorlage des Markus! Was wollte Lukas durch diesen Text sagen?
9. Was sagt diese Überlieferung über die Eigenart der Jesusbewegung? Hilfsfrage: Welches soziale Modell wird hier sichtbar (vgl. Mk 3,31—34; 10,28—30)?

2. Die Heilung des
   abgehauenen Ohrs
   eines Dieners des
   Hohenpriesters
   (Lk 22,50 f.)

Hinführung

Alle vier Evangelien berichten, daß bei der Gefangennahme Jesu in
einem Garten am Ölberg einer der Jünger Jesu, nach Johannes Simon
Petrus, einem Diener des Hohenpriesters, der bei dem ausgesandten
Suchtrupp war, mit dem Schwert ein Ohr abschlug (s. Mt 26,51; Mk
14,47; Lk 22,50; Joh 18,10 f.). Johannes nennt den Namen dieses
Dieners, Malchus. Lukas folgt hier der Textvorlage des Markus. Er
allein von allen Evangelisten fügt aber die Bemerkung an: »Er berührte
das Ohr und heilte den Mann« (22,51).

Form

Ein kurzer Vermerk ohne nähere Beschreibung des Vorgangs. Es wird
nicht deutlich, wie Lukas sich näherhin die Heilung vorstellt: Hält Jesus
das abgehauene Ohr an den vorhandenen Ohrrest und läßt beides rasch
zusammenwachsen, oder stillt er die Blutung und läßt das Fehlende
nachwachsen? Das ist Lukas hier auch nicht wichtig. Bedeutsam ist,
daß Lukas von einer Heilung des Dieners, nicht des Ohres spricht.

Aufbau

Vom Zusammenhang her handelt es sich um eine redaktionelle Notiz.

Motiv und Botschaft

Lukas stellt heraus, daß Jesus bis zuletzt allen Menschen, auch seinen
Gegnern, Gutes erwies (s. das Wort an die Frauen 23,28–30; das Gebet
für die Feinde 23,34; die Sorge um den reumütigen Verbrecher 23,43).
Jesus wollte nicht, daß jemand seinetwegen Schaden erleidet und
handelte zugleich auf vorbildliche Weise an einem seiner Feinde (vgl.

das programmatische Wort 6,27: »Tut denen Gutes, die euch hassen!«).
Aus diesem Grund fügte Lukas die Bemerkung an, Jesus habe das
abgeschlagene Ohr eines seiner Häscher auf wunderbare Weise geheilt.
Eine eigene historische Information steht nicht hinter dieser ›Ergänzung‹. Den Vorgang selbst stellte er sich als Auswirkung der in Jesus
anwesenden göttlichen Heilungskräfte vor (vgl. dazu 6,19).

Hinweise zur Auslegung

Die Notiz des Lukas dient der Vermenschlichung der Lehre und des
Vorbilds Jesu. Der Jünger soll unter allen Umständen sich freihalten
von Wünschen der Vergeltung und Schadenfreude gegenüber seinen Gegnern und soll immer bestrebt sein, auch den Gegnern Gutes
zu erweisen. Diese Notiz dient also nicht der Veranschaulichung der
Heilungskraft Jesu, sondern seiner vorbildlichen Güte und Liebe. Die
Wunderkraft Jesu wird dabei vorausgesetzt. Insofern kann diese
Stelle nicht zur Veranschaulichung der Wundermacht Jesu herangezogen werden.

3. Die Heilung eines
   Blinden bei Betsaida
   (Mk 8,22–26)

Hinführung

Im Evangelium des Markus findet sich die Erzählung einer Blindenheilung, die keine ausdrückliche soziale oder religiöse Motivierung
aufweist. Wohl deswegen haben Matthäus und Lukas dieses Stück
nicht in ihr Evangelium aufgenommen.

Form

Eine sogenannte ›zentralbetonte‹ Heilungserzählung (so *R. Pesch*), die
den wunderbaren Heilungsvorgang allein zum Gegenstand der Darstellung macht. Eine irgendwie herausgehobene Motivierung, Akzen-
tuierung oder Auswertung fehlt. Die Heilung erfolgt in zwei Stufen.
Der Heilungsvorgang selbst ist breit geschildert. Es handelt sich mehr
um eine Art Therapie als um einen plötzlich in Erscheinung tretenden
wunderbaren Einbruch göttlicher Heilungskraft. Die genaue Lokali-
sierung und der eigentümliche Heilungsvorgang weisen auf eine
historisch vorgegebene, am Geschehen selbst ansetzende alte Überlieferung hin.

Aufbau

Es finden sich in dieser Erzählung die typischen Bauelemente der
Wundererzählung: Situationsangabe, Schilderung des Kranken und
Auftreten des Wundertäters; Heilungsvorgang; Feststellung des Wunders und Hinweis auf seine Wirkung. Diese sind insofern individuell
abgewandelt, als der Heilungsvorgang sich in zwei Phasen vollzieht
und durch einen Dialog Jesu mit dem Kranken gesteuert wird. Jesus
scheint seine Wunderkraft selbst durch die Befragung des Kranken zu
›dosieren‹. Die Heilung tritt durch die Kraftübertragung allein, nicht

automatisch ein. An die Stelle der Reaktion von Zeugen auf die Heilung tritt in dieser Erzählung die Aufforderung Jesu an den Geheilten, sich vor einer Begegnung mit den Bewohnern des Dorfes zu hüten. Ein Grund für diese Aufforderung ist nicht angegeben, kann deshalb aus dem Markusevangelium nur indirekt erschlossen werden. Es genügt offenbar, daß festgestellt werden kann, der Mann sei durch Jesus wiederhergestellt worden.

Text und Botschaft

Der Blinde wird Jesus von anderen mit der Bitte um Berührung zugeführt. Der Kranke selbst bittet nicht um Heilung. Das Element des Glaubens auf seiten der Bittsteller ist nicht zur Sprache gebracht.

Der Heilungsvorgang vollzieht sich auf sehr intime Weise. Jesus führt den Blinden von den Leuten weg aus der Ortschaft hinaus. Dann »spuckt Jesus auf die (wohl geschlossenen) Augen« des Blinden, wie der Text sagt. Speichel galt als Heilmittel und wurde gerade bei Blindheit oft eingesetzt. Im Speichel eines geisterfüllten Menschen war nach damaliger Auffassung dessen besondere Kraft enthalten (s. auch Joh 9,1−11: Teig aus Speichel und Staub). Im Vollzug der Heilung bereitete die Speichelauflage den Heilungsvorgang vor, der mit der Auflegung der Hände auf die Augen verbunden war. Ein Heilungswort wird dabei nicht gesprochen. Die Heilung selbst wird in der Frage ausgesagt: »Siehst du etwas?« Die Formulierung setzt voraus, daß Jesus mit einer etwaigen Nachkorrektur rechnet. Die Antwort des Kranken weist auf eine zunächst noch unscharfe, aber doch unterscheidungsfähige Sehkraft hin. Die erneute Auflegung der Hände vermittelt die volle Sehschärfe der Augen. Im griechischen Text fällt die differenzierte Beschreibung des Heilungsvorgangs auf: »Was siehst du?« (V. 23: blepein); »Er sah wieder« (V. 24: anablepein); »Und er sah deutlich (diablepein) und... sah scharf« (enblepein).

Die Erzählung ist offensichtlich am Vorgang der Heilung selbst interessiert, hat also einen geradezu medizinischen Charakter. Sie will beschreiben, wie Jesus heilte und auf welche Weise der Heilungsprozeß sich vollzog. Das Interesse, das dahinter sichtbar wird, weist auf einen sehr frühen Versuch hin, die Wunderheilungen Jesu genau zu erfassen und in ihrem inneren Vorgang zu verstehen. Die Überlieferung geht auf einen unmittelbaren Zeugen des Vorgangs zurück, der an den Wundertaten Jesu sachlich interessiert war und sie historisch und ablaufmäßig genau festzuhalten und zu verstehen suchte. Denn sonstige Motive, vor allem solche theologischer Art, lassen sich in diesem ›Bericht‹ nicht feststellen.

Wie schon Mk 2,11 und 7,30 wird der Geheilte nach Hause geschickt. Nach 8,26 scheint er nicht aus Betsaida zu stammen. Die Aufforderung, den Ort auf dem Heimweg zu umgehen, hat zum Ziel, Aufsehen zu vermeiden. Als Grund dafür läßt sich Jesu Bestreben nennen, nicht als Wunderheiler mißverstanden zu werden (vgl. Mk 1,38; 1,45). Ein eigenes Schweigegebot fehlt jedoch (im Unterschied zu Mk 1,44; 5,43; 7,36 u. ö.).

Wie das geradezu protokollhafte Heilungszeugnis zeigt, gab es schon früh im Anhängerkreis Jesu das Interesse, festzuhalten, welche Arten von Wunderheilungen Jesus wirkte, und zu verstehen, wie sich eine solche im Einzelfall näherhin vollzog. Das weist auf kritisches Verstehenwollen unter den Jüngern Jesu hin. Das gilt es gerade bei der Wunderüberlieferung Jesu zu beachten. Über Jesu Heilweise sagt diese Überlieferung, daß Jesus damalige Heilmethoden durchaus anwandte, um seine Patienten innerlich entsprechend zu motivieren. Er wandte sich dabei auf intime und persönliche Weise dem Kranken zu, suchte jedes Aufsehen zu vermeiden und lehnte es ab, seine Wunderkraft propagandistisch auszuwerten. Darf man aus dem behutsamen Vorgehen Jesu schließen, daß Jesus sich je und je neu auf seine ›Patienten‹ einzustellen hatte, wollte er ihnen wirklich gezielt helfen? Der Heilungsbericht selbst zeigt, daß Jesus aus persönlichem Mitgefühl heraus handelte und daß ihm jede Art von egoistischem Gebrauch seiner Wundermacht fremd war.

Zur Glaubwürdigkeit der Überlieferung ist zu beachten, daß sowohl aus damaliger Zeit wie auch aus unserer Zeit Heilungen von Blinden durch ›Heiler‹ glaubwürdig berichtet werden.[4]

Rahmen
Warum nahm Markus diese Überlieferung in sein Evangelium auf? Dies läßt sich allein aus dem Zusammenhang schließen, in den der Evangelist diese Perikope eingeordnet hat.

Mit 8,10 endet das galiläische Wirken Jesu, das vor allem durch große Zeichen, aber auch durch einige bedeutsame Reden geprägt war. In der Mitte des galiläischen Wirkens stand die Wahl der Zwölf und deren Aussendung an Israel (3,13–19; 6,6–13). Trotz großer Wundertaten wird aber Jesus von seinen Verwandten nicht verstanden (3,21.31–34), in seiner Heimat abgelehnt (6,1–6), von den Schriftgelehrten und Pharisäern verteufelt (3,22–30). Seine Jünger aber verstehen ihn nicht recht. Darum warnt Jesus sie vor der Einstellung der Pharisäer und des Herodes (8,14–21). Diese Warnung leitet über zu unserer Perikope mit der Frage: »Versteht ihr immer noch nicht?«

(8,21). Dem Heilungsvorgang folgt der Weggang aus Galiläa nach Cäsarea Philippi und die Messiasfrage (8,27−30) mit dem ersten Hinweis auf das künftige Leiden (8,31−33). Insofern zeigt die Augenöffnung des Blinden bei Betsaida auf dem Weg nach Cäsarea Philippi zeichenhaft den Prozeß der Jüngerwerdung an: Jesus öffnet ihnen in einem langsamen, behutsamen Prozeß die Augen für seine Sendung und sein Geheimnis. Die letzte, ›genaue‹ Sicht der Wirklichkeit Jesu und des von ihm eröffneten Reiches Gottes wird erst durch sein Leiden und seine Auferstehung vermittelt werden. Auch die Erkenntnis der neuen Wirklichkeit des Heils durch die Jünger wird sich in zwei Phasen vollziehen, vor und nach Ostern.

Markus sieht also in dem Wundergeschehen ein Zeichen für die Bemühung Jesu, seinen Jüngern die rechte Sicht und Einsicht in sein Wesen und seine Sendung zu vermitteln. Darum hat er auch darauf verzichtet, die Wundererzählung theologisch zu akzentuieren. Der Prozeß der Gewinnung zunehmender Sehkraft durch Jesu Wirken ist ihm allein wichtig. Im Aufbau des Markusevangeliums muß also diese Wundererzählung ›symbolisch‹, übertragen auf den Prozeß der Jüngerwerdung und des Jüngerglaubens hin, ausgelegt werden. Die Aussageabsicht dieser Perikope trifft sich mit jener der Blindenheilung des Bartimäus bei Jericho, die bei Markus den Weg nach Jerusalem beschließt, 10,46−52: »Im gleichen Augenblick konnte er wieder sehen, und er folgte Jesus auf seinem Weg« (10,52). Die richtige Sicht Jesu führt zur Nachfolge auf dem Kreuzweg Jesu.

Anregungen zur Auslegung heute

1. Stellen Sie die Umstände des berichteten Heilungsvorgangs fest: Wo? Wer sucht Heilung? Wie soll die Heilung geschehen? Wie geht die Heilung vor sich? Was tut Jesus? Was tut der Blinde? Wie viele Phasen lassen sich feststellen? Wie endet das Geschehen?
2. Ist der Vorgang in der Erzählung theologisch gedeutet? Welche theologischen Motive lassen sich erkennen?
3. Woran ist der Bericht näherhin interessiert: am Vorgang selbst; an der Wundermacht Jesu; an der Wirkung auf die Zuschauer?
4. Welche Interessen haben den ersten Verfasser dieses Wunderzeugnisses bewegt: die genaue Beschreibung des Vorgangs der Heilung; die Reaktionen der Teilnehmer am Geschehen; die Weise, wie Jesus seine Wundermacht einsetzt, die Bedeutung des Glaubens der Heilungssuchenden für die Heilung; der Nachweis, daß Jesus der Heilbringer, der Messias ist? Hilfsfrage: Ist

dieses Stück mehr ein biblischer Bericht, eine erbauliche Legende, ein theologisches Lehrstück über Jesus Christus oder die Macht des Glaubens?

5. Was läßt sich aus diesem ›Zeugnis‹ über Jesu Heiltätigkeit feststellen: seine Motive, die Weise seines Vorgehens, seine Einstellung zu den Kranken, die Bedeutung der Heiltätigkeit für sein Wirken, über seine Lauterkeit und Selbstlosigkeit?

6. Welchen Sinn legt der Evangelist Markus diesem Stück in seinem Evangelium bei? Wozu hat er es in sein Evangelium aufgenommen? Beachten Sie den Zusammenhang: a) den weiteren: Mk 1,14 − 10,52, b) den näheren: Mk 8,11−38; c) welche Funktion hat die überleitende Frage Mk 8,21? Was will er damit in Hinsicht auf das rechte Verstehen Jesu durch seine Anhänger sagen?

7. Welche zwei Phasen der Jüngerwerdung zeigt Markus in seinem Evangelium (vgl. a) 8,27 − 9,10; b) 15,39)? Hilfsfrage: Was bedeuten Kreuz und Auferstehung Jesu für die ›richtige‹ Erkenntnis Jesu Christi?

8. Wie ist dieses Wunderzeugnis heute auszulegen: als Hinweis auf die Wundermacht und Wundermethode Jesu oder als ›Zeichen‹, als Beispiel für den Prozeß der richtigen Christuserkenntnis und der Christusnachfolge? (Jesus ist als der Gekreuzigte der Heiland und der Herr der Welt.)

4. Die Heilung des blinden
   Bartimäus bei Jericho
   (Mk 10,46−52;
   Lk 18,35−43;
   auch Mt 20,29−34;
   vgl. Mt 9,27−31)

Hinführung

Der Weg Jesu nach Jerusalem wird bei Markus abgeschlossen durch die Erzählung einer letzten Heilung, die eines blinden Bettlers namens Bartimäus bei Jericho. Markus hat dieses Stück einer Vorlage entnommen. Die beiden synoptischen Parallelevangelien des Lukas und Matthäus folgen Markus und bieten an entsprechender Stelle dieselbe Tradition. Matthäus hat allerdings die Zahl der Blinden verdoppelt und dabei Elemente einer Tradition von zwei Blindenheilungen (Mt 9,27−31) eingearbeitet.

Zu beachten ist, daß Markus den Weg nach Jerusalem mit einer Blindenheilung (bei Betsaida) einleitet (Mk 8,22−26) und mit einer Blindenheilung (bei Jericho) abschließt.

Form

Es handelt sich um eine Heilungswundererzählung, die der Gattung der hellenistischen Wundererzählungen entspricht, dabei aber historisch-biographische Elemente aufweist (s. die auffällige Namens- und Ortsangabe).

Aufbau

Die *Einleitung* legt Ort und Zeit des Ereignisses genau fest und nennt auch den Namen des Blinden, an dem sich das Wunder vollziehen wird. Dann folgt die breit angelegte Schilderung *(Exposition)* des Verlaufs der Begegnung zwischen dem Hilfesuchenden und Jesus. Bartimäus ergreift selbst die Initiative durch einen Bittschrei, wird aber durch die Menge, die Jesus folgt, zurückgewiesen. Darauf verstärkt er seinen Bittruf. Daraufhin läßt Jesus ihn herbeirufen. Nun unterstützt die Menge den blinden Bittsteller und ermutigt ihn. Dieser aber eilt aus eigenem Antrieb Jesus voll Vertrauen entgegen.

Die *Mitte* des Geschehens wird eingeleitet durch die Frage Jesu: »Was soll ich dir tun?« und die Antwort des Blinden »Rabbuni, ich möchte wieder sehen können«. Sie erreicht ihr Ziel durch die Antwort Jesu: »Geh! Dein Glaube hat dir geholfen (dich heil gemacht)!« Dadurch wird die durch Jesus gewährte Heilung festgestellt. Ein Heilungswort oder eine Heilgeste fehlen. Jesus gab vielmehr dem Glauben des Blinden die Möglichkeit, seine Macht zu entfalten. Den *Schluß* bildet die Feststellung, daß die Heilung sofort eintrat und daß der Geheilte sich in die Nachfolge Jesu einreihte.

Die auffallenden Einzelzüge: das laute Schreien, das verschiedene Verhalten der Menge, das Hinlaufen des Blinden zu Jesus und der Entschluß, Jesus auf seinem Weg zu folgen, haben sich wohl bereits in der Markus vorgegebenen Überlieferung gefunden.

Text und Botschaft nach Markus

Die Überlieferung stellt fest, daß Jesus mit einer Pilgergruppe aus Galiläa zum letzten Paschafest den Weg durch das Jordantal nahm und über Jericho hinaufzog nach Jerusalem. Der Platz des blinden Bettlers am Ortsausgang an der Straße nach Jerusalem ist klug gewählt, da alle Pilger an ihm vorbeigehen müssen. Außerdem waren die Pilger gehalten, Almosen zu geben. Die Wiedergabe des ursprünglich aramäischen Namens des Blinden ist in einer Heilungsgeschichte ungewöhnlich und spricht für historische Zuverlässigkeit der Überlieferung. Vielleicht gehörte der Geheilte später der urchristlichen Gemeinde in Jerusalem an.

Der Bittruf des Bettlers setzt voraus, daß dieser von Jesu Wundertaten bereits gehört hatte. Daß er Jesus als ›Sohn Davids‹ anredet, ist entweder von der Überlieferung entsprechend stilisiert oder aber – falls historisch – dadurch bedingt, daß der Bettler von Anhängern Jesu, die in ihm den Messias sahen, zu einer entsprechenden Auffassung bewegt worden war. Für diese Annahme spricht auch die spätere Anrede: ›Rabbuni‹ (mein Herr). Damit ist jedoch nicht unbedingt ein politisches Messiasideal verknüpft. Die Bitte: »Hab Erbarmen mit mir!« greift auf einen Bittruf aus den Psalmen zurück, der auch gegenüber Menschen vorgebracht werden konnte (vgl. Ps 6,3; 9,14; 41,5.11; 123,3).

Die Erzählung ist näherin geprägt durch die dreimalige Bitte des Blinden, zweimal in Form einer messianischen Anrede mit formelhaftem Bittruf (»Sohn Davids, hab Erbarmen mit mir!«, so VV. 47 und

48), einmal in persönlicher Aussage (V. 51); durch das Widerspiel von bittendem Bettler und Verhalten der Menge, sowie durch die Herausstellung des Glaubens des Bittstellers: »Dein Glaube hat dir geholfen«. Insofern dient der Abschnitt dazu, die Bedeutung und Macht des gläubigen Bittgebets an Jesus Christus herauszustellen. Hierin zeigt sich die Verkündigungsabsicht derer, die diese Erzählung für die christliche Verkündigung formten. Die Erzählung spiegelt bereits eine bestimmte christliche Gebetspraxis wider.

Daß neben Gott-Vater auch Jesus Christus früh im Gebet von den Christen angerufen wurde, bezeugen Apg 7,59 (»Herr Jesus, nimm meinen Geist auf!«), 1 Kor 16,22; Offb 22,20; 2 Kor 12,8; auch die Hymnen der Offenbarung (5,9 f.12) und die frühe Kennzeichnung der Christen als solche, »die den Namen des Herrn anrufen« (Apg 2,21; 9,14; 22,16; Röm 10,13 f.; 1 Kor 1,2; 2 Tim 2,22). Daß das vertrauensvolle Gebet zu Jesus Christus (oder später »im Namen Jesu Christi«, s. Joh 14,13 f.; 15,7) seine Wirkung in sich selbst birgt, zeigt in dieser Geschichte die Antwort Jesu. Der Glaube des Bittstellers ist Anlaß und Grund der wunderbaren Erhörung.

Die Erzählung fordert also dazu auf, in jeder Not sich vertrauensvoll an Jesus, den Herrn, zu wenden und um Hilfe zu bitten. Die Erhörung unserer Bitten soll zu vertiefter Gemeinschaft mit Jesus Christus und zu freudiger Nachfolge führen. Darauf weist die Erzählung insofern hin, als die Wunderheilung den blinden Bettler in die freudige Nachfolge Jesu führt.

Rahmen

Zu beachten ist noch der Akzent, den der Rahmen der Erzählung verleiht. Sie schließt die Reihe der Wunderheilungen Jesu ab. Mit dem Einzug in Jerusalem beginnt die Passion (11,1 ff.). Durch den Hinweis auf »Jesus, den Sohn Davids« bereitet sie zugleich den Einzug in Jerusalem vor, bei dem sich Jesus durch das Reiten auf einem Esel zeichenhaft als Messias bekennt (Hinweis auf Sach 9,9). Markus fügt der Akklamation der Festpilger noch den Zusatz bei: »Gesegnet sei das Reich unseres Vaters David, das nun kommt!« (11,10) und führt damit das Bekenntnis des Blinden zum Höhepunkt. Damit entsteht ein bedeutsamer Kontrast: der blinde Bettler am Weg nach Jerusalem erkennt in Jesus den Messias; die gebildeten und selbstsicheren Führer Israels aber erkennen nicht, wer Jesus ist, und verfolgen ihn (vgl. 11,15—19: messianische Zeichenhandlung!). So entsteht zugleich ein Kontrast zwischen dem großen Glauben des Blinden und dem Unglauben der Führer Israels (vgl. 10,52 mit 11,20 mit 11,12—14 und

12,1−12). Bei Markus wird der geheilte Blinde so zum wahren Jünger, der Jesus auch auf dem Weg ins Leiden folgt, und so zu einem Vorbild echten Glaubens im Sinne der Aussage von 11,22−25.

Text und Botschaft nach Lukas

Lukas folgt im Ganzen der Vorlage des Markus. Auch bei ihm schließt diese Wundertat die Reihe der großen Wundertaten auf dem Weg nach Jerusalem ab. Vor dem Einzug in Jerusalem hat er allerdings noch eingeschoben den Besuch Jesu im Haus des Zachäus (19,1−10) und das Gleichnis vom anvertrauten Geld (19,11−27). Deshalb verlegt Lukas die Wunderheilung an die Straße vom Norden herunter an den Eingang der Stadt Jericho: »Als Jesus in die Nähe von Jericho kam, saß ein Blinder an der Straße« (18,35).

Den Namen des Bettlers hat Lukas weggelassen. Die Geschichte hat für ihn typische Bedeutung.

Er leitet das Geschehen ein mit der Frage des Blinden, weshalb so viele Menschen vorübergehen (18,36). Dann folgt wie bei Markus der erste Bittruf, die Abwehr der Menge, der verstärkte Bittruf und dann – nach der Aufforderung Jesu, den Blinden zu holen – die konkrete Bitte. Dabei fällt auf, daß Lukas die Anreden geändert hat: Zuerst heißt es: »Jesus, Sohn Davids, hab Erbarmen mit mir!«, dann: »Sohn Davids, hab Erbarmen mit mir!«, zuletzt: »Herr, ich möchte wieder sehen können«.

Daß der Blinde Jesus entgegeneilt, hat Lukas gestrichen. Statt dessen hat er ein eigenes Heilungswort Jesu eingefügt: »Du sollst wieder sehen!«, mit dem Hinweis: »Dein Glaube hat dir geholfen!«

Neu ist, daß Lukas nicht nur feststellt: »Und er folgte Jesus«, sondern beifügt: »und er lobte Gott. Und alle Leute, die das gesehen hatten, lobten Gott!« (s. auch Lk 19,37: »Als Jesus an die Stelle kam, wo der Weg vom Ölberg hinabführt, begannen alle Jünger freudig und mit lauter Stimme Gott zu loben wegen all der Wundertaten, die sie erlebt hatten«).

Das Ziel der Wunderheilungen ist also die Verherrlichung Gottes, der durch Jesus den Kranken Heil schenkt. In diesen Zusammenhang gehört dann das, was bereits bei Markus festgestellt wurde: Die Erzählung dient nicht nur als Hinweis auf die messianische Vollmacht Jesu, sondern zeigt zugleich, was echter Glaube vermag und wie der Glaube sich in der Bitte äußern soll. Stärker als bei Markus sind dabei die Bitten so formuliert, daß sie zur Anrede der Christen an den Auferstandenen werden.

Zwar bereitet das Bekenntnis des Blinden zu Jesus, dem Sohn

Davids, auch bei Lukas auf das Messiasbekenntnis der Jünger beim Einzug in Jerusalem vor (19,37 f.), das dann den Widerspruch der Pharisäer hervorruft, aber der Kontrast Glaube – Unglaube, Einsicht der Jünger – Blindheit der Gegner wird nicht eigens herausgearbeitet. (Beachten Sie auch, daß Lukas die Verfluchung des Feigenbaums weggelassen hat).

Anregungen für die Arbeit

1. Stellen Sie die Umstände fest, die diese Wundererzählung voraussetzt: Wo, wann, wer? Welche Züge weisen auf die ursprüngliche Situation hin?
2. Wie ist die Erzählung aufgebaut? In welchen Schritten verläuft das Heilungsgeschehen? (Achten Sie dabei auf die oben III, 5, 1. Teil angegebenen Strukturelemente.) Welche Funktion kommt dabei den Bitten des Blinden zu?
3. Welche Rolle spielt der Glaube bei der Heilung?
4. Wie kommt das Wunder zustande: bei Markus, bei Lukas?
5. Wie wirken demnach Bitte und Glaube einerseits und Erhörung durch Jesus andererseits zusammen?
6. Welche Wirkung hat das Wunder: bei Markus, bei Lukas?
7. Was wollen Markus und Lukas ihren Lesern durch diese Wundererzählung in bezug auf das Bittgebet und auf den Glauben sagen? Hilfsfrage: Inwiefern spiegelt sich in dieser Erzählung die Gebetspraxis der Urkirche? Vgl. Apg 1,14; 7,59; 1 Kor 16,22; Offb 22,20; 2 Kor 12,8; Apg 2,21; 9,14; 22,16; Röm 10,12 f.; 1 Kor 1,2; 2 Tim 2,22.
8. Inwiefern ist nach Markus der geheilte Blinde ein Beispiel für das, was der Glaube vermag (vgl. Mk 11,12–14.20–25)?

5. Die Heilung von zwei
   Blinden bei Jericho
   (Mt 20,29—34;
   vgl. 9,27—30)

Hinführung

Matthäus, der die Erzählung von der Heilung des blinden Bartimäus
von Markus übernommen und an der entsprechenden Stelle in sein
Evangelium eingeordnet hat (letztes Wunder bei Jericho auf dem Weg
Jesu zum Leidenspascha in Jerusalem), hat daraus die Heilung von
2 Blinden gemacht, dabei aber weithin die Vorlage nach Aufbau und
Sprachgestalt festgehalten. Bei der Ausgestaltung des Stückes hat auch
die Sondertradition von der Heilung zweier Blinder in Kafarnaum
(9,27—30) eingewirkt. Außerdem ist darauf hinzuweisen, daß Matthäus bei einer anderen Wundertradition die Geheilten ebenfalls verdoppelt hat (s. zwei Besessene bei Gerasa, vgl. Mt 8,28—34 mit Mk
5,1—20). Ähnliches ist für die Vorlage von Mt 9,27—30 anzunehmen.
Wahrscheinlich wollte Matthäus dadurch die Glaubwürdigkeit der
bezeugten Wunder erhöhen (zwei Zeugen waren nach jüdischem und
heidnischem Recht für eine Sache erforderlich), außerdem die vorge-
stellte Not typisieren.

Form, Aufbau und Text

Matthäus hat Form und Aufbau der Markusvorlage weithin übernommen, ebenso die Angabe des Ortes (Straße am Ortsausgang von
Jericho, Richtung Jerusalem). Statt Bartimäus fügt er zwei Blinde ein,
die Jesus, als er mit den Wallfahrern vorbeizieht, laut um Hilfe anrufen:
»Herr, Sohn Davids, hab Erbarmen mit uns!« Auf die unwillige
Reaktion der Menge rufen sie dasselbe noch lauter als zuvor. Darauf
bleibt Jesus stehen, ruft sie zu sich und fragt sie nach ihrem Wunsch.
Auf deren Bitte hin heilt Jesus aus Mitleid beide. Daraufhin folgen
beide Jesus nach.

Verändert hat Matthäus die zweimalige Anrede Jesu, indem er »Herr (Kyrie)« voranstellt: »Herr, Sohn Davids, hab Erbarmen mit uns!« (VV. 30 und 31). Bei der Bitte um Heilung, der dritten Äußerung der beiden, wieder eingeleitet mit »Kyrie«, wird das Mitleid Jesu eigens hervorgehoben.

Die Heilung erfolgt nicht aufgrund der Feststellung des Vorhandenseins eines hinreichenden Glaubens (so Markus), noch durch ein Heilwort (so Lukas), sondern durch eine Heilgeste: Jesus berührte ihre Augen. Diesen Zug entnimmt Matthäus der parallelen Überlieferung von der Heilung zweier Blinder in Kafarnaum (Mt 9,29).

Sodann wird die sofortige Heilung festgestellt und der Entschluß der Geheilten, Jesus (als Jünger) nachzufolgen.

Botschaft

Wie bei Markus und Lukas weist Matthäus darauf hin, daß jeder, der sich in Krankheit und Not gläubig an Jesus wendet, auf das Mitleid Jesu hoffen darf. Nicht der Glaube allein ist dabei wichtig, dieser ist nur Voraussetzung auf seiten des Hilfesuchenden, sondern die beharrliche Bitte. Diese ist bei Matthäus deutlich liturgisch stilisiert und wendet sich an den erhöhten Herrn (»Kyrie«). Die Erzählung weist damit zugleich auf die Bedeutung der kirchlichen Fürbitte hin (s. das Wort Jesu nach Mt 18,19: »Alles, was zwei von euch auf Erden gemeinsam erbitten, werden sie von meinem himmlischen Vater erhalten«, und die stilisierte Bittformel »Kyrie, eleison«, 20,30 f.).

Im *Rahmen* des Matthäusevangeliums dient dieses Stück als Abschluß der großen Wundertaten Jesu und markiert den Übergang zur Passion Jesu. Zugleich wird das Messiasbekenntnis der Begleiter Jesu bei seinem messianischen Einzug in Jerusalem vorbereitet (s. 21,9 f.). Dem Bekenntnis der geheilten Blinden steht wieder – wie bei Markus – die Blindheit der Hohenpriester und Schriftgelehrten gegenüber (21,15−17), die das Gericht Gottes nach sich zieht (21,18− 22; 23,29−39).

Anregungen für die Arbeit

Beachten Sie zuerst die zu Markus und Lukas gegebenen Hinweise 1−5; außerdem:
1. Stellen Sie im Vergleich mit Markus die Unterschiede bei Matthäus fest.
2. Warum hat Matthäus die Zahl der Blinden verdoppelt? (Vgl. dazu Mt 8,28−34 mit Mk 5,1−20; auch Mt 9,27−30.)

3. Wie sind die Bittrufe formuliert? An wen richten sie sich? Worauf weisen die stilisierten Bittformeln hin? (Auf entsprechende urkirchliche Bittrufe.)
4. Was ist bei Matthäus als für die Heilung erforderlich herausgestellt: der Glaube der Blinden oder ihr beharrliches Bitten?
5. Was sagt Mt 18,19 über die Wirkung gemeinsamen Bittgebets in der Kirche?
6. Inwiefern bereitet die Wunderheilung das Messiasbekenntnis der Anhänger Jesu beim Einzug in Jerusalem vor? (s. Mt 21,9.)
7. Was sagt Mt 21,22 über die Wirkung gläubigen Bittgebets allgemein?

6. Die Heilung von zwei
   Blinden in Kafarnaum
   (Mt 9,27—30)

Hinführung

Im Wunderzyklus (Kap. 8 f.) des Matthäus findet sich eine Erzählung
über die Heilung zweier Blinder in Kafarnaum. Dieses Stück weist
Überschneidungen mit Mt 20,29—34; Mk 10,46—52 auf, setzt aber
zugleich eigene Akzente. Die Erzählung ist stark typisiert und zeigt
zugleich die bei Matthäus beliebte Verdopplung der Heilsuchenden
(s. 8,28—34; 20,29—34), so daß ein historisch zuverlässiger Kern nicht
auszumachen ist. Vielmehr ist anzunehmen, daß der Evangelist dieses
Stück selbst geformt hat unter Benutzung vor allem des Einzelmate-
rials Mk 10,46—52 und Mt 20,29—34. Als Kern ist wohl eine eigene
Überlieferung einer Blindenheilung in oder bei Kafarnaum anzunehmen.

Form

Die Heilungswundererzählung entspricht dem Typ der hellenistischen
Wundererzählungen (s. oben III, 5, 1. Teil). Abgesehen von der
Ortsangabe lassen sich keine besonderen, durch die Tradition vorgege-
benen Einzelzüge feststellen.

Aufbau

Die *Einleitung* macht mit Ort und Situation vertraut. Die Schilderung
des *Verlaufs* beginnt mit dem Hilferuf der Blinden. Dieser ist Mk 10,48;
Mt 20,30 nachgestaltet. Durch den Rückzug Jesu in sein Haus wird
einerseits die Sache der Bittenden erschwert, andererseits der Raum für
den Heilungsvorgang selbst geschaffen (s. das Beiseitenehmen des
Blinden Mk 8,23). Der Übergang zur *Mitte* des Geschehens wird
markiert durch die Frage Jesu, ob die Blinden ihm eine Heilung

zutrauen. Er vergewissert sich also eines hinreichenden Glaubens. Dann folgt die Heilung durch Berührung der Augen und das Heilungswort: »Es geschehe euch, wie ihr geglaubt habt!« Das Maß des Glaubens bestimmt also die erbetene Heilung. Das Heilungswort entspricht der Heilungsverfügung Mt 15,28. Die Heilung wird nicht festgestellt, sondern vorausgesetzt. Das Geschehen *endet* mit der brüsken Verabschiedung der Geheilten und dem Befehl, niemand etwas zu sagen, sowie mit der Feststellung des Evangelisten, daß das Gegenteil eintrat.

Text und Botschaft

Der Text ist von Matthäus gestaltet. Den Schwerpunkt der Heilungserzählungen bildet die Frage nach dem Glauben der Kranken in Verbindung mit der Feststellung, daß der Glaube letztlich für die Heilung maßgebend war. Die Aussage: »Dir (euch) geschehe, wie (in dem Maß, wie) ihr geglaubt habt« (9,29) entspricht dem Wunderverständnis des Matthäus (s. 15,28). Das Maß des Glaubens bestimmt das Maß des erbetenen Wunders bzw. die Größe der wunderbaren Heilung.

Im Unterschied zur Blindenheilung Mk 8,22−26 tritt die volle Heilung sofort ein. Jesus muß nicht nachfragen, ob und wie die Heilung verlaufen ist. Trotz des scharfen Verbotes, die Heilung bekanntzumachen, tritt die gegenteilige Wirkung ein. Jesus wird als Wundertäter weithin bekannt (vgl. 9,26). Die Erzählung zeigt, daß Jesus auch Blindheit zu heilen vermag und daß es deshalb sinnvoll ist, auch um Heilung von Blindheit ausdrücklich zu bitten.

Der *Rahmen*, in den Matthäus die Erzählung eingebettet hat, näherhin der Wunderabschnitt Mt 8 f., zeigt: Jesus kann auch Blinde heilen. Daß er dies tut, hängt vom Vertrauen der Kranken in seine Wundermacht und von deren Fürbitte ab; die Bitte zweier oder dreier ist wirksamer als die eines Beters allein (vgl. 18,19: »Alles, was zwei von euch auf Erden gemeinsam erbitten, werden sie von meinem Vater erhalten«!). Die Heilungstaten (beachte hier: 2 Zeugen) erweisen Jesus als den messianischen Knecht Gottes (s. 8,16 f.: »Er trieb mit seinem Wort die Geister aus und heilte alle Kranken. Dadurch sollte sich erfüllen, was durch den Propheten Jesaja gesagt worden ist: ›Er hat unsere Leiden auf sich genommen und unsere Krankheiten getragen‹, Jes 53,4.«) Die Formulierung der Bitte selbst (9,27; vgl. 15,22; 17,15; 20,30 f.; Mk 10,47 f.; Lk 18,38 f.; 17,13; 16,24) weist auf spätere kirchliche Prägung hin. Die Erzählung hat also eine katechetische Funktion für das Bittgebet der Christen und ihrer Gemeinden.

Anregungen zur Auslegung heute

1. Vergleichen Sie Mt 9,27—31 mit Mt 20,29—34 und Mk 10,46—52, und bestimmen Sie die Gemeinsamkeiten sowie die Unterschiede!

2. Wie ist die Erzählung näherhin aufgebaut? (Vgl. III,5, 1. Teil.)

3. Welches Motiv steht im Mittelpunkt der Erzählung: die Bitte der Blinden, das Mitleid Jesu, die Weise der Heilung oder die Bedeutung des Glaubens für die wunderbare Erhörung der Bitte?

4. Welche Beziehung besteht zwischen der Glaubensintensität der Bittsteller und ihrer Erhörung durch Christus bzw. Gott? (Vgl. noch 15,28.)

5. Woran hat ein Beter nach Mt 9,28 zu glauben, um erhört zu werden?

6. Was sagt unsere Perikope in Verbindung mit Mt 18,19 über die rechte Weise und die Macht des Bittgebets? (Vgl. noch Mt 20,29—34; Mk 10,46—52 und Lk 18,15—43.)

7. Was will Matthäus durch die Einordnung dieser Perikope in die Wundersammlung Mt 8f. über Jesu Sendung und Vollmacht sagen? (Vgl. Mt 8,16f.; 9,12f.35f.)

8. Was will Matthäus mit diesem Wunderheilungszeugnis der Kirche seiner Zeit sagen? (Vgl. auch 9,36—38.)

7. Die Heilung eines Taubstummen in der Dekapolis (Mk 7,31—37)

Hinführung

Im Anschluß an ein Wunder an der Tochter einer heidnischen Frau im Nordwesten Palästinas, von Kafarnaum aus gesehen, berichtet Markus von einem Wunder im heidnischen Gebiet der Dekapolis im Osten oder Südosten des Sees von Galiläa. Das Gebiet der Dekapolis (Zehnstädteverband) war seit hellenistischer Zeit (ab Alexander dem Großen beginnend) von Heiden bewohnt, deren Städte Selbstverwaltung besaßen. Es war zur Zeit Jesu dem römischen Statthalter von Syrien unmittelbar unterstellt. Die Juden mieden dieses Gebiet, da es als unrein galt (s. Mk 5,1—17), ärgerten sich aber darüber, daß nun Heiden dieses Gebiet in Besitz genommen hatten, das ursprünglich zum Wohngebiet der Nordstämme Israels gehört hatte, näherhin zum Stammesgebiet von Manasse. Vom Ort der Wunderheilung her ist an einen Heiden zu denken, an dem das Wunder geschah. Dieser Annahme entspricht die Beobachtung, daß vom Glauben nicht gesprochen wird.

Nur in dieser Erzählung wird von der Heilung eines Taubstummen berichtet.

Form

Es handelt sich um eine Heilungsgeschichte nach dem Muster der hellenistischen Wundererzählungen (s. oben III, 5, 1. Teil). Dabei ist im zweiten Teil der Erzählung deutlich auf Aussagen und Verheißungen des Alten Testaments, die Heilszeit betreffend, angespielt (V. 35: vgl. Gen 1,31; Jes 35,4—6). Da eine ausdrückliche Auswertung fehlt, das Interesse deutlich auf dem Heilungsvorgang liegt, handelt es sich um eine sogenannte zentralbetonte Wundererzählung.

Aufbau

Die *Einleitung* weist auf den Ort des Geschehens hin und macht mit dem Heilungsbegehren ungenannter Leute für einen Taubstummen bekannt. Dann folgt die *Begegnung* Jesu mit dem Kranken und der Hinweis auf dessen Absonderung von den übrigen Leuten. Der *Heilungsvorgang* wird eingeleitet durch die den Kranken psychologisch auf das Geschehen vorbereitenden Heilgesten der Einführung der (Zeige-?)Finger beider Hände in die Ohren und der Berührung der Zunge mit speichelbenetztem Finger (der rechten Hand). Danach sammelt sich Jesus im Hinblick auf Gott (in heidnischen Wundergeschichten wird dieser Zug als sogenannte enthusiastische Erregung gedeutet) und seufzt auf als Zeichen des Mitleidens mit dem Kranken. Dann spricht er das befreiende Heilungswort. Dieses wird hier in hebräischer bzw. aramäischer Urform überliefert und dann ins Griechische übersetzt. Darauf folgt die sofortige Heilung beider Organe, der Ohren und der Zunge. Der *Schluß* ist durch einen Schweigebefehl bestimmt, der an die umstehenden Zeugen ergeht. Aber er fruchtet nichts, das Gegenteil tritt ein. Der sog. Chorschluß zeigt an, daß durch Jesu Heilungstaten die verheißene Heilszeit nach Gen 1,31 und Jes 35,4–6 anbricht. Dieses Heil schließt der Ortsangabe nach auch die Heiden ein.

Text und Botschaft

Die Heilungsgeschichte spricht nicht ausdrücklich vom Glauben des Kranken oder seiner Begleiter. Er ist aber indirekt ausgedrückt im Ansinnen der Bittsteller, den Kranken zu berühren. Die Erzählung arbeitet also mit der Vorstellung von der Möglichkeit der Heilung außergewöhnlicher Leiden durch die Kraftübertragung eines mit Heilkraft ausgestatteten charismatischen Heilers.

Das Leiden des kranken Menschen wird näher beschrieben als Taubheit – ob angeboren oder erworben, wird nicht gesagt – und als Stammeln (wörtlich: er war *mogilalos*, d.h. stammelnd). Letzteres Leiden war also nicht durch die Unfähigkeit zu hören bedingt, sondern durch die Beschaffenheit der Zunge des Kranken.

Finger und Speichel dienen normalerweise als Mittel zur Übertragung von Heilkraft (vgl. Mk 5,41; 8,23.25; Joh 9,6), werden aber hier zur Schaffung der inneren Disposition des Kranken eingesetzt, da dieser ja nicht hören kann; denn die Heilung erfolgte durch das Heilwort Jesu.

Die Absonderung des Kranken von den übrigen Menschen geschieht hier nicht deswegen, um das Heilungswort geheimzuhalten – es wird ja bewußt überliefert und sogar ins Griechische übersetzt –, sondern um den Kranken ganz für das zu sammeln und zu öffnen, was von Jesus her an heilender Kraft auf ihn zukommt.

Der Aufblick Jesu zum Himmel und sein Aufseufzen entsprechen zwar im Ablauf des Heilungsgeschehens dem, was in hellenistischen Wundergeschichten als Sich-Versetzen des Heilers in enthusiastische Erregung bezeichnet wird, ist aber in den Evangelien zu verstehen als Sammeln der Jesus eigenen pneumatischen Heilungskraft aufgrund der Verbundenheit mit Gott und als Ausdruck des Mitleidens mit der leidenden Kreatur (vgl. Mk 6,41; Joh 11,41; auch Mk 9,19; Mt 8,16f.; Apg 7,34; Röm 8,23.26; 2 Kor 5,2.4). Diese pneumatische Kraft wird ausgedrückt in dem Heilungswort ›Effata‹! (Öffne dich!), das den Kranken von innen trifft und ihm die volle Gesundheit und die Beherrschung seiner Sinnesorgane schenkt. Es ist gleichsam ein Schöpferwort Gottes, das er nur durch seinen Sohn ausspricht (s. Mk 1,22: »er sprach wie einer, der (göttliche) Vollmacht hat«). Nach Markus ist Jesus der Sohn Gottes im Vollsinn des christlich verstandenen Wortes (vgl. 1,1; 1,11; 9,7; 15,39). Es befreit den Kranken von allen Mächten, die ihn hindern, vollen Gebrauch von seinen Sinnen zu machen (beachten Sie in diesem Zusammenhang die damalige Vorstellung von der Bindung der Seelen-, Sinnes- und Leibeskräfte des Menschen durch Schadensgeister, sogenannte Dämonen, die mehrfach in den Evangelien begegnen; vgl. Mk 5,1−17; 9,17−27; Mt 9,32−34; 12,22f.; Lk 13,11−16). Ob das Heilungswort noch auf Jesus selbst zurückgeht, können wir mit Mitteln der historischen Methode nicht einwandfrei feststellen. Doch hat es Markus als Wort Jesu in der Tradition vorgefunden und entsprechend überliefert. Es scheint auch, daß Christen dieses Wort bei dem Versuch, Kranke pneumatisch zu heilen, angewendet haben (vgl. dazu Mk 5,41; Apg 9,40).

Das Schweigegebot an die Umstehenden hatte wohl den Sinn, das Mißverständnis bei den heidnischen Bewohnern zu vermeiden, bei Jesus handle es sich um einen der üblichen heidnischen Wunderheiler, Geisterbeschwörer und Scharlatane (vgl. dazu Apg 14,8−13; 19,13−16).

Die Verbreitung der Kunde von Jesus in der Dekapolis versteht Markus als Hinweis auf die Heidenmission, die sich zur Zeit Jesu schon zeichenhaft ankündigte, zu seiner Zeit aber in vollem Gange war.

Der Schlußvers deutet − analog Mt 11,4f.; Lk 4,18−21 − die wunderbare Heilung als Zeichen für den Anbruch der verheißenen messianischen Zeit (analog der Zeit des Schöpfungsanfangs, s. Gen 1,31; Jes 35,4−6). In ihr »wird Gott selbst kommen und alles Heil machen« (Jes 35,4). »Dann werden die Augen der Blinden geöffnet, auch die Ohren der Tauben sind wieder offen. Dann springt der Lahme wie ein Hirsch, die Zunge des Stummen jauchzt auf« (Jes 35,5 f.). Das Wunder dient dazu, Jesus als den verheißenen endzeitlichen Heilbringer herauszustellen und bekanntzumachen und zugleich zu zeigen, daß dieses Heil auch den Heiden gilt. Die Wundererzählung hat also bei Markus eine messianische und missionarische Zielsetzung.

Rahmen

Diese Zielsetzung wird noch verstärkt, wenn man den *Rahmen* beachtet, in dem das Wunder bei Markus begegnet: zwischen der wunderbaren Heilung der Tochter der Syrophönizierin (7,24–30) und der wunderbaren Speisung der Viertausend (8,1–10). Während die Syrophönizierin unwidersprochen feststellen darf: auch für »die heidnischen Hündlein fällt etwas von dem Brot ab, das die Kinder essen« (7,28) und Jesus diese Auffassung sogar lobt (7,29), erweist die wunderbare Speisung Jesus als den neuen Mose, der für sein Volk auf dem Weg wunderbar sorgt. Markus dachte dabei wohl an die kirchlichen Agapen (vgl. 8,6 mit 14,22 und Apg 2,42.46).

Dem, der diese Zeichen nicht versteht, helfen auch weitere messianische Wunderzeichen nichts (vgl. 8,11–13).

Diese messianische und missionarische Zielsetzung der Wundererzählung ist daher bei der Auslegung herauszuarbeiten.

Anregungen für die Auslegung heute

1. Wo ereignet sich die wunderbare Heilung? (Beachten Sie den Ortswechsel 7,31). Wer wohnte in diesem Gebiet zur Zeit Jesu, waren es Juden oder Heiden? (Beachten Sie Mk 5,1–20.)
2. Wer sucht um Hilfe nach, der Kranke oder andere Leute? Wird auf den Glauben des Kranken abgehoben?
3. Wie wird die Heilung bewirkt: durch die Berührung der Ohren und der Zunge, durch den Speichel oder durch ein Heilungswort? Hilfsfrage: Welche Funktion haben die Berührungen der kranken Organe bei der Begegnung Jesu mit dem Tauben? (Vgl. Joh 9,6.)
4. Wie wird die Heilung 7,37 gedeutet: als Tat eines charismatisch begabten Menschen oder des von Gott verheißenen Messias? (Vgl. Gen 1,31; Jes 35,4–6.)
5. Was sagt die Antwort Jesu an den Täufer Mt 11,4f. über den Sinn dieses Wunderzeichens?
6. Welcher Sinn ergibt sich durch die Verbindung der Erzählung mit jener von der wunderbaren Heilung der Tochter einer heidni-

schen Frau? (Mk 7,24–30; beachten Sie bes. 7,28 f.) Welche Bedeutung kommt dem Umstand zu, daß sich beide Heilungswunder in heidnischem Gebiet abspielen?

7. Welcher Aussagesinn läßt sich aus der Bindung beider Heilungserzählungen an die nachfolgende Erzählung von der wunderbaren Speisung der Viertausend erschließen? (Beachten Sie 8,6 mit 14,22 und Apg 2,42.46. Hilfsfrage: Werden auch Heiden zum Volk des Messias gehören?)

8. Warum beschließt Markus den Abschnitt mit den drei messianischen Zeichen durch eine Absage an die Zeichenforderung der Pharisäer (8,11–13)? (Hilfsfrage: Genügen diese Zeichen für den, der sehen will?)

9. Wie hat Markus diese Wunderheilung verstanden: als Modell für die pneumatisch-charismatische Heilung von Taubstummen oder als messianisch-missionarisches Zeichen?

10. Ist die Aufforderung »Effata!« mehr als ein (beinahe magisches) Heilungswort oder mehr als geistige Aufforderung zu verstehen (im Sinn einer umfassenden Öffnung gegenüber dem Wort Jesu und der kirchlichen Verkündigung)?

8. Die Heilung eines Aussätzigen in Galiläa (Mk 1,40—45; Mt 8,2—4; Lk 5,12—16)

Hinführung

Zu den Kranken, die Jesus zu Beginn seines Auftretens in Galiläa heilt, gehört auch ein Aussätziger. Markus greift hier wohl auf eine Vorlage zurück, die eine solche Erzählung enthielt. Ort und Zeit des Vorgangs sind nicht angegeben, auch nicht der Name des Geheilten. Dabei ist zu beachten, daß Aussätzige sich nach jüdischer Vorschrift damals außerhalb bewohnter Ortschaften aufzuhalten, den Kontakt mit Menschen zu meiden und Leute, die sich ihnen näherten, auf sich aufmerksam zu machen hatten. Ein Aussätziger galt als kultisch unrein und war von der Teilnahme an jeder Art von Gottesdienst ausgeschlossen (s. die Vorschriften Lev 13 f.). Da man die genaue Ursache und Erscheinungsweise der Krankheit nicht kannte, rechnete man damals zum Aussatz alle Arten von schweren Hauterkrankungen, näherhin: knotigen Aussatz (mit Knotenbildung und eiternden Geschwüren), nervösen Aussatz (mit Fleckenbildung, Unempfindlichkeit, Muskelschwund, Lähmung und Abfaulen der Glieder); daneben auch die Bildung von weißen Hautflecken (Vitiligo) ohne bösartige Geschwüre (z. T. mit nervöser Verursachung). Hier ist sicher an bösartigen Aussatz gedacht. Die Heilung von Aussatz wurde der Erweckung von Toten gleichgesetzt, da hier allein Gott zu helfen vermochte (vgl. die Erzählung von der Heilung des aussätzigen syrischen Feldherrn Naaman, 2 Kön 5, näherhin des Ausspruchs des israelischen Königs: »Bin ich denn ein Gott, der töten und zum Leben erwecken kann?«, 2 Kön 5,7). Der judenchristliche Verkünder, der diese Erzählung zuerst prägte, war sich dieser Voraussetzungen bewußt.

Eine weitere Überlieferung von der Heilung Aussätziger durch Jesus findet sich im Neuen Testament Lk 17,11—19.

Form

Es handelt sich um eine Heilungswundererzählung mit jüdischem Hintergrund (s. den Hinweis auf die Aufforderung Jesu, die Heilung durch einen Priester feststellen zu lassen). Der heutigen Erzählung liegt dabei die Form hellenistischer Heilungswundererzählungen zugrunde (s. oben III, 5, 1. Teil). Eigentümlich ist der Kontrast von strengem Schweigegebot und bewußter Bekanntmachung des Wunders durch den Geheilten.

Aufbau

Die Erzählung wird *eingeleitet* mit dem Hinweis auf einen Aussätzigen, der sich an Jesus mit der Bitte um Heilung wendet. Die Bitte wird *entfaltet* durch die Schilderung des Hilfesuchens: »Er fiel vor Jesus auf die Knie und sagte: ›Wenn du willst, kannst du mich rein machen!‹«

Die *Mitte* der Erzählung stellt die Reaktion Jesu dar: Er greift aus Mitleid ein, berührt den Aussätzigen und sagt: »Ich will es – werde rein!« Dann wird das sofortige Eintreten der Heilung festgestellt.

Der *Schluß* wird eingeleitet durch das merkwürdige Verhalten Jesu: »Er fuhr ihn an (wörtlich: schnaubte ihn an) und schickte ihn weg.« Damit verbunden ist der sachgemäße Auftrag: »Erzähle niemand etwas davon, sondern geh, zeig dich dem Priester und bring das Reinigungsopfer dar, das Mose angeordnet hat (Lev 13,49; 14,2–32), zum Zeugnis für sie.« Dann wird abschließend festgestellt, daß der Geheilte trotz des Schweigegebots die Heilung überall bekannt machte, so daß Jesus sich von der Öffentlichkeit zurückzog. Von überall her aber fanden Hilfesuchende zu Jesus.

Die abschließende Bemerkung ist dem Evangelisten wichtig, denn sie weist auf das Ziel seiner Überlieferung der Heilungsgeschichte hin: Sie will die Menschen auffordern, in allen Leiden ebenfalls vertrauensvoll zu Jesus zu gehen.

Text und Botschaft

Die demütige Verehrung Jesu ist ebenso wie die unbedingte Vertrauensäußerung Mk 1,40 zwar redaktionell durch die Sammelberichte Mk 1,32–34 und 1,39 vorbereitet, übersteigt aber bei weitem das durch die dort genannten Wunder Begründete. Denn eine Aussätzigenheilung kam einer Totenerweckung gleich.

Das, was der Heilsuchende erbittet, ist im Alten Testament allein Gott vorbehalten. In der Vertrauensbekundung »Du kannst mich rein machen, wenn du willst!« wird letztlich auf Gottes Allmacht angespielt. Er ist es, der alles kann, was er will (vgl. Koh 8,3; Weish 12,18:

»Wann immer du willst, steht dir die Macht dazu zur Verfügung«; Ijob 10,13; 42,2; Weish 11,23: »Du hast mit allen Erbarmen, weil du alles vermagst«; s. noch Mk 10,27).

Gott kann sich aber bei seinem allmächtigen und barmherzigen Handeln menschlicher Werkzeuge bedienen, wie die Heilung des aussätzigen Naaman zeigt, dem Gott durch den Propheten Elischa seine Bedingungen setzte (s. 2 Kön 5,5 f.). Während aber im Alten Testament ausdrücklich auf Gott hingewiesen wird, der an Aussätzigen wunderbar handelt, wird hier Jesus als der angeredet, der in göttlicher Vollmacht selbst zu handeln vermag: »Wenn du willst, kannst du mich rein machen!«

Da die Aussätzigen als von Gott gestraft galten, kommt dem Akt der Heilung auch der Charakter einer religiösen Reinigung und Wiederherstellung im Volk Gottes zu. Der Priester kann nur feststellen und bekunden, daß eine Heilung und damit die Voraussetzung für eine Reinheitserklärung stattgefunden hat. Daher erkennt der Aussätzige in Jesus mehr als einen Propheten. Er erkennt ihm göttliche Vollmacht zu. Die Vertrauensbitte ist zugleich ein Hinweis auf den großen Glauben des Bittstellers.

Das Motiv Jesu ist Mitleid, hat also messianischen Charakter. Denn der Messias kommt nach Überzeugung des Neuen Testaments auch, um »alle zu heilen, die in der Gewalt Satans sind« (s. Apg 10,38; vgl. Mk 2,17; 3,14 f.; 3,27; 6,7.13; auch Mt 9,35 f.; 11,4 f.). Die Berührung des Aussätzigen zeigt an, was Jesus will, und bewirkt zusammen mit dem Heilungswort die sofortige Heilung. Das Heilungswort Jesu zielt auf die Reinigung des Mannes. Jesus will ihm das Heil im Vollsinn schenken, ihm auch seine volle Würde als Israelit zurückgeben. Daß Jesus sich nicht scheut, den Aussätzigen anzurühren, zeigt einerseits, daß er eine geradezu ›magische‹ Verunreinigung nicht fürchtet, andererseits, daß er sich mit dem Leidenden schicksalhaft zusammenschließt. Hier wird das Bild des leidenden Gottesknechts sichtbar, von dem es heißt: »Er hat unsere Leiden auf sich genommen und unsere Krankheiten getragen« (Jes 53,4; s. Mt 8,17).

Will man verstehen, warum Jesus den Mann dann anfährt und sofort wegschickt, kann man das bei Markus nur im Rückbezug auf 1,38 tun: Jesus will nicht als magischer Wundertäter mißverstanden werden. Vielmehr dienen seine Machttaten dazu, seine Botschaft vom Anbrechen des Reiches Gottes zeichenhaft zu beglaubigen. Gott übernimmt durch Jesus nun die Herrschaft über sein Volk und bricht die Herrschaft Satans und aller Mächte des Unheils (vgl. auch Mk 3,27; 3,14; 6,7.12 f.).

Der Schweigebefehl ist zusätzlich dadurch begründet, daß die Heilung zunächst durch die zuständige Priesterschaft beglaubigt werden muß (vgl. Lev 13f.). Dadurch soll zugleich festgestellt werden, daß Jesus durchaus gesetzesgemäß handelt und daß er göttliche Heilungsvollmacht besitzt, wie Elischa ein Gesandter Gottes ist. Das Schweigegebot zeigt zugleich an, daß Jesus jede Art von Selbstempfehlung als Wundertäter, jede Art egoistischer Propaganda fernliegt. Er will – wie der Prophet Elischa, welcher der Beauftragte Gottes bei der einzigen Aussätzigenhandlung im Alten Testament war (2 Kön 5) – sich weder selbst in Szene setzen, noch einen Vorteil aus seiner Heilungskraft ziehen (vgl. dort 2 Kön 5,19–27).

Daß der Geheilte sich nicht an Jesu Verbot hält, ist ausschließlich dessen Sache und Ausdruck seiner großen Dankbarkeit. Außerdem weist er viele auf Jesus hin und auf seine göttliche Vollmacht. Jesus überbietet für den, der sehen will, deutlich die beiden größten Wundertäter des Alten Bundes, Elija und Elischa (vgl. 1 Kön 17–19; 2 Kön 2,4–8,15). Jesus ist der verheißene Endzeitprophet, der alle früheren Propheten an göttlicher Vollmacht übertrifft (vgl. Mt 12,38–42 par; 11,11–14 par; Joh 1,19–27; 6,14f.; Dtn 18,15.18), »der Heilige Gottes« (Mk 1,24!). Von diesem messianischen Endzeitpropheten, dem Messias, sagt ein bei Matthäus und Lukas überliefertes Jesuswort ausdrücklich, daß er die beim Propheten Jesaja vorhergesagten Heilungswunder vollbringen und die verheißene Endzeit ausrufen werde: »Blinde sehen wieder, und Lahme gehen, Aussätzige werden rein, und Taube hören; Tote stehen auf, und den Armen wird die frohe Botschaft verkündet!« (Mt 11,5; Lk 7,22; Jes 26,19; 29,18; 35,5f.; 61,1). Dabei ist zu beachten, daß die prophetischen Texte, die aus Jesaja zitiert werden und gleichsam als ›Aktionsplan‹ für den Messias gelten, nicht auf Aussätzigenheilungen verweisen. Das spricht dafür, daß Jesus Aussätzige heilte und so die alttestamentlichen Verheißungen übertraf.

Wenn auch die Wundergeschichte in der Urkirche so typisiert wurde, daß zuverlässige historische Züge sich heute darin nicht deutlich ausmachen lassen, so ist doch zu beachten, daß die Erzählung einen jüdischen Hintergrund voraussetzt und deshalb im Judenchristentum formuliert worden sein muß. Auch das darin enthaltene Christusbekenntnis ist deutlich judenchristlich geprägt.

Wie die Erzählung bei Markus zeigt, ist Jesus aus innerem Antrieb dazu gekommen, den Menschen das ganze Heil Gottes zu schenken. Dieses Heil wird dort ergriffen, wo jemand im Glauben zu Jesus findet. Das Heil besteht im Anschluß an Christi Person. Es erstreckt sich dabei auf den ganzen Menschen und seine Lebensumstände. Dieses Wunderzeugnis fordert dazu auf, in allen Nöten zu Jesus Christus zu gehen und um seine Hilfe zu bitten. Dabei sind auch Aussatz und kultische Unreinheit nicht ausgeschlossen (vgl. Mk 5,24b−34: Frau mit Blutungen! Auch Blutungen machten kultisch unrein). Wen Jesus berührt und über wen Jesus sein Heilswort spricht, der wird rein und heil.

Im Rahmen des Markusevangeliums führt diese Wundererzählung die Offenbarung »des Heiligen Gottes«, des Messias Jesus Christus, weiter, die zuerst in der Synagoge von Nazaret erfolgte (1,24) und breitet sie in »ganz Galiläa« (1,39; auch 1,45) aus. Jesus Christus erweist sich dabei auch als der, der den Menschen die volle Würde als Glied des Volkes Gottes, ihre »Reinheit« vor Gott neu schenkt. Denn Jesus ist mehr als alle Propheten und altbundlichen Gesandten Gottes, er ist der Sohn Gottes, der in dessen Vollmacht selbst wirkt (1,40).

Text und Botschaft nach Matthäus

Der erste Evangelist eröffnet mit dieser Wundererzählung die Liste der 10 Beglaubigungswunder (Kap. 9f.) für die Botschaft von der neuen Gerechtigkeit im Reich Gottes, die Bergpredigt (Kap. 5−7). Deshalb schließt er dieses Wunderzeugnis mit dem Vermerk an die Bergpredigt an: »Als Jesus von dem Berg herabstieg, folgten ihm viele Menschen« (8,1). Die Reihe der Beispiele für die messianische Vollmacht Jesu eröffnet er mit dem Hinweis: »Und siehe, da« (8,2). Dann folgt die Erzählung, die Matthäus wie immer im erzählenden Detail gestrafft und z.T. anders akzentuiert hat. Aufgrund der Einordnung in das Beispielkapitel der Vollmachtstaten Jesu läßt er auch den Schlußvers der Markusvorlage weg (Mk 1,45). Bei ihm endet die Erzählung mit dem Auftrag Jesu an den Geheilten: »Geh, zeig dich dem Priester, und bring das Opfer dar, das Mose angeordnet hat, zum Zeugnis für sie« (8,4; Lev 13,49; 14,2−32). Nach ihm wirft sich der Aussätzige vor Jesus auf den Boden nieder, um ihn durch die Proskynese, die Geste demütiger Verehrung (Berührung der Erde mit der Stirn) in seiner Hoheit zu ehren. Die Bitte selbst wird eröffnet mit der Anrede »Kyrie«, Herr, die auf Jesu göttliche Hoheit hinweist.

Matthäus streicht die Bemerkung der Vorlage, Jesus habe aus Mitleid eingegriffen. Nach ihm ist die Heilung ein Akt hoheitlichen Handelns des Messias.

Durch die Straffung der Vorlage arbeitet Matthäus heraus, daß es um die Reinigung des Aussätzigen geht (s. die dreimalige Verwendung von ›reinigen‹ V. 2f.). Der kultische Aspekt der Heilung wird dadurch in den Vordergrund gerückt.

Das ›Anfahren‹ des Geheilten durch Jesus ist weggelassen. Es wird vielmehr ganz knapp festgestellt: »Jesus sagte zu ihm: ›Erzähl niemand davon, sondern geh, zeig dich dem Priester und bring das Opfer dar...‹.« Der Geheilte soll erst dann von der Heilung reden, wenn diese – wie durch Mose vorgeschrieben – einwandfrei festgestellt ist und wenn er Gott dafür gedankt hat. Dadurch soll die zuständige jüdische Autorität feststellen, daß hier durch Jesus ein Wunder gewirkt wurde, das unbestreitbar ist, und daß Jesus als Glied seines Volkes dessen religiöse Überlieferungen genau beachtet (vgl. die programmatische Feststellung zu Beginn der Bergpredigt: »Ich bin gekommen, um... Gesetz und Propheten zu erfüllen«, 5,17–20).

Diese Erfüllung zielt dabei auf das, was der Prophet Jesaja für die messianische Zeit verheißen hat, wie Mt 11,5 herausstellt: »Blinde sehen wieder, und Lahme gehen; Aussätzige werden rein, und Taube hören; Tote stehen auf, und den Armen wird das Evangelium verkündet!« Die Wundersammlung (Kap. 8 f.) dient gerade diesem Nachweis (s. die Entsprechung der Wundertaten mit der zitierten Liste!).

Dadurch werden die jüdischen Führer aufgefordert, eine Entscheidung zu treffen (11,6!), zugleich wird ihnen im selben Zusammenhang das Gericht angedroht, da sie nicht bereit sind, die Zeichen der Zeit zu erkennen (11,16–19). Dieses Gericht droht auch der Bevölkerung der Orte, in denen Jesus seine messianischen Zeichen wirkte (11,20–24). Jesus erweist sich in ihnen als der verheißene Messias (11,3), der Heiland der Kranken und der Sünder (9,12; 9,35 f.), der verheißene Knecht Gottes, der allen Menschen Hoffnung schenken wird (12, 15–21). Die Heilungstaten Jesu werden so zugleich zu einem Beweis für den schuldhaften Unglauben der jüdischen religiösen Führer, weil sie nicht sehen wollen, daß Jesus der verheißene endgültige Heilbringer ist (8,10–12; 11,7–19).

Text und Botschaft nach Lukas

Lukas hat diese Perikope hinter das Wunder des reichen Fischfangs und die anschließende Berufung des Simon und seiner Gefährten (5,1–11) gestellt. Zusammen mit dem nachfolgenden Wunderbericht von der Heilung eines Gelähmten (5,17–26) dienen die drei wunderbaren Ereignisse als Hinweise auf die Sendung Jesu und die seiner Jünger. Abgeschlossen wird die Dreiheit der Wunderhinweise mit dem Bericht von der Berufung des Levi (5,27–32).

Lukas leitet die Erzählung von der Heilung eines Aussätzigen ein mit der aus der Septuaginta, der griechischen Bibel des Alten Testaments, stammenden Formel »Und es geschah«, die auf wichtige heilsgeschichtliche Ereignisse aufmerksam macht (vgl. Lk 1,5.8; 2,1.15; 3,21;

5,17; 6,1.6.12; 7,11 u. ö.). Wie Matthäus weist er dann auf das Wunderereignis durch ein eingefügtes »sieh da« hin. Als Ort des Geschehens
nennt Lukas »eine der Städte« (von Galiläa). Der Kranke wird als »ganz
vom Aussatz befallen« geschildert, die Krankheit also gesteigert. Er
fällt auf die Erde nieder, als er Jesus sieht, und berührt mit seiner Stirn
den Boden, Zeichen tiefster, religiöser Ehrfurcht und Verehrung. Wie
bei Matthäus redet der Hilfesuchende Jesus als »Kyrios«, als einen
Menschen mit göttlicher Hoheit an.

Auch Lukas streicht ebenso wie Matthäus alle Hinweise auf Gemüts-
bewegungen Jesu (hier: Mitleid, Erregung). Die Heilung erfolgt als
Akt der Aufgabe Jesu, des Heilands.

Anders als Matthäus (und Markus) bemerkt er nur, daß der Aussatz
den Kranken ›verließ‹, nicht daß er auch gereinigt wurde. Das ist für
den Heidenchristen Lukas nicht mehr von Bedeutung. Die Auflage
Jesu, niemand etwas zu sagen, erfüllte der Geheilte nach Lukas; die
Nachricht pflanzte sich gleichsam selber fort (V. 15). Auch bei Lukas
wird dem Geheilten aufgetragen, sich entsprechend den Bestimmungen von Lev 13 f. dem Priester vorzustellen und dabei das vorgeschrie-
bene Opfer darzubringen. Lukas versteht dies allein als Akt des Dankes
gegen Gott. Das Zeugnis der Priester dient dabei als Beglaubigung der
Wundertat Jesu.

Auch Lukas stellt wie Markus fest, daß die Nachricht von dieser
Wundertat viele Menschen zu Jesus führte, um Jesu Wort zu hören und
von ihren Leiden geheilt zu werden. Auch nach Lukas weicht Jesus den
Wundersuchenden aus und zieht sich in die Einsamkeit zurück. Neu ist
dabei der Vermerk, daß Jesus dadurch auch Zeit und Stille für das
persönliche Gebet gewinnen wollte. Es ist bekanntlich Lukas, der
davon berichtet, daß Jesus regelmäßig in die Einsamkeit ging, um zu
beten (vgl. 6,12; 9,18.28; 11,1). Daraus läßt sich schließen, daß Lukas
die Christen, insbesondere die Missionare darauf hinweisen will, daß
christliche Mission aus dem Gebet hervorwachsen und durch das
Gebet ihre Kraft und Selbstlosigkeit gewinnen muß (vgl. 18,1).

Das Wunder zeigt an, daß mit Jesus die Zeit des verheißenen Endheils
angebrochen ist (vgl. 4,18−23) und daß die Jünger die Heilssendung
Jesu auch durch eigene Heilungstaten fortführen sollten (10,9.17−20).
Wo die Jünger im Namen Jesu, aus der Kraft seines Geistes und des
Gebetes wirken, dort werden die Menschen frei von allem Aussatz des
Bösen, frei für ein gutes Leben im Dienste Gottes und der Menschen
(vgl. 10,17−20; 11,19−22; 13,31 f.; 17,20 f.; beachte auch die Wunder-
heilungen der Apostelgeschichte). Das Wunder weist nach Lukas auf
Jesus, den Heiland Gottes, den Retter aus allem Unheil hin.

Anregungen für die Auslegung heute

1. Stellen Sie fest, wie Aussätzige beurteilt wurden, wie sie sich verhielten und wie Heilungen festgestellt wurden (s. Lev 13 f.).
2. Welche wunderbare Heilung eines Aussätzigen wird im Alten Testament überliefert? (Vgl. 2 Kön 5.) Welche Funktion hatte dabei der Prophet Elischa inne? (Wirkte er das Wunder oder wies er nur auf Gottes Bedingungen hin?)
3. Was erwartet der Aussätzige von Jesus? Wie schätzt er ihn ein? Hat Jesus nach seiner Überzeugung die Vollmacht, aus eigener Kraft zu helfen?
4. Wie vollzieht sich die Heilung?
5. Welche Bedeutung kommt der Wunderheilung nach Mt 11,2−4 par zu? Was läßt sich daran ablesen über Person und Sendung Jesu? Was in bezug auf die durch Jesus angebrochene Zeit? (S. auch Mt 11,28 f.; 9,35 f.; 12,15−21; Lk 4,16−21; 7,24−27; 10,17−20.23 f.)
6. Welche Funktion kommt der Wundererzählung im Evangelium des Markus zu (vgl. Mk 1,22.24−27; 1,39)?
7. Wie haben Matthäus und Lukas die Vorlage des Markus verändert? (Stellen Sie die Abweichungen und Veränderungen fest.) Wozu dient diese Erzählung bei Matthäus (vgl. Kap. 8 f.; sodann 9,35 f.; 10,8; 11,4 f.; auch Mt 11,20−24; 8,10−13)? Wozu dient sie bei Lukas (vgl. den Rahmen 5,1−32; auch 4,16−21; 7,20−22; 17,21 f.)?
8. Was läßt sich aus der Perikope über die Aufgabe der Kirche gegenüber Aussätzigen feststellen?
9. Soll man auch heute über und für Aussätzige beten und sie segnen? Welche Bedeutung kommt dieser geistlichen Aufgabe neben der medizinischen zu?

9. Die Heilung einer Frau
   mit Blutungen in
   Kafarnaum
   (Mk 5,25—34; Mt 9,20—
   22; Lk 8,43—48)

Hinführung

Eingeschoben in die Erzählung von der sterbenden Tochter des Synagogenvorstehers Jaïrus, wohl von Kafarnaum, begegnet bei Markus die Geschichte von der wunderbaren Heilung einer Frau, die an Blutungen litt. Markus hat diese Erzählung bereits in der Verbindung mit der Erweckung der Tochter des Jaïrus in der christlichen Überlieferung vorgefunden. Dabei sind beide Erzählungen so miteinander verknüpft, daß durch den Versuch der kranken Frau, sich durch Berührung des Gewandes Jesu Heilung zu verschaffen, dieser auf dem Weg zu dem sterbenden Mädchen aufgehalten wird und es daher nicht mehr lebend antrifft. Insofern dient die Verzögerung dazu, die Not des Jaïrus zu steigern, seinen Glauben auf eine schwere Probe zu stellen und Jesus zu einer Totenerweckung herauszufordern.

Bei den beiden ineinander verschachtelten Erzählungen handelt es sich je um außergewöhnliche Rettungen von Frauen (beachten Sie die stilistische Abstimmung aufeinander: 12 Jahre Blutfluß – 12 Jahre altes Mädchen; Anrede: Tochter – Bezeichnung: Töchterchen), wobei offensichtlich das Element eine Rolle spielt, daß sowohl die Frau mit Blutungen wie auch der Vater Jaïrus im jüdischen Sinn als von Gott gestraft galten. Denn Blutfluß machte rituell unrein; der vorzeitige Tod eines Menschen, hier der Tochter im heiratsfähigen Alter, aber wurde als Strafakt Gottes angesehen. Insofern geht es bei der Heilung der Frau mit Blutungen auch um deren religiöse Rechtfertigung. Die Heilung ist deshalb mit jener eines Aussätzigen innerlich verwandt.

In diesem Abschnitt soll die Heilung der Frau mit Blutungen als Einzelzeugnis einer Heilungstat Jesu für sich untersucht werden. Die

Evangelisten Matthäus und Lukas haben die Vorlage des Markus in gestraffter Form in ihre Evangelien übernommen.

Form
Der Eigenart der Heilung nach handelt es sich um ein sogenanntes *Normenwunder*, denn es geht nicht nur um die Heilung einer kranken Frau, sondern um die religiöse Rehabilitierung einer Jüdin, die durch ihre unregelmäßigen Blutungen als unrein und deswegen als von Gott heimgesuchte Sünderin galt.

Aufbau
Mk 5,21.24−25 dienen als *Einleitung*; sie schildern die Situation und weisen auf die Frau und ihr Leiden hin.

5,26f. motiviert das Vorhaben der Frau, zu Jesus zu gehen und bei ihm Hilfe zu suchen. Das führt zur näheren *Begegnung* zwischen der Frau und Jesus.

5,29 stellt die plötzliche *Heilung* in dem Augenblick fest, in dem die Kranke vertrauensvoll das Gewand Jesu berührt, und erklärt den Heilungsvorgang näher als eine Kraftübertragung auf die Kranke. Die Frage Jesu an die Jünger und die Umstehenden macht auf die Heilung aufmerksam und führt zum Geständnis der Frau (5,30−33). Dieser Abschnitt bildet zusammen mit dem Wort Jesu: »Meine Tochter, dein Glaube hat dich gerettet!« die *Mitte* des Geschehens. Mit dem Entlassungswort Jesu: »Geh hin in Frieden! Du sollst von deinem Leiden geheilt sein!« (5,34) wird die Szene *abgeschlossen*. Ein eigentlicher Schluß, der auf die Reaktion der Geheilten und der Anwesenden hinweist, fehlt. Er wird durch die weitergehende Geschichte mit der Tochter des Jaïrus abgeschnitten.

Text und Botschaft
Wie der geistige Horizont der Erzählung zeigt (kultische Unreinheit), aber auch die Ortsangabe und die Verknüpfung mit der Jaïrusgeschichte (Synagogenvorsteher), stammt diese aus judenchristlichen Kreisen und gründet in einer sehr alten, im Kern glaubwürdigen Überlieferung. Daß der Name der Frau nicht überliefert wird, ist wohl im ungesetzlichen Vorgehen dieser Kranken und ihrem im jüdischen Sinn beschämenden und religiös abwertenden Leiden begründet.

Die Kranke litt an außergewöhnlichen Blutungen aus der Gebärmutter über eine sehr lange Zeit, 12 Jahre. Die zahlreichen Ärzte, die sie aufsuchte, hatten ihr Leiden verschlimmert und sie um ihr Vermögen gebracht. Ärzte hatten im Judentum meist keinen guten Ruf (vgl. Sir

10,10: »Ein wenig Krankheit bringt den Arzt in Erregung: Heute König, morgen tot!«; 38,15: »Wer gegen seinen Schöpfer sündigt, muß die Hilfe des Arztes in Anspruch nehmen«; Luther: »Wer gegen seinen Schöpfer sündigt, der muß dem Arzt in die Hände kommen«; s. auch die Hinweise, daß die Ärzte nicht zu helfen vermochten, 2 Chr 16,12; Ijob 13,4; Tob 2,10). So konnte nur noch ein Wundertäter helfen. Auf Jesus war die Frau durch andere aufmerksam geworden.

Über den Blutfluß von Frauen bestimmt Lev 15,19−33: »Hat eine Frau Blutfluß und ist solches Blut an ihrem Körper, soll sie sieben Tage in der Unreinheit ihrer Regel verbleiben. Wer sie berührt, ist unrein bis zum Abend. Alles, worauf sie sich in diesem Zustand legt oder setzt, ist unrein. Wer ihr Lager berührt, muß seine Kleider waschen, sich in Wasser baden und ist unrein bis zum Abend... Hat eine Frau mehrere Tage außerhalb der Zeit ihrer Regel einen Blutfluß..., ist sie für die ganze Dauer dieses Ausflusses... im Zustand der Unreinheit... Ist sie von ihrem Ausfluß rein, soll sie sieben Tage zählen und dann rein sein. Am achten Tag soll sie zwei Turteltauben oder zwei junge Tauben nehmen und sie dem Priester zum Eingang des Offenbarungszeltes bringen. Der Priester soll die eine als Sündopfer und die andere als Brandopfer verwenden. Er soll sie so vor dem Herrn wegen ihres verunreinigenden Ausflusses entsühnen. Ihr sollt die Israeliten vor ihrer Unreinheit warnen, damit sie nicht in ihr sterben müssen, weil sie meine Wohnstätte in ihrer Mitte verunreinigen.« Eine solche Frau war also vom öffentlichen wie auch vom religiösen Leben ausgeschlossen, belastete ihre Verwandten und Hausgenossen schwer, mußte jeden Kontakt mit anderen Leuten meiden und galt als von Gott gestraft eigener oder fremder Sünden wegen (z.B. der Vorfahren oder der Verwandten).

Diese Frau durfte sich deshalb auch gar nicht in einer Menge bewegen und Jesus keinesfalls berühren. Sie konnte ihr Leiden auch nicht öffentlich dadurch bekanntmachen, daß sie Jesus um Heilung bat, weil sie damit den Zorn der anderen Leute auf sich gezogen hätte, mit denen sie deswegen in Berührung kam. Ihr Leiden und ihre verzweifelte Situation sind der Anlaß für ihr ›hinterhältiges‹ Vorgehen.

Dieses setzt die allgemein verbreitete Meinung voraus, ein Heilbegabter verfüge über Heilkräfte, die man durch Berührung ableiten und sich zugänglich machen könne. Dabei gilt alles, was Kontakt mit dem Heiler hatte, als heilkräftiges Medium, selbst sein Schatten (s. Apg 5,15; 19,12). Wichtig ist in diesem Zusammenhang, daß der Text ihr Vorgehen als Akt des Vertrauens auf Jesus, des Glaubens an seinen Heilswillen und seine Heilsmacht qualifiziert (5,34). Zu beachten ist auch, daß die Frau nur Jesu Gewand berühren will, nicht ihn selbst, offensichtlich um Jesus nicht unmittelbar zu verunreinigen, sondern höchstens auf mittelbare, d. h. abgeschwächte Weise (»Sie sagte sich: ›Wenn ich auch nur sein Gewand berühre, werde ich geheilt‹«).

Die Wirkung der heilheischenden Vertrauensgeste der Frau trat im Augenblick der Berührung sofort ein: »Die Blutung hörte auf (wörtlich: »der Quell des Blutes trocknete ein«, vgl. Lev 12,7), und sie spürte an ihrem Leib, daß sie von ihrem Leiden geheilt war« (5,29). Der Text qualifiziert den Blutfluß der Frau als Leiden, wörtlich als ›Geißel‹ (mastix), d. h. als Krankheit und zeigt damit an, daß für Jesus (und die christliche Überlieferung, einschließlich des Evangelisten) Blutfluß kein negatives, religiös-rituelles Phänomen ist, sondern eine belastende Krankheit.

Die Heilung kann aber nach außen erst durch das Bekenntnis der Frau festgestellt werden.

Die Erzählung betont, daß Jesus spürte, wie jemand gläubig Anschluß an seine Heilungskraft suchte, und deutet damit an, daß Jesus in diesen Zugriff einwilligte, die Tatbitte also Erhörung finden ließ. Insofern vollzog sich kein automatisch ablaufendes Geschehen magischer Kraftübertragung oder magischen Kraftentzugs, sondern ein Akt gläubiger personaler Begegnung, dessen Form durch die Umstände der Erkrankung der Hilfesuchenden bedingt war.

Die Frage und Stellungnahme Jesu dient der Offenlegung der letzten Hintergründe des Geschehens, macht dieses zugleich öffentlich bekannt und setzt die jüdische Auffassung von geschlechtlich bedingter kultischer Unreinheit außer Kraft. Damit wird die jüdische Frau befreit von geschlechtsspezifischer religiöser Abwertung und Einengung.

Die Erzählung berichtet, daß Jesus sich umwandte und fragte: »Wer hat mein Gewand berührt?« und darauf die Abweisung der Jünger erfuhr: »Du siehst doch, wie die Leute sich um dich drängen, und da fragst du: ›Wer hat mich berührt?‹« (5,31). Sie können nicht begreifen, was sich dort ereignet, wo Menschen offen sind für Jesu Geheimnis als Heilbringer Gottes und gläubig mit ihm in Verbindung zu kommen hoffen. Ihnen fehlt offensichtlich die Spürsamkeit dafür, daß jede Art von gläubigem Anschluß an Jesus eine heilbringende Begegnung ermöglicht. Da Jesus sich nicht abhalten läßt, nach dem Heilsuchenden Ausschau zu halten, fühlt sich die Frau gedrängt, voll Furcht über ihr Vorgehen zu bekennen, was sich ereignet hat. Die Antwort Jesu spricht aus, worin der Sinn dieser Heilung liegt. Zunächst weist sie auf den Glauben als die Wirkursache des Geschehens hin: »Dein Glaube hat dich gerettet« (5,34). Das Verb sōzesthai drückt mehr aus als nur den

Akt der Heilung. Es hat neben der Bedeutung: ›unversehrt erhalten, bewahren, erretten, befreien, gesund machen‹ im Neuen Testament den Sinn: ›das Leben retten (Mk 3,4), das Heil, das ewige Leben gewinnen‹ (Mk 8,35; 10,26; 13,20). Dieser Heilssinn schwingt deshalb in der Feststellung Jesu ebenfalls mit. Das zeigt die Weiterführung der Antwort Jesu wörtlich: »Geh hinein in den Frieden.« Friede meint hier ein Doppeltes: das Heil, das ihr durch Jesus geschenkt ist, und den inneren Frieden, daß sie von Gott angenommen, rein gemacht, in ihrer Ehre als Glied des Volkes Gottes wiederhergestellt ist.

Das kommt auch in der Anrede Jesu zum Ausdruck: »Meine Tochter«. Sie ist als Kind des Vaters im Himmel nun voll angenommen (vgl. das Wort von der geistlichen Verwandtschaft Mk 3,31−35; auch Mk 2,5 die Anrede an den Gelähmten als »mein Sohn«; zur Tochteranrede vgl. auch Rut 2,8; 3,10; Ps 45,11).

Das Entlassungswort an die Geheilte stellt fest, daß die Heilung eine dauernde sein wird: »Du sollst (wirst) von deinem Leiden geheilt sein!« (5,34). In dieser Heilung erweist sich Jesus als der wahre Arzt und Heilbringer der sündigen Menschen (vgl. Mk 2,17: »Nicht die Gesunden brauchen den Arzt, sondern die Kranken. Ich bin gekommen, um die Sünder zu rufen, nicht die Gerechten«). Damit Jesu Heilkraft am Menschen wirken kann, bedarf es auf dessen Seite des gläubigen Anschlusses an Jesus. Dazu verhilft Jesu Heilandsliebe. Sie ermöglicht den Glauben, läutert ihn und schenkt ihm seine volle heilschaffende Kraft.[5] Der Glaube an Jesus Christus befreit den Menschen zugleich von falschen religiösen Vorstellungen und Vorschriften und schenkt ihm die Freiheit und Würde persönlicher Gotteskindschaft. So kann der Gottes Liebe vertrauende Mensch, der Jesu Gemeinschaft sucht, Friede, Heilung und Heil finden, und zwar bereits in der noch unvollkommenen Heilsordnung des Volkes Gottes in dieser Welt.

Das Ziel der Erzählung ist die Hinführung zum Heil, das Jesus den Glaubenden ermöglicht, und die Befreiung eines jeden Heilsuchenden, sei es Mann oder Frau, zur Kindschaft Gottes aus falschen oder unvollkommenen religiösen Auffassungen und Gesetzen. Der durch den Glauben von Angst, Abwertung und Unheil befreite Mensch ist das Ziel der Heilsordnung Jesu.

Text und Botschaft nach Matthäus

Matthäus hat die Doppelerzählung von der Heilung einer Frau mit Blutungen und der Erweckung der Tochter des Jaïrus von Markus übernommen und in seine Wundersammlung Kap. 8f. aufgenommen. Wie der Rahmen zeigt, in den er den Großabschnitt ›Jesus, der messianische Lehrer und Wundertäter‹ hineinstellt (Mt 4,23–25 und 9,35), will er durch die Wundererzählungen veranschaulichen, daß »Jesus das Evangelium vom Reich (Gottes) verkündete und alle Krankheiten und Leiden heilte« (so Mt 4,23 und 9,35).

Matthäus hat dabei die Doppelerzählung bis auf wenige Grundaussagen verkürzt und führt die Heilungsgeschichte der Frau mit der Bemerkung 9,20 f. ein: »Und siehe, da trat eine Frau, die schon zwölf Jahre an Blutungen litt, von hinten an ihn heran und berührte den Saum seines Gewandes, denn sie sagte sich: ›Wenn ich auch nur sein Gewand berühre, werde ich geheilt‹.« Der Hinweis auf die Menge und auf das Gedränge, in dem die Frau ihr Vorhaben heimlich ins Werk setzt, ist weggefallen. Es scheint, daß nach Matthäus nur der Vater Jaïrus und die Jünger Jesus begleiteten. So ist die Frau genötigt, sich von hinten Jesus zu nähern. Damit wird auch alles andere entbehrlich: das Sich-Umsehen Jesu und seine Frage, ebenso die wenig respektvolle Reaktion der Jünger, vor allem aber das furchtsame Hervortreten der Frau mit ihrem Bekenntnis. Es wird auch nicht gesagt, daß im Augenblick der Berührung die Heilung eintrat durch eine Kraftübertragung, die Jesus bemerkte. Vielmehr gilt das Verhalten der Frau als vertrauensvolle Tatbitte, auf die Jesus durch ein Heilwort antwortet: »Jesus wandte sich um, und als er sie sah, sagte er: ›Hab keine Angst, meine Tochter, dein Glaube hat dir geholfen (hat dich gerettet)‹« (9,22). Auf diese Aussage hin tritt dann die Heilung ein. »Und von dieser Stunde an war die Frau geheilt« (9,22).

Damit ist auch der Zwischenbericht weggefallen, der in geradezu magischer Weise das Vorhaben und den Heilungsvorgang der Frau bei Markus nachzeichnete. Das Wort vom Geschenk des Friedens und den Hinweis auf ständige Genesung hat Matthäus ebenfalls weggelassen. Ihm genügt die Konstatierung der Heilung, die durch das dreimal verwendete Verb sōzesthai (heilen, retten) nachgezeichnet und dokumentiert wird: »ich werde geheilt« (9,21), »dein Glaube hat dich geheilt (gerettet)« (9,22), »von dieser Stunde an war die Frau geheilt (gerettet)« (9,22).

Die Transformierung des Heilungsvorgangs bei Markus auf die Ebene des Heils und der Heilmitteilung wird bei Matthäus nicht vollzogen.[6]

Text und Botschaft nach Lukas

Der Evangelist hat, ebenso wie Matthäus, die Doppelerzählung von der Frau mit Blutungen und der Tochter des Jaïrus aus Markus übernommen und an das Ende des ersten Teils seines Evangeliums über das Wirken Jesu in Galiläa eingeordnet. Danach folgen die

Auswahl und Aussendung der Zwölf und der Zweiundsiebzig, das Messiasbekenntnis des Petrus und die ›Reise‹ nach Jerusalem (›Reisebericht‹: 9,51 – 19,27).

Im Unterschied zu Matthäus hat er die Markusvorlage nur geringfügig gekürzt. Er hat sie aber stilistisch etwas bearbeitet und vor allem die Heilung einer durch ein böses Leiden schwer geplagten Frau durch Jesus, den wahren Heiland der Menschen, herausgearbeitet.

Zunächst ist die Heilungsgeschichte eng mit der Jaïrusgeschichte verknüpft: »Während Jesus auf dem Weg zu ihm war« (8,42b), ereignete sich die heilende Begegnung. Stärker als Markus hebt Lukas das Gedränge um Jesus durch eine große Menge hervor: »die Menschen erdrückten ihn beinahe«. Dann führt er die Frau ein: »Darunter war eine Frau, die schon seit zwölf Jahren an Blutungen litt und bisher von niemand geheilt werden konnte.« Die böse Bemerkung des Markus über die hilflosen Ärzte, den Verlust des Vermögens und die Verschlechterung des Gesundheitszustandes durch deren Behandlungen läßt Lukas weg. (Sie fehlt in den besten Textzeugen.) »Sie drängte sich von hinten an ihn heran und berührte den Saum (wörtlich die Quaste) seines Gewandes« (8,44). Was sie sich dabei dachte, ist aus der Handlung zu erschließen. Sie hoffte offensichtlich nach damaliger volkstümlicher Auffassung, durch die Berührung des Gewandes Jesu sich Jesu Heilkraft zunutze machen zu können. Und sie hat damit Erfolg. »Im gleichen Augenblick kam die Blutung zum Stillstand« (8,44). Aber Jesus bemerkte, daß »Kraft von ihm ausströmte« aufgrund einer absichtsvollen Berührung, wie er öffentlich kundtat (8,46). Auch dieser Zug ist entsprechend damaliger Vorstellung von einem Wundertäter und seiner Heilkraft erzählt. Lukas gibt sich keine Mühe, diese Auffassung zunächst zu korrigieren. Die Frage Jesu: »Wer hat mich berührt?«, die von den Umstehenden negativ beantwortet wird (»alle stritten es ab«), wird von Petrus so zu erklären versucht: »Meister, die Leute drängen sich doch von allen Seiten um dich und erdrücken dich fast« (8,45) – wundere dich also nicht, wenn es da zu unabsichtlichen Berührungen kommt. Die Erzählung unterscheidet nämlich zwischen absichtlichen und unabsichtlichen Berührungen. Die absichtlichen zeitigen also Wirkung, wenn sie in der rechten Motivation und Intention erfolgen.

Es scheint nach Lukas, daß Jesus die Wirkung selbst nicht steuert, sondern grundsätzlich zum Heilen bereit ist, wenn Menschen in Not seine Heilkräfte zu nutzen suchen. Dafür sprechen auch die Aussagen Lk 6,19: »Alle Leute versuchten, ihn zu berühren, denn es ging eine Kraft von ihm aus, die alle heilte«, und 5,17: »Die Kraft des Herrn drängte ihn dazu zu heilen.« Dennoch vertritt Lukas die Auffassung, daß der christliche Glaube auf dem ›natürlichen‹ Glauben der Menschen aufbaut, daß Jesus die allgemeine Überzeugung von der Übertragungsmöglichkeit von Heilkraft gnadenhaft nützt und soteriologisch überhöht. Das zeigt sich auch am weiteren Verlauf der Heilungsgeschichte nach Lukas.

Durch die Frage und Feststellung Jesu genötigt, trat die Frau im Wissen um ihr heimliches und ›hinterhältiges‹ Vorgehen – für den Heidenchristen Lukas spielt die Problematik der rituellen Verunreinigung Jesu keine Rolle mehr – heraus aus der Menge, warf sich Jesus demütig und um Vergebung bittend zu Füßen und bekannte öffentlich, warum sie ihn absichtlich berührt hatte und wie sie dadurch sofort gesund (griechisch iatē, von iasthai – gesund werden!) geworden war.

Jesus stimmte durch seine abschließende Antwort dem Vorgang zu und deutete ihn als einen Akt des Glaubens: »Meine Tochter, dein Glaube hat dir geholfen (sōzesthai, hier wegen des Zusammenhangs neutral zu übersetzen!). Geh in Frieden!« Er entließ sie in Frieden, d. h. er vergab ihr das ›hinterhältige‹ Vorgehen und wünschte ihr gutes Ergehen für die Zukunft.

Insofern geht es bei Lukas nicht mehr um die Wiederherstellung der religiösen Würde dieser Frau, wie bei Markus; die Erzählung ist auch nicht allein ein Hinweis auf die Heilkraft Jesu, sondern dient dazu, Jesus als den allmächtigen Heiland aller Menschen in Not herauszustellen, gerade auch der durch ihr Geschlecht belasteten und diskriminierten Frauen. Und jeder, der sich vertrauensvoll an ihn wendet, darf auf Hilfe hoffen. Die Kraft Jesu reicht für alle Notleidenden und Kranken aus. Die Hoheit und göttliche Heilsmacht Jesu wird von Lukas auch durch die feierliche Anrede des Petrus: »Meister« (epistata) und durch den Kniefall der Frau eigens hervorgehoben. Die Erzählung lädt dazu ein, in Krankheit und Not voll Vertrauen zu Jesus Christus zu gehen und Anschluß an seine Heilkraft und Heilsmacht zu suchen.

Rahmen

Die Verknüpfung der Heilungserzählung von einer Frau mit Blutungen mit der Totenerweckung eines Mädchens (Mk 5,21–43) hatte bereits auf der Ebene der kirchlichen Christusüberlieferung stattgefunden und war *Markus* vorgegeben. Er fand diese Tradition bereits in griechischer Sprache vor. Ursprünglich handelte es sich wohl um zwei Heilungserzählungen von zwei Frauen, die sich physisch und religiös nach jüdischer Auffassung in besonderer Not befanden: die eine durch ihren ständigen Blutfluß, der sie verunreinigte, zur Quelle der Verunreinigung für ihre Umgebung machte, sie isolierte, in die Armut und in die Abwehr und Abwertung durch die anderen Mitjuden und in eine tiefe religiöse Krise geführt hatte; die andere befand sich in Todesnot gerade in dem Augenblick, als sie zur Heirat und damit zur Mutterschaft fähig und berufen war. Durch den Einschub der Blutflüssigenerzählung in die Erzählung von der Jaïrustochter verzögerte das Auftreten der kranken Frau das rechtzeitige Eintreffen Jesu bei der Sterbenden und wurde so zur Herausforderung an Jesu Vollmacht und an den Glauben ihres Vaters. War von Jesus auch etwas zu erhoffen nach Verlust der Lebenskraft durch den Tod?

Durch die Verknüpfung beider Erzählungen verschob sich auch die Pointe beider Erzählungen. Der von Gott nach Auffassung der Juden furchtbar heimgesuchten einsamen Frau trat nun als Gegenpol der heimgesuchte jüdische Mann, der Synagogenvorsteher, gegenüber, dessen Tochter in Todesnot geriet und der damit nach jüdischer Auffassung sich ebenfalls als unter dem Zorn Gottes stehend erwies. Während die Frau in ihrer Verzweiflung einfach die sich durch Jesus bietende letzte Rettungschance rücksichtslos ergreift, bittet der herausgeforderte Vater im letzten Moment Jesus um Hilfe: »Meine Tochter liegt im Sterben. Komm und leg ihr die Hände auf, damit... sie am Leben bleibt« (Mk 5,23), und zwar unter dem Vorbehalt, daß Jesus so rechtzeitig am Sterbelager erscheint, daß noch Leben in der Tochter ist (vgl. Mk 5,35). Nach allgemeiner Auffassung konnte auch ein Heilmächtiger nur das durch Krankheit beeinträchtigte und vom Tod bedrohte Leben wieder stärken, nicht aber das verlorene Leben neu mitteilen.

Allerdings waren durch das Alte Testament die beiden Erzählungen von der Zurückrufung erst kurz verstorbener Knaben zum Leben durch die Propheten und Wundertäter Elija und Elischa bekannt (s. 1 Kön 17,17–24 und 2 Kön 4,8–37). Sie galten aber als außergewöhnliche Wundertaten (vgl. Sir 48,5: »Einen Verstorbenen hast du vom Tod erweckt, aus der Unterwelt nach Gottes willen« (Elija); Sir 48,12f.: Elischa; auch Hebr 11,35).

Jaïrus kann aber die Verzögerung des Kommens Jesu durch die Frau mit Blutungen nicht verhindern, so daß ihm gesagt wird: »Deine Tochter ist gestorben. Warum bemühst du den Meister noch länger?« (Mk 5,35). Ihm kann allein Jesus über diese Krise seines Glaubens und seiner Hoffnung hinweghelfen (5,36: »Jesus sagte: ›Sei ohne Furcht, glaube nur!‹«). Insofern wird die Doppelerzählung auch noch durch den Kontrast ›mutig zupackende, glaubende Frau – zögernd und nur bedingt glaubender Mann‹ geprägt.

In beiden Fällen wird aber den Heimgesuchten wunderbare Hilfe und Heil durch Jesus zuteil. Zugleich zeigt Jesus durch seine Hilfe an, daß die jüdische Meinung, Blutfluß verunreinige vor Gott und sei ebenso wie der frühe Tod der Tochter ein Hinweis auf Strafe durch Gott, theologisch falsch ist. Insofern schenkt Jesus nicht nur schwer heimgesuchten jüdischen Menschen das Leben in Fülle, sondern richtet auch einen neuen theologischen Urteilsmaßstab zur Beurteilung solcher ›tragischer‹ Fälle auf. Äußeres, leiblich bedingtes Leiden und Unheil ist nicht Strafe Gottes, sondern ein Übel, das bekämpft werden soll und das Gott durch Jesus Christus überwinden will.

Markus versteht die beiden Erzählungen als Hinweise auf die Vollmacht Jesu, jede Art von Unheil zu überwinden, auch solches religiössozialer Art. Darum ordnet er diese Doppelerzählung den zwei anderen außergewöhnlichen Wunderüberlieferungen zu: der Stillung eines Sturms auf dem See Gennesaret (4,35−41) und der Austreibung einer Legion Dämonen aus einem Heiden (5,1−20). Jesus erweist sich darin als der Herr über eine rebellische Natur, über die Dämonen, über unheilbare und verunreinigende Übel und über den Tod. Diese vier Heilungswunder ordnet Markus den Gleichnisstücken über das Reich Gottes in Kapitel 4,1−34 zu und erweist so Jesus als den vollmächtigen Lehrer und Verwirklicher des Reiches Gottes, den Messias, den Sohn Gottes (vgl. 1,1; 1,22.27: »eine neue Lehre mit Vollmacht«; »einer, der göttliche Vollmacht hat«).

Matthäus übernahm die Doppelerzählung von Markus (9,18−26), verkürzte sie erheblich und ordnete sie in das Lehrstück über die Wundermacht Jesu, Kap. 8f., ein. Sie diente ihm als Beispiel dafür, daß Jesus ›alle Arten von Krankheiten heilen‹, ja sogar Tote erwecken kann (vgl. Mt 4,23; 9,35; 16,21; 17,20; 22,23−33; 25,31f.46; 27,51f.: Beginn der Totenauferstehung in der Todesstunde Jesu!). Deshalb stellt er Jaïrus von vornherein als einen wirklich Gläubigen dar, der nach dem eingetretenen Tod seiner Tochter zu Jesus kommt, vor ihm niederfällt und sagt: »Meine Tochter ist eben gestorben; komm doch, leg ihr deine Hand auf, dann wird sie wieder lebendig« (9,18). Die Frau mit Blutungen kann daher Jesu Kommen zur Jaïrustochter nicht verzögern und dient ihm ebenfalls als Beispiel rechten Glaubens, wie Jesus ausdrücklich feststellt: »Dein Glaube hat dir geholfen (dich gerettet)!« (9,22). Darum auch schließt er diese Szene gleichsam summierend an die Einleitung der Jaïrusgeschichte an (9,20: »Siehe, da trat eine Frau ... von hinten an Jesus heran«). Nicht die Befreiung aus religiöser Not ist hier herausgestellt, sondern die Vollmacht Jesu über alle Not. Jesus erweist sich nach Matthäus in dem Abschnitt 4,23−9,36 durch Wort

(Bergpredigt: Kap. 5 – 7) und Tat (Wunder: Kap. 8 f.) als der Messias, der endgültige Heilbringer für die Menschen, besonders die seines Volkes (4,23; 9,35), als der verheißene endgültige Hirt der Herde Gottes, wie er abschließend feststellt: »Als Jesus die vielen Menschen sah, hatte er Mitleid mit ihnen; denn sie waren müde und erschöpft wie Schafe, die keinen Hirten haben« (Mt 9,36; Num 27,17; 1 Kön 22,17; Ez 34,5). Der Heilandsdienst Jesu bildet dabei nach Matthäus das große Vorbild für den Heilsdienst der Kirche (vgl. Mt 9,37 f.: »Da sagte er zu seinen Jüngern: ›Die Ernte ist groß, aber es gibt nur wenig Arbeiter. Bittet also den Herrn der Ernte, Arbeiter für seine Ernte auszusenden!‹«; vgl. noch 10,7 f.).

Lukas hat im Anschluß an Markus sowohl den Abschnitt über die Reich-Gottes-Verkündigung Jesu (8,4–18) als auch die Gruppe von vier großen Wundertaten Jesu (8,22–56) übernommen, um Jesus als den Messias, den gottgesandten Lehrer und Heiland zu erweisen. Nicht zufällig steht dieser Abschnitt bei Lukas am Ende des galiläischen Wirkens Jesu (vor der Aussendung der Zwölf, der Speisung der Fünftausend, dem Messiasbekenntnis Jesu und der Verklärung, 9,1–50, und dem Beginn der Reise nach Jerusalem, 9,51). Eingeschoben ist in diesen Abschnitt vom Lehren (8,4–18) und wunderbaren Heilen Jesu (8,22–56) der Hinweis auf die wahren Verwandten Jesu (8,19–21). Zusammen mit dem Stück über die Aussendung der Zwölf (9,1–6) wird auf die Bedeutung des rechten Hörens auf Jesu Botschaft (8,19–21), auf die Weitergabe seiner Lehre und das Weiterwirken seiner Heilandsvollmacht (9,1–6) hingewiesen. Das zeigt zugleich den Sitz dieser Überlieferungen im Leben der Kirche des Lukas an: Sie soll sich um das rechte Verstehen der Worte Jesu, um das Weiterführen seiner Predigt und seiner Heilstaten mühen (9,1 f.: »Er rief die Zwölf zu sich und gab ihnen die Kraft und die Vollmacht, alle Dämonen auszutreiben und die Kranken gesund zu machen. Und er sandte sie aus mit dem Auftrag, das Reich Gottes zu verkünden und zu heilen«).

Lukas hat zunächst die Polarität beider Erzählungen (8,40–56) redaktionell verstärkt: die Tochter des Jaïrus ist dessen einziges Kind und ist gerade zwölf Jahre alt, also im heiratsfähigen Alter nach damaliger jüdischer Auffassung, als sie der Tod heimsucht. Insofern ist Jaïrus ebenso wie die Frau, die seit zwölf Jahren an Blutungen leidet, in äußerster seelischer Not und ist – anscheinend – ebenso wie die kranke Frau von Gott heimgesucht und gestraft. Während die Frau sich mit einem beinahe magisch zu nennendem Glauben Heilung verschafft, muß Jesus den durch sein verspätetes Kommen in seinem Glauben aufs Äußerste herausgeforderten Jaïrus auf die Bedeutung seines Glaubens

hinweisen: »Sei ohne Furcht; glaube nur, dann wird sie gerettet« (8,50).
Beiden aber hilft Jesus durch ihre Not zu einem echten, reifen Glauben:
der Frau mit Blutungen durch die Heilung zu einem zureichenden
Christusglauben (s. den Kniefall vor Jesus!), dem angefochtenen Jaïrus
zur Bewährung seines Glaubens an die Heilsmacht Jesu und zur
Erkenntnis der Heilsbedeutung des Glaubens durch ein stärkendes
Wort.

Die Doppelerzählung dient bei Lukas als Hinweis auf Jesu alle
sonstigen menschlichen Heiler und Helfer übersteigende Heilands-
macht (s. 8,43: »niemand konnte sie bis dahin heilen«; 8,49: »Bemüh
den Meister nicht länger! Deine Tochter ist gestorben«) und zugleich
auf die Bedeutung und Heilsmacht des (rechten) Glaubens an Jesus, den
Christus. Für die Boten und Jünger Jesu ist sie zugleich Vorbild für ihr
missionarisches und seelsorgliches Wirken.

Anregungen für die Auslegung heute

1. Stellen Sie fest, wie die Erzählung von der Heilung einer Frau mit
   außergewöhnlichen Blutungen bei Markus 5,24b−34 in die
   Erzählung von der Tochter des Jaïrus eingeordnet ist und welche
   Funktion ihr im Aufbau dieser Erzählung zukommt! (Verzögerung)
2. Stellen Sie den Aufbau der Wundergeschichte fest nach dem
   Hinweis in III, 5 (1. Teil)!
3. In welchen Nöten befindet sich die kranke Frau physisch, sozial
   und religiös? Lesen Sie dazu nach, was Lev 15,19−33 über eine
   Frau mit außergewöhnlichen Blutungen bestimmt.
4. Warum versucht die Frau heimlich, die Heilkraft Jesu für sich zu
   nutzen? Welche Art von ›Glauben‹ steht hinter diesem Versuch?
5. Wie reagiert Jesus auf das Vorgehen der Frau? (Spürt er ihr
   Vorhaben? Ist er bereit, sich ›ausnützen‹ zu lassen? Erkennt er
   den ›Glauben‹ dieser Frau an? Hebt er diesen ›Glauben‹ durch
   sein Verhalten auf eine personale Ebene?)
6. Welche Wirkungen sind in die Begegnung mit Jesus nach Mk
   5,34 eingeschlossen: a) physisch, b) psychisch, c) gesellschaft-
   lich, d) religiös?
7. Inwiefern handelt es sich bei Mk 5,24b−34 um ein Normenwunder? Was sagt das Urteil Jesu über das damals damit verbundene
   sexuelle Tabu des jüdischen Gesetzes und seine religiös-gesellschaftliche Anwendung zur Zeit Jesu? (Fühlte Jesus sich durch
   die Berührung dieser Frau verunreinigt? Sandte er die Frau zum

Priester, um die Heilung feststellen und ein Entsühnungsopfer darbringen zu lassen, vgl. Lev 15,19–33?)

8. Was will Markus durch diese Erzählung den Christen seiner Zeit über den Glauben an Jesus Christus sagen?

9. Was sagt diese Erzählung den Christen über sexuelle und sonstige Reinheitstabus (vgl. Mk 7,1–23)?

10. Was bekundet diese Erzählung über die religiös-gesellschaftliche Stellung der Frau in der Kirche? (Hilfsfragen: Genügt der Glaube auch für eine Frau für das Heil? Darf es in der Kirche Christi eine Abwertung der Frau aufgrund ihres Geschlechtes und bestimmter geschlechtlicher Funktionen geben? Vgl. dazu Mk 3,31–35 und Gal 3,26–28.)

11. Was sagen die Wundererzählungen Mk 4,35–5,43 über die Macht und Heilkraft des Glaubens an Jesus Christus? (Beachten Sie Mk 4,40; 5,19; 5,34; 5,36.39.)

12. Wie hat Matthäus die Vorlage Mk 5,21–43 in sein Evangelium (9,18–26) übernommen? Prüfen Sie, wie er die Vorlage bearbeitet hat.

13. Geht es Matthäus 9,20–22 um den Glauben der Frau, um die Weise der Heilung, um die Überwindung des sexuellen jüdischen Unreinheitstabus oder um die Feststellung, daß Jesus selbst solche Leiden heilen kann? (Was sagen darüber der Zusammenhang Mt 8 – 9 und die einleitende und abschließende Bemerkung 4,23 und 9,35?)

14. Wie wertet Matthäus Jesu Lehren (Kap. 5 – 7) und Heilen (Kap. 8f.) in 10,1–15 aus? (Hilfsfrage: Als Vorbild und Beispiel für das Wirken der christlichen Missionare und Seelsorger oder als Erinnerung an die Vollmachten der Kirche?)

15. Wie hat Lukas die Vorlage Mk 5,21–43 in sein Evangelium (8,40–56) übernommen? (Prüfen Sie, wie er die Vorlage bearbeitet hat.)

16. Geht es Lk 8,42b–48 um den Glauben der Frau, um die Weise der Heilung, um Jesu Bereitschaft, einer kranken Frau zu helfen oder um die Herausstellung Jesu als des Heilands aller Menschen in Not?

17. Inwiefern dient diese Erzählung als Vorbild für die Aufgabe der Jünger Jesu? (Vgl. 8,26–56 mit 9,1–6.)

10. Die Heilung von zehn Aussätzigen in Galiläa/ Samaria (Lk 17,11–19)

Hinführung

Die Erzählung findet sich nur bei Lukas. Er hat sie aus der christlichen Tradition übernommen und in den von ihm geschaffenen ›Reisebericht‹ (9,51 – 19,27) eingeordnet, in dem sich der größte Teil des lukanischen Sonderguts findet. Da die Reise von Galiläa nach Jerusalem verläuft, einer der Geheilten aber ein Samariter ist, erklärt sich die geographisch merkwürdige Ortsangabe am leichtesten.

Form

Es handelt sich um eine Heilungserzählung, wobei betont wird, daß einer der Geheilten ein Samariter war. Dem Thema nach geht es um den Gegensatz von Dank und Undank. Der Hinweis auf den Samariter entspricht wohl einem missionarischen Interesse (Jesus hat auch Samariter geheilt; das ist ein Signal für die christliche Mission in Samaria, vgl. Apg 8,1–25).

Aufbau

Die *Einleitung* (17,11 f.) weist auf zehn Aussätzige hin, die Jesus auf dem Weg nach Jerusalem begegnen. Die *Exposition* (17,13) beschreibt den Verlauf der Begegnung. Die *Mitte* des Geschehens (17,14) bildete der Auftrag Jesu und die gehorsame Ausführung desselben, durch welchen die Heilung eintritt. Der *Schluß* der Erzählung (17,15–18) ist besonders ausführlich gestaltet und stellt die Dankbarkeit des Samariters dem Undank der jüdischen Aussätzigen gegenüber. Die *Nachbemerkung* (17,19) weist darauf hin, daß mit der Heilung dem Samariter wegen seines Glaubens (und seiner Dankbarkeit) auch Teilhabe am eschatologischen Heil gewährt wurde.

Der historische Kern der Erzählung ist kaum zu fassen wegen der ungenauen Ortsangabe, des Fehlens von Namensangaben und besonderen Eigentümlichkeiten und wegen der schematischen Zahlenangabe (10, s. das Verhältnis 9:1 zwischen dankbaren und undankbaren Geheilten). An der Feststellung, daß Jesus auch einen Samariter geheilt hat, kann aber wohl kaum gezweifelt werden. Denn eine solche Heilung entspricht dem Bestreben Jesu, den Samaritern freundlich zu begegnen und sie als dem Volk Gottes zugehörig zu empfinden (vgl. Lk 10,25–37: Barmherziger Samariter; Joh 4,1–42: Jesus bei den Samaritern, die Offenbarung am Jakobsbrunnen), obwohl er sich selbst unmittelbar »nur an die verlorenen Schafe des Hauses Israel gesandt« wußte (Mt 15,24; vgl. 10,5f.). Dies stand in scharfem Gegensatz zur bewußt geförderten Abneigung gegen die Samariter und ihren Ausschluß von der Teilnahme am Tempelkult (vgl. Lk 9,51–56). Das brachte Jesus auch den Schimpfnamen ›Samariter‹ ein (vgl. Joh 8,48). Die Kirche des Anfangs sah im Verhalten Jesu einen Hinweis auf die Berechtigung einer Mission unter den Samaritern (vgl. Apg 8,1–25). Daß die zehn aussätzigen Männer sich außerhalb von Ortschaften aufhielten und Menschen nicht zu nahe kommen durften, entspricht den jüdischen Aussätzigenregeln (vgl. Lev 13,45f.: »Der Aussätzige... soll eingerissene Kleider tragen und das Kopfhaar ungepflegt lassen; er soll den Schnurrbart verhüllen und ausrufen: Unrein! Unrein! Solange das Übel besteht, bleibt er unrein... Er soll abgesondert wohnen, außerhalb des Lagers sich aufhalten.« Zur näheren Bestimmung von Aussatz s. Lev 13).

Die Bitte, die sie Jesus – von dessen Wunderheilkraft sie wohl durch Angehörige und Freunde gehört hatten – entgegenrufen, ist bereits in die Form eines Bittgebets gekleidet: »Jesus, Meister, hab Erbarmen mit uns!« (griechisch: Jesus, epistata, eleēson, hēmas!) Sicher hat auf diese Stilisierung der Szene und die Formulierung der Bitte christliche Gebetspraxis eingewirkt (zur Bitte s. Mt 9,27; 15,22; 17,15; 20,30f.; Lk 16,24; 18,38f.). Jesus antwortet durch den Auftrag: »Geht, zeigt euch den Priestern.« Damit greift er auf die Bestimmungen Lev 14,1–32 zurück, nach denen sich ein Geheilter zuerst dem für sein Gebiet zuständigen Priester vorstellen mußte, bevor er in seine Lebensumwelt zurückkehren durfte. Dieser hatte ihn zu untersuchen. Bei positivem Ergebnis hatte der als geheilt Anerkannte eine Reihe von Reinigungsriten zu vollziehen, eine Prüfungszeit verstreichen zu lassen und ein Entsühnungsopfer darzubringen (s. Lev 14,1–32). Da Jesus kein Heilungswort spricht, die Heilung nach Aussage des Textes erst auf dem Weg zum Priester eintritt, stellt die sofortige, widerspruchslose Befolgung des Auftrags Jesu einen Akt gläubigen Gehorsams gegenüber Jesu dar. Dieser Tatglaube bewirkt in Zusammenhang mit dem bedingten Heilungswillen Jesu (»Wenn ihr geht, dann...«) die Heilung. Dieses Motiv finden wir auch in anderen Erzählungen von Heilungswundern Jesu (vgl. Joh 4,50−53; 5,8 f.; 9,6 f.). Es handelt sich um eine Bewährung des Vertrauens auf das Wort des von Gott Heilungsbevollmächtigten. Diese bedingte Heilungszusage begegnet uns zuerst in der Erzählung von der Heilung des aussätzigen Syrers Naaman auf ein Wort des Propheten Elischa hin (2 Kön 5, 10−14).

An dieser Stelle meldet sich ein Problem: Wohin ging der Samariter? Es scheint, daß die Erzählung voraussetzt, auch für den Samariter habe es ähnliche Bestimmungen und damit ebenfalls eine für die Feststellung der Heilung zuständige religiöse Autorität gegeben. Tatsächlich erkannten auch die Samariter damals den Pentateuch als Bundesurkunde und als verbindliches Gesetz des wahren Gottes an. Streit bestand lediglich darüber, wo der legitime Ort der Gottesverehrung sei, auf dem Zionsberg in Jerusalem oder auf dem Garizim bei Sichem (s. Joh 4,19−21). Da die Reinigungsriten nach Lev 14 mindestens 8 Tage Zeit erforderten, konnten die Geheilten in keinem Fall sofort zurückkehren und Jesus danken. Auch hatten die jüdischen Geheilten einen weiteren Weg zum Tempel nach Jerusalem als der Samariter nach Sichem oder sonst einem heiligen Ort in Samaria, z. B. Betel.

Die Erzählung, die für Heidenchristen bestimmt ist, geht auf diese Fragen nicht ein. Auch nicht darauf, ob für die geheilten Juden nicht der Entsühnungsritus im Tempel bereits als hinreichender Ausdruck der Dankbarkeit gegenüber Gott angesehen wurde. Sie empfindet es jedenfalls Jesus gegenüber als undankbar, nicht auch ihm als dem Vermittler der Heilungsgnade Gottes zu danken. Nach Aussage von 2 Kön 5,15 kehrte der geheilte Heide Naaman zum Gottesmann Elischa zurück, um ihm zu danken, obwohl er keineswegs vergaß, dem Gott Israels Brand- und Schlachtopfer darzubringen (2 Kön 5,17−19). Auch der geheilte Samariter empfindet große Dankbarkeit darüber, daß der Jude Jesus seine Heilung bewirkt hatte. Zu beachten ist, daß er die Heilung öffentlich bekannt macht und zuerst Gott für seine Hilfe lobt, den er ja in Jerusalem nicht verehren durfte. Dann dankt er Jesus mit dem Ausdruck tiefer Ehrerbietung (»er warf sich vor den Füßen Jesu auf den Boden nieder und dankte ihm«), obwohl er keine Ahnung haben kann, wer Jesus wirklich ist (beachten Sie, daß jede Art christologischer Titel in der Erzählung fehlt!). Er wird ihn als jüdischen

Propheten mit besonderer Heilungsvollmacht angesehen haben (wie Naaman den Propheten Elischa).

Die Nachfrage Jesu nach den übrigen Geheilten, mit der die Erzählung fortfährt: »Es sind doch alle zehn rein geworden. Wo sind die übrigen neun? Ist denn keiner umgekehrt, um Gott zu danken, außer diesem Fremden?« (V. 17 f.) bringt die Erzählung zu ihrem Ziel. Der Schwerpunkt der Heilungserzählung liegt in ihrer jetzigen Form auf dieser Frage. Darin spricht sich die bittere Erkenntnis der apostolischen Kirche aus, daß Jesus in seinem eigenen Volk weder Anerkennung noch Dank für sein vielfältiges Heilwirken erfuhr, wogegen seine Boten und Verkünder Glauben und Zustimmung bei den Samaritern und den Heiden fanden. Davon spricht vor allem die Apostelgeschichte (vgl. 8,1−25.26−40; 10,34−36; 11,19−26; 13,14−47; 18,1−11; 28,26−28), aber auch Paulus (vgl. Röm 9 − 11; bes. 10,20 f.: »Ich ließ mich finden von denen, die nicht nach mir suchten; ich offenbarte mich denen, die nicht nach mir fragten«, Jes 65,1) und Johannes weisen auf dieses ›Paradox‹ ausdrücklich hin (bes. 4,27−42: Aufnahme Jesu bei den Samaritern; 9,39: »Um zu richten, bin ich in diese Welt gekommen: damit die Blinden sehend und die Sehenden blind werden«). Die Wundergeschichte dient in der heutigen Form dazu, dieses heilsgeschichtliche Paradox schon zur Zeit des Wirkens Jesu aufzuweisen. Der Apostel Paulus faßt dieses Paradox vom Widerspruch der Weisheit Gottes und der Torheit der Welt im Geheimnis des Kreuzes zusammen: »Da die Welt angesichts der Weisheit Gottes auf dem Weg ihrer Weisheit Gott nicht erkannte, beschloß Gott, alle, die glauben, durch die Torheit der Verkündigung zu retten. Die Juden fordern Zeichen, die Griechen suchen Weisheit. Wir dagegen verkündigen Christus als den Gekreuzigten: für Juden ein empörendes Ärgernis, für Heiden eine Torheit, für die Berufenen aber, Juden wie Griechen, Christus, Gottes Kraft und Gottes Weisheit« (1 Kor 1,21−24). Wer sehen will, der erkennt in Jesu Wirken − wer hat denn schon zehn Aussätzige miteinander zu heilen vermocht! − Gottes Allmacht am Werk, auch wenn er das Geheimnis Jesu nicht ganz zu verstehen vermag, wie der Samariter. Wer aber nicht sehen will und undankbar ist für Jesu Liebe und Vollmacht, der wird nie zu Jesus finden und durch ihn Gott auf neue Weise begegnen.

Neben diesem Motiv tritt die Frage der kultischen Reinheit und deren Überwindung durch Jesus, auch das Element der religiössozialen Wiederherstellung der geheilten aussätzigen Juden bei Lukas völlig zurück. Er schreibt für Heidenchristen und zeigt, welches Geschenk es ist, daß auch sie in Jesu Heilandssorge eingeschlossen sind und bei ihm in ihrer Not Heilung finden können. Er weist sie daher mit Hilfe dieser Erzählung auf die Pflicht des Dankes hin, welcher der geheilte Samariter auf vorbildliche Weise entspricht.

Der vom Evangelisten stammende Nachsatz: »Christus sagte zu dem Samariter: ›Steh auf und geh! Deine Glaube hat dir geholfen‹« (17,19), weist auf die Macht des Glaubens an Jesus, den Heiland, hin und zeigt zugleich auf, daß der Samariter durch Jesus nicht nur Heilung, sondern auch das Heil fand. Denn das Verb sōzesthai beinhaltet in Verbindung mit Glaube mehr als leibliche Heilung und religiös-soziale Rehabilitierung: nämlich das Heil selbst, die Teilhabe am Reich Gottes, den Empfang göttlichen Lebens (vgl. dazu die Verwendung dieser ›Glaubens-Rettungs-Formel‹ Mt 9,22; Mk 5,34; 10,52; Lk 7,50; 8,48; 18,42). Im dankbaren, Jesus verehrenden Samariter sieht der Evangelist den ersten, vorbildhaften Christen aus Samarien, der Jesus als Helfer und Heiland anruft und aufgrund seines Glaubens erhört wird.

Rahmen

Lukas hat die Erzählung in den Weg Jesu von Galiläa über Samarien nach Jerusalem eingefügt (Lk 9,51 – 19,27). Dabei hat Jesus auf seinem letzten Weg nach Jerusalem der Kirche den Weg des Evangeliums und der Gnade vorbereitet. Denn die Mission der Kirche geht von Jerusalem aus und über Samaria zu den Heiden. Der Auftrag des Auferstandenen an seine Jünger lautet: »Ihr werdet die Kraft des Heiligen Geistes empfangen, der auf euch herabkommen wird; und ihr werdet meine Zeugen sein in Jerusalem und in ganz Judäa und Samarien und bis an die Grenzen der Erde« (Apg 1,8). Das Evangelium des Lukas endet mit der Vorhersage des auferstandenen Herrn: »Im Namen des Menschensohns wird man allen Völkern, angefangen in Jerusalem, verkünden, sie sollen umkehren, damit ihre Sünden vergeben werden« (24,47). In dieser Perspektive gewinnt die Frage Jesu an den geheilten Samariter Profil: »Ist denn keiner umgekehrt, um Gott zu ehren?« Zwar wird hier nicht das theologische Verb metanoéin im Sinne von ›die Lebensführung, die Gesinnung ändern, Buße tun‹ verwendet, sondern das eine Richtungsänderung anzeigende Verb hypostrephéin. Doch hat dieses Verb in unserem Zusammenhang den religiösen Sinn von ›zu Jesus zurückkehren, Gottes Liebe durch Jesus finden, Gott durch Jesus und seinetwegen loben‹. Die Heilandstaten Jesu sollen alle Menschen auf Jesus, den endgültigen Heilbringer Gottes, aufmerksam machen und zu Jesus und seinem Heil führen.

Indirekt stellt sich zugleich die Frage, wo all die Juden geblieben sind, denen Jesus Gutes gegeben, die er gesund gemacht, von bösen Mächten befreit, denen er geholfen hat. Warum haben sie nicht zum Glauben an Jesus gefunden und damit zum Heil? Hier verhielt sich der Samariter besser, weil er dankbar war. In ihm meldet sich die Kirche aus Samaritern und Heiden zu Wort. Der engere Zusammenhang, in dem die Erzählung bei Lukas steht, wird bestimmt durch die Stichworte ›Glauben‹ und ›Dankbarkeit‹. In 17,5—6 bitten die Apostel den Herrn um Stärkung ihres Glaubens; das der Wundererzählung unmittelbar vorausgehende Gleichnis vom unnützen Knecht (17,7—10) weist auf die Demut des rechen Glaubens hin, der weiß, daß alles, was ihm Gott an Gutem schenkt, ungeschuldet ist und daher zum Dank herausfordert.

Angeschlossen an die Erzählung vom dankbaren Samariter (17,11—19) ist das Wort Jesu über das Kommen des Gottesreiches (17,20—21), mit dem Jesus feststellt: »Das Reich Gottes ist (schon) mitten unter euch gegenwärtig.« Nämlich dort, wo Jesus Heil und Heilung wirkt, in der Person Jesu und in seinem heilenden, rettenden und erlösenden Handeln. Wer Jesus an sich wirken läßt, wird frei vom Aussatz des Bösen, rein für Gott und frei für das Lob Gottes. Die Heilung der Aussätzigen, auch eines Samariters, wird bei Lukas zum Anzeichen des Reiches Gottes in der Welt.

Die Rede Jesu über das Kommen des Menschensohns (17,22—37), mit der Lukas den von ihm gestalteten Abschnitt 17,5—37 beschließt, eröffnet abschließend den Ausblick auf das endgültige Heil, das Reich Gottes in seiner endgültigen Gestalt.

Anregungen für die Auslegung heute

1. Bestimmen Sie anhand des Hinweises in III, 5 (1. Teil) den Aufbau der Erzählung. Geht es um den Vorgang der Heilung oder um die Wirkung der Heilung auf die Aussätzigen in ihrem Verhalten zu Jesus?
2. Wie vollzieht sich die Heilung: durch ein Wort oder eine Geste Jesu oder durch die Erfüllung seines Auftrags? Wie wirken hier Heilswille Jesu und Mitwirkung der Menschen zusammen? (Was sagen Stellen wie Joh 4,50—53; 5,8f.; 9,6f. über diesen Zusammenhang?)
3. Worauf zielen die Hinweise Jesu auf die Dankbarkeit des Samariters? Hilfsfragen: Geht es um die Herausstellung der Undankbarkeit der Juden gegenüber Jesus und seinem Heilswirken oder um den Hinweis, daß Jesus auch Samariter heilte und daß sie seiner

Zuwendung wert waren? Welche Bedeutung hatte die Zuwendung Jesu zu den Samaritern für den Weg der christlichen Mission (s. Lk 24,46–49; Apg 1,8; 8,1–25)? (Inwiefern steht die Aussage Mt 10,5f.; 15,24 nicht im Widerspruch zu unserer Erzählung?)

4. Was sagen Texte wie Lk 10,25–37 und Joh 4,1–42 über das Verhältnis Jesu zu den Samaritern?
5. Inwiefern zeigt sich in unserer Erzählung die Erfahrung der Urkirche über die Aufnahme ihrer Mission bei den Juden sowie bei den Samaritern und Heiden?
6. Was sagt unsere Erzählung über den Dienst der Christen an Aussätzigen?

11. Die Heilung eines
    Mannes mit einer
    verdorrten Hand
    am Sabbat in Galiläa
    (Mk 3,1—6;
    Mt 12,9—14;
    Lk 6,6—11)

Hinführung

Im Anschluß an die Erzählung von einer Sabbatverletzung der Jünger
Jesu nach pharisäischer Auffassung (Mk 2,23—28), die mit der Feststel-
lung endet: »Der Sabbat ist für den Menschen da... Deshalb ist der
Menschensohn Herr auch über den Sabbat« (2,27f.), überliefert Markus eine Heilung Jesu am Sabbat (3,1—6). Auch diese Tat wird von den
Gegnern Jesu, hier Pharisäern und Anhängern des Herodes, als schwerer Verstoß gegen den Sabbat angesehen. Damit schließt Markus die
Einheit von fünf Lehrstücken ab, in denen Jesu Vollmacht offenbar
wird und die ihn zugleich in Konflikt mit der traditionellen jüdischen
Theologie und Frömmigkeit bringen, die sog. fünf galiläischen Streitgespräche 2,1—12.13—17.18—22.23—28; 3,1—6.

Matthäus und Lukas haben dieses Überlieferungsstück in ihre
Evangelien übernommen, wobei Lukas die 5 galiläischen Streitgespräche als geschlossene Einheit bietet (5,17—6,11), während Matthäus nur die zwei zusammengehörenden Stücke: Ährenausraufen am
Sabbat (12,1—8) und die Heilung einer verdorrten Hand (12,9—14) als
Einheit bietet, während die anderen Stücke sich an anderer Stelle in
seinem Evangelium finden (9,1—8.9—13.14—17).

Form

Bei diesem Überlieferungsstück, das Markus bereits als vorgegebene
Einheit mit den übrigen 4 Streitgesprächen vorfand, handelt es sich um
eine Mischform aus Heilungswundererzählung und theologischem
Streitgespräch. Die Angabe der Krankheit (3,1), das machtvolle Heilswort Jesu und die sofort eintretende Heilung (3,3.5f.) gehören zur
Heilungserzählung; das Auftreten der Gegner, die Jesus belauern (3,2),
die Streitfrage (3,4), die Erbitterung Jesu über seine hartherzigen

217

Gegner (3,5a) und die böse Reaktion seiner Widersacher (3,6) gehören zum Streitgespräch.

Außerdem geschieht diese Heilung am Sabbat, gehört also zur Gruppe der demonstrativen Heilungstaten Jesu am Sabbat, die zu verhängnisvollen Sabbatkonflikten mit den Vertretern der herrschenden jüdischen religiösen Lehre und Frömmigkeit führen. Zu diesen zählen die Heilungsgeschichten Lk 14,1–6 (Wassersüchtiger), Joh 5,1–9 (Gelähmter), 9,1–34 (Blindgeborener), dazu die Dämonenaustreibungen Mk 1,21–28 par (Besessener in der Synagoge), Lk 13, 10–17 (Verkrümmte Frau in der Synagoge).

Die Sabbatkonflikte weisen auf eine grundsätzlich andere Auffassung des Sabbatgebotes durch Jesus hin als die der religiösen Führer Israels. Insofern gehören die am Sabbat gewirkten Machttaten Jesu zu den Normenwundern. Das gilt auch für unsere Erzählung. Die Eigenart dieser im jüdischen Sinn anstößigen Machttaten spricht für historische Glaubwürdigkeit dieser Überlieferungen.

Aufbau

Wie bei ›Form‹ schon gezeigt, weicht diese Erzählung vom vorgegebenen Aufbau jüdischer und griechischer Wundererzählungen ab. Das gilt auch in Hinsicht auf die sonstigen christlichen Wundererzählungen.

Die *Einleitung* weist auf das Auftreten eines Kranken hin. Aber weder von diesem noch von Begleitpersonen geht das Ansinnen einer Heilung aus. Vielmehr ist der Kranke Gegenstand der böswilligen Aufmerksamkeit der Gegner Jesu. Auch wird auf den Glauben des Kranken in keiner Weise abgehoben. Er dient als Demonstrationsobjekt der Streitfrage, ob Jesus es wagt, am Sabbat zu heilen und wie er dies rechtfertigen will. Der Heilung geht sodann bei der sog. *Exposition*, der Vorbereitung des Wundergeschehens, die von Jesus gestellte Frage voraus: »Was ist am Sabbat erlaubt: Gutes zu tun oder Böses, ein Leben zu retten oder es zu vernichten?« (Mk 3,4). Da die Gegner sich dazu bewußt nicht äußern, beweist Jesus in Vollmacht seine Auffassung durch den Befehl an den Kranken: »Streck deine Hand aus!« Damit ist die *Mitte* des Geschehens erreicht, zugleich mit der Feststellung: »Und er streckte sie aus, und seine Hand war wieder gesund« (3,5). Statt einer positiven Reaktion auf das Wunder wird *abschließend* festgestellt: »Da gingen die Pharisäer hinaus und faßten zusammen mit den Anhängern des Herodes den Beschluß, Jesus zu töten« (3,6). Der Wiederherstellung der vollen Lebensmächtigkeit des Kranken folgt der Tötungsbeschluß der Gegner Jesu.

Die aufgezeigten Abweichungen von den üblichen Wundererzählungen sprechen im Zusammenhang mit den übrigen Sabbatkonflikten für ursprüngliche Überlieferung.

Form und Botschaft

Der Ort ist nicht genau angegeben, auch nicht die Zeit. Doch ereignet sich die Geschichte in Galiläa im Herrschaftsgebiet des Herodes Antipas, des Landesherren Jesu. Er regierte über Galiläa und Peräa von 4 v. Chr. bis 39 n. Chr. Nazaret, Kana und Kafarnaum gehörten zu seiner Tetrarchie, einer von Rom anerkannten Gebietsherrschaft. Die Pharisäer bildeten zur Zeit Jesu eine religiöse Gruppe aus Laien, die es sich zur Lebensaufgabe gemacht hatte, das mosaische Gesetz und die religiösen Überlieferungen der jüdischen Lehrautoritäten (der Schriftgelehrten) genau zu studieren und zu halten, vor allem den Sabbat und die rituellen Vorschriften. Sie bildeten eine feste organisatorische Einheit und spielten in den Synagogengemeinden und im jüdischen Volk die maßgebliche Rolle. Sie bildeten eine eigene Gruppe im Hohen Rat. Herodianer, d. h. Anhänger des Herodes (im Evangelium nur Mk 3,6 und 12,13; Mt 22,16) waren Parteigänger der Dynastie des Herodeshauses (ab Herodes dem Großen, 37−4 v. Chr. Herrscher über ganz Palästina) und solche, die durch die Herodianer Vorteile hatten (Beamte, Angestellte, Nutznießer). Sie waren meist Pragmatiker ohne besonderes religiöses Interesse. An sich waren beide Gruppen untereinander Gegner, doch hatten beide das lebhafte Interesse, die Selbständigkeit der herodianischen Herrschaft zu wahren, weil sie eine großzügige religiöse jüdische Selbstverwaltung und ein Leben nach jüdischen Vorschriften und Bräuchen ermöglichte. Durch messianische Unruhen war diese Selbständigkeit bedroht. Insofern ist die Notiz 3,6 sachgemäß, daß beide Gruppen daran interessiert waren, Jesus aus dem Weg zu schaffen durch eine Anzeige beim König und beim Hohen Rat. Es war Herodes Antipas gewesen, der den Täufer hatte töten lassen (s. Mk 6,17−29 par). Der König, Herodes Antipas, interessierte sich für Jesus (vgl. Lk 23,6−12), zog es aber vor, Jesus aus seinem Herrschaftsgebiet zu verscheuchen (vgl. Lk 13,31−33), als sich die Anhänger Jesu durch rücksichtsloses Durchgreifen gegen Jesus zu entfremden. Die Tötung des Täufers hatte seine Autorität im jüdischen Volk erheblich beeinträchtigt.

Daß die Vertreter beider Gruppen Jesus in der Synagoge auflauerten, weil sie um die Anwesenheit eines körperlich behinderten Juden wußten (Mk 3,2), setzt voraus, daß sie von der großzügigen Sabbatpraxis Jesu und seiner Jünger (Mk 2,23−28) und von wunderbaren

Heilung Jesu am Sabbat bereits gehört hatten (s. oben die Sabbatheilungen). Es geht ihnen wohl um eine durch die religiöse jüdische Praxis des Sabbatgebots motivierte Aufsicht. Sie bezogen sich dabei auf die Gesetzesvorschrift Ex 31,14 f.: »Wer den Sabbat entweiht, soll mit dem Tod bestraft werden. Denn jeder, der an ihm eine Arbeit verrichtet, soll aus seinen Stammesgenossen ausgemerzt werden. Sechs Tage soll man arbeiten, der siebte Tag ist Sabbat, Ruhetag, heilig für den Herrn. Jeder, der am Sabbat arbeitet, soll mit dem Tod bestraft werden.« Nach Auffassung der jüdischen Schriftgelehrten zur Zeit Jesu galt die Ausübung der ärztlichen Heilkunst als Arbeit. Im gegebenen Fall der ›verdorrten‹ (wohl: rechten) Hand – entweder Lähmung mit Muskelschwund oder Lähmung mit Verkümmerung – kam noch hinzu, daß ein dringendes Eingreifen nicht geboten war. Bei akuter Lebensgefahr durfte auch nach pharisäischer Auffassung am Sabbat geholfen werden. Zu beachten ist hier, daß nach Markus Jesus keine ›Heilmanipulationen‹ vornimmt, sondern lediglich ein Machtwort spricht.

Jesus erkannte beim Betreten der Synagoge offensichtlich sofort die Situation und wagte bewußt die Auseinandersetzung. Er rief den kranken Menschen in die Mitte des Raumes – er saß wohl auf einer Bank an der Wand der Synagoge oder auf einer Matte auf dem Boden – vor die Lehrtribüne, auf der er sich selbst wohl befand. Er durfte sich als erwachsener Jude nach dem Vortrag der vorgeschriebenen Lesungen und Gebete zu Wort melden und dabei in den vorderen Teil der Synagoge kommen, wo sich das Torapult und der ›Lehrstuhl des Mose‹ befanden. Man darf auch annehmen, daß der kranke Mann sich Hoffnungen auf Heilung durch Jesus machte. Aber er wagte es nicht, diese Bitte am Sabbat Jesus vorzutragen. Denn eine Heilung gegen den Willen der Betroffenen entsprach nicht Jesu Grundeinstellung. Die Geschichte ist aber so sehr von der grundsätzlichen Frage nach Jesu Sabbatauffassung bestimmt, daß sie auf alles verzichtet, was die Herausarbeitung des Grundsatzes Jesu beeinträchtigen könnte, selbst auf die Markus sonst so wichtige Frage nach dem Glauben des Bittstellers (vgl. 1,40; 2,5; 4,40; 5,28.34; 5,35 f.; 6,5 f.; 7,29; 9,19−24; 10,52; 11,20−23).

Nachdem die Konfrontation durch den Befehl Jesu auf dramatische Weise zugespitzt worden ist, stellte Jesus die provokative Frage: »Was ist am Sabbat erlaubt: Gutes zu tun oder Böses, ein Leben zu retten oder es zu vernichten?« (3,4). Jesus wußte sich bei dieser Frage durchaus in Übereinstimmung mit der grundsätzlichen Auffassung der Pharisäer und der Schriftgelehrten. Man durfte am Sabbat alles tun, um ein Leben zu retten. Böses war grundsätzlich ausgeschlossen. Aber ging es denn hier wirklich um die Frage, Leben zu retten? Hatte das in diesem Fall nicht bis morgen Zeit? Allerdings war hier die Frage, ob die Wiederherstellung der Arbeits- und Handlungsfähigkeit des verkrüppelten Menschen nicht ein solch hohes Gut darstellte, daß sie nicht verschoben werden durfte. Dahinter tat sich vor allem aber die Grundfrage auf, ob Gott durch das Sabbatgebot grundsätzlich auch gute Taten verhindern will. Forderte nicht der Glaube an den unbedingt guten Gott, daß dieser Gutes sicher nicht verhindern wollte? Steht das Gebot der Nächstenliebe nicht über dem Gebot der Sabbatruhe (s. Lev 19,18; vgl. Mk 12,28−33; Lk 13,10−17; 14,1−6)? Und hatte Gott das Gebot der Sabbatruhe nicht vor allem zur Schonung derer erlassen, die ihre Arbeitskraft an andere verkaufen mußten, Sklaven, Fronarbeiter, Tagelöhner, Mägde, Handwerker? Und auch zur Schonung der Arbeitstiere? (Beachten Sie die Zielgruppen des Gebotes: Ex 20,10; Dtn 5,14: »Der siebte Tag ist ein Ruhetag, dem Herrn, deinem Gott geweiht. An ihm darfst du keine Arbeit tun: du, dein Sohn, deine Tochter, dein Sklave und deine Sklavin, dein Rind, dein Esel und dein Vieh, und der Fremde, der in deinen Stadtbereichen Wohnrecht hat«).

Für Jesus sprach sich der grundlegende Wille Gottes im Hauptgebot aus (s. Mk 12,28−34 par). Das große, verpflichtende Vorbild allen menschlich guten Handelns ist dabei Gott, der gute Vater, selbst: »Seid barmherzig, wie es auch euer Vater ist!« (Lk 6,36 par). Die Lehrgeschichte vom Maßstab der Vergeltung Gottes beim Endgericht (Mt 25,31−46) spricht deutlich aus, was Jesus unter ›Gutes tun‹ versteht: »Was ihr für einen meiner geringsten Brüder getan habt, das habt ihr mir getan!« (25,40). 1 Joh 4,19−21 faßt die Grundüberzeugung Jesu auf angemessene Weise in die Worte: »Wer seinen Bruder nicht liebt, den er sieht, kann Gott nicht lieben, den er nicht sieht. Und dieses Gebot haben wir von ihm: Wer Gott liebt, soll auch seinen Bruder lieben.«

Was der provokativen, d. h. zum Nachdenken und zur Sinnesänderung aufrufenden Szene einen erschreckend düsteren Charakter verleiht, ist, daß die gesetzesbewußten rechthaberischen Gegner Jesu weder fragen, was der Mann mit der gelähmten Hand empfindet und wünscht, noch daß sie fragen, woher Jesus seine Heilungsmacht hat, ob er Gutes am Sabbat ohne und gegen Gottes Willen und Hilfe wirken könne. Sie sehen nur ihren kleinlichen Standpunkt, nach dem sich sowohl der Krüppel als auch der Wundertäter zu richten haben. Mag auch die Welt untergehen, wenn nur der Buchstabe des Gesetzes entsprechend ihrer Auffassung gewahrt bleibt. Ob da ein Mensch geheilt wird oder nicht, ob das Gute unterbleibt oder nicht, ob da Gott durch seinen Bevollmächtigten einem kranken Juden etwas elementar Gutes, Leben in voller leiblicher Verfügungsmacht, schenken und damit die gefallene Welt wieder heilen will, das alles spielt für diese kleinlichen, selbstgerechten Buchstabeneiferer keine Rolle mehr. »Entweder unser Standpunkt bleibt gewahrt, oder du hast kein Recht, als Jude zu wirken und zu leben.« Hier wird buchstäblich wahr, was Paulus hellsichtig formulierte: »Der Buchstabe tötet, der Geist (die Gesinnung Gottes und Christi) macht lebendig« (2 Kor 3,6). Er stellt daher im Geist seines Herrn fest: »Das ganze Gesetz ist in dem einen Wort zusammengefaßt: ›Du sollst deinen Nächsten lieben wie dich selbst!‹« (Gal 5,14; Lev 19,18). »Die Liebe tut dem Nächsten nichts Böses. Also ist die Liebe die Erfüllung des Gesetzes« (Röm 13,10).

Darum fährt die Erzählung fort: »Sie aber schwiegen. Und Jesus sah sie der Reihe nach an, voll Zorn und Trauer über ihr verstocktes (verhärtetes) Herz« (3,5). Die Verkümmerung (Verhärtung) des Herzens ist die große Gefahr jeder gesetzlichen Religion. Ihren Vertretern geht es weder um die Absicht Gottes noch um das Wohl und Wehe des Mitmenschen. Es geht allein darum, den Buchstaben des Gesetzes zu erfüllen. Wer dies tut, erweist sich als gerecht. Diese Art von Buchstabengerechtigkeit ist es, die allein hier zählt. Und wenn jemand Mitleid empfindet entgegen dem Buchstaben des Gesetzes, ja wenn Gott selbst Mitleid empfindet mit den armen Menschen und Gnade vor Recht ergehen läßt, dann ist das ein Zeichen von Schwäche und Inkonsequenz. Das kann aber auf keinen Fall geduldet werden, denn das mindert die Autorität des Gesetzes.

»Jesus aber sah sie der Reihe nach an, voll Zorn und Trauer über ihr verstocktes Herz.« Wer so denkt und handelt, verkümmert und wird zur Strafe seinem lieblosen, selbstgerechten Herzen überantwortet. Er wird »verstockt« (vgl. Röm 11,7–10: »Gott gab ihnen einen Geist der Betäubung, Augen, die nicht sehen, und Ohren, die nicht hören«; s. Jes 29,10; Dtn 29,3; auch Mt 13,13; Apg 28,26f.). Paulus beschreibt diese gesetzliche Grundhaltung im Römerbrief so: »Sie haben Eifer für Gott; aber es ist ein Eifer ohne Erkenntnis. Da sie die Gerechtigkeit Gottes verkannten und ihre eigene aufrichten wollten, haben sie sich der Gerechtigkeit Gottes nicht unterworfen. Denn Christus ist das Ziel und Ende des Gesetzes« (10,2f.).

Jesus wurde zornig, weil er soviel selbstgerechter Mitleidslosigkeit und Rechthaberei im Namen Gottes begegnete, und er wurde traurig, weil er dies nicht ändern kann und weil auch der Anblick des schwer heimgesuchten Mannes das Herz seiner Gegner nicht zu bewegen vermochte. Dann sprach er zur Beglaubigung seiner Auffassung das

Wort: »Streck deine Hand aus!« »Er streckte sie aus, und seine Hand war wieder gesund« (Mk 3,5). Hätten seine Gegner nicht wenigstens jetzt merken müssen, daß Gott hinter Jesus steht, der in göttlicher Vollmacht, ohne Gebet, Berührung oder Beschwörung, allein durch sein Wort, die verkrüppelte Hand wieder voll funktionstüchtig zu machen vermochte? Für die aber, die Augen hatten zu sehen, war diese vollmächtige Tat Zeugnis genug dafür, daß Jesus recht hatte, weil er der endgültige Heilbringer und Offenbarer Gottes ist.

Für die Kirche Christi bildete die Sabbatpraxis Jesu die Grundlage und das Vorbild für ihre eigene Feier des jüdischen Sabbats und später des christlichen Sonntags. Die Haltung Jesu, der in dieser Grundfrage nach dem wahren Willen Gottes keinen Kompromiß eingehen konnte, führte aber nicht nur ihn in den gewaltsamen Tod, sondern auch die Christen, vor allem die Judenchristen, in vielerlei Bedrängnis.

Die Nachbemerkung dieses christlichen Lehrstücks über das rechte Verständnis des Sabbatgebots macht dies deutlich. Ab jetzt folgte der Spur Jesu der Tötungswille seiner frommen Gegner.

Rahmen

Das Stück bildet eine Einheit mit der vorausgehenden Perikope vom Ährenabreißen der Jünger am Sabbat (2,23–28). Außerdem schließt es die fünf Streitgespräche in Galiläa ab (2,1 – 3,6), die auf die Vollmacht Jesu und damit auf das Besondere und Eigene des christlichen Glaubens verweisen. Das dritte Stück weist auf das Neue hin, das Jesus in die religiöse Welt des Judentums einführte und das diese Welt von innen heraus sprengen mußte: »Niemand näht ein Stück neuen Stoff auf ein altes Kleid; denn der neue Stoff reißt doch vom alten Kleid ab, und es entsteht ein noch größerer Riß. Auch füllt niemand neuen Wein in alte Schläuche. Sonst zerreißt der Wein die Schläuche; der Wein ist verloren, und die Schläuche sind unbrauchbar. Neuer Wein gehört in neue Schläuche« (2,21 f.). Jesus vollendet nicht nur die Heilsordnung des Alten Bundes, er reformiert sie auch und setzt Neues, Endgültiges an die Stelle der alten Bundesordnung. Das Neue ist in der barmherzigen Liebe Gottes zu den Menschen begründet, die Jesus mit Vollmacht verkündet und mitteilt (z. B. durch Sündenvergebung Mk 2,5–11). Das Hauptgebot der Gottes- und Nächstenliebe ist nun das oberste Prinzip, an dem die Gebote und Vorschriften der Alten Bundesordnung zu messen sind. Die Wundertaten Jesu dienen dabei als Beglaubigung für Jesu göttliche Sendung und Autorität und als Vorzeichen des Neuen, das Jesus bringt.

Die Gegner Jesu, die Anwälte der alten Heilsordnung müssen daher diese Wundertaten, die sie nicht leugnen können, als Äußerungen dämonischer Kräfte mißdeuten (vgl. Mk 3,22 par). Am Vollmachtsanspruch Jesu scheiden sich daher die Geister der jüdischen Zeitgenossen Jesu. Gegenüber der dämonischen Verdächtigung Jesu ist aber die Frage nach wie vor berechtigt: Wenn aber Jesus Menschen Gutes tat, kann die Kraft, die dies bewirkte, vom Satan kommen? (vgl. Joh 9,29– 33: »Wenn dieser Mensch nicht von Gott wäre, dann hätte er bestimmt nichts ausrichten können«; 10,25–38: »Wenn ich nicht die Werke meines Vaters vollbringe, dann glaubt mir nicht. Aber wenn ich sie vollbringe, dann glaubt wenigstens den Werken, wenn ihr mir nicht glaubt«).

Text und Botschaft nach Matthäus
Der Evangelist hat die beiden Perikopen, die über Jesu Sabbatauffassung Auskunft geben, Mk 2,23–28; 3,1–6, von den übrigen drei Streitgesprächen bei Markus (2,1–22) getrennt und sie in das Kapitel 12 eingeordnet (Mt 12,1–8.9–14), das von der Sendung Jesu an die Kleinen, die Kranken und Belasteten handelt (11,25–27.28–30) und Jesus als den Knecht Gottes zeigt (12,15–21); zugleich aber aufdeckt, wie Jesu Zuwendung zu dieser verachteten Menschengruppe zur Verwerfung durch die Pharisäer führt (12,22–37).

Nach dem Streitgespräch mit den Pharisäern, ob Mundraub am Sabbat erlaubt sei (12,1–8), fährt der Evangelist fort: »Darauf verließ er sie und ging in ihre Synagoge« (12,9). Schon diese Akzentsetzung ist bezeichnend: die Synagoge ist der Gottesdienstraum der Pharisäer, nicht mehr der Jesu und seiner Jünger. Hier meldet sich bereits die Trennung der Judenchristen von den Juden an, deren Ursache Matthäus in seinem Evangelium freilegt. Nach dem Hinweis auf einen Mann mit einer verkrüppelten, gelähmten Hand (12,10a) eröffnen die Pharisäer das Streitgespräch: »Ist es am Sabbat erlaubt zu heilen?« (12,10b). Als Motiv für dieses Vorgehen wird angegeben: »Sie suchten nämlich einen Grund zur Anklage gegen ihn« (12,10c). Jesus antwortet darauf mit einer Gegenfrage: »Wer von euch wird, wenn ihm am Sabbat ein Schaf in eine Grube fällt, es nicht sofort wieder herausziehen?« (12,11). Hieraus zieht er den Schluß: »Und wieviel mehr ist ein Mensch wert als ein Schaf! Darum ist es am Sabbat erlaubt, Gutes zu tun« (12,12). Matthäus hat unter Zuhilfenahme einer anderen Tradition, die sich auch bei Lk 14,1–6 und 13,10–16 in Erzählungen von Sabbatkonflikten findet (Tradition der sog. Quelle Q), die Frage seiner Gegner auf die Alternative hin weitergeführt, ob es am Sabbat erlaubt sei, Gutes zu tun, und er argumentiert mit dem Grundsatz der rabbinischen Überlieferung, daß in besonderen Notfällen auch Tiere am Sabbat gerettet werden durften (z. B. wenn es sich um den einzigen Besitz armer Leute handelte). Wenn dies unter Berufung auf das Erbarmen Gottes erlaubt war, sollte dann nicht für einen Menschen viel mehr möglich sein? Zudem zieht Gott Barmherzigkeit allem anderen, auch dem Opferdienst im Tempel, vor, wie Jesus im vorangehenden Streitgespräch unter Berufung auf das Alte Testament bereits aufgezeigt hatte (12,7 = Hos 6,6: »Barmherzigkeit will ich, nicht Opfer«; vgl. Mt 9,13). Darum sagte Jesus zu dem Mann: »Streck deine Hand aus!« (12,13).

Matthäus läßt um der Klarheit der Argumentation willen den Hinweis des Markus auf das Schweigen und die Verstocktheit der Gegner weg, ebenso den Verweis des Markus auf den Zorn und die Trauer Jesu.

Die sofortige Heilung der Hand (12,13: »Er streckte sie aus, und sie wurde wieder ebenso gesund wie die andere«) ist als göttliche Beglaubigung der Auffassung Jesu zu verstehen. Wieder aber ist die Reaktion der Gegner Jesu uneinsichtig, selbstgerecht und unmenschlich: »Die Pharisäer aber gingen hinaus und faßten den Beschluß, Jesus umzubringen« (12,14). In diesem Zusammenhang verzichtet Matthäus darauf, wie Markus auf die Anhänger des Herodes hinzuweisen, weil diese für das Schicksal Jesu nicht ausschlaggebend waren.

Vom *Rahmen* her ist dieses Streitgespräch, in Verbindung mit einer Wundertat Jesu an einem Sabbat, ein Hinweis darauf, daß Jesus der in Jes 42,1−4 verheißene Gottesknecht ist, der die Leiden aller Menschen auf sich nimmt (s. 12,15: »Er heilte alle Kranken«), allen Völkern den Willen Gottes verkündet und ihnen zugleich sein Erbarmen anbietet (12,18−21: »Seht, das ist mein Knecht, den ich erwählt habe... Ich werde meinen Geist auf ihn legen... Er wird den Völkern das Recht bringen...«).

Leider sind die religiösen Führer Israels nicht bereit, Jesus als den endgültigen Offenbarer und Heiland Gottes anzuerkennen. Darauf verweisen die den beiden Sabbatstreitgesprächen vorangestellten Selbstoffenbarungsworte Jesu (Mt 11,25−27 und 11,28−30).

Nach Matthäus geht es letztlich um das rechte Verstehen Gottes als des barmherzigen und gütigen Vaters aller Menschen (vgl. die Bergpredigt Mt 5,17−48; 9,9−13), nicht aber als des gestrengen, kleinlich vergeltenden Gesetzesgottes der jüdischen Lehrautoritäten. Die Heilungswunder Jesu sind Offenbarungen des Erbarmens des unbedingt gütigen Gottes und Vaters Jesu Christi und aller Menschen.

Der Evangelist hält sich mehr als Matthäus an die Vorlage des Markusevangeliums und nimmt alle fünf galiläischen Streitgespräche als redaktionelle Einheit in sein Evangelium auf (vgl. Mk 2,1 – 3,6 mit Lk 5,17 – 6,11). Die beiden Sabbatfälle bilden auch bei ihm den Abschluß der fünf christologischen Lehrstücke (6,1 – 5.6 – 11).

Auch diese Erzählung hat Lukas gegenüber der Markusvorlage nur geringfügig verändert. Er fügt in der Einleitung hinzu: »an einem anderen Sabbat« ging Jesus in die Synagoge (6,6), trennt also im Unterschied zu Mt 12,9 zeitlich zwischen dem vorangehenden Streitgespräch und der nachfolgenden Heilungserzählung. Den Charakter der Perikope stellt Lukas durch die weitere Beifügung heraus: »und er lehrte« (6,6a). Dann führt er den Kranken ein und präzisiert: »Dort war ein Mann, dessen rechte Hand war verdorrt« (6,6b). Dadurch wurde die Heilung um so dringlicher, weil dies ja die Arbeitshand des Mannes war. Wie Markus berichtet er, daß »die Schriftgelehrten und die Pharisäer Jesus genau beobachteten, ob er am Sabbat heilen würde, weil sie einen Grund zur Anklage gegen ihn suchten« (6,7). Durch die Beifügung »die Schriftgelehrten« gewinnt der Streitfall grundsätzliche theologische Bedeutung. Dann fügt Lukas hinzu: »Jesus wußte, was sie (seine Gegner) im Sinn hatten« (vgl. Lk 5,12; auch Joh 2,24f.). Insofern nimmt Jesus bewußt die geistige Auseinandersetzung an, weil sie für seine Auffassung von Gottes Wesen und Willen und vom mosaischen Gesetz grundlegende Bedeutung hatte. Wie bei Markus läßt Jesus den Mann mit der verkrüppelten Hand in die Mitte der Synagoge treten, um sichtbar zu machen, daß es hier um das Schicksal eines Menschen, eines Juden geht, nicht allein um eine theoretische theologische Frage (6,8). »Dann sagte Jesus zu ihnen: ›Ich frage euch: Was ist am Sabbat erlaubt: Gutes zu tun oder Böses, ein Leben zu retten oder es zugrunde gehen zu lassen?‹ Und er sah sie alle der Reihe nach an« (6,9 – 10). Die Dringlichkeit der Anfrage ist gegenüber Markus durch die Einleitung »Ich frage euch« verstärkt. Es geht um einen konkreten Menschen und dessen Existenz, die entscheidend von seiner Arbeitsfähigkeit abhängt. Über die Erlaubnis der Rabbinen hinaus, Menschen in Lebensnot am Sabbat zu helfen, will Jesus eine Antwort darüber, ob Gott überhaupt verboten habe, am Sabbat Menschen in Not zu helfen. Dabei fordert Jesus durch seinen Blick jeden der Gegner auf, angesichts dieses Mannes sich zu äußern. Da seine Gegner dazu aber nicht bereit sind, andererseits aber auch nicht den Mut haben, ihre Einwände öffentlich zu äußern, spricht Jesus sein heilschaffendes Wort: »Streck deine Hand aus!« Dabei läßt Lukas den Vermerk des Markus weg, Jesus sei zornig und traurig geworden angesichts des Verhaltens der jüdischen Gesetzesfrommen und Gesetzeslehrer. Lukas vermeidet in seinem Evangelium alle Züge, die Jesus vermenschlichen könnten.

Vers 6,10b stellt fest, daß der Kranke Jesu Wort gehorchte und seine Hand sofort wiederhergestellt wurde. Die Schlußbemerkung 6,11 vermeidet zwar den Hinweis auf einen Tötungsbeschluß der jüdischen Autoritäten, läßt aber die Gegner von sinnloser Wut erfüllt sein, um die zutiefst irrationalen Motive ihres Verhaltens aufzudecken. »Da wurden sie von sinnloser Wut erfüllt und berieten, was sie gegen Jesus unternehmen könnten« (wörtlich: »was sie Jesus antun könnten«).

Da nach diesem Abschnitt die ›Feldrede‹ folgt (6,20–49) mit ihrem Aufruf zu unbedingter Güte und Liebe nach dem Vorbild des barmherzigen Vaters im Himmel (vgl. 6,35f.), dient das Lehrstück dazu, die Grundprinzipien der rechten Gottesverehrung entsprechend dem Hauptgebot (vgl. Lk 10,25–37; auch 15,11–32) deutlich herauszustellen. Wer diese nicht anerkennen will, wie die religiösen Führer Israels, enthüllt ein hartherziges, selbstgerechtes Herz und verfällt theologischer Unvernunft (vgl. 6,11: anoia; EÜ übersetzt mit: Sinnlosigkeit) und wird blind für das, was Gott wirklich will. Da die Gegner Jesu dessen Heilungstat nicht als gottgewirktes Zeichen anerkennen, steigert sich nach Lukas deren Unvernunft und Haß im Verlauf der weiteren Auseinandersetzung (vgl. 11,53f.; 13,31; 19,46ff.; 20,19f.; 22,1–6). Die selbstgerechte Mitleidlosigkeit gegenüber den leidenden Mitjuden führt schließlich zum Haß gegen Jesus und zu seiner Tötung.

Zu beachten ist noch, daß nach Lukas unsere Perikope dazu dient, die Anhänger Jesu aufzufordern, besonders »am Tag des Herrn« (Offb 1,10) »Gutes zu tun«.

Nach Ausweis des *Rahmens*, in den Lukas die fünf Streitgespräche einordnete – nach der Berufung der ersten Jünger (5,1–11) und der Wahl der Zwölf (6,12–16), aber vor der Feldrede (6,20–49) –, enthüllen diese Perikopen die messianische Vollmacht Jesu und weisen auf die Elemente hin, welche die Reich-Gottes-Botschaft inhaltlich prägen: Befreiung von Aussatz, Dämonen und Sünde, Freiheit zu vertrauender und liebender Verehrung Gottes und zu einfühlsamem, hilfsbereitem Verhalten gegenüber dem Mitmenschen, auch dem Feind. Diese Einsichten sollen die Jünger allen Menschen bekanntmachen. Wer auf sie hört, wird Jünger des Gottesreichslehrers und Heilands Jesus Christus und tritt in die Familie Gottes ein (s. Lk 8,19–21; 10,23–42; 11,27f.; 17,20f.). Es kommt daher alles darauf an, daß die Menschen, vor allem die Jünger Jesu, »auf Jesu Wort richtig hören« (8,16–18) und seiner Weisung entsprechend handeln (8,34–38).

Anregungen für die Auslegung heute

1. Steht in der Perikope Mk 3,1−6 par das Wunder im Vordergrund oder die Frage, ob Jesus am Sabbat heilen darf? Handelt es sich demnach mehr um ein Streitgespräch als um eine Wundererzählung? Wie werden Wunder genannt, die neue religiöse Grundsätze beglaubigen? (Normenwunder)

2. Wie verstanden die Schriftgelehrten und die Pharisäer das Heilen von Krankheiten am Sabbat: als gute Tat oder als Arbeit? (Wie deuteten sie das Ruhegebot am Sabbat Ex 20,10f.; 31,13f.; Dtn 5,13f.?)

3. Wie deutete Jesus das Ruhegebot am Sabbat: als grundsätzliches Verbot, etwas zu arbeiten oder als einen Schutz derer, die während der Woche schwer arbeiten mußten?

4. War Jesus der Meinung, daß die rechte Deutung des Sabbatgebotes ebenso wie die der übrigen Gebote des Dekalogs sich letztlich am Hauptgebot der Gottes- und Nächstenliebe auszurichten hat? (Vgl. vor allem Mt 12,9−14.)

5. Entspricht die Auffassung der Pharisäer, das Sabbatgebot verbiete selbst das Tun des Guten am Sabbat gegenüber Mitmenschen, dem Wesen und Willen Gottes nach Jesu Überzeugung? (Vgl. Mt 5,48; Lk 6,36; Mk 12,28−34.)

6. Warum ist Jesus erbittert über das Verhalten der jüdischen Gesetzesfrommen? (Beachten Sie die Szene: der kranke Mann in der Mitte der Synagoge.)

7. Wie verstand die Urkirche nach Ausweis dieser Überlieferung ihre Verpflichtung gegenüber dem Sabbatgebot? (Beachten Sie die Fragestellung: Ist es erlaubt, Gutes zu tun und Menschen in Not zu helfen? Soll man besonders am Sabbat bzw. am Sonntag anderen Menschen Gutes tun?)

8. Wie hat Matthäus die Markusvorlage verändert, und was will er durch deren Einordnung in einen neuen Zusammenhang sagen? (Beachten Sie den Kontext Mt 11,25−12,21.) Welches Christusbild arbeitet Matthäus heraus?

9. Wie hat Lukas die Vorlage des Markus verändert, und was will er durch die Einordnung in einen neuen Zusammenhang sagen? (Beachten Sie den Kontext Lk 5,1−6,49.) Welches Christusbild steht in der Mitte seiner Textgestaltung?

10. Wie kann man die Aussage dieser Überlieferung heute sachgemäß christlich verstehen?

12. Die Heilung eines wassersüchtigen Mannes am Sabbat in Galiläa (Lk 14,1—6)

Hinführung

Im Sondergut des Lukasevangeliums findet sich eine Erzählung von der wunderbaren Heilung eines Wassersüchtigen an einem Sabbat. Lukas bietet noch zwei weitere Erzählungen wunderbarer Heilungen an Sabbattagen: 6,6—11 (Mann mit verdorrter Hand) und 13,10—17 (Frau mit verkrümmtem Rücken), zeigt also deutliches Interesse an der daran sichtbar werdenden neuen Einstellung Jesu gegenüber dem Sabbatgebot.

Geht es in der ersten Erzählung (6,6—11) um die Frage, ob man am Sabbat Leben retten darf, in der zweiten (13,15f.), ob man am Sabbat eine ›Tochter Abrahams‹ von der Fessel einer schweren Krankheit befreien darf, so fragt unsere Perikope nach der Berechtigung, am Sabbat zu heilen. Das weist auf je eigenständige Überlieferungen hin, die der Evangelist entsprechend bearbeitet und seinem Evangelium eingegliedert hat.

Form

Vom Geschehen am Kranken her handelt es sich um eine Heilungserzählung; von der Absicht her um ein Normenwunder. Denn es geht darum, ob entgegen der Auffassung der zeitgenössischen jüdischen Lehrautoritäten die Heilung kranker Juden am Sabbat erlaubt sei.

Aufbau

Die *Einleitung* informiert über die Situation: die Einladung Jesu zu einem Sabbatmahl im Haus eines Pharisäers (14,1). Die nähere Bestimmung des Geschehens (Exposition) findet sich 14,2—4a: das Auftreten eines Schwerkranken, das lauernde Abwarten der frommen Gegenspieler Jesu, die von Jesus gestellte Frage: »Ist es am Sabbat erlaubt zu heilen oder nicht?« Die *Mitte* des Geschehens umgreift den Heilungsakt Jesu und dessen damit verbundene Argumentation (14,4f.). Die *Schlußbemerkung* 14,6 stellt fest, daß Jesu Beweisführung unwiderlegbar war. Der Schwerpunkt der Aussage liegt also nicht auf der Heilung, sondern auf der die Heilung begründenden Deutung Jesu. Die eingetretene Heilung spricht zugleich für die theologische Wahrheit der Auffassung Jesu, daß erbarmende Liebe dem Sabbatgebot übergeordnet sei.

Text und Botschaft

Nach jüdischer Auffassung ist der Sabbat neben Arbeitsruhe und Gottesdienstbesuch auch durch das Anlegen besserer Kleidung und durch festliche Mahlzeiten zu ehren. Während an normalen Tagen zweimal Nahrung aufgenommen wurde, waren am Sabbat drei Mahlzeiten üblich. Die Hauptmahlzeit fand dabei am Mittag nach der synagogalen Versammlung der Männer am Sabbatmorgen statt. Dazu lud man gern Gäste ein und pflegte religiöse Gespräche, insbesondere wenn unter den Gästen Schriftgelehrte waren. Fremde durften dabei das Haus betreten und den Gesprächen zuhören. Diese Situation ist in der Erzählung vorausgesetzt.

Ein Ort ist nicht angegeben, wahrscheinlich ereignete sich das Wunder irgendwo in Galiläa. Die Bezeichnung des Gastgebers als ein ›führender Pharisäer‹ (wörtlich: ein archōn, ein führender Mann unter den Pharisäern) weist auf einen Synagogenvorsteher oder einen Führer der Pharisäerpartei oder ein pharisäisches Mitglied des Hohen Rates hin. Dadurch wird aufgezeigt – neben der Zuordnung der Gäste zu den Schriftgelehrten (Gesetzesausleger) und den Pharisäern –, daß Jesus mit Juden konfrontiert ist, die das mosaische Gesetz eng auslegen und auf buchstabengetreue Befolgung drängen.

Zur rechten Auslegung des Willens Gottes im mosaischen Gesetz hatten die Schriftgelehrten eine besondere Auslegungstradition geschaffen, das Neue Testament nennt sie ›die Überlieferung der Väter‹ (s. Mt 5,21.27.33.38.43; 15,1–6; 23,1–4), d.h. die Auslegung rabbinisch-pharisäischer Lehrautoritäten. Ihre Lehre wurde später in die Mischna und den Talmud aufgenommen. Nach der Lehrüberlieferung der Pharisäer galt die im Sabbatgebot geforderte Arbeitsruhe (s. Ex 20,10f.; Dtn 5,13f.) auch für die Heiltätigkeit der Ärzte und anderer Leute. Sie wurde nämlich als Arbeit verstanden. Ausnahmen gab es nur im Fall der Lebensgefahr von Menschen oder (für den Unterhalt) wichtiger Tiere.

Die geschilderte Situation setzt voraus, daß die Gäste ebenso wie der Gesetzeslehrer von Jesus gehört hatten, auch davon, daß er sich in seinem Wirken nicht streng an die herrschende jüdische Gesetzespraxis halte.

Wassersucht galt als schwere Erkrankung, die auf mehrere Ursachen zurückgeführt wurde, u. a. auf Unzucht und Ausschweifung. Dieser Aspekt wird jedoch hier nicht herausgestellt. Immerhin war der Krankheitszustand nicht so gefährlich, daß eine sofortige Heilbehandlung erforderlich gewesen wäre.

Für den Ablauf der Geschichte ist wichtig, daß Jesus das Geschehen dadurch bestimmt, daß er Gesetzeslehrer und Gäste fragt, ob eine Heilung des wassersüchtigen Kranken am Sabbat erlaubt sei. Jesus deutet das Auftreten eines Wassersüchtigen als Ausdruck seines Wunsches nach Genesung. Der Wassersüchtige hatte von Jesus und seiner Heilungsmacht gehört und war deshalb gekommen, um Jesus kennenzulernen.

Für die Zielrichtung der Erzählung ist bedeutsam, daß Jesus nicht fragt, ob er den anwesenden wassersüchtigen Mann heilen dürfe, sondern daß seine Frage allgemein formuliert ist: »Ist es am Sabbat erlaubt zu heilen?« Die Frage wird von den anwesenden, gesetzlich geprägten Juden mit Schweigen beantwortet. Warum, wird nicht gesagt. Wollen sie keine grundsätzliche Antwort geben; wollen sie dem Wassersüchtigen nicht wehtun; empfinden sie die Frage Jesu als Provokation (weil sie voraussetzen mußten, daß Jesus ihre Auffassung durchaus kannte)?

Jesus selbst ist keineswegs an einer theoretischen Diskussion interessiert. Er zeigt, welche Entscheidung er selbst getroffen hat, indem er den Kranken berührt, heilt und entläßt. Durch diese Wunderheilung verweist er auf seine besondere Heilungskraft und zeigt an, daß er von Gott dazu bevollmächtigt ist. Zur Rechtfertigung seines Verhaltens verweist Jesus nach der Heilung mit einer rhetorischen Frage auf das analoge Verhalten seiner geistigen Gegner in Notfällen. Dieses Argument überzeugt aber nur unter folgender Voraussetzung: Ein erwachsener Mann und Familienvater ist mehr wert als ein minderjähriger Sohn oder ein Arbeitstier.

Die Erzählung ist ein Beispiel für die Rechtfertigung der grundsätzlichen Überzeugung Jesu, daß jede Art von Hilfeleistung am Sabbat, auch solche ärztlich-medizinischer Art, vor Gott erlaubt und gut ist. Jesus versteht Gottes Gesetz nicht als Einschränkung des menschlichen Lebens und der Liebe, vielmehr als Wegweisung und Hilfe zum Leben (vgl. 6,1–5; 10,25–37; auch 13,10–17; 18,18–20).

Die Schlußbemerkung 14,6: »darauf konnten sie ihm nichts erwidern« sagt nicht, warum dies so war.

Der Evangelist will jedenfalls feststellen, daß niemand, auch nicht fromme, gesetzestreue Juden, überzeugend nachweisen können, die Heilung von Schwerkranken sei am Sabbat aufgrund göttlicher Willenskundgebung nicht erlaubt. Ihm steht dabei der Gott vor Augen, den Jesus als den liebenden Vater und Anwalt der Notleidenden, der Armen und der Benachteiligten offenbart hat (vgl. Lk 1,46—55; 4,17—21; 6,20—26.35f.37f.; 10,25—37; 11,5—8; 14,15—24; 15,11—32; 16,19—31; 18,9—14). Die Wundertaten Jesu an kranken und heimgesuchten Menschen stehen nach ihm im Dienste dieser Überzeugung. Dieser Nachweis entspricht den Worten Jesu, die Lukas überliefert: »Selig, die ihr jetzt weint, denn ihr werdet lachen!« (Lk 6,21b). »Der Herr hat mich gesandt, damit ich den Armen eine gute Nachricht bringe...; damit ich die Zerschlagenen in Freiheit setze und ein Gnadenjahr des Herrn ausrufe!« (Lk 4,18f.).

Rahmen

Das Stück wurde von Lukas in den Abschnitt des ›Reiseberichts‹ eingeordnet, der von der neuen Ordnung im Reich Gottes handelt: 13,22 — 18,30. Er leitet das Kapitel über die Zugehörigkeit zur Gemeinschaft des Reiches Gottes und über die rechte Mahlordnung in der Jüngergemeinde ein: 14,1—24. Nach Lukas ist dieser Abschnitt als Aufforderung an Christen zu verstehen, sich am Sabbat (bzw. am christlichen Sonntag, vgl. Apg 20,7) in besonderer Weise um Kranke, Arme und Krüppel zu kümmern und ihnen zu helfen (vgl. 14,12—14; 14,21—23). Dabei denkt er auch an das Gebet über Kranke (vgl. Apg 9,32—34; 28,8f.) und an Krankendienst (Mk 16,18; Lk 9,1f. 40f.; Jak 1,27; 2,15f.; 5,13—18).

Anregungen für die Auslegung heute

1. Wieviele Erzählungen über Heilungen Jesu am Sabbat enthält das Lukasevangelium (vgl. 6,1—6; 13,10—17; 14,1—6)? Was sagt die Häufigkeit dieser Traditionen (im Vergleich mit Markus und Matthäus) über das Interesse des Evangelisten an der Frage nach dem rechten Verständnis des Sabbatgebots (Feier des christlichen Sonntags) aus?

2. Wie nennt man Wundergeschichten, bei denen es um die Neubestimmung religiöser Prinzipien und Grundregeln geht? (Normenwunder.) Handelt es sich bei den drei Sabbatheilungserzählungen

des Lukas um Normenwunder zur Beglaubigung eines neuen religiösen Prinzips?

3. Vergleichen Sie die drei Erzählungen von Sabbatheilungen bei Lukas miteinander, und bestimmen Sie den jeweiligen Schwerpunkt der Argumentation! Welche neuen Normen des Sabbatverhaltens der Christen sollen darin aufgezeigt werden?

4. Warum ist in der Argumentation Jesu Lk 14,5 das ›Sofort‹ des helfenden Eingriffs betont? (Hilfsfrage: Soll man, kann man, darf man Schwerkranke am Sabbat warten lassen, bis der Feiertag vorbei ist?) Wie war in diesem Punkt die Auffassung der Schriftgelehrten und Pharisäer zur Zeit Jesu?

5. Steht nach Lukas Gott mehr auf der Seite der Gesetzesfrommen oder auf der Seite der Armen, Kranken, Krüppel, Notleidenden und deren Helfer? (Vgl. Lk 1,46−55; 4,17−21; 6,20−38; 10,25−37; 11,5−8; 14,15−24; 15,11−32; 16,19−31; 18,9−14.)

6. Welchen Standpunkt Jesu zur Sabbatfrage enthüllt unsere Wundererzählung? Wie verstand Jesus das Ruhegebot am Sabbat? (Vgl. Ex 20,10f.; Dtn 5,13f.)

7. Warum ordnet Lukas die Perikope von der Heilung eines Wassersüchtigen in ›das Mahlkapitel‹ (14,1−24) ein? Wie soll sich der Christ gegenüber Armen, Krüppeln, Kranken, besonders am Sabbat (Sonntag) verhalten? Suchen Sie dazu Beispiele für vorbildliches christliches Verhalten gegenüber Notleidenden und Kranken in der Apostelgeschichte.

13. Die Heilung eines
    Gelähmten mit Sünden-
    vergebung in
    Kafarnaum
    (Mk 2,1−12; Mt 9,1−8;
    Lk 5,17−26)

Hinführung

Der Evangelist Markus leitet die fünf sogenannten galiläischen Streitgespräche über die Vollmacht Jesu und Grundhaltungen seines Wirkens mit diesem Stück ein (2,1−12; 2,13−17; 2,18−22; 2,23−28; 3,1−6
par). Diese Sammlung entnahm Markus der christlichen Tradition, die
sie bereits griechisch geprägt und zu einer Einheit zusammengefaßt
hatte. Mit Hilfe unserer Erzählung soll die Vollmacht Jesu beglaubigt
werden, Sünden zu vergeben. Der Kern der Geschichte, die Nachricht,
daß Jesus Sünden vergab, ist geschichtlich zuverlässig. Die Erzählung
weist unabhängig davon durch ihre Eigentümlichkeiten (die Bittsteller
sind Freunde des Gelähmten; Abdecken des Daches) und die Ortsangabe Kafarnaum auf urchristliche Überlieferung hin, die historische
Glaubwürdigkeit verdient. Es scheint, daß die früheste Gestalt der
Erzählung nur von der Heilung eines Gelähmten in Kafarnaum
berichtete. Dafür spricht der alte Schluß der Geschichte, der allein auf
das Wunder eingeht: »Da gerieten alle außer sich; sie priesen Gott und
sagten: ›So etwas haben wir noch nie gesehen‹« (V. 12). Die Benützung
der Wundertat als Argument für die Vollmacht Jesu, Sünden vergeben
zu können, dürfte erst auf der Ebene der Auseinandersetzung zwischen
Juden und Judenchristen um die Berechtigung des Vollmachtsanspruchs Jesu, auch Sünden vergeben zu dürfen, hinzugewachsen sein.
Für die Urkirche ist dabei festzustellen, daß dieser Vollmachtsanspruch
Jesu durch seine Auferstehung endgültig gesichert wurde.

Form

Es handelt sich um eine Erzählung über die wunderbare Heilung einer
besonders schweren, normalerweise unheilbaren Erkrankung mit

bewußter Herausarbeitung der normativen Bedeutung dieser Heilungstat für den Erweis der göttlichen Vollmacht Jesu, Sünden zu vergeben. Insofern liegt hier eine Mischform aus Wunderheilungserzählung und Lehrstück über die Heilsbedeutung dieses Vorgangs vor, wobei die Herausarbeitung der neuen Heilswirklichkeit in der Erzählung deutlich überwiegt. Beide Motive der Erzählung (Heilungsgeschehen, Nachweis der normativen Bedeutung desselben) sind dabei auf kunstvolle Weise miteinander verknüpft.

Aufbau

Zur Heilungserzählung gehören die Verse: 2,1−5a.10b−12; eingeschoben in diese Erzählung ist der *Nachweis*, daß Jesus bevollmächtigt ist, auf Erden Sünden zu vergeben.

2,5−10a: Das Wunder dient dabei als göttliche Beglaubigung (s. V. 10a: wörtlich: »damit ihr aber erkennt, daß der Menschensohn die Vollmacht hat, hier auf der Erde Sünden zu vergeben, sagte er zu dem Gelähmten...«).

Näherhin ist die heutige Erzählung folgendermaßen gegliedert: 2,1−3 bildet die allgemeine *Einleitung* der Erzählung. Die Wundertat wird vorbereitet durch den Hinweis auf die Schwierigkeiten, welche die Freunde des Gelähmten überwinden müssen, um ihn zu Jesus zu bringen. Ihre Zudringlichkeit ist zugleich Ausdruck ihrer Bitte und ihres Vertrauens zu Jesus. Vers 5 bildet die *Mitte* der ursprünglichen Wundererzählung: die Reaktion Jesu auf das Ansinnen der Freunde des Gelähmten. Da Jesus die Krankheit nicht sofort heilt, dient diese Bemerkung als Anlaß für die gedanklichen Einwände der anwesenden Schriftgelehrten (V. 6f.). Durch das Aufgreifen dieser Einwände gegen den Zuspruch der Sündenvergebung seitens Jesu erreicht die Erzählung in ihrer heutigen Gestalt ihre Mitte (2,8−11). Die Frage 2,9 bildet dabei den Schlüssel für die Auswertung der Heilungserzählung als Hinweis auf die Vollmacht Jesu, an Stelle Gottes Mitgliedern seines Volkes Sünden zu vergeben: »Was ist leichter, zu dem Gelähmten zu sagen: ›Deine Sünden sind dir vergeben!‹, oder zu sagen: ›Steh auf, nimm deine Bahre und geh umher!‹?« Mit dieser Frage wird die Erzählung auf eine höhere geistige Ebene gehoben, wird die Heilungsvollmacht Jesu als Ausdruck seiner Heilsvollmacht im streng religiösen Sinn gedeutet. An dieser Stelle geht die Heilungserzählung über in eine Beispielgeschichte mit normativem Sinn. Der Schluß von der Wundertat auf die Sündenvergebung ist dabei nach jüdischer Auffassung als Schluß vom Kleineren (Heilung) auf das Größere (Sündenvergebung) hin zu verstehen.

Der abschließende Befehl 2,11 gehört zusammen mit seiner deutenden Einleitung 2,10 noch zur Mitte der heutigen Geschichte. Er setzt die Heilung in Bewegung und beglaubigt damit den Anspruch Jesu, Sünden vergeben zu können (»damit ihr aber erkennt, daß..., sage ich dir: Steh auf...!«).

2,12 leitet über zum *Schluß* der Geschichte: der Verwunderung der Zeugen über das Heilungsgeschehen, verbunden mit dem Lob Gottes. Den Anlaß dazu bildet in der heutigen Erzählung die im Wunder sichtbar gewordene Vollmacht Jesu, auf Erden Sünden vergeben zu können. Im Wunder zeigt sich der Anbruch der verheißenen Heilszeit.

Während *Lukas* das Erschreckende des Geschehens als Akt göttlicher Offenbarung deutlicher herausarbeitet (5,26: »Entsetzen ergriff alle, und sie verherrlichten Gott und wurden mit Furcht erfüllt, und sie sagten: ›Heute haben wir Unglaubliches, paradoxa, gesehen‹«), hebt *Matthäus* deutlich auf die Beglaubigung der Vollmacht Jesu ab, Sünden vergeben zu dürfen (9,8: »Als die Leute das sahen, erschraken sie und priesen Gott, der den Menschen solche Vollmacht gegeben hat«).

Text und Botschaft

Die beiden Verse 2,1–2 bilden den Ausgangspunkt der Wundererzählung und des damit verbundenen Lehrstücks. Als Ort ist das Haus des Simon in Kafarnaum anzunehmen, näherhin der Hof des Hauses bzw. der Platz vor dem Haus. Jesus predigte wohl im Schatten des Eingangs. Die Wundergeschichte hebt mit dem Auftauchen des Gelähmten und seiner vier Freunde an, die den auch zum Sprechen Unfähigen (es gibt keinerlei Äußerung des Gelähmten durch Geste oder Wort in der Erzählung) möglichst nahe zu Jesus bringen wollen, in der Hoffnung, er berühre den Kranken und nehme sich seiner tatkräftig an. Der Kranke lag dabei auf einer Art Matratze oder Bahre oder Tragetuch. Die Mitteilung, sie hätten das Dach bestiegen und aufgegraben, ist nicht einfach erzählerisches Mittel, um die Dramatik zu steigern. Das flache Dach der einstöckigen Häuser war leicht durch eine Außentreppe zu besteigen; ebenso war die Lehmauflage auf einem Lattenrost aus Reisig, Schilf, Stroh über durchlaufenden Querbalken, die das Dach bildete, ohne Schwierigkeit zu durchgraben. Zu fragen ist nur, warum die Vier den Kranken nicht von der Vorderkante des Daches dort hinunter ließen, wo Jesus sich befand. Der Hinweis auf das Durchgraben des Daches dient dazu, die Dringlichkeit des Falles, die nachhaltige Bitte und die Hoffnung der Bittsteller auf Heilung zum Ausdruck zu bringen.

Die Reaktion Jesu (2,5), der dieses Vorgehen als Ausdruck des

Vertrauens in seine Heilungskraft deutet, ist ungewöhnlich und im Rahmen der heute vorliegenden Form der Erzählung auch für die Bittsteller und den Gelähmten verblüffend: Er stellte fest: »Mein Kind, deine Sünden sind dir (von Gott) erlassen.« Die Anrede ›Kind‹, teknon, begegnet nur hier im Markusevangelium und bringt eine gewisse Zuwendung und einfühlsame Liebe für den Kranken zum Ausdruck. Bei der Äußerung Jesu handelt es sich näherhin um eine Feststellung, nicht unmittelbar um den Zuspruch einer Sündenvergebung. Eine solche wird vielmehr als eine von Gott her nun geschehene angesagt. Die Aussage geht dabei von dem Zusammenhang Sünde – Unheil – Krankheit aus, die im Fluch Gottes über den Ungehorsam der Menschen am Anfang der Schöpfung begründet ist (Gen 3). Es wird aber nicht gesagt, daß der Gelähmte besonders schwerer eigener Sünden wegen sich in diesem Zustand befand, doch wird durch dieses Wort auf die letzte Wurzel allen Unheils, auch des leiblichen, hingewiesen, die Sünde, in der sich alle Menschen seit der Empörung gegen Gott und dadurch bedingter eigener Verfehlungen wegen befinden (vgl. Ps 51,7: »Ich bin in Schuld geboren; in Sünde hat mich meine Mutter empfangen«; Ijob 15,13f.: »Was ist ein Mensch, daß er rein wäre, der vom Weib Geborene, daß er [vor Gott] im Recht sein könnte? Sieh doch, selbst seinen Heiligen traut er nicht, und der Himmel ist nicht rein vor ihm; geschweige denn ein Unreiner und Verderbter, ein Mensch, der Verkehrtes trinkt wie Wasser«; Röm 3,10; Ps 14,1: »Es gibt keinen, der gerecht ist, auch nicht einen«).

Wie die Reaktion der anwesenden Schriftgelehrten zeigt (2,6f.), ist in der Feststellung Jesu zugleich ein Akt der Sündenvergebung eingeschlossen, zu dem Jesus durch den Glauben der Bittsteller bewegt wurde. Denn sie nahmen daran Anstoß, daß hier ein Mensch es wagte, Sünden zu vergeben bzw. eine solche Vergebung durch Gott auszusprechen: »Einige der Schriftgelehrten, die dort saßen, dachten im stillen: ›Wie kann dieser Mensch so reden? Er lästert Gott. Wer kann Sünden vergeben außer dem einen Gott?‹«

Daß einem Kranken im Rahmen einer wunderbar bewirkten, gnadenhaften Heilung vom Heiler die Vergebung seiner Sünden zugesprochen wird, begegnet in der Bibel nur hier. Zwar wird von Gott im Alten Testament immer wieder gesagt, daß er Sünden vergibt (z. B. Ps 103,2f.: »Lobe den Herrn meine Seele und vergiß nicht, was er dir Gutes getan hat: der dir alle deine Schuld vergibt und all deine Gebrechen heilt«), aber dies geschieht nie durch den Zuspruch eines Menschen. Gott handelt dabei immer direkt am Sünder ohne Zutun eines Menschen. Als David durch den Propheten Natan seiner Schuld am Tod des Urija überführt wurde, wurde ihm aufgrund seiner Reue vom Propheten mitgeteilt: »Der Herr hat dir die Sünde vergeben; du wirst nicht sterben!« (2 Sam 12,13). Dies ist eine prophetische Mitteilung, kein Akt der Lossprechung im Namen Gottes.

Auch konnte der Hohepriester bei entsprechenden Sühneopfern und Sühneriten, vor allem am Versöhnungstag, Entsühnungsakte vornehmen, die aufgrund der von Gott gegebenen Vorschriften wirkten, aber er konnte aufgrund seines Amtes keine konkrete Sündenvergebung aussprechen (vgl. Lev 16). Israel weiß, daß allein Gott Sünden vergeben kann, weil diese einen Verstoß gegen seine Ordnung und seinen Willen darstellen (Ex 34,6 f.; Jes 43,25; 44,22).

Zu beachten ist in diesem Zusammenhang, daß das Urteil der Schriftgelehrten auf das Glaubensbekenntnis der Israeliten anspielt: »Höre, Israel, Jahwe, unser Gott, ist einzig« (›einer‹, Dtn 6,4). Damit ist angezeigt, daß es in dieser Frage um die Einzigkeit, Majestät und Heiligkeit Gottes geht, die der Mensch nicht antasten darf. Deshalb fällten die Schriftgelehrten bei ihrem Selbstgespräch in selbstverständlicher Einmütigkeit das Urteil: »Wie kann dieser da so reden. Er lästert (Gott)« (2,7). Auf Gotteslästerung stand Todesstrafe (vgl. Lev 24,11 ff.; Num 15,30).

2,8 bemerkt, daß Jesus die kritischen Einwände der anwesenden Schriftgelehrten sofort erkannte. Er verfügte über die Gabe der Herzenskenntnis, wie auch Joh 2,25 feststellt (vgl. zur Sache 1 Sam 16,7; 1 Kön 8,39; Ps 7,10; Jer 11,20; 17,10; außerdem Lk 7,36 f.; 16,15; Röm 8,27; Apg 1,24; 1 Thess 2,4; Offb 2,23). Das weist auf seine besondere, übernatürliche Wesenheit und Vollmacht hin.

Die Frage Jesu (2,8 f.) deckte das Denken seiner Gegner auf und nötigte sie zugleich, ihr Urteil mit dem in Einklang zu bringen, was das Geschehen an Folgerungen nahelegt: »Was habt ihr für Gedanken im Herzen? Ist es leichter, zu dem Gelähmten zu sagen: ›Deine Sünden sind dir vergeben!‹, oder zu sagen: ›Steh auf, nimm deine Tragbahre und geh umher!‹?« Mit dieser Frage wird die Wundererzählung auf die Ebene des theologischen Nachdenkens über Jesu Vollmacht und Sendung gehoben. Sie wird dadurch zu einem christologischen Lehrstück. Die gestellten Alternativen sind – so wird vorausgesetzt – beide für Jesus möglich. Die Heilung eines vollständig Gelähmten ist mehr als eine ›normale‹ Krankenheilung. Handelte es sich um eine langandauernde Lähmung, kam sie beinahe der Erweckung eines kurz Verstorbenen gleich, denn es waren neben den Nerven auch die Muskeln abgestorben und die Sehnen verkürzt und verhärtet. Prüft man die gestellten Alternativen näher, so ist aus jüdischer Sicht zu sagen: beide sind nur mit göttlicher Vollmacht möglich. Bei der Sündenvergebung handelte es sich jedoch um einen Bereich, der ausschließlich Gott selbst vorbehalten war. Insofern ist es theologisch ›schwerer‹, Sünden zu vergeben, als einen Gelähmten gesund zu machen. Da die Sündenvergebung aber ein Akt Gottes ist, der für menschliche Sinnesorgane und Wahrnehmung unzugänglich ist, kann sie als rein geistige Wirklichkeit nur zeichenhaft sichtbar gemacht werden. Insofern kann von dem Zeichen der Heilung des Gelähmten auf den Akt der gewährten Sündenvergebung analog geschlossen werden. Deshalb fuhr Jesus fort: »Ihr sollt aber erkennen, daß der Menschensohn die Vollmacht hat, hier auf der Erde Sünden zu vergeben!« Dann sagte er zu dem Gelähmten: »Ich sage dir: Steh auf, nimm deine Tragbahre und geh nach Hause!«

Das Wunder hat insofern theologischen Beweischarakter. In der heutigen Form der Erzählung steht nicht das Schicksal des Gelähmten im Mittelpunkt der Darstellung, sondern die Vollmacht und Sendung Jesu. Auf die christologische Ausrichtung der Erzählung verweist vor allem der Titel ›der Menschensohn‹. Er birgt nach Aussage der Evangelien drei Vollmachtsbereiche in sich: zunächst die künftige des Richters im Endgericht (vgl. Dan 7,14; Mk 13,26; 14,62; Mt 13,37; 24,30; 25,31.41); dann das Wirken des menschgewordenen Sohnes Gottes in seiner Sendung als Messias und Heilbringer (Mk 2,28; Mt 8,20 par; 11,19 par; 12,32; Lk 7,34; 19,10); schließlich das heilbringende Leiden und Sterben Jesu als des gehorsamen Knechtes Gottes (Mk 10,45; 8,31; 9,31; 10,33; 14,21). Die Menschensohnworte weisen also in einer sehr frühen Schicht der urchristlichen Verkündigung auf die Vollmachten Jesu Christi, des Messias, des endgültigen Heilbringers Gottes hin. Sie haben ihren letzten Ursprung in der Verkündigung Jesu selbst und umschreiben das Wesen der Sendung und Vollmacht Jesu. In den Menschensohnaussagen der Evangelien tritt der Glaube der Urkirche an Jesus, den Christus, den von Gott beglaubigten Menschensohn, deutlich hervor. Darin spricht sich das Glaubensbekenntnis der ersten Christen im Ringen mit den ungläubigen Juden klar aus. Für die Judenchristen hat, spätestens ab der Auferstehung Jesu, ihr Herr die Vollmacht, ›auf Erden‹ Sünden zu vergeben. Denn sie wissen sich durch den Tod und die Auferstehung Jesu ›von ihren Sünden erlöst‹ (vgl. 1 Kor 15,3; Mk 10,45). Die Kirche darf daher im Namen ihres Herrn ebenfalls Sünden vergeben (s. Apg 2,38; Joh 20,22 f.).

Der Hinweis auf die Heilungstat am Gelähmten dient also dazu, den Anspruch Jesu – und die Glaubensüberzeugung der Christen –, daß ›der Menschensohn‹, neben Gott, ›die Vollmacht hat, hier auf der Erde

Sünden zu vergeben‹, zu beglaubigen. Das sofortige Aufstehen, Ergreifen der Tragbahre und Weggehen des Gelähmten dient als Hinweis auf die Berechtigung des Vollmachtsanspruchs Jesu, des Menschensohnes.

Darum fehlt hier jeder Hinweis auf ein Wort Jesu, über die Heilung Schweigen zu bewahren, obwohl sich ein solches sonst bei Markus öfter in solchen Zusammenhängen findet (vgl. 1,44; 5,43; 7,36). Die Offenbarung Jesu als des Menschensohnes ist für den Glauben so grundlegend, daß in dieser Hinsicht nicht geschwiegen werden darf. Im Gegenteil: das Ziel der Verkündigung und des Wirkens Jesu ist seine Selbstoffenbarung als der endgültige Heilbringer Gottes vor seinem Volk. Im Dienst dieser Offenbarung steht das ganze Markusevangelium (vgl. 1,1).

Die Reaktion der Anwesenden (2,12b) weist auf die Bedeutung dieser das Alte Testament sprengenden Offenbarungstat hin. Gott zeigte sich darin auf neue, befreiende und erlösende Weise. Darum mündet das Staunen in den Lobpreis Gottes.

Jesus erscheint in dieser Lehrerzählung als der vollmächtige Arzt der Kranken und der Sünder, und zwar durch sein machtvolles Wort (vgl. 2,17). Auf diese Vollmacht führt die Urkirche ihren Christusglauben und ihre Praxis der Taufe und Sündenvergebung zurück. Sie weiß sich dazu von Jesus Christus, ihrem auferstandenen Herrn, berechtigt (vgl. Mt 16,19; 18,18; Joh 20,22f.; Lk 24,46f.).

Rahmen

Die Perikope steht am Anfang einer Sammlung von 6 Lehrstücken über die Sendung und Vollmacht Jesu, des Menschensohnes, und über seine neue Lehre, 2,1−3,6. Näherhin geht es um die Frage, was den Inhalt der Sendung des Menschensohnes ausmacht: nämlich Heilung und Sündenvergebung (2,1−12), Rettung der Sünder (2,13−17), den Anbruch der Heilszeit (2,18−22) und die rechte Stellung gegenüber Fasten und Sabbat (2,18−22.23−28; 3,1−6).

Diese Sammlung fand Markus vor. Sie wurde eingeleitet durch unser Stück, das auf die zentrale Vollmacht Jesu hinweist, Sünden zu vergeben und Sünder zu retten. Hierin wird die göttliche Dimension der Vollmacht Jesu, des Sohnes Gottes, sichtbar (vgl. 1,1; 12,6f.: Sohn). Diese Sammlung war also christologisch (Frage nach Jesus) und soteriologisch (Frage nach dem Heil) ausgerichtet.

Der Evangelist hat die 5 Stücke der Sammlung eingebunden in die Darstellung des vollmächtigen messianischen Wirkens Jesu in Galiläa 1,35−3,12. Eingeleitet wird dieser Abschnitt durch den Sammelbericht 1,35–39 und abgeschlossen mit dem Sammelbericht 3,7–12. Der erste Sammelbericht weist auf die Grundelemente des Wirkens Jesu hin: »Er zog durch ganz Galiläa, predigte in den Synagogen und trieb die Dämonen aus« (1,39). Dann folgen als Beispiele für dieses Wirken die Erzählungen von der Heilung eines Aussätzigen (1,40–45), die 5 Stücke der sog. galiläischen Streitgespräche (2,1–3,6), die bei Markus als Beispiele für das befreiende Wirken Jesu vorgestellt werden, und der Sammelbericht 3,7–12, der als Ziel des galiläischen Wirkens die Offenbarung Jesu als des Sohnes Gottes aufzeigt: »Er heilte viele, so daß alle, die ein Leiden hatten, sich an ihn herandrängten, um ihn zu berühren. Wenn die von unreinen Geistern Besessenen ihn sahen, fielen sie vor ihm nieder und schrien: ›Du bist der Sohn Gottes!‹« (3,10f.).

Allerdings darf diese Erkenntnis vor der Auferstehung Jesu noch nicht öffentlich bekannt gemacht werden (3,12): »Er verbot ihnen streng, bekannt zu machen, wer er sei«, weil sie ohne den Hinweis auf den Tod am Kreuz mißdeutet werden kann.

Auf der Grundlage der fundamentalen Christusoffenbarung erfolgt aber bereits die Wahl der Zwölf (3,13–19) und das Hinausgreifen seines Wirkens über Galiläa. Der Abschnitt hat seine Mitte in dem Lehrstück über die Berufung des Levi, 2,13–17. Denn dort wird die göttliche Vollmacht Jesu als seelsorglich-messianische bestimmt: »Ich bin (als Arzt) gekommen, um die Sünder zu rufen« (2,17). Die Einzelabschnitte, auch unser Stück, sind also christologisch-soteriologisch, d.h. als Erschließungen von Person und Sendung Jesu, zu verstehen und auszulegen.

Text und Botschaft nach Matthäus
Matthäus hat die Perikope in die Wundersammlung Kap. 9 und 10 aufgenommen (9,1–8) und an die Erzählung von der Heilung der Besessenen von Gadara (8,28–34) angeschlossen. Er *leitet* den Abschnitt durch die Übergangsnotiz *ein*: »Jesus stieg in das Boot, fuhr über den See und kam in seine Stadt« (9,1). Die Wundergeschichte leitet er ein mit dem Hinweis 9,2: »Und siehe, da brachte man einen Gelähmten zu ihm.« Die näheren Umstände (Durchgraben des Daches) läßt er weg entsprechend seiner Methode, bei der Bearbeitung markinischer Erzählstücke alles ›Unwesentliche‹ bis auf den Lehrgehalt (meist ein Wort Jesu) zu streichen. Durch dieses Vorgehen wird die Perikope auf das Streitgespräch zwischen Jesus und den Schriftgelehrten konzentriert. Mit 9,5 (= Mk 2,5) beginnt die *Mitte* seiner Darstellung: »Als Jesus ihren Glauben sah, sagte er zu dem Gelähmten: ›Hab

Vertrauen, mein Sohn, deine Sünden sind dir vergeben!‹« Die einleitende Aufforderung: ›thársei!‹ (hab Mut! vertraue!) dient dazu, beim Gelähmten den Glauben zu verstärken (vgl. 9,22; 14,27). Die Erzählung hebt also stärker als bei Markus darauf ab, daß auch die Sündenvergebung, d.h. die seelische – nicht nur die leibliche – Heilung, einen vollen, echten, ehrlichen Glauben erfordert.

Die Reaktion der Schriftgelehrten ist gegenüber Markus durch den neuen Einsatz: »Und siehe, einige Schriftgelehrte sagten bei sich: ›Der lästert (Gott)!‹« (9,3) schärfer herausgearbeitet. Ihr Urteil über Jesu Verhalten ist auf das Wesentliche reduziert: Jesus ist ein Gotteslästerer. Die Reaktion Jesu fällt dementsprechend schärfer aus: »Da Jesus wußte, was sie dachten, sagte er: ›Warum habt ihr so böse Gedanken im Herzen?‹« (9,4). Er unterstellt ihnen damit, daß sie gar nicht bereit sind, in bezug auf Gott ehrlich zu fragen, was sich hier wirklich vollzieht, sondern daß sie darauf aus sind, ihn abzuurteilen und zu verderben. Um sie zum Nachdenken zu bringen, schließt er die Frage an: »Was ist denn leichter, zu sagen: ›Deine Sünden sind dir vergeben!‹, oder zu sagen: ›Steh auf und geh umher!‹?« Und er nimmt – genau wie bei Markus – das Ergebnis sachlich angemessenen Nachdenkens voraus: »Ihr sollt aber erkennen, daß der Menschensohn die Vollmacht hat, hier auf der Erde Sünden zu vergeben« (9,5a). »Dann sagte er zu dem Gelähmten: ›Steh auf, nimm deine Tragbahre, und geh nach Hause!‹« (9,5b).

Abschließend wird dann festgestellt: »Und der Mann stand auf und ging heim« (9,7). Damit ist im Sinne des Evangelisten der Beweis für Jesu Behauptung erbracht. Deshalb verschwinden die Schriftgelehrten nun aus der Erzählung. Die zahlreichen Leute, die anwesend waren, stellen bei Matthäus eindeutig und klar – anders als bei Markus – das theologische Ergebnis des durch ein Wunder beglaubigten messianischen Handelns Jesu fest: »Als die Leute das sahen, erschraken sie (vor Jesu Hoheit!) und priesen Gott, der den Menschen (hier ist wohl nicht nur an Jesus, sondern auch an seine Kirche gedacht) solche Vollmacht gegeben hat« (9,8).

Diese Aussage gewinnt im Gesamt des Matthäusevangeliums an Profil, wenn auf den Rahmen geachtet wird, in dem dieses Stück steht. Matthäus stellt in seinem Wunderabschnitt Kap. 8f. Jesus als den dar, der das Wort des Propheten Jesaja erfüllt: »Er hat unsere Leiden auf sich genommen und unsere Krankheiten getragen« (8,17; Jes 53,4). Hier ist auf den leidenden Gottesknecht angespielt, der durch sein Leiden die Sünde der Menschen tilgt, die tiefste Wurzel allen Unheils, auch des leiblichen und physischen (vgl. für Matthäus denselben Hinweis

12,15—21; außerdem die Antwort an die Jünger 20,28: »Der Menschensohn ist gekommen, ... zu dienen und sein Leben hinzugeben als Lösegeld für viele«, s. Jes 53,12; schließlich das Wort über den Becher beim Abendmahl 26,28: »Das ist mein Bundesblut, das für viele vergossen wird zur Vergebung der Sünden«, vgl. Jes 53,12). Das unserer Perikope folgende Stück, die Berufung des Zöllners Matthäus (9,9—13), wendet die Sündenvergebungsvollmacht Jesu auf »die Zöllner und die Sünder« an (9,10 f.13: »Denn ich bin gekommen, um die Sünder zu rufen«).

Von der Vergebungsvollmacht der Kirche Christi sprechen ausdrücklich Mt 16,19 und 18,18. Das Lehrstück von der Vollmacht des Menschensohnes, Sünden zu vergeben (9,1—8), dient daher im ersten Evangelium als Hinweis auf die Vollmachten und Aufgaben der Kirche Jesu Christi und ihrer Verantwortlichen.

Text und Botschaft nach Lukas

Auch Lukas hat wie Matthäus den Abschnitt mit den 5 galiläischen Lehrstücken (›Streitgesprächen‹) von Markus übernommen (5,17—6,11), und zwar, im Unterschied zu Matthäus, zusammen mit der vorausgehenden Erzählung von der Heilung eines Aussätzigen (Mk 1,40—45 = Lk 5,12—16). Trotz dieser Treue seiner Vorlage gegenüber hat Lukas die Perikope von der Heilung eines Gelähmten (Mk 2,1—12; Lk 5,17—26) eigenständig bearbeitet und ihr so einen eigenen Charakter verliehen. Während man bei Markus das Streitgespräch Jesu mit den Schriftgelehrten leicht aus der Wundergeschichte herauslösen kann (s. oben), ist bei Lukas eine einheitlich komponierte Erzählung mit Lehrcharakter entstanden, eine Beispielgeschichte für Jesu Wirken als Heiland der Menschen mit Leib und Seele umfassender Vollmacht.

Lukas verzichtet auf eine Ortsangabe, um die Allgemeinbedeutung des Stückes herauszuheben. Den Lehrcharakter der Episode stellt er durch die einleitende Bemerkung heraus: »Eines Tages, als Jesus wieder lehrte, saßen unter den Zuhörern auch Pharisäer und Gesetzeslehrer; sie waren aus allen Dörfern Galiläas und Judäas und aus Jerusalem gekommen« (5,17). Es handelt sich also um ein Lehrstück mit grundlegender Bedeutung für den christlichen Glauben im Unterschied zur jüdischen Lehrtradition, die Lukas unter den Zuhörern Jesu vollständig repräsentiert sein läßt. Jesus erweist sich darin als der wahre Lehrer mit göttlicher Vollmacht, der bewußt die jüdische Lehrtradition in Frage stellt und überbietet.

Durch die Bemerkung: »Und die Kraft des Herrn (kyrios) drängte ihn dazu, zu heilen« (5,17c) verknüpft er die Einleitung mit der nachfolgenden Heilungserzählung und zeigt an, daß ihr beispielhafter Aussagecharakter mit bedeutsamer theologischer Tragweite zukommt.

Vers 18 leitet über zur Wundergeschichte, indem plötzlich das theologische Demonstrationsobjekt auftaucht, ein gelähmter Mann: »Und siehe, da brachten einige Männer einen Mann auf einem Bett herbei, der gelähmt war, und suchten ihn ins Haus zu bringen und vor Jesus hinzulegen. Weil es ihnen aber wegen der vielen Leute nicht möglich war, ihn hineinzubringen, stiegen sie auf das Dach, deckten die Ziegel ab und ließen ihn auf seinem kleinen Bett in die Mitte (des Raumes) hinunter, genau vor Jesus hin« (5,18f.). Lukas hat unter der Hand aus einem palästinensischen Lehmhaus mit gestampftem Lehmdach ein griechisches Haus mit Ziegeldach gemacht, entsprechend der Umwelt seiner Leser. Der Kranke wird Jesus direkt vor die Füße gelegt, so daß all die jüdischen religiösen Lehrer nun unmittelbar sehen können, was Jesus mit dem Kranken tun wird. Das Haus wird gleichsam zum klinischen Hörsaal Jesu, die Heilung wird zur Lehrdemonstration.

Der entscheidende Akt wird eingeleitet durch den Zuspruch Jesu an den Kranken: »Deine Sünden sind dir vergeben!« (5,20). Dieser Zuspruch setzt sowohl den Glauben der Begleiter auf Hilfe wie auch die Vollmacht Jesu voraus. Da Lukas die Erzählung durch die Bemerkung eingeleitet hat, daß Jesus innerlich auf heilendes Handeln eingestellt war, versteht er diesen Zuspruch der Sündenvergebung als Akt der Heilung. Die Sündenvergebung bildet die Grundvoraussetzung der nachfolgenden Heilung. Das wird auch durch den Hinweis auf den Glauben der Begleiter des Gelähmten nahegelegt, da Glaube die entscheidende Bedingung für das wunderbare Eingreifen Jesu zugunsten von Bittstellern bildet (vgl. 7,9; 8,46; 8,50; 18,42). Deswegen gehören Glaube, Heilung und Sündenvergebung bei Jesus wesenhaft zusammen.

Jesus wirkt als der Heiland Gottes, die Heilungen Jesu sind heilstiftende Akte, was Lukas an zwei Stellen in seinem Evangelium eigens herausstellt: in unserer Perikope und bei der Begegnung Jesu mit der reumütigen Sünderin. Auch dort fragen die im Hause des Nazoräers Simon anwesenden Gäste: »Wer ist der, daß er sogar Sünden vergibt?« (7,49). Und auch dort sagt Jesus abschließend zu der Frau: »Dein Glaube hat dir geholfen!« (7,50).

Dieselbe Aussage gegenüber dem Gelähmten veranlaßt die Pharisäer und Schriftgelehrten zu dem Urteil: »Wer ist das, daß er eine solche Gotteslästerung wagt? Wer außer Gott kann Sünden vergeben?«

(5,21). Der herzenskundige Jesus fragt sie daraufhin: »Was habt ihr für Gedanken im Herzen? Was ist leichter, zu sagen: ›Deine Sünden sind dir vergeben!‹, oder zu sagen: ›Steh auf und geh umher!‹?« (5,23). In Hinsicht auf die Feststellung der jüdischen Gegner Jesu, daß allein Gott Sünden vergeben kann (5,21), ist es schwerer, weil für Menschen unmöglich, Sünden zu vergeben. Das Vorgehen Jesu nötigt also zu dem allein möglichen Schluß vom Kleinen auf das Größere hin. »›Ihr sollt aber erkennen, daß der Menschensohn die Vollmacht hat, hier auf der Erde Sünden zu vergeben!‹ Und er sagte zu dem Gelähmten: ›Steh auf, nimm dein Bett, und geh heim in dein Haus!‹« (5,24). Wenn Jesus allein durch sein Wort vermag, daß der Gelähmte wieder gehen und sein Bett tragen kann, dann ist seiner Aussage zu trauen, daß er auch Sünden vergeben kann! Der Erzähler stellt dazu fest: »Im gleichen Augenblick stand der Mann vor aller Augen auf. Er nahm das Gestell, auf dem er lag, ging weg zu seinem Haus und lobte Gott« (5,25). Durch diesen Vorgang beglaubigte er Jesu Wort und bekannte zugleich, daß Gott durch Jesus das Wunder gewirkt hatte. Der Geheilte fand also als erster zu der Glaubenseinsicht, daß Gott durch Jesus hindurch unmittelbar wirkt. Auch die Vergebung der Sünden ist von diesem Heilwirken nicht ausgenommen. Die Heilung des Gelähmten macht daher sichtbar, was für Folgen die Vergebung der Sünden in letzter Konsequenz an Heil in sich enthält. Damit weist diese Heilung auf das endgültige Heil voraus, das mit Jesu Kommen, Leiden und Auferstehen seinen Anfang nahm (vgl. Lk 20,27—40).

Die Bedeutung des Vorgangs wird durch den Hinweis auf die Reaktion der Augen- und Ohrenzeugen festgestellt: »Alle gerieten außer sich (ekstasis), sie lobten Gott und sagten voller Furcht: ›Heute haben wir etwas Unglaubliches (paradoxa) gesehen‹ (erlebt)« (5,26). Furcht und Entsetzen (ekstasis) weisen auf einen Offenbarungsakt Gottes selbst hin, der sich im Handeln Jesu zeigte. In ihm ist Gott selbst wirklich in Person gegenwärtig und am Werk. Darauf weist Lukas auch an anderer Stelle hin (s. 5,8: »Petrus sagte: ›Herr, geh weg von mir; ich bin ein Sünder!‹«; 7,16: »Alle wurden von Furcht ergriffen und priesen Gott«; 8,25: »Sie fragten einander voll Schrecken und Staunen: ›Was ist das für ein Mensch?‹« Er ist »der Heilige, der Sohn Gottes« (1,35; 4,34), der »das Heilmittel« (sōtērion) Gottes für die gefallene Menschheit ist, an dem sich die Geister scheiden (2,30—35).

Daß ein Mensch, der Mensch Jesus von Nazaret, an Stelle Gottes Sünden vergeben kann, ist wirklich etwas ›Paradoxes‹, Widersinniges, Unglaubliches nach jüdischer Auffassung. Aber gerade das glaubt der Christ aufgrund des Selbstzeugnisses Jesu und des Zeugnisses Gottes für Jesus in der Auferweckung Christi. Darum verkündet die Kirche seit der Auferstehung Christi »in seinem Namen allen Völkern, angefangen von Jerusalem, sie sollen umkehren, damit ihre Sünden vergeben werden!« (24,46 f.). Dies wurde vor der Auferstehung Jesu bereits durch dessen außergewöhnliche Machttaten bezeugt, wie hier bei der plötzlichen Heilung eines Gelähmten. Nach Lukas mußten auch die Schriftgelehrten und Pharisäer sich dieser Erkenntnis beugen. Er nimmt sie nicht von der Feststellung aus, daß alle »außer sich gerieten und bekannten, daß sie heute etwas Unglaubliches gesehen haben«. Dabei ist es wichtig zu sehen, daß die angemessene Weise, auf diese Offenbarung des konkreten Erbarmens Gottes zu antworten, für den Menschen der Lobpreis Gottes ist. Sowohl vom Geheilten als auch von den Anwesenden wird daher gesagt: »Sie lobten und priesen Gott« (5,25 f.). Das Gotteslob und der Gottesdienst sind die den begnadeten Sündern möglichen Weisen des Dankes für Gottes rettendes Erbarmen.

Der Zusammenhang, in den Lukas dieses Lehr- und Verkündigungsstück in seinem Evangelium stellte, weist ebenfalls deutlich auf Jesus, den göttlichen Heiland der Sünder und der Kranken, hin, der durch die Kirche wirkt (vgl. die Voraussetzung der Berufung der Jünger 5,8 f.: »Ich bin ein Sünder«; die »Reinigung« des Aussätzigen: 5,13; das Ziel der Sendung Jesu, »Sünder zu rufen«: 5,32; die Heilung aller Kranken und von unreinen Geistern Geplagten: 6,18 f.). Sein ganzes Evangelium hat die Aufgabe, Jesus als den Heiland der Armen, der Sünder, der Verlorenen darzustellen (vgl. bes. Kap. 15). Die Kirche vermittelt seit Pfingsten im Auftrag des Auferstandenen und in der Vollmacht seines Geistes das Heil Gottes an alle, die glauben. Petrus ist dafür der grundlegende Zeuge: »Er sagte: ›Kehrt um, und jeder von euch lasse sich auf den Namen Jesu Christi taufen zur Vergebung seiner Sünden; dann werdet ihr die Gabe des Heiligen Geistes empfangen!‹« (Apg 2,38).

Anregungen für die Auslegung heute

1. Prüfen Sie die Eigenart des Überlieferungsstückes Mk 2,1 – 12: Geht es um die Mitteilung über ein Wunder oder um eine besondere Offenbarung der Vollmacht Jesu, Sünden zu vergeben? (Hilfsfrage: Welche Funktion hat das Wunder für die Auseinandersetzung Jesu mit den Schriftgelehrten?)

2. Ist die jüdische Auffassung sachlich begründet, daß allein Gott Sünden vergeben kann? (Hinweise: Bestimmen Sie das Wesen der Sünde näher in ihrem Bezug zu Gott. Weiß das Alte Testament von Menschen, die im Namen Gottes Sünden vergaben?)

3. Wie ist die Frage Jesu Mk 2,9 par zu beantworten? Ist es im Sinne der Fragestellung für Menschen schwerer, Sünden (tatsächlich) zu vergeben oder einen Gelähmten durch ein Machtwort zu heilen? Oder ist beides gleich schwer? Welche Antwort legt das Verhalten Jesu nahe? (Hilfe: Sünden zu vergeben ist ›schwerer‹, weil das für Menschen grundsätzlich unmöglich ist. Die Heilung von Gelähmten ist zuweilen Menschen möglich. Beachten Sie: Art, Dauer und Ursache der Lähmung sind in der Erzählung nicht angegeben! Es gibt auch psychisch verursachte Lähmungen, also Lähmungen vorübergehender Art.)

4. Warum wird betont, daß der Kranke sofort aufstand und seine Liege wegtrug? Welchen Sinn hat diese Aussage? (Demonstration des Erfolges des Wortes Jesu.)

5. Wodurch wurde letztlich beglaubigt, daß Jesus die Vollmacht hatte, »auf Erden« bereits Sünden zu vergeben? (Durch die Auferstehung bzw. Auferweckung durch Gott!)

6. Welche Beziehung besteht nach dem Alten und Neuen Testament zwischen Sünde und Krankheit? (Nennen Sié Aussagen und Stellen.)

7. Inwiefern schließt demnach die Sündenvergebung die (endgültige) Heilung aller leiblichen und seelischen Übel ein? Welche Funktion haben die Krankenheilungen Jesu daraufhin?

8. Wie hat die Kirche den Doppelauftrag Jesu wahrgenommen, Sünden zu vergeben und Kranke zu heilen? (Vgl. Mk 16,15−18; Apg 2,37−42; 3,1−10; 4,29f.; 1 Kor 12,9.28; Jak 5,13−18.)

9. Wie hat Matthäus die Markusfassung verändert (vgl. Mk 2,1−12 mit Mt 9,1−8)? Worauf legt er den Schwerpunkt der Aussage? (Vgl. V. 8.)

10. Wie hat Lukas die Markusfassung bearbeitet? (Vgl. Mk 2,1−12 mit Lk 5,17−26, beachten Sie bes. VV. 17.20.24 f.) Inwiefern handelt es sich bei der Tat Jesu um etwas ›Unglaubliches‹? Wie soll der Mensch auf die Sündenvergebung antworten?

11. Was für ein Christusbild tritt in dieser Lehr-Wunder-Erzählung vor uns hin? (Hilfsfrage: Welche Dimensionen des Wirkens Jesu werden in diesem ›Heilandsbild‹ besonders hervorgehoben: die leibliche, psychische, religiöse?)

12. Welche Beziehung besteht zwischen dem Heil, das Christus wirkt und das die Kirche vermittelt, und dem leiblich-psychischen Heil? (Hilfsfrage: Trägt das seelsorgliche sakramentale Wirken der Kirche auch zum leiblich-psychischen Wohl und Heil bei?)

14. Die Heilung des Dieners des Hauptmanns von Kafarnaum
(Mt 8,5–13; Lk 7,1–10; 13,28 f.; vgl. Joh 4,46–54)

Hinführung

Eine besondere Gruppe von Heilungswundern Jesu bilden die sog. Fernheilungen. Bei ihnen fällt die direkte Kraftübertragung durch Berührung weg. Wirksam ist allein das Wort und der darin sich aussprechende Wille Jesu, des Heilands. Eine Übergangsstufe zwischen den Heilungen durch Berührung und den Fernheilungen bilden die Heilungen von bei Jesus anwesenden Personen, die ebenfalls allein durch das Wort erfolgten. Hier sind zu nennen die Heilung eines Gelähmten (Mk 2,1–12 par), eines Mannes mit verdorrter Hand (Mk 3,1–6 par), des blinden Bartimäus (Mk 10,46–52), von zehn Aussätzigen (Lk 17,11–19) und eines Gelähmten in Jerusalem (Joh 5,1–9).

Zu den Fernheilungen, bei denen die Kranken sich außer Seh- und Hörweite Jesu befinden, ihm auch persönlich nicht bekannt sind, gehören der Diener des Hauptmanns von Kafarnaum (Mt 8,5–13) und die damit verwandte Überlieferung der Heilung des Sohnes eines königlichen Beamten aus Kafarnaum (Joh 4,46–54). Sachlich in dieselbe Gruppe gehört die exorzistische Heilung der Tochter einer Syrophönizierin (Mk 7,24–30 par).

Bei der Heilung des Dieners des heidnischen Hauptmanns von Kafarnaum handelt es sich um eine Wunderüberlieferung, die Matthäus und Lukas aus einer uns heute verlorenen Sammlung von Worten Jesu (›Herrenworte‹, vgl. 1 Kor 7,20; Apg 20,35) nahmen, in die auch einige Wundererzählungen mit katechetischer und theologischer Bedeutung aufgenommen worden waren. Die Wissenschaft nennt diese Sammlung, die beiden Evangelisten in griechischer Sprache, aber in verschiedener Fassung vorlag: Q (Abkürzung für ›Quelle‹,

d. h. Sammlung von Jesusüberlieferungen). Diese Quelle haben Matthäus und Lukas unabhängig voneinander benützt. Die Quelle hatte die Wundererzählung ihrer theologischen Bedeutung wegen übernommen, denn sie weist auf den Gegensatz von Unglauben der Juden und Glauben der Heiden hin und bietet damit einen Ansatz für die Begründung der christlichen Mission unter Heiden (»Einen solchen Glauben habe ich in Israel noch nicht gefunden... Viele werden von Osten und Westen kommen und mit Abraham, Isaak und Jakob zu Tisch sitzen...«, Mt 8,10 f.).

Form

Prüft man den Aufbau, vor allem in der Form, die Lukas überliefert und die ursprünglicher sein dürfte als die des Matthäus, handelt es sich um eine Wundererzählung mit Beispielcharakter. Näherhin geht es um die Frage, ob und unter welchen Bedingungen Heiden würdig sind, von Jesus Christus Heil und Heilung zu empfangen (vgl. Lk 7,4.6; Mt 8,7). Die Gabe des Glaubens (vgl. Lk 7,9; Mt 8,10) und die gewährte wunderbare Erhörung der Bitte zeigten den Anhängern Jesu und später den Judenchristen: »Gott hat auch den Heiden die Umkehr zum Leben geschenkt« (Apg 11,18). Die Erzählung von der Bekehrung des Hauses des heidnischen Hauptmanns Kornelius unter Führung des Heiligen Geistes (Apg 10 f.) ist damit inhaltlich und formal verwandt. Insofern kann man diese Wundererzählung zur Gattung der Normenwunder rechnen.

Aufbau

Der Vermerk des Lukas, Jesus sei nach Beendigung der Feldrede (Mt 5–7; Lk 6,20–49) nach Kafarnaum hineingegangen, ist der Quelle Q entnommen, in der diese Erzählung mit dieser programmatischen Rede fest verbunden war (Lk 7,1). Lukas 7,2–6a bildet die *Exposition*, d. h. die Vorbereitung der Begegnung des Stellvertreters des Kranken mit Jesus. 7,6b–9a bildet die *Mitte* der Erzählung: das Glaubenszeugnis des Stellvertreters des Kranken gegenüber Jesus und Jesu Zeugnis über die Größe seines Glaubens. In der Aussage Jesu steckt die Sinnspitze der Erzählung. Im Zeugnis Jesu ist zugleich die Heilung eingeschlossen, weil Jesus den Glauben des Bittstellers als für das Wunder hinreichend anerkennt. 7,10 bildet den *Abschluß* der Erzählung. Die eingetretene Heilung beglaubigt das Urteil Jesu. Ein Heide mit vollem Glauben ist der Gemeinschaft der Anhänger Jesu würdig.

Matthäus hat wohl – analog seinem sonstigen Verhalten gegenüber den Wunderüberlieferungen des Markus – die in Q vorgefundene

Erzählung gestrafft, so daß das Gespräch zwischen dem Hauptmann und Jesus und dessen Urteil allein die Erzählung prägt. Das Urteil Jesu ist bei Matthäus heilsgeschichtlich erweitert: 8,11 f. Dasselbe heilsgeschichtliche Urteil findet sich bei Lukas in abgewandelter Form an anderer Stelle, 13,28 f. Ursprünglich gehörte dieses Urteil wohl in der Form des Matthäus zur Erzählung selbst.

Text und Botschaft nach Lukas
Der einleitende Vers 7,1 verweist auf die Verbindung mit der Bergpredigt in der Quelle Q (Lk 6,49). Die Erzählung ist in der Überlieferung fest mit dem Ortsnamen Kafarnaum verbunden. Der Hinweis auf den heidnischen Hauptmann, dessen Diener todkrank ist (7,2), setzt voraus, daß sich an diesem Grenzort vor dem Jordanübergang (nach Osten) eine Garnison befand, die im Dienst des Gebietsherrschers Herodes Antipas stand (4. v.−39 n. Chr. Tetrarch von Galiläa und Peräa). Die Truppen dieses Herrschers rekrutierten sich meist aus Heiden der näheren und weiteren Umgebung (Syrien usw.). Bei dem Hauptmann handelte es sich, wie der Name ›Hundertschaftsführer‹ sagt, um den Befehlshaber einer kleineren Truppe. Die Heilungsgeschichte nimmt mit der Entsendung einiger der jüdischen Synagogenältesten von Kafarnaum durch den Hauptmann zu Jesus mit der Bitte um Heilung ihren Anfang (7,3). Älteste waren angesehene jüdische Männer mit gutem Leumund, die zum Kreis der Verwalter einer Synagogengemeinde gehören. Dieser umfaßte mindestens 3 Personen. Die Bitte der jüdischen Fürsprecher des Hauptmannes verweist auf die Hochschätzung, die der heidnische Hauptmann dem jüdischen Volk und seiner Religion entgegenbringt (7,4 f.). Ob der relativ schlecht besoldete, niederrangige Offizier in der Lage war, eine Synagoge aus eigenen Mitteln zu finanzieren, oder ob er nur einen erheblichen Baukostenzuschuß leistete, spielt für das Urteil über diesen Mann keine Rolle: »Er ist es wert, daß du ihm die Bitte erfüllst« (7,4). Es handelte sich demnach um einen sogenannten Gottesfürchtigen, der den Eingottglauben der Juden übernommen und sich weithin den Geboten der jüdischen Religion angeschlossen hatte. In der heidnischen Diaspora durften solche Leute, wenn sie bestimmte Reinheitsvorschriften beobachteten, am Synagogengottesdienst teilnehmen (vgl. Apg 13,26.48; 16,14; 18,7). Ob dies auch in Kafarnaum, das vorwiegend von Juden bewohnt wurde und im jüdischen Siedlungsgebiet lag, möglich war, läßt sich nicht feststellen. Die Demutsäußerung des Hauptmanns Lk 7,6 f. spricht eher dagegen. Ab 7,6 tritt eine neue Delegation von Stellvertretern des Kranken auf den Plan, die−entgegen

der Feststellung der ersten Delegation – in dessen Namen bekennt: »Ich bin es nicht wert, daß du mein Haus betrittst« und zugleich das Fernbleiben des Bittstellers selbst mit dessen heidnischer Unwürdigkeit begründet (7,7). Dies macht eine Fernheilung nötig, denn nach jüdischer Auffassung verunreinigte sich ein Jude durch das Betreten heidnischer Wohnungen. Darum ist es logisch, wenn der Hauptmann nun ausrichten läßt: »Sprich nur ein Wort, dann muß mein Diener gesund werden« (7,7b).

Diese Überzeugung seines Glaubens an Jesus begründet der fromme Heide durch den Vergleich mit seiner Stellung (7,8). Obwohl er selbst ein Untergeordneter in seinem Heeres- und Staatsverband ist, hat er doch absolute Befehlsgewalt über seine Untergebenen, die seinen Befehlen daher unbedingt gehorchen. Demnach sieht er Jesus als hohen Befehlshaber im Bereich Gottes an, dessen Machtwort im Fall von Krankheiten durch die Krankheitsdämonen oder durch die Engel unbedingt Folge geleistet wird. Dieser Glaube – obwohl er sich auf das Zeugnis anderer und eigenes Nachdenken gründet (vgl. 7,3) – erstaunt Jesus. Dieser Heide hatte aufgrund seiner Taten erkannt, welche Vollmacht und welcher Rang Jesus eignete, und ihn durch sein Verhalten entsprechend geehrt. Darum erkannte Jesus seinem Glauben Heilscharakter zu, wie das öffentliche Zeugnis über ihn bekundete, und nahm das Vertrauensbekenntnis samt der darin eingeschlossenen Bitte an (7,9). Ein äußeres Befehlswort mußte nicht eigens mehr gesprochen werden. Jesu Vollmacht übertraf sogar die Erwartung des Hauptmanns. Sein stillschweigender Wille allein brachte hervor, was der Hauptmann erbat und erwartete. Der Vergleich, den Jesus bei seinem Urteil über den Glauben dieses Mannes anstellt, fällt für die Gläubigen aus Israel schlecht aus. Bei ihnen hätte Jesus aufgrund der alttestamentlichen Verheißungen, die er erfüllte, mehr erwarten dürfen. Wie die Ältesten aus Kafarnaum bekunden, achten sie Jesus als Wundertäter. Mehr wird aber nicht gesagt. Von einer besonderen Ehrung Jesu durch sie ist nicht die Rede. Und die Evangelien sind voll von dem mühseligen Weg der Jünger Jesu bis zu einem hinreichenden Glauben und von der Ablehnung und dem Unglauben, die Jesus von der Mehrheit seines Volkes erfährt. Das Wort Jesu weist deutlich über Israel hinaus auf all die, die durch ihren Glauben zu Jesus finden werden und dessen vollauf würdig sind, während viele aus dem Volk Gottes sich dessen nicht als würdig erweisen werden. Mit den Gottesfürchtigen, die sich der Jesusbewegung anschließen, beginnt der Weg der Kirche in die Heidenwelt. Der Schlußsatz 7,10 stellt fest, daß die Heilung entsprechend der Bitte des Hauptmanns eingetreten war.

Damit wurde Jesu Urteil über die gottesfürchtigen, jesusgläubigen Heiden öffentlich bestätigt.

Man darf wohl nicht unbegründet annehmen, daß der Hauptmann sich nach der Auferstehung Jesu mit seinem Haus der Jesusbewegung anschloß und Christ wurde (vgl. Apg 10 f.).

Rahmen

Entsprechend der Anordnung in Q bietet Lukas das Stück nach der Feldrede (6,20–49), verbindet es mit der Auferweckung des jungen Mannes zu Naïn (7,11–17) und beschließt den Abschnitt mit der Antwort Jesu auf die Täuferanfrage (7,18–23). Diese Antwort enthält den Schlüssel für diese Anordnung: »Blinde sehen wieder, Lahme gehen, und Aussätzige werden rein; Taube hören, Tote stehen auf, und den Armen wird die frohe Botschaft verkündet!« (7,22; Jes 26,19; 29,18; 35,5 f.; 61,1). Jesus erweist sich durch Wort und Tat als der verheißene Heilbringer, nicht nur für die Juden, sondern auch für die Heiden. Wer sehen will, kann dies erkennen. Der Hauptmann von Kafarnaum ist das beste Beispiel dafür. Für die anderen, vorwiegend aus dem Judentum, aber ist gesagt: »Selig ist, wer an mir keinen Anstoß nimmt!« (7,23).

Text und Botschaft nach Matthäus

Matthäus hat die Q-Vorlage, wie sie sich bei Lukas findet, auf das ihm Wesentliche verkürzt: das Gespräch zwischen Jesus und dem heidnischen Hauptmann und das Wort Jesu über den Glauben von Heiden und den Unglauben der Juden. Er hat das Überlieferungsstück eingeordnet in seine Wundersammlung Kap. 8 f., läßt aber der Heilung eines Heiden die Heilung eines Juden vorausgehen (8,1–4). Beide Male handelt es sich um schwere Erkrankungen.

Die Erzählung beginnt unvermittelt (8,5) mit der Bitte des Hauptmanns selbst – die Gesandtschaften der Lukasfassung streicht er – an Jesus und einer genauen Angabe der Erkrankung: »Herr, mein Diener liegt gelähmt zu Hause und hat große Schmerzen.« Sofort erklärt Jesus seine Bereitschaft zu helfen und scheut sich nicht, das Haus eines Heiden zu betreten (8,7): »Ich will kommen und ihn gesund machen!« Mit der demütigen Aussage: »Herr, ich bin es nicht wert, daß du mein Haus betrittst!« erläutert der Hauptmann sodann seine Bitte: »Sprich nur ein Wort, dann wird mein Diener gesund!« (8,8). Das darin enthaltene Vertrauensbekenntnis begründet er mit einem Hinweis auf seinen Lebensbereich: »Auch ich muß Befehlen gehorchen, und ich habe selber Soldaten unter mir«, die mir sofort gehorchen (8,9).

In dieser Aussage ist eine Schlußfolgerung von seinem Befehlsbereich auf den Befehlsbereich Jesu gezogen. Der Hauptmann ist überzeugt, daß Jesus aufgrund seiner Heilungsmacht Vollmacht und Befehlsgewalt über alle Arten von Krankheiten und Krankheitsverursachern hat. Dieser Glaube beruht zwar auf einem dämonistischen Weltbild, wird aber der Stellung Jesu im Kosmos durchaus gerecht. Er ist wirklich ›der Herr‹ (Kyrios; beachten Sie die Anreden des Hauptmanns 8,6.8). Das klare Denken eines Soldaten in den ihm vertrauten Kategorien von Über- und Unterordnung hat den Hauptmann zu diesem Schluß geführt.

Die Reaktion Jesu auf dieses Vertrauensbekenntnis bildet zusammen mit diesem die *Mitte* der Erzählung: »Jesus war erstaunt, als er das hörte, und sagte denen, die ihm nachfolgten: ›Amen, das sage ich euch: Einen solchen Glauben habe ich in Israel noch bei niemand gefunden. Ich sage euch: Viele werden von Osten und Westen kommen und mit Abraham, Isaak und Jakob im Himmelreich zu Tisch sitzen; die aber, für die das Reich bestimmt war, werden hinausgeworfen in die äußerste Finsternis; dort werden sie heulen und mit den Zähnen knirschen‹« (8,12). Zur Beglaubigung dieser Aussage fügt Jesus hinzu: »Geh! Es soll geschehen, wie du geglaubt hast« (8,13a).

Es geht Matthäus in dieser Erzählung also um die Gegenüberstellung des Glaubens eines Heiden und des Unglaubens seiner jüdischen Volksgenossen. Auch den Heiden wird durch Jesus Christus die Gnade zum Glauben an das Heil geschenkt, und sie werden sie ergreifen. Die Juden dagegen bleiben in ihren Wünschen und Vorstellungen befangen und finden so nur schwer und mit vielen Vorbehalten zu Jesus, dem verheißenen Messias. So treten mit dem Hauptmann von Kafarnaum die Heiden in die Gemeinschaft der Jünger Jesu ein und werden zu vorbildlichen Jüngern. Durch Jesus wird verwirklicht, was bei den Propheten mehrfach für die Endzeit angesagt wurde: die Wallfahrt der Völker zum wahren Gott (s. Am 3,2; 9,7; Mi 3,12; auch Tob 13,11; 14,6f.; außerdem Jes 2,5ff). Die Glaubenden aus den Heidenvölkern werden dann am endzeitlichen Mahl teilnehmen, das Jes 25,6 verheißen und von Jesus in zahlreichen Bildern näher bestimmt wurde (s. Lk 14,15–24; Mt 22,1–14; 25,14–30). An diesem Mahl werden aber all die vielen aus Israel nicht teilnehmen, die – obwohl dazu eingeladen – sich dessen nicht würdig erwiesen (vgl. bes. Mt 22,1–8), vor allem die jüdischen Führer (s. Mt 22,7). Insofern ist das Wort Jesu Mt 8,11 nicht nur eine heilsgeschichtliche Verheißung für die Heiden und eine prophetische Aussage über den Weg der Kirche von den Juden zu den Heiden (vgl. Mt 28,18–20), sondern zugleich ein Droh- und Gerichtswort an die Juden (beachten Sie die zugespitzte Feststellung Mt 8,10: »Bei keinem in Israel habe ich einen solchen Glauben gefunden«! Darin schwingt auch eine Kritik an den Jüngern Jesu aus Israel mit). Dieses Wort versteht Matthäus zugleich als ein Mahnwort an die Christen seiner Zeit, wie die häufige Verwendung der Verwerfungsaussage Mt 8,12b in seinem Evangelium zeigt (s. 13,42.50; 22,13; 24,51; 25,30), und zwar je an Stellen, die einen Bezug auf die Kirche haben.

Dem Wort vom Scheitern des Wirkens Jesu bei den Juden, vom wunderbaren Erfolg aber bei den Heiden entsprechen im Neuen Testament vor allem die Aussagen Mt 21,43 (Winzergleichnis: »Das Reich Gottes wird euch weggenommen und einem Volk gegeben werden, das die erwarteten Früchte bringt«), Apg 28,25–28 (»Ihr sollt wissen: Den Heiden ist dieses Heil Gottes gesandt worden. Und sie werden hören«) und Röm 9,11. Letztere Aussage zeigt aber auf, wie durch den Unglauben Israels der Glaube zu den Heiden kam, so daß zuletzt doch ein heiliger Rest aus Israel zu Jesus, dem Herrn und Heiland Gottes für alle Menschen, finden wird.

Die abschließende Feststellung 8,13f.: »Und in derselben Stunde wurde der Diener gesund!« dient als Beweis für das von Jesus Gesagte. Das Wunder dient bei Matthäus als Paradigma für die heilsgeschichtliche Feststellung Jesu. In dieser spiegelt sich der Weg der Kirche von den Juden zu den Heiden. Zugleich versteht Matthäus dieses Wort Jesu als Mahnung an die Christen, nicht müde zu werden und das Heil durch Gleichgültigkeit zu verscherzen (vgl. Mt 22,14: »Viele sind gerufen, aber nur wenige auserwählt«).

Rahmen

Matthäus hat die Perikope in die Sammlung von 10 Wundern eingeordnet, welche die Worte Jesu, näherhin die Bergpredigt (Kap. 5 – 7) beglaubigen sollen. In den eingeschobenen Lehrstücken des ›Wunderkapitels‹ (8,18 – 22: Von der Nachfolge; 9,9 – 13.14 – 17: »Barmherzigkeit, nicht Opfer«; »neuer Wein in neue Schläuche«) ruft er zugleich zur unbedingten Nachfolge und zum Handeln im Geiste Jesu auf. Durch die Einordnung der Beispielerzählung vom Glauben des heidnischen Hauptmanns an der Nahtstelle zwischen Bergpredigt und Wundersammlung weist er darauf hin, daß der Glaube an Christus, den Kyrios, allein über die Zugehörigkeit zum Volk Gottes entscheidet. Die Wundersammlung weist zugleich auf, welche heilschaffenden Kräfte und Möglichkeiten ein echter Glaube in sich birgt.

Anregungen für die Auslegung heute

1. Vergleichen Sie beide Fassungen der Wundergeschichte Mt 8, 5–13 und Lk 7,1–10 miteinander, und bestimmen Sie die Gemeinsamkeiten und die Unterschiede!
2. Was spricht dafür, daß Matthäus die bei Lukas überlieferte Fassung gestrafft hat? (Vergleichen Sie dazu das Vorgehen des Matthäus bei der Bearbeitung der Wundererzählungen des Markus.) Beachten Sie: Die heilsgeschichtliche Aussage Jesu Mt 8,11 f.; Lk 13,28 f. hat wohl bereits zur ursprünglichen Erzählung gehört.
3. Wie zeigt sich der ungewöhnliche Glaube des heidnischen Hauptmanns? Mit welchem Vergleich beschreibt er seinen Glauben an die Vollmacht Jesu?
4. Was ist der Grund für die Bitte des Hauptmanns?
5. Weshalb bittet der Hauptmann, Jesus möge ein Vollmachtswort aus der Ferne sprechen?
6. Wie vollzieht sich das Wunder näherhin (nach Mt, nach'Lk)?
7. Welche Funktion hat die Wunderheilung? Was wird dadurch über den Glauben von Heiden ausgesagt? (Hilfsfragen: Können auch Heiden auf rechte Weise glauben? Hat ihr Glaube Heilsbedeutung? Dürfen Heiden in die Jüngergemeinde Jesu aufgenommen werden?)
8. Was sagt die Apostelgeschichte über die Aufnahme von Heiden in die Kirche? (Beachten Sie vor allem Apg 8,26–40; 10 f.; 11,19–26; 16,1–3.11–15.19–34; 19,8–10.)
9. Was kann die Erzählung den Christen heute sagen? (Beachten Sie den Anlaß, die Fürbitter, das Element des Glaubens, das Verhältnis Nichtchristen – Christen als ›Söhne des Reiches Gottes‹.)

II. Dämonenaustreibungen (Exorzismen)

Mit den Heilungswundern verwandt sind die Austreibungen von Dämonen bzw. unreinen Geistern, auf deren Einfluß damals eine Reihe schwerer Erkrankungen zurückgeführt wurde. Insofern handelt es sich dabei ebenfalls um Heilungen von Menschen, welche die freie Selbstverfügung über sich verloren hatten und zu Sklaven der Krankheitsdämonen geworden waren.

Im Unterschied zu den Krankheitsheilungen wendet sich Jesus bei den Austreibungen unmittelbar an die bösen Geister, welche nach damaliger Auffassung das Übel verursachten, und zwingt sie, das Feld zu räumen. Dadurch befreit er die davon betroffenen Menschen von ihrem Leiden.

Bezeichnenderweise finden sich im Johannesevangelium keine Erzählungen exorzistischer Heilungen. Es scheint, daß der Verfasser dieses Evangeliums in dieser Frage eine andere Auffassung vertrat als die Verfasser der synoptischen Evangelien und der von ihnen benützten Überlieferungen.

1. Ein Besessener in
   der Synagoge von
   Kafarnaum am Sabbat
   (Mk 1,21–28;
   Lk 4,31–37)

Hinführung

Nach dem Evangelium des Markus begann Jesus sein öffentliches
Wirken an einem Sabbat in der Synagoge zu Kafarnaum. Er trug dort
im Rahmen des Synagogengottesdienstes seine Botschaft vom Reich
Gottes vor und machte großen Eindruck auf die Synagogenbesucher
durch die selbständige Weise und die Autorität seines Lehrens. Zweimal betont der Evangelist in dem Abschnitt 1,21–28, zu Beginn und
am Schluß: »Jesus lehrte mit Vollmacht«, nicht wie die Schriftgelehrten (1,22.27).

Auf diese Vollmacht verweist näherhin die Erzählung von der
Austreibung eines unreinen Geistes aus einem Synagogenbesucher
(1,23–27). Sie beglaubigt Jesu Wort und erweist seine Macht, den
Einfluß Satans zu brechen und die Menschen aus der Gewalt der
unreinen Geister zu befreien. Jesu Wort schafft Raum für die Herrschaft Gottes.

Form

Diese Erzählung weist alle wesentlichen Elemente einer Dämonenaus-
treibung auf: das Auftreten eines Besessenen, die Konfrontation seines
Dämons mit dem Heiler, das Ringen zwischen Heiler und Dämon, das
Ausfahren des unreinen Geistes, die Feststellung der Heilung und ihrer
Wirkung.

Zu beachten ist, daß in der vorliegenden Erzählung nicht gesagt
wird, es habe sich um einen kranken Mann gehandelt. Auffällig ist, daß
er ohne Schwierigkeit der jüdischen Verpflichtung Genüge leisten
kann, am Sabbat am Synagogengottesdienst teilzunehmen. Erst durch
das Auftreten Jesu kommt heraus, daß in dem Gottesdienstbesucher
ein Dämon wohnt.

Es scheint, daß die Überlieferung fest mit dem Auftreten Jesu in der Synagoge zu Kafarnaum verknüpft ist.

Bezeichnend ist, daß es sich bei dem berichteten Vorgang um einen Sabbatkonflikt handelt. Solche Sabbatkonflikte sind für Jesu messianisches Handeln typisch. In der Heilungstat zeigt sich insofern auch ein besonderes Verständnis der Bedeutung des Sabbats durch Jesus und den Evangelisten.

Aufbau

Die Verse 1,21−23 bilden die Einleitung des Geschehens. Sie weisen auf die Begegnung des Besessenen mit Jesus in der Synagoge von Kafarnaum hin. Durch die Predigt Jesu wird der Dämon herausgefordert, sich zu melden. 1,24 stellt den Verlauf der Begegnung näher dar: Der Dämon bekennt sein geheimes Wissen um Jesu Person und Vollmacht und will Jesus durch die Nennung seines Namens und seiner Aufgabe am Eingreifen hindern. 1,25f. beschreibt den Sieg Jesu über den Dämon aufgrund eines Befehlswortes. 1,27 stellt die Befreiung fest und deutet das Geschehen: »Hier wird mit Vollmacht eine ganz neue Lehre verkündigt. Sogar die unreinen Geister gehorchen seinem Befehl.« 1,28 weist abschließend auf die Wirkung des Exorzismus hin: »Sein Ruf verbreitete sich rasch im ganzen Gebiet von Galiläa.«

Text und Botschaft

Der Evangelist beschreibt das Wirken Jesu als Handeln durch vollmächtiges Wort. Dieses Wort wird sowohl in 1,22 wie auch in 1,27 als didachē, als Lehre, als Botschaft mit neuem Inhalt, als neue Heilswahrheit beschrieben (vgl. auch das Verb ›lehren‹ in V. 22). Es geht im Evangelium demnach um eine neue Offenbarung Gottes, eine neue Wahrheit, die es zu verstehen, der es zu glauben gilt. Der Inhalt dieser Botschaft ist einleitend in 1,15 thematisch herausgestellt worden. Er wird durch das Handeln Jesu an dem Besessenen näher erläutert. Insofern dient der Exorzismus nicht nur der Beglaubigung der Vollmacht Jesu als dem Ansager und Bringer des Reiches Gottes, sondern auch der Beglaubigung seiner Botschaft, der Wahrheit des Evangeliums. Daher ist diese Überlieferung auch für die Kirche und ihre Verkündigung von grundlegender Bedeutung.

Jesus hat wohl bei dem voausgesetzten Sabbatgottesdienst, den er mit seinen neuberufenen Jüngern besuchte, Gebrauch von dem Recht gemacht, sich im Gottesdienste nach der Verlesung der vorgeschriebenen biblischen Abschnitte und dem damit verbundenen Lehrvortrag zu Wort zu melden. Das Markusevangelium zeichnet den Vorgang so, als hätte Jesus den Sabbatgottesdienst bewußt in die Hand genommen und zu einer grundlegenden Kundgabe seiner Reich-Gottes-Botschaft umgestaltet. Die Zielbewußtheit seines Vorgehens wie auch die Eigenart des freigestalteten Vortrags Jesu machten daher einen tiefen Eindruck auf die Gottesdienstteilnehmer, jüdische Männer aus Kafarnaum und Umgebung und die Jünger Jesu. Sie ahnten die göttliche Vollmacht, die hinter Jesu Worten stand. »Der Verkündiger der Gottesherrschaft (1,14 f.) (ist) zugleich ihr Vorkämpfer.«[7]

Das Wort Jesu deckte aber auch auf, daß einer der pflichteifrigsten Gottesdienstbesucher von einem unreinen Geist besessen war. Dieser meldete sich und schrie: »Was haben wir mit dir zu tun, Jesus von Nazaret?« (1,24). Die hier verwendete Redewendung greift auf 1 Kön 17,18 zurück, die Frage der Witwe von Sarepta an Elija: »Was habe ich mit dir zu schaffen, Mann Gottes? Du bist nur zu mir gekommen, um an meine Sünde zu erinnern und meinem Sohn den Tod zu bringen« (vgl. auch die Antwort Jesu an Maria, Joh 2,4). Die Wendung ist hier als Ausdruck der Abwehr zu verstehen: Wir (die Dämonen) wollen nichts mit dir zu tun haben! Denn der unreine Geist, der aufgrund dämonischer Hellsichtigkeit erkennt, wer Jesus ist, weiß, wozu er gekommen ist. »Bist du gekommen, um uns ins Verderben zu stürzen? Ich weiß, wer du bist: der Heilige Gottes!« (1,24). »Der Heilige Gottes« ist Bezeichnung für die von Gott verliehene Heilbringervollmacht Jesu (vgl. Joh 6,69; auch Lk 1,35), seine pneumatische Kraft. Als der »Heilige Gottes« ist Jesus gesandt, die Macht Satans zu brechen, die Menschen von der Sünde und den Kräften des Unheils zu befreien. Das gilt insbesondere für die Heilung und Befreiung kranker und von bösen Mächten ›besessener‹ und beherrschter Menschen.

In der Nennung des Namens Jesu und in der Aufdeckung seiner Sendung ist der Versuch des unreinen Geistes verborgen, Jesus am Wirken zu hindern. Zugleich aber muß der böse Geist unfreiwillig Jesus als den Heilbringer Gottes bekennen und anerkennen. Er muß ansagen, was für eine Zeit mit dem Auftreten Jesu begonnen hat.

Jesus aber läßt sich dadurch nicht hindern, seinem Auftrag zu entsprechen. Er befiehlt ohne Umschweife: »Schweig und verlaß ihn!« (1,25). Ohne jede Geste, ohne Anrufung Gottes, ohne Gebet, allein durch seine im Wort geäußerte Autorität zwingt Jesus den unreinen Geist, den Mann freizugeben. Allerdings verläßt er nur mit Widerwillen seinen Wirkungsbereich. »Der unreine Geist zerrte den Mann hin und her und verließ ihn mit lautem Geschrei« (1,26).

Darf man aufgrund der Gleichartigkeit des Vorgangs mit der

Heilung des besessenen Knaben Mk 9,14−29, bes. Vers 26, schließen, daß es sich auch hier um Epilepsie handelte, die auf eine dämonische Macht zurückgeführt wurde? Das würde erklären, warum dieser Jude trotz seiner ›Besessenheit‹ den Synagogengottesdienst besuchen konnte. Zugleich weist diese Erzählung darauf hin, daß man diese Art von ›Besessenheit‹ nicht mit der ›Besessenheit durch Satan‹ (oder ›einen Teufel‹) gleichsetzen darf!

Jedoch will die Erzählung indirekt anzeigen, daß auch die Frommen des Volkes Israel durchaus der Erlösung durch Jesus bedürfen. Sie sind auch als ›Fromme‹ und ›Gerechte‹ keineswegs heil und heilig.

Die Reaktion der Anwesenden weist auf die Bedeutung des Handelns Jesu hin: die göttliche Vollmacht seines Wirkens und die Heilsmacht seines Wortes. Sie bewirken wirklich Befreiung von den vielfältigen Mächten des Unheils und des Bösen. »Sogar die unreinen Geister gehorchen seinem Befehl« (1,27).

An dieser Stelle zeigt der Evangelist die Bedeutung des von ihm verkündeten Evangeliums und der Glaubensverkündigung der Kirche an. Wer daran glaubt und sich zu Christus als seinem Herrn bekennt, wird frei von der Unheilsmacht des Bösen und der Sünde. Er gewinnt die Freiheit zurück, als Kind Gottes zu leben und durch die Gnade Gottes im Kern seines Wesensgrundes gesund und gut zu werden. Dieses Heil kann und will sich auswirken auf seine Psyche, seinen Leib und seine Umgebung. Zugleich wird er dadurch fähig, Gott wirklich zu ehren und in Gebet und Gottesdienst Heil zu erfahren.

Der Abschlußvers deutet darauf hin, daß die Nachricht vom vollmächtigen Lehren und Wirken Jesu seiner Mission den Weg bereitete. Dies gilt übertragen auch für das Wirken der Kirche, wenn sie vollmächtig das Evangelium verkündet und heilsmächtig wirkt.

Rahmen

Die Wundererzählung ist umrahmt von der Feststellung, daß Jesus »mit (göttlicher) Vollmacht eine ganz neue Lehre« verkündet (1,27; vgl. 1,22). Sie dient im Markusevangelium dazu, die ›Lehre‹ des Evangeliums zu beglaubigen und sichtbar zu machen. Sie hat insofern beispielhafte Bedeutung. Zugleich zeigt sie an, worin das durch Jesus gebrachte Heil besteht: in der Befreiung aus der Macht des Bösen und des Unheils.

Dazu gehört zunächst der Einfluß geistiger oder psychischer Mächte, die den Menschen versklaven und seiner Freiheit und Selbstverfügung berauben. Hier sind zu nennen die unreinen Geister, die den heidnischen Besessenen von Gerasa quälten (5,1−17), der unreine

Geist, der die Tochter der Syrophönizierin quälte (7,24–30), und jener, der den Sohn des ungläubigen Vaters tyrannisierte (9,14–29). Schaut man näher zu, handelt es sich um besonders schwere psychische und psycho-physische Erkrankungen, Schizophrenie (5,1–17) und Epilepsie (9,14–29), vielleicht auch Nervenfieber (7,24–30). Daß zwei Heiden genannt sind, soll wohl auf den Einfluß des Heidentums in Ideologie und Praxis bei diesen Leiden hinweisen.

Dann ist hinzuweisen auf die Befreiung von Krankheiten aller Art (vgl. 1,29–31: Fieber; 1,40–45: Aussatz; 2,1–12; 3,1–6: Lähmungen; 5,24b–34: Blutungen; 7,31–37: Taubstummheit; 8,22–26; 10,46–52: Blindheit). Zuletzt ist die Vergebung von Sünden anzuführen (2,1–12).

Jesus schafft also durch sein vollmächtiges ›Wort‹ (vgl. 4,13–20) in Verkündigung, Vergebung, Heilung und Heilszuspruch einen Bereich der Freiheit, Wahrheit, Gesundheit, Sündenfreiheit, des Guten, des Glaubens und der Liebe, in dem Gottes Geist bereits jetzt wirksam ist und die Mächte des Bösen nur noch sehr eingeschränkt wirken können. Er fesselt Satan und befreit Menschen aus dessen Macht, die an ihn glauben und sich seinem Wort öffnen (vgl. 3,27; 4,13–20).

In der Begegnung mit Jesus und dem Evangelium kommt heraus, wie es um einen Menschen steht, wessen Geist ihn in seiner Tiefe bestimmt. Wer sich Jesus und seinem Wort im Glauben öffnet, wird frei von den unreinen Einflüssen des bösen Geistes. Er wird fähig, den guten Willen Gottes zu tun, und tritt ein in die Familie Gottes (vgl. 3,33f.). Er kann Großes vollbringen in der Kraft des Glaubens (vgl. 11,20–25).

Unsere Erzählung ist allerdings an der Bedeutung des Glaubens an Jesus nicht interessiert, sondern stellt die Macht des Wortes Jesu und des Evangeliums über alle bösen Mächte heraus, die Menschen versklaven und beeinflussen. Damit ist zugleich aufgezeigt, was an Heilsmacht durch Jesus in unsere Welt gekommen ist. Dem Aufweis der heilenden, rettenden Macht Jesu Christi ist der erste Teil des Evangeliums des Markus gewidmet (1,14 – 12,44). Insofern hat unsere Wundererzählung zeichenhafte Bedeutung für den ersten Teil »des Evangeliums von Jesus Christus, dem Sohn Gottes« (vgl. 1,1).

Die Überlieferung nach Lukas (4,31–37)

Der Evangelist hat diese Perikope unmittelbar hinter die prophetische Rede Jesu in der Synagoge seiner Heimatstadt Nazaret eingeordnet (4,16–30). Sie dient als 2. Beispiel zu dem Leitsatz des ganzen Abschnitts über den Beginn des öffentlichen Wirkens Jesu in Galiläa

4,14−41: »Er lehrte in den Synagogen und wurde von allen gepriesen«
(4,15). Dabei gehört zum vollmächtigen Lehren Jesu auch sein Wirken
als Heiland, wie die drei Wunderperikopen 4,33−36; 4,38−39;
4,40−41 (Sammelbericht) zeigen. Das zeigt der Evangelist dadurch an,
daß er − wie Markus − in der Einleitung 4,32f. betont, »die Menschen
waren sehr betroffen über seine Lehre, weil (er) sein Wort (logos) in
(göttlicher) Vollmacht (ausrichtete)«.

Nach 4,31 nimmt Lukas eine längere Zeit gottesdienstlicher Sabbat-
verkündigung in der Synagoge an. Insofern vollzog sich nach dem
Evangelisten Lukas eine fortlaufende ›katechetische‹ Unterweisung
Jesu in Kafarnaum über das Reich Gottes.

Der Charakter einer grundsätzlichen Eröffnungspredigt kommt bei
Lukas jedoch der Predigt Jesu in Nazaret zu.

Allerdings hat auch bei Lukas die Austreibung eines Dämons aus
einem Gottesdienstteilnehmer beispielhaften Charakter für die (göttliche) Vollmacht des Wortes Jesu (beachten Sie den Anschluß von V. 33
an V. 32).

Bei der Wiedergabe der exorzistischen Heilung hält sich Lukas
ziemlich getreu an die Vorlage des Markus. Er bestimmt im Einleitungsvers 33 den unreinen Geist näherhin als ›Dämon‹, als böses, den
Menschen schädigendes Geistwesen unheimlicher Art. Den Abwehr-
schrei des Dämons hat er verstärkt und dramatisiert. Er ruft: »Ha, was
haben wir mit dir zu tun, Jesus von Nazaret? Bist du gekommen, um
uns ins Verderben zu stürzen?« (V. 34). Und er tut dies ›mit lautem
Schrei‹ (V. 33). Beim Ausfahrvorgang treibt der Dämon nach Lukas
den Besessenen in die Mitte der Synagoge und fährt dann aus, ohne
dem Mann zu schaden. Jesus hat ihn an jeder Art von Schädigung
gehindert. Die Reaktion der Teilnehmer am Gottesdienst besteht in der
Äußerung aller: »Was ist das für ein Wort (nicht Lehre)? Denn er
gebietet in (göttlicher) Vollmacht und Kraft den unreinen Geistern,
und sie fahren aus« (V. 36). Wieder ist wie in Vers 32b auf die göttliche
Vollmacht und geistesgewirkte Kraft (zu dynamis bei Lukas vgl. 5,17;
9,1; 10,19; 24,19; Apg 1,8; 2,22; 3,12; 6,8; 10,38) Jesu hingewiesen, der
ja sein Leben und seine menschliche Existenz dem Wirken des Geistes
Gottes verdankt (vgl. 1,35: »die Kraft des Höchsten wird dich über-
schatten«; 4,14: »er kehrte, erfüllt von der Kraft des Geistes, nach Galiläa
zurück«). Weil er über den Geist Gottes in Fülle verfügt, ist er »der
Heilige Gottes« (vgl. 1,35: »Deshalb wird das Kind heilig und Sohn
Gottes genannt werden«). Er ist von Gott bevollmächtigt, das verheißene Heil in Fülle zu wirken und mitzuteilen. Das vollzieht sich
zunächst in der Austreibung und Bannung der unreinen Geister (4,36).

Wie bei Markus bereitet die Kunde davon dann Jesu Wirken den Weg (4,37).

Stärker als Markus hebt Lukas darauf ab, daß auch die Kirche wie Jesus durch den Geist Gottes die Macht erhalten hat, Dämonen auszutreiben und Krankheiten zu heilen (vgl. Apg 10,38). 9,1 stellt eigens heraus, daß der Herr den Zwölf (Aposteln) »die Kraft (dynamis) und Vollmacht (exousia) gab, alle Dämonen auszutreiben und die Kranken gesund zu machen« (vgl. dazu Mk 3,15; 6,7). 10,17f. betont die zweiundsiebzig Jünger, die Jesus vor sich her gesandt hatte: »Herr, sogar die Dämonen gehorchen uns, wenn wir deinen Namen aussprechen. Da sagte er zu ihnen: ›Ich sah den Satan wie einen Blitz vom Himmel fallen. Seht, ich habe euch die Vollmacht gegeben, auf Schlangen und Skorpione zu treten und die ganze Macht des Feindes zu überwinden.‹« Nach Apg 1,8; 2,1ff. empfängt die Urgemeinde mit all ihren Gliedern »die Kraft (dynamis) des Heiligen Geistes«. Sie vermag deshalb das Evangelium mit Freimut und Vollmacht zu verkünden und im Namen Jesu Christi »Heilungen, Zeichen und Wunder zu wirken« (Apg 4,9f.29f.; 6,8; Stephanus). Die Jünger sind zugleich die, »die das Wort Gottes hören und danach handeln« (Lk 8,21) und die durch das Wort Gottes (je logos) heilschaffend wirken (Apg 4,4.29; 6,4; 8,4; 10,36.44; 13,5; 14,3).

Lukas sieht im Verkündigen und Handeln Jesu ein Vorbild für das Verkündigen und Wirken der Kirche. Wo sie im Namen Jesu wirkt, darf sie auf die Kraft des Geistes Gottes vertrauen, der Glauben hervorruft, Zeichen und Wunder wirkt, das Böse überwindet und Heil mitteilt. Dabei liegt der Schwerpunkt des Wirkens der Kirche eindeutig auf dem geisterfüllten Wort der Gnade, dem Wort des Gebetes und des sakramentalen Handelns. Durch das Heilswort der Kirche werden die Menschen frei zum Glauben, zum Lobpreis Gottes, zum Leben in der Liebe.

Anregungen für die Auslegung heute

1. Wie ist das Stück Mk 1,21−28 aufgebaut?
2. Wie begegnet Jesus dem ›unreinen Geist‹? (Hilfsfrage: durch ein Heilungswort wie bei Krankenheilungen oder durch einen an eine Person gerichteten Befehl?)
3. Wie reagiert der ›unreine Geist‹ auf die Begegnung mit Jesus? Was sagt das über sein Wesen?
4. Hindert der unreine Geist den von ihm ›Besessenen‹ an der Mitfeier des jüdischen Gottesdienstes (mit Gebet und Glaubens-

bekenntnis!)? (Nein!) Kann man ihn also mit ›Satan‹ selbst identifizieren? (Nein.)

5. Auf welches Krankheitsbild verweist der Vergleich mit der Dämonenaustreibung Mk 9,14–27? (Epilepsie)

6. Wie ist also das ›unreine‹ Wesen des Geistes näher zu bestimmen? (Hilfsfrage: als Hemmung der Freiheit und Selbstverfügung dieses Mannes und damit als Unheil oder als sündige Verunreinigung?) (Ersteres ist zutreffend.)

7. Dient die Erzählung dazu, die Verkündigung und Lehre Jesu vom Reich Gottes zu beglaubigen, oder dazu, Jesu Wundermacht zu beweisen? (Vgl. Mk 1,21 f.27.)

8. Warum stellt Markus diese Perikope an den Anfang des Wirkens Jesu? Was will er damit zeigen? (Vgl. 1,14 f.; 1,27 f.)

9. Inwiefern zeigt sich die Kraft des Evangeliums in der Befreiung von ›unreinen Geistern‹? (Prüfen Sie dazu die Apostelgeschichte!)

10. Wie hat Lukas die Perikope in sein Evangelium eingeordnet? Wie hat er diese gegenüber Markus verändert?

11. Warum hebt Lukas auf die ›Kraft (dynamis) des Wortes Jesu‹ (logos) ab? Was will er damit der Kirche sagen? (Vgl. 9,1; 10,17 f.; Apg 1,8; 2,1 ff.; 4,9 f.29 f.; 6,8; 10,36.44.)

12. Wie kann das Wort des Evangeliums heute Menschen von ›unreinen Geistern‹ heilen? Welche ›unreinen‹ dämonischen Mächte versklaven heute Menschen? (Süchte, Fehlhaltungen, Ideologien.)

13. Soll der Christ auch über Geisteskranke und psychisch Kranke beten und die Kraft Christi und seines Geistes anrufen?

14. Nennen Sie Christen, die erfolgreich gegen versklavende Dämonien kämpften!

2. Der Besessene von Gerasa (Mk 5,1–20; Lk 8,26–34) - Zwei Besessene von Gadara (Mt 8,28–34)

Hinführung

Im Anschluß an die Erzählung von der wunderbaren Errettung Jesu und seiner Jünger aus einem Seesturm (4,35–41) bietet Markus die Überlieferung einer außergewöhnlichen exorzistischen Befreiungstat Jesu an einem Heiden im Gebiet der Zehnstädte (Dekapolis) östlich des Sees Gennesaret (5,1–20). Genannt ist näherhin das Umfeld der Stadt Gerasa. Lukas und Matthäus folgen Markus in der Übernahme und Anordnung dieser Überlieferung. Bei Matthäus ist daraus eine Erzählung von der Heilung zweier Besessener bei der Stadt Gadara geworden (8,28–34). Während Lukas 8,26–39 der Vorlage des Markus weithin folgt, hat Matthäus diese erheblich verkürzt und in seine Wundersammlung Kap. 8f. aufgenommen, durch die er die Bergpredigt Jesu beglaubigen und Jesus als messianischen Wundertäter und Erfüller der verheißenen Heilszeit erweisen will. Die Forschung hat nachgewiesen, daß auch Matthäus seine Überlieferung der Vorlage des Markus verdankt und daß er diese stilistisch und theologisch bearbeitet hat. Insofern läßt sich das theologische Interesse des Matthäus aufgrund dieser Bearbeitung deutlich erheben.

Bedeutsam ist, daß die gemeinsame Überlieferung voraussetzt, Jesus habe auch im alten vorexilischen Siedlungsgebiet des Zwölfstämmevolkes unter Heiden, die zu seiner Zeit dort wohnten, exorzistisch gewirkt.

Form

Die von Markus vorgelegte Erzählung läßt noch verschiedene Stufen der Erweiterung und theologischen Entfaltung erkennen. Markus hat die Erzählung christlichen Überlieferungen entnommen und in sein

Evangelium so eingeordnet, daß er sie mit der Erzählung der wunderbaren Rettung aus einem Seesturm verklammerte (vgl. 5,1: »jenseits des Sees«; 5,18.21: Einstieg ins Boot zur Rückfahrt auf die jüdische Nordwestuferseite). Es handelt sich in der heutigen Form um eine kunstvoll aufgebaute, exorzistische Heilungsgeschichte mit missionarischem Schluß. Auffallende Züge der Erzählung sind: der Versuch der Dämonen, Jesus durch Gegenbeschwörung am Exorzismus zu hindern, die Namenserfragung durch Jesus nach bereits erfolgtem Ausfahrbefehl; die Bitte der Dämonen, in diesem Gebiet bleiben zu dürfen sowie die Vernichtung einer Herde unreiner Schweine. Die beiden letztgenannten Züge sind durch die heidnische Umwelt bedingt, in der die Erzählung spielt.

Da Gerasa rund 60 km vom See Gennesaret entfernt liegt, handelte es sich ursprünglich um ein Ereignis, das weit weg vom See sich vollzog. Die Bemerkung, die Schweine hätten sich in den See gestürzt, ist daher geographisch problematisch und kann erst auf einer späteren Stufe der Erzählung zugewachsen sein. Matthäus hat deshalb die Erzählung näher an den See herangerückt. Aber auch Gadara liegt noch etwa 10 km vom See entfernt. Bemerkenswert ist, daß Matthäus die Zahl der Besessenen verdoppelte, dafür aber dann die Angabe des Markus wegließ, es habe sich um eine Legion Dämonen gehandelt. Diese hätte er sonst auf beide Besessenen verteilen müssen. Ebenso hat Matthäus den missionarischen Schluß der Erzählung bei Markus weggelassen (5,18−20), den auch Lukas überliefert (8,38 f.). Insofern handelt es sich bei Matthäus lediglich um ein Beispiel für das exorzistische Wirken Jesu an Heiden im heidnisch besiedelten Gebiet der Dekapolis.

Bei Markus und Lukas dient diese Erzählung dazu, Jesus als den ersten Heidenmissionar in diesem Gebiet darzustellen und damit die christliche Mission in diesem Gebiet zu begründen.

Aufbau

Die Erzählung des *Markus* weist einen klaren Aufbau auf. Die Einleitung informiert über das Auftreten Jesu im heidnisch besiedelten Gebiet des alten Stammes Manasse östlich des Sees von Gennesaret und die Begegnung mit einem dämonisch besessenen, gefährlich aggressiven und tobsüchtigen Menschen (5,1−5). Dann folgt die Schilderung des Verlaufs der Begegnung: das Herbeikommen des Kranken und die damit verbundene Ehrung Jesu durch eine Proskynese, ein Sich-Niederwerfen auf den Boden, dämonische Erkenntnis Jesu und Beschwörung durch den Dämon beim höchsten Gott, ihn in Ruhe zu lassen (mit nachgetragenem Ausfahrbefehl Jesu), Erfragung des

Namens des Dämons durch Jesus mit Antwort, Bitte der Dämonen, in der Gegend bleiben und die Schweineherde als Heimstätte benützen zu dürfen (5,6–12).

Die Mitte des Geschehens bildet – in Verbindung mit dem Ausfahrbefehl 5,8 – die Genehmigung Jesu, in die Schweine zu kehren, und die Feststellung des Vollzugs (5,13). Damit verknüpft ist das Motiv, daß die Dämonen die Schweine in den Tod treiben und so selbst ihre künftige Behausung zerstören. Sie haben also keinen Platz mehr in der Gegend.

Der erste Schluß beschreibt die Wirkung: die Flucht der Hirten und deren Bezeugung des Vorgangs, das Herbeilaufen von Neugierigen, die allgemeine Feststellung der Heilung des Mannes sowie die Bitte der Leute, Jesus möge das Gebiet verlassen (5,14–17).

Der zweite Schluß berichtet von der Bitte des Geheilten, Jesus begleiten zu dürfen; von der Anweisung Jesu, im eigenen Lebenskreis von der Gnadentat Gottes zu berichten, und von der Befolgung seines Auftrags im ganzen Gebiet der Dekapolis (5,18–20).

5,21a berichtet von der Rückfahrt Jesu zum Nordwestufer und bildet den Übergang zur nächsten Perikope, der Doppelerzählung von der Heilung einer Frau mit Blutungen und der Auferweckung der Tochter des Jaïrus aus dem Tod (5,21–43).

So läßt sich als Erzählgerippe feststellen: Einleitung und Schilderung der durch unreine Geister verursachten Anomalie (VV. 1–5), Jesu Auseinandersetzung mit dem Dämon (VV. 6–13), das Verhalten der Zeugen (VV. 14–17) und des Geheilten (VV. 18–20).

Bei *Lukas* ist die Vorlage des Markus im wesentlichen festgehalten, allerdings hat der Evangelist die Abfolge besser geordnet, die Erzählung stilistisch verbessert und die Autorität und Hoheit Jesu gegenüber den Dämonen und dem von ihnen besessenen Mann deutlich herausgearbeitet. 8,26 bildet den Übergangsvers und verknüpft die Erzählung mit der Sturmstillung auf dem See (8,22–25). Der Schauplatz des Geschehens ist gekennzeichnet als »das Gebiet von Gerasa, das dem galiläischen Ufer gegenüberliegt«. Ein Hinweis auf das Zehnstädtegebiet, die Dekapolis, fehlt bei Lukas.

8,27 bildet die Einleitung. Der Besessene wird als Mann aus der Stadt Gerasa vorgestellt, den der Dämon seiner Würde beraubte – er ist nackt – und hinaustrieb in die Grabhöhlen vor der Stadt, wo er seit langem haust. Mit 8,28 beginnt die Begegnung zwischen Jesus und dem Besessenen. Sie hat ihre Mitte im Ausfahrbefehl (8,29), verbunden mit der Namensbefragung und der Bitte der Dämonen, nicht in den Abgrund, d.h. in die Hölle zurückkehren zu müssen, sondern in eine

Herde Schweine in der Nähe fahren zu dürfen. Die Anzahl wird nicht angegeben. Mit der Erlaubnis Jesu, dies tun zu dürfen, erreicht das Handeln Jesu seinen Höhepunkt (8,32). 8,33 schildert das Ausfahren der Dämonen und das Einfahren in die Schweine. 8,34—36 berichtet vom Verhalten der Zeugen des Wunders: der Hirten und Stadtbewohner, die den Mann bekleidet und verständig zu Füßen Jesu sitzen sehen und Jesus in großer Furcht bitten, ihr Gebiet zu verlassen. 8,37 berichtet, daß Jesus dieser Bitte entspricht. 8,38 f. bildet einen missionarischen Anhang: Der Geheilte wird von Jesus beauftragt, seine Heilung als Tat Gottes bekannt zu machen. Er tut dies in der Stadt Gerasa, nicht im Gebiet der Zehnstädte.

Weggefallen sind bei Lukas die huldigende Anbetung durch den Besessenen (lediglich: Kniefall), der Versuch einer Beschwörung Jesu durch die Dämonen und die Angabe der Zahl der Schweine. Neu ist der Hinweis auf den ›Abgrund‹ als Heimatort der unreinen Geister. Diese tragen das, was sie wollen, Jesus in der Form einer Bitte vor. Der Wunsch der heidnischen Zeugen, Jesus möge ihr Gebiet verlassen, wird nicht durch den Verlust der Schweine begründet. Die große Furcht der Bewohner gründet in der göttlichen Hoheit und Macht Jesu.

Matthäus hat die Vorlage des Markus erheblich verändert. Zunächst strafft er entsprechend seinem Grundsatz, in Erzählungen alles dramatische Beiwerk wegfallen zu lassen, die Markusvorlage erheblich: Jesus begegnet östlich des Sees zwei Besessenen, die in Gräbern leben und deren Dämonen nicht vor der Zeit ausgetrieben werden wollen (8,28 f.). Aus einem Besessenen sind zwei geworden. Nicht bei Gerasa, sondern bei Gadara, das nur ca. 10 km entfernt vom See lag, findet das Wunder statt. Die Namenserfragung ist gestrichen, ebenso die Angabe der Anzahl der Schweine. Die missionarische Nachgeschichte ist weggefallen. Alles ist allein auf die Austreibung der Dämonen aus den Besessenen ausgerichtet. Die Dämonen wünschen, daß sie nicht »vor der (von Gott festgelegten) Zeit« belästigt werden, d. h. vor der Zeit der Auferstehung Christi und der christlichen Mission.

So ergibt sich als Aufbau:

Die Übergangsnotiz 8,28a »Als Jesus an das andere Ufer kam, in das Gebiet von Gadara« verbindet die Erzählung mit der Perikope von der Sturmstillung (8,23—27). 8,28b bildet die Einleitung: das Auftreten zweier gefährlicher Besessener. 8,29—31 schildert den Verlauf der Begegnung: der abwehrende, laute Protest der Dämonen »Was haben wir mit dir zu tun, Sohn Gottes? Bist du gekommen, um uns schon vor der Zeit zu quälen?« und die Bitte um ein Zugeständnis: »Wenn du uns austreibst, dann schick uns in die Schweineherde«. 8,32 bildet die Mitte des Geschehens: der Auftrag Jesu und seine Ausführung: »Er sagte: Geht! Da verließen sie die beiden und fuhren in die Schweine«. 8,33 verweist zum Abschluß auf die Zeugen des Geschehens, die Hirten und die von ihnen in Kenntnis gesetzten Bewohner der Stadt, sowie auf deren Bitte, Jesus möge ihr Gebiet verlassen. Als Motiv dafür wird das genannt, »was mit den Besessenen geschehen war«.

Text und Botschaft
Nach *Markus* begegnet Jesus einem heidnischen Besessenen bei Gerasa, dem heutigen Dscherasch. Er war nicht nur durch das Leben in einem heidnischen, von Schweinezüchtern bewohnten Gebiet unrein, sondern hauste in Grabhöhlen – auch Leichen verunreinigten –, dem Ort heidnischer Dämonen und war selbst auch von solchen unreinen Geistern besessen.

Die Besessenheit äußerte sich auf vielfältige Weise: in der Unruhe, dem Umhergetriebensein, dem Wohnen in Gräbern, dem unaufhörlichen Toben und Schreien, der Unberechenbarkeit und Gemeingefährlichkeit, dem Selbstzerstörungswillen. Der Besessene weist vor allem die Merkmale von schwerer Schizophrenie, Tobsucht und Selbstzerstörung auf. Er ist in seinem Zustand typisch für die Situation der Menschen in der heidnischen Welt, wie sie vor allem Jes 65,3–5a beschreibt: »Sie sitzen in Grabkammern und verbringen die Nächte in Höhlen; sie essen das Fleisch von Schweinen und haben Brühe von verdorbenem Fleisch in ihren Töpfen.« In übertragenem Sinn treffen hierauf auch Texte zu wie Röm 1,18–32; 1 Kor 6,9f.; Eph 2,2–4; Tit 3,3; Jud 5–16.

Nach 5,6 ist der Besessene – wie alle Besessenen im Neuen Testament – mit dämonischem Witterungsvermögen und besonderer Hellsichtigkeit ausgestattet. Er erkennt sofort, wen er vor sich hat, und bekennt als Heide Jesus »als den Sohn des höchsten Gottes«. Diese Aussage darf historisch nicht näher hinterfragt werden. Die christliche Tradition, welche diese Erzählung formulierte, verstand dieses Bekenntnis im Sinne ihrer Christologie (vgl. Mk 1,24; 1,34; 3,11). Die göttliche Hoheit Jesu zieht den Besessenen an und nötigt ihn nach Markus, Jesus in tiefster Ehrfurcht, auf den Boden hingeworfen, zu huldigen (5,6: proskynein). Die Redewendung »was (ist) zwischen mir und dir« (vgl. 1 Kön 17,18; Mk 1,26; Joh 2,4) ist als Ausdruck der Abwehr zu verstehen. Das zeigt auch der nachfolgende Versuch des Besessenen, Jesus durch eine Beschwörung zu hindern. Auch der Besessene kennt also das exorzistische Ritual und sucht es seinerseits anzuwenden. Dieser Zug der Geschichte geht wohl auf die christlichen Tradenten zurück, die sie formulierten! Er zeigt zugleich die Gerissenheit und die Dummheit des Dämons. Das drohende Eingreifen Jesu wird als Qual beschrieben, weil es die Dämonen in ihrem Besitzstand bedroht. Die nachgetragene Erklärung: »Jesus hatte nämlich gesagt: ›Verlaß diesen Mann, du unreiner Geist!‹« (5,8) begründet die Abwehrhaltung der Dämonen, weist aber in ihrer Stellung im Ganzen auf spätere Bearbeitung einer Urerzählung hin.

Da Jesu Ausfahrbefehl nur zu einer Gegenbeschwörung des Besessenen, in der Form einer Bitte vorgetragen, führte, setzt Jesus nun umfassender an. Er fragt nach dem Namen und damit nach der Eigenart des unreinen Geistes, um auf diesen gezielt Einfluß nehmen zu können. Die Antwort ›Legion‹ verweist auf eine militärische Einheit und gibt damit Auskunft über Umfang und Eigenart der betreffenden Dämonen. Sie bilden demnach eine Kampfgruppe und ringen um die Herrschaft über die Menschen. Eine römische Legion umfaßte bei voller Stärke 6000 Mann. Wie die Zahl der später in Besitz genommenen Schweine zeigt, handelte es sich um bedeutend weniger unreine Geister, aber ingesamt immer noch erstaunlich viele. Anscheinend erklärte man sich die ungewöhnlichen Kraftausbrüche des Besessenen durch eine große Zahl von unreinen Geistern. Die Dämoneneinheit fleht nun Jesus an, sie nicht aus der Gegend zu vertreiben, in der sie sich heimisch fühlte (5,10) – eine vielsagende judenchristliche Aussage über die Situation des Heidentums. Diese Bitte wird verbunden mit der anderen um ein Entgegenkommen Jesu: anstelle von Menschen Schweine in Besitz nehmen zu dürfen (5,11).

Beide Bitten zeigen Jesu überlegene Autorität. In seine Hand ist die Zukunft und das Wirken der Dämonen gelegt, auch außerhalb des jüdischen Wohnbereichs. Jesus erscheint in dieser Erzählung als Gottes Beauftragter und Sohn, dem auch die Vollmacht über Satan und seine Helfershelfer übertragen worden ist (vgl. Mk 3,22–27). Die endgültige Vollmachtsergreifung über alle Geistermächte »im Himmel, auf der Erde und unter der Erde« erfolgte nach dem Neuen Testament bei der Auferweckung Jesu aufgrund seiner Einsetzung in die Herrschaft Gottes (vgl. Phil 2,6–11). In unserer Erzählung wird eine noch auf diese Welt beschränkte Vollmacht Jesu vorausgesetzt. Sie ist bis zur Auferweckung Jesu noch heilsgeschichtlich begrenzt.

Der Kolosserbrief, der sich an Heidenchristen wendet, spricht diesen Gedanken deutlich aus: »Ihr wart tot infolge eurer Sünden, und euer Leib war unbeschnitten; Gott aber hat euch mit Christus zusammen lebendig gemacht und uns alle Sünden vergeben. Er hat den Schuldschein, der gegen uns sprach, durchgestrichen und seine Forderungen, die uns anklagten, aufgehoben. Er hat ihn dadurch getilgt, daß er ihn an das Kreuz geheftet hat. Die Fürsten und Gewalten hat er entwaffnet und öffentlich zur Schau gestellt; durch Christus hat er über sie triumphiert« (Kol 2,13–15). »Christus ist (nun) das Haupt aller Mächte und Gewalten« (Kol 2,10; vgl. Eph 1,17–22).

Unsere Erzählung ist unter dem Einfluß dieser Überzeugung von Judenchristen gestaltet worden. Bis zur Auferstehung Jesu haben danach die Dämonen und unreinen Geister noch Zeit zu wirken – darauf weist Jesu Erlaubnis hin, noch im heidnischen Gebiet verweilen zu dürfen –, aber dann wird die Kirche aktiv gegen diese vorgehen, da sie den sündigen Menschen versklaven. Insofern weist unsere Erzählung auf die neuen Möglichkeiten hin, die dem Menschen durch den Anschluß an Jesus Christus gegeben sind: frei zu werden von der Versklavung durch Satan und seine Helfershelfer in dieser Welt.

Die Besitzergreifung von Schweinen enthüllt zugleich die Dummheit der dämonischen Mächte. Der Mißbrauch ihrer Macht führt zuletzt zum Verlust ihres Einflusses. Vor allem aber ist zu sehen: Was die Dämonen beherrschen, verfällt dem Untergang. Durch Jesu Auftreten und Wirken sind die Tage ihrer Herrschaft gezählt.

Jesu Machttat gab dem heidnischen Mann Selbstverfügung, Vernunft und Würde zurück, half ihm dazu, wieder Mensch im Vollsinn des Wortes zu werden. Das Heil, das Jesus bringt, dient der Befreiung und Erlösung aller Menschen, auch der Heiden: »Er saß ordentlich gekleidet da und war wieder bei Verstand« (5,15). Das wird allen Bewohnern jenes Gebietes handgreiflich erkennbar an der Person des vorher Besessenen. Und dennoch wollen sie weder erkennen, wer Jesus ist, noch wollen sie, daß Jesus sie ebenfalls befreit. Vielmehr ist Jesus ihnen unheimlich. Deshalb »bitten sie Jesus, ihr Gebiet zu verlassen« (5,17).

Hier zeigt sich eine der Reaktionen, denen die urchristlichen Missionare später begegneten: eine nicht unfriedliche, aber dennoch entschiedene Ablehnung aufgrund mangelnder Einsicht. Allerdings ist auch öffentlicher Widerspruch bis hin zur Verfolgung möglich. Die Menschen, die unter der Macht der Sünde und der unreinen Geister stehen, werden von diesen nicht leichthin freigegeben. Sie werden vielmehr dazu gebracht, Jesus abzulehnen, damit der Einfluß und Besitzstand der bösen Mächte in dieser Welt gewahrt werden kann.

Der Geheilte allerdings will bei Jesus bleiben, was dieser jedoch noch nicht gewähren kann (5,18f.), da die Juden ihn nicht unter sich geduldet hätten. Erst die Kirche wird nach Ostern unter der Führung der

Apostel fähig sein, heidnische Anhänger Jesu als Vollmitglieder aufzunehmen (vgl. Apg 10f.; 15,6—29; Röm 1,16f.; Eph 2,11—22: »Christus Jesus vereinigte die beiden Teile – Juden und Heiden – durch sein Sterben... und versöhnte die beiden durch das Kreuz mit Gott in einem einzigen Leib«).

Der Geheilte soll aber seine Familie auf Jesus, »den Kyrios, den Herrn« (5,19) und Erlöser auch der Heiden, hinweisen (zum Gebrauch des Kyriostitels für Jesus bei Mk s. 2,28; 11,3; 12,36f.) und so der christlichen Mission nach der Auferstehung Christi den Weg bereiten. Diesen Auftrag erfüllt der Mann nicht nur bei den Seinen, sondern »in der ganzen Dekapolis« (5,20).

Die Annahme ist durchaus begründet, daß Jesus schon zu seinen Lebzeiten Anhänger, ›Gläubige‹, auch unter den Heiden hatte, die in Palästina unter den Juden und auch in den heidnisch besiedelten Randgebieten des jüdischen Volkes in Palästina lebten (vgl. Mk 7,24—30: Syrophönizierin), ja sogar unter den sogenannten gottesfürchtigen Heiden (vgl. Joh 12,20—26; beachten Sie für die spätere Zeit der Urkirche den Proselyten Nikolaos, Apg 6,5, und den ›Gottesfürchtigen‹ Hauptmann Kornelius in Cäsarea am Meer, Apg 10, 9—48).

Der missionarische Schluß erinnert die Kirche an ihre Missionsaufgabe unter den Heiden und deutet sie zugleich. Der Heilungsvorgang dieses unendlich versklavten und geschädigten Heiden von Gerasa zeigt an, was die Glaubensverkündigung der Christen in Verbindung mit der Taufe an Heiden zu bewirken vermag (vgl. Apg 19,11—20: das Wirken des Paulus in Ephesus, der dort Heiden auch aus der Macht der Magie und Zauberei befreite; beachten Sie auch die Gegenüberstellung von ›Einst‹ und ›Jetzt‹ Kol 2,8 – 3,17; Eph 2,1—10; 4,17—24; 5,8: »Einst wart ihr Finsternis, jetzt aber seid ihr durch den Herrn Licht geworden. Lebt als Kinder des Lichts«). Während die Austreibung eines Dämons aus einem Juden in der Synagoge von Kafarnaum am Sabbat zur Verbreitung des Rufs Jesu »in ganz Galiläa« führte (1,28), so führt die Heilung des Besessenen von Gerasa zur Ausbreitung seines Rufes »in der ganzen Dekapolis« (5,20). Jesus selbst hat der christlichen Mission durch sein Wirken, gerade auch durch sein exorzistisches Handeln, den Weg bereitet und dabei gezeigt, wie die christlichen Missionare selbst vorgehen sollen, um die Menschen aus der Macht des Bösen und des Unheils zu befreien.

Die theologische Eigenart der lukanischen Erzählung von der Heilung des gerasenischen Besessenen (8,26—39) ist an den Änderungen zu erkennen, die Lukas an der Markusvorlage vornahm.

Der Mann stammt aus der Stadt und ist so ein Hinweis auf die Heiden, mit denen es die christliche Mission in den heidnischen Großstädten zu tun hatte. Seine Nacktheit und Wildheit, seine ungewöhnlichen Kräfte, auch sein Hausen in Grabhöhlen und seine Flucht in menschenleere Gegenden weisen auf den Verlust freier, positiver Selbstbestimmung und seine Unfähigkeit für echte menschliche Gemeinschaft hin. Er ist ein Sklave der unreinen Geister, die in ihm hausen. Für die Dämonen ist es anscheinend eine erstrebenswerte Situation, in Menschen oder Tieren leben und herrschen zu können, wie die zweifache Bitte an Jesus zeigt, sie nicht aus der Gegend zu vertreiben und sie in die Schweine einfahren zu lassen (8,28.32).

Nach Lk 11,24–26 weilen unreine Geister nicht gerne in der Wüste oder an abgelegenen Orten, sondern streben danach, in Menschen, notfalls in Tieren, zu hausen. Dazu sind sie ausgesandt, Menschen (und Tiere) zu beherrschen und zu versklaven. Erfüllen sie diese Aufgabe nicht, müssen sie in die Hölle (»den Abgrund«) zurück, den Ort ihrer Herkunft (8,31; vgl. Offb 9,1; 11,7; 17,8; 20,1.3). Hier werden volkstümliche Anschauungen greifbar, die das frühe Christentum mit dem Judentum und dem Heidentum seiner Zeit teilte. Jesus hat offensichtlich keine eigene Offenbarung über Herkunft, Aufenthalt, Eigenart, Wirken und künftiges Schicksal der sog. unreinen Geister oder Dämonen gegeben. Es handelt sich dem Zusammenhang nach um sogenannte Schadensgeister, die Menschen ihrer Freiheit und Selbstverfügung ganz oder teilweise berauben und sie leiblich und seelisch versklaven und schädigen.

Diese Schadensgeister hat uns die heutige Psychologie, die vergleichende Religionswissenschaft ebenso wie die Heiligengeschichte, die Religionspsychologie und die Religionssoziologie besser verstehen gelehrt. Die Annahme versklavender und schädigender geistiger Mächte setzt den Zustand der gefallenen Menschheit und des sündiggebrochenen Menschen voraus, der vielfältigen bösen Mächten und Einflüssen unterworfen ist. Auf dieser Grunderfahrung baut die urchristliche Dämonenauffassung auf, die gerade am Zustand der dekadenten heidnischen Großstädte ihrer Gesellschaft und abergläubischen Religion ein eindrückliches Anschauungsmaterial für die Macht der Sünde und des Bösen hatte.

Bei Lukas ist die göttliche Hoheit Jesu deutlich herausgestellt. Der dämonisch Besessene kann keine Gegenbeschwörung versuchen und sich dabei der Anrufung Gottes bedienen, er kann lediglich um Rücksichtnahme bitten (8,26); er darf auch Jesus nicht in der Weise religiöser Anbetung huldigen wie bei Markus 5,6 (8,28). Jesus befiehlt dem Geist auszufahren (8,29) und entscheidet über die Bitte, in die Schweine fahren zu dürfen (8,32). Es fällt auf, mit welcher Leichtigkeit Jesus über die Dämonen Herr wird (vgl. dagegen Apg 19,13—16).

Jesus handelt aus Mitleid mit dem Besessenen, dessen sich der unreine Geist schon lange bemächtigt hatte und den man nicht in Schutz oder Obhut nehmen konnte (8,28). Jesus gibt dem Mann seine Würde, seine Freiheit und seinen klaren Verstand wieder zurück (8,35). Er wird zum Schüler Jesu (8,35: »er sitzt zu Füßen Jesu«, vgl. Lk 10,39).

Die Leute aus der Stadt und aus den Dörfern der Umgebung wurden von großer Furcht vor der Autorität und Macht Jesu gepackt und baten ihn, ihr Gebiet zu verlassen, weil sie seine Gegenwart nicht ertrügen (8,37). Der ›Schaden‹ spielt dabei keine Rolle (s. das Fehlen einer Zahlenangabe bei den Schweinen!).

Auf die Bitte des Geheilten, bei ihm bleiben zu dürfen, schickt Jesus ihn zu seiner Familie zurück, worauf der Geheilte in der ganzen Stadt für Jesus Zeugnis ablegt. Vielleicht ist hier bereits auf eine Hauskirche angespielt, die später den Kern der christlichen Gemeinden in Gerasa und in den heidnischen Städten bildete (vgl. Lk 9,4; 10,5—7; Apg 2,44— 47; 4,32—34; 10,23—48; 18,26 f.; 20,7—12; 21,8; auch Röm 16,3—5).

Lukas arbeitete also die Hoheit Jesu, seine Macht über alle dämonischen und unreinen geistigen Kräfte und die Befreiung des Menschen durch den Anschluß an Jesus heraus und betonte deutlich das missionarische Zeichen, das Jesus damit für die Heidenmission setzte. Wer Jünger Jesu wird, wird frei von der Macht des Bösen und wird wahrhaft Mensch.

Matthäus (8,28—34) hat die bei Markus vorgefundene Erzählung sorgfältig bearbeitet und lediglich die Dämonenaustreibung stehen lassen. Diese hat er zu einem logischen Ganzen mit klarer Szenenfolge gestrafft. Sofort beim Aussteigen laufen zwei Aussätzige auf Jesus zu und schreien ihr Unbehagen und ihre Ablehnung heraus. Die Verdoppelung der Zahl der Besessenen (vgl. die auch sonst bei Matthäus begegnenden Verdoppelungen der Person in Not 9,27—31; 20,29—34) verdankt sich wohl der Absicht, ihre Notlage zu typisieren und zugleich 2 Zeugen für die Rettung zur Verfügung zu haben (vgl. zum jüdischen Zeugenrecht Dtn 19,15 ff.; Mt 18,16; 26,60).

Die Ersetzung von Gerasa durch Gadara dient dem Vorhaben, den Todeslauf der Schweine in den See (8,32) geographisch eher zu ermöglichen als bei Markus (10 km Entfernung statt 60 km!). Jesus braucht den Namen der Dämonen nicht zu erfragen – er wird auch nicht angegeben, ebensowenig wie die Anzahl der Schweine –, er hört die Bitte der in Angst versetzten Besessenen an und antwortet mit dem knappen Befehl: »Geht!« (8,31). Diesem Befehl gehorchen die Dämonen sofort.

Die Hirten sind Zeugen des ganzen Vorgangs: der Austreibung der Dämonen aus den Besessenen und der Vernichtung der Schweine durch die Dämonen, und sie berichten darüber in der Stadt. Daraufhin zieht die gesamte Stadt zu Jesus hinaus und bittet ihn, ihr Gebiet zu verlassen (8,34), offensichtlich weil ihre Bewohner Jesu Einfluß und Vollmacht fürchteten.

Jesus wird in der Erzählung von den Besessenen als »Sohn Gottes« bekannt (8,29). Das werden die Hirten in der Stadt wohl auch berichtet haben. Die heidnische Stadt aber fürchtet – ebenso wie galiläische Städte und besonders Jerusalem (vgl. 11,20–24; 22,7; 23,37–39) – den Einbruch der Herrschaft Gottes (12,28) und lehnt deshalb Jesus ab.

Der Hinweis der Dämonen, sie wollten nicht »vor der Zeit gequält werden« (8,29), verweist auf die Zeit des Todes Jesu und seine Auferstehung (beachten Sie 26,63 f.: die Antwort Jesu auf die Frage des Hohenpriesters: »Bist du der Messias, der Sohn Gottes?«, auch 27,51–54: die Öffnung der Gräber beim Tod des Sohnes Gottes; zuletzt 28,18: die Selbstvorstellung des Auferstandenen: »Mir ist alle Macht gegeben im Himmel und auf Erden«). Die Erzählung dient Matthäus als Beispiel dafür, daß gilt, was Jesus in Mt 12,28 f. feststellt: »Wenn ich die Dämonen durch den Geist Gottes austreibe, dann ist das Reich Gottes schon zu euch gekommen!« Denn Jesus ist als »der Stärkere in das Haus des Starken eingebrochen und hat ihm seinen Besitz geraubt«, die von Satan und seinen Helfersmächten versklavten Menschen.

Den Missionsanhang der Markusvorlage (Mk 5,18–20) hat Matthäus deshalb weggelassen, weil sich Jesu Sendung unmittelbar »nur auf die verlorenen Schafe des Hauses Israel« erstreckte (s. Mt 10,5 f.; 15,24). Erst der Auferstandene gibt den Jüngern den Auftrag, zu allen Menschen zu gehen und sie als Jünger zu werben (28,19 f.). Dennoch weist die Erzählung auch nach Matthäus auf die Universalität der Sendung Jesu hin. Jesus, der Messias, der Sohn Gottes, ist der universale Herr über alle widergöttlichen Mächte. Die Kirche Jesu Christi hat daher den Auftrag und die Vollmacht, im Namen Jesu das Himmelreich anzusagen, Kranke zu heilen, Dämonen auszutreiben (10,8) und durch die Taufe (28,19 f.) allen Menschen die Gaben des Reiches Gottes zu vermitteln.

Rahmen

Den Auftakt für die Erzählung bildet bei allen synoptischen Evangelien die Erzählung von der Rettung aus einem Seesturm. Dadurch kommt Jesus mit seinen Jüngern auf das Ostufer des Sees (Mk 5,1; Lk 8,26; Mt 8,28). Nach seiner Rückfahrt zum Nordwestufer schließt sich *bei Markus und Lukas* die Heilung einer Frau mit Blutungen und die Erweckung der Tochter des Jaïrus an (Mk 5,21—43; Lk 8,40—56).

Matthäus ordnet demgegenüber zunächst weitere Stücke in seine Wundersammlung Kap. 8f. ein (9,1—8: Heilung eines Gelähmten; 9,9—13: Berufung des Matthäus; 9,14—17: Lehrstück über das Fasten), bevor er den Doppelbericht von der Frau mit Blutungen und der Jaïrustochter anschließt (9,18—26).

Bei Matthäus dient die Erzählung vorwiegend als Beglaubigung der messianischen Vollmacht Jesu, daneben weist sie auf den Anbruch des Reiches Gottes durch die Brechung der Herrschaft Satans und seiner Helfershelfer durch Jesus hin (vgl. 12,22—30; auch 10,3—8).

Markus erweist Jesus als den Herrn über die unreinen Geister und als den Wegbereiter des Reiches Gottes zu den Heiden (vgl. Mk 1,15; beachten Sie die Korrespondenz von 1,21—28 und 5,1—20. Dort wird Jesu Vollmachtstat in »ganz Galiläa«, hier »in der ganzen Dekapolis« bekannt gemacht). Die Erlösung wirkt sich als Befreiung aller Menschen aus Unheil, Entfremdung, Versklavung und Entwürdigung aus.

Lukas stellt die göttliche Erhabenheit und Vollmacht Jesu über alle widergöttlichen Mächte heraus. Sein Evangelium und die Kräfte seines Geistes können auch heidnische Städte befreien und vermenschlichen. Wer Jesu Jünger wird, wird erst zu einem echten Menschen, der um seine Würde weiß und seinen Verstand verantwortlich zu gebrauchen vermag.

Alle drei Evangelien sehen in der Perikope darüber hinaus einen Hinweis auf die Berechtigung des exorzistischen Wirkens der Kirche.

Anregungen für die Auslegung heute

Vor Beginn der Einzelarbeit an den Texten ist auf das hinzuweisen, was oben III, 7 (1. Teil), S. 54 und im Abschnitt über Lukas (Text und Botschaft) über den Grundsinn der Exorzismen Jesu und über das rechte Verstehen dieser Erzählungen heute gesagt wird. Es genügt nicht festzustellen, was die Evangelisten damals ihren Lesern und Hörern dadurch zu sagen beabsichtigten; es ist vielmehr nötig zu sagen, wie diese Erzählungen heute sinngemäß im Ganzen unseres Weltbildes zu verstehen und auszudeuten sind.

Fragen zur Arbeit

1. Lesen Sie die Erzählung Mk 5,1–10, bestimmen Sie ihren Aufbau (vgl. dazu das Schema oben III, 5, 1. Teil), und erheben Sie die Motive, die hinter der Erzählung stecken.
2. Was ist über den Zustand des Besessenen gesagt? Wie äußert sich das Wirken der ›unreinen Geister‹? Wie viele sind es?
3. Warum wollen diese Geister nicht ausgetrieben werden? Wie suchen sie das zu verhindern?
4. Wie wird Jesus mit den Geistern fertig? Welcher Mittel bedient er sich dazu?
5. Verführen diese Geister zur Sünde oder versklaven sie den von ihnen Besessenen?
6. In welchem Verwaltungsbereich lag zur Zeit Jesu die Stadt Gerasa (s. Karte in den Bibelausgaben)? Waren die Bewohner Juden oder Heiden (beachten Sie die Schweinezucht)? Gehörte dieses Gebiet früher zum Wohngebiet der Juden (s. Karte in der Bibelausgabe mit den Stämmen Israels)?
7. Warum betrat Jesus dieses Gebiet? Nennen Sie erkennbare Motive! Warum überliefern die urchristliche Traditon und Markus die Erzählung vom Wirken Jesu in heidnischem Gebiet? (Beachten Sie den missionarischen Schluß!)
8. Wie hat Lukas 8,26–39 die Vorlage des Markus verändert? (Beachten Sie die Angaben über den Besessenen; die Zeichnung Jesu; die Gestaltung der Nachgeschichte.)
9. Warum verweist Lukas auf die Stadt Gerasa und das Haus des Geheilten? Was will er damit über die Mission der Kirche sagen? (Vgl. dazu Lk 9,4; 10,5–7; 10,23–48; Apg 20,7–12.)
10. Welche Wirkung hat die Austreibung der unreinen Geister bei dem heidnischen Besessenen? Was ist das Motiv, was das Ziel des Handelns Jesu? (Vgl. 8,27.29.35 f.)
11. Warum fürchten sich die Bewohner von Gerasa vor Jesus?
12. Welche Unterschiede weist die Erzählung des Matthäus (8,28–34) gegenüber Markus auf? (Zu den Verdopplungen der Personen in Not s. 9,27–31; 20,29–34; zu Gadara s. die Karte.)
13. Warum hat Matthäus den missionarischen Schluß weggelassen? (Vgl. dazu Mt 10,5 f.; 15,24.) Ab wann ist die Heidenmission möglich? (Vgl. Mt 28,16–20.)
14. Welches Christusbild steht im Mittelpunkt der Erzählung des Matthäus? (Vgl. 8,29; suchen Sie weitere Aussagen über Jesus als »Sohn Gottes« bei Matthäus.)

15. Was will Matthäus durch die Beschränkung der Erzählung auf eine doppelte Dämonenaustreibung seinen Lesern sagen? (Vgl. dazu die Einordnung in die Wundersammlung Kap. 8 f.; außerdem Mt 10,5−8; 12,22−30.)

16. Welche »unreinen Mächte« bestimmen heute das Leben in der Gesellschaft (im Westen, im Osten)? (Weisen Sie auf Ideologien, auf geistige Gefährdungen, Verrohungen, Versklavungen hin.)

17. Ist es hilfreich, ja nötig, diese Geister auch heute ›mit Namen zu nennen‹ und ihnen entgegenzutreten?

18. Ist das Neue Testament überzeugt, daß die Kirche und jeder einzelne Christ die Kräfte haben, mit diesen bösen, unreinen, versklavenden Mächten fertig zu werden?
Welche Hilfen bieten sich hier an? (Vgl. dazu Apg 19,11−20; auch den Kampf des Apostels Paulus gegen die Sünden und Laster der heidnischen Welt: Röm 1,18−32; 7−8; 13,11−14; 1 Kor 6,9−20; Gal 5,1−25; 1 Thess 1,9 f.; 4,1−12; 5,5−10; vgl. Eph 5,3−20; 6,10−18; Kol 3,1−17.)

19. Was können wir tun, um anderen Menschen (Christen und Nichtchristen) aus schlimmen Lastern, psychischen und sozialen Versklavungen und ideologischen Fehlhaltungen herauszuhelfen?

20. Was können wir bei großen Seelsorgern und Missionaren, wie dem Pfarrer von Ars, bei Ignatius von Loyola, Franz Xaver u. a. über die Unterscheidung der Geister und die Überwindung der Macht des Bösen im Herzen des Menschen lernen?

3. Die Tochter der syrophönizischen Frau (Mk 7,24−30; Mt 15,21−28)

Hinführung

Bei *Markus* findet sich, angehängt an die Streitrede über Rein und Unrein (7,1−23), eine Erzählung von einem Fernexorzismus an der von einem unreinen Geist besessenen Tochter einer Heidin, die Jesus um Hilfe bittet. Die Erzählung spielt in der Grenzzone zwischen dem im Nordwesten Galiläas liegenden jüdischen Siedlungsgebiet und dem kanaanäischen Siedlungsgebiet der phönikischen Hafenstadt Tyrus. Jesus befand sich auf einem Rückzug aus Galiläa, um mit seinen Jüngern allein zu sein, und hatte keine Absicht, missionarisch in diesem Gebiet zu wirken (vgl. 7,24; auch 6,31). Im Unterschied zu den bisher behandelten Exorzismen (1,23−28; 5,1−20) spielt in dieser Erzählung der Glaube der um Hilfe Bittenden eine Rolle für die Heilung (s. 7,29).

Matthäus hat in genauer Anlehnung an die Abfolge der Stücke im Markusevangelium diese Erzählung übernommen, aber zugleich erheblich umgestaltet (beachten Sie vor allem das Gespräch zwischen Jesus und der Frau Mt 15,22−28, das die Mitte der Erzählung bei Matthäus bildet). Dabei hebt er deutlicher als Markus auf die heilsgeschichtliche Einordnung der Zuwendung zu den Heiden in die Sendung Jesu und der Apostel ab (s. 15,24).

Lukas, der Heidenchrist ist und für Heidenchristen und Heiden schreibt, hat das Stück nicht übernommen, wohl weil es die Heiden als »unreine Hunde« (»Hündchen«) beschreibt (s. Mk 7,27f.; Mt 15,26). Besonders bemerkenswert ist an dieser Erzählung, daß es sich um einen Fernexorzismus handelt, der den Fernheilungen von Kranken entspricht (vgl. Mt 8,5−13 par: Diener des Hauptmanns von Kafarnaum bzw. Joh 4,46−54: Sohn eines Beamten aus Kafarnaum). Hier wie bei Mt 8,5−13 (Diener eines Hauptmanns) bildet wohl das

Heidentum der Kranken den Grund, daß Jesus sie nicht aufsucht und durch Berührung heilt (Kontakt mit Heiden und ihrer Welt verunreinigte nach Auffassung der jüdischen Schriftgelehrten).

Form

Es handelt sich um eine Austreibungserzählung, wenn auch von einem Ausfahrbefehl Jesu nicht die Rede ist. Doch wird sowohl in der Einleitung beider Erzählungen (Mk 7,25; Mt 15,22), als auch am Ende der Erzählung bei Markus (7,30) ausdrücklich auf einen unreinen Geist bzw. einen Dämon als Verursacher der schweren Erkrankung der Tochter der Bittstellerin hingewiesen. Bei Markus bittet die heidnische Mutter ausdrücklich um Austreibung des Krankheitsdämons (7,26).

Allerdings ist diese Erzählung im Mittelstück deutlich analog den Krankenheilungen, besonders den Fernheilungswundern, gestaltet. Es ist aber zu beachten, daß die Krankheit der Heidin mit Dämonen in Verbindung gebracht wird. Hier besteht eine innere Beziehung zur Austreibung der unreinen Geister aus dem Besessenen von Gerasa (den Besessenen von Gadara). Die heidnische Welt ist der bevorzugte Tummelplatz der unreinen Geister und Dämonen. Das setzt auch diese Erzählung ausdrücklich voraus.

Es geht allerdings in der Erzählung nicht um eine Aufdeckung der religiösen und gesellschaftlichen Situation der Heiden, auch nicht um einen Hinweis auf die allen dämonischen und satanischen Mächten überlegene göttliche Vollmacht Jesu; vielmehr geht es um die Frage, ob auch die Heiden in die Heilssendung der Kirche einzubeziehen sind, nachdem Jesus eine direkte Heidenmission für sich selbst abgelehnt hat (vgl. Mt 10,5–8; 15,24; auch Mk 7,27). Insofern handelt es sich um eine Erzählung mit lehrhaftem Charakter. In dieser Hinsicht ist die Wundergeschichte als Normenwunder zu klassifizieren. Das Wunder antwortet auf eine unter den Judenchristen in Palästina nach der Ablehnung der christlichen Mission durch die Führer des Judentums brennende Frage (s. dazu Apg 10f.: die Korneliusbekehrung, und Apg 15: das sog. Apostelkonzil; vgl. auch Gal 1f.).

Aufbau

Bei *Markus* läßt sich folgender Aufbau feststellen: 7,24 bildet die Überleitung zur neuen Situationsangabe: Jesus in einem Haus im Gebiet von Tyrus. Mit 7,25 beginnt die Einleitung, die mit den handelnden Personen vertraut macht: einer syrophönizischen Frau, deren Tochter von einem unreinen Geist besessen und dadurch krank ist. Sie handelt als deren Stellvertreterin und Fürbitterin. Sie erkennt

Jesus wirft sich vor ihm nieder. Ab 7,24 entfaltet sich die Begegnung zwischen der Frau und Jesus: die Heidin bittet um Austreibung des Dämons. Jesus entzieht sich der Bitte durch ein Bildwort, das zwischen Kindern des Hauses (= Juden) und Hunden (= unreinen Heiden) unterscheidet. Zuerst sollen die Kinder die Gaben des Reiches Gottes (durch Jesus) empfangen. Die Antwort der Frau greift das Bild auf und verweist auf die kleinen Haushunde, die von der Tafel ihrer Besitzer und Gespielen, der Kinder des Hauses, leben. Dieser demütige Ausdruck des Glaubens der Frau, daß Jesus auch den Heiden Heilsgaben zukommen lassen wird – Hunde galten bei den Juden als unreine Tiere und wurden doch in den Häusern gehalten, oft der Kinder wegen –, überwindet die heilsgeschichtlich bedingten Einwände Jesu.

7,29 bildet die Mitte des Geschehens: »Jesus antwortete ihr: ›Weil du das gesagt hast, sage ich dir: Geh nach Hause, der Dämon hat deine Tochter verlassen!‹« Der Glaube der Frau hat zusammen mit Jesu Zustimmung die Befreiung der Tochter bewirkt. Auf ein eigentliches Machtwort Jesu kann deshalb verzichtet werden. Jesus hat dem Begehren der Frau zugestimmt.

7,30 zeigt zum Abschluß, daß Jesu Wort sich bewahrheitet hat: Das Kind ist befreit vom Dämon. Dieser Ablauf entspricht dem Verlauf von Krankenheilungen, bei denen Jesus dem Glauben der Bittsteller Gehör gibt und zur Erhörung verhilft (vgl. Mk 5,34: »dein Glaube hat dir geholfen!«; 10,52: »dein Glaube hat dir geholfen«; Mt 8,10–13: »Einen solchen Glauben habe ich in Israel nicht gefunden... Es soll geschehen, wie du geglaubt hast«).

Matthäus hat die Erzählung deutlich umgestaltet. 15,21 bildet den Übergang zur neuen Situation. Mit 15,22 beginnt die Einleitung: das Auftreten der Bittstellerin und die Nennung ihrer Bitte. 15,23–27 schildert den Verlauf der Begegnung, die sich in drei Schritten vollzieht: die Bitte der Frau, beantwortet durch das Schweigen Jesu als Zeichen der Verweigerung; das fortwährende Rufen der Frau um Hilfe und das Dazwischentreten der Jünger, die diese unerfreuliche Situation beenden wollen; Jesu Begründung seiner Ablehnung (15,24: »Ich bin nur zu den verlorenen Schafen des Hauses Israel gesandt!« vgl. Mt 10,5 ff.). Die erneute Bitte der Frau mit demütiger Verehrung Jesu (Proskynese) und erneuter Ablehnung durch Jesus unter Anführung des Bildwortes von den Kindern und den Hunden (15,26); zuletzt die demütig, aber zielstrebig argumentierende Antwort der Frau: »Ja, du hast recht, Herr! Aber selbst die Hunde bekommen von den Brotresten, die vom Tisch ihrer Herren fallen!« (15,27) und die durch diese Argumentation bewirkte Zustimmung Jesu. Ab 15,28 preist Jesus den

Glauben der Frau: »Dein Glaube ist groß. Was du willst, soll geschehen.« Diese Antwort bildet den Höhepunkt, die Mitte des Geschehens. Jesu Reaktion entspricht gleichartigen Äußerungen in mehreren Heilungserzählungen (vgl. Mt 8,10f.: Hauptmann von Kafarnaum, ebenfalls Stellvertreter in einer Fernheilungserzählung!; 9,22: Frau mit Blutungen; 17,17.20: Heilung des mondsüchtigen Jungen; 20,29−34: Heilung von zwei Blinden bei Jericho; sachlich auch 21,21f.: Macht des Glaubens).

15,28c bildet den Schluß der Erzählung: die Heilung der Tochter im Augenblick der Antwort Jesu.

Bei Matthäus zeigt sich deutlicher als bei Markus die Angleichung an die Erzählungen von Wunderheilungen, bei denen der Glaube und seine Macht das Thema der Darstellung bildet. Die Kraft, welche die Heilung über die Zustimmung Jesu hin zustande bringt, ist der Glaube der Frau. Der Glaube vermag auch Dämonen zu besiegen.

Text und Botschaft

Die Bemerkung Mk 7,24 zeigt an, daß Jesus nach dem Streitgespräch mit den Pharisäern und Schriftgelehrten über Reinheit und Unreinheit (7,1−23) sich von der Öffentlichkeit zurückzieht, um seine Situation zu bedenken. Markus sieht darin, daß Jesus sich in das jüdischheidnische Grenzgebiet im Nordwesten Palästinas zurückzieht, eine Hinwendung zu den Heiden angedeutet. Für Markus, der sein Evangelium für Heiden und Heidenchristen schreibt, ist dieser Gesichtspunkt bedeutsam. Eine nähere Ortsangabe aber fehlt ebenso, wie die Namen der Frau und ihrer Tochter nicht angegeben sind. Insofern ist die Erzählung typisiert. Es ist nur bedeutsam, daß die fürbittende Mutter und ihre besessene Tochter Heidinnen sind (7,26), die aus jener Gegend, wo Syrien und Phönikien zusammentreffen, stammen. 7,25 setzt voraus, daß Jesus als Wundertäter auch im heidnischen Grenzgebiet Galiläas so bekannt ist, daß er nicht unbemerkt dort ›untertauchen‹ kann. Die Mutter einer kranken Tochter (wörtlich: Töchterchen), deren Leiden auf einen unreinen Geist zurückgeführt wurde, erkannte Jesus und nutzte sofort die Gelegenheit. Wie sie Jesus kennengelernt hatte, wird nicht gesagt. Es genügt anzunehmen, daß sie einen Hinweis aus der Begleitung Jesu oder von den Bewohnern des Hauses erhielt, in das er sich zurückgezogen hatte. Das Niederknien zu Füßen Jesu zeigt ihre Not, aber auch ihre Demut. Sie bittet Jesus, den Dämon aus ihrer Tochter auszutreiben (7,26). Sie setzt voraus, Jesus habe Macht auch über Dämonen und dämonisch verursachte Krankheiten. Wo ihre Tochter sich befindet, in derselben Ortschaft oder weiter entfernt, warum sie Jesus nicht zu ihrer Tochter zu führen sucht, wird nicht gesagt. Vielleicht hatte sie Scheu, Jesus in ein heidnisches Haus zu bringen, da sie wußte, daß Jesus als Jude dadurch verunreinigt würde. Ihre Bitte zeigt aber an, daß ihr Glaube so groß ist, daß sie Jesus eine Fernaustreibung zutraut. Wie kam sie zu einem solchen Glauben? Für Markus deutet sich darin die Gnade des Glaubens an, die Gott auch Heiden schenkt, wie Markus aus der Missionserfahrung der apostolischen Kirche weiß. Jesus aber lehnt die Bitte der Frau ab (7,27), nicht weil sie ihm lästig wird, sondern weil sie seiner Sendung nicht entspricht, die – als Grundlage und Voraussetzung der Rettung aller Menschen – auf die Sammlung und Umkehr des Volkes Israel im von Gott gegebenen Land ausgerichtet ist (vgl. Mt 10,5; 15,24). »Laß zuerst die Kinder satt werden; denn es ist nicht recht, das Brot den Kindern wegzunehmen und den Hunden (wörtlich: Hündchen) vorzuwerfen« (7,27). Das Bildwort verwendet zwei Ausdrücke, die damals üblich waren: die »Kinder« des wahren Gottes sind aufgrund der Erwählung Abrahams die Juden (vgl. Hos 11,1; Dtn 14,1; auch Mt 3,9; Joh 8,37– 39). Hunde (hier abgeschwächt: Hündchen, gemeint sind die kleinen Haushunde, die damals vor allem der Kinder wegen in den Häusern gehalten oder doch geduldet wurden), sind die Heiden, denn Hunde galten – ebenso wie die Heiden – als unrein (PS: die Verkleinerungsform ›Hündchen‹ darf nicht so aufgefaßt werden, als solle dadurch das harte Urteil über die Heiden deutlich abgeschwächt werden, denn die übrigen Verkleinerungsformen in der Erzählung: ›Töchterchen‹, ›Kindchen‹ V. 30, ›Stückchen‹ V. 28 weisen insgesamt auf volkstümliche Redeweise hin, vgl. das schwäbische ›-le‹ oder das schweizerische ›-li‹. Allerdings wird dadurch doch auf familiär vertrauliche Weise von den heidnischen ›Hündchen‹ geredet).

Noch sind also ›die Kinder‹ nicht satt, noch hat Jesus seinen Volks- und Religionsgenossen die Heilsgaben des Reiches Gottes nicht voll zugänglich machen können. »Zuerst« – zeitlich und sachlich gemeint – ist *diese* Aufgabe zu verwirklichen. Das Vor-Recht des prōton (›zuerst‹) von Vers 27 bedeutet keinen absoluten Ausschluß der Heiden vom endgültigen Heil der Herrschaft Gottes, gründet aber im Heilswillen Gottes, wie er im Alten Bund vielfach kundgetan wurde. Das Heil Gottes gilt in Abraham allen Völkern (Gen 12,2f.: »durch dich sollen alle Geschlechter der Erde Segen erlangen«), aber es verwirklicht sich geschichtlich über den erstgeborenen Sohn Gottes, Israel (vgl. Hos 11,1). Die Heiden werden am endgültigen Heil Gottes teilhaben, das Gott zunächst in Israel, beginnend in Jerusalem, aufrichten wird (vgl. die Vorstellung von der Wallfahrt der Völker nach Jerusalem: Jes 2,

1−5; Mi 4,1−3; auch Jes 11,1−10; 25,6−8; 55,1−5; 60,1−22). Jesus wollte daher zuerst Israel auf die Herrschaft Gottes vorbereiten, damit alle Völker am Reich Gottes teilhaben können (vgl. Mt 10,5 f.; 15,24; 23,37; auch Lk 2,29−32; 3,4−6); da aber Israel sich durch seine Führer dem Heilsangebot verweigerte, wird das Reich Gottes unmittelbar den Heiden angeboten werden (vgl. Mk 13,10; Mt 8,11 f.; Lk 13,28 f.).

Die Jünger Jesu versuchten nach der Auferstehung Jesu zuerst, den Hohen Rat und die führenden Juden in Jerusalem für das Evangelium zu gewinnen (vgl. Apg 1,15−26; 2,36−46 f.; 3,11−26; 4,8−12). Durch die Verfolgung des Stephanuskreises wandte sich ein Teil der ersten Christen der Mission unter Samaritern und dann unter den Heiden zu (vgl. Apg 6 f.; 8,4−7; 10,23−48; 11,1−8; 11,19−26). Paulus wird dazu berufen, die Heilsbotschaft zu den Heiden zu bringen (vgl. Apg 9,1−19; 22,1−21; 26,1−23; Gal 1,15 f.). Das Apostelkonzil (Apg 15) entscheidet, daß auch die Heiden Vollmitglieder der Kirche Christi allein durch Glaube und Taufe werden können. Aber Paulus und die urchristlichen Missionare haben immer darauf geachtet, die Heilsbotschaft zuerst an die Juden zu richten, bevor sie sich an die Heiden wandten (vgl. Apg 3,26; 13,46 f.; 18,6; 28,16−28; Röm 1,16). In jedem Fall werden Israel und die Kirche Christi aus allen Völkern nur gemeinsam das endgültige Heil erlangen (vgl. Mk 13,10; Mt 23,37−39; Röm 9,1−13.30 − 10,15; 11,25−32). Die Errettung aller Menschen, aus den Juden und aus den Heiden, ist das Ziel der Sendung Jesu und seiner Jünger, der Kirche (vgl. Mt 28,18−20; Lk 24,46−49; Apg 1,6−8; Eph 2,11 − 3,21; Offb 5,9 f.; 7,1−17; 21,1).

Das ›Zuerst‹ der Zuwendung an die ›Kinder‹ Abrahams und Gottes bedeutet also keinen Ausschluß der Heiden vom endgültigen Heil. Darum kann es auch schon vor der Auferstehung Jesu Christi Heiden geben, die von Jesus die Gaben des Heils empfangen. Das zeigt unsere Erzählung an einem besonders eindrücklichen Beispiel.

Die heidnische Frau läßt sich nämlich durch die Antwort Jesu nicht abweisen, als Fürbitterin für ihre Tochter einzutreten. Sie tut dies auf demütige und zugleich kluge und zielgerichtete Weise. Sie erkennt an, daß Israel ein heilsgeschichtliches Vorrecht hat und daß »das Heil von den Juden kommt« (Joh 4,22). Aber sie weist zugleich darauf hin, daß die Mitfütterung der kleinen Haushunde unter dem Tisch die Kinder nicht daran hindert, satt zu werden. Die Teilhabe einzelner Heiden an den Heilsgaben Jesu schmälert das Heilsangebot Jesu an Israel nicht. Diese Antwort überwindet Jesu Vorbehalt. »Er antwortete: ›Weil du das gesagt hast (wörtlich: wegen dieses Wortes), sage ich dir: Geh nach Hause! Der Dämon hat deine Tochter verlassen!‹« (7,29). Der Glaube und die Beharrlichkeit der Frau haben es zuwege gebracht, daß Jesus ihre Bitte erhörte, obwohl sie eine Heidin war.

In diesem Zusammenhang ist zu beachten, daß es Jesus ist, der die Bitte der Frau erhört. In seiner Hand liegt es, über Heil und Unheil zu entscheiden. Dieser unbedingten Vollmacht Jesu als ›Sohn Gottes‹ (vgl. 1,1) entspricht die Haltung der Frau (s. ihre Kniebeuge) und ihre Anrede als ›Kyrios‹ (7,28). Diese Anrede ist nicht nur eine Höflichkeitsformel, sondern vielmehr ein Ausdruck des Glaubens der Frau an Jesu göttliche Heilbringer-Vollmacht. Auf diese Vollmacht verweist die Verwendung des Kyriostitels für Jesus im Markusevangelium (vgl. 2,28; 5,19; 7,28: je in Wundererzählungen; 11,3; 12,36 f.). Das künftige Bekenntnis der nachösterlichen Kirche wird in dieser Aussage bereits vorweggenommen (vgl. 1 Kor 8,6 f.; Phil 2,5 f.; auch Apg 2,36).

7,30 konstatiert, daß durch Jesu Zustimmung zu ihrer Bitte der Dämon ihre Tochter verlassen hatte. Daß das Kind auf dem Bett lag, weist – entsprechend den übrigen Dämonenaustreibungserzählungen – wohl auf die Erschöpfung durch den Akt des Ausfahrens des Dämons hin (vgl. Mk 1,26; 9,26).

Matthäus (15,21–28) hat die Fassung des Markus erheblich verändert, sowohl durch Streichungen und Umstellungen, als auch durch Erweiterungen. Nach ihm »zieht sich Jesus zurück« (15,21), will also bewußt Abstand gewinnen von der Unruhe in Galiläa, um nach der Konfrontation mit den jüdischen religiösen Autoritäten seinen Weg zu überdenken (vgl. Mt 12,22–42; auch 13,34–58; 14,1–12). ›Sidon‹ ist aus geographischen Gründen in 15,21 zu ›Tyrus‹ hinzugefügt (vgl. 11,21 f.). Dadurch wird der Vorfall noch stärker verallgemeinert. ›Tyrus und Sidon‹, zwei im Alten Testament als selbstüberheblich und gottlos geschilderte Städte, werden in 11,2 f. als positive Gegenbeispiele gegenüber dem Unglauben der galiläischen Städte, besonders Kafarnaum, Betsaida und Chorazin, genannt. Der Glaube der syrophönizischen Frau ist demnach ein Beispiel für diese prophetische Gerichtsansage. Nach 15,22 läuft die kanaanäische Frau gleich beim Betreten des genannten heidnischen Gebietes laut um Hilfe rufend auf Jesus zu. Wie sie Jesus erkannt hat, wird nicht gesagt. Durch die plötzliche Einführung der Frau gewinnt die matthäische Darstellung deutlich an Dramatik. Wie eine fromme Jüdin bittet sie: »Hab Erbarmen mit mir (eleison me)!« (vgl. Mt 9,27; 17,15; 20,30 f.; zur alttestamentlichen Gebetswendung s. Ps 6,5; 25,6 f.; 51,3; 119,149; auch Neh 13,22; 2 Chr 6,42). Vor allem aber erweist ihre Anrede sie als eine gottesfürchtige Heidin, die den jüdischen Messiasglauben teilt und Jesus als Messias anerkennt: »Herr (kyrie), du Sohn Davids«. Sie hat also bereits von Jesus gehört (vgl. 4,24) und war – wie die Anhänger Jesu – zu dem Glauben gekommen, Jesus sei der Israel verheißene Messias. Sie gehört von ihrer Glaubensüberzeugung her sachlich bereits zu den jüdischen Jüngern Jesu und bekennt wie sie: »Jesus ist der Kyrios, der Sohn Davids« (vgl. zu diesem Bekenntnis bei Matthäus: 20,30–32; auch 21,9; 22,41–46). In ihrer Person ist das Heidenchristentum bereits zu Lebzeiten Jesu unter seinen Anhängern vertreten. Das gilt in entsprechender Weise ebenso für den Hauptmann von Kafarnaum (s. 8,10f.), dessen Glaube Jesus ebenfalls ausdrücklich hervorhebt und dem Unglauben der Führer Israels gegenüberstellt. Auch er tritt wie die kanaanäische Frau als Fürbitter für einen anderen Heiden auf.

Mit der Bitte der Frau beginnt das in drei Stufen verlaufende geistige Ringen der Frau mit Jesus (s. Aufbau): zuerst geprägt durch das Schweigen Jesu (V. 23); dann durch die theologisch geprägte Antwort an die Jünger (V. 24); schließlich durch die Anrede an die Frau (V. 25), je pariert durch das entsprechende Verhalten der Frau: Weiterführen des Rufens um Hilfe (V. 23b), erneute Bitte mit Verehrungsgeste (V. 25), Umdeutung der Antwort Jesu zu ihren Gunsten (V. 27). Die Intervention der Jünger verstärkt noch die Dramatik dieses geistigen Ringens (V. 23). Vom Evangelisten her ist die Äußerung der Jünger wohl als Aufforderung zu verstehen, die unangenehme Situation zu beenden im Sinne von: »Befrei sie (von ihrer Sorge)«, oder »schick sie weg!« (vgl. 19,13b; beachten Sie die verschiedenen Übersetzungsmöglichkeiten in der Einheitsübersetzung).

Die an die Jünger, nicht an die Frau, gerichtete Entgegnung Jesu gibt den theologischen Grund für die Verweigerung Jesu an, hier zu helfen: das heilsgeschichtlich begründete zeitliche Vorrecht Israels auf das verheißene Endheil (vgl. Mt 10,6). Das ›nur‹ ist auf die unmittelbare Zielrichtung des Wirkens Jesu, nicht grundsätzlich auf die Sendung Jesu in ihrem Sinn und ihrer letzten Bestimmung zu beziehen (vgl. Mt 28,18–20).

Das ganze Neue Testament bekennt durchgängig, daß Jesus der Heilbringer für alle Menschen, nicht nur für Israel ist (vgl. Joh 3,16: »Gott hat die Welt so sehr geliebt, daß er seinen einzigen Sohn hingab, damit jeder, der an ihn glaubt, nicht zugrunde geht, sondern das ewige Leben hat«; vgl. 1 Joh 4,9f.; Röm 5,8; 8,32; 1 Tim 2,5f.). Nur so ist zu erklären, daß aus der auf Israel beschränkten Sendung Jesu und der Selbstbeschränkung seines Wirkens auf sein Volk in Palästina nach seinem Tod eine universale Mission hervorging.

Auf diese grundsätzliche Ablehnung des Ansinnens der Frau hin verstärkt diese ihre Bitte: »Sie kam, warf sich vor ihm verehrend nieder (proskynein, d. h. huldigende Geste des Sichniederwerfens auf den Boden, vgl. Mt 2,2.8.11; 4,9; 8,2; 9,18; 14,33; 20,20; 28,9.17) und sagte: »Herr (Kyrie), hilf mir!« (15,25). Jesus verweigert die Hilfe durch den Vorwurf: »Es ist nicht recht, das Brot den Kindern wegzunehmen und den Hündchen vorzuwerfen« (15,26). Die Frau greift diese Antwort auf, bejaht sie, gibt aber zu bedenken, daß trotz dieser anerkannten Regel üblicherweise »die Hündchen (unter dem Tisch) von den Brotstückchen fressen, die vom Tisch ihrer Herren fallen« (15,27). Diese Praxis schmälert keineswegs die Angemessenheit der genannten Regel, läßt aber dennoch die unreinen Hunde vom Tisch ihrer Herren leben.

Die (gelegentliche) Teilhabe der Heiden, die zusammen mit den Juden im Land Israel leben, an deren Heil beeinträchtigt also die Heilsvorrechte und die Heilsgaben Israels keineswegs. Diese Antwort hebt die Zielrichtung der Sendung Jesu nicht auf, läßt aber gläubige Heiden in und um Israel bereits zu Lebzeiten Jesu an dessen Heilswirken teilhaben. Denn wer wirklich zu Israel gehört, das hängt letztlich vom Glauben an Jesus, den Messias, ab (vgl. Mt 8,10−12; 12,17−21; 21,42−44; 22,1−10; 23,37−39; 28,18−20). Darum preist Jesus die heidnische Frau um ihres Glaubens willen: »Frau, dein Glaube ist groß! Was du willst, soll geschehen!« (15,28). Diese Aussage entspricht inhaltlich und formal der Antwort Jesu an den heidnischen Hauptmann, der für seinen kranken Knecht als Fürbitter auftrat: »Einen solchen Glauben habe ich in Israel bei niemand gefunden... Und er sagte zu ihm: ›Geh, es soll geschehen, wie du geglaubt hast!‹« (8,10.13).

In der Mitte des Interesses steht bei Matthäus nicht die Frage, ob und wie Jesus von Nazaret Dämonen austrieb, sondern was der Glaube an Jesus Christus, den erhöhten Herrn, vermag. Die Frau ist ebenso wie der Hauptmann von Kafarnaum Vertreterin und Vorbild der Glaubenden aus dem Heidentum, die zum wahren Israel, der Kirche, gehören (vgl. Mt 8,11 f.). Wer Jesus als den Messias bekennt und an ihn glaubt, der gehört zum Volk Gottes der Endzeit, zum wahren Israel, zur Kirche.

Um diese Aussage zu bestätigen, vermerkt der Schluß der Erzählung, genau wie beim Hauptmann von Kafarnaum: »Und von dieser Stunde an war ihre Tochter geheilt!« (15,28c; vgl. 8,13b). Bei Matthäus dient die Erzählung zum Nachweis der Bedeutung und Macht des Glaubens an Jesus Christus, den Sohn Gottes.

Rahmen
Matthäus folgt Markus darin, daß er die Erzählung von der Erhörung der Bitte einer heidnischen Frau an das Lehrstück über Reinheit und Unreinheit (Mt 15,1−20; Mk 7,1−23) anhängt. Beide Evangelisten

wollen damit zeigen, daß nicht die äußere Zugehörigkeit zu Israel darüber entscheidet, wer wirklich zum Volk Gottes gehört, sondern das Handeln im Geist Gottes, d. h. näherhin der Glaube an Jesus Christus, den Messias, und die Nächstenliebe (s. die Fürbitte für einen anderen Menschen).

Eine ähnlich aufgebaute Komposition mit Lehrfunktion findet sich in Apg 10 f. (beachten Sie die Vision des Petrus über reine und unreine Tiere und die Anwendung auf das Haus des gottgläubigen Heiden Kornelius).

Die Heilung der dämonisch besessenen Tochter der kanaanäischen Frau steht sodann in innerem Zusammenhang mit der Heilung des dämonisch besessenen Heiden von Gerasa (Gadara Mt 8,28–34; Mk 5,1–10). Beide Male geht es um die Frage, ob sich Hinweise auf die Einbeziehung von Heiden in Jesu Heilandswirken finden, ob also die Kirche Heidenmission treiben darf und soll. Die Verknüpfung der beiden Ereignisse tritt deutlich durch die Ortsangaben hervor, die das Geschehen am heidnischen Ostufer des Sees von Gennesaret mit dem Wirken Jesu im Gebiet von Tyrus und Sidon miteinander verbinden (s. Mt 14,13.22.34; 15,29; Mk 6,30 f.35; 6,45.53; 7,24.31).

Bei Matthäus ist darüber hinaus eine deutliche innere Verwandt- schaft zwischen der Heilung eines Dieners des heidnischen Haupt- manns von Kafarnaum (8,5–13) und der Heilung der Tochter einer kanaanäischen Frau (15,21–28) festzustellen.

Sachlich sind außerdem die Hinweise zu beachten, die von der Teilhabe gläubiger Heiden am Heilandswirken Jesu handeln und die zugleich die Ablösung der Jesusbewegung vom offiziellen Judentum signalisieren (vgl. die Hinweise oben bei ›Text und Botschaft‹ zu Markus und Matthäus). Diese Hinweise finden ihren deutlichsten Ausdruck in der Gestalt des römischen Hinrichtungsoffiziers, der unter dem Kreuz Jesu bekennt: »Wahrhaftig, dieser Mensch war Gottes Sohn!« (Mk 15,39; Mt 27,54), und zwar im Gegenüber zur Verhöhnung Jesu als Messias durch die Vertreter des Hohen Rates (Mk 15,31 f.; Mt 27,41–43).

All dies dient als Begründung dafür, daß das Evangelium nach dem Tod Jesu Christi den Heiden verkündet wird, nachdem sich die Führer Israels dem Heilsangebot Jesu Christi und seiner Kirche verweigerten. Die Kirche aus Juden und Heiden wird durch das Bekenntnis zu Jesus Christus, dem Messias, dem Sohn Gottes, zum wahren Volk Gottes.

Anregungen für die Auslegung heute

1. Bestimmen Sie Eigenart und Aufbau der Erzählung von der Heilung der besessenen Tochter einer Heidin Mk 7,24−30! (Hilfsfragen: Handelt es sich um eine Krankenheilung oder eine Dämonenaustreibung? Wer ist die Hauptperson der Erzählung: die Tochter, deren Mutter, Jesus? Wie verläuft das Geschehen?)

2. Wozu wird die Geschichte überliefert? (Hilfsfragen: Um Jesu Vollmacht als Exorzist aufzuzeigen? Um zu zeigen, wie Christen Dämonen austreiben sollen? Um anhand deiner exorzistischen Heilung zu zeigen, daß Jesus auch der Heiland der Heiden ist?)

3. Zeigen Sie anhand der Apostelgeschichte, wie die apostolische Kirche zur Heidenmission fand. (Vgl. bes. die Kap. 6f.; 10f.; 15.)

4. Was sagt Paulus über seine Sendung als Heidenapostel? (Vgl. Gal 1−4; Röm 1−11). Wie gehören Juden- und Heidenmission nach dem Epheserbrief zusammen?

5. Soll ein Christ für psychisch und religiös bzw. ideologisch Kranke beten?

6. Vergleichen Sie die beiden Erzählungen Mk 7,24−30 und Mt 15,21−28, und bestimmen Sie die Eigenart der Fassung des Matthäus gegenüber Markus. (Hilfsfragen: In welchen Stufen verläuft die Begegnung? Warum entzieht sich Jesus zunächst der Bitte? Wie bittet die Frau? Warum erhört Jesus zuletzt die Frau?)

7. Vergleichen Sie Mt 15,21−28 mit Mt 8,5−13 (Diener des Hauptmanns von Kafarnaum): Stellen Sie die Übereinstimmungen fest.

8. Welche Funktion kommt dem Glauben in der Erzählung Mt 15,21−28 zu? Wie drückt sich dieser Glaube im Verhalten der Frau aus?

9. Was sagt die Erzählung Mt 15,21−28 über Aufgabe und Möglichkeit der Fürbitte? (Vgl. dazu Mt 21,21 f.)

4. Ein besessener (Mt: mondsüchtiger) Junge
(Mk 9,14—29; Mt 17,14—21; Lk 9,37—43)

Hinführung

Im Anschluß an das Markusevangelium bieten alle drei synoptischen Evangelien nach der Überlieferung von der Verklärung Jesu (Mk 9,2—10; Mt 17,1—9; Lk 9,28—36) eine Erzählung über die Heilung eines epileptischen bzw. mondsüchtigen Jungen durch Jesus, wobei alle drei erwähnen, daß die Jünger Jesu dazu nicht fähig waren. Bei Markus und Matthäus wird in einem Anhang zur Erzählung (Mk 9,28f.; Mt 17,19f.) eigens gesagt, warum die Jünger Jesu keinen Erfolg bei ihren Austreibungsversuchen hatten. Als Grund wird dabei fehlendes Gebet (Mk) bzw. allzu schwacher Glaube (Mt) genannt.

In dieser Erzählung wird vorausgesetzt, daß auch die Jünger Jesu exorzistisch tätig waren (vgl. dazu den Auftrag zu exorzistischem Wirken bei der Aussendung der Zwölf: Mk 6,7; Mt 10,1; Lk 9,1). Dabei wird dann die Frage gestellt, unter welchen Bedingungen entsprechende Bemühungen der Jünger Jesu erfolgreich sein können. An diesem Abschnitt kann also abgelesen werden, daß die Kirche der apostolischen Zeit die Überlieferungen von Dämonenaustreibungen Jesu auch als Vorbild für ihr eigenes exorzistisches Wirken verstand und an ihnen zu lernen versuchte, im Sinne Jesu angemessen und wirksam zu handeln.

Bei Lukas wird zwar diese Frage nicht ausdrücklich behandelt, auf sie ist aber in Lk 9,40 deutlich hingewiesen, so daß die Gestaltung der Erzählung bei Lukas durchaus auch als Antwort auf diese missionarische und seelsorgliche Grundfrage der apostolischen Kiche zu verstehen ist.

Wie wichtig die Überlieferung von der Heilung eines besessenen Knaben den Evangelisten und der hinter ihnen stehenden Kirche war, zeigt im übrigen die individuelle, je deutlich verschiedene Ausgestaltung durch die einzelnen Evangelisten. Jede Erzählung trägt die persönliche Handschrift des betreffenden Evangelisten und ermöglicht so, die Stellung jedes Evangelisten zum Exorzismus und seiner Funktion deutlicher zu erfassen.

Form
Bei allen drei Evangelien handelt es sich um eine Dämonenaustreibung (vgl. Mk 9,17: stummer Geist; 9,20.26: Geist; 9,25: unreiner Geist; 9,25: stummer und tauber Geist; 9,28: Dämon; 9,18.25.28: austreiben; Mt 17,18f.: Dämon; 17,19: austreiben; Lk 9,39: Geist; 9,42: unreiner Geist; 9,42: Dämon; 9,40: austreiben).

Matthäus allein nennt als Grundlage der Erkrankung Mondsucht (17,15), die jedoch ebenfalls auf den Einfluß böser Geister zurückgeführt wurde (s. oben). Er hebt vor allem den Aspekt der Erkrankung hervor und ordnet insofern das Geschehen in die Reihe der Krankenheilungen ein (s. 17,15: »er leidet schwer«; 17,16: »die Jünger konnten ihn nicht heilen«; 17,18: »der Junge war von diesem Augenblick an geheilt«). Dennoch sind auch bei ihm die Spuren deutlich, daß es sich ursprünglich um eine Dämonenaustreibung handelte.

Die Grundform einer Dämonenaustreibung ist bei allen drei synoptischen Evangelien festgehalten. Doch durchdringen auch andere Motive die Erzählung: der Streit zwischen den Jüngern Jesu und Schriftgelehrten, wohl über die Vollmacht zur Austreibung (Mk 9,14f.); das Unvermögen der Jünger Jesu, den Krankheitsdämon auszutreiben (Mk 9,18f.28; Mt 17,16–19; Lk 9,40); die erforderliche Kraft des Glaubens beim Bittsteller (Mk 9,22bf.); die Bedeutung des Gebetes für das Gelingen eines Exorzismus (Mk 9,29). Man kann insofern von einer Mischform auf der Grundlage einer Dämonenaustreibung sprechen.

Insgesamt geht es bei unserer Erzählung um die Frage, unter welchen Bedingungen Krankheitsdämonen von den Jüngern Jesu mit Erfolg ausgetrieben werden können. Man kann daher von einem exorzistischen Lehrstück im Rahmen der Jüngerunterweisung Jesu sprechen. Dieses Lehrstück hat zur Voraussetzung eine Tat Jesu. Die historischen Gegebenheiten sind nicht erfunden, sondern vorgegeben. Die Frage, die zur lehrhaften Bearbeitung dieser Überlieferung führte, ist eine nachösterliche und hat zum Anlaß die exorzistische Praxis der apostolischen Kirche (vgl. den Auftrag Jesu an seine Jünger, Dämonen auszutreiben und Krankheiten zu heilen: Mt 10,1.7; Mk 3,15; 6,7; Lk 9,1f.). Näherhin geht es um das Problem, ob die kirchlichen Beauftragten auch schwere psychische und psychiatrische Erkrankungen wie Epilepsie, Mondsucht u. a. zu heilen vermögen und unter welchen Bedingungen dies möglich ist. Unsere Erzählung ermutigt dazu und nennt hinreichenden Glauben als notwendige Voraussetzung, wobei sie an die Mitwirkung von Fürbittern denkt (der Vater ist fürbittender Stellvertreter des schwer erkrankten Jungen).

Aufbau

Die Erzählung nach *Markus*, welche als Vorlage für Matthäus und Lukas diente, weist folgende Gliederung auf:

9,14—18 bildet die Einleitung: das Kommen Jesu zu seinen Jüngern, die mit Schriftgelehrten streiten; Frage nach dem Anlaß: Auftreten des Anwaltes und Fürbitters des Besessenen; Reaktion Jesu auf die ›ungläubige Generation‹ und Auftrag, den Jungen herbeizubringen.

9,20—24: Begegnung des Besessenen mit Jesus und Ringen um zureichenden Glauben des Vaters; heftige Reaktion des (stummen) Geistes; Frage Jesu an den Vater nach dem ersten Auftreten der Symptome; Antwort des Vaters mit Bitte an Jesus, sich zu erbarmen und – wenn möglich – zu helfen: »Wenn du kannst, hilf uns!«; Hinweis Jesu auf die Macht echten Glaubens: »Alles kann, wer glaubt!« Bitte des Vaters um Mitwirkung zu einem hinreichenden Glauben: »Ich glaube, hilf meinem Unglauben.«

9,25—27: Mitte des Geschehens: Befehl Jesu an den Dämon auszufahren: »Ich befehle dir, du stummer und tauber Geist: Verlaß ihn und kehre nie wieder zurück!« und sofortiges Ausfahren des Dämons unter heftigen Begleiterscheinungen; Aufrichten des Jungen durch Jesus.

9,28 bildet den lehrhaften Abschluß des Geschehens: Frage der Jünger, warum sie diese Dämonen nicht auszutreiben vermochten, und abschließender Hinweis Jesu auf das Gebet.

Dieser Aufbau wird von den anderen Evangelisten variiert.

Matthäus gliedert folgendermaßen:

17,14—17 bildet die Einleitung der Erzählung: Auftreten Jesu und Herbeieilen des Bittstellers für den mondsüchtigen Jungen mit Beschreibung der Symptome und Hinweis auf das Versagen der zuerst angegangenen Jünger Jesu (der Hinweis auf den Streit zwischen den Jüngern und den Schriftgelehrten ist gestrichen); Reaktion Jesu auf »die ungläubige und unbelehrbare Generation« und Auftrag, den Jungen herbeizubringen.

17,18 beinhaltet die Mitte des Geschehens: Befehl Jesu an den Dämon und dessen Ausfahren. Feststellung der Heilung des Jungen »in jener Stunde« (d. h. im gleichen Augenblick).

17,19 f.: Lehrhafter Abschluß des Geschehens: Frage der Jünger, warum sie diesen Dämon nicht austreiben konnten, und Hinweis Jesu auf die Macht eines großen Glaubens.

Lukas hat das Stück noch stärker gestrafft als Matthäus:

9,37−41: Breit aufgebaute Einleitung: Abstieg Jesu am folgenden Tag vom Berg (nach der Verklärung) und Begegnung mit einer großen Menschenmenge; Auftreten des Vertreters und Bittstellers einen besessenen Jungen, seines einzigen Sohnes, und Beschreibung der Symptome unter Hinweis auf das Versagen der Jünger Jesu, Reaktion Jesu auf »die ungläubige und unbelehrbare Generation«; Auftrag, den Jungen herbeizubringen.

9,42a: Begegnung des Jungen mit Jesus und Reaktion des Dämons.

9,42b: Mitte der Erzählung. Befehl Jesu an den unreinen Geist, auszufahren, Heilung des Jungen und Rückgabe an den Vater.

9,43: Schluß des Geschehens: Reaktion der Menge auf die Offenbarung »der Macht und Größe Gottes«.

Der lehrhafte Abschluß der Erzählung wurde von Lukas weggelassen. Da Lukas das Motiv des Glaubens des Bittstellers (Mk) bzw. der Jünger (Mt) streicht und die Jüngerfrage am Schluß wegfallen läßt, ist bei ihm aus einer exorzistischen Lehrerzählung ein Zeugnis für Jesu Wirken als Exorzist geworden.

Text und Botschaft

Die Grunderzählung, die bei *Markus* vorliegt, ist fest mit der Abwesenheit Jesu und seiner drei vertrautesten Jünger beim Gang auf den Verklärungsberg verknüpft (9,2−13). Damit ist den übrigen Jüngern die Möglichkeit gegeben, sich bei der Austreibung des Krankheitsdämons aus dem besessenen Jungen zu betätigen (9,18). Sie scheinen es neben und nach den Schriftgelehrten bzw. deren Exorzisten ebenfalls versucht zu haben (9,14). Das Wirken jüdischer Exorzisten ist für die Zeit Jesu in und außerhalb Palästinas belegt (vgl. Apg 19,13−16). Der Streit zwischen Schriftgelehrten und dem Jüngerkreis Jesu ist offensichtlich in der Frage begründet, wer die größere göttliche Gnade und Kraft besitzt, einen so schweren Fall dämonischer Erkrankung heilen zu können. Zugleich setzt die Erzählung voraus, daß die Jünger Jesu neben ihm und in seinem Namen exorzistisch wirkten (vgl. Mk 3,14 f.; 6,7.13: »Die Zwölf trieben viele Dämonen aus«).

Das Auftreten Jesu (9,15) wendet ihm die Aufmerksamkeit der erregten Menge zu. Die Frage Jesu an die Jünger nach dem Grund ihres Streits mit den Schriftgelehrten (9,16) führt zum Gegenstand dieses Streits, aufgezeigt durch einen Mann aus der Menge (9,17), der sich als

Vater eines besessenen Jungen bekennt, den er zu Jesus bringen wollte, damit er ihn befreie. Statt dessen stieß er auf die Schriftgelehrten und die Jünger Jesu. Aber auch die Jünger vermochten ihm nicht zu helfen.

Die Symptome der Erkrankung werden in den Versen 17 f.20−22 beschrieben: von Zeit zu Zeit fällt er zu Boden, knirscht mit den Zähnen mit Schaum auf seinen Lippen, wälzt sich in Zuckungen auf dem Boden. Dabei stürzt er, wenn der Anfall ihn packt, auch in offenes Feuer oder in Wasser.

Diese Anzeichen weisen auf Fallsucht, Epilepsie, hin (Epilepsie von griechisch: epilambanein, d. h. gepackt, ergriffen, überwältigt werden). Diese galt in der Alten Welt als heilige, von Geistern oder Dämonen verursachte Erkrankung. Das Unberechenbare, Plötzliche wurde dabei als Überfall des Krankheitsdämons verstanden (»immer wenn der Geist ihn packt«, V. 18). Daneben scheint der Junge noch stumm gewesen zu sein, so daß er – entgegen dem üblichen Erscheinungsbild der Epilepsie – bei Beginn der Anfälle nicht zu schreien vermochte. Auch dies wurde auf das Wirken des Dämons zurückgeführt (»ein stummer Geist«, V. 17). Nach Vers 25 bewirkte der Dämon auch noch Taubheit, so daß der Junge für irgendwelche Beschwörungen unzugänglich war.

Nach Vers 20 kam es durch die Begegnung des Jungen mit Jesus erneut zu einem Anfall, durch den sein Zustand offenkundig wurde. Die Antwort des Vaters auf die Frage Jesu: »Wie lange hat er das schon?« (V. 21) zeigt auf, daß es sich um eine frühkindliche Schädigung handelte.

Der Hinweis des Vaters auf das Unvermögen der Jünger (V. 18) führte zum Ausruf Jesu: »O du ungläubige Generation! Wie lange muß ich noch bei euch sein? Wie lange muß ich euch noch ertragen?« (V. 19). Dem Zusammenhang nach ist diese vorwurfsvolle Feststellung sowohl auf die Schriftgelehrten als auch auf die Jünger zu beziehen. Denn beide haben nicht zum Glauben im Vollsinn des Wortes gefunden: die einen haben im Wundertäter nicht den Messias, den Sohn Gottes, erkannt (s. Mk 1,1), die anderen nicht zum rechten Vertrauen auf die Vollmacht Jesu und die Kraft seines Wortes gefunden. Deshalb lenkt nun Jesus das Geschehen so, daß es zu einer Hinführung zum echten Glauben wird. Darum gibt er den Auftrag: »Bringt ihn zu mir!« (V. 19). Er wird zeigen, was der Glaube in Verbindung mit ihm vermag, obwohl der Dämon – wie der Anfall des Jungen bei der Begegnung mit Jesus zeigt – Widerstand leistet. Der Agent und das Vorbild echten Glaubens und seiner Möglichkeiten wird der Vater als Vertreter und Fürbitter des Jungen sein. Auch er erweist sich durch die bedingte Bitte an Jesus als ein Mann unzureichenden Glaubens: »Wenn du kannst, hilf uns, hab Mitleid mit uns!« (V. 22). Diese halbskeptische Bitte, diese halbherzige Vertrauenserklärung ruft Jesu Einspruch und feierliche Feststellung hervor: »Wenn du kannst? Dem, der glaubt, ist alles möglich!« (V. 23). Daraufhin schreit der Vater des Kindes in väterlicher Liebe sofort: »Ich glaube! Hilf (mir in) meinem Unglauben« (V. 24).

Sein Ausruf zeigt, daß der wirklich entscheidende Faktor, um helfen zu können, ein zureichender Glaube ist. Der Vater hat begriffen, daß Jesus ohne unbedingtes Vertrauen in seine Heilungsmacht nicht zu helfen bereit ist. Zur Bitte an Jesus, zur Fürbitte, muß noch der unbedingte Glaube an Jesu Vollmacht und Hilfsbereitschaft kommen. Dann wird Jesus sein Machtwort sprechen, muß der Dämon weichen. Jesus will nicht ohne den Bittenden und seinen Glauben seine Hilfe wirksam werden lassen. Erst Bitte und Glaube setzen Jesu Hilfsbereitschaft gleichsam ›in Gang‹. Jesus will und kann helfen, aber er will es durch Menschen tun, die an ihn glauben und ihn um seine Hilfe angehen. Der Glaube wirkt nicht magisch, das zeigt das Element der Bitte. Er wirkt nur in Verbindung mit Jesus. Aber auch die Bitte allein genügt nicht, sie muß getragen sein von einem unbedingten Akt des Vertrauens.

Als beides beim Vater als dem Anwalt und Fürbitter des Jungen in zureichendem Maß vorhanden ist, spricht Jesus sein Machtwort: »Ich befehle dir, du stummer und tauber Geist: Verlaß ihn und kehr nie mehr in ihn zurück!« (V. 25). Dieser Befehl bewirkt ohne jede sonstige Geste Jesu die sofortige Befreiung und Heilung. Allerdings verläßt der Dämon nur sehr widerwillig seine Behausung, wie Vers 26 zeigt.

Jesus aber richtet den Jungen auf (V. 27) und übergibt ihn seinem Vater. Dieser Akt (vgl. ähnliches Verhalten Jesu Mk 1,31; 5,41; auch 2,11) erinnert an die Übergabe des vom Tod erweckten einzigen Sohnes der Witwe von Sarepta durch den Propheten Elija an seine Mutter (1 Kön 17,23). Die Befreiung des Jungen aus der Macht des Selbstzerstörungsdämons kommt demnach einer Totenerweckung, einer Wiedergeburt zum Leben gleich. Darauf weist das erste Urteil der anwesenden Leute ausdrücklich hin (V. 26). Jesus entreißt Menschen nicht nur dem Unheil in all seinen Formen, sondern auch dem Tod (beachten Sie den Rückbezug auf Mk 9,9). Weil die Erzählung an der Unterweisung der Jünger über wirksames christliches Exorzieren interessiert ist (s. die Schlußverse 28 f.), fällt der Gott preisende, nach Jesu Vollmacht und Wesen fragende »Chorschluß« weg (vgl. Mk 1,27; 1,45; 2,12; 4,41; 5,42; 7,37).

Entsprechend Mk 4,20.34; 7,17 und 10,10 (vgl. auch 9,11; 13,3) befragen die Jünger ihren Herrn: »Warum konnten wir den Dämon nicht austreiben?« (V. 28) Dieses Vorgehen dient im *Markusevangelium* nicht nur der Jüngerbelehrung, sondern der Belehrung der Verantwortlichen der Kirche seiner Zeit und der Lehrer und Hörer des Evangeliums. Damit sind wir an der Stelle, die Auskunft gibt über den Sitz dieses Abschnitts im Leben der Kirche. Es geht um die Frage, wie der Exorzismus in sehr schwierigen Krankheitsfällen richtig und wirksam angewandt werden kann. Die Antwort Jesu (V. 29) gibt darüber Auskunft: »Diese Art (von Dämonen bzw. von Erkrankungen) kann nur durch Gebet ausgetrieben (geheilt) werden.« Beharrliches, vertrauensvolles Gebet ist demnach die Kraft, die dem exorzistischen Handeln der Kirche im Namen Jesu Wirkung verleiht (vgl. Apg 4,16; 5,9f.; Joh 15,16; 16,23f.; Jak 5,13—18).

Was hier im Spiegel des Beispiels den Christen vor Augen gestellt wird, die mit dem Unheil und Leiden psychisch und organisch kranker Menschen fertig werden wollen, ist in Mk 11,23—25 in lehrsatzartiger Form unverhüllt ausgesprochen: »Wenn jemand glaubt, daß geschieht, was er sagt, und in seinem Herzen nicht zweifelt, dann wird es geschehen… Alles, worum ihr betet und bittet, glaubt nur, daß ihr es schon erhalten habt, dann wird es euch zuteil!«

Spätere Handschriften der Bibel fügen bei Mk 9,29 zu »Gebet« noch hinzu »und Fasten«. Dieser Zusatz weist auf die Fastenpraxis der Urkirche hin, die dadurch – im Anschluß an das Judentum – das Bittgebet zu verstärken suchte. Im Judentum wurde ebenfalls exorzistisch gewirkt durch Gebet und Fasten, wobei die Psalmen 3 und 91 und das Aufsagen des Glaubensbekenntnisses Dtn 6,4f. als besonders wirkungsvoll galten.

Matthäus hat den Text des Markus erheblich gestrafft, wobei der Streit zwischen Jüngern und Schriftgelehrten und auch das Ringen Jesu um einen zureichenden Glauben des fürbittenden Vaters weggefallen sind. Die Belehrung über den wirkmächtigen Glauben wendet sich allein an die Jünger. Die Erzählung ist auf die Heilungstat Jesu und auf die Belehrung der Jünger über die Macht des Glaubens allein konzentriert.

Sobald Jesus bei der Menge am Fuß des Verklärungsberges auftaucht (17,14), läuft ein Mann auf ihn zu, fällt bittend vor ihm auf die Knie und sagt: »Herr (Kyrie), hab Erbarmen (eleison) mit meinem Sohn!« Die Bitte ist wieder, wie Mt 9,27 und 15,22 (vgl. auch 20,30f.), in die Form eines Gebetes gekleidet. Kyrie ist hoheitsvolle Anrede, welche die Gebetsanrede der Kirche an den auferstandenen Herrn voraussetzt (vgl. Phil 2,19; Apg 2,36; 7,60; 8,25; 9,28 u. ö.; 2 Kor 12,8; Röm 10,9–13). Die an die Bitte angehängte Begründung (17,15) verweist auf die Mondsucht des Jungen, die ihn von Zeit zu Zeit in Wasser- oder Feuergefahr bringt. Wasser und Feuer sind hier als lebensbedrohliche Mächte gemeint. Alle epileptischen Symptome sind bei Matthäus getilgt. Zwar ist Mondsucht nach Auffassung der damaligen Heilkunde eng mit Epilepsie verwandt (s. vor allem das periodische Auftreten der Erscheinung der Fremdsteuerung und dabei eintretender gefährlicher Stürze), dennoch ist auffällig, daß Matthäus das Leiden des Jungen auf Mondsucht festlegt und alle weitergehenden, dämonisch verursachten Leidenssymptome tilgt (vgl. dazu Mk 9,17 f.20.22.25). Insofern ist die Schädigung des Jungen durch einen Dämon erheblich geringer als bei Markus. Will Matthäus auf diese Weise andeuten, daß Epilepsie nicht »ohne weiteres« heilbar ist durch geistliche Akte der Kirche?

Allerdings stellt der Vater auch bei Matthäus fest, daß die Jünger selbst diesen Krankheitsdämon nicht zu vertreiben vermochten (vgl. 17,18). Die Klage Jesu über »die ungläubige und unbelehrbare Generation« (17,17) bezieht sich bei Matthäus auf die Jünger allein, wie vor allem die Jüngerbelehrung 17,20 zeigt. Denn danach war »*ihr* Kleinglaube« an ihrem Versagen schuld. Weil die Jünger versagt haben, läßt Jesus den Jungen zu sich bringen (17,17).

Nach Matthäus genügt bei Jesus ein drohender Vorhalt, den Krankheitsdämon auszutreiben, und zwar sofort, ohne jeden Versuch von seiten des Dämons, sich dagegen zu sträuben (17,18). Von diesem Augenblick an ist der Junge geheilt. Damit fällt das für Matthäus entscheidende Stichwort: Heilung. Es geht Jesus bei seinen Exorzismen nicht um Demonstration seiner Macht, sondern um Befreiung und Heilung der unter ihrer Not leidenden Menschen (vgl. Mt 4,23 f.; 9 f., bes. 9,35 f.; 11,4 f.; 12,15–21). Bei den Exorzismen handelt es sich für Matthäus um Sonderfälle von wunderbaren Krankenheilungen. Den Jüngern Jesu und damit der Kirche ist aufgetragen, Kranke aller Art zu heilen; dazu gehören auch die Krankheiten, die damals auf dämonische Ursachen zurückgeführt wurden (vgl. Mt 10,7 f.).

Dies zeigt deutlich der Schluß der Erzählung (V. 19 f.), welcher der Jüngerunterweisung gewidmet ist. Wenn die Jünger Jesu hinreichenden Glauben haben, dann wird ihnen »nichts unmöglich sein« (V. 20). Matthäus verbindet hier Jesu Wort vom Berge versetzenden Glauben, das ursprünglich selbständig überliefert wurde (vgl. Mt 21,21; Mk 11,22 f.; auch Lk 17,6), mit unserer Erzählung. Damit verlagert er den Hinweis auf die Bedeutung des Glaubens des Fürbitters für die Heilung (so Mk 9,23 f.) auf den Glauben der Jünger, die im Auftrag Jesu heilen

(s. 17,19 f.: »euer Glaube«). Es kommt entscheidend auf den Glauben derer an, die im Namen Jesu Kranke und Besessene heilen wollen, daß sie es auch vermögen. Wenn der Jünger Jesu, d. h. später die Beauftragten der Kirche (s. Jak 5,14 f.) oder die charismatisch Heilbegabten (s. 1 Kor 12,9 f.28 f.) oder Christen allgemein, im Namen Jesu über Kranke beten und Exorzismen sprechen, hängt ihr Vermögen von dem Glauben ab, daß der Herr wirklich durch sie wirken kann und will. Wo dieser Glaube fehlt, vermag der christliche Fürbitter und Helfer nichts. Dieser Sachverhalt ist durch die widersprüchliche Aussage ausgedrückt, die in Vers 20 begegnet: »wegen eures Kleinglaubens konntet ihr den Dämon nicht austreiben« – »wenn euer Glaube auch nur so groß ist wie ein Senfkorn..., wird euch nichts unmöglich sein!« Dabei war das Senfkorn das damals in Palästina als kleinstes bekannte Samenkorn (s. Mt 13,32).

Es genügt also, an Jesu Heilkraft und Heilungswillen zu glauben und unter Berufung auf ihn, den Auferstandenen, zu handeln. Insofern setzt der kleine Glaube der Jünger die große Macht Jesu Christi, des Herrn, in Gang zugunsten der Kranken und Besessenen. Dieses Verständnis der paradoxen Aussage legt sich durch Mt 21,21 nahe: »Alles, was ihr im Gebet erbittet, werdet ihr erhalten, wenn ihr glaubt!« Wenn die Jünger aus dem Gebet heraus handeln und vertrauensvoll um die Hilfe des Herrn bitten, dann vermögen sie alles, was ihnen der Herr aufgetragen hat. »Kleinglaube« heißt unter dieser Voraussetzung also: entweder gar nicht handeln, oder nicht vertrauensvoll bitten in Verbindung mit dem Handeln im Namen Jesu, oder bitten und dennoch zweifeln, ob das Erbetene auch eintritt. Vermessen aber würde ein Jünger handeln, der, ohne zu bitten, aus eigener Vollmacht meint, Krankheiten, auch solche psychisch bedingter Art, heilen zu können.

Der in manchen Bibelhandschriften sich findende Satz (in der Vulgata V. 21): »Diese Art von Dämonen aber kann nur durch Gebet und Fasten ausgetrieben werden« gehört ursprünglich nicht zum Matthäusevangelium.

Lukas hat die Erzählung noch stärker gekürzt als Matthäus, da er neben dem Motiv des Glaubens des Bittstellers auch die Jüngerbelehrung wegfallen ließ. So wird das Stück zu einem Hinweis auf die Sendung und Vollmacht Jesu als Heiland der Kranken im Auftrag Gottes und damit auf Gottes Güte und Größe.

Die Einleitung (9,37 f.) schildert auf dramatische Weise, wie beim Abstieg vom Berg am Tag nach der Verklärung ein Mann aus der Menge Jesus laut um Hilfe angeht und dabei die Notlage seines Sohnes – es ist nach Lukas der einzige (vgl. dasselbe Motiv Lk 7,12: der junge

Mann von Naïn; 8,42: Tochter des Jaïrus) – darstellt: »Meister, ich bitte dich, nimm dich meines Sohnes an! Es ist mein einziger. Er ist von einem Geist besessen; plötzlich schreit er auf, wird hin und her geworfen, und Schaum tritt ihm vor den Mund, und er weicht kaum von ihm, wenn er ihn geschunden hat« (9,38f.).

Diese Krankheitsschilderung weist eindeutig auf Epilepsie und auf die Erschöpfung am Ende der häufigen und heftigen Anfälle hin. Die weitergehenden Krankheitssymptome des Markus (Stummheit, Taubheit, Sturz in Feuer und Wasser) hat Lukas weggelassen. Für ihn hat der Fall exemplarischen Charakter: Jesus hat auch Epileptiker geheilt. Bei seinem Heilandswirken sorgte er sich besonders um Eltern mit nur einem Kind. Der Hinweis des Vaters auf das Versagen der Jünger (9,40) veranlaßt Jesus zu dem Ausruf (9,41): »O du ungläubige und unbelehrbare Generation! Wie lange muß ich noch bei euch sein und euch ertragen!« Damit sind die Jünger gemeint, die noch keinen hinreichenden Glauben haben, um selbst heilen und unreine Geister austreiben zu können. Dieser Gedanke wird aber nicht fortgeführt, da Lukas die bei Markus vorliegende Jüngerbelehrung wegfallen läßt.

Dann fordert Jesus den Vater auf: »Bring deinen Sohn hierher!« Er ist bereit zu helfen. Beim Anblick Jesu tritt der Dämon in Aktion und bestätigt den Hilferuf des Vaters, zugleich gibt er seine Abwehr gegen Jesu Eingreifen zu erkennen (9,42). »Jesus aber droht dem unreinen Geist.« Das allein genügt, um »den Jungen zu heilen«. Dem griechischen Verb iasthai entsprechend handelte es sich dabei um vollkommene psychische Wiederherstellung des Jungen.

Dann »gab Jesus den Jungen seinem Vater zurück«. Diese Wendung entspricht dem Vorgang bei der Auferweckung des jungen Mannes von Naïn (Lk 7,15) und greift auf die Auferweckung des einzigen Sohnes der Witwe von Sarepta durch den Propheten Elija zurück (1 Kön 17,23). Die Austreibung eines unreinen Geistes aus einem Menschen kommt somit einer Erweckung aus dem Tode gleich, da der geheilte Mensch die freie Selbstverfügung über sich und sein Leben wiedererlangt.

Die Erzählung endet mit der Feststellung: »Alle gerieten außer sich über die Macht und Größe Gottes« (9,43a). In Jesu Wirken offenbart sich Gottes Größe und Macht, zeigt sich aber zugleich Gottes Erbarmen mit den Menschen (vgl. 2,31f.). Dort, wo Jesus wirkt, bricht die verheißene Heilszeit an, »das Gnadenjahr des Herrn« (4,18f.; vgl. 7,22).

Das gilt auch für das Wirken der Kirche nach der Auferstehung Jesu Christi und der Sendung des Geistes Gottes (Apg 2,36.43; 4,8–12; 10,34–36).

Rahmen

Bei allen drei synoptischen Evangelien folgt die Erzählung der Heilung eines besessenen Knaben auf die Verklärung Jesu (Mk 9,2−10; Mt 17,1−9; Lk 9,28−36). Die Abwesenheit Jesu mit seinen drei vertrauten Jüngern bildet die Voraussetzung für den Versuch des Vaters dieses Knaben, bei den zurückgebliebenen Jüngern Hilfe zu suchen (vgl. Mk 9,18; Mt 17,16; Lk 9,40). *Bei Markus und Matthäus* ist zwischen die Verklärung Jesu und die Erzählung von der Heilung des Knaben die Jüngerfrage nach dem Kommen des Elija eingeschoben (Mk 9,11−13; Mt 17,10−13), die *Lukas* weggelassen hat, weil sie für Heidenchristen nicht von Bedeutung war.

Der größere Zusammenhang, in dem unsere Perikope steht, ist mit der Messiasfrage (Mk 8,27−30; Mt 16,13−20; Lk 9,18−22), der ersten Ankündigung von Leiden und Auferstehung (Mk 8,31−33; Mt 16,21−23; Lk 9,22) und der Aufforderung zur Selbstverleugnung und Nachfolge (Mk 8,34 − 9,1; Mt 16,24−28; Lk 9,23−27) eröffnet. Der eschatologische Ausblick dieser Rede Jesu (Mk 8,38 − 9,1; Mt 16,27f.; Lk 9,26f.) mündet in die Verklärungsszene ein, die einerseits auf die göttliche Hoheit und die künftige Herrlichkeit Jesu hinweist, andererseits den Weg ans Kreuz als heilsgeschichtlich notwendig aufzeigt (vgl. Mk 9,9−10.11−13; Mt 17,9.10−13). An die Erzählung von der Heilung des besessenen Knaben ist bei alten synoptischen Evangelien angeschlossen die zweite Ankündigung Jesu von seinem Leiden und seiner Auferstehung (Mk 9,30−32; Mt 17,22f.; Lk 9,43b−45). Nach *Markus und Matthäus* geschieht dies irgendwo in Galiläa, bei *Lukas* am Fuß des Verklärungsbergs. Danach folgt bei allen drei Synoptikern die Erzählung vom Rangstreit der Jünger (Mk 9,33−37; Mt 18,1−5; Lk 9,46−48), nur *Matthäus* hat zuvor noch die Wundererzählung von der Tempelsteuer eingeschoben (17,24−27), weil sich dies aus geographischen Überlegungen anbot (Kafarnaum!).

Während *Matthäus* dann die »Rede über das Leben in der Gemeinde« (18,6−35) anschließt, ist *bei Markus und Lukas* an die Rangstreitperikope die Weisung Jesu über das rechte Verhalten gegenüber jüdischen Exorzisten angeschlossen, die sich des Namens Jesu bedienten (Mk 9,38−41; Lk 9,49f.). Die Überlieferung setzt voraus, daß es jüdische Exorzisten und Wunderheiler neben den Jüngern Jesu gab (vgl. Apg 19,13−16), die dabei den Namen Jesu bewußt einsetzten als den eines Mächtigen im Bereich der Geister und Dämonen. Ihnen gegenüber griff die apostolische Kirche auf das Wort Jesu zurück: »Hindert (sie) nicht!... Denn wer nicht gegen euch ist, der ist für euch!« (Lk 9,50; vgl. Mk 9,39f.).

Dann folgt bei *Lukas* der sogenannte Reisebericht, eine große Sammlung von Jesusüberlieferungen für die Unterweisung der Christen (9,51 – 19,27).

In dem vorgegebenen Rahmen enthüllt die Verklärungsszene ebenso wie die Erzählung von der Heilung eines besessenen Knaben die göttliche Hoheit und Vollmacht Jesu, der auch schwierigste Erkrankungen zu heilen und über die mächtigsten Geister und Dämonen Herr zu werden vermochte; andererseits weist die Stellung dieser Erzählung zwischen den beiden Leidensansagen auf die Entscheidung hin, die von Jesus und den Jüngern gefordert ist: sich im Kampf gegen eine jesus- und gottfeindliche, von bösen Geistern beherrschte Welt im Gehorsam des Glaubens zu bewähren. Die Jünger Jesu sollen sich bewußt bleiben, daß sie durch festen Glauben an die Macht und Treue Jesu alle gottwidrigen und menschenfeindlichen Mächte zu besiegen und Menschen von ihrem Unheil zu befreien vermögen. Sie sollen dabei alle dulden, die in irgendeiner Weise den Namen Jesu bekannt machen und auf seine Macht hinweisen. Die wahre Größe eines Jüngers (s. Rangstreit) zeigt sich in seinem Glauben und in seinem seelsorglichen und missionarischen Dienst. In der Angefochtenheit der Nachfolge Jesu wird so die Macht des Glaubens im Leben und Wirken der Jünger sichtbar. Dies will die ›exorzistische Jüngerbelehrung‹ eigens herausstellen. *Lukas* betont statt dessen, bei allem seelsorglichen Handeln die Größe und Güte Gottes sichtbar zu machen.

Anregungen für die Auslegung heute

Die griechische Medizin des Altertums versuchte bereits, Epilepsie und Mondsucht natürlich zu erklären (z. B. durch Störungen im Kopf und durch entsprechende äußere Einflüsse auf das Gehirn). Bei *Matthäus* ist ebenso wie bei *Lukas* eine ähnliche Tendenz festzustellen. Während Lukas das Leiden des kranken Knaben als Epilepsie beschreibt und alle übrigen dämonistischen Krankheitszüge, die sich bei Markus finden, wegläßt, beschreibt Matthäus die Erkrankung als Mondsucht, also als Einfluß der Mondphasen auf das Unterbewußtsein des Jungen. Beide Evangelisten heben auf den Aspekt der Heilung durch Jesus ab (s. Mt 17,18; Lk 9,42) und verzichten darauf, Belehrungen über Wesen und Wirken entsprechender ›Geister‹ zu bringen oder zu zeigen, welcher Riten Jesus sich beim Akt der Heilung zu bedienen pflegte. Wo Jesus auftritt, weichen die bösen Geister, werden auch furchtbare Erkrankungen psychomotorischer Art besiegt. Zur Aufgabe der Jünger Jesu und damit der Kirche gehört auch die Sorge um solche erschreckenden und unheimlichen Krankheiten wie Mondsucht und Epilepsie. Als Heilmittel wird dabei auf gläubiges Gebet zu Jesus Christus, dem auferstandenen Herrn, notfalls unterstützt durch religiöses Fasten, und auf Anrufung des Namens Jesu verwiesen.

In diesem Zusammenhang gilt es zu sehen, daß in den biblischen Erzählungen von durch Krankheitsdämonen Besessenen immer von Erkrankungen schwerer, meist psychischer Art die Rede ist. Ob sich in diesen und durch diese Erkrankungen auch das Wirken von personal bösen geistigen Mächten zeigte, läßt sich mit historischen Methoden nicht eindeutig und einwandfrei feststellen. Das gilt für entsprechende Erkrankungen auch heute, vor allem bei solchen, bei denen der Kranke seiner Selbstverfügung beraubt und selbstzerstörerischen Kräften unterworfen ist. Es kann aber auch nicht ausgeschlossen werden, daß bei solchen, die Selbstverfügung und Freiheit des Menschen schwer beeinträchtigenden Erkrankungen nicht auch böse Einflüsse (z. B. durch ungesühnte Schuld, durch ideologische oder religiöse Verirrungen und Wahnvorstellungen oder durch religiöse und sittliche Fehlhaltungen) mitwirken. Da jede Erkrankung in einem besonderen existentiellen und heilsgeschichtlichen Zusammenhang steht, wird der verantwortliche Christ zwar immer alle gebotenen medizinischen Erkenntnisse und Angebote zu Rate und Hilfe ziehen, er wird aber nicht versäumen, für den Kranken zu beten und beten zu lassen, ihm die Gelegenheit zur Beichte und Kommunion zu verschaffen und den Kranken im Namen Jesu zu segnen und geeignete Seelsorger um den Krankensegen zu bitten. Alle Krankheiten haben auch eine religiöse Komponente. Der Christ weiß um das Wirken böser geistiger Mächte, aber auch um die Macht Christi, des Auferstandenen, und um das Wirken der Gnadenkräfte Gottes im Getauften durch die christlichen Heilsmittel: Gebet, Fasten, Segensakte, Sakramente.

Das hier Aufgeführte ist zu bedenken bei einer verantwortlichen Auslegung der Erzählung von der Heilung eines schwerkranken Knaben. So sehr es gilt, bei jeder Erkrankung die Mitchristen zu gläubigem Gebet im Namen Jesu zu ermuntern, so sehr gilt es ebenso zu vermeiden, bei Ausbleiben sichtbarer Heilwirkungen trotz vertrauensvoller Fürbitte den Betern vorzuwerfen, sie hätten keinen hinreichenden Glauben, da sonst ja die Heilung hätte bereits eintreten müssen. Jedes Gebet ist an Gottes Willen gebunden und hat die gegebenen Umstände zu beachten, in der ein Kranker sich existentiell, sozial, physisch und psychisch befindet. In diesen Gegebenheiten ist der Kranke an Gottes Vorsehung gewiesen, die ein anderer Mensch nicht durchschauen kann. Auch Christus hatte trotz seiner Vollmacht dem Willen seines Vaters zu gehorchen, als er beim Gebet am Ölberg erfuhr, daß Gott ihn nicht vor dem Kreuzweg bewahren wollte (vgl. Mk 14,32–42 par). Darum sprach Jesus trotz seiner überlegenen Vollmacht über alle Todes- und Unheilsmächte sein Ja zum Willen des Vaters: »Nicht, was ich will, sondern was du willst, soll geschehen!« (14,36). Aber durch dieses Gebet gewann er die Kraft, sein Leiden sieghaft zu bestehen (vgl. Lk 22,43). Die Macht des Glaubens ist an den Gehorsam gegenüber dem Willen Gottes gebunden.

1. Prüfen Sie den Aufbau der Erzählung des *Markus* von der Heilung eines besessenen Knaben (9,14–29), gliedern Sie den Text in Abschnitte und bestimmen Sie deren Funktion im Ganzen.
2. Welche Motive lassen sich in der Erzählung des *Markus* feststellen: in bezug auf die Krankheit, auf den Vater, auf Jesus, auf die Jünger?
3. Was will die Erzählung den Jüngern Jesu sagen? (Beachten Sie den letzten Abschnitt 9,28 f.)
4. Vergleichen Sie die Gestaltung der Erzählung durch *Matthäus* mit Markus, und stellen Sie die Unterschiede fest. (Wie deutet Matthäus die Krankheit? Ist der Glaube des Vaters oder der Glaube der Jünger für die Heilung entscheidend? Ist Matthäus an der Austreibung des Dämons interessiert oder an der Heilung des Jungen?)
5. Vergleichen Sie die Gestaltung der Erzählung durch *Lukas* mit Markus (und Matthäus), und stellen Sie die Unterschiede fest. (Wie deutet Lukas die Krankheit? Ist der Glaube des Vaters oder der Jünger oder ist die Vollmacht Jesu ausschlaggebend? Geht es Lukas um die Belehrung der Jünger Jesu oder um einen Hinweis auf Gottes Wirken durch Jesus?)
6. Auf welche Elemente gläubigen Verhaltens bei schweren psychophysischen Erkrankungen verweisen die drei ersten Evangelisten? Wie gehören diese Elemente zusammen? (Suchen Sie entsprechende Aussagen über das Gebet, den Glauben, die Anrufung des Namens Jesu, das gläubige Fasten in den Evangelien und der Apostelgeschichte. Hinweis: Benützen Sie dazu nach Möglichkeit eine sogenannte Stichwortkonkordanz.)

7. Schließen die gläubigen Fürbitten und der Gebrauch der Gnadenmittel der Kirche (Segen, Sakramente) die Heranziehung aller medizinischen Heilmöglichkeiten aus?

8. Was zeigt das Verhalten Jesu am Ölberg (Mk 14,26–31) über das richtige Verhältnis von festem Glauben und Bereitwilligkeit gegenüber dem Willen Gottes?

9. Was sagen Stellen wie Mk 6,7.13 par, Apg 19,11.17–19; Jak 5,13–18 über das Verhalten der Kirche der apostolischen Zeit gegenüber Krankheiten und geistigen Fehlhaltungen aller Art innerhalb und außerhalb der christlichen Gemeinden?

5. Ein stummer Besessener in Galiläa
(Mt 9,32–34; Lk 11,14f.; vgl. Mt 12,22f.)

Hinführung

Bei Matthäus und Lukas findet sich je eine kurze Erzählung von der Austreibung eines Dämons aus einem stummen Mann, der dadurch wieder reden konnte. Die Erzählungen stammen, wie die sprachlichen und formellen Gemeinsamkeiten zeigen, aus der von beiden Evangelisten benutzten Sammlung von Jesusworten und wenigen Taten Jesu, der sogenannten Quelle Q. In beiden Evangelien dienen sie als Anlaß für den Vorwurf der Gegner Jesu, er sei ein Agent Beelzebuls, des obersten Herrn der Satanshierarchie (Mt 9,34: »Anführer der Dämonen«).

Die Erzählung Mt 12,22–30 über die Austreibung eines Dämons aus einem Blinden und Stummen weist zahlreiche Gemeinsamkeiten mit Mt 9,32–34 auf und dient, wie Lk 11,14f., bei Matthäus als Einleitung zur Streitrede Jesu mit den Pharisäern (Lk: Schriftgelehrten), über deren Verdächtigung, er sei ein Agent Beelzebuls (Mt 12,22–30; vgl. Lk 11,14f.17f.; auch Mk 3,22–27). Hier liegt offensichtlich eine Parallelüberlieferung zu Mt 9,32–34 vor.

Form

Bei der Erzählung handelt es sich in beiden Texten um einen Bericht über eine Dämonenaustreibung in Kurzfassung, dessen Grundgerüst dem Grundtyp der Exorzismenerzählungen entspricht. In beiden Evangelien dient die Erzählung als Einleitung des Streitgesprächs über den Beelzebulvorwurf der jüdischen Gegner Jesu. Das ist der Grund für die Verkürzung der Erzählung, die bei Lukas nur noch den Charakter einer kurzen Mitteilung hat.

Aufbau

Lukas bietet die kürzere Fassung. Die Einleitung und die Begegnung zwischen Jesus und dem Besessenen sind weggefallen. Mit 11,14ab ist die Mitte der Erzählung erhalten geblieben: der Hinweis auf die Austreibung eines stummen Dämons, so daß der Stumme wieder reden konnte. 11,14c verweist abschließend auf die Reaktion der vielen Leute, die diese Austreibung erlebten.

Bei *Matthäus* ist der Charakter der Erzählung festgehalten: 9,32a bildet die Einleitung, 9,32b berichtet über die Begegnung zwischen Jesus und dem stummen, dämonisch besessenen Mann, 9,33ab verweist im Zentrum des Abschnitts darauf, daß nach der Austreibung des Dämons durch Jesus der Stumme wieder zu reden begann. 9,33c vermerkt zum Schluß das Verhalten der Zeugen; der neutralen: ihr Staunen und ihr Urteil über das Geschehen; und der Gegner, der Pharisäer: die Verdächtigung Jesu, im Bund mit dem Anführer der Dämonen zu stehen. Beide Erzählungen dienen dazu, Jesu Vollmacht über die Dämonen aufzuzeigen. Bei Matthäus ist diese Tendenz deutlich verstärkt durch die abschließenden Urteile des Volkes und der Pharisäer.

Text und Botschaft

Bei *Lukas* wird zunächst einfach festgestellt, daß »Jesus einen Dämon austrieb, der stumm war. Und es geschah: Als der Dämon ausgefahren war, redete der Stumme (wieder)« (11,14, wörtlich übersetzt). Die Wendung »und es geschah« weist darauf hin, daß Lukas zunächst durchaus auf die Tatsache einer solchen Heilung hinweisen möchte. Zwar fehlen nähere Angaben über Ort, Person des Kranken, Bittsteller, Vorgang der Austreibung, Verhalten des Besessenen, aber Lukas ist – wie seine Quelle – überzeugt, daß Jesus einen solchen Stummen, wohl in Galiläa, geheilt hat. Daß die Stummheit auf dämonischen Einfluß zurückgeführt wurde, ist wohl darin begründet, daß diese Stummheit plötzlich auftrat ohne erkennbare äußere Ursachen oder eine organische Schädigung, etwa infolge einer Krankheit, eines Unfalles oder einer Verletzung. Die wohl psychischen Ursachen des plötzlichen Verstummens wurden auf das Einwirken eines entsprechenden Geistes zurückgeführt, der nach damaliger Auffassung den Besessenen am Gebrauch seiner Sprachwerkzeuge hinderte. Die Aussage über den stummen Dämon ist demnach wohl so zu verstehen, daß er eine plötzliche Stummheit bewirkte, nicht selbst aber stumm und unfähig zum Reden war. Allerdings scheint es bei der Begegnung Jesu mit dem Stummen keine Äußerungen des Dämons wie plötzliches

310

Aufschreien, Abwehr gegen Jesus, Enthüllungen über Person und Sendung Jesu, Veranlassung des Besessenen zu außergewöhnlichen Reaktionen gegeben zu haben (vgl. dagegen Lk 4,33—37; 4,41; 8,26— 31; 9,37—43). Die Reaktion der bei der Heilung anwesenden Leute wird 11,14c kurz charakterisiert: »Alle Leute staunten.« Diese Feststellung entspricht der Beschreibung der Reaktion der Zeugen außergewöhnlicher Heilungs- und Rettungstaten Jesu (s. Lk 8,25: »die Jünger fragen voll Schrecken und Staunen...«, anders Mk 4,41; Lk 9,43a: »alle gerieten außer sich«, anders Mk 9,30). Es sind Heilandstaten, die Jesus vollbringt. Sie weisen nicht nur auf Jesu Sendung und Vollmacht hin (vgl. 8,25: »Was ist das für ein Mensch?«), sondern vor allem auf Gottes Macht und Erbarmen, die sich in Jesus auswirken (vgl. 9,43: »alle gerieten außer sich über die Macht und Größe Gottes«; vor allem Lk 4,18—21: »er hat mich gesandt..., damit ich ein Gnadenjahr des Herrn ausrufe«). Allerdings ziehen »einige von ihnen« einen negativen Schluß: »Mit Hilfe von Beelzebul, dem Anführer der Dämonen, treibt er die Dämonen aus« (11,15). Diese Reaktionen leiten über zur Streitrede Jesu mit seinen Gegnern (11,17—23), die in der Feststellung gipfelt: »Wenn ich die Dämonen durch den Finger Gottes austreibe, dann ist das Reich Gottes schon zu euch gekommen« (11,20).

Sowohl für die Vorlage, welche der Evangelist dem Bericht über eine Stummenheilung und die angeschlossene Streitrede Jesu entnahm, wie auch für Lukas selbst ist der Bericht über die Heilung ebenso wie die Feststellung Jesu über die Frucht seines Wirkens ein Zeugnis für die Sendung Jesu als messianischer Heiland und über die durch Jesu Wirken angebrochene endgültige Heilszeit (s. Lk 7,18—23; 10,23f.; 16,16; 17,20f.).

Matthäus hat dieselbe Überlieferung in die messianische Wundersammlung Kap. 8f. aufgenommen und an den Schluß derselben gestellt. Ihm ist an dem Nachweis gelegen, daß Jesus auch Stumme zu heilen vermochte. Darum berichtet er auch etwas ausführlicher als Lukas über diesen Heilungsexorzismus. Matthäus präzisiert: Nicht der Dämons ist stumm, sondern »der Stumme war von einem Dämon besessen« (9,32b). Er wird von anderen zu Jesus gebracht (9,32a). »Als Jesus den Dämon ausgetrieben hatte, redete der Stumme (wieder).« Über die Gründe, weshalb diese Stummheit auf das Wirken eines Dämons zurückgeführt wurde, s. oben zu Lukas. Entsprechend Lukas wird sodann bei Matthäus über die verschiedenen Reaktionen der Zeugen festgestellt: »Die Leute staunten..., die Pharisäer aber sagten: Mit Hilfe des Anführers der Dämonen treibt er die Dämonen aus« (9,34). Matthäus verzichtet an dieser Stelle darauf, die Antwort Jesu auf diese Verdächtigung zu bringen. Er tut dies bei dem sachlich und formal verwandten Stück 12,22–30.

Beachtenswert ist, daß er auf dieselbe gespaltene Reaktion auch an zwei weiteren Stellen in verwandter Formulierung hinweist: 12,23f. und 21,14–16. Dabei wird dann von den das Handeln Jesu unvoreingenommen beurteilenden Juden festgestellt, Jesus ist »der Sohn Davids«, der verheißene Messias. Die Heilung eines Stummen ist deshalb als messianisches Zeichen zu verstehen. Sie gehört in den Zusammenhang der Fragestellung Mt 11,3 hinein: »Bist du der, der kommen soll?« Die Antwort Jesu weist dort darauf hin, daß sich durch seine Vollmachtstaten die von den Propheten verheißene Heilszeit verwirklicht: »Berichtet Johannes, was ihr hört und seht: Blinde sehen wieder, und Lahme gehen; Aussätzige werden rein, und Taube hören; Tote stehen auf, und den Armen wird das Evangelium verkündet. Selig ist, wer an mir keinen Anstoß nimmt!« (11,4f.; vgl. Jes 26,19; 29,18; 35,5f.; 61,1).

Bezeichnend an diesem Sammelzitat messianischer Verheißung Jesajas ist für unseren Zusammenhang, daß ein eigener Hinweis auf die Heilung Stummer fehlt, obwohl Jes 35,6 eigens verheißen ist: »Dann springt der Lahme wie ein Hirsch, die Zunge des Stummen jauchzt auf.« Es kann sein, daß der Einschub von Aussätzigen (»Aussätzige werden rein«) in die Zitatensammlung Mt 11,5 aus Gründen der Gliederung in drei Gruppen von Heilsempfängern den Hinweis auf die Heilung von Stummen verdrängt hat. Man sah wohl diesen Hinweis mitgegeben in der Erwähnung der Tauben.

Das Evangelium des *Markus* verweist im Zusammenhang der Heilung eines Taubstummen (7,31–37) eigens auf Jes 35,5: »Er (Jesus) hat alles gut gemacht: er macht, daß ›die Tauben hören und die Stummen sprechen‹!« (7,37). *Matthäus* scheint – wohl im Anschluß an die von ihm benützte Tradition – der dämonisch verursachten Stummheit eine besonders schwere Qualität an Schädigung und Belastung zuzuerkennen. Denn das Urteil der Zeugen der Heilung mündet in die Feststellung: »So etwas ist in Israel noch nie geschehen!« (9,33; vgl. 12,22f.: »Die Leute gerieten außer sich!«) Tatsächlich berichtet das Alte Testament nie von der Heilung eines Stummen.

In Lk 1,20–22 gilt Stummheit als besondere Strafe Gottes.

Die Heilungsgeschichte eines Taubstummen Mk 7,34f. spricht davon, daß Jesus »die Zunge von ihrer Fessel befreite«; das weist auf die Annahme dämonischer Verursachung hin. In Mk 9,17.25 wird der Dämon, der den besessenen Jungen quälte, als »stummer (und tauber) Geist« charakterisiert.

Demnach galt Stummheit als besonders schweres Leiden mit dämonistischem Hintergrund.

Insofern kann unsere Heilungserzählung die Sammlung messianicher Vollmachtstaten bei Matthäus, Kap. 9f., beschließen (vgl. Mt 15,30f.: »Als die Menschen sahen, daß Stumme plötzlich redeten…, waren sie erstaunt und priesen den Gott Israels«). Denn in diesem Wunder erreicht Jesu vollmächtiges Wirken einen markanten Höhepunkt: Der früher Stumme wird zum qualifizierten Zeugen Jesu, des Messias. Seine Heilung veranlaßt aber die Gegner Jesu zu dem Schluß: ›Solche Machttaten vermag nur der Satan selbst zu vollbringen‹ (s. den gleichen Schluß bei Mt 12,23f.: »Ist er etwa der Sohn Davids?« – »Nur mit Hilfe von Beelzebul, dem Anführer der Dämonen, kann er die Dämonen austreiben«). So stellt die Erzählung von der Heilung eines Stummen durch Jesus den Leser und Hörer des Evangeliums vor die Entscheidung für oder gegen Jesus Christus.

Rahmen

Bei *Matthäus* schließt dieses Zeugnis über die Vollmachtstat Jesu die kunstvoll aufgebaute Sammlung von Machttaten des Messias ab, die in den Kapiteln 8 und 9 insgesamt 10 Wundertaten enthält, je zu Dreiergruppen zusammengezogen (8,1−4.5−13.14−15; 8,23−27. 28−34; 9,1−8; 9,18−26: zwei Taten in einer verschränkten Erzählung; 9,27−31.32−34). Dazwischen geschaltet sind je 2 Lehrstücke über die Eigenart der Sendung Jesu (8,16f.) und die Bedingungen der Nachfolge (8,18−22) sowie über den Auftrag Jesu (9,14−17). Jesus wird in der Beispiel- und Lehrsammlung über seine Vollmachtstaten dargestellt als der Gottesknecht, der zu den Kranken und Sündern gesandt ist im Auftrag der Barmherzigkeit Gottes und der als der liebende Knecht Gottes die Leiden der Verlorenen im Volk Israel auf sich nimmt (8,16f.: »Er hat unsere Leiden auf sich genommen und unsere Krankheiten getragen«; Jes 53,4; Mt 9,13: »Barmherzigkeit will ich, nicht Opfer. Denn ich bin gekommen, um die Sünder zu rufen«; Hos 6,6). 9,35−38 schließt die Gesamtdarstellung über Jesu vollmächtiges Lehren und Handeln als Messias ab (vgl. 4,23−25, mit der Matthäus den Abschnitt einleitet) und weist auf Jesus als den verheißenen Messias, den wahren Hirten seines Volkes hin (9,36; vgl. Num 27,17; Ez 34,5). Mit dieser Sammlung beglaubigt Matthäus die neue Lehre Jesu, des endgültigen Offenbarers des Bundes- und Heilswillens Gottes (Kap 5 − 7: Bergpredigt) und zeigt zugleich auf, wie Jesus seine neue Lehre vom Erbarmen Gottes, des gütigen Vaters (vgl. Mt 5,48), in die Tat umsetzt und so die verheißene Heilszeit heraufführt.

Unsere Erzählung, die diese messianische Lehrsammlung abschließt, weist auf die verschiedenen Möglichkeiten hin, Jesu Lehre, Verhalten und Wirken zu begegnen: entweder offen, fragend und staunend, oder skeptisch und kritisch, oder ablehnend und böswillig (9,33 f.). Jeder Mensch aber wird durch die Erzählung aufgefordert, die eigene Verstocktheit und Stummheit zu überwinden und zu bekennen, wie er sich zu diesem Jesus stellt, der ihm nun im Evangelium begegnet.

Lukas hat dieses Stück in den Abschnitt über die Jüngerbelehrung eingeordnet, der mit 9,57 beginnt und mit der Warnung vor der Heuchelei der Pharisäer (12,1—3) und der Aufforderung zu furchtlosem Bekenntnis (12,4—12) abgeschlossen wird. Er handelt von den nötigen Entscheidungen und den rechten Grundhaltungen des Jüngers im Gegensatz zu den Pharisäern und Schriftgelehrten. Näherhin leitet Lukas damit die Verteidigungsrede Jesu gegen die Verdächtigung seiner Gegner ein, er sei ein Agent Beelzebuls, des Anführers der Dämonen (11,17—23). Dabei fordert Jesus zu klarer Entscheidung auf: »Wer nicht für mich ist, der ist gegen mich, wer nicht mit mir sammelt, der zerstreut« (11,23). Lukas unterscheidet in 11,14—16 drei Gruppen von Reaktionen auf Jesu Person und Wirken: offenes Staunen, kritisches Fragen und skeptisches Abwägen und zuletzt böswillige Mißdeutung und Ablehnung.

Das der Verteidigungsrede Jesu angeschlossene Lehrstück über die Gefahr der Rückkehr der Dämonen (11,24—26) warnt die Jünger Jesu, sich von Jesus zwar von bösen Mächten befreien zu lassen, dann aber Jesus Christus und dem Vatergott keinen Raum im eigenen Herzen zu geben. Wer unentschieden bleibt oder sich nur halbherzig für Christus entscheidet, verfällt aufs neue den bösen Mächten. »So wird es mit diesem Menschen am Ende schlimmer werden als vorher« (11,26).

Zu beachten ist noch, daß Lukas das mit der Erzählung von der Austreibung eines stummen Dämons eingeleitete Lehrstück an den Lehrabschnitt über das rechte Beten im Sinne Jesu anschließt (11,8—13). Die klare Absage an das Böse und die feste Entscheidung für Jesus Christus sind ebenso wichtig wie das Gebet im Namen Jesu. Gebet und Treue zu Jesus gehören notwendig zusammen. Darum geht der Hinweis auf die Bitte um den Heiligen Geist der Lehrerzählung über die Dämonenaustreibung unmittelbar voran (vgl. noch 21,36; 22,40.46).

Endgültig abgeschlossen wird die Verteidigungs- und Mahnrede Jesu aber durch die Seligpreisung derer, »die das Wort Gottes hören und es befolgen« (11,27 f.). Wer das Wort Jesu hört und danach handelt, der ist ein echter Jünger Jesu (vgl. 8,21).

Anregungen für die Auslegung heute

Da die Erzählung Mt 12,22 f. sachlich eine Variante zu Lk 11,14 f. und Mt 9,32−34 darstellt, werden die entsprechenden Hinweise erst zu Mt 12,22 f. geboten.

6. Ein blinder und stummer
Besessener in Galiläa
(Mt 12,22f.; vgl. Lk 11,14f.;
Mt 9,32—34)

Hinführung

Matthäus bietet in seinem Evangelium eine mit der Austreibung eines
Dämons aus einem Stummen Lk 11,14f.; Mt 9,32—34 eng verwandte
Erzählung von der Austreibung eines Dämons aus einem Blinden und
zugleich Stummen. Entsprechend Lk 11,14f. ist bei Matthäus mit
dieser Erzählung die Verteidigungsrede Jesu gegen den Beelzebulvorwurf verbunden (12,24—30). Es handelt sich wohl um eine andere
Fassung derselben Überlieferung von der Austreibung eines Dämons
aus einem stummen Mann, die bereits in der sogenannten Quelle Q mit
der Verteidigungsrede Jesu gegen den Beelzebulvorwurf verbunden
war.

Um zu erheben, was Matthäus durch diese Erzählung seinen Lesern
sagen will (neben Mt 9,32—34), gilt es, auf das zu achten, was die
Eigenart dieser Fassung der gemeinsamen Überlieferung ausmacht.
Denn der Evangelist hat diese Überlieferung als eigenständige Erzählung angesehen, jedoch mit gleicher Zielsetzung wie die Parallelüberlieferung (Mt 9,32—34; vgl. Lk 11,14f.).

Form

Eine Erzählung, die dem Grundtyp exorzistischer Berichte vollauf
entspricht, die aber lediglich auf das Geschehen selbst hinweist.
Bedeutsam ist nur, daß Jesus einen so schweren Fall dämonisch
verursachter Erkrankung zu heilen vermochte. Matthäus stellt dabei
mit Nachdruck die Heilung des Besessenen selbst heraus. Nicht der
Dämon und die Weise seiner Austreibung interessiert den Evangelisten, sondern die Not des Mannes und Jesu Hilfe. Die Exorzismen Jesu
stehen bei Matthäus voll im Dienst der Sendung Jesu, »alle Kranken
und Leidenden zu heilen« (s. die Betonung des »alle« bei Matthäus: alle

Kranken, alle Arten von Krankheiten und Leiden wurden von Jesus geheilt, vgl. 4,23; 8,16; 9,35; 12,15). Die Exorzismen bilden einen Teil der Heilungs- und Heilstätigkeit Jesu.

Die Reaktion der Zeugen auf die außergewöhnliche exorzistische Heilungstat Jesu ist gegenüber Mt 9,33 gesteigert: während sie dort »staunten«, gilt hier: »sie gerieten außer sich« (12,23), stellten sie dort fest: »So etwas ist in Israel noch nicht geschehen!« (9,33), so stellen sie hier die Frage: »Ist dieser etwa der Sohn Davids?« (12,23).

Die Reflexion ist hier nach Darstellung des Evangelisten deutlich weiter vorangeschritten. Die Wundertaten Jesu weisen auf seine messianische Vollmacht hin. Durch sein Wirken führt er die verheißene Heilszeit herauf. Das Handeln Jesu wird so zur Einladung an Israel, in Jesus den verheißenen Messias zu erkennen und anzuerkennen. Da dies die religiösen Führer Israels, die Pharisäer, nicht wollen, verdächtigen sie Jesus, im Auftrag Satans selbst zu handeln. Beelzebul wurde damals in Israel als oberster Herr der satanischen Mächte und Wesen angesehen.

Die Antwort Jesu gegenüber dieser Verdächtigung, 12,25−37, warnt die jüdischen Führer und weist sie auf ihre Verantwortung vor Gott hin: »Über jedes unnütze Wort, das die Menschen reden, werden sie am Tag des Gerichtes Rechenschaft ablegen« (12,36), wirft ihnen Handeln gegen die eigene Einsicht vor (12,31−35: Sünde gegen den Heiligen Geist) und weist auf die einzig mögliche Konsequenz aus dem Wirken Jesu hin: da der Satan nicht gegen den Satan kämpfen kann, erweist Jesus sich als der Stärkere. Daraus ist die Folgerung zu ziehen: »Wenn ich die Dämonen durch den Geist Gottes austreibe, dann ist das Reich Gottes schon zu euch gekommen« (12,25−29).

Die Heilungserzählung dient als Beweis für diese Gedankenführung.

Rahmen

Die Erzählung dient zunächst als Hinweis dafür, daß mit Jesus die bei den Propheten verheißene messianische Heilszeit angebrochen ist (12,22−38). Sie steht zusammen mit der messianischen Offenbarungs- und Verteidigungsrede Jesu 12,31−36 im größeren Zusammenhang der Darstellung Jesu als der verheißene Messias Israels gegen jüdische Einwände und gegen den Unglauben und das Mißverstehen der Zeitgenossen Jesu: Mt 11,2−12,50.

Dieser wichtige Abschnitt im Evangelium des Matthäus wird eingeleitet mit der Frage des Täufers: »Bist du der, der kommen soll?« und mit der Antwort Jesu darauf unter Hinweis auf sein Wirken im Licht der Propheten (11,2−6). Dann folgt das Urteil Jesu über die

Sendung des Täufers (11,7−15) und über die unentschiedene, ja ablehnende Generation seiner Volks- und Glaubensgenossen (11,16− 19). Dieses Urteil mündet in die prophetische Schelt- und Gerichtsrede über die ungläubigen Städte Galiläas, in denen Jesus wirkte (11,20−24). Der Dank Jesu an den Vater für den selbstlosen und demütigen Weg seiner Offenbarung und die Einladung an alle Beladenen in Israel, zu ihm zu kommen (11,25−30), bilden die Mitte dieses Abschnitts. Eine angeschlossene Streitrede (12,1−8) und eine Zeichenhandlung (12,9− 14) münden in den durch ein alttestamentliches Erfüllungszitat begründeten Erweis Jesu als verheißenen Gottesknecht des Propheten Jesaja (12,15−21). Dann folgt unsere Erzählung mit der Verteidigungsrede Jesu gegen den Beelzebulvorwurf (12,22−37). Die Verweigerung eines von den jüdischen Gegnern Jesu geforderten Zeichens (12,38−42), die Warnung vor der Rückkehr der unreinen Geister (12,43−45) und der Hinweis auf die wahren Verwandten Jesu (12,46− 50) beschließen diesen Abschnitt, der in der Einheitsübersetzung die Überschrift trägt: »Der Beginn der Entscheidung«.

Der Erzählung von der Befreiung eines dämonisch Belasteten kommt in diesem Zusammenhang beispielhafte Bedeutung zu: Wer in Jesus den Messias erkennt und bekennt, der ist weder blind noch stumm. Wer ihn nicht anerkennt und bekennt, in den kehren die unreinen Geister zurück (vgl. 12,43−45) oder er bleibt unter der Herrschaft der Dämonen, die ihn in religiöser Blindheit und Stummheit festhalten und ihn so am Heil hindern. Allein jene, die sich von Jesus befreien und erlösen lassen, werden frei von Blindheit und Stummheit und treten dadurch ein in die Gemeinschaft der wahren Verwandten Jesu (vgl. 12,46−50).

Anregungen für die Auslegung heute
(zugleich für Mt 9,32−34; Lk 11,14f.)

1. Vergleichen Sie die drei Erzählungen Mt 9,32−34; 12,22−30 und Lk 11,14−15 miteinander, und stellen Sie Gemeinsamkeiten und Unterschiede fest.
2. In welchem Zusammenhang steht die Dämonenaustreibung Lk 11,14f. und Mt 12,22f. (vgl. Lk 11,17−23; Mt 12,25−30)? Welche Funktion hat die Erzählung für die nachfolgende Selbstverteidigungsrede Jesu?
3. In welchem Zusammenhang steht die Dämonenaustreibung Mt 9,32−34? (Vgl. die Wundersammlung Mt 8,2−9,31 und besonders V. 33)

4. Was ist das Ziel der Erzählungen in sich selbst? (Beachten Sie den Aufbau! Hilfsfragen: Geht es um den Besessenen, um die Weise der Heilung, um den Glauben, um Jesu Vollmacht, um die rechte Entscheidung gegenüber der Person und Sendung Jesu?)
5. In welchem Verhältnis stehen Mt 9,33; Mt 12,23 und Mt 21,14f. zueinander? Was will der Evangelist gegenüber den Einwänden der Gegner Jesu nachweisen?
6. Inwiefern dienen alle drei Erzählungen in den verschiedenen Evangelien dem Nachweis, daß mit Jesu Kommen und Wirken die verheißene Heilszeit angebrochen ist? (Vgl. die Verteidigungsrede Jesu gegenüber dem Beelzebulvorwurf.)
7. Können Schuld und Sünde, auch Verleugnung des Glaubens an Gott und Christus zu psychisch bedingten Erkrankungen, auch zu Blindheit und Stummheit führen? Welche Möglichkeiten gibt es zur Heilung solcher ›Krankheiten‹? (Gebet, Sündenbekenntnis, Wallfahrten, Segnungen, Fürbitte, Sakramentenempfang.) Nennen Sie Beispiele aus dem Leben heiligmäßiger Christen.
8. Inwiefern können der Glaube und die Entscheidung für Jesus Christus von geistiger Blindheit und Stummheit befreien? (Nennen Sie Beispiele.)

7. Eine verkrümmte Frau
   am Sabbat in Galiläa
   (Lk 13,10—17)

Hinführung

Lukas überliefert neben zwei Krankenheilungen am Sabbat (6,6—11; 14,1—6: Sondergut) auch die Austreibung eines Krankheitsdämons aus einer Frau am Sabbat. Dieser Exorzismus findet in einer Synagoge statt, ebenso wie die Heilung eines Mannes mit einer verdorrten Hand (6,6—11). Auch bei der Erzählung von diesem Exorzismus geht es wie bei den beiden übrigen Sabbatheilungserzählungen um die Frage, ob eine solche Heilungshandlung erlaubt sei. Die Erzählung weist aber eine eigene Prägung nach Inhalt und Form auf, außerdem sind ihre Einzelheiten durch die Tradition vorgegeben, so daß hier eine historisch glaubwürdige Überlieferung vorliegt. Dem Zusammenhang nach ist als Ort des Geschehens Galiläa anzunehmen. Für die Erhebung der Eigenart dieser Erzählung und des dahinter stehenden Geschehens ist der Vergleich mit den übrigen Sabbathandlungen Jesu in den Evangelien hilfreich. Sie alle weisen in besonderer Weise auf das Neue hin, das mit Jesus in Israel anbrach.

Form

Den Kern der Überlieferung bildet die exorzistische Heilungserzählung 13,10—13. Ihr folgt, durch Jesu Tat ausgelöst, ein Streitgespräch über die Erlaubtheit der Handlung Jesu am Sabbat, 13,14—17. Da die Heilung ausdrücklich als Dämonenaustreibung bestimmt wird (13,11), handelt es sich im ersten Teil (13,10—13) um einen Bericht über einen Exorzismus. Da es dabei um eine Neuordnung der Sabbatvorschriften geht (das Streitgespräch), gehört die Wunderüberlieferung zu den *Normenwundererzählungen* (vgl. dazu Lk 6,6—11; 14,1—6; auch Joh 5,1—3.10—15; 9,1—34). Es geht um die Begründung einer neuen Sabbatpraxis der Jünger Jesu. Insofern hat das Stück Lehrcharakter. Bei Lukas dient diese Heilung zugleich als Beispiel für die Heilandstätigkeit Jesu.

Aufbau

13,10f. bildet die Einleitung der Erzählung: Sie weist auf die Situation hin: Jesu Lehren in einer Synagoge am Sabbat und die Teilnahme einer dämonisch geschädigten Frau am Gottesdienst mit Beschreibung ihres Leidens. 13,12.13a schildert die Begegnung Jesu mit der kranken Frau und den Heilungsakt als Mitte der Erzählung: Jesus ruft sie zu sich, legt ihr die Hände auf und spricht das Heilungswort. 13,13b zeigt die Wirkung auf: das Sichaufrichten der Frau und ihren Lobpreis Gottes. 13,14 bildet die Überleitung zum Streitgespräch: der Einspruch des Synagogenvorstehers wegen der Sabbatvorschriften. Die Verse 14–16 überliefern die Entgegnung Jesu. 13,17 bildet den Abschluß der gesamten Überlieferungseinheit: die Reaktion der Zeugen und Hörer Jesu: Beschämung der Gegner, Freude des Volkes über das Wirken Jesu.

Da der Schwerpunkt der Perikope auf Jesu Argumentation liegt (13,14–16), handelt es sich um eine *Lehrerzählung*, bei der die Wundertat Jesu als Ausgangspunkt und Norm benützt wird.

Text und Botschaft

Der Einleitungsvers 13,10 weist darauf hin, daß Jesus in den Synagogen am Sabbat zu lehren pflegte (vgl. Lk 4,16ff.; 4,31.44). Er konnte sich wie jeder erwachsene jüdische Mann nach dem jüdischen Glaubensbekenntnis (»Höre, Israel...«, Dtn 6,4–9; 11,13–21; Num 15,37–41), dem Achtzehnbittengebet und nach Verlesung der fälligen Schriftabschnitte aus den Büchern Mose (Gesetz) und den Propheten samt der dazugehörigen Predigt für einen besonderen Beitrag (Schriftlesung, Zuspruch, Auslegung, Mahnung) zum Vortrag melden. Dies tat Jesus offensichtlich auch bewußt, um auf seine Botschaft hinzuweisen. Der jüdische Gottesdienst konnte dann stattfinden, wenn zehn volljährige jüdische Männer anwesend waren. Frauen hatten kein Recht auf Teilnahme und Mitwirkung beim Synagogengottesdienst, sie wurden jedoch geduldet. Sie saßen dabei am Eingang oder an den Wänden entlang oder auf einer Empore. Die Lehrvorträge erfolgten von einer Tribüne im Vorderteil des rechteckigen Synagogenraums aus. Von dort konnte man den Raum mit den Gottesdienstteilnehmern gut überblicken.

Die Krankheit der Frau, die Jesus heilte, wird in 13,11 als Rückenverkrümmung, wohl verbunden mit starken Schmerzen, beschrieben, so daß sie sich nie ganz aufzurichten vermochte. Diese Verkrümmung war vor 18 Jahren, wohl plötzlich, eingetreten, ohne daß ein Unfall, eine Erkrankung oder eine erkennbare leibliche Schädigung vorausgegangen war. Daher führte man damals eine solche schmerzhafte, dabei geheimnisvolle Erkrankung auf einen Dämon, einen Schadensgeist zurück. Wir kennen heute eine Reihe von Gründen für eine solche Erkrankung: Bandscheibenvorfall, eingeklemmter Nerv im Rückgrat, schweres Rheuma, fortschreitende Verkrümmung durch schwere Arbeit, auch hysterische Skoliose (Verkrümmung). Die Angabe der Dauer der Erkrankung weist auf historische Vorgegebenheit, da die Zahl 18 keinerlei Symbolwert besaß.

Bezeichnend für Jesus ist, daß er diese Frau zu sich rief, nachdem er sie erblickt hatte (13,12). Das entspricht dem aus den übrigen Sabbathandlungen Jesu erkennbaren Grundverhalten (vgl. Lk 6,8f.; 14,2ff. par; Joh 5,6–9; 9,6f.14). Er heilt aus Überzeugung am Sabbat und ergreift dazu je die Initiative. Denn den Juden war verboten, am Sabbat jemand um Heilung zu ersuchen, da ärztliches Handeln als Arbeit galt. Nur bei Lebensgefahr durfte einem Kranken oder Verunglückten ärztlich geholfen werden. Die Sabbatheilungserzählungen im Neuen Testament geben das jüdische Verständnis des Ruhegebotes am Sabbat (Ex 20,9–11; Dtn 5,12–15) entsprechend der Lehre der Schriftgelehrten zur Zeit Jesu zutreffend wieder, wenn sie davon ausgehen, daß auch das Heilen am Sabbat als verboten galt. »Sechs Tage sind zum Arbeiten da. Kommt also an diesen Tagen und laßt euch heilen, nicht am Sabbat!« (13,14). Nach achtzehnjähriger Erkrankung hätte die Heilung durchaus auch einige Tage später erfolgen können. Für alle Sabbatheilungen Jesu gilt, daß ein sofortiges Eingreifen nicht erforderlich war, weil in keinem Fall akute Lebensgefahr bestand.

Jesus verstand den Sabbattag aber als Tag der vollendeten Schöpfung Gottes, als Tag der Freude und der Dankbarkeit über die Liebe des Schöpfers. Darum heilte er bewußt an diesem Tag, um anzuzeigen, daß er gesandt war, um die gefallene Schöpfung wieder aufzurichten und zu heilen (vgl. Lk 6,9: »Was ist am Sabbat erlaubt: Gutes zu tun oder Böses, ein Leben zu retten oder zugrunde gehen zu lassen?«). Deshalb rief Jesus die Frau zu sich – eine zusätzliche Herausforderung an die versammelten jüdischen Männer, die allein gottesdienstberechtigt waren –, sprach ihr Heilung zu: »›Frau, sei von deinen Leiden erlöst!‹ (oder: ›Du bist von deinem Leiden erlöst worden‹) und legte ihr die Hände auf.« Die Heilung trat sofort ein, wie das Verhalten der Frau zeigte: »Im gleichen Augenblick richtete sie sich auf und pries Gott« (13,13b).

Bemerkenswert ist, daß Lukas mit keinem Wort auf das Ausfahren oder die Vertreibung des Krankheitsdämons hinweist. Für ihn ist die Frau schwer krank gewesen. Das zeigt sich sowohl am Heilungswort Jesu wie auch an der Geste der Handauflegung, durch welche der Frau Heilungskraft und Gesundheit mitgeteilt wurde. Diese bedeutsame Akzentverschiebung der Erzählung gilt es bei der Auslegung zu beachten. Die Heilungserzählungen des Lukas sind dadurch geprägt, daß Lukas zeigt, wie Jesus Menschen in Not hilft, das Leben in seiner Fülle zurückzugewinnen. Dabei hat er einen besonderen Blick für die Zukurzgekommenen: Samariter, Arme, Krüppel, Frauen (vgl. 4,18; 7,21 f.; 6,20−26; 7,11−17; 8,1−3; 14,1−6; 17,11−19). Da Jesus im Auftrag Gottes, des gütigen Vaters, handelte (s. Lk 6,35 f.), mündeten Jesu Heilandstaten oft in den Lobpreis Gottes ein (vgl. 7,16; 8,39; 9,43a; 17,15; 18,43). Das gilt ebenso für die Heilung der gekrümmten Frau. Zugleich zeigt der Lobpreis der Frau, daß es Gott war, der ihr die Gesundheit und Befreiung schenkte. Insofern hatte Gott selbst an seinem Tag helfend und begnadend gehandelt und alles wieder gut gemacht, so wie es am Anfang der Schöpfung war (s. Gen 2,1−3: »Gott segnete den siebten Tag und erklärte ihn für heilig«).

Der Synagogenvorsteher aber empörte sich darüber, »daß Jesus am Sabbat heilte« (13,14), äußerte seinen Unmut aber nicht gegenüber Jesus − (hatte er Angst vor seiner Macht?) −, sondern gegenüber den Anwesenden: »Sechs Tage sind zum Arbeiten da. Kommt also an diesen Tagen und laßt euch heilen!« (13,14b). War die Frau deshalb in die Synagoge gekommen, um Jesus zu begegnen und geheilt zu werden? Daß sie auf Heilung durch Jesus hoffte, ist nicht auszuschließen. Der Verweis des Synagogenvorstehers gab Jesus Gelegenheit zur Antwort. Er warf dem Synagogenvorsteher und seinen theologischen Autoritäten, den Schriftgelehrten, Heuchelei vor (»Ihr Heuchler!« 13,15). Denn das eigene Vieh, Ochsen, Rinder und Esel, durfte man am Sabbat zur Weide und zur Tränke führen, ihnen also Gutes tun, ohne daß sie in Lebensgefahr sind. Ist das nicht inkonsequent und ungerecht? »Diese Tochter Abrahams aber, die der Satan schon seit achtzehn Jahren gefesselt hält, sollte am Sabbat nicht davon befreit werden dürfen?« (13,16). Diese Antwort spielt auf die volkstümliche Vorstellung an, daß Satan Herr der Schadensgeister ist, die Menschen fesseln, versklaven und plagen. Beachtenswert ist, daß Jesus der Frau einen Ehrentitel zuerkannte, »Tochter Abrahams«. Ihr gilt daher der Segen und das Heil, das Abraham für alle Menschen verheißen wurde (vgl. Gen 12,2 f.). In diesem Ehrentitel sprach sich zugleich eine Kritik an der religiösen und sozialen Abwertung der Frauen im damaligen Judentum aus. Jesus nahm daher bewußt auch Frauen in seinen Schülerkreis auf, darunter auch solche, die er zuvor »von bösen Geistern und von Krankheiten geheilt hatte« (Lk 8,2f.).

Der Abschluß der Lehrerzählung (13,17) zeigt, daß die Gegner Jesu darauf nichts erwidern konnten, daß aber das jüdische Volk sich über Jesu Tun und Handeln freute, weil es darin Gott selbst am Werk sah (große Taten = wörtlich: »endoxa ginomena«, d.h. großartige Taten, in denen sich Gottes doxa – Herrlichkeit – zeigt; vgl. Lk 9,43a).

Von der Zielrichtung des Streitgesprächs her sah die christliche Gemeinde im Verhalten Jesu am Sabbat und in seiner dahinter stehenden grundsätzlichen Überlegung ihr Recht begründet, an die Stelle der engen jüdischen Sabbatauffassung eine menschenfreundliche, freudige Grundhaltung und Praxis zu setzen. Der Sorge für die Mitmenschen, besonders für die, die sich in Not befanden, kam dabei besonderes Gewicht zu.

Rahmen

Die Lehrerzählung steht in einem Zusammenhang, der durch die in ihm vereinten Überlieferungen zur Entscheidung für oder gegen Jesu Heilsangebot auffordert. Unmittelbar voraus geht der Aufruf zur rechtzeitigen Umkehr (13,1–9). Es folgt das Doppelgleichnis vom Senfkorn und vom Sauerteig (13,18–21), das darauf hinweist, daß das Reich Gottes bereits am Wachsen ist und sich durchzusetzen beginnt. Die angeschlossene Aufforderung, »durch die enge Tür zu gelangen«, solange sie noch offen ist, weist auf den Entscheidungscharakter der durch Jesu Kommen und Wirken geprägten Zeit hin (13,22–30).

Eingeleitet wird dieser Abschnitt durch die Warnung vor der Heuchelei der Pharisäer (12,1–3) und die Aufforderung zu furchtlosem Bekenntnis (12,4–12). Die Beispielgeschichte vom reichen Mann (12,13–21), die Rede über die wahre und die falsche Sorge (12,22–32) und der Hinweis auf den wahren Schatz (12,33f.) weisen auf die rechte Entscheidung hin und warnen vor den Folgen der Fehlentscheidung. Das rechte Verhalten des Jüngers Jesu wird sodann erläutert an dem Beispiel des schlechten und des treuen Knechts (12,35–48). Die Rede 12,49–53 weist darauf hin, daß Jesus Scheidung der Geister bewirkt. 12,54–57 fordert – zusammen mit dem Vergleich 12,58f. – dazu auf, die Zeichen der Zeit zu verstehen und rechtzeitig umzukehren. Denn die Zeit für die geforderte Entscheidung ist knapp (vgl. 13,7f.). Noch besteht Hoffnung, wie unser Lehrstück zeigt, daß die jüdischen Führer sich von Jesus zur rechten Entscheidung bewegen lassen.

Wie das Schicksal der Jesusbewegung zeigt, haben die Verantwortlichen Israels die ihnen durch Jesus eröffnete Möglichkeit der Entscheidung für das Reich Gottes nicht genützt. So wird unsere Lehrerzählung im Ganzen von Kap. 12 f. bei Lukas zum Aufruf an die Kirche und an jeden Christen und jeden Menschen, der durch sie vom Heilsangebot Gottes durch Jesus Christus hört, sich befreien zu lassen und die Gnade Gottes zu ergreifen. Wer sich von Jesus aus der alten Unheilssituation erlösen läßt, wird frei zur rechten Verehrung Gottes, zur Nächstenliebe und zu einem freudigen, offenen Leben vor Gott. Er findet den Weg ins ewige Leben (vgl. 13,22—30). Das durch Jesus gebrachte Heil wird bereits in der Kirche als Heilung von Leib und Seele und als Befreiung zur Liebe erfahren (vgl. 13,18—21). Dies zeigt der Evangelist dann näher am Leben der apostolischen Kirche in der Apostelgeschichte (vgl. 2,36—47; 4,32—37; 9,32—43; 19,11 f.; 20,17—35).

Anregungen für die Auslegung heute

1. Stellen Sie fest, wie das Überlieferungsstück 13,10—17 aufgebaut ist.
2. Ist die Austreibung des Dämons oder die Heilung der Frau betont? Wie wird die Heilung in ihrer Bedeutung durch Jesus näher umschrieben? (Vgl. 13,16.)
3. Warum heilte Jesus diese Frau am Sabbat? Warum heilte Jesus bewußt an Sabbaten? (Vgl. Lk 6,8 f.; 14,2 ff.; Joh 5,1—18; 9,6.f.14.)
4. Warum wurde die Erkrankung der Frau auf dämonischen Einfluß zurückgeführt? Welche Ursachen nimmt die heutige Medizin für das Auftreten plötzlicher Rückenbeschwerden mit nachfolgender Verkrümmung an? Kann das Leiden auch psychische Ursachen haben?
5. Soll man bei ähnlichen Leiden auch durch Gebet, kirchliche Segnungen und Sakramentenempfang zu helfen versuchen? Schließt die religiöse Hilfe die medizinische aus? Können durch religiöse Akte innere Blockierungen, Belastungen, schlechte Bindungen, Ängste und Nöte überwunden werden?
6. Inwiefern versetzt eine gläubige Begegnung mit Jesus jede Krankheit und jede Belastung und Not in den Bereich der Gnade und des Heils?

III. Totenerweckungen

Die Evangelien enthalten auch Zeugnisse von Totenerweckungen Jesu. In gewisser Weise stellen die Totenerweckungen einen Grenzfall der Heilungen schwerer Erkrankungen dar, wenn die Wiedererweckung zum Leben unmittelbar nach dem Sterben (so bei der Tochter des Jaïrus) oder doch kurz nach dem Tod (wie bei dem jungen Mann zu Naïn) stattfindet. Diese Überlieferungen sind nach dem Modell der Wunderheilungen gestaltet.

Einen Sonderfall bildet die Auferweckung des Lazarus, die am vierten Tag nach dem Tod stattgefunden haben soll (Joh 11). Denn dabei handelte es sich nicht um die Wiederbelebung eines toten, doch im wesentlichen unversehrten Leibes, sondern um die Neuschaffung eines bereits in Verwesung übergegangenen Körpers. In jedem Fall hat der Ausleger es mit Überlieferungen zu tun, die unter besonderen Gesichtspunkten gestaltet wurden. Diese Überlieferungen gilt es zu verstehen in ihren Voraussetzungen und ihren Zielsetzungen. Allerdings setzen diese Überlieferungen voraus, daß Jesus tatsächlich Tote ins Leben zurückrief, und sie wollen über einzelne Fälle davon berichten.

Zu beachten ist, daß die neutestamentlichen Totenerweckungserzählungen Vorbilder in den Erzählungen des Alten Testaments von der Wiederbelebung je eines toten Knaben durch die Propheten Elija (1 Kön 17,17−24) und Elischa (2 Kön 4,18−37) haben. Diese Vorbilder haben in mehrfacher Weise auf die neutestamentlichen Erzählungen eingewirkt (Vollzug, Entsprechung, Überbietung). Außerdem berichtet die Literatur der griechisch-römischen Umwelt des Neuen Testaments von Totenerweckungen durch Wundermänner. Der Vergleich mit diesen Traditionen hilft daher, das Eigene der evangelischen Zeugnisse zu bestimmen.

Die Zeugnisse der Evangelien werden in diesem Werkbuch je nach der Zeit geboten, die nach dem Eintritt des Todes bis zur Erweckung aus dem Tod verging, die mit dem kürzesten Zeitraum zuerst, die mit dem längsten zuletzt.

1. Die Tochter des Jaïrus
   in Kafarnaum
   (Mk 5,22−24.[25−34.]
   35−43; Mt 9,18−19.
   [20−22.]23−26;
   Lk 8,40−42.
   [43−48.]49−56)

Hinführung

Bei allen drei synoptischen Evangelien findet sich die Erzählung von
der Erweckung der Tochter eines Synagogenvorstehers namens Jaïrus,
der wohl in Kafarnaum zu Haus war (vgl. die Einleitung Mk 5,21 in
Verbindung mit den Ortsangaben Mk 2,1.13; 3,7.31; 4,1.35; 5,1.18).
Charakteristisch für diese Erzählung ist, daß sie so verknüpft ist mit der
Heilung einer Frau mit Blutungen, daß durch deren Dazwischentreten
Jesus erst nach Eintritt des Todes des schwerkranken Mädchens im
Haus des Jaïrus eintrifft (s. Mk 5,25−34; Mt 9,20−22; Lk 8,43−48). Die
Angaben des Vaternamens und des Alters des Mädchens wie auch die
Verknüpfung mit dem See von Gennesaret und dem Gebiet von
Kafarnaum weisen darauf hin, daß die Erzählung ein Ereignis überlie-
fern will, das wirklich geschah.

Form

Es handelt sich um eine Wundererzählung, die bei Markus und Lukas
als Heilungsgeschichte einer im Sterben liegenden Kranken beginnt,
bei Matthäus aber von Anfang an auf die Erweckung einer gerade
Verstorbenen abzielt. Durch die Verschränkung mit der wunderbaren
Heilung einer Frau mit Blutungen, wobei das Dazwischentreten dieser
Frau die rechtzeitige Ankunft Jesu bei der Sterbenden verzögert,
entsteht eine kunstvoll aufgebaute Doppelerzählung von zwei außergewöhnlichen Wundertaten Jesu. Dabei bildet die Heilung der Frau
mit Blutungen ein Teilelement der Auferweckungsgeschichte der
Tochter des Jaïrus (Verzögerungselement). Auffällig ist die Zwölfzahl,
die in beiden Wundergeschichten eine Rolle spielt: die Tochter des
Jaïrus ist zwölf Jahre alt; die Frau leidet seit zwölf Jahren an Blutungen

329

(s. Mk 5,25; 5,42; Mt 9,20: hier fehlt die Altersangabe des Mädchens; Lk 8,42; 8,43). Handelt es sich hier um geschichtlich begründete Angaben oder um ein Element stilistischer Verknüpfung, wobei das Alter des Mädchens den Ausgangspunkt der Parallelisierung gebildet haben könnte?

Die Verknüpfung beider Erzählungen bringt ein Element der Spannung und Steigerung in die Grunderzählung über die Tochter des Jaïrus. Die Erweckung der zwölfjährigen Toten zum Leben übertrifft bei weitem die Heilung der von den Ärzten aufgegebenen, seit zwölf Jahren an Blutungen leidenden Frau. Qualifizierte Zeugen sind neben den wunderbar Geretteten die Eltern der Tochter und die Jünger Jesu (so Mt), im Fall der Totenerweckung bei Mk und Lk allein Petrus, Jakobus und Johannes (Mk 5,37; Lk 8,51).

Bei Markus und Lukas bildet die Doppelwundererzählung den Abschluß einer Sammlung von vier außergewöhnlichen Wundertaten Jesu, die mit der Stillung eines Seesturms (Mk 4,35–41; Lk 8,22–25), der Austreibung einer Legion Dämonen aus einem Heiden bei Gerasa (Mk 5,1–20; Lk 8,26–39) eingeleitet wird. Diese Wundersammlung hat Markus wohl bereits in der Tradition vorgefunden und in sein Evangelium übernommen.

Matthäus hat die vier Wundererzählungen voneinander getrennt: die ersten beiden ordnete er in die erste Hälfte seiner Wundersammlung in Kap. 8 und 9 ein (8,23–27 und 8,28–34), die Doppelwundererzählung in die zweite Hälfte (9,18–26).

Die vier Wundererzählungen bilden den Höhepunkt des Wunderwirkens Jesu in Galiläa.

Aufbau

Der Evangelist *Markus* bietet folgenden Aufbau der Doppelwundererzählung: 5,21 verweist als Übergangsnotiz auf den Ort des Geschehens. Mit 5,22 beginnt die Einleitung: Sie weist auf den Vertreter der Sterbenden hin: den Synagogenvorsteher Jaïrus, der Jesus kniefällig um Hilfe für seine sterbende Tochter anfleht: Er möge ihr die Hände auflegen, damit sie am Leben bleibe. Ab 5,24 wird der Verlauf der Begegnung geschildert: die Bereitschaft Jesu mitzugehen, das Gedränge der Volksmenge und das Auftreten der Frau mit Blutungen, die dadurch entstandene Verzögerung und das Eintreffen von Leuten aus dem Haus des Synagogenvorstehers, die melden: »Deine Tochter ist gestorben!« und den Vater auffordern, Jesus nicht länger zu bemühen. Dann ergreift Jesus die Initiative, versichert den Vater dennoch seiner Hilfe und fordert zu festem Glauben in Jesu Vollmacht auf: »Sei ohne Furcht, glaube nur!« Daraufhin wählt Jesus die drei vertrautesten Jünger aus: Petrus, Jakobus und Johannes und geht zum Haus des Jaïrus, zur toten Tochter. Beim Eintreffen im Haus entsteht eine weitere Hemmung: Die Totenklage hat bereits eingesetzt. Jesu Versicherung: »Das Kind ist nicht gestorben, es schläft nur!« stößt auf Skepsis und Hohn: »Sie lachten ihn aus.« Durch dieses Verhalten wird die Tatsache des Todes eindrücklich herausgestellt.

Ab 5,40b erreicht die Erzählung ihre Mitte. Jesus betritt den Raum, in dem die Tote liegt, faßt sie bei der Hand und gibt den Befehl: »Talita kum!« (Mädchen, steh auf!). Daraufhin wird das Mädchen sofort wieder lebendig, steht auf und geht umher! Als Zwölfjährige konnte sie durchaus allein gehen. 5,42c weist abschließend auf die Reaktion der Zeugen hin »Die Leute gerieten außer sich vor Entsetzen!« und auf den Befehl Jesu, niemand etwas zu sagen. Mit Jesu Auftrag, dem Mädchen etwas zu essen zu geben, schließt die Doppelwundererzählung. Dieser Hinweis dient der Verstärkung der Tatsächlichkeit des Geschehens: das Mädchen ist nicht gestorben, sondern lebt sein Leben weiter.

Lukas hat die bei Markus vorgefundene Erzählung weithin übernommen, ohne den Aufbau und das Geschehen zu ändern. Er hat lediglich gestrafft, sprachlich und stilistisch geglättet und sowohl die Macht Jesu als auch die Not des Vaters stärker herausgestellt.

8,40 ist Überleitung zum Geschehen. 8,41−50 schildert den Verlauf der Begegnung zwischen dem Stellvertreter der Sterbenden, dem Vater des Mädchens, und dem Wundertäter. Der Vater bittet Jesus, in sein Haus zu kommen; Handauflegung wird nicht erwähnt. Die Tochter ist das einzige Kind dieses Mannes. Die Frau mit Blutungen – neben der Volksmenge – tritt wieder als Verzögerungselement auf, so daß der Abgesandte aus dem Haus des Synagogenvorstehers dem Vater meldet, als er mit Jesus sich noch bei der Frau mit Blutungen aufhält: »Deine Tochter ist gestorben!« und ihn auffordert: »Bemüh den Meister nicht länger« (8,49). Wieder ergreift Jesus die Initiative, versichert den Vater seiner Hilfe und fordert ihn zum Glauben an seine Vollmacht auf: »Sei ohne Furcht, glaube nur!« und geht mit Petrus, Jakobus und Johannes und den Eltern des Kindes in deren Haus.

Stärker als bei Markus ist herausgestellt, daß »alle Leute über den Tod des Mädchens klagten und weinten« (8,52) und daß sie Jesus auslachten, als er feststellte: »Sie ist nicht gestorben, sie schläft nur!«, »weil sie wußten, daß sie tot war« (8,52f.).

8,54 bildet die Mitte der Erzählung: »Jesus rief, indem er die Hand des Mädchens ergriff: Mädchen, steh auf!« Der Vorgang des Eingreifens Jesu ist als Ruf zur Auferstehung deutlich gegenüber Markus verstärkt. Über Markus hinaus wird sodann festgestellt: »Da kehrte das Leben (der Lebensgeist) in sie zurück!« (8,55). Und Lukas fügt den Auftrag Jesu, dem Mädchen etwas zu essen zu geben, unmittelbar an. 8,56 bildet den Abschluß der Erzählung: das Außersichgeraten der Eltern und das Verbot Jesu, irgend jemand davon zu erzählen. Die Jünger werden hier nicht erwähnt.

Matthäus hat die Doppelwundererzählung des Markus erheblich verändert. Er hat wie üblich die Markuserzählung auf die wesentlichen Elemente zusammengestrichen, so daß beide Erzählungen auf Kurzberichte großer Wundertaten Jesu zusammengeschrumpft sind. Eine Steigerung der Spannung des Geschehens ist unmöglich, weil Matthäus den Vater bereits zu Beginn Jesus mitteilen läßt, seine Tochter sei soeben gestorben (9,18). Er bittet von Anfang an um eine wunderbare Erweckung der Toten. Insofern bildet die Begegnung Jesu mit der Frau mit Blutungen keine Verzögerung. Deshalb bedarf es keines aufmunternden Wortes Jesu an Eltern und Jünger. Das Wunder ist dazu bestimmt, Jesu Vollmacht offenbar zu machen. Diese tritt dadurch besonders hervor, daß Jesus die Tote allein durch eine Berührung zum Leben zurückbringt. Näherhin läßt sich folgendes feststellen:

9,18 bildet die Einleitung mit dem Auftreten des Synagogenvorstehers als Fürbitter für seine verstorbene Tochter: »Meine Tochter ist eben gestorben; komm doch, leg ihr deine Hand auf, dann wird sie wieder lebendig!« 9,19—24 schildert den Verlauf der *Begegnung*: Jesus folgt mit seinen Jüngern dem Bittsteller sofort. Dabei trifft Jesus mit der Frau mit Blutungen zusammen, der er sofort aufgrund ihres Glaubens die Heilung zuspricht, die auch unverzüglich eintritt. Im Haus des Synagogenvorstehers sagt Jesus zu den Flötenspielern und der klagenden Menge: »Geht hinaus! Das Mädchen ist nicht gestorben, es schläft nur.« Als die Leute ihn auslachen, werden sie aus dem Haus gedrängt. 9,25 bildet die Mitte der Erzählung: »Jesus trat ein und faßte das Mädchen an der Hand; da stand es auf.« Die Wiederkehr des Lebens erfolgt ohne Befehls- oder Begleitwort. Die Berührung mit Jesus schenkt neues Leben. Der Schluß stellt fest: »Und die Kunde davon verbreitete sich in der ganzen Gegend« (9,26).

Überlegungen zur Entwicklung der Doppelwundererzählung
Mk 5,22—24.35—43
Bei näherer Betrachtung fällt auf, daß die Erzählung sich mit Hilfe der Verzögerung durch das Dazwischentreten der Frau mit Blutungen von einer Wunderheilung zu einer Totenerweckung entwickelt (Mk 5,23:

»Meine Tochter liegt im Sterben«; 5,35: »Während Jesus noch (mit der Frau) redete,... sagten Leute aus dem Haus des Synagogenvorstehers: Deine Tochter ist gestorben! Warum bemühst du den Meister noch!«) und daß dieselbe Entwicklung sich auch von Markus zu Matthäus feststellen läßt (Mt 9,18: »Meine Tochter ist soeben gestorben; komm doch, leg ihr deine Hand auf, dann wird sie wieder lebendig«).

Außerdem fallen gewisse Spannungen in der Erzählung selbst auf: Mk 5,24 bemerkt, »Jesus ging mit dem Synagogenvorsteher«; in Mk 5,37 beschränkt Jesus die Zahl der Begleiter auf drei seiner Jünger.

Warum fordert Jesus den Bittsteller auf: »Sei ohne Furcht!« (5,36)? Ist diese Furcht auf das Nichtvermögen Jesu zu beziehen, die Tote zu erwecken oder auf die Situation des Mädchens, das vielleicht nicht mehr am Leben sein könnte?

Setzt die Bemerkung: »Das Kind ist nicht gestorben!« (5,39) nicht voraus, daß das Kind zuvor scheinbar wie tot daliegt, aber daß noch Leben in ihm ist? Auf einen hintergründigen, geistigen Sinn dieser Aussage deutet nichts im Zusammenhang der Erzählung hin. Könnte es nicht sein, daß diese Feststellung sich ursprünglich auf ein Stadium der äußersten Erschöpfung der Kranken bezog, aus der sie Jesu Heilungsmacht wieder befreite? Hätte sich dann der Befehl zum Aufstehen ursprünglich auf die Überwindung eines Zustands der Erschöpfung, Lähmung und Erstarrung bezogen, nicht aber auf den Zustand des Todes?

Außerdem wird beim Abschluß der Erzählung in keiner Weise auf die Heilung der Frau mit Blutungen verwiesen. Hätte diese Heilung nicht auch große Resonanz finden sollen?

Faßt man diese (und noch weitere) Beobachtungen zusammen, so erscheint die Annahme als möglich, daß die Erzählung verschiedene Stufen durchlief, wobei beide Wunderereignisse ursprünglich voneinander getrennt waren und es sich bei der Auferweckung der Tochter des Jaïrus zuerst um die wunderbare Heilung eines schwer erkrankten Mädchens aus dem Zustand äußerster Erschöpfung und Ohnmacht gehandelt hätte. Auf einer weiteren Stufe der Überlieferung wuchsen beide Erzählungen zusammen, wobei es durch die Verschachtelung mit der Erzählung von der Frau mit Blutungen dazu kam, daß die Wundertat Jesu dadurch vergrößert wurde, daß die Tochter des Jaïrus bereits als verstorben dargestellt wurde, ehe Jesus eintraf. Diese Überlegung würde die merkwürdige Verknüpfung beider Erzählungen einsichtig machen.

Doch darf nicht übersehen werden, daß der Evangelist Markus, der die Doppelerzählung in sein Evangelium aufnahm, im Fall der Tochter des Jaïrus von einer Totenerweckung überzeugt war. Außerdem weisen die Evangelien auch an anderer Stelle auf Totenerweckungen Jesu hin (vgl. Lk 7,11–17; auch Mt 11,5; Lk 7,22).

Text und Botschaft

a) Mk 5,21–24a.(24b–34.)35–43

5,25 setzt voraus, daß Jesus vom Südostufer an das Nordwestufer des Sees, wohl nach Kafarnaum, zurückfährt, wo ihn eine große Menschenmenge erwartet, darunter ein Synagogenvorsteher namens Jaïrus.

Ein solcher (vgl. Lk 13,14) war für das Synagogengebäude und den richtigen Verlauf des Synagogengottesdienstes zuständig. Die Synagogenvorsteher waren Laien. Es bedurfte dazu keines besonderen Schriftstudiums. Der Synagogenvorsteher wurde von der Synagogengemeinde gewählt. Der Name Jaïrus war damals nicht selten. Sein Sinn kann sein: »Gott möge erstrahlen« oder »er (Gott) wird erwecken« (vgl. 1 Chr 20,5). Letztere Deutung würde gut zur Erzählung passen. Gegen ein symbolisches Verständnis des Namens spricht aber, daß die Erzählung selbst nirgends auf einen geistigen Sinn dieses Namens hinweist. Die Namensangabe, der Hinweis auf den Ort und die sterbenskranke Tochter verdanken sich dem historischen Kern der Überlieferung.

Der Kniefall weist auf Ehrerbietung und Demut hin. Die Bitte um Hilfe ist dringlich. Sie setzt voraus, daß Jesus nur dann helfen kann, wenn er rechtzeitig vor Eintritt des Todes bei der Sterbenden anlangt und daß er durch Handauflegung seine Lebensmacht so auf die Kranke überträgt, daß die Krankheit überwunden, der Tod verbannt, das Leben voll zurückgewonnen werden kann. Jesus ist sofort bereit zu helfen und macht sich mit Jaïrus auf den Weg zu dessen Haus.

Das Dazwischentreten einer Frau mit Blutungen hindert Jesus – neben dem Gedränge der Menschen –, rechtzeitig bei der Sterbenden anzulangen (5,24b–34). Dadurch wird die Hoffnung des Jaïrus hinfällig. Das bringen die Leute aus dem Haus des Synagogenvorstehers auch deutlich zum Ausdruck: »Deine Tochter ist gestorben! Warum bemühst du den Meister noch länger?« (5,35). An die Möglichkeit einer Fernheilung wurde hier weder von Jaïrus noch von seinen Leuten gedacht, ebenso nicht an eine Auferweckung aus dem Tod. Da der Umgang mit Leichen verunreinigte, wollte man es Jesus ersparen, das Leichenhaus zu betreten. Er konnte dort nach allgemeiner Auffassung nichts mehr ausrichten.

Die Äußerung der Hausangehörigen des Jaïrus veranlaßt Jesus zum Eingreifen. Er nimmt die Angelegenheit in die Hand. Entscheidend für das Handeln Jesu ist der Glaube der Bezugsperson. Darum wendet sich Jesus an Jaïrus und fordert ihn auf: »Sei ohne Furcht, glaube nur!« Die Warnung vor Furcht kann sich dem Zusammenhang nach nur auf die Befürchtung des Vaters beziehen, daß unter diesen Umständen auch Jesus nicht mehr zu helfen vermöchte. Erst das Vertrauen auf Jesu Vollmacht ermöglicht eine persönliche Begegnung mit Jesus und öffnet den Blick für dessen Heilssendung. Ohne einen solchen Glauben handelt Jesus seiner Sendung wegen nicht.

Da Jaïrus Jesus glaubte, ging Jesus in das Haus. Als Zeugen seines beabsichtigten Handelns nahm er die drei aus seinem Jüngerkreis mit, die er am meisten schätzte (vgl. 1,16−20; 1,21−31; 9,2; 14,33). Sie sollten Zeugen seiner größten Wundertat werden, ebenso wie später seiner Verklärung und seines Gebetsringens am Ölberg (9,2; 14,33).

Im Haus des Jaïrus trifft Jesus auf Leute, wohl Verwandte, Nachbarn und Angehörige des Hauses, die ihrer Trauer über den Tod des Mädchens laut Ausdruck geben (5,38). Von einer geordneten, dem Brauch entsprechenden Totenklage ist nicht die Rede. Dazu war die Zeit seit dem Eintritt des Todes zu kurz. Die vorwurfsvolle Frage Jesu: »Warum schreit und weint ihr? Das Kind ist nicht gestorben, es schläft nur!« (5,39) stößt auf verzweifelte, ungläubige Abwehr. »Sie lachten ihn aus!« Die Leute sind offensichtlich vom Gegenteil überzeugt.

Das rätselhafte Wort Jesu, das weder den Zustand des Todes umschreiben noch auf Scheintod anspielen will, kann im Zusammenhang der vorliegenden Erzählung nur so verstanden werden, daß Jesus die Vollmacht hat, Tote zum Leben zu erwecken, so wie man Schlafende aus dem Schlafzustand aufweckt. Die wohlklingende, die Bitterkeit des Todeszustands verdeckende Umschreibung »schlafen, entschlafen« für »sterben, tot sein« (vgl. 1 Thess 5,10), ist für Jesus nicht eine Leerformel, sondern Wirklichkeit. Wenn er die Macht hat, Verstorbene ins Leben zurückzurufen, dann eignet ihm göttliche Vollmacht. Denn nach Aussage des Alten und Neuen Testaments ist Gott allein Herr über Leben und Tod, über Lebende und Tote (vgl. 1 Sam 2,6; Ps 35,10; Joh 5,26f.; auch Mk 12,27).

Bei der Auferweckung des Lazarus (Joh 11) ist in gleicher Weise von der Vollmacht Jesu die Rede, Menschen aus dem Todesschlaf aufzuwecken (»Jesus sagte zu den Jüngern: ›Lazarus, unser Freund, schläft; aber ich gehe hin, um ihn aufzuwecken.‹ Da sagten die Jünger zu ihm: ›Herr, wenn er schläft, dann wird er gesund werden!‹ Jesus aber hatte von seinem Tod gesprochen, während sie meinten, er spreche von dem gewöhnlichen Schlaf. Darauf sagte Jesus unverhüllt: ›Lazarus ist gestorben. Und ich freue mich für euch, daß ich nicht dort war; denn ich will, daß ihr glaubt.‹«, Joh 11,11—15). Hier tritt offensichtlich christliche Todesauffassung und christliche Sprache über den Tod nach der Auferweckung Jesu Christi in Erscheinung. Der Auferstandene kann und wird die christlichen Toten zum Leben erwecken und ins ewige Leben führen. Für die Christen ist daher der Tod kein endgültiger Zustand, sondern eine weitergehende Phase des Lebensweges und daher wie ein Schlaf zu bewerten. Diese christliche Auffassung war vorgeprägt durch das Alte Testament, näherhin durch die Erzählungen von der Wiederbelebung zweier toter Jungen durch die Propheten Elija (1 Kön 17,17—24) und Elischa (2 Kön 4,18—37). Auffällig ist dabei, daß beide Propheten sich über die toten Jungen beugen und ausstrecken und dabei Gott um Hilfe bitten. Daraus entwickelte sich die Auffassung, daß die Seele als Lebensträger noch einige Zeit in der Nähe des toten Leibes verbleibe und zurückrufbar sei. Als äußerste Grenze galt der dritte Tag (vgl. Hos 6,2). In der Zwischenzeit bis zur Rückkehr des Lebens in den Leib der Toten schienen diese zu schlafen, bis sie Gott wieder zum Leben zurückkehren ließ.

Bemerkenswerterweise verzichtet Jesus auf ein Gebet ebenso wie auf ein Sich-Ausstrecken über dem toten Mädchen, er hilft durch sein Wort und die Berührung seiner Hand. Zwar erfolgte Jesu Eingreifen kurz nach dem Eintritt des Todes, also deutlich früher als bei den beiden Knaben, welche durch Elija und Elischa zum Leben zurückgerufen wurden; in der überlegenen Weise, in der Jesus das Mädchen aus dem Tod ins Leben zurückholt, überbietet er aber deutlich die beiden alttestamentlichen Wundertäter.

Zu beachten ist noch, daß das Mädchen zwölf Jahre alt war. Es starb also gerade in dem Augenblick, als es zur Ehe und zur Mutterschaft fähig war. Insofern schenkte Jesus dem Haus des Jaïrus die Möglichkeit, in den Kindern dieser jungen Frau weiterzuleben. Kindersegen galt im jüdischen Volk neben langem Leben und Wohlergehen als höchste Gnadengabe Gottes (vgl. Gen 22,17; 28,14; 49,25 u. ö.). Damit wurde auch der Anschein vom Haus des Synagogenvorstehers genommen, er werde von Gott gestraft. Denn früher galt kinderloser Tod entsprechend der jüdischen Vergeltungslehre als Strafe Gottes für offene oder geheime Sünde. Die Wiedererweckung zum Leben bildete insofern eine Rehabilitation der Tochter wie auch ihres Vaters in den Augen der jüdischen Umwelt. Daß durch diese Wundertat Jesu das Leben dem Mädchen in seiner Fülle neu geschenkt wurde, zeigte sich daran, daß es sofort aufstehen und umhergehen konnte. Von der Todeskrankheit war nichts zurückgeblieben, auch nicht Müdigkeit oder Erschöpfung.

Die Wirkung dieser außergewöhnlichen Wundertat auf die Zeugen wird als großes Entsetzen beschrieben (5,42 wörtlich: »und sie gerieten in eine große Ekstase«). Denn hier mußte göttliche Vollmacht am Werk gewesen sein.

Das Geheimhaltungsgebot (5,43) kann sich nicht auf das Nicht-Weitergeben des Wortes »Talita kum« (Mädchen, steh auf) beziehen, sondern hat den Sinn, Jesus nicht als Wundertäter zu mißdeuten und zu mißbrauchen (vgl. Mk 1,44; 7,36). Die Wundertaten sollen auf Jesus als den verheißenen Heilbringer und auf den Anbruch der Heilszeit hinweisen, aber nicht die Leute dazu bringen, Jesus als großen Wundertäter zu verehren und zu gebrauchen. Deshalb entzog Jesus sich solchem Vorhaben der Leute (vgl. Mk 1,37 f.; auch 3,22; 8,11−13: Verweigerung eines Zeichens). Erst nach der Auferstehung Jesu (vgl. Mk 9,9) wird klar sein, wer Jesus war und was er wollte.

Der Auftrag, dem Mädchen etwas zu essen zu geben, zielte darauf ab, das neue Leben nicht als Schein mißzuverstehen. Jesus schenkte das Leben neu, damit es seine Bestimmung im ursprünglichen, gottgewollten Sinn gewinnen kann (vgl. den Schöpfungsauftrag Gen 1,28: »Seid fruchtbar und vermehrt euch, ... und herrscht über die Erde!«). Die Sendung zielt darauf hin, das durch die Sünde beeinträchtigte Leben in seiner ursprünglichen Fülle und Ganzheit wieder zu schenken.

b) Lk 8,40−42.(43−48.)49−56

Wie oben bereits gezeigt, hält sich Lukas weithin an die Vorlage des Markus. Die Situation bei der Rückkehr ans andere Seeufer (8,40) ist allgemeiner gezeichnet als bei Markus: wo Jesus auftritt, versammeln sich die Menschen. Der Bittsteller wird zuerst mit seinem Namen eingeführt, erst dann wird seine religiös-gesellschaftliche Funktion genannt (8,41). Die Erzählung ist stärker personalisiert und individualisiert als bei Markus. Der Kniefall vor Jesus zeigt die Not und das Vertrauen des Bittstellers an. Schließlich ist die Person, für die er bittet, »sein einziges Kind« (vgl. zu dieser Präzisierung und Verschärfung der Not noch Lk 7,12; 9,38), und dieses dazu im heiratsfähigen Alter (8,42). Die Zukunft und Ehre seiner Familie ruhen also auf dieser todkranken Tochter. Die Menge (8,42) und das Dazwischentreten einer an Blutungen leidenden Frau (8,43−48) hindern Jesus daran, reichzeitig bei der Todkranken einzutreffen. Darauf weist der Bote aus dem Haus des Jaïrus den Vater − und damit auch Jesus − hin. Er ist wie der Vater überzeugt, daß Jesus nur dann hätte helfen können, wenn bei seiner Ankunft noch Leben im Kind gewesen wäre. Bedrohtes Leben zurückzuhalten und zu verstärken, wurde damals Wundertätern als möglich zugestanden, nicht aber, Tote wieder ins Leben zurückzurufen. Die Totenerweckungen des Elija und Elischa galten als Ausnahmetaten dazu von Gott bevollmächtigter Personen. Die übrigen Propheten des Alten Testaments besaßen diese Vollmacht nicht.

Weil aber Jesus aufgrund seiner Gottesbeziehung über diese Vollmacht verfügt, greift er in das Geschehen ein (8,50): »Jesus sagte zu Jaïrus: Sei ohne Furcht; glaube nur, dann wird sie gesund!« Sein Eingreifen zielt also wie bei der Frau mit Blutungen nicht allein ab auf Genesung, vielmehr auf Rettung, auf Heil (beide Male wird dasselbe Verb verwandt, sōzein, sōzesthai, das bei Lukas auch religiöses Heil miteinschließt, vgl. 6,9; 7,50; 8,12; 9,24; 13,23; 17,19.33; 18,26.42; 19,10). Die Wendung: »dein Glaube hat dich gerettet« findet sich je an verwandter Stelle auch Lk 7,50; 8,48; 17,19; 18,42. Insofern weist Jesus durch sein Wort der Ermutigung und Mahnung Jaïrus auf die rettende Heilsmacht des Glaubens hin und verweist damit indirekt auf seine Sendung als messianischer Heiland Israels.

Der Ausschluß der Öffentlichkeit und die Zulassung allein ausgewählter Zeugen zum Heilungsgeschehen (8,51) zeigt auf, daß der Glaube seine Werke nicht zur Ergötzung der Massen, sondern verborgen im Bereich der Glaubenden vollbringt.

Nachdrücklicher als Markus betont Lukas, daß die im Haus des Jaïrus Versammelten den Tod des Mädchens festgestellt hatten und deshalb Jesú Behauptung verlachten (8,52f.): »Weint nicht! Sie ist nicht gestorben, sie schläft nur!« In dieser Aussage offenbart sich nach Lukas Jesus aber bereits als der Heiland, der durch seine Auferstehung den Tod überwinden und den Seinen Anteil an seinem neuen Leben geben wird. Dies zeigt das gleichartige Wort Jesu an die Mutter des toten jungen Mannes von Naïn (7,13: »Weine nicht!«; vgl. Apg 10,37–43; auch 9,36–42; 20,7–12).

Aus seiner göttlichen Vollmacht heraus ruft Jesus das tote Mädchen ins Leben zurück: »Mädchen, stehe auf!« (8,54). Die Berührung mit der Hand bedeutet keine Kraftübertragung, sondern soll das Machtwort Jesu zeichenhaft unterstreichen. Die Reaktion des Mädchens erweist Jesu Befehlswort als wirksam (8,55a): »Da kehrte das Leben in sie zurück, und sie stand sofort auf.«

Der Auftrag, ihr etwas zu essen zu geben, hat denselben Sinn wie bei Markus.

8,56 sagt nur von den Eltern, daß sie außer sich gerieten über die

Vollmachtstat Jesu, nicht aber von den Jüngern. Jene wissen nach Lukas bereits um Jesu Fähigkeit, auch Tote ins Leben zurückzurufen durch die Auferweckung des jungen Mannes von Naïn (7,11—17).

Das Verbot, das Wunder bekannt zu machen, will wie bei Markus ungute Reaktionen auf Jesus als Wundermann vermeiden (vgl. 9,7—9; auch 4,42f.; 11,29—32).

c) Mt 9,18—19.(20—22.)23—26

Daß Matthäus aus der kunstvoll aufgebauten Vorlage des Markus eine Doppelerzählung von einer außergewöhnlichen Heilung und einer Totenerweckung geschaffen hat, wurde bereits oben gesagt. Beim Gespräch mit den Jüngern des Johannes (Mt 9,14) kommt nach Matthäus ein Synagogenvorsteher zu Jesus – der Name wird bei ihm nicht genannt, es genügt für die Bezeugung des großen Wunders die Angabe der Stellung und Funktion dieses Mannes in der jüdischen Gesellschaft – und fleht Jesus in kniefälliger Verehrung (beachten Sie das Verb ›proskynein‹ – sich in religiöser Verehrung niederwerfen) an: »Meine Tochter ist soeben gestorben; komm doch, leg ihr deine Hände auf, dann wird sie wieder lebendig!« (9,18). Die verehrungsvolle Bitte ist Ausdruck der Verehrung dieses religiös urteilsfähigen Mannes und seines Glaubens an Jesu Vollmacht, auch Tote erwecken zu können. Insofern ist dieser Mann ein bedeutender Zeuge für Jesu gottgegebene Vollmacht gegenüber den Juden und Judenchristen, für die Matthäus sein Evangelium schrieb. Er sah in Jesus mindestens einen ebenso großen Propheten wie Elija und Elischa, deren Totenerweckungen das Alte Testament überliefert (1 Kön 17,17—24; 2 Kön 4,18—37). Diese Texte wurden ja auch in der Synagoge vorgelesen, für die er verantwortlich war. Er gehörte nach Matthäus daher zu der Gruppe derer, die in Israel der Meinung waren, Jesus sei (der wiedergekehrte) Elija oder ein großer Prophet.

Bei *Lukas* ist über Markus hinaus die gottheitliche Vollmacht Jesu als des gottgesandten Messias noch deutlicher herausgearbeitet. Der Auferweckung der Tochter des Jaïrus geht die Auferweckung des jungen Mannes von Naïn voraus (7,11—17), so daß Jesus sowohl einen Mann als auch eine Frau aus dem Tod erweckt und sich dadurch als der Herr über Leben und Tod erweist. In der Antwort an den Täufer, ob er der verheißene Messias sei (7,18—23), weist Jesus auf seine Totenerweckungen als Erfüllung jesajanischer Verheißungen für die messianische Zeit hin: »Tote stehen auf« (vgl. Jes 26,19: »Deine Toten werden leben!«). Die Jünger Jesu werden als Zeugen der Vollmachtstaten Jesu daher eigens gepriesen: »Selig sind die Augen, die sehen, was ihr seht!«

(10,23 f.). Sie wissen nämlich, wie alle Glaubenden, »wer der Sohn ist«, nämlich »der, dem der Vater alles übertragen hat« (10,21 f.), auch das Gericht über die Toten und deren Auferweckung zum Leben (21,25–28; 22,29 f.; 24,46 f.; Apg 2,36.39; 3,19–26; 4,10–12; 10,42 f.).

Matthäus hat das Doppelwunderzeugnis eingeordnet in die Sammlung von zehn messianischen Wundertaten Kap. 8 – 9, um die messianische Rede Kap. 5–7 (Bergpredigt) zu beglaubigen. Die beiden Wunder stehen am Ende der Sammlung, vor der Heilung von zwei Blinden (9,27–31) und der Heilung eines Stummen (9,32–34). Diese beiden Wundertaten wollen darauf hinweisen, daß der, der zu Jesus gläubig findet, sehen und bekennen kann, was Jesu Wort und Jesu Taten offenbaren: daß er der verheißene Messias ist.

Dies arbeitet Matthäus ähnlich wie Lukas mit weiteren Textstücken deutlich heraus. Eingeleitet und abgeschlossen wird der Abschnitt über die messianische Rede (Kap. 5 – 7) und die messianischen Wundertaten (Kap. 8 –9) je durch die formelhafte Feststellung des Evangelisten: »Er zog in ganz Galiläa umher, lehrte in den Synagogen, verkündete das Evangelium vom Reich und heilte im Volk alle Krankheiten und Leiden« (4,23) – »Jesus zog durch alle Städte und Dörfer, lehrte in ihren Synagogen, verkündete das Evangelium vom Reich und heilte alle Krankheiten und Leiden« (9,35).

Mt 12,15–21 verweist auf Jesus als den verheißenen Knecht Gottes, der alle Leiden und Krankheiten in der Kraft des Geistes Gottes heilt (Jes 42,1–4). Jesus ist der verheißene gute Hirte aus dem Haus David für Israel (Mt 9,36). Denn ihm hat der Vater im Himmel »alles übergeben«. Darum lädt Jesus alle ein, zu ihm zu kommen, um bei ihm Hilfe und Ruhe zu finden (11,28–30). Auch bei Matthäus werden die Jünger »selig gepriesen, weil eure Augen sehen und eure Ohren hören« (13,16 f.). Denn durch Jesu Predigen und wunderbares Handeln ist die verheißene Heilszeit bereits angebrochen (s. Mt 11,3–5; vgl. Jes 26,19; dazu 29,18; 35,5 f.; 61,1; auch Mt 12,28).

Besondere Beachtung verdient in diesem Zusammenhang, daß nach Matthäus bereits mit dem Sühnetod Jesu am Kreuz (vgl. Mt 20,28) die Zeit der Auferstehung anbricht. Darauf weist das sog. apokalyptische Stück 27,51–53 ausdrücklich hin, nach dem beim Sterben Jesu »die Erde bebte und die Felsen sich spalteten und die Gräber sich öffneten und die Leiber vieler Heiliger, die entschlafen waren, auferweckt wurden. Nach der Auferstehung Jesu verließen sie ihre Gräber, kamen in die Heilige Stadt und erschienen vielen«. Mit dem Tod Jesu beginnt die Auferstehungszeit für die Gerechten und Heiligen. Auch ihr Tod wird als Zustand des Schlafes (27,52) dargestellt. Jesus, der Gekreuzigte und Auferstandene, ist es, der sie aus den Fesseln des Todes erlöst und sie ins ewige Leben ruft (vgl. 25,31—46). Insofern weist die Auferweckung der Tochter des Synogenvorstehers auf die künftige Auferweckung der Glaubenden durch Jesus Christus hin und nimmt sie zeichenhaft vorweg. Auch der Synagogenvorsteher wird aufgrund seines Glaubens an Jesus Christus unter denen sein, die Jesus auferwecken wird zum ewigen Leben.

Anregungen für die Auslegung heute

1. Bestimmen Sie den Aufbau der Doppelwundererzählung Mk 5,21—43. Welche Funktion nimmt die Erzählung von der Heilung der Frau mit Blutungen im Gesamtvorgang der Hilfe für die schwerkranke Tochter des Jaïrus ein? Handelt es sich von Anfang an um eine Totenerweckung? (Vgl. 5,23)
2. Was erwartete der Synagogenvorsteher von Jesus? (Vgl. 5,23) Wie stellte er sich Jesu Hilfe vor? Rechnete er mit der Möglichkeit einer Totenerweckung?
3. In welchen Stufen verläuft die Erzählung von der Rettung der Tochter des Jaïrus? Inwiefern tritt durch den Tod der Tochter eine neue Situation ein? (Vgl. 5,35)
   Warum greift Jesus ein? (Vgl. 5,36) Was verheißt er dem Jaïrus?
4. Welche Bedeutung hat der Glaube des Jaïrus für die Rettung der Tochter? (Vgl. 5,34)
5. Was sagt das geheimnisvolle Wort Jesu Mk 4,39 über Jesu Stellung gegenüber dem irdischen Tod von Menschen?
6. Wie vollzieht sich die Rettung? (Vgl. 5,41)
7. Was sagt die Erzählung über die Vollmacht Jesu? (Vgl. dazu Mk 6,14—16; 8,27—30; 9,2—10)
8. Vergleichen Sie Lk 8,40—56 mit Mk 5,21—43: Stellen Sie die Unterschiede fest und vor allem die Akzente, die Lukas der Erzählung gibt. Wie hilft Jesus dem Mädchen? (Vgl. Lk 8,54 f.) Was sagt das über Jesu Vollmacht über Leben und Tod? Inwiefern zeigt sich in dieser Erzählung der Auferstehungsglaube der Christen? (Vgl. Apg 2,32—40; 3,19—26; 9,36—42)
9. Vergleichen Sie Mt 9,18—26 mit Mk 5,21—43, und stellen Sie die Unterschiede fest. (Hilfsfragen: Worum bittet der Synagogenvorsteher? Hat das Dazwischentreten der Frau mit Blutungen noch verzögernde Wirkung? Warum läßt Matthäus den Aufruf zum Glauben an den Vater weg? Wie hilft Jesus der Tochter?)

10. Was sagen Mt 9,35; 11,2−6; 11,25−30; 12,15−21 und 12,28− 32; 16,13−17 über die Sendung und Vollmacht Jesu im Zusammenhang mit unserer Doppelwundererzählung?
11. Inwiefern weist die Erweckung der Tochter des Jaïrus auf die Auferweckung der Toten hin, die durch Jesu Tod und Auferstehung bewirkt und eingeleitet wurde? (Vgl. dazu Mt 27,51−54)
12. Soll der Christ bei Schwerkranken und Sterbenden um Heilung und Wiederherstellung der Gesundheit beten, wenn dafür sinnvolle Gründe bestehen? Welche Funktion kommt dabei dem Glauben an Christus, den Auferstandenen, zu? (Vgl. Mt 17,20; 21,21f.; auch Apg 9,36−42; 20,7−12; Hebr 11,19.35)

2. Der einzige Sohn einer Witwe in Naïn (Mk 7,11−17)

Hinführung

Im Sondergut des Lukas findet sich eine weitere Erzählung über eine Totenerweckung Jesu. Diesmal handelt es sich um den einzigen Sohn einer Witwe. Die Erzählung weist deutliche Bezüge zur Erweckung des einzigen Sohnes einer Witwe aus Sarepta durch den Propheten Elija auf (1 Kön 17,8−24). Auch in der Erzählung nach Lukas wird Jesus als großer Prophet gedeutet.

Die Erzählung stammt aus juden-christlicher Überlieferung Palästinas. Die weder im Alten noch im Neuen Testament bezeugte Ortschaft Naïn am Südrand Galiläas, am Fuß eines vulkanischen Höhenzuges gelegen, weist zusammen mit den jüdischen Zügen der Erzählung auf eine alte, an diesen Ort gebundene Überlieferung hin. Da sie deutliche Eigenprägung gegenüber der Elijaüberlieferung aufweist, ist sie nicht im Zuge der Überbietung (Jesus größer als Elija) aus jener herausgewachsen.

Form

Es handelt sich um eine Wundererzählung, näherhin um die Erzählung einer wunderbaren Totenerweckung. Sie setzt den Tod des jungen Mannes voraus. Es fehlt jeder Hinweis auf eine vorausgehende Krankheit, zu deren Heilung Jesus gerufen worden wäre. Außerdem zeigen die Beziehungen zur Erzählung von der wunderbaren Erweckung eines Jungen durch Elija (Begegnung am Stadttor: Lk 7,12; 1 Kön 17,10; einziger Sohn einer Witwe: Lk 7,12; 1 Kön 17,12.18; Auferweckung des Toten: Lk 7,14f.; 1 Kön 17,20−22; Rückgabe an die Mutter: Lk 7,15; 1 Kön 17,23; Lobpreis des Boten Gottes: Lk 7,16; 1 Kön 17,24), daß die Erzählung von Anfang an als wunderbares Totenerweckungszeugnis gestaltet wurde. Der oft behauptete starke Einfluß entsprechender heidnischer Wundererweckungen Toter durch Magier und Wundermänner (hier besonders in Bezug auf Apollonius von Tyana) ist nicht nachweisbar.

Aufbau

7,11 f. bildet die Einleitung: die Begegnung Jesu und seiner Jünger mit einem Leichenzug am Stadttor von Naïn, um den einzigen Sohn einer Witwe zu begraben. 7,13 schildert das Zusammentreffen Jesu mit der Mutter des Toten und seine Reaktion: Mitleid und Trostwort an die Mutter: »Weine nicht!« 7,14 f. stellt die Mitte der Erzählung dar: das Anhalten der Bahre durch Jesus und sein Befehlswort an den Toten: »Steh auf!« sowie die sofortige Reaktion des Verstorbenen: »Da richtete sich der Tote auf und begann zu sprechen«, sowie die Rückgabe des lebendigen Sohnes an die Mutter. 7,16 f. bildet den Schluß der Erzählung: die Reaktion der anwesenden Leute: »Sie priesen Gott und sagten: ›Ein großer Prophet ist unter uns aufgetreten. Gott hat sich seines Volkes angenommen‹«, und die Ausbreitung der Kunde davon im ganzen Gebiet ringsum und in Judäa.

Die Erzählung dient der Verherrlichung Gottes, der den verheißenen Endzeitpropheten gesandt hat, und dem Hinweis auf den Anbruch der endgültigen Heilszeit für das Volk Israel. Diesem Nachweis ist der Hinweis auf Jesu Vollmacht und Eigenart unter- und eingeordnet.

Text und Botschaft

Die Ortschaft Naïn ist zwar nicht genannt im Alten Testament, aber die Ortslage ist identisch mit dem heutigen Ort Naïn (arabisch Nein) am Nordfuß des 515 m hohen vulkanischen Höhenzugs dschebel dahi am Südrand der Ebene Jesreel.

Da die Begräbnisplätze außerhalb der jüdischen Ortschaften lagen, Beerdigungen meist am Spätnachmittag oder Abend des Todestages stattfanden (vom Sonnenuntergang des Vortages an gezählt), ist dies auch in unserem Fall anzunehmen. Die Leiche lag in Tücher und Binden gewickelt auf einer Bahre. Dies ist beim Vorgang der Auferweckung vorausgesetzt.

Jesus stieß auf den Leichenzug, als er mit seinen Jüngern und einer Menge von Leuten sich dem Stadttor näherte (7,12). Der Tote, der zur Beerdigung getragen wurde, war – wie sich herausstellte – der einzige Sohn einer Witwe, die im Leichenzug mitging. Witwen hatten ein schweres Los, vor allem, wenn sie nicht in das Haus ihrer Eltern zurückkehren konnten oder keine Kinder hatten, die für sie sorgten. In

der männerrechtlichen Gesellschaft Israels hatten sie auch gesellschaft-
lich einen schweren Stand. Darum galt die Sorge für Witwen als gutes
Werk und wurde immer wieder im Alten Testament empfohlen (vgl.
Dtn 14,29; Jer 22,3; auch Jak 1,27). Von Jahwe wurde gesagt, daß er
selbst sich der Witwen annähme und ihr besonderer Anwalt sei (vgl.
Ex 22,21; Dtn 10,18).

Die Witwe von Naïn hatte durch den Tod ihres einzigen Sohnes ihre
wirtschaftliche Stütze und ihre Vorsorge für das Alter verloren. Ihr
Schicksal war deshalb besonders beklagenswert. Die Erzählung
berichtet, daß Jesus sofort, als er die weinende Frau sah, »Mitleid mit
ihr hatte« (7,13). Selten ist in den Evangelien von Jesu Mitleid die Rede.
Daher kommt den Stellen, wo dies hervorgehoben wird, besondere
Bedeutung zu (s. noch Mk 1,41: gegenüber einem Aussätzigen; und Mt
14,14: gegenüber den Menschen, die Jesus in die Steppe gefolgt waren.
In Erzählungen Jesu wird das Mitleid herausgestellt beim Samariter,
Lk 10,33, und beim Vater des verlorenen Sohnes, Lk 15,20). Jesus hat
ein Herz für verlassene Witwen, er ist – wie Gott selbst – ihr Anwalt in
ihrer Not.

Zu beachten ist, daß die Erzählung von Jesus hoheitsvoll als »der
Herr« (Kyrios) spricht. In diesem Titel spricht sich bereits der Glaube
der ersten Christen aus, die Jesus Christus, den Auferstandenen, als
ihren Herrn bekannten und darum den Titel auch in Bekenntnis, Gebet
und Gottesdienst anwandten (s. Apg 2,36; Phil 2,9–11; Röm 10,9f.;
Offb 19,16). Durch die Verwendung dieses Titels bringt die Erzählung
zum Ausdruck (zur Verwendung dieses Titels im Lukasevangelium
s. 7,19; 10,1.39.41; 11,1; 12,42; 13,15; 18,6: Witwe!; 24,34), daß die
Kirche Jesu Christi weiß, der Auferstandene sorgt in besonderer Weise
für Witwen und Waisen und nimmt seine Gläubigen dafür in die
Verantwortung (s. die Sorge der Kirche um die Witwen Apg 6,1 ff.; Jak
1,27; 1 Tim 5,3–16: der Stand der Witwen). An dieser Aussage wird
auch deutlich, warum Lukas diese Wunderüberlieferung ausgewählt
und an entscheidender Stelle in sein Evangelium eingefügt hat: weil
dieses Wunder aus sozialen Motiven heraus erfolgte. Jesus wollte
dadurch einer Witwe helfen und sie in ihrem Leben sichern.

Nachdem »der Herr« der Frau und ihrer Not ansichtig geworden ist,
ergreift er die Initiative. Zunächst sagt er zur Frau: »Weine nicht!«
(7,13). Das Verbot der Totenklage (vgl. dazu noch 8,52; Joh 11,33)
weist nicht nur auf die beabsichtigte Hilfe Jesu hin, sondern bringt zum
Ausdruck, daß dort, wo Jesus ist, kein Recht zur Klage mehr besteht.
Mit ihm ist Gottes Heil und damit Friede, Hoffnung und Freude in die
Welt gekommen (vgl. Lk 5,34: »Könnt ihr denn die Hochzeitsgäste

fasten lassen, solange der Bräutigam bei ihnen ist?«; beachte die Freude über das Finden der Verlorenen durch Jesus: Lk 15,7.10.23 f.32; 19,6.9; auch Röm 14,17; Gal 5,22 f.). Nach dem der Trauer wehrenden Wort an die Witwe hält Jesus die Bahre an und spricht zu dem Toten: »Ich befehle dir, junger Mann: Steh auf!« (7,14). Dieses Befehlswort, das göttliche Vollmacht voraussetzt, begegnet ebenso bei der Auferwekkung der Tochter des Jaïrus (8,54; vgl. Joh 11,43: Befehl an Lazarus). Jesus gebietet damit dem Tod und schafft dem Leben Bahn. Er hat die Vollmacht, Menschen wieder ins Leben zurückzurufen und damit Trauer und Schmerz zu überwinden. Durch diesen Akt göttlicher Vollmacht erweist Jesus deutlich seine Überlegenheit gegenüber Elija, dem großen Wundertäter des Alten Bundes. Während jener demütig Gott für den Jungen und seine Mutter bittet (1 Kön 17,20–22), spricht Jesus selbst das entscheidende Machtwort (vgl. Lk 6,27: »Ich sage euch«; auch Joh 5,25: »Die Stunde kommt, in der die Toten die Stimme des Sohnes Gottes hören werden, und jetzt ist sie da, und die, die sie hören, werden leben«). Dabei verzichtet Jesus auf jede Begleithandlung (z. B. durch Berührung). Er wirkt allein durch sein Wort und seine Vollmacht. Die Wirkung des Wortes zeigt sich sofort: Der Tote richtet sich auf und spricht (vgl. 1 Kön 17,22). Er ist voll seiner selbst mächtig. Daraufhin »gibt ihn Jesus seiner Mutter zurück« (analog zu 1 Kön 17,23). Er hat den Tod zeichenhaft besiegt, dem jungen Mann das Leben wieder geschenkt, so daß es seine Fülle erreichen kann, und vor allem seiner Mutter, der Witwe, in ihrer Not geholfen. An der Stelle, an der Jesus sein Machtwort als Heiland spricht, wird die im Unheil befindliche Welt wieder heil.

Diese außergewöhnliche, im Alten Testament nur zweimal bezeugte Wundertat (neben 1 Kön 17,8–24 noch 2 Kön 4,18–37) weist darauf hin, daß hier Gott selbst am Werk ist. Denn er allein ist der Herr über Leben und Tod, er allein steht über dem Tod und kann daher Leben über den Tod hinaus schenken. Darum reagiert die Menge der jüdischen Zeugen mit Furcht und Lobpreis (vgl. Lk 1,12.65; 2,9; 5,26; 8,25.37; Lk 2,20; 5,25 f.; 9,43a; 13,13; 17,15; 18,43). Dies ist die angemessene Weise, Gott zu danken. Denn die Leute haben erkannt, daß »Gott sich seines Volkes angenommen hat« durch »den großen Propheten« Jesus (7,16). Diese Erkenntnis schafft sich Bahn in ganz Israel (9,17) und schenkt all denen Hoffnung, die in Not sind und voll Sehnsucht auf »die Rettung Israels« warten (vgl. Lk 2,25). Ihnen wird deutlich, daß Gott durch Jesus »sich über alle erbarmen will, die ihn fürchten« (1,50) und daß er »sich seines Knechtes Israel annimmt« (1,54 f.). Allerdings ist den Zeugen noch nicht klar, daß Jesus mehr ist als ein Prophet, nämlich der Messias, der endzeitliche Heilbringer selbst, durch den Gott die Verheißungen der Propheten erfüllt, auch die, daß »Tote aufstehen« (7,22; Jes 26,19). Denn er ist »der starke Retter aus dem Haus seines Knechtes David«, durch den »der Gott Israels sein Volk besucht und ihm Erlösung schafft« (1,68 f.).

Zwar ist das Heil zunächst auf Israel beschränkt, aber so, daß alle Völker es sehen können. Nach der Auferstehung Jesu soll dieses Heil allen Völkern zuteil werden (vgl. 1,30−32). Der Hinweis auf »das ganze Gebiet ringsum«, in dem sich die Kunde von der Totenerwekkung verbreitet (7,17), weist über Galiläa und Judäa hinaus auf Samaria und die heidnische Welt.

Rahmen

Lukas hat die Erzählung eingeordnet zwischen den Bericht von der Heilung des Knechtes des heidnischen Hauptmanns von Kafarnaum (7,1−10) und die Täuferanfrage (7,18−23). Außerdem schließt er mit diesen drei Perikopen die programmatische Feldrede (6,20−49) über die Grundordnung im Reich Gottes ab und leitet über zur Erschließung der Wirklichkeit des Reiches Gottes durch die Sämannsparabel (8,4− 15) und dessen Verwirklichung im Jüngerkreis Jesu (7,36−50; 8,1−3: Frauen im Gefolge Jesu; 8,16−18: Vom rechten Hören; 8,19−21: Von den wahren Verwandten Jesu). Die Stillung des Sturms auf dem See (8,22−25) und die Austreibung der Legion Dämonen aus einem besessenen Heiden in Gerasa (8,26−39) erweisen Jesus als den Herrn des Kosmos und aller widergöttlichen Mächte. Ihm ist die Vollmacht gegeben, die Herrschaft des Bösen zu besiegen und die Welt unter die Herrschaft der Barmherzigkeit zurückzuführen. Die zweite Erzählung von einer Totenerweckung, diesmal einer Frau (8,40−56), bildet den Höhepunkt dieses Abschnitts und weist unübersehbar auf das hin, was die erste Totenerweckung bereits zeigte: mit Jesus bricht die Zeit des Lebens, der Überwindung des Bösen und der Vergänglichkeit an.

So nimmt dieses Stück einen zentralen Platz in dem Abschnitt 6,20 − 8,56 ein, der auf die Wirklichkeit des Reiches Gottes hinweist, wie sie Jesus durch Wort, Tat und Erwählung eines Jüngerkreises aufrichtet und erschließt. Die Mitte und Grundlage dieser Wirklichkeit bildet das Erbarmen des Vaters im Himmel über Israel und alle Menschen (vgl. 6,35 f.). Grundbedingung für die Zugehörigkeit zu Jesus ist der Glaube, nämlich: auf sein Wort zu hören, umzukehren, ihm zu vertrauen und in seine Gemeinschaft einzutreten, kurz: »Das Wort Gottes zu hören und danach zu handeln« (8,21). Im Kreis der Hörer und Jünger Jesu beginnt bereits das Reich Gottes. Denn in diesem Kreis werden Sünden vergeben (7,36—50), werden Krankheiten aller Art geheilt (7,1—10), wird die Herrschaft Satans und der Dämonen gebrochen (8,26—39), werden Tote zum Leben erweckt (7,11—17; 8,40—56). In diesem Kreis offenbart und vermittelt sich das Erbarmen, die gnädige Heimsuchung Gottes (7,16; vgl. 6,35f.; 4,16—21: »das Gnadenjahr des Herrn«). Jesus spricht dies in seiner Antwort auf die Anfrage des Täufers, ob er der verheißene Heilbringer sei, deutlich aus: »Geht und berichtet Johannes, was ihr gesehen und gehört habt: ›Blinde sehen wieder, Lahme gehen, und Aussätzige werden rein; Taube hören, Tote stehen auf, und den Armen wird das Evangelium verkündet.‹ Selig ist, wer an mir keinen Anstoß nimmt« (7,22f.; Jes 26,19; 29,18; 35,5f.; 61,1).

Und dieses Heil gilt allen Menschen, auch den Heiden, wie die Erzählung über die Heilung des Knechts des heidnischen Hauptmanns zeigt (7,1—10): »Er verdient es, daß Jesus seine Bitte erfüllt« (7,4). Über seinen Glauben war Jesus erstaunt: »Ich sage euch: Nicht einmal in Israel habe ich einen solchen Glauben gefunden« (7,9). Der Glaube aber an Jesus Christus ist es, der vom Auftreten Jesu an über die Zugehörigkeit zum Reich Gottes entscheidet. So markiert die Auferweckung zweier Toter aus göttlichem Erbarmen heraus – neben der Heilung des heidnischen Knechtes, der Vergebung der Sünden, der Befreiung von Heiden aus der Macht des Unheils und der Dämonen und der Aufnahme von Frauen in die Jüngerschaft Jesu – den Anbruch der endgültigen Heilszeit. Die beiden Totenerweckungen weisen auf Jesu Tod und Auferstehung voraus und nehmen das Heilswirken der Kirche durch die Totenerweckungen, Krankenheilungen, die Sündenvergebung und die Mitteilung ewigen Lebens durch Glaube, Taufe und Eucharistiefeier voraus (vgl. dazu die Aussagen der Apostelgeschichte). Im Jüngerkreis Jesu bricht das Reich Gottes bereits an, weil er der Messias Israels (1,30—35), der Heiland der Welt (s. 2,14; 2,29—32), der Sohn Gottes (10,21f.) ist.

Anregungen für die Auslegung heute

1. Stellen Sie den Aufbau der Erzählung Lk 7,11—17 fest. Was ist die Aussageabsicht dieser Erzählung? (Beachten Sie V. 16)
2. Vergleichen Sie die Erzählung mit der Erweckung des einzigen Sohnes einer Witwe durch den Propheten Elija (1 Kön 17,8—24), und stellen Sie Berührungen und Anklänge fest. Was sagt der Bezug unserer Erzählung auf die Elijaüberlieferung über die Verfasser unserer Erzählung?
3. Aus welchen Gründen hilft Jesus der Witwe von Naïn?

4. Vergleichen Sie das Verhalten des Elija und Jesu gegenüber den Leichnamen der einzigen Söhne miteinander: Wie unterscheidet sich das Vorgehen Jesu von jenem des Elija? Was sagt das Verhalten Jesu über seine Person und seine Vollmacht aus? (Hilfsfrage: Ist er auch ein »großer Prophet«?; beachten Sie noch Lk 7,13!)

5. Wie deuten die jüdischen Zeugen das Geschehen? (Beachten Sie 7,16!) Was läßt sich daraus über die Zeit sagen, die mit Jesus angebrochen ist? (Vgl. dazu 7.22f.)

6. Ist das Heil, das Jesus bringt, auch den Heiden zugedacht? (Vgl. 7,16; bes. 7,1–10; auch 8,26–39)

7. Vergleichen Sie die beiden Totenerweckungszeugnisse 7,11–17 und 8,40–56 miteinander. Worin gleichen sie sich? Worin unterscheiden sie sich? Wie ergänzen sie sich gegenseitig? (Beachten Sie die handelnden Personen, besonders die Verstorbenen und die von diesem Tod besonders Betroffenen!)

8. Inwiefern weisen beide Totenerweckungen auf die Auferstehung Jesu und auf das Wirken der Kirche in der Kraft des Auferstandenen hin? (Achten Sie bes. auf die Worte Jesu 7,14 und 8,54; vgl. damit Apg 9,36–43; 20,7–11; s. auch Apg 10,37–43.)

9. Welche Wirkung erkennt die Urkirche der Taufe zu? (Vgl. Joh 3,1–13; Röm 6,1–11; 1 Kor 15,20–57.)

10. Prüfen Sie (falls möglich) die Akten der Heiligsprechungen durch die Kirche, und stellen Sie fest, von welchen Heiligen Totenerweckungen ausgesagt werden.

IV. Messianische Zeichenhandlungen

Alle Wundertaten, die Jesus vollbrachte, wiesen auf seine Sendung und Vollmacht hin und hatten den Sinn, ihn als den endgültigen Heilbringer für Israel zu beglaubigen und die Eigenart seiner Sendung aufzuzeigen. Bei einigen Wundertaten tritt der messianische Hinweischarakter so deutlich hervor, daß man sie geradezu einer eigenen Gruppe zuordnen kann, die dazu dient, Jesus als den verheißenen Messias zu erweisen. Neben den Heilungswundern und den Totenerweckungen, die in Mt 11,5; Lk 7,21 f. aufgeführt werden (vgl. Mt 12,15–21), sind hier zu nennen: die Speisung der Fünftausend (Mk 6,32–44; Mt 14,13–21; Lk 9,10–17; Joh 6,1–13), bzw. der Viertausend (Mk 8,1–10; Mt 15,32–39), die Steuerdrachme im Maul eines Fisches (Mt 17,24–27) und die Verfluchung eines Feigenbaumes bei Betanien (Mk 11,12–14; Mt 21,18 f.). Auch die Verklärung Jesu (Mk 9,2–10; Mt 17,1–9; Lk 9,28–36) gehört in gewisser Hinsicht in diesen Zusammenhang.

In weiterer Hinsicht gehört hierher auch die messianische Zeichenhandlung des feierlichen Einzugs Jesu auf einem Reittier in Jerusalem (Mk 11,1–11; Mt 21,1–10; Lk 19,28–38; auch Joh 12,12–19). Sie wirft ein bezeichnendes Licht auf den Zeichencharakter der Wundertaten Jesu. Mit seinen Zeichentaten antwortete Jesus auf entsprechende Erwartungen seines Volkes (vgl. Mk 8,11 f.; Mt 12,38–42; Lk 11,29–32). Um den Sinn der messianischen Zeichen zu entdecken, bedurfte es zur Zeit Jesu besonderer Offenheit für Jesu Worte und Taten. Entsprechend gilt es, die in den messianischen Wundererzählungen steckenden Hinweise zu entdecken und freizulegen. Alle messianischen Wundererzählungen sind christologisch ausgerichtet: sie weisen auf Jesus, den im Alten Testament verheißenen endgültigen Heilbringer Gottes für sein Volk, hin.

1. Die wunderbare Speisung
   von 5000 Männern mit
   5 Broten und 2 Fischen
   am Ostufer des Sees
   Gennesaret
   (Mk 6,32—44;
   Mt 14,13—21;
   Lk 9,10—17;
   Joh 6,1—13)

Hinführung

Sowohl die synoptischen Evangelien als auch Johannes überliefern eine
Erzählung von einer wunderbaren Speisung von 5000 Männern durch
5 Brote und 2 Fische am Ostufer des Sees Gennesaret. Dabei zeigen sich
insbesondere Beziehungen zwischen der bei Markus und der bei
Johannes vorliegenden Fassung der Überlieferung. Die Erzählungen
des Matthäus und des Lukas erweisen sich bei näherem Zusehen als
Bearbeitungen der Fassung des Markus. Genauere Untersuchungen
haben ergeben, daß sowohl Markus wie auch Johannes unbhängig
voneinander auf eine urchristliche Tradition zurückgehen, die ihnen in
griechischer Fassung schriftlich vorlag und die sie je in verschiedener
Weise verarbeitet haben. Auf eine gemeinsame Vorlage verweist auch
die Beobachtung, daß sowohl Markus als auch Johannes im Anschluß
an die Erzählung von der wunderbaren Speisung die sogenannte
Erzählung vom Gang Jesu über den See überliefern (s. Mk 6,45—52; Mt
14,22—33; Joh 6,16—21).

Form

Der Art nach handelt es sich um eine Geschenkwundererzählung. Sie
ist daher sachlich verwandt mit der Erzählung von der wunderbaren
Weinspende Jesu bei der Hochzeit zu Kana (Joh 2,1—11). Näherhin
geht es bei den Geschenkwundern um die Beschaffung von Speise, um
einem Mangel oder einer Notlage abzuhelfen. Im Alten Testament
finden sich folgende Geschenkwunderüberlieferungen: der wunderbare Mehltopf und der wunderbare Ölkrug der Witwe von Sarepta
aufgrund des Machtworts des Propheten Elija (1 Kön 17,8—16) und die
wunderbare Speisung von 100 Männern mit 20 Gerstenbroten und

einigen Getreidekörnern durch den Propheten Elischa (2 Kön 4,42–44). Die Überlieferung von den Spenden von Manna und Wachtelfleisch müssen hier außer acht bleiben, weil diese Gaben von Gott unmittelbar geschenkt wurden ohne Zutun eines Menschen. Mose hatte diese Hilfen nur anzusagen (vgl. Ex 16,6–36; Num 11). Charakteristisch für die Geschenkwundererzählungen ist: Die Hilfsgüter werden überraschend bereitgestellt, und zwar in erstaunlich großer Menge. Der Wundervorgang wird nicht beschrieben, vielmehr geschieht das Wunder auf geradezu unmerkliche Weise. Erst am Ende des Geschehens kommt das Wunder deutlich zum Vorschein. Fragen der Teilnehmer nach dem Sinn und dem Urheber des Wunders oder ein Lobpreis Gottes fehlen. Geschenkwundererzählungen gehören zur Gruppe der Vorsehungs- und Führungswunder und weisen auf den besonderen Schutz und Segen hin, dessen sich das Volk Gottes oder einzelne wichtige Personen dieses Volkes erfreuen dürfen. Diese Elemente prägen deutlich die Erzählungen von der wunderbaren Speisung der Hörer Jesu in den Evangelien.

Aufbau
Die Geschenkwundererzählungen weisen folgendes Baugerüst auf: die *Einleitung* berichtet von einer besonderen Notlage und dem Auftreten des Wundertäters; die *Situationsschilderung* bereitet auf das Wundergeschehen vor; das *Wunder* selbst geschieht auf unauffällige Weise; *zuletzt* wird die Größe des Wunders festgestellt. Die Darstellung des Wundergeschehens ist geprägt durch Bezüge auf das Alte Testament oder auf wichtige neutestamentliche Texte, durch die Verwendung von Zahlen und von Motivworten oder -bildern. Dadurch wird das Geschehen in einen besonderen heilsgeschichtlichen Zusammenhang eingeordnet, der auf den theologischen Sinn des Wundergeschehens hinweist.

In der Erzählung von der wunderbaren Speisung der Fünftausend bildet Mk 6,30–34 (vgl. Mt 14,13–14; Lk 9,10b–11) die *Einleitung* des Geschehens: das Verweilen einer großen Menge von Leuten bei Jesus bis zum Abend in einer abgelegenen Gegend; Mk 6,35–38 (Mt 14,15–17; Lk 9,12–14) ist die *Vorbereitung* des Wunders durch das Gespräch zwischen den Jüngern und Jesus; Mk 6,39–41 (Mt 14,18–19; Lk 9,15–16) beschreibt das *Eingreifen Jesu*, die Einschaltung der Jünger und die Speisung der Menge; Mk 6,42–44 (Mt 14,20–21; Lk 9,17) bietet die *Feststellung des Wunders* (die Menge der Teilnehmer; der Rest der Speise).

Bedeutsam für das theologische Verständnis des Geschehens sind: die alttestamentlichen Vorbilder (die wunderbare Speisung von 100 Männern durch Elischa, 2 Kön 4,42–44; die Lagerordnung des Volkes

Gottes in der Wüste, Ex 18,21.25; Jesus, der gute Hirte, vgl. Num 27,17; Jes 40,11; Jer 31,10; Ps 23,1–4); die Zahlen (5000; 12; 5 + 2) und die eucharistischen Bezüge (Joh 6,41: Aufblicken zum Himmel, Lobpreis, Brechen und Austeilen des Brotes, vgl. Mk 14,22 f.; Lk 22,19; 1 Kor 11,24).

Die Paralleltradition bei Johannes wird abgeschlossen durch einen messianischen Hinweis (Joh 6,14: »das ist wirklich der Prophet, der in die Welt kommen soll«, vgl. Dtn 18,18 f.).

Text und Botschaft

Die Fassung des Markus
Die Einleitung 6,30–34 knüpft an die Aussendung der Zwölf 6,6b–13 an. Demnach spielt das Geschehen im Umkreis von Kafarnaum. Das Nordufer des Sees weist zahlreiche Buchten auf. Wollte man an das dünnbesiedelte Ostufer gelangen, konnte man zu Schiff den Weg dorthin abkürzen. Von Land aus war der Weg des Schiffes leicht zu beobachten. Der Rückzug ans Ostufer hat zum Ziel, Jesus und den Zwölf die Möglichkeit zur Erholung zu verschaffen. Bei den Städten, aus denen die Leute kommen, die Jesus begegnen wollen, ist an Tiberias, Magdala, Kafarnaum, Chorazin und Betsaida zu denken. Wenn die Jünger zu rudern hatten, ist es denkbar, daß ein Teil der Leute, die Jesus in Kafarnaum oder im Umfeld dieser Stadt aufsuchen wollten, dem Boot bereits bei der Landung am Nordostufer vorauseilte und dieses erwartete.

6,34 leitet zur Begegnung zwischen Jesus und den Menschen über und bereitet zugleich auf das Wundergeschehen vor: Jesus hat Mitleid mit den vielen Menschen, »denn sie waren wie Schafe, die keinen Hirten haben«. Diese Ausssage spielt auf Num 27,17 an, in der Mose Gott bittet, er möge einen Nachfolger für das Volk bestellen, »denn die Gemeinde des Herrn soll nicht sein wie (eine Herde von) Schafe(n), die keinen Hirten haben«. Hinter dieser Bitte steht die Überzeugung, daß Gott selbst sein Volk wie eine Herde führt und schützt und daß er dazu Menschen beruft, die an seiner Stelle als gute Hirten für das Volk Gottes sorgen sollen (vgl. Gen 48,15; Jes 40,11; Jer 31,10; Ps 23,1–4; Ez 34, 11–22; zum Bild von der versprengten Herde Gottes s. 1 Kön 22,17; 2 Chr 18,16; Jdt 11,19; Ez 34,5 f.). Jesus erscheint hier als der für die Endzeit verheißene gute Hirt des Volkes Gottes (vgl. Ez 34,23; Jer 23,4; Ps 23,2). Auf Jesus als den guten Hirten des führerlosen Volkes Gottes verweist auch Mt 9,36 (»Jesus hatte Mitleid mit den vielen Menschen, denn sie waren müde und erschöpft wie Schafe, die keinen Hirten haben«).

Markus präzisiert die Not der Volksgenossen Jesu durch den Hinweis: »Und Jesus lehrte sie lange« (6,34b). Sie wissen offensichtlich nicht, worauf es vor Gott wirklich ankommt und was die Stunde geschlagen hat: daß nämlich Gott nun sein Reich aufrichten will (vgl. Mk 1,14 f.; 4,33 f.; 3,14 f.). Als der gute Hirt will Jesus das Volk Gottes »auf die rechten Pfade« führen (Ps 23,3). Der Hinweis auf Jesus, den guten Hirten, bereitet inhaltlich auf die nachfolgende Speisung vor, denn vom messianischen Hirten des Volkes Gottes wird gesagt, daß er die Herde Gottes auf »gute Weide führen wird« (Ez 34,14), »auf grüne Auen, zum Ruheplatz am Wasser« (Ps 23,2; beachten Sie auch das Bild vom wohlgedeckten Tisch Ps 23,5).

Die Verse 6,35−37 stellen die Notlage der Hörer Jesu heraus und bereiten auf das Eingreifen Jesu näherhin vor: die Abgelegenheit des Ortes, die fortgeschrittene Tageszeit und der Mangel an Brot. Jesus verschärft die Notsituation noch, indem er den Vorschlag der Jünger ablehnt, die Leute vor Einbruch der Dunkelheit wegzuschicken, und sie auffordert: »Gebt ihr ihnen zu essen!« Diese Aufforderung dient dazu, die Jünger Jesu und damit die späteren Führer der Kirche darauf aufmerksam zu machen, nicht nur Lehrer, sondern auch Hirten der Herde Gottes zu sein, sich nicht nur um die Seele und den Glauben der Menschen, sondern auch um deren leibliches Wohl zu kümmern. Die Anweisung Jesu führt zu der skeptischen Rückfrage der Jünger: »Sollen wir für 200 Denare Brot kaufen?« Das wäre nach ihrer Auffassung die Mindestmenge, um alle einigermaßen zu sättigen. »Das tägliche Brot« (s. Mt 6,11; Lk 11,3) waren 3 Fladen Brot, die meist am Abend mit Zukost gegessen wurden. Für 1 Denar, den Tageslohn eines Arbeiters, konnte man etwa 15−18 Fladen Brot kaufen und damit eine 6- bis 7köpfige Familie einen Tag ernähren. Aber abgesehen davon, daß die Gruppenkasse nicht soviel Geld enthielt, wo wäre eine solche Menge Brot am Abend noch aufzufinden gewesen? Denn auf dem Land gab es keine Bäckereien, außerdem buk jede Familie nur für den eigenen Tagesbedarf. Die Frage ist also skeptisch zu verstehen und soll auf die Unmöglichkeit hinweisen, mit den vorhandenen Mitteln die Menge zu verpflegen. (Vgl. zur Bedeutung skeptischer Fragen bei Geschenkwundern 1 Kön 17,12; 2 Kön 4,42.)

Mit 6,38−41 erreicht die Erzählung ihre Mitte, das Eingreifen Jesu, um die Menge zu speisen. Jesus läßt zunächst die eigenen Vorräte feststellen: 5 Brote und 2 getrocknete Fische als Zukost. Brot, normalerweise aus Gerste, und Fisch, meist getrocknet und gesalzen, bildete die übliche Nahrung der galiläischen Bevölkerung (vgl. Lk 24,42; Joh 21,9). Bei größeren Wanderungen oder auf Reisen wurde die Verpflegung in kleinen Tragkörben mitgeführt. Trotz der winzigen Vorräte gibt Jesus den Jüngern den Auftrag, die Leute in Gruppen zu 100 und zu 50 Personen zum Niedersitzen zu veranlassen. Auffällig ist die Aufteilung in Mahlgemeinschaften »wie Gartenbeete« (Einheitsübersetzung: »in Gruppen«, griechischer Text: »prasiai – prasiai«, d. h. in Sitzgruppen wie Gartenbeete). Das weist einerseits auf die Lagerordnung des Volkes Gottes beim Zug ins verheißene Land hin (vgl. Ex 18,21.25: »Gib dem Volk Vorsteher für je tausend, hundert, fünfzig und zehn«), andererseits auf das verheißene messianische Festmahl des Volkes Gottes in der Endzeit (vgl. Jes 25,6–8; 55,1–3). Auch Jesus hat die endzeitliche Gemeinschaft des Volkes Gottes mit seinem Herrn im Reich Gottes unter dem Bild eines festlichen Mahles beschrieben (s. Lk 12,37; 13,29; Mt 8,11; vgl. auch Lk 14,15–24; Mt 22,1–10): Die Anordnung in zahlenmäßig festgelegten Gruppen dient auch dazu, die abschließende Feststellung über die Menge der wunderbar Gespeisten in ihrer Glaubwürdigkeit zu untermauern.

Als der gute Hirte ist Jesus der messianische Gastgeber der Mahlgäste. Er eröffnet das Mahl durch das jedes jüdische Mahl einleitende Segensgebet über die 5 Brote und die 2 Fische, die er dann je in 12 Stücke teilt und jedem der Zwölf je ein Stück von beidem zum Austeilen gibt. Die Hervorhebung des einleitenden Segensgebetes über die Brote und die Fische: »er blickte zum Himmel auf und sprach den Lobpreis«, bevor er die Speise teilte und an die Jünger weitergab, verweist deutlich auf den Segensvollzug über das Brot beim letzten Mahl nach den Berichten bei Markus und Matthäus, wo es heißt: »er nahm das Brot und sprach den Lobpreis, dann brach er das Brot und reichte es ihnen« (Mk 14,22; Mt 26,26; vgl. 1 Kor 10,16). Damit wird ein Bezug hergestellt zwischen diesem Mahl und dem Vermächtnismahl vor dem Tod Jesu. Außerdem wird angezeigt, daß auch diesem wunderbaren Gastmahl ein besonderer Heilscharakter eignet. Auffällig ist, daß das Segensgebet zwar über Brot und Fische gemeinsam gesprochen wird, daß dann aber die Austeilung von Brot und Fisch getrennt vorgenommen wird.

6,42 stellt fest, daß alle Versammelten von den ausgeteilten Gaben aßen und davon satt wurden. Das Wunder ereignete sich also beim Austeilungs- und Eßvorgang. Die Größe des Wunders wird dadurch präzisiert, daß abschließend festgestellt wird: mit den von den Zwölf eingesammelten Resten wurden 12 Körbe (wohl deren Verpflegungskörbe) voll; insgesamt nahmen 5000 Männer an diesem messianischen Mahl teil (die Frauen und Kinder wurden nicht gezählt).

Es ist nicht klar, welchen Sinn die Zahlenangaben haben: 5 Brote,

2 Fische, 200 Denare, 5000 Männer, 12 Körbe. Zunächst zeigen sie die Größe des Wunders an. Der Hinweis auf die Fische hat wohl historische Gegebenheiten: Brot und getrocknete Fische bildeten die Hauptnahrungsmittel der einfachen Leute. 5 zu 2: in diesem Verhältnis stand wohl Brot zu Fisch bei den üblichen Mahlzeiten. 5 + 2 ergibt 7, eine Symbolzahl für kleine Einheiten. Es ist genug vorhanden, um viele zu sättigen. Vielleicht weist die Zahl 5 auf den Alten Bund, näherhin auf die 5 Bücher Mose, hin. Die Zahl 2 würde dann auf die Propheten und die Schriften hinweisen, die neben dem ›Gesetz‹ das Alte Testament bilden (s. Lk 24,27). 5000 stellte dann die Vollzahl des Volkes Gottes aus den Juden dar (1000 ist die oberste Grenze aller irdischen Möglichkeiten, vgl. Offb 20,2.5.6). Die 12 Körbe wären analog ein Hinweis auf die zwölf Apostel als Repräsentanten des Zwölfstämmevolkes (vgl. Mt 19,28). Aber diese Vermutungen sind unsicher. Es ist aber festzuhalten, daß die Zahlenangaben der beiden neutestamentlichen Speisungswundererzählungen nicht einfachhin historisch zu verstehen sind.

Die Übergangsnotiz zum nächsten Stück (Mk 6,45 f.) vermerkt, daß Jesus die Jünger sofort nach dem Mahl auffordert, mit dem Schiff nach Betsaida zu fahren, sich selbst aber auf den Berg zurückzieht, um zu beten. Gründe für dieses merkwürdige Verhalten werden nicht angegeben. Joh 6,14 f. bietet den Hinweis, Jesus habe damit messianischen Aktionen seitens der Menge zuvorkommen wollen. Diesen Hinweis hat Markus wegfallen lassen. Ihm ist nicht daran gelegen, den ursprünglichen messianischen Sinn dieser Wundertat Jesu herauszustellen, ihm geht es darum, auf die bleibende Bedeutung dieses Handelns Jesu für die Kirche und ihre Führer hinzuweisen: »Gott gab ihnen zu essen!« Bevor dieser bleibende Sinn für die nachösterliche Kirche herausgestellt werden kann, gilt es aber noch festzustellen, wie Matthäus und Lukas die Vorlage des Markus bearbeitet haben, um dadurch deren Deutung des Geschehens zu erfassen.

Die Fassung des Matthäus

Die Einleitung (14,13 f.) schließt – anders als bei Markus – an die Tötung des Täufers an (14,3–12). Demnach zog sich Jesus vor dem Zugriff seines Landesfürsten in die Einsamkeit zurück. Die Menschen hörten davon, eilten ihm nach und gelangten so noch vor Jesus dort an, wohin Jesus wollte. Zwar erfaßte Jesus, als er ausstieg, ebenfalls Mitleid, doch wird er nicht als der wahre Hirt des Volkes Gottes herausgestellt wie bei Markus (das hat Matthäus bereits 9,36 getan), sondern als der Heiland, der Helfer und Arzt der Mühseligen und Beladenen: »Er hatte Mitleid mit ihnen und heilte die Kranken, die bei ihnen waren« (14,14). Nicht durch Lehre weist er der Herde Gottes den Weg wie bei Markus, sondern durch seine leibliche und psychische Hilfe. Das entspricht dem Bild vom messianischen Heiland, das Matthäus auch an anderer Stelle zeichnet (vgl. bes. 9,12: »Die Kranken brauchen den Arzt«; 11,4f.: »Blinde, Lahme, Aussätzige, Taube, Tote finden Heil und Leben«; 12,15−21: »er heilte alle Kranken« als der messianische Knecht Gottes).

14,15−17 bereitet auf das Wundergeschehen vor. Wie bei Markus bitten die Jünger Jesus am Abend, die Leute wegzuschicken, damit sie in den nahegelegenen Dörfern etwas zu essen kaufen können. Über Markus hinaus antwortet Jesus darauf: »Sie brauchen nicht wegzugehen« und fordert die Jünger auf: »Gebt ihr ihnen zu essen!« Der Verweis der Jünger auf die nötige Summe Geld fehlt bei Matthäus. Nach ihm nehmen die Jünger die Aufforderung Jesu zum Anlaß, um nachzuschauen, was sie selbst noch an Lebensmitteln besitzen. Dann stellen sie fest: »Wir haben nur 5 Brote und 2 Fische bei uns!«

In dieser Situation, als die Jünger am Ende sind mit ihren Hilfeversuchen, greift Jesus ein. 14,18−20a schildert das wunderbare Geschehen. Matthäus hat in diesem Abschnitt die Vorlage des Markus auf das Nötigste beschränkt, ausgenommen den Vorgang der Segenshandlung über Brote und Fische und den Akt der Weitergabe des zerteilten Brotes an die Leute. Dabei ist nur die Rede vom Zerteilen der Brote. Danach wird wie bei Markus festgestellt: »Alle aßen und wurden satt.«

Eingesammelt werden wieder nur die Brotreste. Über Markus hinaus stellt Matthäus abschließend fest: »Es waren etwa 5000 Männer, dazu noch Frauen und Kinder.«

Wie bei Markus fordert Jesus sofort nach der Speisung die Jünger auf, ans andere Ufer zu fahren, entläßt die Leute und zieht sich auf einen Berg zurück, um zu beten (14,22f.).

Matthäus streicht also die Anspielungen auf das alttestamentliche Volk Gottes bei seinem Weg durch die Wüste, ebenso den Hinweis auf Jesus, den guten Hirten, der durch sein Wort dem Volk Gottes den Weg weist, in der Vorlage. Statt dessen weist er auf Jesus als den Heiland hin, der alle Leiden im Gottesvolk heilt. Unverkürzt aber zeichnet er Jesus als den messianischen Herrn des Volkes Gottes, der es wunderbar speist und ihm so in seinen leiblichen Nöten hilft. Zugleich werden auch hier die Jünger als Gehilfen und Beauftragte Jesu herausgestellt, durch die Jesus seine Hilfe, seine Lebensgabe den Menschen zuteil werden läßt. Durch die Hervorhebung des Brotes als entscheidendes Lebensmittel ist der Bezug auf das eucharistische Mahl etwas stärker als bei Markus herausgearbeitet (vgl. Mt 26,26).

Die Fassung des Lukas

Wie bei Matthäus knüpft die Erzählung von der wunderbaren Speisung an die Rückkehr der zwölf Apostel von ihrer Mission an Israel an (Lk 9,10a). Anders als bei Markus nimmt Jesus die Zwölf mit sich und zieht sich mit ihnen in die Umgebung der Stadt Betsaida zurück. Dorthin »folgen die Volksscharen Jesus nach« (9,11), nachdem sie von der Absicht Jesu erfahren haben. Insofern sind diese Leute bei Lukas als Anhänger und werdende Jünger Jesu gezeichnet. Jesus »nimmt sie daher freundlich auf, redet zu ihnen vom Reich Gottes und heilt alle, die seine Hilfe brauchen« (9,11).

Lukas versteht das Geschehen als Schulung und Betreuung des wahren Volkes Gottes durch Jesus, den Heiland, der durch Wort und Tat Anteil am Reich Gottes schenkt (vgl. Lk 4,14–21; 6,17–19; 14,1–24). Die Jünger Jesu sind an diesem Heilandswirken ihres Herrn ab der Aussendung an Israel verantwortlich beteiligt (s. 9,1 f.: »er gab ihnen die Vollmacht, alle Dämonen auszutreiben und die Kranken gesund zu machen. Und er sandte sie (die Zwölf) aus mit dem Auftrag, das Reich Gottes zu verkünden und zu heilen«; vgl. 10,9: »Heilt die Kranken... und sagt den Leuten: ›Das Reich Gottes ist euch nahe!‹« (so an die Zweiundsiebzig).

Mit der Bitte der Jünger, die Leute wegzuschicken, wird auf das Wunder vorbereitet (9,12–14). Die Jünger sind dabei sowohl um Verpflegung wie auch um Unterkunft besorgt (»damit sie in den umliegenden Dörfern und Gehöften... Unterkunft finden und etwas zu essen bekommen«). Auf die Anweisung Jesu: »Gebt ihr ihnen zu essen!« antworten sie mit dem Hinweis: »Wir haben nicht mehr als 5 Brote und 2 Fische« und meinen, das könnten sie nur, wenn sie zuerst hingingen und Essen kauften. Diese Antwort ist als Erklärung für ihren Vorschlag zu verstehen. Damit wird ihr Unvermögen entschuldigt. Das wird durch den vorgezogenen Hinweis auf die Menge der zu Sättigenden, »etwa 5000 Männer«, verstärkt (9,14). Damit wird zugleich auf die Größe der Wundertat Jesu vorbereitet.

Ab 9,14b handelt Jesus allein. Er gibt den Jüngern den Auftrag, die Anwesenden zu Mahlgruppen mit je 50 Leuten zusammenzusetzen. Durch diese Anweisung wird nicht auf das altbundliche Gottesvolk beim Exodus verwiesen, sondern auf die neubundlichen Mahlgemeinschaften der Urkirche und ihrer Hausgemeinden (vgl. Apg 2,42.46; 20,7–12).

Wie bei Markus wird dann auf die Mahleröffnung Jesu hingewiesen: »Jesus nahm die 5 Brote und die 2 Fische, blickte zum Himmel auf, segnete sie, brach sie und gab sie den Jüngern zum Austeilen an die

Leute« (9,16). Durch die Beifügung ›sie‹ zum Verb ›er sprach den Lobpreis‹ (eulogein) ist zu übersetzen: »er sprach den Lobpreis *über sie*« (die Gaben), d.h. er segnete sie. Dieser bedeutsame Zusatz verändert die Aussage des Markus. Hier werden die Speiseelemente zu Segensträgern der Heilkraft des Heilands. Durch den Segen Jesu, des Herrn des neuen Volkes Gottes, gewinnen die Mahlgaben ihre sättigende Kraft und Fülle, wird das Mahl zu einem heilstiftenden Geschehen.

Bei Lukas wird sodann wie bei Markus festgestellt, daß alle Mahlteilnehmer satt werden. Im Unterschied zu Markus wird aber von Lukas (vgl. Mt 14,20) vermerkt, daß von den Brotstücken 12 Körbe voll übrigblieben. Demnach liegt das Interesse des Lukas bei der wunderbaren Speisung auf der Gabe des Brotes, nicht der Fische. Daraus darf aber nicht vorschnell gefolgert werden, damit würde der Erzählung ein deutlich eucharistischer Sinn gegeben. Denn der lukanische Abendmahlsbericht verwendet im Unterschied zu Markus und Matthäus bei Jesu Segenswort über das Brot nicht das Verb »eulogein« wie hier (»den Lobpreis sprechen«), sondern das Verb »eucharistein« (»das Dankgebet sprechen, danksagen«, Lk 22,19). Insofern ist zwar ein Bezug zum letzten Abendmahl gegeben durch die Gleichartigkeit der Mahleröffnung Jesu hier wie dort (»er nahm das Brot, sprach den Lobpreis bzw. das Dankgebet, brach das Brot und gab es den Jüngern«, vgl. Lk 9,16 mit 22,19), aber dennoch bestehen auch bedeutsame Unterschiede: Bei der wunderbaren Speisung essen die Zwölf selbst nicht mit, beim letzten Mahl sind sie die einzigen Mahlgäste; das Brot hat jeweils Segenskraft, aber verschiedene Qualität durch die unterschiedlichen Deuteworte; bei diesem Mahl bleibt viel übrig, beim Abendmahl nicht. Diese Unterschiede gilt es bei der theologischen Auslegung zu beachten.

Im Unterschied zu Markus schließt Lukas das Mahlereignis mit dem Vermerk ab: »Die übriggebliebenen Brotstücke füllten 12 Körbe« (9,17).

Ab 9,18 beginnt ein völlig neuer Abschnitt auf dem Weg Jesu nach Jerusalem.

Mit dem Heilandshandeln Jesu durch Wort, Heilungtätigkeit und wunderbare Speisung beschließt Lukas das galiläische Wirken Jesu.

Von Bedeutung für das rechte Verstehen der Speisungserzählung im Sinn des Lukas ist die Beobachtung, daß vom Auferstandenen gesagt wird, er habe am Abend seiner Auferstehung sich mit den beiden Jüngern in Emmaus zu Tisch gesetzt. Dann »nahm er das Brot, sprach den Lobpreis (eulogein!), brach das Brot und gab es ihnen. Da gingen ihnen die Augen auf, und sie erkannten ihn« (Lk 24,30f.). Hier stellt

Lukas eine Verbindung her zwischen dem Speisenwunder bei Betsaida und den gottesdienstlichen Mahlfeiern der apostolischen Kirche, welche nach ihm die Bezeichnung »Brotbrechen« trugen. Diese fanden vor allem in der Nacht zum ersten Wochentag, dem Tag der Auferstehung Jesu, statt (s. Apg 2,42: »sie hielten fest an der Gemeinschaft, am Brechen des Brotes und an den Gebeten«; 20,7–12: »am ersten Tag der Woche«, wobei die Feier aus einem Wortteil und einem Mahlteil bestand). Bei Paulus wird diese Feier »Herrenmahl« genannt. Sie bestand aus zwei Teilen, einem Gemeindemahl und einer abschließenden Eucharistiefeier (1 Kor 11,17–34). Die von Lukas aufgewiesene innere Beziehung zwischen der wunderbaren messianischen Speisung einer großen Menge von Anhängern Jesu in Galiläa und den Gemeindemählern der apostolischen Kirche bietet den Schlüssel für das theologische Verständnis der Speisungserzählungen.

Der Rahmen
Wie bereits vermerkt, ist die Erzählung von der wunderbaren Speisung bereits in der urkirchlichen Tradition vor den heutigen Evangelien fest verbunden mit dem wunderbaren Gang Jesu über den See nach Gennesaret bzw. nach Kafarnaum (Mk 6,45–52; Mt 14,22–33; Joh 6,16–21) und den anschließenden Krankenheilungen am Westufer des Sees (Mk 6,53–56; Mt 14,34–36; vgl. Joh 6,22–25). Diese Stücke gehörten in der urchristlichen Überlieferung zu einer Sammlung von Wundertaten Jesu am See Gennesaret, durch die Jesus sich als Messias der Heilung und des Heils offenbarte (vgl. Mt 11,5; Lk 7,22). In diesen Wundertaten zeigte sich die Heilands- und Hirtensorge Jesu, des Messias, für das ihm anvertraute Volk Gottes. Die urchristliche Überlieferung sah in diesem Handeln Jesu die Sorge des Auferstandenen um das neue Volk Gottes vorbildhaft ausgedrückt. Die Evangelisten haben diesen Bezug auf die Kirche und ihr Heilshandeln hin noch verstärkt.

Zunächst bot die Verknüpfung der wunderbaren Speisung mit den Zwölf die Möglichkeit, die Mitbeteiligung dieses Kreises an der Speisung als vorbildhafte Anweisung für den Dienst der kirchlichen Führer und Verantwortlichen an ihren Gemeinden auszuwerten (vgl. Mk 6,6b–13.30–44; Lk 9,1–6.10–17: Aussendung und Rückkehr der Zwölf; Matthäus hat, ebenso wie Johannes, diese Verknüpfung nicht aufrechterhalten und weitergeführt). Inhaltlich geschah dies durch die Hervorhebung des Auftrags Jesu an die Zwölf: »Gebt ihr ihnen zu essen!« (Mk 6,37; Mt 14,16; Lk 9,13) und durch die Betonung der Mitwirkung der Zwölf an der Speisung (Veranlassung der Menge, sich zu setzen, Austeilen der Speisen und Einsammeln der Reste, indirekte Feststellung der Größe des Wunders durch die Zählung der Teilnehmer). Damit wurde eine Brücke geschlagen zwischen dem Dienst der Zwölf an den damaligen Nachfolgern Jesu und dem Dienst der Apostel und deren Mitarbeiter und Nachfolger an den Mitgliedern der nachapostolischen Kirche. Dieser Dienst der Mitarbeiter Jesu in der Kirche wurde näherhin charakterisiert durch die bewußte Angleichung der Segensgeste Jesu über das Brot und dessen Brechung und Weitergabe an die Segensgeste Jesu beim Abendmahl über das Brot (vgl. Mk 6,41 mit Mk 14,22; Mt 14,19 mit Mt 26,26) und durch die Verbindung mit der Segensgeste Jesu über das Brot nach Lk 9,16 mit dem Mahleröffnungsgestus des Auferstandenen beim Abendmahl in Emmaus Lk 24,30, vgl. 24,35. Damit gewinnt das Handeln Jesu an seinen Anhängern Vorbildcharakter für die Aufgabe der Gemeinde, näherhin beim ›Brotbrechen‹, besonders am ersten Tag der Woche, dem Gedenktag der Auferstehung Jesu (vgl. Apg 2,42; 20,7–12).

Mit ›Brotbrechen‹ und ›Austeilen‹ ist aber näherhin nicht die Eucharistiefeier der Gemeinden gemeint, sondern der Dienst der Gemeindehirten bei den mit diesen Eucharistiefeiern zunächst verbundenen Sättigungsmählern der Gemeinden, den sogenannten Agapen (Liebesmählern). Dafür ist 1 Kor 11,17–34 anschauliches Beispiel. Für diese Agapen hatten die Wohlhabenden die Mittel bereitzustellen, so daß auch die Armen, Alten, Kranken, Nicht-Arbeitsfähigen und Kinder sich satt essen konnten. Die Sorge für die geordnete Durchführung dieser Mähler und für die Armenspeisung oblag den Gemeindehirten, später einem eigenen Stand von Amtsdienern, den Diakonen (vgl. Apg 6,1–6). Auf die Funktion dieser gemeinschaftstiftenden Mähler weist wohl auch die Anweisung Lk 14,12–14 hin.

Die Gesamtfeier von Gemeindemahl und eucharistischem Mahl hatte in der apostolischen Kirche den bezeichnenden Titel ›Brotbrechen‹ (s. Apg 2,42.46; 20,7; vgl. 1 Kor 10,16). Daneben findet sich auch die Bezeichnung ›Herrenmahl‹ (1 Kor 11,20). Die Bezeichnung ›Brotbrechen‹ legte sich dadurch nahe, daß beide Teilvollzüge des urchristlichen Gemeindegottesdienstes, das einleitende Gemeindemahl und die anschließende Eucharistiefeier (s. Apg 20,7–12), jeweils durch einen Segensakt über das Brot mit anschließender Brechung und Austeilung des Brotes eingeleitet wurden. Die spätere Trennung zwischen Gemeindemahl und Abendmahl, Agape und Eucharistie (beachten Sie dazu die Mißstände 1 Kor 11,17–34), hilft zu verstehen, warum sich zwei Überlieferungen mit eucharistisch geprägten Segensworten über das Brot als Einleitungsakt für eine anschließende Mahlfeier in den

Evangelien finden, nämlich die Erzählungen von wunderbaren Speisungen der Anhänger Jesu durch den Herrn und jene von der Feier des letzten Mahles. Die Traditionen von der wunderbaren Speisung der Anhänger Jesu durch den Herrn unter verantwortlicher Mitwirkung der Zwölf dienen zur Begründung und vorbildhaften Ausrichtung der Agapen, der urchristlichen Gemeindemähler. Damit erklärt sich ein Doppeltes: die andere Zielsetzung der Mahlfeiern und die verschiedene Funktion der Zwölf dabei. Beim Abendmahl sind die Zwölf die Mahlgäste. Die Gaben stellt Jesus bereit. Es bleibt nichts davon übrig. Diese Mahlfeier ist genau nach der Weisung Jesu als heilige Stiftung weiterzuführen durch die Apostel und ihre Bevollmächtigten (s. Lk 22,19; 1 Kor 11,24f.). Bei der Agape werden die Gaben von den Gläubigen zur Verfügung gestellt. Sie werden den Hirten der Gemeinden gegeben. Diese haben sie zu segnen und für geordnete Verteilung zu sorgen, aber sich nicht selbst davon zu versorgen.

Diesem Dienst der Kirche ist verheißen, daß es ihm an Gaben nie mangeln wird. Die Kirche wird immer neu fähig sein, Christi Auftrag zu vollziehen, weil Christi Segen hinter ihr steht und das wenige, das sie hat, ausreichend vermehren wird. Wichtig ist nur, daß die Verantwortlichen der Gemeinden immer den Auftrag ihres Herrn ernst nehmen: »Gebt ihr ihnen zu essen!« Dabei sollen sie darauf achten, daß sie die rechte Ordnung ihrer Heilssorge nicht übergehen: zuerst der Dienst am Glauben und an den Kranken, dann der Dienst an den Tischen (vgl. das Verhalten Jesu Mk 6,34; Lk 9,10; auch Apg 2,42; 6,1−6; 20,7−12).

Anregungen für die Auslegung heute

Der in den Erzählungen von der wunderbaren Speisung der Anhänger Jesu deutlich hervortretende Bezug zu den Gemeindemählern der Urkirche, den sogenannten Agapen (Liebesmähler), weist auf die Auswertung dieser Erzählungen auf die karitativen Aufgaben und Dienste der Kirche hin. Dem Verweis auf die soziale Aufgabe der Verantwortlichen der Kirche dient auch das Zentralmotiv dieser Speisungserzählung, die Anweisung Jesu an seine Jünger: »Gebt ihr ihnen zu essen!« Der Kirche wird dabei gesagt, daß sie auf den Segen ihres Herrn vertrauen darf, wo immer sie ihre geringen Mittel und Kräfte einsetzt für die Speisung der Hungernden und den Dienst an den Notleidenden und Kranken.

Fragt man nach dem historischen Kern der Überlieferung von einer wunderbaren Speisung der Anhänger Jesu in Galiläa, am Nordostufer des Sees von Gennesaret, dann ist auf das zu verweisen, was oben zu Joh 6,1–15 gesagt wurde. Ein solcher Kern mit messianischer Zielsetzung ist durchaus wahrscheinlich, kann aber nicht mehr genau bestimmt werden. Das Evangelium versteht den Auftrag zum karitativen Dienst der Kirche an hungernden und notleidenden Menschen und die Segenszusage dafür als Vermächtnis ihres auferstandenen Herrn. Als ein solcher Auftrag zu einem umfassenden Heilsdienst an Leib und Seele der Menschen, die zur Kirche gehören oder bei ihr Hilfe suchen, ist diese Überlieferung heute auszulegen.

Aufgaben:

1. Stellen Sie die Gemeinsamkeiten und Verschiedenheiten der Überlieferung von einer wunderbaren Speisung von 5000 Männern nach Mk 6,32–44 und Joh 6,1–15 fest.(Beachten Sie auch Mk 6,45–52 und Joh 6,16–21.) Was spricht dafür, daß beide Evangelisten auf dieselbe Tradition zurückgreifen?
2. Bestimmen Sie die Eigenart der Wundererzählung näher! (Hilfsfragen: Was ist der Grund der Wundertat Jesu? Bitten die Jünger Jesu um wunderbare Hilfe, oder handelt Jesus aus eigenem Antrieb? Wie geschieht das Wunder näher? Führt das Wunder zur Frage nach Jesus oder zum Lobpreis Gottes?) Welche Elemente prägen also eine sogenannte Geschenkwundererzählung?
3. Vergleichen Sie diese Geschenkwundererzählung mit 2 Kön 4,42–44: Worin gleichen sich beide Erzählungen; worin bestehen die Unterschiede?
4. Wie ist Jesus dargestellt bei Markus (s. 6,34) und bei Johannes (s. 6,14f.)? Welche Aussagen über Jesu Funktion bei diesem Wundergeschehen bieten die alttestamentlichen Stellen: Num 27,17; Ez 34,5; 1 Kön 22,17; Ps 23,1–4; Jes 40,11; Jer 31,10; auch Gen 18,18f.; 48,15; Ez 18,21.25?
5. Welche Aufgaben kommen den Zwölf bei der wunderbaren Speisung zu? Was ist ihre Hauptaufgabe? (Vergleichen Sie damit die Funktion der Zwölf beim letzten Abendmahl Mk 14,12–25.)
6. Welche Beziehungen bestehen zwischen dem Segensgestus Jesu über das Brot bei der wunderbaren Speisung und beim Abendmahl? (Vgl. Mk 6,41 mit Mk 14,22; auch Mt 14,18 mit Mt 26,26.)
7. Welche Hinweise bietet Lukas für das Verständnis dieser Erzählungen durch die Urkirche in seinem Evangelium und in der

Apostelgeschichte? (Vgl. dazu Lk 9,16 mit Lk 24,30; Apg 2,42.45 und 20,7–12; auch Apg 6,1–6.)

8. Welche Funktionen hatten die sogenannten Liebesmähler (Agapen) in den urchristlichen Gemeinden? (Vgl. Apg 6,1–6; 1 Kor 11,17–22; auch Lk 14,12–14.)

9. Was sagt Paulus 1 Kor 11,17–34 über den Ablauf eines Herrenmahles? Aus welchen beiden Teilen setzte sich die Mahlfeiergemeinschaft der Gemeinde zusammen? (Vgl. noch Apg 20, 7–12.)

10. Was will die Erzählung von der wunderbaren Speisung heute den Verantwortlichen der Kirche sagen?

11. Inwiefern gehören nach Mk 6,34; Mt 14,14 und Lk 9,10f. auch Glaubensunterweisung und Sorge um Kranke zur Sendungsaufgabe der Kirche neben der Fürsorge für Hungernde und Notleidende?

12. Worauf kann die Kirche nach Mk 6,43 vertrauen, wenn sie sich um Hungernde und Notleidende kümmert?

PS. Zur Auswertung von Joh 6,1–15 siehe: Johanneische Zeichen, S. 439–446.

2. Die wunderbare Speisung
   von 4000 Männern mit
   7 Broten und einigen
   Fischen in der Nähe
   des Sees von Galiläa
   (Mk [7,31]; 8,1–10;
   Mt 15,[29–31.]32–39)

Hinführung

Im Evangelium des Markus – und ihm folgend auch im Evangelium des Matthäus – finden sich zwei Erzählungen von wunderbaren Speisungen der Hörer Jesu. Demgegenüber überliefern Lukas und Johannes nur *eine* wunderbare Speisung Jesu. Beide Evangelisten, Markus und Matthäus, weisen im Unterschied zu Lukas in der Warnung Jesu vor dem Sauerteig der Pharisäer und des Herodes (Mk 8,14–21) bzw. der Sadduzäer (Mt 16,5–12) auf zwei wunderbare Speisungen hin. Beim zweiten Speisungswunder werden mit 7 Broten und einigen Fischen 4000 Personen (Mt: Männer, ohne Frauen und Kinder) gesättigt. Wieder handelt es sich um besondere Zahlen: 7, 4000, 7 Körbe von Reststücken, wieder ist die Gabe des Brotes besonders hervorgehoben, wieder findet das Wunder in einer einsamen Gegend östlich des Sees Gennesaret, jedoch in dessen Nähe statt, so daß anschließend erneut eine Fahrt über den See möglich wird.

Die Forschung hat wahrscheinlich gemacht, daß es sich bei der zweiten Speisungswundererzählung um eine eigenständige Weiterentfaltung der urkirchlichen Überlieferung von derselben Speisung handelt, auf die sich in anderer Fassung bereits Mk 6,32–44 bezieht. Markus und Matthäus haben jedoch beide Fassungen der gemeinsamen Überlieferung als Zeugnisse zweier verschiedener Vorgänge verstanden und sie deshalb beide in ihre Evangelien aufgenommen. Bei der Auslegung gilt es deshalb, die Unterschiede beider Erzählungen freizulegen und darauf zu achten, wie die beiden Evangelisten diese Stücke in ihren Evangelien zur Geltung gebracht haben. Für den alttestamentlichen Hintergrund wird hier das vorausgesetzt, was zu Mk 6,32–44 par dargelegt wird.

Form

Wieder handelt es sich um eine Geschenkwundererzählung, diesmal mit verkürzter Einleitung. Bezeichnend ist, daß Jesus bei dieser Erzählung durchgängig in der Mitte der Erzählung steht und der allein Handelnde ist. Sowohl die Anhänger Jesu wie auch die Jünger sind lediglich passiv am Geschehen mitbeteiligt.

Aufbau

Mk 8,1a (in Verbindung mit 7,31; vgl. Mt 15,29−31) bildet die *Einleitung* der Erzählung mit dem Hinweis auf die Situation. 8,1b−5 (vgl. Mt 15,32−34) dient als *Vorbereitung* des Wundergeschehens durch ein Zwiegespräch Jesu mit den Jüngern über die Notlage seiner Hörer. 8,6−8 (Mt 15,35−37) berichtet vom *Wundergeschehen* selbst. 8,9a (Mt 15,38) weist *abschließend* auf die Größe des Wunders hin. 8,9b.10 (Mt 15,39) beschließt das Geschehen und leitet zum nächsten Stück über.

Die Erzählung ist eng verknüpft mit der Mitteilung von der Rückkehr Jesu aus dem Gebiet von Tyrus (Mk 7,24; Mt 15,29), wobei Markus Jesus weiterziehen läßt in das Gebiet der Zehnstädte (7,31).

In jedem Fall steht das Geschehen in Beziehung zu einem heidnischen Umfeld. Markus läßt der Speisung noch die Heilung eines Taubstummen vorausgehen (7,32−37). Bei ihm bildet die Wunderspeisung den Abschluß von zwei großen Wundertaten an Heiden (7,24−30: Tochter der syrophönizischen Frau; 7,32−37: Taubstummer im Bereich der Dekapolis).

Text und Botschaft nach Markus

Die Erzählung setzt 8,1 unvermittelt ein mit der Mitteilung, viele Menschen seien bei Jesus versammelt gewesen. In 8,2f. ergreift Jesus die Initiative und erklärt den Jüngern, er habe Mitleid mit den Leuten, da sie z. T. von weit hergekommen seien und bereits drei Tage bei ihm ausharrten, so daß er sie nicht nach Hause schicken könne, ohne daß viele auf dem Heimweg zusammenbrächen. Jesus erweist sich dadurch als der Hirt und Heiland seiner Anhänger und Hörer (vgl. dazu Mk 6,34; zum Motiv-Hintergrund s. oben ›Text und Botschaft‹). Die Aussage Jesu enthüllt zugleich, daß er weiß, was zu geschehen hat, und daß er überzeugt ist, helfen zu können.

Die Antwort der Jünger verdeutlicht die Notlage und weist auf die Aussichtslosigkeit hin, ihrer mit normalen Mitteln Herr zu werden. Darin spiegelt sich auch die Ratlosigkeit der Jünger. Jesus fragt sogleich ohne Umschweife nach etwa vorhandenen Vorräten (8,5). Diese sind geradezu lächerlich: 7 Brote. Auf Fische wird zunächst nicht hingewiesen. Soll die Siebenzahl andeuten, daß damit die Mindestzahl für das nachfolgende Vermehrungswunder gegeben ist?

Jesus fordert sodann die Leute auf, sich zu setzen. Dann wird gesagt: »Er nahm die 7 Brote, sprach das Dankgebet (eucharistein), brach die Brote und gab sie seinen Jüngern zum Verteilen; und die Jünger teilten sie an die Leute aus« (8,6). »Sie hatten auch noch ein paar Fische bei sich. Jesus segnete sie (»eulogein« mit Objekt: ›sie‹, d.h. Brote; wörtlich: ›den Lobpreis über sie sprechen‹) und ließ sie austeilen« (8,7).

An dieser Art von Berichterstattung fällt auf: Im Unterschied zu Mk 6,41 wird der Segen zunächst nur über das Brot gesprochen; dieses wird auch für sich ausgeteilt. Zudem wird der Segen mit dem Verb »danksagen«, »eucharistein«, gekennzeichnet, nicht mit dem für das einleitende Gebet über das Brot bei jüdischen Mahlzeiten übliche »eulogein«, »den Lobpreis sprechen«.

Dann ist plötzlich von getrockneten Fischen die Rede, obwohl 8,8 nicht auf Fische hingewiesen hat. Über sie wird noch einmal eigens gebetet, und zwar in Form eines Segenswortes, wobei hierfür das Verb »eulogein« verwendet wird.

Markus will durch die Eigenart dieser Berichterstattung zunächst zeigen, daß es Jesus ist, der die Not erkennt und ernst nimmt und ihr auch zielbewußt begegnet. Der Beschreibung nach handelt es sich sodann um ein Mahl mit einleitendem Brotgestus, anschließender Brotverteilung und abschließendem Verzehr von Fisch. Da Fisch in Palästina als Zukost gebraucht wurde, zeigt der Hinweis auf die Fischverteilung auf alle Fälle an, daß es sich nach Markus um ein normales Sättigungsmahl handelte. Zwar verweist das Verb »eucharistein« (ohne Beifügung eines Objekts, für das gedankt wird, gebraucht) auf das Abendmahlsgeschehen hin (s. Mk 14,23; Mt 26,27); bezeichnend aber ist, daß bei Markus (und bei Matthäus, der Markus hier folgt) dieses Verb nicht gebraucht wird für den Segensspruch Jesu über das Brot, sondern über den Kelch. Zwar verwenden Lk 22,19 und 1 Kor 11,24 für das Segensgebet Jesu beim Abendmahl über das Brot das Verb ›eucharistein‹, aber diesen Sprachgebrauch darf man bei Markus und Matthäus nicht voraussetzen.

Insofern ist festzustellen, daß durch die Verwendung von ›eucharistein‹ für das Segensgebet Jesu über das Brot bei der zweiten Brotvermehrung Mk 8,6 ein allgemeiner Bezug zum Abendmahl hergestellt werden soll, die Brotvermehrung ist aber vom Evangelisten nicht als Vorzeichen und Hinweis auf den Segen Jesu über das Brot beim Abendmahlsgeschehen verstanden.

Der eigens angefügte Hinweis auf den Segensakt über den Fisch und dessen Verteilung (8,7) zeigt vielmehr an, daß der Evangelist die Tat Jesu als Abhilfemaßnahme in einer konkreten Not durch eine Sättigungsmahlzeit verstanden hat.

Zu beachten ist noch, daß durch den Hinweis auf den zweimaligen Segensakt Jesu, sowohl über das Brot als auch über den Fisch, hervorgehoben werden soll, daß es der Segen Jesu war, der diesen Speisen eine außergewöhnliche Sättigungskraft und Vermehrungsmöglichkeit schenkte. Nicht durch das Brechen und Austeilen, sei es von seiten Jesu oder von seiten der Jünger, vollzog sich die wunderbare Vermehrung wie bei der ersten Speisung, sondern im Segen Jesu ist die außergewöhnliche Nährkraft und die Fortdauer der äußeren Form dieser ›Lebensmittel‹ begründet. Im zweiten Speisungsbericht wird also vor allem auf die Segensmacht Jesu als Grundlage für das Wundergeschehen verwiesen.

Wie bei der ersten Speisungswundererzählung wird sodann gesagt (8,8), daß alle aßen und gesättigt wurden und daß wieder mehr übrig blieb an Lebensmitteln, als zu Beginn vorhanden war. Den 7 Broten entsprechen dabei diesmal 7 Körbe. Die Zahl der Mahlteilnehmer wird mit 4000 angegeben (8,9). Es handelt sich wieder um eine runde Zahl, wobei 4 hier wohl als die Zahl der Welt (der 4 Himmelsrichtungen), also aller Menschen, verstanden werden kann, 1000 aber die Vollzahl irdischer Möglichkeiten bedeutet (vgl. zu 4: Gen 2,10; Ez 14,21; Mk 13,27; zu 1000: Ps 90,4; Offb 20,2–7). Im Unterschied zur ersten Speisungswundererzählung wird hier erwähnt, daß Jesus selbst die versammelte Menge entläßt, die nun, durch seine Gaben gestärkt, auf dem Weg nicht zusammenbrechen wird (8,9). Außerdem zieht sich Jesus nicht zurück, sondern besteigt mit seinen Jüngern ein Boot und fährt mit ihnen in das Gebiet von Dalmanuta (8,10).

Diese Bemerkung ist in doppelter Hinsicht merkwürdig. War Jesus doch so nahe am See, daß er trotz des Hinweises des Evangelisten auf das Gebiet der Zehnstädte, das im Südosten an den See Gennesaret anschloß, zu Fuß zum Boot gehen und noch bei Tageslicht abfahren konnte? Vor allem aber: Wo lag Dalmanuta? Diese Ortsangabe verursachte schon im Altertum Kopfzerbrechen, wie die vielen Textverbesserungen in alten Handschriften zeigen. Bereits Matthäus hat statt dessen Magadan eingefügt. Manche alten Handschriften nennen Magdala, das westlich von Kafarnaum in einer Ausbuchtung des Sees lag. Ein Grund für diese Zielrichtung der Bootsfahrt ist im Evangelium selbst nicht angegeben und läßt sich auch nicht mehr feststellen.

Bei Matthäus beginnt die Erzählung von der wunderbaren Speisung der 4000 so unvermittelt (15,32), daß man den Sammelbericht über Heilungen Jesu 15,29—31 als Einleitung zum Speisewunder ansehen muß. Zunächst wird auf den Ort des Wunderhandelns Jesu verwiesen, eine einsame, wüstenhafte Gegend (s. 15,33), wohl am Ostufer des Sees Gennesaret. Dort besteigt Jesus, wie bei Matthäus mehrfach vermerkt, einen Berg (vgl. 5,1; 14,23; 28,16). Berge sind bei Matthäus bevorzugte Orte der Offenbarung der göttlichen Vollmachten Jesu Christi, des Messias, des Sohnes des lebendigen Gottes (s. Mt 16,15f.). Das Sich-Niedersetzen weist auf seine Autorität als Offenbarer des Heilswillens Gottes durch Wort und Tat hin (s. 5,1). Hier geht es um die Vollmachtstaten des Messias (s. dazu 11,2—5: Blinde, Taube, Stumme, Lahme, Aussätzige entsprechend den prophetischen Verheißungen Jes 26,19; 29,18; 35,5f.; 61,1).

Darum setzt zu ihm eine Wallfahrt von Heilungssuchenden aus ganz Israel ein. Sie staunen über Jesu Taten und preisen seinetwegen ›den Gott Israels‹, der durch ihn die Heilszeit eintreten läßt (15,31). Weil die Menschen bei Jesus Verständnis und Hilfe finden und durch ihn das Wirken des Bundesgottes erfahren, deshalb harren sie bei ihm aus.

Nach drei Tagen ergreift Jesus die Initiative und erklärt seinen Jüngern: »Ich habe Mitleid mit diesen Menschen; sie sind schon drei Tage bei mir und haben nichts mehr zu essen. Ich will sie nicht hungrig wegschicken, sonst brechen sie unterwegs zusammen« (15,32). Jesus sorgt sich um ihr Heimkommen und will sie daher für den Heimweg stärken.

Der Einwand der Jünger (15,33) erweist dieses Vorhaben als unausführbar: »Wo sollen wir in dieser unbewohnten Gegend so viel Brot hernehmen, um so viele Menschen satt zu machen?«

Daraufhin bereitet Jesus die Speisung auf wunderhafte Weise vor. Er stellt die vorhandenen Vorräte fest. Im Unterschied zu Markus verweisen die Jünger auf ›7 Brote und noch ein paar Fische‹ (15,34). Er läßt die Leute sich auf die (nackte) Erde niedersetzen und spricht dann den Segen über Brot und Fische zugleich: »Er nahm die 7 Brote und die Fische, sprach das Dankgebet (eucharistein) und gab sie den Jüngern, und die Jünger verteilten sie an die Leute« (15,36). Nach Matthäus eröffnet Jesus die Speisung durch ein Dankgebet an Gott über beide Lebensmittel, Brot und Fisch. Ein eigener Segensgestus fehlt. Gott ist es, der die Gaben durch Jesus und dessen Jünger seinem Volk spendet.

Zwar spielt das absolut gebrauchte Verb »eucharistein« – »danksagen, das Dankgebet sprechen«, auf das Segensgebet über den Kelch beim Abendmahl (Mt 26,27) an, aber die Unterschiede zwischen dieser Speisung und jener Mahlzeit sind zu groß, um das Speisungswunder als eucharistisches Vorzeichen verstehen zu können. Es ist vielmehr ein messianisches Zeichen. Es weist zurück auf Mose, auf dessen Fürbitte Gott sein Volk in der Wüste auf seinem Weg ins verheißene Land auf wunderbare Weise mit Brot (Manna) und Fleisch (Wachteln) speiste (s. Ex 16; Num 11; Ps 105,40; Weish 16,20 f.). Dabei überbietet Jesus bewußt die wunderbare Speisung von 100 Männern durch den Propheten Elischa mit Hilfe von 20 Gerstenbroten und einem Beutel von frischen Körnern (2 Kön 4,42−44). Die Gestaltung und Sinngebung dieser Speisung verweist auf den messianischen Charakter des johanneischen Zeichenwunders in der Wüste (Joh 5,1−15). Hier folgt Matthäus wohl der ursprünglichen Eigenart dieser Überlieferung in der urchristlichen Tradition.

Zu vermerken ist noch die Angleichung der Handlung der Jünger an die Handlung Jesu: Beide teilen die Speise aus, die Gott seinem Volk für seinen Weg geben will.

Wie bei Markus wird sodann festgestellt, daß »alle aßen und satt wurden und daß 7 Körbe mit Stücken übrigblieben« (15,37). Über Markus hinaus betont Matthäus, daß diese Körbe »voll waren«. Ebenso bemerkt Matthäus über Markus hinaus, daß an der Speisung neben »4000 Männern« auch »Frauen und Kinder« teilnahmen (15,38). Er vergrößert also das Wunder. Gott gibt seinem Volk durch Jesus, seinen Messias, mehr an Heilsgaben, sei es durch Heilung von Krankheiten, sei es an Speise, als es für sein Leben braucht. Durch Jesus will Gott für alle Bedürfnisse und Nöte seines Volkes in dieser Welt sorgen. Wer voll Vertrauen zu Jesus kommt, kann dies auf staunenswerte Weise erfahren. Im Unterschied zu Markus zeigt Matthäus durch die Gestaltung der vorgegebenen Tradition, daß Jesus der verheißene Messias des Volkes Gottes ist und daß sein Wirken auch dessen leibliche Nöte und Bedürfnisse einschließt.

Abgeschlossen wird die Erzählung wie bei Markus durch den Hinweis, daß Jesus danach das Volk entließ, in ein Boot stieg und in die Gegend von Magadan fuhr (15,39). Die rätselhafte Ortsangabe Dalmanuta hat er in Magadan verändert. Aber auch diese Ortsangabe bereitet Schwierigkeiten. Ist damit Magdala gemeint? (Beachten Sie diese Namensangabe in alten Bibelhandschriften.)

Rahmen

Bei *Markus* beschließt die Erzählung von der wunderbaren Speisung zwei andere Wundererzählungen, die alle in einem Gebiet spielen, in dem auch Heiden wohnen: die Heilung der Tochter einer heidnischen Frau im Gebiet von Tyrus (7,24−30) und die Heilung eines Taubstummen im Gebiet der Dekapolis (7,31−37). Die drei Wundertaten im heidnischen Gebiet zeigen an, daß Jesus auch der Erlöser und Heiland der Heiden ist. Die Trennung zwischen Juden und Heiden, zwischen Reinen und Unreinen (s. das einleitende Lehrstück 7,1−23), gilt daher nicht mehr für die Jesusbewegung. Die heidenchristliche Kirche des Markus weiß sich als gleichberechtigtes Glied im neuen Volk Gottes. Auch die Heiden sind nun – zusammen mit den Juden – Gäste am Tisch des Volkes Gottes. Deutet man auf diesem Hintergrund die Zahlenangaben der Wundererzählung, so gewinnen sie am ehesten ihren Sinn: Die Siebenzahl der Speisegaben und der Körbe mit den übriggebliebenen Stücken weist auf die göttliche Fülle der Heilsgaben Jesu; 4 ist die Zahl der Welt, d. h. der heidnischen Völker zusammen mit dem jüdischen Volk; 1000 weist auf die Vollzahl der Geretteten aus allen Völkern hin, die am Gastmahl Gottes teilnehmen, das Jesus, der Messias und Heiland der Welt, für das Volk Gottes veranstaltet (vgl. Mt 22,1−14; Lk 14,15−24; dazu Jes 25,6f.; 55,1−5).

Näherhin ist bei Markus an die urchristlichen Gemeinschaftsmähler, die Agapen, gedacht, die in Verbindung mit der Eucharistiefeier stattfanden (Apg 2,42.46; 6,1−6; 20,7−12; 1 Kor 11,17−34; auch Hebr 6,4; 13,10−13). Dabei war es für die ersten Christen ein Problem, ob die Heidenchristen ebenfalls die jüdischen Speisevorschriften einzuhalten hätten, wenn sie mit Judenchristen an einem Tisch zusammenspeisten. Diese Frage wurde grundsätzlich durch das sogenannte Apostelkonzil gelöst (s. Apg 15,1−35; Gal 2,1−10; vgl. 1 Kor 8; Röm 14,1−23). Es war der große Durchbruch zur Freiheit des Glaubens in der Gemeinschaft der Christen, als es unter der Führung des Geistes Gottes möglich wurde, daß Juden, Samariter und Heiden auch Tischgemeinschaft untereinander zu halten vermochten (vgl. Eph 2,11−22; 4,1−6). Auf diese neue Möglichkeit wird in der Wundererzählung Mk 8,1−10 hingewiesen und von Jesu Verhalten her begründet. Stand in der ersten Speisungswundererzählung die Pflicht der Verantwortlichen der urchristlichen Gemeinden im Vordergrund, für echte Tischgemeinschaft aller Glieder in den Gemeinden, vor allem für die Sättigung der Hungernden und der Armen zu sorgen, so geht es in der zweiten Wundererzählung um die Gleichberechtigung der Heidenchristen an den Mahlfeiern, auch den eucharistischen, der urchristlichen Gemeinden. Um dies zu unterstreichen, wird in der Wundererzählung die Initiative Jesu herausgestellt. Er sorgt sich um die von fern Gekommenen (beachten Sie den Ausdruck ›die Fernen‹ als Bezeichnung der Heidenchristen Apg 2,39; Eph 2,13.17); er sorgt sich voll Mitleid auch um ihr Heil; er bereitet den Tisch und lädt alle, die zu ihm gekommen sind, zum Essen ein; er gibt ihnen Kraft, damit sie auf dem Weg nicht umkommen. Die Verantwortlichen der Kirche führen diesen Dienst weiter. Ihnen füllt Christi, des Auferstandenen, Segen und Vollmacht immer neu die Körbe für ihren Tischdienst an allen, die der Einladung der Kirche folgen.

Der Hinweis auf die Fahrt Jesu mit seinen Jüngern nach Dalmanuta soll in diesem Zusammenhang wohl darauf aufmerksam machen, daß es Jesus war, der die Jünger in die Heidenwelt sandte und sie bei der Heidenmission begleitet.

Die Abweisung der Zeichenforderung der Pharisäer (8,11–13) zeigt auf, daß allein der, der an Jesus glaubt, Jesu Handeln verstehen und als Tat der Vollendung der Heilsgeschichte Gottes annehmen kann.

Die Warnung vor »dem Sauerteig der Pharisäer und des Herodes« (8,14–21) weist auf die Vollmacht Jesu und der Kirche hin, eine neue Tisch- und Lebensgemeinschaft zwischen Juden und Heiden in der Kirche zu schaffen, auch in Form der Agapemähler. Daher ist es geboten, daß alle Christen sich von kirchlichem Gettodenken freihalten und die eine Gemeinschaft am Tisch des Herrn freudig bejahen. Jesus hatte die Vollmacht, Juden und Heiden gleicherweise das Heil anzubieten und sie in die neue Gemeinschaft des Reiches Gottes aus Juden und Heiden aufzunehmen. Wer dies sieht und danach handelt, der sieht richtig und wird von falschen religiösen Sehweisen frei. Dazu dient auch der Abschnitt Mk 7,1–8,26, durch den der Evangelist seinen Lesern die Augen öffnen will für das heilsgeschichtliche Vermächtnis Jesu, daß alle Menschen, Juden und Heiden, Gerechte und Sünder, eingeladen sind, in der Kirche Gottes gleichberechtigt zu leben und an den Gottesdiensten und Mählern des neuen Volkes Gottes mit gleichen Rechten teilzunehmen.

Im Unterschied zu Markus stellt *Matthäus* das wahre Israel, die Kirche, als eine Gemeinschaft dar, die der Herr an seinen Tisch geladen hat und die aus dieser Tischgemeinschaft die Kraft für das Leben im Alltag (s. 15,32) und ihren Weg durch die Geschichte gewinnt. Denn die Kirche hat von ihrem Herrn auch den Auftrag erhalten, Kranke zu heilen und für das leibliche Wohl der Armen, Notleidenden und Hungernden zu sorgen (s. Mt 10,1; 25,31–46). Dem dienen auch die

Gemeinschaftsmähler, die Agapen, der Kirche (s. oben), ebenso wie deren Armenfürsorge (vgl. Apg 6,1–6; 2 Kor 8 f.).

Um die Aussageabsicht des Matthäus genauer zu verstehen, bedarf es noch der Beobachtung, daß der Evangelist die Szene von der wunderbaren Speisung der 4000 Männer, dazu von Frauen und Kindern, bewußt im Gegenüber zur Einleitung der Bergpredigt (5,1 f.) gebildet hat. Dort heißt es: »Als Jesus die vielen Menschen sah, stieg er auf einen Berg. Er setzte sich, und seine Jünger traten zu ihm. Dann begann er zu reden und lehrte sie« (5,1 f.). Außerdem waren »Scharen von Menschen aus Galiläa, der Dekapolis, aus Jerusalem und Judäa und aus dem Gebiet jenseits des Jordan«, Gesunde und Kranke um ihn versammelt (4,25). Hier, bei der wunderbaren Speisung, sagt der Evangelist in der Einleitung: »Jesus ... kam an den See von Galiläa. Er stieg auf einen Berg und setzte sich. Da kamen viele Menschen und brachten ... viele Kranke zu ihm ..., und er heilte sie ... Jesus rief seine Jünger zu sich und sagte: ›Ich habe Mitleid mit diesen Menschen‹« (15,29–32). Demnach versteht der Evangelist dieses Geschehen als Abschluß dessen, was bei der Bergpredigt begann. Wurde dort dem Volk Gottes gesagt, worin der Bundeswille Gottes, die Bundesforderung an das wahre Israel besteht, so wird hier abschließend auf die Wirklichkeit der Gaben Gottes an sein endgültiges Bundesvolk hingewiesen: auf die heilende Macht der Gnadengaben Jesu und die lebensspendende Gemeinschaft des Volkes Gottes mit Jesus. Wer sich Jesus anschließt, der empfängt Heilung, Gemeinschaft und Speisung auf seinem Weg.

Diese Grundgegebenheiten des neuen Volkes Gottes: das endgültige Wort Gottes, die Heilungskräfte Christi und die Sorge der Gemeinschaft um die leibliche Existenz sind der Kirche Jesu Christi als ganzer geschenkt (vgl. Mt 28,16–20). Dazu kommt aufgrund des Sterbens und Auferstehens Jesu noch die erlösende Vollmacht der Sakramente der Taufe und der Eucharistie (vgl. Mt 26,26–28; 28,19 f.). Zur Kirche gehören auch Heiden (vgl. 15,21–28: die syrophönizische Frau), wenn auch dieser Gesichtspunkt bei Matthäus in unserem Zusammenhang nicht so herausgestellt ist wie bei Markus (doch vgl. Mt 8,5–13; 21,41–43; 28,19 f.). In ihr sind die Unterschiede zwischen Rein und Unrein aufgehoben (s. 15,1–20). Mehr als bei Markus ist aber betont, daß es die Aufgabe der Verantwortlichen der Kirche ist, auch für das leibliche Wohlergehen der Glieder der Kirche zu sorgen (s. Mt 10,1; 15,36; auch 18,12–14). Weist Matthäus in der ersten Speisungswundererzählung vor allem auf die Aufgabe der Verantwortlichen der Kirche für die Durchführung der Gemeinschaftsmähler der Kirche hin, der sogenannten Agapen, so stellt er in der zweiten Speisungswundererzählung deren Verpflichtung zur Sorge für die leiblichen Nöte der Mitglieder des neuen Volkes Gottes heraus (vgl. 25,31–46). Die Kirche hat die Aufgabe und die gnadenhafte Fähigkeit, für den Weg der Christgläubigen durch die Wüste dieser Welt Speise und Heilungsgaben zu schenken. Dabei soll sie sich von allem Kleinglauben freimachen und auf die Vollmacht und den Beistand ihres auferstandenen Herrn vertrauen (beachten Sie die Warnung vor Kleinglauben Mt 16,5–12; näherhin 16,8; dazu 28,20). Die größte Gefahr für die Kirche besteht im Kleinglauben gegenüber ihrer Vollmacht und ihren gnadenhaften Möglichkeiten (vgl. Mt 6,30; 8,26; 14,31; 17,20; beachten Sie in diesem Zusammenhang die Steigerungen im Bericht des Matthäus gegenüber der Vorlage des Markus: 7 Körbe voll bleiben übrig; 4000 Männer, dazu Frauen und Kinder).

Anregungen für die Auslegung heute

Die Erzählungen von einer zweiten wunderbaren Speisung in den Evangelien des Markus und Matthäus können in ihrer Eigenart und in ihrem Sinn nur verstanden werden, wenn man sie miteinander und mit den Erzählungen von der wunderbaren Speisung von 5000 Männern (Menschen) vergleicht. Mit dieser Vergleichsarbeit ist daher methodisch zu beginnen.

1. Welche Evangelien berichten von zwei wunderbaren Speisungen Jesu? Welche Möglichkeiten gibt es, diesen Tatbestand zu erklären? (Hilfsfragen: Warum folgt Lukas hier nicht der Markusvorlage? Wie ist zu erklären, daß Johannes nur *eine* wunderbare Speisung überliefert? Enthielt die sogenannte »Zeichenquelle«, aus der das Johannesevangelium die Wunderüberlieferungen entnommen hat, nur *einen* Wunderbericht? Antwort: Letzteres ist wahrscheinlich!)
2. Worin stimmen Mk 8,1–10 und Mt 15,32–39 überein? Wodurch unterscheidet sich diese Überlieferung von jener, die Mk 6,32–44; Mt 14,13–21; Lk 9,10b–17; Joh 6,1–15 bezeugt wird?
3. Worin unterscheiden sich Mk 8,1–10 und Mt 15,29–39 voneinander? (Hinweise: Prüfen Sie die Ortsangaben, den Rahmen, in dem die Stücke stehen, den Vorgang des Geschehens, die Zahl der Gesättigten.)
4. Wodurch wird die Notlage begründet, die zum Wunder führt? Weshalb greift Jesus ein? (Was sagt darüber Markus, was Matthäus?)

5. In welchem Bezug steht die zweite Speisewundererzählung zum Abendmahlsgeschehen bei Markus, bei Matthäus? (Vergleichen Sie die Beschreibungen der Segenshandlungen Jesu über die Speiseelemente.) Will die zweite Speisewundererzählung demnach auf das Abendmahl hinweisen? (Nein! Beachten Sie die Differenzen: a) der Segensworte, b) der Speiseelemente.) Geht es um die Behebung leiblicher Not aufgrund von Hunger oder um die Mitteilung göttlichen Lebens?

6. Welche Rolle spielt der Hinweis auf die heidnische Umgebung bei Markus? (Hilfsfrage: Will Markus andeuten, daß unter den Hörern Jesu auch Heiden waren?) Welche Bedeutung hat dieser Hinweis für das Kirchenverständnis des Markus? (Auch Heiden sind in die Gemeinschaft der Kirche gerufen und haben das gleiche Recht wie die Judenchristen zur Teilnahme an ihren Gemeinschaftsmählern.)

7. Vergleichen Sie Mt 15,29f. mit Mt 4,25−5,2 und 11,2−5; 12,15−21! Wie ist Jesus im Abschnitt 15,29−39 dargestellt: als messianischer Helfer und Heiland, als Wundertäter, als sozialer Helfer? (Antwort: Messianischer Heiland.) Gehört die Sorge um das leibliche Wohlergehen der Christen auch zu den Aufgaben der Kirche? (Vgl. Mt 10,1; 25,31−45.)

8. Inwiefern spiegelt sich in der zweiten Speisewundererzählung die Kirche Christi als Lebens-, Mahl- und Hilfsgemeinschaft?

9. Was berichtet das Neue Testament über die Verwirklichung der kirchlichen Mahlgemeinschaft aus Juden und Heiden? War dies ein selbstverständlicher Prozeß? (Vgl. Apg 2,42.45; 6,1−6; 20,7−13; Gal 2,1−10; Apg 15,1−35; 1 Kor 8; Röm 14,1−23.)

10. Wie ist die zweite Speisewundererzählung heute sachgemäß auszulegen: als Hinweis auf die eucharistische Gemeinschaft; als Erinnerung an die soziale Aufgabe der Kirche gegenüber leiblicher Not ihrer Glieder? Oder gegenüber allen Notleidenden? Als Verweis auf die soziale Funktion der Kirche als Lebensgemeinschaft? Als Zeichen für die Funktion der Kirche gegenüber ihren Gliedern auf deren Weg durch die Wüste der Zeit? (Hinweis: kein direkter eucharistischer Bezug!)

3. Die Verklärung Jesu
   (Mk 9,2—10;
   Mt 17,1—9;
   Lk 9,28—36)

Hinführung

Alle drei synoptischen Evangelien enthalten einen Bericht über ein Ereignis, bei dem die drei vertrautesten Jünger des Zwölferkreises auf außergewöhnliche Weise des eigentlichen Wesens ihres Lehrers innewurden. Auch an anderer Stelle im Neuen Testament finden sich Spuren dieser Überlieferung (Joh 12,28—30 und 2 Petr 1,15—18). Man kann fragen, ob das Evangelienzeugnis über diese geheime Erfahrung in dieses Buch und in diesen Abschnitt gehört. Denn einerseits wird die Wesensverwandlung Jesu im Passiv beschrieben, d. h. Gott bewirkte sie, andererseits spricht einiges dafür, diese Überlieferung in die Gruppe der christologischen Offenbarungswunder einzureihen, weil der Vorgang mit einer besonderen Offenbarung Gottes über Jesus verbunden ist. Dennoch empfiehlt es sich, diese Überlieferung an dieser Stelle zu behandeln. Denn in der früheren Katechese wurde sie benutzt, um auf Jesu Wundermacht hinzuweisen (Verwandlung seiner materiellen Leiblichkeit, so daß sie leicht und durchscheinend wurde); außerdem wirkte Jesus an dieser Verwandlung mit; vor allem aber dient dieses Stück in den Evangelien als Zeugnis für die besondere messianische Sendung Jesu (s. Mose und Elija, das Zitat von Ps 2,7 durch die Himmelsstimme; der Wunsch des Petrus, wie beim Laubhüttenfest das beglückende Geschehen festzuhalten und immerwährend zu begehen; schließlich der Hinweis auf den Tod Jesu als des Menschensohnes). Durch das Ereignis wird die falsche Messiasauffassung des Petrus und der Jünger korrigiert, die in Jesus lediglich einen Hoheitsmessias sehen. Zugleich wird am Geschehen deutlich, daß sich die messianische Sendung Jesu und sein Leiden nicht widersprechen. Durch das Leiden hindurch verwirklicht Jesus seine Sendung, die Sammlung und Rettung des Volkes Gottes.

Form

Die Gestalt dieser Erzählung ist einzigartig im Neuen Testament und läßt sich nicht in eine vorgegebene Form voll einordnen. Am ehesten läßt sich das Stück bestimmen als Christusoffenbarung, als Christophanie mit lehrhaftem Charakter. Das falsche Messiasbild des Petrus und seiner Gefährten wird zurechtgerückt, zugleich aber auch entscheidend vertieft. Jesus ist der verheißene Messias als der geliebte Sohn Gottes, der aber im Gehorsam gegen den Willen des Vaters über den Weg des Kreuzes das Volk Gottes zum Heil führt. Es handelt sich nicht um eine Ostererzählung, sondern um eine nach der Auferstehung entstandene Christuserzählung, die an eine vorösterliche Begebenheit anknüpft und daran die Eigenart des Messiastums Jesu aufzeigt.

Aufbau

Mk 9,2 (Mt 17,1; Lk 9,28) bildet die Einleitung. Mk 9,3 (Mt 17,2; Lk 9,29) schildert den Epiphanievorgang. Dieser wird Mk 9,3 (Mt 17,3) vertieft durch das Erscheinen von Mose, dem Mittler des Alten Bundes, und Elija, dem größten Propheten, d. h. den bedeutsamsten Offenbarungsträgern im Alten Bund. Lukas hat diesen Vorgang erweitert zu einer Offenbarung über das Leiden Jesu (9,30f.). Darauf folgt die Mißdeutung des Offenbarungsvorgangs durch Petrus (Mk 9,5f.; Mt 17,4). Lukas hat auch diesen Zug erweitert durch eine psychologische Erklärung des Verhaltens des Petrus (9,32f.). Mit Mk 9,7 (Mt 17,5; Lk 9,34f.) erreicht das Offenbarungsgeschehen über Jesus seinen Höhepunkt: das Zeugnis Gottes für Jesus, den Messias, »seinen geliebten Sohn«. Matthäus hat diese Aussage erweitert durch einen Hinweis auf die Reaktion der Jünger und auf Jesu Verhalten ihnen gegenüber (17,6f.). Die Bemerkung Mk 9,8 (Mt 17,8; Lk 9,36) schließt das Epiphaniegeschehen ab.

Der Hinweis auf das Schweigegebot Jesu bei der Rückkehr vom Berg der Offenbarung (Mk 9,9f.; Mt 17,9) verweist auf die Auferstehung Jesu als Ziel dieser Christophanie.

Die heutige Erzählungseinheit weist verschiedene Brüche und Übergänge auf, was auf ein längeres Wachstum dieser Überlieferung und auf verschiedene Stufen der Erweiterung und Umformung in der kirchlichen Überlieferung hinweist. Die Erzählung setzt an einem vorösterlichen Ereignis im Leben Jesu und des Petrus an, ist judenchristlich geprägt und setzt sowohl das Leiden wie auch die Auferstehung voraus.

Die Fassung des Markus

Die Zeitangabe ›sechs Tage danach‹ (9,2) bezieht sich zurück auf die Messiasoffenbarung und -deutung bei Cäsarea Philippi 8,27—33 und die dabei zutage getretene falsche Messiasvorstellung des Simon Petrus, des Sprechers der Jünger. Zugleich weist diese Angabe auch voraus auf die bevorstehende Christusoffenbarung, denn nach Ex 24,12—18 wartete Mose sechs Tage lang auf dem Offenbarungsberg auf die Erscheinung des Herrn, der sich am siebten Tag durch eine Stimme aus der Wolke offenbarte.

Es ist nicht angegeben, auf welchen Berg in Galiläa Jesus ging. Maßgeblich für die Überlieferung ist, daß es »ein sehr hoher Berg« war, entsprechend dem Gottesberg der altbundlichen Offenbarung. Hinter dieser Angabe steht allerdings auch die historisch glaubwürdige Tradition, daß Jesus sich gern auf Höhen und Berge zurückzog, um dort zu beten (vgl. Mt 14,23; Mk 6,46; Lk 6,12). Lukas vermerkt auch bei der Verkündigungserzählung, Jesus sei mit seinen Jüngern zum Beten auf einen Berg gegangen (9,28).

Daß Jesus bei besonderen Gegebenheiten die drei vertrautesten Jünger des Zwölferkreises mit sich nahm, wird mehrfach überliefert (s. Mk 5,37: Jaïrus; 14,33: Ölberg). Hier wird gesagt, daß er die drei beiseite nahm und »auf einen sehr hohen Berg hinaufführte«. Jesus ging demnach zielbewußt voraus. Er wollte die drei wichtigsten Jünger, vor allem Petrus, in sein ›Messiasgeheimnis‹ einführen, indem er sie an seiner einzigartigen Weise der Gottesbegegnung – nach Lukas beim Gebet – teilnehmen ließ.

Die Metamorphose (so wörtlich), die Verwandlung der (äußeren) Gestalt, die auf dem Gipfel des Berges eintrat, wird bei Markus recht zurückhaltend beschrieben. Es ist zunächst ein Vorgang, den Gott bewirkte (s. das Passiv: »er wurde verwandelt«), bzw. der mit Zustimmung des himmlischen Vaters sich vollzog. Im Unterschied zu Matthäus und Lukas berichtet Markus nur, daß die Kleider Jesu strahlend weiß wurden. Der sehr maßvolle Vergleich mit der Arbeit von Bleichern scheint noch eine gewisse Erinnerung der Überlieferung an das Geschehen zu spiegeln (vgl. dagegen die Übersteigerung des Vorgangs bei Matthäus und Lukas). Markus verweist auch nicht auf das Leuchten des Angesichts Jesu. Die strahlend weiße Farbe der Gewänder Jesu weist auf sein heiliges, reines und zugleich dem himmlischen Bereich zugehöriges Wesen hin (vgl. Offb 3,4; 7,9; 2 Kor 5,1ff. spricht von der neuen Auferstehungsleiblichkeit als einem himmlischen Gewand). Es ist an dieser Stelle jedoch nicht von der neuen Leiblichkeit des Auferstandenen die Rede, sondern von dem eigentlichen Wesen Jesu. Dennoch ist der Bezug zur Auferstehungswirklichkeit Jesu nicht zu übersehen (Mk 9,9). Dort wird ganz durchbrechen, was jetzt noch verhüllt ist, das eigentliche Wesen Jesu als des Sohnes Gottes (vgl. 9,7; auch 1,1; 1,11).

Das Erscheinen von Elija und Mose (9,4; beachten Sie die Reihenfolge) ist wohl als Visionsgeschehen zu verstehen. Nach jüdischer Auffassung der Zeit Jesu leben beide seit ihrem Ende bei Gott, der sie zu sich nahm, um sie in der messianischen Zeit mit neuen Heilsaufgaben zu betrauen (zu Elija und seiner Wegbereitungsaufgabe s. Mal 3,23f.; Mk 8,28.31; 9,11–13; auch Lk 1,17; bei Mose ist an sein ›Vorbild‹ für den ›Endzeitpropheten‹ zu denken, s. Dtn 18,15.18f.; Joh 1,21.25: »der Prophet« neben Elija!; Mk 6,15). Jesus steht in vertrautem Verkehr mit beiden. Das zeigt an, daß er wirklich »der verheißene Prophet« ist, der beide an Größe und Bedeutung weit übertrifft (vgl. Joh 5,45–47; Mk 9,13; 11,27–33; Mt 11,14).

Der Ausruf des Petrus: »Rabbi, es ist gut, daß wir hier sind« (9,5) zeigt einerseits an, daß er sich hier im geistigen Bereich der Messianität Jesu wohlfühlt, fern von den Schwierigkeiten in Israel, drunten im Bereich der Ablehnung, des Widerspruchs, der Verfolgung; sein Vorschlag, drei Laubhütten zu bauen für die Personen der himmlischen Wirklichkeit, deutet aber andererseits an, daß er nach wie vor in dem Mißverständnis lebt, er könne mit seinem Herrn der bitteren Wirklichkeit der Ablehnung und des Kreuzes entgehen. Er lebt in himmlischen Träumen, nicht in der rauhen Wirklichkeit. Hoffte er vielleicht darüber hinaus, Mose und Elija könnten Jesus auf wunderbare Weise zur Durchsetzung seiner Herrschaft als Messias verhelfen?

Die Erzählung entschuldigt sein Verhalten mit der Befangenheit der Furcht, die durch das Erscheinen himmlischer Wesen ausgelöst wird (vgl. Mk 4,41; 6,50f.; 16,5.8). Hier wird eine Tendenz spürbar, die an der Person Petri interessiert ist und an seiner führenden Stellung im Kreis der Jünger und in der Kirche.

Mit Mk 9,7 setzt eine neue Offenbarung ein, das persönliche Zeugnis Gottes für Jesus, den verheißenen Messias. Das Zeugnis wird vorbereitet durch das Erscheinen des Symbols der Gegenwart Gottes, die Wolke (vgl. Ex 24,16; 40,35), die ihren Schatten wirft über Personen und Orte, die Gott segnen und durch seine Gegenwart auszeichnen will (vgl. 1 Kön 8,10f.; 2 Chr 7,1f.). Aus dieser Wolke ruft eine Stimme, analog der Offenbarung Gottes am Sinai Ex 24,15–17: »Das ist mein geliebter Sohn, auf ihn sollt ihr hören!« (9,7). Gott legt also wie bei der Taufe Jesu (1,11) – dort vor dem Täufer, hier vor den Jüngern – Zeugnis ab für Jesus, den Messias. Das Zeugnis Gottes enthält in sich zwei alttestamentliche Messiasaussagen: Ps 2,7 und Jes 42,1. Die Aufforderung, auf Jesus zu hören, ist Dtn 18,15 entnommen, der Verheißung eines neuen ›Mose‹, des messianischen Endzeitpropheten (vgl. Joh 6,14). Daß Gott hier alttestamentlich spricht, deutet darauf hin, daß die Erzählung von Judenchristen gestaltet wurde, die in Jesus den im Alten Testament verheißenen Messias erkannt hatten (vgl. dazu 2 Petr 1,16–18). Der eigentliche Offenbarungsvorgang, bei dem der Glaube der Jünger an die Messianität Jesu bestätigt und zugleich geläutert und vertieft wurde, läßt sich hinter dieser vom messianischen Schriftbeweis geprägten Szene nicht mehr erkennen.

Im Sinn des Markus ist aber zugleich mehr ausgesagt, als das Alte Testament ahnte: Jesus ist ›der Sohn‹ Gottes in einem einzigartigen Sinn. Er gehört auch wesensmäßig zu Gott und steht in vertrauter Verbindung mit ihm. Das zeigt die Metamorphose, darauf weisen die Sohnesaussagen des ganzen Evangeliums hin (s. 1,1; 12,6; 13,32; 14,61; 15,39).

Das Zeugnis des Vaters bildet den Höhepunkt der Messiasoffenbarung Jesu und zugleich ihr Ende. Jesus kehrt in die gewohnte menschliche Wirklichkeit zurück und tritt mit den Jüngern den Rückweg an, hinab in die widersprüchliche und böse Wirklichkeit der ungläubigen Welt. Der Weg zur endgültigen Offenbarung und Verherrlichung des Sohnes geht über das Kreuz. Das haben die Jünger Jesu, vor allem Petrus, zu lernen. Erst dann kommt die Zeit der zureichenden Erkenntnis Jesu (9,9f.). Vorher hat es keinen Sinn, von der eigentlichen Wirklichkeit und Wesenheit Jesu, des Messias Gottes, zu reden.

Bei Markus prägen der Kontrast von Niedrigkeit und Hoheit, Verborgenheit und Offenheit die Erscheinungsform der Person, den Weg Jesu und den Glauben an ihn. Im niedrigen, gehorsamen, verborgenen Jesus von Nazaret den Messias und den Sohn Gottes erkennen: das heißt glauben.

Die Fassung des Matthäus

Matthäus folgt weitgehend der Vorlage des Markus. Nur an wenigen Stellen hat er diese Vorlage verändert, wobei er sie – entgegen seinem sonstigen Bestreben zu straffen – noch erweitert hat. Das zeigt die Bedeutung, die er dieser Erzählung zuerkennt. Zunächst arbeitet er die Metamorphose Jesu deutlicher heraus: auch sein Gesicht verändert sich, »wird leuchtend hell wie die Sonne«, und »die Kleider werden blendend weiß wie das Licht«. Jesus übertrifft an Herrlichkeit und Leuchtkraft bei weitem Mose, dessen Antlitz aufgrund seiner Begegnung mit Gott so leuchtete, daß er es nach dem Abstieg vom Offenbarungsberg verhüllen mußte, um die anderen nicht zu blenden (vgl. Ex 34,29 f.; auch 2 Kor 3,12−15). Aus Jesus leuchtet jedoch Gottes Lichtherrlichkeit selbst hervor, und auch sein Gewand spiegelt etwas davon wider (vgl. Ps 104,2; Mt 28,3). Diese Darstellung Jesu ist von der Erscheinungsform des Auferstandenen geprägt, wie 2 Kor 3,17 f.; 4,4−6 zeigen (vgl. Offb 1,12−16). Aber Jesus eignet bereits als noch verborgenem Messias in seinem irdischen Dasein die Herrlichkeit des Sohnes Gottes, wenn sie auch nur dem zugänglich ist, dem Jesus sie offenbaren will.

Darum hat Matthäus auch die Anrede des Petrus an Jesus aus ›Rabbi‹ in ›Kyrie‹, Herr, geändert (17,4). Die Wolke als Erscheinungsform Gottes wird bei Matthäus als ›leuchtend‹ näher bestimmt (17,5).

Die Reaktion der Jünger auf die Offenbarung Gottes über Jesus wird bei Matthäus so beschrieben: »Die Jünger gerieten in heftige Furcht und fielen auf ihr Angesicht nieder« (17,6) und wagten nicht mehr aufzusehen. Es ergriff sie die Furcht, die Menschen befällt, wenn sie als Sünder dem heiligen Gott begegnen (vgl. Jes 6,5). Darum muß Jesus die Jünger aus dieser Furcht befreien und dem Leben zurückgeben (17,7; vgl. Dan 8,17; Offb 1,17). Er kann es, weil er selbst der himmlischen Welt zugehört.

Matthäus hat also die Vorlage des Markus stärker im Sinn einer übernatürlichen Offenbarung des wahren Wesens Jesu Christi durch Gott ausgestaltet. Damit hat er das Geschehen als eine Art Vorwegoffenbarung des Herrn ausgestaltet, dessen Volloffenbarung nach der Auferstehung im Vollzug der österlichen Erscheinungen stattfinden wird.

Die Fassung des Lukas

Auch hier zeigt ein Vergleich mit der Markusvorlage die Besonderheit der lukanischen Gestaltung der Verklärungsszene Jesu. Zunächst ist zu fragen: Soll mit dem Vermerk »8 Tage nachher« (d.h. nach dem Messiasbekenntnis des Petrus und der ersten Leidensankündigung Jesu, 9,18−22) auf den Auferstehungstag Jesu typologisch, vorbildhaft, hingewiesen werden (vgl. Joh 20,26), oder folgt hier Lukas lediglich der römischen Wochenzählung statt der jüdischen? Sodann geht Jesus mit seinen drei vertrautesten Jüngern zum Beten auf einen Berg und beteiligt sie so an seinem persönlichen Verkehr mit Gott (vgl.

6,12; 9,18; 11,1; auch 22,39−46). Während des Gebetes verändert sich »das Aussehen seines Gesichtes (nicht der Gewänder) und wird leuchtend weiß«, d. h. sein gottheitliches Wesen schimmert durch sein irdisches Aussehen hindurch (vgl. dazu 2 Kor 3,17f.; 4,4−6). Damit übertrifft er das Leuchten des Antlitzes des Mose, das nur einen Widerschein der göttlichen Herrlichkeit darstellt, die ihm auf dem Sinai begegnete (vgl. Ex 34,29f.). Jesus strahlt aus seinem eigenen göttlichen Wesen heraus. Das Erscheinen von Mose und Elija in himmlischer Herrlichkeit (vgl. 2,9; 10,18; 11,36; 17,24) dient bei Lukas dem Hinweis auf »das Ende« Jesu in Jerusalem (9,31). Damit wird auf ein Doppeltes hingewiesen: auf den Tod Jesu und auf seine Auferstehung und Himmelfahrt (s. die ebenso doppelsinnige Aussage 9,51; zur Sache s. 24,26f.; 24,44−49; Apg 1,9−11). Während der Offenbarung über den künftigen Weg Jesu schlummern aber die Jünger bereits, wie später am Ölberg (22,45f.), weil sie nicht bereit oder fähig sind, zusammen mit Jesus zu beten. So bleibt ihnen der Messiasweg Jesu zu seiner Herrlichkeit verborgen bis zur Selbstoffenbarung des Auferstandenen (vgl. 24,25−35). Dennoch bleibt ihnen die innige Gemeinschaft Jesu mit den beiden geheimnisvollen Lichtgestalten, die auf ihn als Messias hinweisen, nicht verborgen (9,32). Gerade als sie scheiden wollen, macht Petrus den törichten Vorschlag, Hütten für alle zu bauen (9,33). Aber dies ist seiner Verwirrung zuzuschreiben, wie Lukas entschuldigend bemerkt. Selbst er hat keine Ahnung, wie das Messiastum näherhin beschaffen ist und wie es sich verwirklichen wird. Darum versagt er später auch bei der Gefangennahme Jesu (22,31−34.54−62). Hätte er zusammen mit seinen Begleitern mit Jesus gewacht und gebetet, wäre er nach Lukas davor wohl bewahrt geblieben (s. 22,40.46).

Die Wolke, die Erscheinungsform Gottes, versetzt die Jünger in Angst, vor allem als die Stimme Gottes Jesus als seinen Sohn und damit als den Messias bezeugt (»mein auserwählter Sohn«) und zum Hören auf Jesus auffordert (9,34f.). Die Wolke nimmt die beiden Lichtgestalten mit sich, wie 9,36 anzeigt. Der Hinweis auf Jesus, »den auserwählten Sohn«, verweist zugleich auf den »Gottesknecht« von Jes 42,1, der Gottes Heilsplan verwirklicht, indem er sich für die Vielen opfert (Jes 52,13 − 53,12). Nach dem Ende der göttlichen Offenbarung kehrt der Alltag des Jüngerdaseins zurück. Sie gehen mit Jesus in die Welt des jüdischen Volkes zurück, aber das Wissen um das Geheimnis Jesu begleitet sie.

Ein eigenes Schweigegebot Jesu (9,36) fehlt bei Lukas, aber die Jünger schweigen dennoch, weil das Eigentliche unaussagbar ist und sich zudem erst künftig in Jerusalem enthüllen wird. Sie wissen zwar nicht, was sich da wirklich ereignen wird, aber sie folgen Jesus auf seinem Weg nach Jerusalem (ab 9,51 ff.) als Ahnende und Glaubende. Sie wurden damit zu Persönlichkeiten des Glaubens.

Der Rahmen

In den drei ersten Evangelien folgt die Verklärungserzählung auf das Messiasbekenntnis des Petrus und die erste Ansage von Leiden und Auferstehung Jesu, verbunden mit einer Zurückweisung des Petrus und einer Aufforderung an die Jünger zur Leidensnachfolge (Mk 8,27 – 9,1; Mt 16,13 – 28; Lk 9,18 – 27). In diesem Zusammenhang gewinnt die Erfahrung der Wesensverwandlung Jesu und des göttlichen Zeugnisses für die wichtigsten Jünger den Charakter einer Vertiefung ihres Glaubens an Jesus, den Messias, und einer Läuterung ihrer Zukunftserwartung. Dabei steht Petrus im Mittelpunkt. Ihnen wird deutlich gemacht, daß eine Flucht aus der harten Wirklichkeit der Ablehnung Jesu durch die jüdischen Führer nicht möglich ist. Es gilt vielmehr, auf Jesu Wort zu hören und ihm auch ins Leiden nachzufolgen.

Bei Markus und Matthäus ist an das Verklärungsgeschehen die Jüngerfrage nach dem Kommen des Elija angeschlossen (Mk 9,11 – 13; Mt 17,10 – 13). Die Juden erwarteten zur Zeit Jesu, der entrückte Prophet würde erneut auf die Welt kommen und dem Messias den Weg bereiten (vgl. Mal 3,23 f.). Die Antwort Jesu deutet an, daß diese Verheißung sich auf den Täufer bezogen hätte (s. Mt 11,14), dessen Sendung aber ebenso abgelehnt worden sei wie seine eigene. Deshalb sei der Weg ins Leiden unausweichlich (s. Jes 52,13 – 53,12; Ps 22,2 – 20). Gott hat das Versagen der Führer Israels vorausgesehen und es seinem Heilsplan dienstbar gemacht. Die Ablehnung des Täufers und Jesu durch die Verantwortlichen des Volkes Gottes weist auf die schwere Unheilssituation hin, in der sich alle Menschen, auch Israel befinden. Sie kann nur durch die Bereitschaft der Berufenen zur selbstlosen Hingabe an Gott zugunsten der sündigen Menschen überwunden werden.

Die nachfolgende Erzählung vom besessenen Knaben (Mk 9,14 – 29; Mt 17,14 – 21; Lk 9,37 – 42) war wohl bereits in der kirchlichen Tradition fest mit dem Verklärungsgeschehen verbunden. In der jetzigen Gestaltung wird daran erneut der Unglaube und das geistliche Unvermögen der Jünger deutlich. Danach folgt die zweite Ansage von Leiden und Auferstehung Jesu (Mk 9,30 – 32; Mt 17,22 f.; Lk 9,43b – 45).

Vom Rahmen her gewinnt das Verklärungsgeschehen den Sinn, einerseits die Einsicht über Jesu Messianität zu vertiefen – er ist als der Sohn Gottes der Messias, daher ist sein Heil anderer Art, als die Juden erwarten –, andererseits die Bereitschaft der Jünger zu wecken, in die Kreuzesnachfolge Jesu einzutreten und in der Kraft des Gebetes und eines geläuterten Messiasglaubens Jesus als den Heiland der Welt zu bezeugen. Wer Jesu wahres Wesen erkannt und Gottes Zeugnis für ihn angenommen hat (das entscheidende Zeugnis ist die Auferstehung Jesu), wird am Widerstand der Führer Israels nicht irre werden, sondern bereitwillig sein Leben für Gottes Heiland einsetzen. Die Gemeinschaft mit Jesus, dem Auferstandenen, verleiht dazu die Kraft.

Lukas hat das Gespräch über das Kommen Elijas weggelassen, wohl deshalb, weil das dabei vorausgesetzte Problem die Heidenchristen nicht (mehr) bewegte.

Die Gesamtkomposition der Verklärungsszene zeigt an, daß der christliche Messiasglaube beides in sich schließt: die Überzeugung von der göttlichen Hoheit und Wesensart Jesu und das Wissen um den Widerstand des Volkes Israel und der Welt gegen diesen Messias, der so menschlich und demütig auftrat, und damit die Einsicht in die Notwendigkeit und den Sinn des Leidens Jesu.

Anregungen für die Auslegung heute

Von der Fragestellung dieses Werkbuches her liegt das Interesse auf der Frage nach der Eigenart des Wesens Jesu Christi und der Weise, die göttliche Tiefe seines Wesens zu erfahren. Wie gezeigt, handelt es sich bei der Verklärungserzählung um einen Enthüllungsvorgang des Wesens und der Sendung Jesu, des Messias, des göttlichen Heilbringers der Menschen. Die Darstellung ist ihrer Eigenart nach mit Erscheinungserzählungen des Auferstandenen verwandt, ebenso wie mit den Zeichenerzählungen des Johannesevangeliums, bei denen die Erschließung der göttlichen Sendung und Wesenheit Jesu im Mittelpunkt stehen. Die Darstellung der christlichen Kunst geht aus von dem Hinweis des Lukas, die Verwandlung Jesu in sein eigentliches Wesen sei während des Gebetes erfolgt. Dabei setzt sie eine Gebetserfahrung voraus, die sich bei Mystikern findet (z. B. Theresia von Avila, Johannes vom Kreuz, Philipp Neri), daß diese im Vorgang des Gebets zu schweben begannen und ihr Gesicht dabei Licht ausstrahlte. Die bekannteste Darstellung dieser Art von Gebetserfahrung (der sog. Levitation) ist das entsprechende Gemälde von Raffael.

Es ist möglich, daß hinter dem sogenannten Verklärungsvorgang eine solche Erfahrung der drei genannten Jünger mit dem betenden Jesus steht. Jesus war bekanntlich sehr scheu in seinem persönlichen Gebetsleben, zog sich dazu gerne in die Einsamkeit zurück und ging dazu, wenn möglich, auf Anhöhen und Berge. Allerdings ist von einem Schweben Jesu über dem Boden nichts berichtet. Doch könnte die Begegnung mit den beiden verklärten Gestalten des Mose und Elija durchaus etwas oberhalb des Berggipfels stattgefunden haben. (Bei Lukas scheint allerdings diese Möglichkeit ausgeschlossen zu sein!). Auffällig ist aber, daß die Jünger gerade nach Lukas den Vorgang der Unterredung Jesu mit den beiden himmlischen Gestalten anscheinend in einem Zwischenzustand zwischen Schlafen und Wachen erfuhren. Will Lukas damit andeuten, daß das Geschehen als eine Art Vision zu verstehen sei?

Diese Fragen können von den Texten her, die streng christologisch geprägt sind, nicht beantwortet werden. Die Gestaltung der Texte setzt aber bestimmte geistliche Erfahrungen mit Jesus voraus, sowohl solche während seines irdischen Wirkens, als auch solche mit dem Auferstandenen. Vor allem Paulus ist ein Zeuge besonderer Erfahrungen mit dem Auferstandenen (vgl. Gal 1,15f.; Apg 9,3−5; 1 Kor 15,8−10; 2 Kor 3,16−4,6; 12,1−10; Apg 22,17−20; 27,23−25). Insofern dürfen zum Verstehen des Verklärungsvorgangs auch Erfahrungen mit dem Auferstandenen herangezogen werden, bei denen dieser sich Menschen in besonderer Weise zeigte. Dazu werden aber hier der Eigenart des Werkbuches wegen keine Hinweise geboten. Denn im behandelten Textzeugnis geht es nur darum, die Aussage über die Erfahrung des inneren Wesens Jesu durch seine Jünger richtig zu erfassen.

Aufgaben:

1. Vergleichen Sie die synoptischen Erzählungen von der Verklärung Jesu miteinander, und bestimmen Sie den Ablauf des Geschehens näher, und zwar je im Ganzen der jeweiligen Evangelienberichte.
2. Welche drei Zeugnisse weisen im Verklärungsgeschehen auf das eigentliche Wesen Jesu hin?
3. In welcher Beziehung stehen diese Zeugnisse zum Alten Testament? (Beachten Sie die Randverweise in den Bibelausgaben.)
4. In welcher Beziehung steht die Erfahrung des wahren Wesens Jesu zum Messiasbekenntnis des Petrus und der ersten

Leidensansage Jesu? (Beachten Sie je die in den einzelnen Evangelien der Verklärungsszene vorausgehenden Textabschnitte.)

5. Welches Mißverständnis äußert sich im Vorschlag des Petrus, auf dem Berg Hütten zu bauen? (Hilfsfrage: Wovor würde das Wohnen auf dem Berg Jesus und die Jünger bewahren?)

6. Inwiefern zeigt die Erzählung an, daß erst in der Begegnung mit dem Auferstandenen Jesu Wesen und Sendung zureichend erkannt werden können? (Vgl. Lk 24,13–35.)

7. Suchen Sie Stellen in den Evangelien, bei denen die Jünger des eigentlichen Wesens Jesu inne wurden? (Vgl. Lk 5,8–10; 5,26; 8,26–38.)

8. Wie gehören Bekenntnis zum auferstandenen Herrn und Mut zum Bekenntnis für Jesus in einer unverständigen Welt zusammen?

9. Wie drückt sich im christlichen Credo das Wissen um beides aus: die göttliche und die menschliche Wirklichkeit Jesu?

10. Welche Erfahrungen von besonderen Offenbarungen Jesu, des Auferstandenen, an Menschen sind aus dem Neuen Testament (z. B. Paulus) und aus der Geschichte der Heiligen bekannt? Kann auch ein ›normaler Christ‹ solche Erfahrungen machen?

4. Die Verwünschung eines Feigenbaums bei Betanien (Mk 11,12−14.20−26; Mt 21,18f.20−22)

Hinführung

Der Evangelist Markus, und mit ihm Matthäus, berichtet, daß Jesus bei seinem Einzug in Jerusalem vor seinem Leiden einen Feigenbaum am Weg zur Unfruchtbarkeit verurteilte, weil er keine Früchte trug. Daraufhin sei der Feigenbaum verdorrt. Eine Erklärung für dieses Verhalten Jesu oder ein Hinweis auf den Sinn dieses Tuns fehlen. Die Evangelisten maßen diesem Geschehen aber eine besondere Bedeutung zu, wie aus dem Zusammenhang ersichtlich ist, in dem dieses Stück überliefert wird: die Reinigung des Tempels.

Lukas hat diese Erzählung nicht übernommen, weil der berichtete Vorgang wohl nicht in sein Bild von Jesus paßte.

Angeschlossen ist bei beiden Evangelisten eine Aussage über die Wundermacht des Glaubens. Dabei dient das Wort Jesu über den Feigenbaum als Beispiel.

Form

Die Bibelwissenschaft ist sich nicht einig über die Eigenart der Erzählung. Handelt es sich um ein Strafwunder − es wäre das einzige unter den Wundertaten Jesu −, um ein messianisches Zeichenwunder analog den Zeichenhandlungen der Propheten, eine Legende, die aus dem Gleichnis vom unfruchtbaren Feigenbaum Lk 13,6−9 in der urchristlichen Überlieferung herausgewachsen ist, oder einen Gerichtsakt, der aus dem Vergleich des bevorstehenden Gerichtsgeschehens mit einem sprossenden Feigenbaum Mk 13,28a.33 sich entwickelt hat, oder um eine apokalyptische Drohung, die aus prophetischen Gerichtsworten über das religiös unfruchtbare Israel mit Hilfe von entsprechenden Vergleichen mit der Feigenernte entstanden ist (vgl. Mi 7,1−6; Ez 17,24; Hos 9,10.16f.; Joël 1,7; Jer 8,13: »Will ich bei ihnen

391

ernten, Spruch des Herrn, so sind... keine Feigen am Feigenbaum...; darum habe ich für sie Verwüster bestellt«)? Es ist auch möglich, vor allem aufgrund der inneren Beziehung zum Gleichnis vom unfruchtbaren Feigenbaum und zu den prophetischen Hinweisen auf die Unfruchtbarkeit Israels, an eine allegorische Erzählung zu denken. Denn der Hinweis auf den Hunger Jesu und der Vermerk, daß nicht Erntezeit war, wirken überraschend und verwirrend.

Markus und Matthäus haben diese Überlieferung aber offensichtlich als Hinweis auf ein wirkliches Geschehen verstanden. Insofern ist es nicht unangemessen, in der Erzählung einen historischen Kern anzunehmen. Am ehesten ist der berichtete Vorgang dann als eine messianische Zeichenhandlung zu deuten. Danach handelte es sich um eine Strafwundererzählung messianischen Charakters mit später angehängter lehrhafter Deutung auf die Wundermacht des Glaubens (Mk 11,20–26; Mt 21,20–22). Denn diese Deutung geht nicht auf den Sinn des Aktes Jesu ein. Außerdem wirkt der Bezug auf den Glauben Jesu gekünstelt, denn Jesus bat bei seinem Handeln keineswegs Gott um Erhörung seines Gerichtsurteils über den Feigenbaum.

Aufbau

Die Gliederung des Markus wirkt eigentümlich unorganisch: Einzug in Jerusalem und Übernachtung in Betanien (11,1–11), Rückkehr nach Jerusalem am folgenden Morgen, Hunger Jesu, vergebliche Suche nach Früchten an einem Feigenbaum und Verwünschung desselben (11,12–14), Reinigung des Tempels (11,15–19), lehrhafte Auswertung der Verwünschung als Beispiel für die Kraft des Glaubens und gläubigen Gebets (11,20–25). Es scheint, daß Markus annahm, Jesus habe in Betanien beschlossen, gegen die Verweltlichung des Tempelbereichs handgreiflich zu protestieren. Bei der Rückkehr nach Jerusalem habe er an einem Feigenbaum am Weg vergeblich nach Früchten gesucht und habe seinem Zorn über die Entweihung des Tempels dann zeichenhaft Ausdruck verliehen. Die motivfremde Deutung des Gerichtsaktes am Feigenbaum auf die Macht des Gebetes hin ist von Markus beigefügt worden, der damit diese Überlieferung seinen eigenen Lehrabsichten über die Macht des gläubigen Gebets dienstbar machte, sich aber zugleich jeden Urteils über Jesu Vorgehen enthielt. Die Zuordnung von Feigenbaumverwünschung und Tempelreinigung war Markus offensichtlich bereits vorgegeben. Die Deutung des Strafwunders selbst ist deshalb von der Auswertung durch Markus zu trennen.

Matthäus hat den Ablauf des Geschehens in eine bessere zeitliche und logische Folge gebracht. Sofort nach dem Einzug in Jerusalem (21,1–

11) ging Jesus in den Tempel und wandte sich gegen dessen Vermarktung, danach übernachtete er in Betanien (21,12−17); am anderen Morgen suchte Jesus bei der Rückkehr in die Stadt vergeblich nach Früchten an einem Feigenbaum am Weg und verwünschte ihn (21,18−19). Das unmittelbare Verdorren des Baumes veranlaßte die Jünger zu der Frage, wodurch das bewirkt wurde. Daraufhin verwies Jesus auf die wunderbare Macht des Glaubens und benutzte den Feigenbaum als Beispiel für seine Aussagen. Die Jünger haben dementsprechend dieselben Möglichkeiten gläubigen Handels und Betens wie Jesus, ja sogar größere. Diese Macht wird ihnen aber allein durch das Bittgebet zugänglich (21,20−22). Bei Matthäus ist das Handeln Jesu gegenüber dem Feigenbaum aus seiner engen Verbindung mit dem Tempel gelöst und dient als Beispiel für die Macht gläubigen Jüngergebets. Dadurch ist das Stück zugleich ein Hinweis auf die Vollmacht Jesu (21,23−27), der solches aus eigener Kraft vermochte.

Text und Botschaft nach Markus

Die Zeitangabe bezieht sich auf den Einzug in Jerusalem und die Besichtigung des Tempels (11,11). Das Geschehen ist eingebunden in das endgültige Verhalten und Handeln Jesu gegenüber dem ungläubigen Jerusalem (11,1 − 13,37, beachten Sie bes. das Gleichnis von den bösen Winzern 12,1−12 und den Vergleich mit dem sprossenden Feigenbaum 13,28−30). Daß Jesus bereits am frühen Morgen Hunger hat, wirkt überraschend, da vorausgesetzt ist, daß er in Betanien gastfreundlich aufgenommen wurde (vgl. 14,3−9).

Der Feigenbaum setzt in Palästina ab Ende März neue Blätter an, ebenso bildet der Baum um dieselbe Zeit seine Frühfeigen aus, die gewöhnlich ab Ende Mai reif sind. Die noch unreifen Früchte können allerdings schon ab Ende März verzehrt werden. Das Geschehen spielt dem Zusammenhang nach Ende März, denn Jesus starb nach Markus am 14. Nisan, das wäre im Jahre 30 n. Chr. der 7. April gewesen. Der besagte Feigenbaum hatte also früh Blätter angesetzt, deshalb ging Jesus hin, um nach Frühfeigen zu suchen. Aber er fand keine, da einerseits noch nicht die Zeit der Ernte für Frühfeigen war, andererseits aber der Baum gar keine Frühfeigen angesetzt hatte. Er war demnach − obwohl seine Blätter das Gegenteil anzeigten − in diesem Frühjahr unfruchtbar. Daraufhin verwünschte Jesus den Baum und verhängte immerwährende Unfruchtbarkeit über ihn. Im Orient ist es bis heute Brauch, daß die Besitzer von Fruchtbäumen, z. B. Öl- oder Dattelbäumen, mit ihren Bäumen sprechen, sie bei gutem Ertrag loben oder bei schlechtem mit ihnen schimpfen. Die Strafverfügung Jesu (nach 11,21 ein Fluch) hielt zunächst den Baum in seiner Unfruchtbarkeit fest, bewirkte aber zugleich, daß er innerhalb eines Tages bis in die Wurzeln verdorrte (11,20). Fluchworte galten im Alten Testament und im Judentum zur Zeit Jesu als hochwirksame Träger zerstörerischer Macht. Im Alten und Neuen Testament dienen sie als Warn- und Strafmittel (vgl. 2 Kön 1,4–15; 5,27; Apg 13,6–12; auch 5,1–11). Zwar werden im Neuen Testament keine weiteren Verwünschungen von seiten Jesu berichtet, aber gerade diese Einzigartigkeit der Überlieferung spricht eher für geschichtliche Glaubwürdigkeit als für urchristliche Erfindung.

Für den Verwünschungsakt ist zu bedenken, daß es sich um eine Sache, nicht eine Person handelte. Außerdem gibt es hinreichende Belege dafür, daß Pflanzen durch die Psyche des Menschen beeinflußbar sind. Das Verdorren des Baumes aufgrund der Verwünschung Jesu war also nicht unmöglich. Die Wirkung der Verwünschung wurde erst am Tag darauf festgestellt (11,20). Petrus erinnerte sich, als er wieder an dem Baum vorbeiging – vorausgesetzt ist dabei, daß Jesus mit seinen Jüngern wieder von Betanien her in die Stadt ging –, an das Wort Jesu und bemerkte: »Rabbi, sieh doch, der Feigenbaum, den du verflucht hast, ist verdorrt« (11,21).

Um das Handeln Jesu ganz zu begreifen, ist auf die Parabel vom unfruchtbaren Feigenbaum Lk 13,6–9 zu verweisen. Sie ist im Zusammenhang mit einem Gerichtswort über das unbußfertige Jerusalem überliefert (13,4f.). Darin wird vorausgesetzt, daß ein Feigenbaum trotz bester Bedingungen keine Früchte trug. Der Weinbergbesitzer will ihn deshab umhauen lassen, der Gärtner aber erbittet noch ein Jahr Aufschub: »Herr, laß ihn dieses Jahr noch stehen... Vielleicht trägt er doch noch Früchte, wenn nicht, dann laß ihn umhauen« (13,8f.). Im Zusammenhang mit dieser Gerichtsparabel wird den ungläubigen jüdischen Zeitgenossen Jesu, näherhin den Bewohnern von Jerusalem, angedroht: »Ihr alle werdet genauso umkommen, wenn ihr euch nicht bekehrt« (13,5).

Die Verwünschung des unfruchtbaren Feigenbaums wirkt wie eine Umsetzung der Aussage des Gleichnisses in eine messianische Zeichenhandlung, die das der Stadt drohende Unheil auf unübersehbare Weise den Verantwortlichen in Jerusalem vor Augen stellen sollte. Demnach war die Gnadenfrist für Jerusalem nahezu abgelaufen, weil die Verantwortlichen Israels auf Jesu Ruf nicht hörten, ihm nicht glaubten und ihr Verhalten nicht änderten, also keine Umkehr übten. Die messianische Zeichenhandlung stand dabei in innerem Zusammenhang mit dem handgreiflichen Vorgehen gegen den wirtschaftlichen Mißbrauch des Tempels durch die sadduzäische Priesterkaste (s. Mk 11,15—19), dem Weinen Jesu über Jerusalem (Lk 19,41—44) und der Ankündigung der Zerstörung des Tempels und der Stadt Jerusalem (Mk 13,2 par; Lk 19,44).

Der enge Zusammenhang zwischen der Verwünschung des blattreichen, aber unfruchtbaren Feigenbaums und dem Eingreifen im Tempel (Mk 11,12—14 und 11,15—19) enthüllte den großartigen religiösen Kultbetrieb im Tempel als kultisches Gepräge, das dem geistigen Zustand bei den führenden Schichten Israels, vor allem bei den sadduzäischen Priesterfamilien entsprach, die für den Tempelbetrieb verantwortlich waren und davon lebten, weil bei ihnen geistig, d. h. in ihrem religiösen und sittlichen Verhalten, nichts dem entsprach, was dem Willen Gottes genügte. Mit der Zerstörung des Tempels kam der eindrucksvolle kultische Betrieb im Tempel zu einem jähen Ende. Der priesterlich-kultische Bereich Israels war damit zur endgültigen Unfruchtbarkeit verurteilt.

Dieses messianische Strafwunderzeichen wirft theologisch schwierige Fragen auf: Widerspricht es nicht der Sendung Jesu, das Erbarmen Gottes ganz Israel anzubieten? Bedeutet es nicht eine Einschränkung der frohen Botschaft von der Zuwendung Gottes zu den Sündern und den Verlorenen? Ist damit eine endgültige Verwerfung Israels ausgesagt? Ist dadurch die Möglichkeit einer neuen Zuwendung Gottes zu seinem Volk und damit einer künftigen Umkehr Israels geleugnet? Hier gilt es zu sehen, daß es sich um eine Zeichenhandlung mit Mahncharakter handelte, nicht um einen Akt der endgültigen Verwerfung Israels. Denn Jesus wirkte danach noch mit höchstem Einsatz in Jerusalem, um die Verantwortlichen des Hohen Rates zur Umkehr und zum Glauben an seine Sendung zu gewinnen. Dieses Verhalten hätte keinen Sinn gehabt, wenn das Verwerfungsurteil über Israel bereits endgültig gesprochen gewesen wäre. Auch die prophetischen Zeichenhandlungen brachten nicht das Unheil hervor, das sie andeuteten, sondern wollten mit allen Mitteln in letzter Stunde davor bewahren (vgl. Jer 19; 27,1—22). Insofern handelte es sich um ein Mahnzeichen in letzter Stunde, nicht um einen Akt grundsätzlicher Verwerfung.

Sodann ist zu sehen, worauf sich das Zeichen bezog: auf den hohlen Tempelkult und das religiös unaufrichtige kultische Handeln der Führer Israels. Insofern wurde also dadurch keine endgültige Verwerfung des ganzen Volkes ausgesagt.

Die Botschaft Jesu spricht an zahlreichen Stellen davon, daß Gottes Erbarmen auf die Umkehr Israels und der Sünder zielt. Wo das Angebot der Gnade Gottes hartnäckig und schuldhaft ausgeschlagen wird, wird das Gnadenangebot zur Anklage und zum Gericht. Jeder Sünder kann ebenso wie das Volk Israel schuldig werden gegenüber dem Gnadenangebot Gottes. Das Gericht Gottes ist die angemessene Antwort auf solch schuldhaftes Verhalten (vgl. Mk 12,1−12; Mt 18,15−20; 22,1−14).

Als die Verantwortlichen Israels Jesus als Messias ablehnten und ihn kreuzigen ließen, erging nach Jesu Auferstehung seitens der Urkirche in Jerusalem ein neues Angebot des Heils (s. Apg 2,36−40; 3,12−26; 4,8−12; 5,21−42). Mit der Verfolgung der christlichen Zeugen, vor allem der Kreise um Stephanus und Paulus, und der Tötung des Herrenbruders Jakobus, des Führers der judenchristlichen Gemeinde in Jerusalem, zu Beginn des jüdischen Aufstandes 62 n. Chr., wurde dieses Angebot erneut ausgeschlagen. So kam es zum Untergang Jerusalems, den Jesus vorausgesagt hatte (s. Mk 13,2 par), und zur Zerstörung des Tempels. Paulus hat die damit eingetretene heilsgeschichtliche Situation Israels als Zeit der Strafe und der Verstockung durch Gott bezeichnet (Röm 10,16 − 11,12). Er hat aber zugleich angesagt, daß Gott sein Volk zu gegebener Zeit wieder begnadigen werde (Röm 11,13−32). In diesem Zusammenhang ist die messianische Zeichenhandlung Jesu zu verstehen als eine eindringliche, letztgültige Mahnung, nicht als Akt der endgültigen Verwerfung.

Dieses Zeichen gilt es seitens der Kirche neu zu verstehen in bezug auf ihr eigenes gottesdienstliches Handeln als ein Akt der Mahnung und Warnung. Bedeutsam ist, daß die apostolische Kirche nach Ausweis des Evangeliums das messianische Droh- und Mahnzeichen Jesu nicht gegen Israel ausgewertet, sondern als Beispiel für die Macht des Glaubens ausgelegt hat. Der Urkirche lag also, ebenso wie den Evangelisten, jede selbstgefällige, schadenfrohe antijüdische Auslegung dieses Zeichens fern. Das gilt es bei der Auslegung heute zu beachten.

Die ab Mk 11,22 angeschlossene Deutung setzt sich aus verschiedenen Einzelsprüchen zusammen. Sie wird eingeleitet durch die im Neuen Testament einzigartige Aufforderung: »Habt Glauben an Gott!« (wörtlich: »Habt Gottesglauben«; 11,22b). Damit ist ein neues Thema angeschlagen: das des Glaubens an Gott, und zwar im Vollmaß eines Vertrauens, das Gottes Wesen und Verhalten entspricht. Die Einheitsübersetzung bietet dafür die Eindeutschung: »Ihr müßt Glauben an Gott haben.«

Das Amen-Wort verweist in diesem Zusammenhang auf ein Beispiel rechten Glaubens. Dabei wird davon ausgegangen, daß Jesus von Betanien aus auf den langen Rücken des Ausläufers des Ölbergs blickte, der steil hinabfällt in den tiefen Graben des Toten Meeres. Dieses Beispielwort begegnet in anderer Fassung Lk 17,6. Wahrscheinlich ist dabei die Fassung des Lukas ursprünglicher. Beide Male ist Ungewöhnliches vom Wort eines Gläubigen ausgesagt. Natürlich muß das, was der Gläubige aufgrund seines Glaubens bewirken will, dem Heilswillen Gottes entsprechen. Der geforderte Glaube darf deshalb nicht als Magie mißverstanden werden. Zu beachten ist aber, daß das gewählte Beispiel anzeigen soll, daß der Gläubige sogar Größeres zu bewirken vermag, als einen Baum zum Verdorren zu bringen. Dies kann er jedoch nur unter Anrufung Gottes oder des Namens Jesu tun. Das weist Johannes, der in seinen Abschiedsreden eine ähnliche Aussage Jesu überliefert, deutlich auf (vgl. Joh 14,12f.; 15,7; 16,23; auch Apg 3,8−12). Näherhin bezieht sich die Aussage über die Macht des Glaubens auf das Bittgebet, wie der nächste Spruch anzeigt (11,24). Das Bittgebet ist der Ernstfall des Glaubens. Dabei darf der Glaubende auch um wunderbare und außergewöhnliche Dinge bitten. Ein Beispiel unbedingt vertrauenden und gehorsamen Betens zugleich ist das Gebet Jesu am Ölberg nach Mk 14,36: »Abba, Vater, alles ist dir möglich!... Aber dein Wille geschehe!« Wer der Liebe Gottes, des guten Vaters, zutraut, daß er wirklich seine Macht entsprechend seiner Weisheit und seinem Willen einsetzt zugunsten aller, die ihn anrufen, der glaubt auf richtige, nämlich vollauf vertrauende Weise. Dieses Vertrauen ist dabei letztlich von Gott geschenkt, ist gnadenhafte Gewißheit. Die Macht solchen Gebets haben die ersten Christen auf vielfältige Weise erfahren (vgl. Apg 4,23−31; 1 Kor 12,3−11; Phil 4,6f.; Röm 12,12; Jak 5,13−18). Eine Grundvoraussetzung für die Erhörung durch Gott bildet dabei die Bereitschaft des Beters zur Versöhnung mit seinen Mitchristen und Mitmenschen (11,25; vgl. Sir 28,2−12; Mt 6,12.14f.; Lk 11,4; auch Mt 18,19.21−35).

Die vorliegende Deutung mit ihrer Zusammenstellung einzelner Jesusworte weist deutlich auf ihren christlichen Ursprung hin. Es geht dieser urchristlichen Beispielkatechese um das rechte Verhältnis von Glaube, Bittgebet, Vergebung und Erhörungsbereitschaft durch Gott. Jesu Glaube und Beten und seine Glaubens- und Gebetslehre wurden hier zusammengefaßt zu einer Glaubens- und Gebetskatechese für Christen. Die Kraft des Wortes Jesu gegenüber dem unfruchtbaren Feigenbaum diente dabei als Ausgangspunkt.

Rahmen

Die Erzählungsganzheit wird eingeleitet durch den messianischen Einzug Jesu in Jerusalem und durch die Besichtigung des Tempels

(11,1−11) und wird abgeschlossen durch die Mitteilung über die Tempelreinigung (11,15−19), das Lehrgespräch über die Macht des Glaubens (11,20−25) und das Streitgespräch über die Vollmacht Jesu (11,27−33). Dann folgen das Gleichnis von den bösen Winzern (12,1− 12) und weitere Streitgespräche (12,13−17.18−27.28−34.35−37a). Das letzte Stück, die Frage nach dem Messias, führt die Frage nach der Vollmacht Jesu (11,27−33) zur Klärung. Alle Stücke dieses Abschnitts kreisen um Jesu Messiastum und messianische Autorität. Die Sendung Jesu drängt auf eine endgültige Entscheidung. Die Tötung des Sohnes des Weinbergbesitzers in der Parabel von den bösen Winzern (12,1− 12) deutet diese Entscheidung an. In Kap. 13 wird die erschreckende Folge der Entscheidung des Hohen Rates gegen Jesus, den Messias, prophetisch enthüllt. Der erste Teil dieser Ankündigung, die Zerstörung von Stadt und Tempel, ist zur Zeit des Evangelisten Markus bereits Wirklichkeit geworden. Der Hinweis auf die Macht des Glaubens wird so zu einem Anruf an die Christen, Christus treu zu bleiben und der kommenden Zeit der Verfolgung zum Trotz mutig das Evangelium in der ganzen Welt zu verkünden (13,9−23). Die Verwünschung des unfruchtbaren Feigenbaums am Weg zum Tempel und der Hinweis auf die Macht des Glaubens markiert für Markus und die Urkirche den Beginn des Eigenwegs der Kirche Jesu Christi.

Text und Botschaft nach Matthäus

Der erste Evangelist hat die Vorlage des Markus gekürzt und z. T. anders akzentuiert. Jesus ging in der Frühe des nächsten Tages nach Jerusalem hinauf und empfand dabei Hunger. Dabei sah er einen einzelnen Feigenbaum am Rand des Weges und ging zu ihm hin. Aber er fand an ihm nichts als Blätter und sagte daher zu ihm: »In Ewigkeit soll keine Frucht mehr an dir wachsen« (wörtlich: »niemals mehr soll Frucht aus dir hervorgehen«). Damit ist auf die Unfähigkeit abgehoben, künftig Frucht hervorzubringen. Ebenso wie die Verwünschung hat Matthäus auch die Wirkung des Wortes Jesu verstärkt: »Auf der Stelle verdorrte der Feigenbaum.« Dies vollzog sich vor den Augen der Jünger, die daraufhin verwundert fragten: »Wie konnte der Feigenbaum so plötzlich verdorren?« Damit ist die Brücke geschlagen zur Antwort Jesu, der auf die Macht des Glaubens hinweist. Matthäus hat auch dabei die Vorlage des Markus gestrafft und verstärkt. Das beglaubigende Amen ist der Antwort Jesu vorangestellt: »Amen, das sage ich euch!« Die ganze Aussage hat Offenbarungscharakter. Angeredet sind dabei unmittelbar die Jünger: »Wenn ihr Glauben habt und nicht zweifelt, dann werdet ihr nicht nur das vollbringen, was ich mit dem Feigenbaum getan habe; selbst wenn ihr zu diesem Berg sagtet: ›Heb dich empor und stürz dich ins Meer!‹, wird es geschehen!« Der feste Jüngerglaube vermag also sogar Größeres als das, was Jesus mit dem Feigenbaum tat. Diese Versicherung mündet in die Feststellung: »Alles, was ihr im Gebet erbittet, werdet ihr erhalten, wenn ihr glaubt!« Der Hinweis auf den Glauben leitet diese Versicherung ein und schließt sie ab. Dabei ist wiederum wie bei Markus das Gebet der Ausdruck und das Wirkmittel des unverkürzten Glaubens.

Durch die zielbewußte Hinführung der Handlung Jesu auf die Möglichkeiten des Jüngerglaubens tritt der messianische Zeichencharakter als Warnung an Israel in letzter Stunde deutlich zurück. Das verwundert bei einem Verfasser, der durchgehend in seinem Evangelium herausstellt, daß die Führer Israels den verheißenen Messias von Anfang an abgelehnt und verfolgt haben, so daß ihre Verwerfung durch Gott unvermeidlich war (vgl. 2,13−18; 8,10−13; 10,31−36; 11,16−24; 12,38−42; 13,10−17; 16,13−20; 21,15 f.; 21,40−43; 22,7; 23; 27,19−25.41−43; 28,16−20). Aber Matthäus ist ebenso nachhaltig bemüht zu zeigen, daß es die Führer Israels waren, die für die Fehlentscheidung verantwortlich waren, nicht Gottes Vorherbestimmung. Gott überantwortet Israel seiner eigenen Entscheidung.

Deutlicher aber als Markus stellt Matthäus durch den *Rahmen* heraus, daß Jesus der verheißene Messias ist und daß die Führer Israels ihn aus bösem Nichtwollen heraus als Messias ablehnen (s. den Hinweis auf das Zitat Sach 9,9 beim Einzug, auf das Zeugnis der Kinder im Tempel, auf die Wunder Jesu im Tempel: Mt 21,1−17, ebenso das Gleichnis von den zwei Söhnen 21,28−32). Matthäus ist zugleich nachhaltiger als Markus daran gelegen, die Vollmacht Jesu als Messias aufzuzeigen. Während die Leute Jesus als Propheten anerkennen (21,10 f.), sollen die Führer Israels die messianische Vollmacht Jesu erkennen (21,23−27). Die Frage der Schriftgelehrten nach der Vollmacht Jesu über den Tempel (21,23−27) mündet auch bei Matthäus in die Frage Jesu an die Pharisäer nach dem richtigen Verständnis der verheißenen Messiasgestalt (22,41−46). Im Gleichnis von den bösen Winzern (21,33−46) hat Matthäus aber schärfer als Markus das Gericht Gottes über die Verwerfung und Tötung seines Sohnes durch die Verantwortlichen des Weinberges Gottes herausgestellt: »Er wird diesen bösen Menschen ein böses Ende bereiten und den Weinberg an andere Winzer verpachten, die ihm die Früchte abliefern, wenn es Zeit ist« (21,41) und »Das Reich Gottes wird euch genommen und einem Volk gegeben werden, das die erwarteten Früchte bringt« (21,43). In diesen Aussagen wird das Thema des unfruchtbaren Feigenbaums ausdrücklich aufgegriffen und in prophetischer Gerichtsansage zu Ende geführt. Von hier aus erscheint das Gerichtswort über den unfruchtbaren Feigenbaum als messianisches Vorzeichen auf das den Führern Israels und ihrem Anhang drohende Gericht.

Anregungen für die Auslegung heute

1. Vergleichen Sie die Erzählungen von der Verfluchung eines Feigenbaums nahe Jerusalem bei Mk 11,12–14.20–26 und Mt 21,18–19.20–22 miteinander, und stellen Sie die Übereinstimmungen und die Unterschiede fest.

2. Was sagt der Zusammenhang bei Markus und Matthäus über den Sinn dieses Geschehens? (Beachten Sie den Bezug zum Tempel und zur Selbstoffenbarung Jesu als Messias: Mk 11,1–10.11; Mt 21,1–9.10–17; Mk 11,27–33; Mt 21,23–27.)

3. Was ist der Sinn dieser messianischen Zeichenhandlung nach Ausweis der Parabel vom unfruchtbaren Feigenbaum Lk 13,6–9? (Beachten Sie den Zusammenhang Lk 13,1–5 und die prophetischen Gerichtsaussagen Mi 7,1–6; Ez 17,24; Hos 9,10.16f.; Joël 1,7; Jer 8,13.)

4. Ist damit eine endgültige Verwerfung Israels ausgesprochen oder geht es um ein messianisches Mahnzeichen in letzter Stunde? (Beachten Sie das anschließende Verhalten Jesu in Jerusalem.)

5. Gab es nach der Kreuzigung Jesu noch einmal ein Heilsangebot im Namen des auferstandenen Messias an die Führer Israels? (Vgl. Apg 2,22–40; 3,12–26; 4,8–12; 4,27–31; 5,21–42; 22,1–22; 23,1–11.)

6. Wie deutet Paulus die heilsgeschichtliche Situation Israels nach der erneuten Ablehnung der kirchlichen Messiasverkündigung durch die Führer Israels in Röm 9–11?

7. Ist die Erzählung von der Verwünschung des unfruchtbaren Feigenbaumes durch Jesus auch ein Warnzeichen an die Führer der Kirche und an die einzelnen Christen? (Wenn ja, in welcher Hinsicht?)

V. Vollmachtswunder (Normenwunder)

Eine Sondergruppe der Wundertaten Jesu bilden die sogenannten Normenwunder, weil durch sie religiöse, sittliche oder rituelle Normen der jüdischen Glaubensgemeinschaft in Frage gestellt und durch neue religiöse Grundsätze ersetzt werden. Ausschlaggebend dafür ist das neue Gottesverständnis Jesu, aus dem heraus sich ein neues Verstehen seines Willens für das Volk Gottes ergibt.

Diese Wundertaten offenbaren zugleich die Vollmacht Jesu als endgültiger Offenbarer des Bundesgottes. Die entsprechenden Wundertaten werden daher in diesem Werkbuch unter dem Oberbegriff Vollmachtswunder zusammengefaßt.

Dazu gehören zunächst die sogenannten Sabbat- und Reinheitskonflikte, die sich in den synoptischen Evangelien und bei Johannes (nur Sabbatkonflikte) finden.

Näherhin handelt es sich um:

I. 1. Die Heilung der Schwiegermutter des Petrus am Sabbat (Mk 1,29–31 par)

I. 11. Die Heilung eines Mannes mit verdorrter Hand am Sabbat (Mk 3,1–6 par)

I. 12. Die Heilung eines wassersüchtigen Mannes am Sabbat (Lk 14,1–6)

II. 1. Die Heilung eines Besessenen am Sabbat in Kafarnaum (Mk 1,21–28 par)

II. 7. Die Heilung einer verkrümmten Frau am Sabbat (Lk 13,10–17)

VI. 3. Die Heilung eines Gelähmten am Teich Betesda am Sabbat in Jerusalem (Joh 5,1–15)

VI. 6. Die Heilung eines Blindgeborenen an einem Sabbat in Jerusalem (Joh 9,1–34)

I. 9. Die Heilung einer Frau mit Blutungen in Kafarnaum (Mk 5,25–34)

II. 2. Die Heilung des (der) Besessenen im heidnischen Gebiet von Gerasa (Gadara) (Mk 5,1–20 par)

Die Eigenart der Vollmachtswunder und Normenwunder prägt sich besonders aus in den Erzählungen von der Heilung eines Gelähmten mit Sündenvergebung in Kafarnaum (Mk 2,1–12 par) und von der Ansage des Auffindens einer Steuermünze im Maul eines Fisches (Mt 17,24–27). Erstere findet sich ausgelegt bei den ›Wunderbaren Heilungen‹. Nicht behandelt wurde bisher letztere Überlieferung.

1. Die Vorhersage des
   Auffindens einer Steuer-
   münze im Maul eines
   Fisches
   (Mt 17,24–27)

Hinführung

Bei den Vollmachts- oder Normenwundern geht es darum, einen der jüdischen religiösen Tradition widersprechenden christlichen Grundsatz durch ein Wunder, das Jesu göttliche Vollmacht erweist, zu beglaubigen. Jesus tritt in diesen Wundererzählungen als göttlich Bevollmächtigter hervor, der religiös begründete jüdische Auffassungen, Verhaltensregeln, sittliche und kultische Normen in Frage stellen, aufheben und verändern kann. Um eine solche Infragestellung einer jüdischen Forderung handelt es sich bei unserer Erzählung. Das darin angesprochene Problem verweist auf eine Streitfrage zwischen Juden und Judenchristen in Palästina und setzt eine Zeit voraus, in welcher der Tempel noch stand und die Judenchristen auch zum jüdischen Kultverband gezählt wurden.

Form

Es handelt sich um eine Normen- oder Vollmachtserzählung im engen Sinn des Wortes. Dabei geht die Lösung der Streitfrage dem Wunder voraus, so daß durch die Wundertat die Stellungnahme Jesu beglaubigt wird. Zugleich aber dient das Wunder dazu, einen konkreten Konflikt mit der jüdischen Autorität wegen dieser Auffassung zu vermeiden. Der Eigenart des angedeuteten Wundergeschehens nach gehört dieses zur Gattung der Beglaubigungswunder. Auffällig ist, daß Petrus mit Jesus zusammen in der Mitte der Erzählung steht, so sehr, daß Jesus auch für Petrus die Steuer zahlt. Soll dadurch nur für Petrus die von Jesus postulierte Freiheit von der Tempelsteuer gelten, nicht auch für die übrigen Mitglieder des Zwölferkreises? Das dürfte kaum gemeint sein (beachten Sie den Plural: »Söhne«, 17,25 f.). Das Auftreten des

Petrus neben Jesus weist darauf hin, daß die Erzählung im Zusammenhang mit Petrustraditionen überliefert wurde. Das weist einerseits auf hohes Alter, andererseits auf die Sonderstellung des Petrus im Zwölferkreis und in der apostolischen Kirche hin. Dem Wortschatz und Stil nach verdankt die Erzählung ihre heutige Gestalt dem ersten Evangelisten. Sie war ihm wichtig für Fragen, die bei seinen Adressaten noch eine Rolle spielten. Matthäus schreibt bekanntlich sein Evangelium vorwiegend für Judenchristen.

Aufbau

17,24 bildet die Einleitung der Erzählung und des anschließenden Geschehens. Die Verse 25—26 führen die aufgeworfene Streitfrage einer grundsätzlichen Klärung zu. Vers 25 leitet zum Wunder über, das die Auffassung Jesu bestätigt.

Die Ausführung des Wunders ist nicht berichtet. Sie wird als tatsächliches Geschehen vorausgesetzt. Jesus erweist sich dadurch, wie immer wieder von Matthäus gezeigt, als der messianische Gesetzgeber und Lehrer mit göttlicher Autorität. Nicht das Wundergeschehen steht also im Mittelpunkt, sondern die sowohl grundsätzliche wie auch pragmatische Stellungnahme zu einem für die Judenchristen, besonders in Palästina und Syrien, wichtigen Problem.

Text und Botschaft

Der einleitende Vers nennt Kafarnaum als Ort des Geschehens. Auffällig ist, daß zuerst von allen Jüngern die Rede ist, während die Erzählung dann aber nur von Jesus und Petrus handelt. Waren nach jüdischem Recht nicht alle Jünger Jesu zur Tempelsteuer verpflichtet? Diese angegebene Spannung deutet darauf hin, daß die Erzählung wohl ursprünglich nur von Jesus und Petrus sprach. Petrus erscheint darin als Sprecher und Vertrauter Jesu (s. Mt 16,16; 18,21; 19,27; 26,33; Mk 11,21; 16,7; Lk 5,8—10; 22,31—34; 24,34).

Nach Ex 30,11—16 hatte jeder erwachsene Jude ab 20 Jahren eine Steuer für den Kult in Höhe von einem halben Schekel zu entrichten. Nehemia setzte bei der Neuordnung der nachexilischen Gemeinde einen Drittelschekel jährlich für den Tempel und den Kult fest (Neh 10,33f.). Zur Zeit Jesu betrug diese Kopfsteuer für jeden männlichen Juden ab 20 Jahren wieder einen Halbschekel. Das entsprach damals zwei attischen Silberdrachmen. Die Kopfsteuer wurde daher ›die Doppeldrachme‹ genannt. Sie war auch von den Juden zu entrichten, die außerhalb Palästinas wohnten. In Palästina wurde sie von eigens dazu Beauftragten eingezogen, und zwar je im Frühjahr vor Beginn des

Monats Nisan, in den das Paschafest fiel. Zur Bezahlung durften nur Münzen verwendet werden, die kein heidnisches Emblem, auch keine Abbildungen von Göttern oder vergöttlichten Personen trugen. Um dies einhalten zu können, nahm man die Dienste von Geldwechslern in Anspruch.

Das Wechselgespräch zwischen Petrus und Jesus setzt voraus, daß Jesus die Frage der Steuereinzieher gehört hatte, ebenso die bejahende Antwort des Petrus. Diese Antwort zeigt auf, daß Jesus ebenso wie seine Jünger die Tempelsteuer loyal zu entrichten pflegte. Das Eingreifen Jesu mit Hilfe der Frage an Petrus hat die Funktion, den bisher offenbar problemlos geübten Brauch zu hinterfragen und damit auf Fragen zu antworten, die unter den Judenchristen nach der Auferstehung Jesu in Palästina entstanden waren. Es kann angenommen werden, daß die Judenchristen, wenigstens in Palästina, diese Steuer so lange problemlos entrichteten, als sie in den Synagogen und beim Tempeldienst noch geduldet wurden. Fragen dagegen dürften sich zuerst im Kreis um Stephanus erhoben haben, der seiner Tempelkritik wegen von den jüdischen Behörden verfolgt wurde (vgl. Apg 6,8 – 8,1 f.). Die palästinischen Judenchristen haben aber wohl bis zum Fall des Tempels loyal am Tempelkult teilgenommen (vgl. Apg 21,18 – 26). Nach der Zerstörung des Tempels 70 n. Chr. war diese Tempelsteuer auf Anordnung der römischen Behörden für den fiscus judaicus zu entrichten. Die Einnahmen daraus wurden für den Tempel des Jupiter Capitolinus in Rom verwendet. Das stürzte die Juden ebenso wie die Judenchristen in Probleme. Für die Judenchristen kam hinzu, daß die jüdischen Verantwortlichen nach dem Fall Jerusalems sich mehr und mehr gegen die Teilnahme der Judenchristen am Synagogengottesdienst wendeten und sie nach 90 n. Chr. vollständig aus dem Judentum ausstießen (Entscheid der sogenannten Synode von Jabne durch das Synedrium).

Die von Jesus im Lehrgespräch mit Petrus vertretene grundsätzliche Stellungnahme setzt die Annahme voraus, daß seine Jünger in einem besonderen Verhältnis der Nähe zu Gott, dem Herrn Israels und der Völker, stehen. Sie sind »Söhne Gottes«, gehören daher zu seiner Familie. Darum sind sie grundsätzlich befreit von allen Steuern und Abgaben. Diese Deutung ist in der Auffassung Jesu begründet, daß jeder, der in seine Jüngergemeinschaft eintritt, in ein familienhaftes Verhältnis zu Gott aufgenommen wird: »Wer ist meine Mutter, und wer sind meine Brüder? ... Wer den Willen meines himmlischen Vaters erfüllt, der ist für mich Bruder und Schwester und Mutter!« (Mt 12,48 – 50 par). Die Kirche bildet eine familienähnliche Gemeinschaft von Brüdern, Schwestern und Müttern, die durch Jesus, den Sohn Gottes, Gott als Vater gewonnen hat (s. Mk 10,28—30; Mt 23,8—10: »Ihr alle seid Brüder; nur einer ist euer Vater, der im Himmel«; 6,9: »unser Vater im Himmel«). Hinter dieser Anschauung steht die jüdische Auffassung, als erwähltes Volk zum wahren Gott in einem Verhältnis vertrauter Nähe zu stehen (vgl. die seltenen Aussagen über Gott als den Vater des Volkes, auch der Frommen: Dtn 32,6ff.; Jes 63,16f.; Jer 3,19; 31,9; Mal 2,10; Sir 23,1.4; 51,10). Jesus leitete seine Jünger an, zu Gott als zu ihrem Vater zu beten (s. Lk 11,2 par) und sich in einem Verhältnis vertrauter Sohnschaft ihm gegenüber zu wissen (s. Mt 6,25—33; 7,7—11).

Die Kirche sah diese Kindschaft durch die Taufe begründet (s. Gal 3,26 — 4,7; Röm 8,14—16). Die Beschreibung der Jünger Jesu als Söhne Gottes im Lehrgespräch spiegelt deutlich das Selbstverständnis der Christen nach der Auferstehung Jesu. Die Meinung, daß nicht alle Glieder des Volkes Gottes zur Tempelsteuer verpflichtet seien, wurde bereits im damaligen Judentum von den Priestern vertreten aufgrund der Bestimmung Lev 6,16: »Jedes Speiseopfer eines Priesters soll ein Ganzopfer sein, man darf es nicht essen.« Auch von seiten der Schriftgelehrten wurde später dieser Anspruch erhoben, konnte sich aber nicht durchsetzen.

Die Feststellung Jesu: ›Die Söhne Gottes sind frei von Steuer- und Zollabgaben‹ spricht das Selbstbewußtsein der Urchristen aus, die sich wegen des durch Jesus begründeten besonderen familiären Verhältnisses zu Gott grundsätzlich freigestellt wußten von allen Steuern und Abgaben, besonders von der Tempelsteuer. Das die Belehrung abschließende Verhalten Jesu legt trotz dieser grundsätzlichen Feststellung den Jüngern Jesu ein loyales, gesetzestreues, tempelfreundliches praktisches Verhalten nahe. Denn Jesus selbst war bereit, diese Steuer zu bezahlen, und zwar auch für Petrus. Das weist zugleich auf die Sonderstellung des Petrus im Zwölferkreis hin, zeigt aber zugleich an, daß Petrus diesem Verhalten seines Herrn treu entsprechen soll. Das gilt entsprechend für die ganze Kirche, vor allem die judenchristliche (vgl. Gal 2,7f.).

Die Anweisung an Petrus, einen Fisch zu fangen, und die Ankündigung, er werde in diesem einen Stater, eine Silbermünze, finden im Wert einer Tetradrachme, eines Vierdrachmenstückes, mit dem er die Tempelsteuer für beide bezahlen solle, ist am ehesten als eine Vorhersage zu verstehen. Jesus weiß voraus, was geschehen wird, er bewirkt das Geschehen aber nicht.

Die Erzählung setzt eine besondere Erfahrung voraus. Der im See von Gennesaret vorkommende sogenannte Petrusfisch schnappt gerne nach allem, was ins Wasser fällt und glitzert. Deshalb warf man damals wie heute gerne vom Ufer aus kleine Münzen in den See, um die Fische damit zu locken und mit ihnen zu spielen. Es ist heute nichts Ungewöhnliches, Fische zu fangen, die Münzen verschluckt haben. Natürlich ist es fraglich, ob man damals so große Münzen wie einen Stater in den See warf. Aber unmöglich ist ein solches Vorkommnis nicht.

Die Erzählung hebt bewußt auf den Wundercharakter des Geschehens ab, um die grundsätzliche Stellungnahme Jesu zur Tempelsteuerverpflichtung durch ein Wunder zu beglaubigen. Natürlich hätte die Steuerpflicht auch über den Verkauf von Fischen finanziert werden können. Außerdem hätte es genügt, für die grundsätzlich freie, konkret aber pragmatische Verhaltensregel gegenüber der jüdischen Steuerforderung auf eine entsprechende Äußerung Jesu zu verweisen. Seine Lehrautorität stand auch ohne Wundertaten fest, vor allem nach der Auferstehung. Darf man von diesen Überlegungen her nicht doch auf einen sehr alten, vorösterlichen Kern dieser Überlieferung schließen?

Für die theologische Beurteilung der dialektischen Anweisung Jesu an Petrus ist auf die Anweisung des Apostels Paulus betreffend den Genuß von heidnischem Opferfleisch und an solche Christen zu verweisen, die sich noch an die jüdischen Speisevorschriften gebunden wußten (1 Kor 8,1 ff.; 9,19–23; Röm 14,1 ff.). Dort, wo es nicht um grundsätzliche Glaubensfragen geht, kann und soll der Christ großzügig sein und unnötige Spannungen und Konflikte vermeiden. Rücksichtnahme, Toleranz, Liebe, Einheit sind wichtiger als einseitiger, rücksichtsloser, rechthaberischer Eifer. Die in Christus gewonnene Freiheit bewährt sich in Toleranz und großmütiger Liebe. Das gilt sowohl unter Christen wie auch gegenüber Juden und Heiden.

Rahmen

Die Lehrerzählung steht nach der zweiten Leidensansage, Mt 17,22 f., und vor der Rede über das rechte Verhalten in der Jüngergemeinde, 18,1–35. Sie bildet einen Kontrapunkt gegenüber der Ansage von Leiden und Verfolgung auch der Jünger um Jesu willen, 16,4–28, und greift zugleich den Hinweis auf die Macht des Glaubens auf, 17,19 f. Trotz der Verfolgung und seiner grundsätzlichen Freiheit vom jüdischen Gesetz und der Synagoge soll der Jünger Jesu an der Gemeinschaft mit dem jüdischen Volk und seiner Form der Gottesverehrung, auch im Tempel, so weit als möglich loyal festhalten und darauf vertrauen, daß der Glaube ihm dazu Kraft und Liebe schenkt. Die in der

Lehre aufgewiesene pragmatische Haltung bildet zugleich eine Grundregel für aufbauendes Verhalten in der Jüngergemeinde: im Grundsätzlichen Wahrheit, in allem übrigen Rücksichtnahme auf das Wohl des Ganzen und loyales Verhalten gegenüber der Gemeinschaft.

Das gleiche Verhalten gilt wohl auch für die Frage des Sabbats und der jüdischen Speisevorschriften. Denn Mt 24,20 weist darauf hin, daß auch die Judenchristen in Palästina den Sabbat hielten – neben dem Sonntag – und, wie Apg 15,13−29 nahelegt – auch weithin auf die jüdischen Speisevorschriften Rücksicht nahmen. Trotz aller grundsätzlichen Lehr- und Glaubensunterschiede sollen die Judenchristen, soweit es ehrlich möglich ist, Kontakt mit der religiösen Gemeinschaft des Volkes Israel halten. Denn Jesus ist der Messias Israels und ist auch für die Erlösung Israels gestorben. Auch Paulus vertrat diesen Grundsatz, wie 1 Kor 9,20 zeigt. Heute gewinnt diese Anweisung neue Bedeutung im Gespräch mit den Juden und unter den getrennten christlichen Konfessionen.

Anregungen für die Auslegung heute

1. Wie nennt man eine Wundererzählung, bei der durch ein Wunder eine neue Lehre oder Verhaltensregel gegenüber der jüdischen Tradition begründet wird ? (Normenwunder)
2. Um welche Frage geht es in der Erzählung Mt 17,24−27? Was läßt sich daraus über die Art der Verpflichtung zur Zeit Jesu und über das grundsätzliche Verhalten Jesu erkennen? (Vgl. dazu Ex 30,11−16; Neh 10,33f.)
3. Auf welche Problematik der Judenchristen in Palästina weist dieser Abschnitt hin? (Vgl. zum Verhältnis der Judenchristen zum Tempel und den Tempelopfern Apg 2,42−47; 21,18−26.) Wie steht der Kreis um Stephanus zum Tempel und zum Tempelkult? (Vgl. Apg 6,8 − 8,2.)
4. Welche grundsätzliche Lösung dieser Frage bietet das Lehrgespräch zwischen Jesus und Petrus an? Zu welcher praktischen Verhaltensweise leitet Jesu Verhalten an?
5. Geht es der Erzählung um das Wunder oder um die Anweisung Jesu? Handelt es sich demnach im Abschnitt 17,24−27 um eine Wundererzählung oder um ein Lehrstück? (Hilfsfrage: Wird das Wundergeschehen beschrieben oder lediglich vorausgesetzt?)
6. Inwiefern ist eine solche dialektische Anweisung ehrlich vertretbar? (Hilfsfrage: Geht es um eine zentrale Glaubens- oder Sittenfrage? Was ist das Ziel dieser Anweisung?)

7. Welches Verhalten der apostolischen Kirche gegenüber der jüdischen Volks- und Religionsgemeinschaft ist aus der Anweisung dieses Lehrstücks zu erschließen? (Hilfsfragen: Abgrenzung, Verketzerung, Hochschätzung, loyale Gemeinschaft?)

8. Wie hat die Urgemeinde in Jerusalem sich gegenüber der jüdischen Religions- und Volksgemeinschaft verhalten? (Vgl. Apg 2,43–47; 10f.; 15; 21,18–26.)

9. Wie hat Paulus in seinen Gemeinden die dialektische Regel von grundsätzlicher Freiheit und praktischer Loyalität angewandt? (Vgl. 1 Kor 8,1 ff.; 9,19–23; Röm 14,1 ff.)

PS: Die übrigen Wundererzählungen werden in den Abschnitten: Wunderbare Heilungen, Dämonenaustreibungen und johanneische Zeichenwunder ausgelegt.

VI. Die Zeichenwunder
des Johannesevangeliums

Im Johannesevangelium finden sich sieben Zeugnisse von Wundertaten, die alle als ›Zeichen‹ dargestellt werden, die auf die Sendung und Vollmacht Jesu hinweisen: 2,1–11; 4,43–54; 5,1–9; 6,1–15; 6,16–21; 9,1–7; 11,1–44. Diese sind wohl einer Sammlung von Wundertaten Jesu (s. die Zählung der ersten beiden: 2,11: »1. Zeichen«; 4,54: »2. Zeichen«) entnommen worden, die dazu diente, Jesu Messianität durch seine Taten zu beglaubigen (s. Joh 20,30 f.: »Noch viele andere Zeichen, die in diesem Buch nicht aufgeschrieben sind, hat Jesus vor den Augen seiner Jünger getan. Diese aber sind aufgeschrieben, damit ihr glaubt, daß Jesus der Messias ist, der Sohn Gottes«).

Der vierte Evangelist hat die Wunderüberlieferungen, die ursprünglich sehr knapp gewesen sein dürften (Hinweise auf Umstände, Personen, Art der Wundertat) meditiert und von seiner Sicht Jesu Christi und des durch ihn bewirkten Heils her ausgestaltet. Dadurch wurden aus diesen Zeugnissen Selbstoffenbarungen Jesu Christi über seine Person und sein Werk.

Manche dieser ›Zeichenwunder‹ haben dasselbe Wunderereignis zur Voraussetzung, das uns bereits durch die synoptischen Evangelien bekannt ist, so die Heilung des Knechts (Sohnes) eines Soldaten (Beamten) im Dienst des Herodes Antipas in Kafarnaum (Joh 4,46–53; vgl. Mt 8,5–13 par), die wunderbare Brotvermehrung im Gebiet östlich des Sees von Galiläa (Joh 6,1–15; vgl. Mk 6,31–44 par) und der Gang über diesen See (Joh 6,16–21; vgl. Mk 6,45–52 par), weisen aber eine andere theologische, z. T. auch szenische Gestaltung der Überlieferung auf als die synoptischen Evangelien. Alle Zeichenwunder sind stilistisch einheitlich gestaltet und gegenüber den synoptischen Zeugnissen in bezug auf Jesus Christus, ihren Urheber, und auf ihre Heilsbedeutung hin ausgestaltet und vertieft. Die theologische Bearbeitung erfolgte dabei auf unterschiedliche Weise. Bei manchen Zeugnissen ist die Erzählung so gestaltet, daß das Wundergeschehen selbst in seiner Heilsbedeutung transparent wird; manche Wundererzählungen wurden durch eingeschobene Gespräche und Selbstoffenbarungen Jesu inhaltlich ausgestaltet, manche durch angehängte Streitgespräche und Offenbarungsreden theologisch ausgelegt. Sie tragen jedoch alle die Handschrift des vierten Evangelisten. Darum empfiehlt es sich, die Wunderzeugnisse des vierten Evangelisten als eigene Gruppe auszulegen.

1. Die Verwandlung von
   Wasser in Wein bei einer
   Hochzeit zu Kana
   (Joh 2,1–11)

Hinführung

Der erste Hauptteil des vierten Evangeliums (Kap. 2–12) wird
eingeleitet mit einer Erzählung über eine Wundertat Jesu, die sich zu
Kana in Galiläa ereignete. Sie wird abgeschlossen mit der Feststellung
des Evangelisten: »So tat Jesus sein erstes Zeichen, in Kana in Galiläa,
und offenbarte seine Herrlichkeit, und seine Jünger glaubten an ihn«
(2,11). Mit dieser Wundertat wird die Reihe der Zeichenwunder
eingeleitet, die sich im vierten Evangelium finden. Zugleich wird der
Sinn der Wunderzeichen aufgezeigt: Sie wollen die göttliche Vollmacht und Wesenheit Jesu, des menschgewordenen Sohnes Gottes,
sichtbar werden lassen und dadurch zum Glauben an Jesus führen.

Form

Es handelt sich um eine Wundererzählung mit lehrhaftem Charakter.
In der Mitte steht das Zeichen, welches auf Jesus, seine Sendung und
Vollmacht hinweist und auf den Glauben der Jünger hinzielt. Dieses
Zeichen steht in Verbindung mit der Stunde, die Gott festgesetzt hat.
Die Wundertat selbst wird nicht beschrieben, sondern nur beiläufig
vermerkt. Von der Eigenart der Wundertat her handelt es sich um ein
Rettungswunder aus einer Notlage mit messianischer Bedeutung. Auf
diese verweist vor allem das Geschehen der Hochzeit und die wunder-
bare Gabe Jesu zu diesem Ereignis.

Aufbau

Die Erzählung ist kunstvoll aus drei Einzelszenen aufgebaut: 2,1f.
verweist auf die Situation. Die erste Teilszene ist geprägt durch die
Begegnung Jesu mit seiner Mutter (2,3–5), die zweite durch Jesus und

413

die Diener (2,5–8), die dritte durch den Festverantwortlichen und den Bräutigam (2,9–10). 2,11 bildet die abschließende Deutung.

Die Wundererzählung weist folgendes Gerüst auf: 2,1f. bildet die *Einleitung*; 2,3–5 schildert die *Begegnung* zwischen der Bittstellerin und Jesus; 2,6–10 weist als *Mitte* der Erzählung auf das Wunder hin und die Reaktion der Zeugen; 2,11 bildet den *Schluß* und zeigt die Bedeutung des Geschehens auf; 2,12 ist Übergangsbemerkung zum nachfolgenden Stück.

Der Text weist außerdem theologische *Leitworte* auf, die für die Deutung von Wichtigkeit sind: Hochzeit, guter Wein, Mutter Jesu, Frau, Jesus, die Stunde, die Jünger, das Zeichen, die Herrlichkeit Jesu, der Glaube der Jünger. Mit Hilfe dieser Leitworte wird die Wundererzählung auf das Evangelium hingeordnet und kann ihm als Einleitung und als Auftakt dienen.

Text und Botschaft

Die Geschichte setzt ein historisches Ereignis voraus. Bezeichnend daran ist, daß sowohl die Verwandtschaft Jesu als auch seine Jünger daran teilhaben und daß das Zeichen eher beiläufig gesetzt wird. Jesus wird von seiner Mutter als Gast der Hochzeit um Hilfe angegangen. Von einer Wirkung des Wunders auf die Verwandten ist nicht die Rede. Unklar ist, worauf sich die Zeitangabe 2,1 ›am dritten Tag‹ bezieht, etwa auf 1,43, den Tag des Aufbruchs nach Galiläa? Das entspräche dem Zusammenhang am besten und wäre auch historisch möglich. Vom Unterlauf des Jordan, wo der Täufer wirkte (vgl. 1,19; 3,22f.), brauchte man zu Fuß 2–3 Tage bis nach Galiläa. Möglich wäre auch ein Bezug auf Ostern wegen der Formelhaftigkeit der Wendung: »Am dritten Tag« (vgl. 1 Kor 15,4; Hos 6,2), aber das Johannesevangelium gebraucht diese Wendung im Rahmen der Osterereignisse nicht. So ist eher daran zu denken, daß der Evangelist sein Evangelium mit dem Hinweis auf die erste Woche messianischen Wirkens Jesu eröffnen will.

Die Einladung zur Hochzeit war wohl aus verwandtschaftlichen Gründen ergangen (beachten Sie die Anwesenheit der Mutter und der Brüder Jesu). Eine Hochzeit bildete das schönste Fest im Leben eines Juden. War die Braut Jungfrau, dauerte eine Hochzeit 7 Tage. Dabei pflegte man Wein in reichlichem Maß anzubieten und zu genießen. Hochzeitsspenden waren üblich und bei armen Leuten auch nötig.

Der Hinweis Marias auf den bevorstehenden Weinmangel weist auf das Ende der Hochzeitsfeier hin. Die Bitte Marias um Abhilfe setzt keineswegs die Erwartung einer Wundertat voraus. Jedenfalls fehlt jeder entsprechende Hinweis im Text. Auch fehlt ein Verweis auf ein vorausgehendes Wunder Jesu. Die Aussage Marias ist offen formuliert. Sie überläßt es Jesus, wie er helfen und das Brautpaar vor Schande bewahren will. Die Antwort Jesu (2,4) – wörtlich: »Was ist zwischen dir und mir?« – bedient sich einer gebräuchlichen Redewendung (vgl. Ri 11,12; 2 Sam 16,10; 19,23; 1 Kön 17,18; 2 Chr 35,21; Mk 1,24; 5,7; Mt 8,29; Lk 4,34; 8,28), ist auch im Zusammenhang unseres Textes ablehnend zu verstehen im Sinne von: »Was willst du von mir?« – »Was haben wir miteinander zu tun?« Allerdings darf diese Abweisung nicht als schroffe Zurückweisung verstanden werden, weil sonst das Verhalten Marias nicht verständlich wird.

Auffällig ist die Anrede der Mutter als ›Frau‹. Dieselbe Anrede gebraucht Jesus an der zweiten Stelle, an der er seine Mutter direkt anspricht, unter dem Kreuz (19,26). Sie ist je vom Zusammenhang her als hoheitsvolle Aussage, aber mit distanzierendem Charakter zu verstehen. Jesus weist in seiner Aussage auf seine Selbständigkeit und Unabhängigkeit gegenüber verwandtschaftlichen Ansprüchen, auch von seiten seiner Mutter, hin. Er weiß sich allein dem Willen seines Vaters im Himmel unterstellt (vgl. Joh 4,32–43).

Rätselhaft wirkt der Verweis auf ›die Stunde‹. Ist diese Zeitangabe auf die Stunde der Verherrlichung im Tod zu beziehen (vgl. Joh 7,30; 8,20; 12,23.27.31 f.; 13,1.31 f.; 17,1 f.) oder auf den Beginn seines messianischen Wirkens (vgl. 4,34; 5,36; 11,9; 17,4)? Von 2,11 her ist Letzteres anzunehmen.

Das Verhalten seiner Mutter (2,5) zeigt an, daß sie – obwohl sie nicht weiß, was Jesus tun will – mit Jesu Hilfe rechnet. Und Jesus greift tatsächlich ein (s. 2,7). Den Juden war vorgeschrieben, vor und nach jeder Mahlzeit die Hände zu waschen, das Geschirr regelmäßig zu reinigen, nach jedem Kontakt mit Gegenständen oder Menschen sich zu waschen, ebenso vor allen religiösen Akten (vgl. Mk 7,1–5). Steinerne Wasserbehälter zogen nach jüdischer Auffassung keine Verunreinigung auf sich (vgl. Lev 11,33).

Die Erzählung gibt genau an, wieviele Steingefäße vorhanden waren und wie groß ihr Fassungsvermögen war, um die Größe des Wunders anzeigen zu können (2,6 f.). Jedes Gefäß hatte ein Fassungsvermögen von (wörtlich) »zwei bis drei Metreten«. Eine Metrete umfaßte rund 40 Liter. Demnach handelte es sich bei dem verfügbaren Wasser um eine Menge zwischen 480 und 720 Liter. Die Aufforderung Jesu an die Diener, eine Schöpfkelle oder einen Krug von diesem Wasser dem zum Kosten zu bringen, der für die Ausrichtung der Hochzeitsfeier verantwortlich war (2,8), bereitet auf das Wunder vor. Der Festordner bestätigte, daß es sich bei dem ihm zur Probe überbrachten Getränk um vorzüglichen Wein handelte (2,9). Demnach muß sich die wunderbare Umwandlung von Wasser in Wein vor dem Gang des Dieners zum Festordner vollzogen haben. Die Erzählung ist aber lediglich daran interessiert, die Tatsache der Umwandlung festzustellen und Zeugen dafür zu benennen, nicht aber zu erklären, wie sie sich vollzog.

Die vorwurfsvolle Anfrage des Festordners beim Bräutigam, weshalb ihm über das Vorhandensein dieses Weines bisher nichts mitgeteilt worden sei (2,9f.), dient dem Aufweis, daß der Wein von Jesus auf wunderbare Weise besorgt wurde. Dafür wird auch auf die Diener verwiesen, die das Wasser zunächst beschafft hatten.

Die Bemerkung des Festordners, man solle minderen Wein erst dann den Gästen vorsetzen, wenn sie nicht mehr in der Lage seien, die Güte der Weine genau zu unterscheiden, ist als Ausdruck bissigen Humors zu verstehen, da eine solche ›Regel‹ nicht belegt ist. Dieser Ausspruch gibt auch der Unzufriedenheit Ausdruck, über das Vorhandensein solch guten Weins nicht rechtzeitig informiert worden zu sein. Auch der Festordner ist somit, ebenso unfreiwillig wie der Bräutigam, Zeuge für das außergewöhnliche Wunder.

Die Erzählung bricht an dieser Stelle unvermittelt ab, da der Zweck der Mitteilung erreicht ist: der glaubwürdige Aufweis der Wundertat Jesu. An der Antwort des Bräutigams ist der Erzähler nicht mehr interessiert. Darf man dieses abrupte Ende auch als indirekten Hinweis darauf verstehen, daß die zentrale Gestalt dieser Hochzeit, der eigentliche Gastgeber und Freudespender Jesus war, nicht der Bräutigam? Diese Vermutung wird unterstrichen durch die bereits von den Propheten, aber auch von Jesus verwendete Umschreibung der endgültigen Heilszeit Israels als Hochzeit, die Gott durch den Messias seinem Volk bereiten wird (vgl. Jes 61,10; 62,5; Mk 2,19f.; s. auch Offb 19,7−9; 21,2). Insofern ist das Kommen Jesu auf eine Hochzeit in Verbindung mit der großzügigen Gabe vorzüglichen Weines in verschwenderischer Fülle ein Hinweis auf den Anbruch der verheißenen Heilszeit durch das Kommen Jesu. Denn der Wein ist als Vermittler von Lebensfreude Hinweis auf die Freude und Lebensfülle der verheißenen Heilszeit für Israel (vgl. Gen 49,11f.; Am 9,13; Hos 2,24; Joël 4,18; Jes 25,6; Jer 31,5).

Dennoch will die Erzählung nicht bildlich, als eine symbolische Erzählung verstanden werden. Sie betont vielmehr die Tatsächlichkeit des Geschehens durch den Hinweis auf Ort, Zeit und Umstände des Geschehens und auf die Zeugen. Der 2,11 als Wirkung des wunderbaren Geschehens genannte Glaube der Jünger an Jesus setzt dessen vollmächtiges Handeln voraus. Die ›Herrlichkeit‹ Jesu, die sich in dieser Tat offenbarte, ist im Gesamt des vierten Evangeliums und besonders der Zeichenwunder als gnadenhafte Erschließung seiner Sendung als Messias und seiner gottmenschlichen Wesenheit und Würde zu verstehen (vgl. 1,14: »die Herrlichkeit des einziggezeugten Sohnes vom Vater«; 3,13.31–35; 4,26; 5,19–30; 6,26.69; 8,54–58; 9,35–39; 10,30; 12,44–46; 14,6–11; 17,8.24f.).

Fragt man näher nach dem »Zeichencharakter« des Weines, so ist von den messianischen Verheißungen des Alten Testaments her und im Gesamt des vierten Evangeliums kein sakramentales Verständnis anzunehmen (die Aussage über das Trinken des Blutes Jesu, Joh 6,53– 56, wird nicht auf eine Verwandlung von Wein bezogen, sondern im Zusammenhang der Deutung der Brotvermehrung, 6,1–15, gemacht!). Am ehesten deutet diese Gabe auf die Heilsgaben Jesu in ihrer Fülle hin, näherhin auf das neue Leben, das er denen schenkt, die an ihn glauben (vgl. 3,16.18.36; 5,24; 6,40). Auf dieses neue Leben verweisen analog auch die übrigen Wunderzeichen Jesu im vierten Evangelium. Jesus offenbart sich in der wunderbaren Weinspende auf einer Hochzeit in Kana zu Beginn seines öffentlichen Wirkens als der messianische Freudebringer Israels, der die verheißene Heilszeit heraufführt und die Gnade göttlichen Lebens schenkt.

Fragt man zuletzt nach dem Kern dieser Überlieferung, so darf nicht übersehen werden, daß die ›Zeichenwunder‹ deshalb gesammelt und überliefert wurden, weil sie als Offenbarungstaten Jesu angesehen wurden, die gerade durch ihre Tatsächlichkeit Jesus als den verheißenen Messias, und zwar in besonderer göttlicher Vollmacht und Würde, erweisen sollten. Darum ist auch für die Joh 2,1–11 vorausgesetzte und gedeutete Überlieferung ein historischer Kern anzunehmen, nämlich die wunderbare Verwandlung von Wasser in vorzüglichen Wein bei einer Hochzeit zu Kana. Diese Annahme liegt auch deshalb nahe, weil im Alten Testament und im Judentum die wunderbare Weinspende nicht auf den Messias und auf ein von diesem gewirktes Wunder zurückgeführt wird. Ein Einwirken der sogenannten Dionysoslegende aber läßt sich auf diese Erzählung bei kritischer Prüfung nicht feststellen. Gewöhnlich wird auf die Legende des Dionysosheiligtums zu Elis verwiesen, wonach in Anwesenheit von drei angesehenen Männern drei leere Krüge am Vorabend des Dionysosfestes im Heiligtum aufgestellt worden seien. Dann habe man die Türen verschlossen und am anderen Morgen die Krüge mit Wein gefüllt vorgefunden.[8] Aber abgesehen davon, daß in den Dionysoslegenden von einer Verwandlung von Wasser in Wein nicht die Rede ist, lassen sich entsprechende

Motiv- und Stileinflüsse auf die Perikope Joh 2,1–11 nicht überzeugend nachweisen. Für eine dem Evangelisten vorgegebene Überlieferung spricht außerdem, daß weder die Zahl 6 noch die angegebene Menge des Weines im Evangelium selbst oder in der urchristlichen Umwelt, aus der die Überlieferung stammt, symbolischen Charakter besaßen. Zu beachten ist auch, daß diese Perikope den frühen Christen insofern Unbehagen bereitete, als man durch sie Schwierigkeiten hatte, gegen die heidnische Trunksucht vorzugehen. Sie widersprach auch allen asketischen Bestrebungen, die ab dem 2. Jahrhundert in der frühen Kirche sich wachsender Beliebtheit erfreuten.

So ist wohl – auch mit Rücksicht auf die Brotvermehrungstradition – anzunehmen, daß Jesus bei besonderen Anlässen auch auf wunderbare Weise Speise beschaffte. Wunderbare Speisebeschaffungen werden sowohl im Judentum, im Heidentum, als auch in der Heiligengeschichte der Kirche angenommen und überliefert. Deren Möglichkeit ist nicht von vornherein zu verneinen. Anlaß zu einer wunderbaren Weinspende gab wohl ein besonderes Ereignis bei einer Hochzeit, durch das Jesus einem armen Hochzeitspaar aus der Verlegenheit half und zugleich den Festgästen große Freude bereitete. In diesem Beitrag zur Freude bei der Hochzeit armer Leute zeigte sich sowohl Jesu Selbstverständnis und seine Sicht der durch sein Kommen und Wirken bestimmten Zeit als Freudenzeit (vgl. dazu Mk 2,18–20) wie auch seine Hilfsbereitschaft gegenüber den Armen und seine positive Einstellung zu Fest und Feier (beachten Sie Mt 11,19: »dieser Fresser und Weinsäufer, dieser Freund der Zöllner und Dirnen«). Von hier aus bieten sich gute Ansätze für eine sinnvolle pastorale und existentielle Auslegung dieser Überlieferung in der Gegenwart.

Rahmen

Hier ist zunächst zu beachten, daß nach 2,11 Jesus mit dieser Wundertat ›den Anfang der Zeichen‹ (so wörtlich) setzte und seine (göttliche) Herrlichkeit offenbarte und daß seine Jünger an ihn glaubten. Durch diese Vollmachtstat schließt Johannes die Sammlung und Vorbereitung der Jünger durch Jesus ab (s. 1,29–51) und eröffnet damit die Reihe der Selbstoffenbarungstaten Jesu als des Messias Israels, des menschgewordenen Sohnes Gottes (vgl. 1,14–18; 1,51; dazu die weiteren Zeichenwunder).

Johannes gebraucht den Begriff ›Zeichen‹ (griechisch: sēmeion) auf verschiedene Weise. Zunächst bezeichnet er damit alle Taten Jesu, die in außergewöhnlicher Weise auf seine göttliche Vollmacht hinweisen (vgl. 2,23; 3,2; 6,2; 7,31; 9,16; 10,41; 11,47; 12,37). Dieses Verständnis spricht sich auch in der aus dem griechischen Alten Testament übernommenen Wendung ›Zeichen und Wunder‹ (sēmeia kai terata) aus (s. Joh 4,48). Sodann kann er diesen Begriff auch im negativen Sinn von theologischen Beweiswundern verwenden, welche die Gegner Jesu fordern (s. 2,18; 4,48; 6,30). Hier ist der vierte Evangelist der urchristlichen Tradition verpflichtet, die sich auch bei den synoptischen Evangelisten findet (vgl. Mk 8,11 f.; Mt 12,38; 16,1; Lk 11,16.29). Auf diese ›Zeichenforderung‹ reagiert Jesus hier wie dort schroff ablehnend.

Schließlich gebraucht er den Begriff ›Zeichen‹ im spezifischen Sinn von Wunderzeichen mit Offenbarungscharakter. Dieser Begriff findet sich in den genannten Zeichen = Wunderzeugnissen (2,11; 4,54; 6,14; 9,16; 11,47; auch 12,37; 20,30). Diese Zeichen setzen seine Wesenheit als menschgewordener Sohn Gottes (vgl. 1,14–18) voraus und weisen auf seine Sendung als der verheißene Messias Israels, aber in göttlicher Würde und Vollmacht, hin. Sie haben offenbarende Bedeutung, sind also sogenannte christologische Epiphanie-Zeichen. Dabei zeigt sich das göttliche Wesen Jesu als des Sohnes Gottes nur durch seine menschliche Wirklichkeit hindurch. Allein der Glaubende sieht und erkennt, wer Jesus ist und was er bewirkt. Deshalb findet sich im Johannesevangelium weder eine Taufepiphanie noch eine Verklärungsgeschichte. Jesu göttliche Wesenheit und Vollmacht wird grundsätzlich nur in den Zeichentaten Jesu sichtbar und erkennbar. Darum fehlt bei Johannes auch der Hinweis auf das Jonazeichen, das sich in den synoptischen Evangelien findet (vgl. Mt 12,39 f.; Lk 11,29 f.).

Das Heil ist bereits gegenwärtig in der Person des Sohnes Gottes und zeigt sich in seinen Wundertaten. Der kostbare Wein weist auf die Segensfülle hin, die durch Jesus Christus in die Welt einbrach und denen, die an Jesus glauben, Heilung, Hoffnung, Freude, Wahrheit und Liebe schenkt. Die göttliche Herrlichkeit des einzigen Sohnes des ewigen Vaters (vgl. 1,14) zeigt sich im Umkreis Jesu und läßt das Leben derer, die an ihn glauben, Sinn, Wahrheit, Tiefe und göttliche Fülle gewinnen.

Im Unterschied zu den Sakramenten, die im Johannesevangelium als Heilsmittel und Heilszeichen herausgestellt werden (vgl. 3,1–13: Taufe; 6,48–58: Eucharistie; 20,19–23: Sündenvergebung), sind die Wunderzeichen nicht Heilsmittel, sondern Offenbarungszeichen realer Art. Sie weisen auf den gottmenschlichen Heilsmittler hin und zeigen an, welcher Art das Heil ist, das er den Menschen in der unheilen und bösen Welt schenkt.

Anregungen für die Auslegung heute

Die wunderbare Weinspende kann nicht wiederholt werden. Aber sie zeigt den Glaubenden eine besondere Seite des Heilswirkens Jesu: seine Sorge um das Wohl von Menschen in Not, sein Bemühen, Freude zu schenken, die Feier einer Hochzeit mit Glanz, Tiefe und Lebensfülle auszustatten. Sie ermutigt dazu, in jeder Lage und Not zum Auferstandenen zu gehen und um Hilfe zu bitten, aber auch – wie Maria – für andere Menschen als Fürbitter einzutreten, und zwar gerade auch in all den Nöten des irdischen Lebens. Jesu großzügige Gabe dient dazu, ermutigt die Glaubenden, anderen Freude zu machen. Gott will, daß das Leben der Menschen gelingt und Fülle und Tiefe gewinnt (vgl. Joh 10,10: »Ich bin gekommen, damit sie Leben in Fülle haben«). Gott ist ein Gott der Freude. Er sandte seinen Sohn in die Welt, um uns Menschen Freude am Leben und im Leben zu schenken (Joh 15,11). Die Fülle guten Weines verweist sodann darauf, daß zu den Gaben des Geistes Gottes auch die Freude gehört (s. Joh 16,20–22; Gal 5,22: »Friede, Freude«; Röm 14,17: »das Reich Gottes ist Friede und Freude im Heiligen Geist«).

Das Johannesevangelium verweist eigens darauf, daß das Gebet zum Vater im Namen Jesu immer Erhörung findet (16,23f.). Diese Erfahrung schafft nicht nur Freude (»Ihr werdet empfangen, damit eure Freude vollkommen ist!«, Joh 16,24), sondern drängt auch dazu, diese Freude mitzuteilen und anderen auf vielfältige Weise beizustehen. Die tiefste Freude ist es, Menschen zu Jesus, ihrem Helfer, Retter, Freund, Führer, Hirt und Anwalt zu führen (vgl. Joh 17,2–4. 20: »Das ist das ewige Leben, dich, den einzigen, wahren Gott zu erkennen und Jesus Christus, den du gesandt hast!«, auch Joh 10,11–16).

Arbeitsvorschläge

1. In welchen Stufen verläuft die Wundergeschichte? Wie ist die Wundererzählung aufgebaut?
2. Erwartet Maria von Jesus ein Wunder, oder bittet sie lediglich auf taktvolle Weise um Hilfe?
3. Wie ist die Antwort Jesu an seine Mutter (2,4) zu verstehen: als Ablehnung, als Zurückweisung, als Hinweis darauf, daß allein sein Vater im Himmel über ihn verfügt? (Hilfsfragen: Was besagt der Verweis auf ›die Stunde‹? Was ist das für eine Stunde? Vgl.

7,30; 4,21; 5,25; 11,9. Welche zweifache Bedeutung hat das Wort Stunde bei Johannes? Vgl. 12,23.27; 13,1.)

4. Wie reagiert Maria auf Jesu Antwort? (Hilfsfragen: Rechnet sie doch mit seiner Hilfe? Inwiefern drückt sich in ihrer Anweisung an die Diener (2,7) Glaube aus, der Jesus besondere Möglichkeiten zutraut? Vgl. Joh 11,22.)

5. Wie vollzieht sich das Wunder? Wie groß ist die Menge vorzüglichen Weines? Was für einen Sinn hat der Hinweis auf die ungewöhnlich große Menge?

6. Inwiefern hat die Wundertat Jesu Zeichencharakter? (Vgl. dazu Jes 61,10; 62,5; Mk 2,19 f.; Offb 19,7−9; 21,2: Bild der Hochzeit; Gen 49,11 f.; Am 9,13; Hos 2,24; Joël 4,18; Jes 25,6; Jer 31,5: messianische Gabe des Weines.)

7. Ist es Jesus zuzutrauen, daß er durch eine große Weinspende zum Gelingen der Hochzeit und zur Freude der Gäste beitragen wollte? (Vgl. Mt 11,19; Lk 7,34 f.; prüfen Sie, was die Evangelien an Hinweisen auf Jesu Teilnahme an Mählern enthalten.)

8. Wozu dienen die ›Zeichenwunder‹ nach Aussage der Hinweise im vierten Evangelium? Vergleichen Sie dazu: 2,11; 4,53 f.; 5,16−18; 6,14 f.; 6,20 f.; 9,35−38; 11,25−27.42.47 f.; 12,37− 42; 20,30 f.

9. Darf der Christ darauf hoffen, daß Gott ihm durch Jesus Christus Freude und Erfüllung in seinem Leben schenken will? Darf der Christ um gutes Gelingen und um Glück für sein Leben bitten?

10. Stand Jesus der Ehegemeinschaft von Menschen positiv gegenüber? Sah er in der Ehe auch eine Voraussetzung zur Lebenserfüllung und Lebensfreude?

11. Wie können und sollen Christen nach dem Vorbild Marias und Jesu anderen zu erfülltem Leben und zur Freude verhelfen?

2. Die Heilung des Sohnes eines königlichen Beamten aus Kafarnaum (Joh 4,46–54; vgl. Mt 8,5–13; Lk 7,1–10)

Hinführung

Auch im vierten Evangelium findet sich eine Erzählung von einer Fernheilung eines jungen Mannes, näherhin des Sohnes eines königlichen Beamten aus Kafarnaum, der Jesus in Kana aufsuchte und um Heilung bat (Joh 4,46–54). Diese Erzählung berührt sich in vielen Punkten mit der Fernheilung des Dieners des Hauptmanns von Kafarnaum Mt 8,5–13; Lk 7,1–10, so daß mit guten Gründen angenommen werden darf, Johannes greife hier auf dieselbe Tradition zurück, die ihm aber in veränderter Weise übermittelt wurde und die er dann entsprechend seinen theologischen Zielsetzungen bearbeitete. Für gemeinsame Tradition sprechen: der Hinweis, daß der ernsthaft Erkrankte in Kafarnaum liegt; beide Male steht der ›Stellvertreter‹ des Kranken, der bei Jesus Fürsprache einlegt, im Dienst des Herodes Antipas (›basilikos‹ bezeichnet einen Mann in königlichen Diensten; das kann ein Soldat sein, wenn bei Johannes auch eher an einen Beamten zu denken ist); die Bitte ist mit einem Vertrauensbeweis verbunden, einem Akt des Glaubens; die Heilung erfolgt aus der Ferne im Zusammenhang mit einer Äußerung Jesu; sie tritt sofort, näherhin in dem Augenblick ein, in dem Jesus der Bitte des Fürsprechers entspricht. Es zeigen sich aber auch deutliche Unterschiede zwischen der synoptischen und der johanneischen Fassung der Überlieferung: bei Mt/Lk ist betont, daß der Fürsprecher ein Heide ist; das ist auch bei Johannes möglich, wenn auch das Gegenteil eher naheliegt (vgl. 4,48), aber nicht betont ist; der Ort der Begegnung ist verschieden (Kafarnaum/Kana); aus einem Diener (Mt/Lk) ist ein Sohn geworden, aber diese Entwicklung ist aufgrund der Doppelbedeutung des griechischen Wortes »pais«: »Knabe« und »Sohn« leicht möglich (zu pais: s. Mt

8,6.13; Lk 7,7; Joh 4,51); die Krankheit wird verschieden definiert (Mt: Lähmung; Joh: Fieber); bei den Synoptikern erfolgt die Feststellung der Heilung sofort am gleichen Tag, bei Johannes erst am folgenden Tag. Vergleicht man jedoch die großen Unterschiede derselben Tradition bei Matthäus und Lukas, wird deutlich, welche Veränderungen solcher Überlieferungen durch die Tradition selbst und vor allem durch die redaktionelle Arbeit des jeweiligen Evangelisten möglich sind. Insofern sprechen die Gründe überwiegend für die Wiedergabe derselben Überlieferung, die allerdings den Evangelisten auf unterschiedliche Weise zukam, bei den Synoptikern durch die sogenannte Quelle Q, bei der Johannes durch die sogenannte Zeichenquelle (beachten Sie Joh 4,54: »dies war das 2. Zeichen«). Es ist von besonderem Reiz, an der Fassung des Johannes feststellen zu können, wie der vierte Evangelist die gemeinsame Tradition verändert hat.

Form

Bei Johannes handelt es sich um eine Heilungserzählung, die durch das Doppelmotiv der Fernheilung und des Glaubens des Fürsprechers geprägt ist. Die Entfernung ist bei Johannes von wenigen Metern (so Lk: Nähe des Hauses) über einige hundert Meter (so Mt: beim Betreten des Ortes) auf rund 26 km angewachsen. Auffällig ist die Gestaltung der Geschichte durch den dreimaligen Hinweis auf das Wachsen des Glaubens beim Fürbitter (4,48.50.53). Der Herausarbeitung des Glaubensmotivs dient vor allem die Nachgeschichte, welche das Wissen, ob die Aussage Jesu: »dein Sohn lebt« (4,50) wahr ist, über eine Nacht und einen halben Tag hin in der Schwebe läßt und so den Glauben des Fürbitters auf eine schwere Probe stellt. Weggefallen ist bei Johannes die Auswertung des Geschehens als Zeugnis für den Glauben von Heiden an die Heilsmacht Jesu und als Anklage des mangelnden Glaubens der Juden (so vor allem Mt, aber auch Lk).

Allerdings dient die Erzählung auch bei Johannes als Lehrstück über die Bedeutung des Glaubens für das Heil und über die Stufen der Glaubensreifung bis zum vollen christlichen Glauben. In dieser Hinsicht ist die Geschichte verwandt mit den übrigen johanneischen Wundererzählungen, vor allem mit der Heilung eines Gelähmten am Teich Betesda (5,1–9). Auch diese Erzählung trägt die Merkmale »aller johanneischen Wunderberichte: besonders schwerer Fall, auffällige Heilung, genaue Konstatierung und zugleich tiefere symbolische oder theologische Bedeutung«.[9]

Aufbau

Näherhin ist die Erzählung folgendermaßen gegliedert: 4,43–46 bildet. die Einleitung: Jesu Rückkehr von Jerusalem nach Galiläa, genauer nach Kana, und die freundliche Aufnahme Jesu durch die Galiläer, die mit ihm zuvor nach Jerusalem gezogen waren. Die Heilungserzählung selbst beginnt mit der Darlegung des Krankheitsfalles und der Bitte des königlichen Beamten und findet ihre Spitze in der Erklärung Jesu 4,48: »Wenn ihr nicht Zeichen und Wunder seht, glaubt ihr nicht!« Diese Erschwerung der Erhörung ruft die erneute Bitte des Beamten hervor: »Komm herab, ehe mein Kind stirbt!« (V. 49). Die Mitte der Heilungserzählung bildet die Erklärung Jesu: »Geh, dein Sohn lebt!« und die Feststellung, daß der Mann dem Wort Jesu glaubte und ging. Die Nachgeschichte berichtet das verzögerte Eintreffen der Heilungsnachricht, die Feststellung der Zeit der Heilung und die Wirkung dieser Erkenntnis auf den Bittsteller und sein Haus (4,51–53). Auf diesem Teil der Geschichte, d. h. auf dem Motiv der Glaubensprüfung und -bewährung ruht das Interesse des Evangelisten. Die redaktionelle Schlußnotiz 4,54 ordnet diese Erzählung in die Reihe der ›Zeichenwunder‹ Jesu ein. Der Hinweis setzt eine Sammlung von ›Wunderzeichen‹ Jesu voraus, die dem Evangelisten vorlag.

Dem Aufbau nach handelt es sich also um eine Heilungswundererzählung mit lehrhaft-erbaulichem (Weg und Stufen des Glaubens) und christologischem Charakter (wer ist Jesus?).

Text und Botschaft

Die Erzählung setzt voraus, daß Jesus sich in Galiläa bereits eines besonderen Ansehens erfreute und daß der königliche Beamte von seinen Wundertaten gehört hat. Die Geschichte spielt nicht ohne Grund in Kana, wo Jesus nach dem Johannesevangelium sein erstes Wunder wirkte (2,1–12). Der Text weist ausdrücklich darauf hin (4,46). Insofern verfügte der Mann entweder über eine besondere Glaubenserwartung, oder es handelte sich bei seinem Unternehmen um einen Akt der Verzweiflung. Denn sein Sohn lag im Sterben. Angesichts der großen Entfernung von Kafarnaum nach Kana mußte der Vater in jedem Fall damit rechnen, daß sein Sohn sterben würde, bevor ihm Hilfe gebracht werden konnte. Denn der Vater teilte die übliche Auffassung, daß seinem Sohn nur dann geholfen werden konnte, wenn Jesus über besondere Heilkräfte verfügte und diese durch Berührung auf den Kranken übertragen wurden. Er bat deshalb auch: »Herr, komm herab, ehe mein Kind stirbt!« (4,49). Mit einer Heilung durch einen Willensakt Jesu aus der Ferne rechnete er keineswegs. Insofern war sein Unternehmen ein mit hohen Risiken belasteter Versuch, das Leben des Sohnes in letzter Minute zu retten. Die Chancen für ein Gelingen dieses Versuchs waren daher von vornherein äußerst gering.

Dabei hatte er offensichtlich damit gerechnet, daß Jesus seiner Bitte sofort willfahren würde. Aber Jesus war dazu nicht bereit. Er gab ihm eine Antwort, die ihn zunächst zurückstieß: »Wenn ihr nicht Zeichen und Wunder seht, glaubt ihr nicht« (4,48). Diese Antwort erstaunt, da der Bittsteller Hilfe, nicht Zeichen oder Wunder suchte. Es scheint, daß diese Antwort durch eine spätere Überarbeitung in die Erzählung eingefügt wurde. Diese dürfte ursprünglich direkt von 4,47 zu 4,50 weitergegangen sein: Auf die Bitte folgte die Antwort Jesu: »Geh, dein Sohn lebt!« Die spätere Überarbeitung wollte jedoch durch die Einfügung der ersten, zurückweisenden Antwort Jesu aufzeigen, daß das Heil, das Jesus bringt, die leibliche Ebene weit übersteigt, und damit auf die Ebene echten Glaubens überleiten. Echter Glaube zielt auf die Gemeinschaft mit Jesus, den Heilbringer Gottes, er bleibt nicht bei der Bitte um leibliche Heilung stehen. Ein Not-, Zeichen- und Wunderglaube kann noch nicht als Glaube im vollen Sinn des Wortes angesehen werden. Er bildet lediglich eine Vorstufe zu echtem Glauben. Echter Glaube will nicht etwas mehr an irdischem Leben haben, sondern das ewige Leben selbst durch den Anschluß an Jesus gewinnen.

Die Antwort des Beamten auf den Vorwurf Jesu: »Komm herab, ehe mein Kind stirbt« zeigt auf, daß es dem Mann wirklich um das Wohl seines Kindes, nicht um Wunderzeichen Jesu ging. Dieser Ausdruck echter Vaterliebe bewegte Jesus, der Bitte des Fürsprechers zu entsprechen. Aber nicht so, wie der Mann erwartete, sondern so, daß er herausgefordert wurde, seinen Glauben an Jesu Vollmacht unter Beweis zu stellen. Die Erzählung stellt fest: »Der Mann glaubte dem Wort Jesu und machte sich auf den Weg« (4,50). Allerdings mußte er noch bis zum nächsten Tag warten, bis er erfuhr, daß das Wort Jesu glaubwürdig war.

Die Erzählung verwandelte sich durch die Bearbeitung des Evangelisten aus einer Heilungsgeschichte mit erschwerten Umständen in ein Lehrstück über die notwendigen Stufen des Glaubens an Jesus Christus. Die Wundertat erweist Jesu Wort als wahr, enthüllt damit die außergewöhnliche Vollmacht Jesu und leitet dazu an, sich auf das Geheimnis der Person Jesu einzulassen. Davon sprechen die Verse 51−53: »Der Vater erkannte (durch seine Diener), daß das Fieber von seinem Sohn genau zu der Stunde gewichen war, als Jesus zu ihm gesagt hatte: ›Dein Sohn lebt‹‹ (4,53). Die Wirkung dieser Einsicht führte zu einer vertieften Glaubenseinsicht und damit zu *der* Stufe des Glaubens, die der christlichen Auffassung von Glauben wirklich entspricht: »Und der Mann wurde gläubig mit seinem ganzen Haus« (4,53).

Was glaubte der Mann am Ende der Begegnung mit Jesus? Daß Jesus der verheißene Messias ist, und zwar – wie die Fernheilung zeigt – mit göttlicher Vollmacht. Er ist Messias als der Sohn Gottes. Darum ist Jesus der verheißene, endgültige Heilbringer der Welt, der durch den Glauben ewiges Leben zu schenken vermag. Das Wunder der Heilung führte also notwendigerweise zum wunderbaren Heilbringer selbst und zu seinem göttlichen Heil.

Näherhin lassen sich in der heutigen Erzählung folgende vier Stufen des Glaubens an Jesus Christus feststellen: der Not- und Verzweiflungsglaube kann ebenso wie der Wunder- und Zeichenglaube nicht als Glaube im Vollsinn bezeichnet werden, weil er bei der gewünschten Tat Jesu stehenbleibt und nicht zur Person Jesu vordringt. Erst der Vertrauensglaube nimmt Jesu Wort ernst, läßt sich auf Jesus selbst ein und gehorcht seinem Willen. Wo Menschen auf Jesu Wort vertrauen und seinen Weisungen und Geboten folgen, da kann die Erfahrung der Tragkraft dieses Glaubens zum Wesen Jesu, des Sohnes Gottes, vordringen und durch Jesus hindurch das Heil Gottes, das wahre Leben finden. Die Wundererzählung diente so als Beispielgeschichte über den Glauben und seine Stufen für die Christen am Ende des 1. Jahrhunderts. Ihnen wurde damit gezeigt, daß sie mit allen Sorgen und Nöten zu Jesus Christus, dem Auferstandenen, kommen dürfen, der ihnen vom Himmel her helfen kann und will. Sie dürfen aber nicht beim Not- und Wunderglauben stehenbleiben, sondern sollen voranschreiten zum Glauben an das Wort der Kirche über Jesus Christus und zum Gehorsam dem Wort Christi gegenüber. Wer dann im Gehorsam des Glaubens seinen Weg geht, wird schließlich zum Heil selbst in der Begegnung mit der Person Jesu Christi, des Sohnes Gottes, finden.

Rahmen

Die Erzählung gehört zu den 7 großen ›Zeichenwundern‹ Jesu im ersten Teil des Evangeliums (2,1–12; 4,46–54; 5,1–18; 6,1–15; 6,16–21; 9,1–12; 11,1–16). In ihnen steht die Selbstoffenbarung Jesu, des Messias, des Sohnes Gottes, des endgültigen Heilbringers im Mittelpunkt. Diese Zielsetzung entspricht auf seiten der Menschen, denen Jesus sich durch diese Zeichen offenbart, die Hinführung zum Glauben. Wer durch den Glauben zu Jesus findet, gewinnt durch Jesus Christus das ewige Leben.

Unserer Erzählung über die Erkenntnis des wahren Wesens Jesu Christi entspricht unter den übrigen ›Zeichengeschichten‹ am meisten die Erzählung von der Heilung eines Blindgeborenen (9,1–12), der durch seine Heilung zum Glauben an Jesus, den Menschensohn, den Kyrios findet (9,13–38; vgl. bes. V. 38:.»Ich glaube, Herr!«). Das Element der Glaubenserprobung durch einen Auftrag Jesu (»geh hin, dein Sohn lebt!«) begegnet auch in den ›Zeichenerzählungen‹ von der Heilung eines Gelähmten am Teich Betesda (5,1–18; vgl. V. 8: »Jesus sagte zu ihm: ›Steh auf, nimm deine Bahre und geh!‹«) und von der Heilung eines Blindgeborenen in Jerusalem (9,1–12, vgl. V. 6f.: »Jesus machte einen Teig, strich ihn dem Blinden auf die Augen und sagte: ›Geh, wasch dich im Teich Schiloach!‹«). Durch die Befolgung des Auftrags Jesu tritt die Heilung ein. Das veranlaßt den Geheilten, über Jesus nachzudenken und so zum Glauben an ihn zu finden.

All diese Zeichenerzählungen sind Offenbarungszeugnisse über das wahre Wesen Jesu Christi und Lehrerzählungen über den zureichenden Glauben an Jesus Christus, den Auferstandenen.

Anregungen für die Auslegung heute

1. Vergleichen Sie die Wundererzählung Joh 4,46–53 mit der Erzählung von der Heilung des Dieners des Hauptmanns von Kafarnaum! Welche Züge sprechen für eine gemeinsame urchristliche Überlieferung der genannten Erzählung?
2. Welche Unterschiede weist die johanneische Fassung der Erzählung gegenüber der Überlieferung bei Matthäus und Lukas auf?
3. Inwiefern stört die Antwort Jesu 4,48 auf die Bitte des Beamten den Aufbau der Erzählung? (Hinweis: Lesen Sie die Erzählung ohne die Verse 48 und 49! Entsteht dadurch ein glatterer Ablauf des Geschehens?)
4. Worauf will die Antwort Jesu 4,48 den christlichen Hörer und Leser hinweisen? Was sollte echter Glaube von Jesus erbitten: Hilfe in menschlicher Not oder gläubige Begegnung mit Jesus und seinem göttlichen Heil?
5. Wie oft ist in der Erzählung vom Glauben die Rede?
6. Worin gipfelt die Erzählung: in der Auslegung der außerordentlichen Wundermacht Jesu (s. die Entfernung vom Kranken) oder in der Aufdeckung der Stufen des christlichen Glaubens? (Hilfsfrage: Was glaubte der Bittsteller zuletzt? Vgl. V. 53.) Handelt es sich demnach mehr um eine Wundererzählung oder um ein Lehrstück?

7. Was enthüllt das Wunderzeichen über das Wesen und die Sendung Jesu? Was über das Wesen und den Inhalt echten Glaubens?
8. Welche ›Zeichenerzählungen‹ sind im Johannesevangelium formal und inhaltlich am nächsten mit unserer Erzählung verwandt? (Vgl. 2,1–12; 5,1–18; 6,1–15; 9,1–38; Kap. 11.)

3. Die Heilung eines
   Gelähmten am Teich
   Betesda am Sabbat
   in Jerusalem
   (Joh 5,1–9.10–15)

Hinführung

Unter den 7 wunderbaren Zeichen des Johannesevangeliums findet
sich die Erzählung von der Heilung eines schon 38 Jahre kranken
Mannes am Teich Betesda in Jerusalem. Die Krankheit wird nicht
näher beschrieben, es scheint sich aber um eine Erkrankung zu
handeln, die ihn weithin bewegungsunfähig machte. Trotz einiger
verwandter Züge (Lähmung; Formulierung des Heilungsauftrags:
»Steh auf, nimm deine Liege und geh umher«; Bezug auf die Sünde) ist
diese Überlieferung nicht mit jener von der Heilung eines Gelähmten
bei den synoptischen Evangelien (vgl. Mk 2,1–12 par) gleichzusetzen.
Denn weder die Angabe des Ortes noch die näheren Umstände
stimmen überein. Auch dienen beide Erzählungen völlig verschiedenen Zielsetzungen (Mk: Vollmacht der Sündenvergebung; Joh: Selbstoffenbarung des Sohnes Gottes). Johannes stellt diese Erzählung
ebenso wie die übrigen ›Zeichen‹ in den Dienst der christologischen
und soteriologischen Verkündigung Jesu, des endgültigen Heilbringers Gottes, und seines Werkes.

Form

Es handelt sich um eine Heilungswunder-Erzählung (5,1–9a) mit
angehängtem Streitgespräch lehrhafter Art (5,9b–18) und einer
Selbstoffenbarungsrede Jesu (5,19–47). Das Streitgespräch, das sich
am Zeitpunkt der Heilung entzündet (Sabbat: V. 9b), wurde vom
Evangelisten beigefügt und bildet den Übergang zur Selbstoffenbarung Jesu. Vom Streitgespräch her gehört die Heilungsüberlieferung
zu den sogenannten Sabbatkonflikten (vgl. Mk 3,1–6 par; Lk 14,1–6;
13,10–17; Joh 9,1–34).

Die Erzählung selbst (VV. 1–9a) entnahm der Evangelist der ›Zeichenquelle‹. In ihr waren die beiden Wundererzählungen 5,1–9a und 9,1–7, die beide ähnlich aufgebaut sind (Begegnung Jesu mit einem Schwerkranken, Auftrag Jesu, Ausführung durch den Kranken mit Heilung) und die je an einem See in Jerusalem spielen, ursprünglich wohl miteinander verbunden. Beide wurden vom Evangelisten mit einem Anhang verbunden: einem Streitgespräch über das Wunder, das den Anlaß zu einer Selbstoffenbarung Jesu bildete.

Je nachdem ob die Wundererzählung für sich oder als Teil der vom Evangelisten geschaffenen Lehreinheit mit Offenbarungscharakter ausgelegt wird, verschiebt sich der Schwerpunkt. Bei der Wundererzählung selbst liegt er auf der Hilfsbereitschaft und der außergewöhnlichen Heilungskraft Jesu, bei der Lehreinheit dient das Wunder als Hinweis auf Sendung und Wesen Jesu, des Sohnes Gottes.

Aufbau

Die Heilungserzählung 5,1–9a wird *eingeleitet* durch die Verse 1–3. Die Verse 5–7 schildern die *Begegnung* zwischen Jesus und dem Kranken. Vers 8 bildet die *Mitte* der Erzählung: der Heilungsauftrag Jesu. Vers 9a weist auf das Wunder hin und das Verhalten der Geheilten. Vers 9b leitet zur *Nachgeschichte* über, zum Streitgespräch der Juden mit Jesus (VV. 10–17). Vers 18 bildet den *Schlußvermerk* des Evangelisten: die Reaktion der Juden auf Jesu Verhalten. Damit wird zugleich übergeleitet zur Selbstoffenbarungsrede Jesu an die Juden 5,19–47.

Es läßt sich also eine *dreiteilige Komposition* erkennen, welche die drei Stadien der Entwicklung dieser Erzählung zur Voraussetzung hat: die Heilungserzählung (5,1–9a), das anschließende Lehrgespräch über das Recht Jesu, am Sabbat zu heilen, und die Reaktion der Juden darauf (5,9b–18), zuletzt die Offenbarungsrede Jesu über den Sohn und seine Vollmacht (5,19–47). Die Offenbarungsrede kreist um zwei Themenkreise: die göttliche Vollmacht des Sohnes (5,19–30) und die Zeugnisse für den einmaligen Sendungsanspruch Jesu Christi (5,31–47). Die kunstvolle Komposition zeigt, daß für den Evangelisten der Schwerpunkt des Abschnitts auf der Selbstoffenbarung Jesu liegt, näherhin im Abschnitt 5,19–47. Das Wunder dient dafür als Hinweis (›Zeichen‹) und Voraussetzung.

Text und Botschaft

Die Zeitangabe (5,1) stammt aus der Redaktion des Evangelisten. Das ›Fest der Juden‹ wird nicht näher bestimmt. Mit Rücksicht auf Joh 7,2

(›Laubhüttenfest‹) ist weniger an ein Laubhüttenfest als an ein Pfingst-fest zu denken. Diese Annahme fügt sich gut in die Zeitangaben des vierten Evangelisten ein: Kap. 5: Pfingsten; Kap. 7: Laubhüttenfest; Kap. 18: Tempelweihfest; Kap. 11 – 12: letztes Paschafest.

Die Ortslage (5,2), der Betesdateich am Schaftor, ist heute durch Ausgrabungen freigelegt. Es handelte sich um einen Doppelteich mit einem kleineren nördlichen und einem größeren südlichen Becken. Beide waren durch eine Säulenhalle voneinander getrennt (5 Hallen!).

Das Wasser verdankte sich den Regenfällen und (wohl) einer unterirdischen Quelle. Es galt als heilkräftig. Deshalb lagen in den überdachten Hallen viele Kranke, die Bäder in den Becken nahmen. Offensichtlich kam es dabei in nicht genau vorherbestimmbaren Abständen – wohl im Zusammenhang mit Regenfällen – zu starken Quellausschüttungen, die zum Aufwallen des Wassers führten. Wie der Text zeigt (V. 7), wurde von den Heilungssuchenden angenom-men, daß das aufwallende Wasser besonders heilkräftig sei, vor allem für den, der dann als erster in ein Becken tauchte.

Ein Teil früher Bibelhandschriften, jedoch nicht die ältesten, erklärte das Aufwallen des Wassers durch den Vermerk: »Ein Engel des Herrn stieg zu bestimmter Zeit in den Teich hinab und brachte das Wasser zum Aufwallen. Wer dann als erster hineinstieg, wurde gesund, an welcher Krankheit er auch litt.«

Jesus hatte wohl Mitleid mit dem Kranken, dem er bei einem Besuch des Ortes begegnete, da dieser bereits 38 Jahre – die Zahl ist historisch, nicht symbolisch zu verstehen – auf Heilung wartete, und erweckte durch seine Frage Hoffnung und Vertrauen in ihm: »Willst du gesund werden?« (5,6 f.). Die Antwort des Kranken wies auf die Dauer seiner Krankheit und auf seine Hilflosigkeit und Verlassenheit hin (5,7: »ich habe keinen Menschen«) und zeigte an, er würde Jesu Hilfe gerne annehmen. Sie setzt die Hoffnung voraus, Jesus werde ihm helfen, beim nächsten Aufwallen zuerst ins Wasser zu kommen. Daraufhin befahl ihm Jesus: »Steh auf, nimm deine Bahre und geh (umher)!« (5,8). Durch dieses Wort trat sofortige Heilung ein, wie das Verhalten des Mannes bestätigte (5,9).

Für sich betrachtet enthält die Erzählung folgende Motive: Jesus suchte den angegebenen Ort auf, weil er Kranken und Leidenden helfen wollte, vor allem solchen, die in einem schweren Schicksal allein gelassen waren. Die Krankheit des Mannes war außergewöhnlich schwer. Ein ganzes Leben lang hatte der Kranke sein Leiden allein zu tragen und hatte unter den gegebenen Umständen auch keinen Anlaß zur Hoffnung. Die Frage Jesu scheint vorauszusetzen, daß der Kranke sich als Bettler mit seinem Schicksal abgefunden hatte und nichts weiter mehr erstrebte, als sein armseliges Leben weiterzufristen. Sie zeigt zugleich an, daß Jesus niemand gegen seinen Willen nötigte, gesund zu werden.

Jesus wollte messianische Zeichen setzen und damit auf den bevorstehenden Anbruch des Reiches Gottes hinweisen (vgl. Mk 1,35–39), verstand sich aber nicht als Sozialreformer und war sich zugleich bewußt, daß die Beseitigung leiblicher, psychischer und sozialer Not nicht identisch ist mit dem Heil, das Gott endgültig schenken will. Die Behebung irdischer menschlicher Not bildet jedoch eine Voraussetzung bzw. eine Folge dieses Heils. Gottes Heil ist aber qualitativ mehr.

Der Vers 5,9a leitet durch den Hinweis auf den Zeitpunkt der Heilung, einen Sabbat, zu einer ersten Auswertung der Heilungsgeschichte über: »Die Juden sagten zu dem Geheilten: ›Es ist Sabbat, du darfst deine Bahre nicht tragen‹« (5,10). Das Tragen einer Liege oder eines Bettes gehörte zu den 39 am Sabbat zur Zeit Jesu durch das Gesetz verbotenen Hauptarbeiten. Deshalb empfanden ›die Juden‹ (generalisierend bei Johannes für die Gegner Jesu verwandter Begriff) das Verhalten des Geheilten als Provokation. Dessen Antwort wies die Juden auf den Urheber dieses Verhaltens hin, bringt aber zugleich Spannung in die Erzählung, da der Mann Jesus persönlich noch nicht kennt. So wird die Frage nach ihm zum Anstoß, über Jesus und über seine unerhörte Heilungsmacht nachzudenken: »Wer ist denn der, der zu dir gesagt hat: Nimm deine Bahre und geh?« (5,12). Der Mann suchte dann den Tempel auf, wohl um Gott für seine Heilung zu danken, und begegnete dort – wohl im Vorhof der Männer, wo der große Hauptaltar stand – Jesus erneut. Der Text betont allerdings, daß Jesus es war, der den Geheilten ›findet‹ (heuriskei, V. 11), um ihm etwas Wichtiges zu sagen. Der Mann war nun interessiert, Jesus kennenzulernen, und damit offen für das, was Jesus ihm zu sagen hat: »Jetzt bist du gesund; sündige nicht mehr, damit dir nicht noch Schlimmeres zustößt!« (5,14).

Das Wort Jesu stellt eine Verbindung zwischen der Krankheit und der Sünde dieses Mannes her (vgl. dazu das verwandte Wort Jesu an den Gelähmten Mk 2,5). Zwar ist nicht jede Krankheit Strafe für eigene Sünde (vgl. Joh 9,2f.), aber in diesem Fall ist nach Aussage Jesu ein solcher Zusammenhang anzunehmen, über die allgemeine Not des Menschen aufgrund des Sündenfalls hinaus. Das Wort Jesu zeigt zugleich an, daß er diesem Mann zusammen mit der Heilung auch die Sündenschuld vergeben hatte, welche die Krankheit als Strafe nach sich zog.

Auf diesen Zusammenhang von Heilung leibseelischer Not und Zusicherung göttlichen Heils verweist ebenso die mit unserer Erzählung inhaltlich verwandte Geschichte von der Heilung eines Gelähmten, die in Mk 2,1—12 par überliefert ist. Insofern kommt in dieser Heilungserzählung die Vollmacht Jesu, des endgültigen Heilbringers Gottes, zum Vorschein, der nach neuen religiösen Maßstäben zu beurteilen ist.

Die Warnung vor › noch Schlimmerem‹ verweist auf den Verlust des ewigen Lebens bei Gott (vgl. Joh 12,25) und auf die ewige Strafe in der ›Unterwelt‹ (vgl. Mt 10,28; Lk 16,23 f.). Jesus schenkte also nicht nur leibliche Gesundheit, sondern auch ewiges Leben. Er vermittelte Heilung und Heil in einem. Damit bestimmte Jesus neu, was Gesundheit im Vollsinn des Wortes ist (s. die Frage 5,6: »Willst du gesund werden?«).

Nach der erneuten Begegnung mit Jesus teilte der Geheilte »den Juden mit, daß es Jesus war, der ihn gesund gemacht hatte« (5,15). Dies darf nicht als Denunziation mißverstanden werden, sondern dient im Ablauf des Geschehens dazu, die Juden mit Jesus zusammenzubringen und Jesus Gelegenheit zu geben, sein Handeln zu begründen. Den Juden, die nach Jesus suchten und ihn zur Rede stellten wegen des Bruchs des Sabbatgebotes – ärztliche Hilfe galt als Arbeit und war nur bei Lebensgefahr erlaubt (Nachweise s. oben zu Mk 3,1—6: Heilung eines Mannes mit verdorrter Hand am Sabbat – antwortete Jesus: »Mein Vater arbeitet bis jetzt, und auch ich arbeite« (5,17: wörtlich übersetzt). Entsprechend der nachfolgenden Selbstoffenbarung Jesu (5,19—30) wies diese Antwort auf Gott, den Vater Jesu im eigentlichen Sinne, hin und zeigte auf, daß er sich in seinem Handeln ganz nach dem Vater ausrichtet. So wie der Vater auch am Sabbat die Welt erhält, Menschen und Tieren neues Leben schenkt, auch am Sabbat die Früchte gedeihen, die Elemente und Naturgesetze wirken läßt und sich in seiner Vorsehung um jeden Menschen kümmert, genau so handelt auch der Sohn. »Der Sohn kann nichts von sich aus tun, außer er sieht den Vater etwas tun; denn was jener tut, das tut in gleicher Weise auch der Sohn. Denn der Vater liebt den Sohn und zeigt ihm alles, was er tut« (5,19 f.).

Anders als bei der verwandten Sabbatheilungserzählung Mk 3,1—6 begründet Jesus hier die Berechtigung seines Handelns am Sabbat. Als »der Sohn« kann er sich nur am Handeln des göttlichen Vaters orientieren, nicht am Gesetz des Mose nach der Auslegung der Rabbinen. Es ging ihm bei der Heilung nicht einfach um die Beseitigung einer Notlage entsprechend dem Willen des Vaters, der gerade am Sabbat den Seinen beistehen will (so die Argumentation bei Mk 3,1−6 und Lk 14,1−6; vgl. Lk 13,10−17), sondern um die Nachahmung Gottes selbst, der immer am Wirken ist zugunsten seiner Geschöpfe. Gottes Handeln zielt auf Leben, heiles Leben in Fülle. Um das Leben der Menschen nach dem Fall wiederherzustellen und zu vollenden, dazu hat er seinen Sohn gesandt. »Wie der Vater das Leben in sich hat, so hat er auch dem Sohn gegeben, das Leben in sich zu haben« (5,26). Darum hat er auch dem Sohn die Aufgabe übertragen, allen Menschen das Heil anzubieten, die Toten zu erwecken und Gericht über die Welt zu halten (5,21 f.27−29). Die Wundertaten weisen auf diese Aufgabe und Vollmacht des Sohnes hin: »Amen, amen, ich sage euch: Die Stunde kommt, und sie ist schon da, in der die Toten die Stimme des Sohnes Gottes hören werden; und alle, die sie hören, werden leben« (5,25). Im Wirken und Heilen Jesu bricht demnach die Endzeit bereits an.

Diese Tiefenaussage setzt das Wissen um die Auferstehung Jesu und die darin sich enthüllende volle Wirklichkeit des Sohnes Gottes und der durch ihn heraufgeführten endgültigen Heilsepoche voraus. Die Worte und Taten Jesu haben aber schon vor Kreuz und Auferstehung auf die Vollmacht, die Sendung und das Geheimnis des Sohnes Gottes jeden hingewiesen, der sehen wollte. Es war der Vollmachtsanspruch Jesu, der zu seiner Verurteilung und Tötung durch die Juden führte. Darum schließt die Auseinandersetzung Jesu mit den Juden über seine Vollmacht, am Sabbat zu heilen, mit der Feststellung: »Darum waren die Juden noch mehr darauf aus, ihn zu töten, weil er nicht nur den Sabbat brach, sondern auch Gott seinen Vater nannte und sich damit Gott gleichstellte« (5,18).

Rahmen

Will man das Wunderzeichen, 5,1−9a, und seine Deutung im anschließenden Streitgespräch, 5,9b−18, im Sinne der Evangelien ganzheitlich auslegen, ist es zunächst hineinzustellen in die redaktionelle Einheit 5,1−47. Dabei wird deutlich, daß das Zeichen vom Evangelisten christologisch ausgewertet wird: Es dient dazu, die Sendung, das Wesen und die Vollmacht Jesu, des wesensgleichen Sohnes Gottes, zu enthüllen. Die Heilungstat wird gleichzeitig als Akt der Sündenvergebung und der Mitteilung göttlichen Lebens gedeutet. An ihr zeigt sich, daß Jesus der endgültige Heilbringer Gottes ist, dem Gott die Rettung und Vollendung der Menschheit durch Erlösung, Totenerweckung und Gericht übertragen hat (vgl. 1,1−18; 8,1−59; 11,25−27; 12,27−32.44−50). Das Wunderzeichen weist sodann auf das hin, was Jesus an

Heil bringt: Sündenvergebung, Wiederherstellung der menschlichen Natur, göttliches Leben. Dieses Leben wird sich in der Auferstehung vollenden.

Die Aussage der Heilungserzählung ist sodann hineinzustellen in die Botschaft aller Wunderzeichen (2,1–12; 4,46–54; 6,1–15; 6,16–21; 9,1–12; 11,1–44). Sie weisen auf Jesus hin, den verheißenen Messias, den Heilbringer Gottes, das wahre Licht, das wahre Lebensbrot, die Auferstehung und das Leben. Durch Glaube und Sakrament kann der Christ im Organismus der Kirche (Kap. 10: Herde; Kap. 15: Weinstock) diesem Heil seit der Auferstehung Jesu begegnen.

Anregungen für die Auslegung heute

1. Lesen Sie die Heilungserzählung, und stellen Sie die Abschnitte fest, die den Fortgang des Geschehens gliedern. (Hilfe: Welche Personen tragen je das Geschehen?)
2. Wie vollzieht sich die Heilung? Inwiefern ist der Kranke in die Heilung einbezogen? (Beachten Sie 5,6.)
3. Wie wird die schwere Krankheit 5,14 erklärt? Ist mit der Krankenheilung auch Sündenvergebung verbunden?
4. Wie verteidigte Jesus sein Verhalten, am Sabbat zu heilen? Vergleichen Sie diese Begründung mit den Begründungen für das Verhalten Jesu bei den übrigen Sabbatheilungen im Neuen Testament, Mk 3,1–6 par; Lk 14,1–6; 13,10–17, und stellen Sie die Unterschiede fest.
5. Welche Funktion gewinnt die wunderbare Heilung nach Aussage des Abschnitts 5,19–30? (Hilfsfrage: Was sagt sie über Wesen und Sendung Jesu?)
6. Ordnen Sie die Botschaft dieses Zeichenwunders in das Zeugnis der anderen Zeichenwunder im Johannesevangelium ein, und bestimmen Sie darin ihre Eigenart.
7. Wodurch wurden die Hinweise der Wundertaten Jesu auf sein Wesen, seine Vollmacht und seine Heilssendung endgültig beglaubigt? (Vgl. 5,19–30 mit 12,20–33; 17,1–8 und 20,19–31.)

4. Die wunderbare Speisung von 5000 Männern am Ostufer des Sees von Tiberias (Joh 6,1–15; vgl. Mk 6,32–44; Mt 14,13–21; Lk 9,10–17)

Hinführung

In allen Evangelien findet sich die Erzählung von einer wunderbaren Speisung von 5000 Männern in der Nähe des Sees von Gennesaret (hier See von Tiberias genannt). Dabei fallen nicht nur inhaltliche Parallelen auf, sondern auch sprachliche Berührungen, besonders zwischen Johannes und Markus. Hier schimmert eine gemeinsame, auch sprachlich verwandte urchristliche Überlieferung durch. Wegen der deutlichen Unterschiede zwischen dem synoptischen Typ und der johanneischen Prägung dieser Überlieferung ist aber nicht anzunehmen, daß der Verfasser des vierten Evangeliums das Evangelium des Markus oder dessen Vorlage persönlich gekannt hat. Wahrscheinlich hat Johannes eine Überlieferung aufgegriffen und ausgestaltet, die auch von Markus benützt wurde. Auffällig sind vor allem folgende Übereinstimmungen: eine ähnliche Ausgangssituation; zur Verfügung stehen 5 Brote und 2 Fische; gespeist werden 5000 Männer; diese setzen sich ins Gras; 12 Körbe werden mit Resten gefüllt; Jesus zieht sich danach auf einen Berg zurück.

Auf gemeinsame urchristliche Tradition weist auch hin, daß die Erzählung vom sogenannten Seewandel Jesu sowohl bei Johannes als auch bei Markus und Matthäus in unmittelbarem Anschluß an die Brotvermehrungserzählung folgt (vgl. Joh 6,16–21 mit Mk 6,45–52; Mt 14,22–33).

Johannes berichtet zwar im Gegensatz zu Markus und Matthäus nur von *einer* wunderbaren Brotvermehrung (vgl. dagegen Mk 8,1–10; Mt 15,32–39), aber auffälligerweise lassen sich auch Beziehungen zwischen Joh 6,1–15 und diesen Berichten feststellen (vgl. Jesu Initiative zu Beginn der Speisung; das gemeinsame Grundwort: danksagen, eucharistein). Aber auch in diesem Fall ist anzunehmen, daß bereits die Tradition, die Johannes benützte, inhaltlich von der Tradition einer zweiten Brotvermehrung beeinflußt war.

Näherhin weicht die johanneische Brotvermehrungserzählung vor allem in folgender Hinsicht von der markinischen Darstellung ab: die Leute folgen Jesus ›der Zeichen wegen‹, die er an Kranken wirkte; Jesus befindet sich bereits zu Beginn des Geschehens auf einem Berg; nicht die Tageszeit, sondern die liturgische Jahreszeit (Pascha) wird angegeben; der Anlaß für die Speisung wird nicht genannt; Jesus fragt Philippus, wie man hier helfen könne; Andreas weist auf einen Knaben hin, der noch Vorräte hat; es sind Gerstenbrote; von einem Aufsehen zum Himmel und einem Brechen der Brote ist nicht die Rede; Jesus teilt selbst die Brote aus und fordert zum Einsammeln der Reste auf; die Leute urteilen nach dem ›Zeichen‹, Jesus sei ›der (verheißene) Prophet‹; Jesus entzieht sich der Menge, weil er eine messianische Aktion befürchtet.

Die johanneische Erzählung ist theologisch stärker ausgestaltet als die des Markus, außerdem weist sie typische johanneische Elemente auf (vor allem den Begriff ›Zeichen‹). Das weist darauf hin, daß der Evangelist diese Überlieferung nach seinen theologischen Einsichten ausgestaltet und seinen Zielsetzungen dienstbar gemacht hat. Das große ›Zeichen‹ dient als Voraussetzung für die große Offenbarungsrede in der Synagoge von Kafarnaum über das wahre Brot des Lebens (6,22–59), die dann zur Scheidung der Geister, auch im Jüngerkreis, führt (6,60–71).

Form

Es handelt sich um eine klar gegliederte Speisungswundererzählung, die alle wesentlichen Elemente einer Wundergeschichte aufweist: Einleitung (6,1–3), Exposition (6,4–9), Mitte (6,10f.) und Abschluß des Geschehens (6,14f.: Urteil der Menge: sogenannter Chorschluß). Der Schwerpunkt der Erzählung liegt in 6,14: im Hinweis auf den messianischen Charakter des Zeichens.

Aufbau

Die Erzählung weist eine klare Handlungsführung auf. Von Anfang an prägt Jesus das Geschehen. Von einer Notlage der Menge ist nicht die Rede. Jesus will ein klares Zeichen setzen, das auf seine Person und Sendung hinweist. 6,1–3 bildet die Einleitung: der Rückzug Jesu mit seinen Jüngern an das Ostufer des Sees und das Nachfolgen einer großen Menschenmenge. 6,4f. beschreibt die Vorbereitung des Wundergeschehens: die Ankunft vieler Leute, das Gespräch Jesu mit

Philippus und Andreas über die Frage, wie diese Leute zu sättigen seien. 6,10f. bildet die Mitte der Erzählung: die Initiative Jesu. 6,12f. dient der Feststellung des Wunders. 6,14f. informiert über die Reaktion der Menge und das entsprechende Verhalten Jesu.

Es handelt sich um ein messianisches Vollmachtzeichen mit eucharistischen Anspielungen. Denn die Gestaltung des Mittelstücks des Geschehens, der Handlung Jesu, weist eucharistische Nebenzüge auf: das Dankgebet Jesu (eucharistein) und das Austeilen des Brotes an die Anwesenden (vgl. Lk 22,19). Der eucharistische Tiefensinn des Geschehens wird sodann ausführlich entfaltet in dem Anhang 6,22–59, der Offenbarungsrede Jesu in der Synagoge in Kafarnaum über das Brot vom Himmel, das wahre Brot des Lebens.

Insofern bildet 6,1–15, einschließlich des Mittelstücks 6,16–21, mit der Offenbarungsrede 6,22–59 eine große christologische und soteriologische Lehr- und Verkündigungseinheit. 6,60–71 weist auf deren Wirkung hin: die Scheidung der Geister im Jüngerkreis Jesu.

Text und Botschaft

Der einleitende Vermerk 6,1 weist auf 4,54 zurück. Jesus fährt von der West- und Nordwestseite des Sees von Galiläa, der hier – ebenso wie 21,1 – See von Tiberias genannt wird, auf das dünn besiedelte Ostufer. Dabei eilt ihm eine große Menge von Menschen auf dem Land nach, um das Nordufer des Sees herum, um ihn an seinem Aufenthaltsort zu treffen (6,2). Anlaß dazu sind die Krankenheilungen Jesu. Viele suchen wohl Heilung und Hilfe bei Jesus, einige aber scheinen auch weitergehende Absichten zu haben (s. 6,15). Jesus selbst zieht sich mit seinen Jüngern auf eine Anhöhe zurück, offensichtlich um die Lage im Auge zu behalten. Der Hinweis auf die Nähe des jüdischen Paschafestes (6,4) hat nicht nur chronologische Bedeutung, sondern bildet einen Schlüssel zur christlichen Bedeutung des nachfolgenden Geschehens. Der Evangelist liebt es, den Weg und das Wirken Jesu durch den Hinweis auf die großen jüdischen Feste theologisch näher zu bestimmen (vgl. 2,23; 4,45; 5,1; 7,2.14.37; 10,22; 11,55; 12,1; 13,1; 18,28; 19,31). Das Ziel des Weges Jesu ist die Erhöhung am Kreuz beim letzten Paschafest seines Lebens. Auf das Frühjahr (Pascha wurde im März/April gefeiert) verweist auch die Angabe, es hätte dort, wo Jesus war, viel Gras gegeben (6,10).

Die Frage Jesu an Philippus (6,5) zeigt an, daß Jesus von vornherein die herbeieilende Menge speisen wollte, wie 6,6 auch ausdrücklich vermerkt. Der Hinweis des Philippus auf 200 Denare stammt, wie Mk 6,37 zeigt, aus der vorgegebenen Überlieferung. 1 Denar war der

Tageslohn eines Arbeiters (vgl. Mt 20,2.13). Damit konnte er eine fünf- bis sechsköpfige Familie einen Tag sättigen. Das ›tägliche Brot‹ (s. Mt 6,11) waren drei Fladen Brot pro Kopf und Tag. Angesichts dieser Gegebenheiten wird deutlich, daß 200 Denare nicht ausreichten, für jeden der Versammelten (6,10: 5000 Männer; Frauen und Kinder werden bei Johannes nicht erwähnt, doch s. Mt 14,21) auch nur einen Fladen Brot zu beschaffen. Dies stellt Philippus ausdrücklich fest (6,7), der keineswegs mit wunderbarer Hilfe Jesu rechnet. Er scheint die wunderbare Hilfe bei der Hochzeit zu Kana vergessen zu haben. Auch fehlt ihm die gläubige Hoffnung der Mutter Jesu bei jenem Ereignis (s. 2,3.5).

Der Hinweis des Andreas auf einen Jungen, der noch einen kleinen Speisevorrat mit sich führt: 5 Gerstenbrote und 2 gekochte Fische (opsaria: ›Zugabe, Beilage‹), wirkt vor diesem Hintergrund geradezu entwaffnend. Dachte Andreas daran, die Leute zu veranlassen, die Reste der mitgeführten Verpflegung untereinander aufzuteilen? Immerhin schätzte Andreas aber nicht nur ab, wieviel Brot man bräuchte, sondern überlegte auch, wie man kurzfristig helfen könnte. Die beiden Jünger zeigen aber durch ihre Antworten, daß eine Speisung der Versammelten nicht möglich war.

Gegenüber dieser Hilflosigkeit wirkt Jesus ruhig und überlegen. Er möchte die Leute bewirten und führt dies zielbewußt aus. Er veranlaßt die Leute, sich zu setzen (6,10). Dann nimmt er die Brote, spricht ein Dankgebet und eröffnet damit das Mahl, teilt das Brot in Stücke und gibt sie den Leuten. Dasselbe tut er mit den Fischen (6,11). Während Jesus austeilt und die Leute ihre Stücke essen, geschieht das Wunder, und – wie nebenbei bemerkt wird – es reicht für alle: »Alle werden satt« (6,12). Ja, es bleibt noch übrig. Jesus selbst sorgt dafür, daß keine Reste weggeworfen werden. Die Jünger sammeln diese Reste ein und bringen 12 Körbe zusammen (6,13). Es wird nicht gesagt, wie groß die Körbe waren, wahrscheinlich handelte es sich um kleine Tragekörbe, die man für die Verpflegung mit sich führte. Es genügt festzustellen: Es reichte nicht nur für alle, es blieb sogar noch übrig. Das Wunder wird dadurch offenbar.

Das bringt die Leute zum Nachdenken. Und sie kommen zu der Einsicht: »Das ist wirklich der Prophet, der in die Welt kommen soll« (6,14). Sie suchen Jesus festzuhalten und wollen ihn nötigen, ihr König zu werden. Dem entzieht sich Jesus, indem er auf den Berg zurückkehrt, auf dem er sich zuvor aufhielt (6,15).

Der Versuch der Menge, Jesus zum König zu machen, zeigt an, daß die versammelten Juden das Zeichen messianisch deuteten, zugleich aber vom erwarteten Messias eine religiös-politische Auffassung hatten. Jesus sollte offensichtlich die Herrschaft im Land ergreifen, die Freiheit für das jüdische Volk erkämpfen und eine gerechte, den Bundesgesetzen entsprechende Ordnung aufrichten. Der Hinweis auf die Gerstenbrote, die Speise armer Leute, dient in diesem Zusammenhang dazu, Jesus zugleich als einen sozial-gerechten Herrscher mit einem Herz für die Armen zu charakterisieren.

»Der Prophet« ist ein Messiastitel, der nach Dtn 18,15.18 auf eine Verheißung des sich auf den Tod vorbereitenden Mose zurückgeht: »Einen Propheten wie mich wird euch der Herr erwecken.« Johannes weist auf diesen Messiastitel und die damit verbundene, mosaisch geprägte Messiasvorstellung hin (s. 1,21.25). Im vierten Evangelium kommt Mose neben Abraham grundlegende Bedeutung als Zeuge der Offenbarung Gottes und als Mittler des Bundes und der Heilsgaben Gottes zu (vgl. 3,14; 5,45; 6,32; 7,22 f.; 8,5; 9,28 f.). Als prophetischer, am Mosebild ausgerichteter Messias ist Jesus bei Johannes vor allem als Offenbarer des endgültigen Heilswillens Gottes, als Verkünder des Wortes Gottes, als Stifter der neuen Heilsordnung und als Vermittler neuer Heilsgaben gezeichnet. Auf ihn verweist im Zeichen wunderbarer Speisung insbesondere die Gabe des neuen, ewiges Leben schenkenden Himmelsbrotes (s. die Offenbarungsrede im Anschluß an das Zeichen in der Synagoge von Kafarnaum 6,26—51). Jesus gibt als der Menschensohn »die Speise, die für das ewige Leben bleibt« (6,27). Ihn hat Gott, sein Vater, »mit seinem Siegel beglaubigt« (6,27), gerade auch durch das Zeichen der wunderbaren Speisung. Seine Gabe, der Anschluß an seine Person, schenkt – im Gegensatz zum Manna – ›ewiges Leben‹ (s. 6,48—58). Er ist selbst für die Glaubenden ›das lebenspendende Brot‹ (6,51). Als der Messias überbietet Jesus auch das Speisungswunder des Propheten Elischa, der mit 20 Gerstenbroten 100 Leute sättigte (s. 2 Kön 4,42—44).

Aber weil Jesus mehr als ein Mensch, auch mehr als ein mächtiger König, zu schenken vermag, darum entzieht er sich dem Zugriff der messianisch erregten Menge (6,15). Der Hinweis auf den Berg ist wohl ein versteckter Hinweis auf Mose, der allein den Gottesberg besteigen und Gott auf besondere Weise begegnen durfte (s. Ex 24,15). »Er allein« kann Gott, seinem Vater, von Angesicht zu Angesicht begegnen (vgl. 8,16.29; 16,32; auch 1,18). Denn Jesus ist als der Sohn »größer als Mose« (vgl. 5,46 f.) und Abraham (8,58). Darum vermag er, ewiges Leben zu schenken.

Hinzuweisen ist noch darauf, daß Jesus nach Johannes – obwohl er es ablehnte, ein König im Sinne der vorherrschenden religiös-politischen jüdischen Messiaserwartung zu sein – dennoch den Anspruch erhob, wirklich ›König‹, nämlich der wahre Herrscher der Welt zu sein (s. Joh 18,36 f.). Aber dieses Königtum liegt auf einer wesenhaft neuen Ebene, nämlich der des göttlichen Heils. Diese Sicht ist jedoch im vorgegebenen Zeichen und seiner Deutung nicht aufgegriffen und entfaltet.

Rahmen

Die Zeichenwundererzählung ist einerseits hineingestellt in die Reihe der Wunderzeichen des vierten Evangeliums (beachten Sie den Anschluß von 6,1 an 4,54), andererseits aber fest verknüpft mit dem Stück vom Seewandel (6,16–21) und der Offenbarungsrede Jesu in der Synagoge zu Kafarnaum (6,22–59) und deren Wirkung (6,60–71). Wie der Hinweis auf das Dankgebet Jesu über das Brot und das Austeilen des Brotes zeigt (6,11), zielt das Zeichen auf Jesus als den neuen Mose und seine Heilsgabe, das ewige Leben. Der Seewandel weist auf Jesu göttliches Geheimnis hin.

Die Offenbarungsrede, die das Zeichen deutet, ist umrahmt von der angesichts des Wunders merkwürdig uneinsichtigen Zeichenforderung der Juden 6,30 f. unter Verweis auf die Mannagabe des Mose und von dem Abfall eines Teils der Jünger aufgrund der Rede Jesu 6,60–71. Abgeschlossen wird das christologische und soteriologische Lehrstück über Jesus, den Gesandten Gottes, durch das Bekenntnis der Zwölf: »Wir sind zum Glauben gekommen und haben erkannt: Du bist der Heilige Gottes!« (6,69) und durch die Warnung Jesu vor einem Verräter im verbleibenden Jüngerkreis.

Im Sinne des Evangelisten ist das Wunder auf den Glauben an Jesus, den Bringer und Vermittler ewigen Lebens, und auf den Genuß der eucharistischen Speise hin auszulegen.

6,32–47 spricht vom Glauben an Jesus, den Spender ewigen Lebens. »Es ist der Wille dessen, der mich gesandt hat, daß ich keinen von denen, die er mir gegeben hat, zugrunde gehen lasse, sondern daß ich sie auferwecke am Letzten Tag. Denn es ist der Wille meines Vaters, daß alle, die den Sohn sehen und an ihn glauben, das ewige Leben haben und daß ich sie auferwecke am Letzten Tag« (6,39 f.). »Amen, amen, ich sage euch: Wer glaubt, hat das ewige Leben« (6,47).

Von der Bedeutung des Eucharistieempfangs handelt der Abschnitt 6,48–58: »Wer mein Fleisch ißt und mein Blut trinkt, hat das ewige Leben, und ich werde ihn auferwecken am Letzten Tag. Denn mein Fleisch ist wirklich eine Speise, und mein Blut ist wirklich ein Trank« (6,54 f.). Der Empfang der Eucharistie schafft eine lebendige Verbundenheit mit Jesus Christus und schenkt so Teilhabe am Leben des Auferstandenen.

Beide Reden, die über den Glauben an das Brot des Lebens und vor allem die über den Eucharistieempfang, setzen die Auferstehung Christi und die Wirklichkeit der Kirche voraus. In ihnen spricht der Auferstandene und legt die Wunderzeichen des irdischen Jesus auf die Wirklichkeit der Kirche und ihrer Glieder hin aus.

Die Scheidung der Geister unter den Jüngern (6,60−71) spiegelt die kirchliche Wirklichkeit zur Zeit des Evangelisten im Rückgriff auf die jesuanische Überlieferung. So wie die Ablehnung der Königswürde durch Jesus die Abkehr vieler seiner Anhänger hervorbrachte, so bewirkt die sakramentale Deutung Scheidung der Geister zwischen den Christen, die allein den Glauben als Grundlage erlösender Christusgemeinschaft gelten lassen, und jenen, die dafür auch die sakramentale Gemeinschaft als notwendig ansehen (vgl. zur Abwehr der sakramentenfeindlichen Gnosis neben 6,36f. auch Joh 1,14). Ewiges Leben in Fülle wird aber nach Aussage von Joh 6 aufgrund der Gemeinschaft mit Jesus Christus, dem Auferstandenen, durch Glauben und Sakramentenempfang geschenkt.

Anregungen für die Auslegung heute

Im Sinne des Evangelisten ist die Wundererzählung nicht als Hinweis auf die Möglichkeit wunderbarer Speisebeschaffung auszulegen, sondern als messianisches Zeugnis für Jesus, den Sohn Gottes, den wahren Bringer bleibenden Lebens, und als Hinweis auf die beiden geoffenbarten Weisen gültiger Lebensvermittlung: Glaube und Eucharistie. Die Zeichenwundererzählung Joh 6,1−15 setzt den Tod und die Auferstehung Jesu und die Wirklichkeit kirchlich vermittelter Christusgemeinschaft voraus. Das Wunderzeugnis will daher auch heute als kirchliche Glaubensunterweisung über Jesus Christus, den endgültigen Lebensspender Gottes, ausgelegt werden.

Arbeitshinweise

1. Vergleichen Sie die verschiedenen Wundererzählungen der Evangelien von einer wunderbaren Speisung von Menschen im Gebiet östlich des Sees von Tiberias miteinander, und stellen Sie die Eigentümlichkeiten des johanneischen Zeugnisses fest.
2. Woraufhin zielt die Erzählung des Johannes? Worin besteht der Zeichencharakter der wunderbaren Speisung? (Vgl. 6,15.)

3. Wie wertet Johannes in der Offenbarungsrede Jesu in der Synagoge von Kafarnaum das Wunderzeichen aus? (Vgl. 6,32−47 und 6,48−58.)

4. Inwiefern spiegelt vor allem die zweite Ausdeutung des Wunderzeichens (6,48−58) die Wirklichkeit der Kirche? Was setzt diese Katechese an heilsgeschichtlicher Wirklichkeit voraus? (Vgl. 6,11 mit Lk 22,19.)

5. Wodurch ist die Aussage ›Jesus Christus ist der Bringer und Vermittler ewigen Lebens‹ geschichtlich begründet, durch die wunderbare Speisung oder durch die Auferstehung?

6. Wie gehören Glaube und Sakrament als Mittel der Teilhabe an Jesus Christus zusammen? (Vgl. 6,28−35.36−47 mit 6,48−58.)

7. Inwiefern steht die messiaspolitische Deutung Jesu (6,15) mit der Deutung Jesu als religiöser Vermittler göttlichen Lebens in Widerspruch? (Hilfsfrage: Welche Spannungen bestehen heute zwischen einer Deutung Jesu als Sozial- und Gesellschaftsreformer und einer Deutung als religiöser Erlöser und Vermittler gnadenhaften Lebens?)

8. Schließt nach Johannes das religiöse Verständnis Jesu Christi das soziale aus? (Vgl. die Aussagen des 4. Evangeliums über die Bruderliebe.)

5. Das rettende Kommen
Jesu auf dem See von
Tiberias in stürmischer
Nacht
(Joh 6,16−21; vgl. Mk
6,45−52; Mt 14,22−33)

Hinführung

In der sogenannten ›Zeichenwundersammlung‹ war − ebenso wie bei
der Vorlage des Markus − mit der Erzählung von der wunderbaren
Speisung der Fünftausend die Erzählung vom Gang Jesu über den See
in der Nacht fest verknüpft. Diese Überlieferung berichtet davon, daß
die Jünger noch am Abend desselben Tages zum Nordwestufer des
Sees zurückfuhren, dabei aber in große Schwierigkeiten gerieten, aus
denen Jesus sie rettete, der plötzlich in der Nacht in der Nähe des
Bootes auftauchte.

Beim Vergleich der Erzählung, die sich bei Johannes findet, mit jener
bei Markus und Matthäus zeigen sich wieder wie bei der Speisungswundererzählung bemerkenswerte Unterschiede. Bei Johannes zog
sich Jesus sofort nach dem Mahl auf einen Berg zurück und blieb allein
dort, so daß die Jünger am Abend ohne ihn abfuhren. Bei Markus/
Matthäus nötigte Jesus die Jünger, mit dem Boot vorauszufahren,
während er die Menge entließ. Als Ziel der Fahrt wird bei Johannes
Kafarnaum angegeben, bei Markus die Gegend bei Betsaida. Während
bei Markus/Matthäus als Grund des Zurückbleibens Jesu das Gebet
angegeben wird, fehlt ein solcher Hinweis bei Johannes. Bei Johannes
wird das Meer bei Einbruch der Dunkelheit durch einen heftigen
Sturmwind aufgewühlt, während die synoptischen Evangelisten
berichten, die Jünger seien von Gegenwind geplagt worden. Nach
Johannes kam Jesus, als die Jünger etwa 25−30 Stadien gefahren waren,
nach Markus/Matthäus kam Jesus während der 4. Nachtwache. Während Jesus nach den synoptischen Evangelien am Boot vorbeigehen
wollte und die Jünger meinten, er sei ein Gespenst, näherte sich Jesus
nach Johannes dem Boot. Beide Traditionslinien betonen dann, daß die

Jünger in Furcht gerieten, worauf Jesus sich ihnen offenbarte mit den Worten: »Ich bin es; fürchtet euch nicht!« Bei Markus und Matthäus wird diese Selbstoffenbarung eingeleitet durch ein ermutigendes Wort. Während die Jünger nach Johannes vergeblich versuchten, Jesus ins Boot zu nehmen, stieg Jesus nach Markus/Matthäus – bei letzterem zusammen mit Petrus, der versucht hatte, über das Meer zu Jesus zu gehen – tatsächlich ins Boot. Nach Johannes war das Boot nach dem Erscheinen Jesu plötzlich an der Stelle, wo die Jünger hinwollten; nach Markus/Matthäus aber legte sich der Wind, so daß die Jünger nach Markus erstaunten, nach Matthäus aber fußfällig das Bekenntnis ablegten: »Du bist wirklich der Sohn Gottes.« Markus dagegen verweist anschließend auf die mangelnde theologische Einsicht der Jünger gegenüber Jesus. Die Unterschiede der Darstellung weisen auf verschiedene theologische Gestaltungsabsichten der Evangelisten hin.

Form

Der Eigenart der Erzählung nach handelt es sich um ein sogenanntes Epiphaniewunder, ein Ereignis, bei dem Jesus göttliche Wesenheit auf wunderbare Weise in Erscheinung trat und seinen Jüngern sichtbar wurde. Dieses Aufleuchten des innersten Wesens wird durch ein Selbstoffenbarungswort ausdrücklich gedeutet (6,20), wobei sich Jesus der Offenbarungsformel Gottes im Alten Testament bedient: »Ich bin es.« Diese gottheitliche Selbstoffenbarung wirkt sich sodann kosmisch aus.

Aufbau

Die Erzählung ist klar gegliedert. 6,16–18 bildet die *Einleitung*: die Rückfahrt der Jünger am Abend ohne Jesus über den See bei einem heftigen Sturm. 6,19 weist auf das Auftauchen Jesu hin und zeigt die Reaktion der Jünger. 6,20 bildet die *Mitte* der Erzählung: die Selbstoffenbarung Jesu. 6,21 beschreibt *abschließend* die Wirkung der Selbstoffenbarung auf das Boot, den Wind und den See.

Die Antwort der Jünger auf das ganze Ereignis wird bei Johannes (im Unterschied zu Markus und Matthäus) nicht erwähnt. Statt dessen folgt die große Selbstoffenbarungsrede in der Synagoge von Kafarnaum. Insofern bereitet das Stück beim vierten Evangelisten auf Jesu große Selbstoffenbarung in Kafarnaum vor und weist ebenso wie die wunderbare Speisung auf Jesu göttliche Vollmacht über die Welt und ihre Elemente hin. Die Erzählung steht im Dienst der Selbstoffenbarung Jesu als Herr über die Schöpfung.

Nach 6,16 gingen die Jünger kurz vor Sonnenuntergang zum See hinab, um ohne ihren Herrn nach Kafarnaum (zurück-)zu-fahren. Dabei ist vorauszusetzen, daß die Menge sich zerstreut hatte, nachdem Jesus sich ihr entzogen hatte (6,15). Wohl kurz nach der Abfahrt wühlte ein heftiger Sturmwind den See auf. Die Lage der Jünger in der Finsternis und im Sturm (6,17.18a) ist Abbild ihrer Situation, wenn ihr Herr nicht bei ihnen ist: Sie sind von allen Seiten bedroht und richtungslos. Das Vorankommen ist äußerst erschwert.

Der See von Tiberias ist etwa 21 km lang und bis zu 12 km breit. Der von der urchristlichen Tradition vermutete Ort der Brotvermehrung am Ostufer liegt etwa 7−9 km von Kafarnaum entfernt. 1 Stadium sind etwa 185−200 m; 25−30 Stadien also ca. 5−6 km. Die Erzählung setzt voraus, daß das Boot durch den Sturm von der ursprünglichen Richtung abgetrieben worden war. Daß die Jünger in der Finsternis plötzlich Jesus über den See auf sich zukommen sahen, läßt darauf schließen, daß von Jesus eine Helligkeit ausging, die ihn im Dunkel weithin sichtbar machte. Nach Johannes schritt Jesus zielbewußt auf das Boot zu. Er wollte seinen Jüngern nahe sein und sie durch seine Gegenwart aus Angst und Bedrohung befreien. Die Selbstaussage Jesu zeigt an, daß die Jünger Jesus zuvor nicht eindeutig hatten erkennen können. Das Kommen Jesu weist auf seine besondere Sorge um die Jünger hin. Diese Sorge war begründet, weil sich die Jünger in großer äußerer Bedrohung und − wie der Ausgang der Offenbarungsrede in Kafarnaum zeigt − auch in innerer (vgl. 6,60−71) befanden. Die Angst der Jünger ist nicht allein in der äußeren Bedrohung begründet, sondern vielmehr in der unheimlichen Erscheinung der über das aufgewühlte Meer schreitenden Lichtgestalt. Diese Angst wird überwunden durch die Selbstvorstellung Jesu: »Ich bin es!« und die angeschlossene Aufforderung: »Fürchtet euch nicht!« (6,20). Im Ablauf des Geschehens ist die Aufforderung betont, alle Furcht fahren zu lassen. In Verbindung mit dem vorangehenden Wunderzeichen und der nachfolgenden Offenbarungsrede liegt aber der Schwerpunkt der Aussage in der begründenden Selbstvorstellung »Ich bin es«. Diese Aussage hat formelhaften Charakter und ist mehr als eine Selbstidentifikation. Sie greift nämlich bewußt auf die Gottesoffenbarungsformel im Alten Testament zurück (vgl. Ex 3,14; Jes 43,1−3.10f.). Das vierte Evangelium stellt gerade bei den Selbstaussagen Jesus als den dar, der unter bewußter Verwendung dieser Theophanieformel sich selbst als den wesensgleichen Sohn und Offenbarer Gottes vorstellt − näherhin 8,12 (»Ich bin das Licht der Welt«); 8,23; 10,7 (die Tür); 10,11 (der gute

Hirt); 11,25 (die Auferstehung und das Leben); 14,6 (der Weg, die Wahrheit und das Leben); 15,1 (der Weinstock) –, so daß der Mensch, der Jesus sieht und begegnet, Gott selbst sieht und begegnet (s. 10,30; 14,9). Das Zeichenwunder der Erweckung des Lazarus vom Tod hat zur Mitte die Selbstaussage: »Ich bin die Auferstehung und das Leben.« Vor diesem Hintergrund erweist sich die Furcht der Jünger vor dem über das Meer schreitenden Jesus auch als kreatürliche Furcht vor der göttlichen Hoheit Jesu.

Bedeutsam für das Verständnis des Geschehens ist die Beobachtung, daß im Alten Testament von Jahwe gesagt wird, er schreite über die Wogen des aufrührerischen, von dämonischen Mächten aufgewühlten Meeres (vgl. Ijob 9,8; Ps 18,15–17; 29,3.10; 74,13f.; 89,10; 93,3f.; 104,6–9; Jes 17,12f.; Hab 3,8.10.15). Diese Macht Gottes zeigte sich auch bei der Teilung des Wassers am Schilfmeer (Ex 15,21; Ps 77,17.20; 78,13; Jes 43,16; 51,10). Insofern erweist sich Jesus im Schreiten über die aufgewühlten Wasser des Sees als der göttliche Herrscher über die Schöpfung.

Die Hoheit Jesu zeigt sich in der Erzählung des Johannes auch daran, daß Jesus nicht beabsichtigte, ins Boot zu den Jüngern zu steigen. Er bedarf dieses Fortbewegungsmittels nicht. Er will den Jüngern lediglich zeigen, daß er ihnen nahe ist und sie in aller Bedrohung und Gefährdung schützt. Wo Jesus nahe ist, brauchen sich die Jünger nicht zu fürchten. Er ist der Herr über alle Mächte dieser Welt. Jesu Macht kommt schließlich darin zum Vorschein, daß sich das Boot, in dem die Jünger sitzen, sofort nach dem Zuspruch Jesu dort befindet, wo die Jünger an Land gehen wollten (6,21). Dort wollte sich Jesus am anderen Tag als der Herr und Spender göttlichen Lebens endgültig offenbaren. Die Selbstoffenbarung auf dem See bildete für den Glauben der Jünger an Jesu göttliche Vollmacht eine zusätzliche Hilfe über das Zeichen der wunderbaren Speisung hinaus. Insofern handelte es sich bei der Offenbarung Jesu auf dem See um ein besonderes, an die Jünger gerichtetes Offenbarungszeichen.

Rahmen

Die Erzählung vom Kommen Jesu über den See zu seinen Jüngern war bereits in der Wundersammlung, die Johannes benützte, mit der Erzählung von der wunderbaren Speisung der Fünftausend am Ostufer des Sees verbunden. Der vierte Evangelist hat beide Wunderüberlieferungen aus theologischen Gründen übernommen, durch die angeschlossene Rede Jesu in der Synagoge von Kafarnaum (6,22–59) gedeutet und durch die Reaktion der Jünger auf diese Rede abgeschlossen (6,60—71). Die beiden Wundererzählungen bilden zusammen mit den beiden Anhängen eine bewußt gestaltete Lehr- und Verkündigungseinheit. Diese ist näherhin so aufgebaut, daß die Rede in der Synagoge zu Kafarnaum die wunderbare Speisung deutet, während die Epiphanieerfahrung der Jünger auf dem See auf das Abschlußstück, das Gespräch Jesu mit seinen Jüngern, hingeordnet ist.

Die Selbstoffenbarung Jesu durch Zeichenhandlungen vollzieht sich vor seinen Jüngern in zwei Stufen: durch die Speisung des neuen Volkes Gottes und durch seinen Beistand in der Gefährdung auf dem See. Diese Stufung entspricht der Doppeloffenbarung Gottes vor seinem Volk bei dessen Rettung aus der Sklaverei Ägyptens: beim Durchzug durch das Meer und bei der wunderbaren Speisung in der Wüste (s. Ex 12—17; Num 11). Auf diesen Bezug verweist die heilsgeschichtliche Zeitangabe 6,4: »Das Pascha, das Fest der Juden, war nahe.« Die Qualifizierung dieses Festes als »das Fest der Juden« weist auf die Bedeutung der neuen Heils- und Offenbarungstaten Gottes für das neue Volk Gottes hin. Darum steht in der Mitte der theologischen Lehrerzählung neben ›den Juden‹ der Kreis der Jünger Jesu. Den Jüngern Jesu wurden zwei Zeichentaten geschenkt, um ihre Glaubensentscheidung geht es am Ende. Sie sollen endgültig erkennen, wer Jesus ist und worin das Heil besteht, das er bringt. In beiden Zeichentaten erweist sich Jesus als ›der Heilige Gottes‹, der durch seine Gegenwart, durch sein Wort und Brot ewiges Leben schenkt und damit die Heilsgaben des Alten Bundes weit überbietet (s. 6,20; 6,41.48.51.55—58; 6,63). Dies wird sich aber erst bei der Erhöhung und Heimkehr Jesu zum Vater endgültig enthüllen (6,62), weil dann nämlich eindeutig offenbar werden wird, daß in Jesus Gott selbst erscheint, wirkt und sich mitteilt. Als der Sohn Gottes ist Jesus der Herr über die Schöpfung. Darum kann er das göttliche Leben auch mit Hilfe sakramentaler Zeichen weitergeben.

Das abschließende Stück 6,66—71 mit dem Hinweis auf den Abfall eines Teils des Jüngerkreises und der Ansage des Judasverrats zeigt an, daß die Entscheidung für oder gegen Jesus, den endgültigen Heilbringer Gottes, noch immer gefordert ist im Raum der Kirche und durch ihre Mission. Wer sich für Jesus entscheidet, wird immer wieder das Aufleuchten der rettenden Nähe Jesu in aller Gefahr erleben. Insofern ist dieses Lehrstück (Kap. 6) zugleich ein tröstliches Wort an die Kirche Jesu Christi.

Anregungen für die Auslegung heute

Auch wenn man annimmt, daß hinter den beiden Wunderzeichen von Joh 6 besondere Erfahrungen der Urjünger mit ihrem Herrn und seiner wunderbaren Hilfe stehen, muß man feststellen, daß diese Erfahrungen so stark vom nachösterlichen Glauben der Kirche überformt sind, daß das ganze Lehrstück Joh 6 österlichen Charakter hat. Es legt aus, was der auferstandene Herr der Kirche für das neue Volk Gottes und für jeden Glaubenden bedeutet. Er ist der Spender ewigen Lebens durch Glaube und Eucharistie, und er ist den Seinen in allen Gefahren hilfreich und sorgend nahe. Wer an Jesus glaubt, den menschgewordenen Sohn Gottes, und durch die Kirche in Gemeinschaft mit ihm tritt, der gewinnt bereits in diesem Leben Anteil am Leben Gottes. Die Wahrheit dieser Überzeugung ist letztlich nicht in der Tatsächlichkeit der Zeichenwunder begründet, sondern in dem Selbsterweis Jesu als Gottes Sohn, durch sein Sterben und Auferstehen. Auf den in der Sakramentsgemeinschaft Kirche wirkenden verherrlichten Sohn Gottes hin ist daher auch das Wunderzeichen vom rettenden Gang Jesu über den See zu den Seinen auszulegen.

Arbeitshinweise

1. Vergleichen Sie die Erzählung des Johannes mit der Parallelüberlieferung bei Markus und Matthäus, und stellen Sie die Eigenart der johanneischen Überlieferung fest.
2. Was ist die Absicht der Erzählung: zu zeigen, daß Jesus auch über einen stürmischen See schreiten kann oder daß er den Seinen auch in Bedrohung hilfreich nahe ist?
3. Was beinhaltet die Selbstaussage Jesu Joh 6,20 aufgrund der dabei gebrauchten Aussageformel? (Vgl. Ex 3,14; Jes 43,1−3. 10f.) In welchem Sinn verwendet das vierte Evangelium diese Formel? (Vgl. 8,12.23; 10,7.11; 14,6; 15,1.) Was sagt es damit über das Wesen, die Vollmacht und die Sendung Jesu?
4. Was besagt das Wunderzeichen 6,19−21 vor dem Hintergrund alttestamentlicher Aussagen über Gottes Macht über das aufrührerische Meer? (Vgl. Ijob 9,8; Ps 18,15−17; 29,3.10; 74,13f.; 104,6−9; auch Ex 15,21; Ps 77,17−20.)
5. Was soll das Wunderzeichen 6,19−21 der nachösterlichen Kirche sagen?
6. Auf welche Situation der Kirche des Johannes weist der

Abschluß des Verkündigungs- und Lehrstücks 6,60—71 hin? Zu welcher Entscheidung werden die Christen aufgefordert?

7. Weshalb darf der Christ überzeugt sein, daß er durch den Glauben an Jesus Christus, durch die Gemeinschaft der Kirche und durch das sakramentale Zeichen der Eucharistie ewiges Leben gewinnt? (Beachten Sie die Hinweise Joh 6,4; 6,51; 6,62; 6,68f.)

8. Was bedeutet der Hinweis der Wunderzeichen 6,1—14 und 6,16—21 auf Jesu Vollmacht über die Schöpfung für die sakramentale Aussage 6,52—58?

9. Überlegen Sie, wo Sie selbst (evtl. bekannte Heilige oder die Kirche) die hilfreiche Nähe Jesu Christi in gefährlichen Situationen erfahren haben?

10. Kann Jesus Christus uns in großer Not auch auf wunderbare Weise helfen? (Inwiefern braucht sich der Christ letztlich nicht zu ängstigen und zu fürchten?)

6. Die Heilung eines Blindgeborenen an einem Sabbat in Jerusalem (Joh 9,1–34)

Hinführung

Unter den 7 Zeichenwundern des vierten Evangeliums, die sich in der Abfolge der Kapitel 2–11 in der Großartigkeit des Geschehens und der Breite der theologischen Auslegung ständig steigern, findet sich an vorletzter Stelle die Erzählung von der Heilung eines Blindgeborenen. Auf die Einzigartigkeit des Wunders wird in der Reflexion eigens hingewiesen: »Noch nie hat man gehört, daß jemand die Augen eines Blindgeborenen geöffnet hat« (9,32). Dieses Wunder übertrifft die Blindenheilungen in den synoptischen Evangelien (Mk 8,22–26; 10,46–52 par; Mt 9,27–31), weil dort nicht gesagt wird, es habe sich bei den Kranken um Blindgeborene gehandelt.

Dieses Zeichen wird an einem Sabbat gewirkt (vgl. 9,14–16); es gehört daher in die Reihe der Sabbatwunder und der dadurch ausgelösten Sabbatkonflikte (vgl. Mk 3,1–6 par; Lk 14,1–6; auch Lk 13,10–17 und Joh 5,1–15).

Im Johannesevangelium steht es der Heilung eines Mannes am Teich Betesda thematisch und formal am nächsten. Vom Vollzug des Wunders her ist es mit der Blindenheilung Mk 8,22–26 am nächsten verwandt (Verwendung von Speichel).

Form

Der Eigenart nach handelt es sich um eine Wundererzählung mit christologischer und soteriologischer Hinweis- und Deutefunktion. Diese wird durch ein Streitgespräch zwischen den Pharisäern und dem Geheilten thematisch entfaltet (9,13–34) und bildet den Anlaß zu einer Selbstoffenbarungsrede Jesu (9,35–41). Insofern handelt es sich um eine heilsgeschichtlich und christologisch reflektierte Wundererzählung mit Lehrcharakter über Jesus, den Menschensohn, das Licht der Welt.

Den ganzen Perikopenabschnitt kann man als christologisches Lehrstück über den Offenbarungssinn des Wunderhandelns Jesu bezeichnen. Im Ganzen des Evangeliums markiert dieser Abschnitt einen bedeutsamen Vorgang in der Auseinandersetzung zwischen Jesus und den jüdischen Führern: Diese stoßen die Anhänger Jesu aus der Synagoge aus (9,34) und lehnen Jesus als den Gottgesandten ab (9,24–29), Jesus selbst offenbart sich dem Geheilten als der Menschensohn (9,35–38) und fällt das Urteil über die jüdischen Führer als heilsgeschichtlich Blinde.

Aufbau

Das Offenbarungs- und Lehrstück über Jesus, das Licht der Welt, 9,1–41, ist klar gegliedert. Es wird eingeleitet durch die Heilungserzählung 9,1–7; es folgen die Identifikation des Geheilten durch die Nachbarn und die eigene Aussage 9,8–12, die Auseinandersetzung zwischen den Pharisäern und dem Geheilten über die Heilung und über die Herkunft Jesu 9,13–34; es wird abgeschlossen durch die Selbstoffenbarung Jesu gegenüber dem Geheilten und durch sein Urteil über die Pharisäer 9,35–41.

Die Wundererzählung selbst ist folgendermaßen aufgebaut: 9,1 bildet die Einleitung: die Begegnung Jesu mit einem Blindgeborenen.

9,2–5 ist Reflexion über Herkunft und Sinn des Leidens mit Hinweis Jesu auf den Zeichencharakter der angestrebten Heilung: »Das Wirken Gottes soll an ihm offenbar werden... Solange ich in der Welt bin, bin ich das Licht der Welt!« Diese dem Wunder vorgeschaltete Reflexion über den christologischen und soteriologischen Sinn der Wunderheilung weist auf den kerygmatischen Zweck der Erzählung hin und charakterisiert sie als Spätform neutestamentlicher Wunderverkündigung. Würde das Element des Glaubens des Blinden in der Erzählung fehlen, wäre das Geschehen als Demonstrationswunder zu charakterisieren. Am historischen Kern der Überlieferung ist aber nicht zu zweifeln. Die theologischen Reflexionen, die die Erzählung prägen, gehen auf den Evangelisten zurück, der die vorgegebene Überlieferung im Dienst seiner Evangelienverkündigung christologisch und soteriologisch ausgestaltete.

Die Verse 6 und 7a beschreiben den Heilungsakt: die Vorbereitung der Heilung und den Auftrag an den Blinden: »Geh und wasch dich im Teich Schiloach!« Auch dem Teich wird durch die Deutung seines Namens symbolische Bedeutung beigelegt (V. 7b). Der Vollzug des

Auftrags durch den Blinden bewirkt die Heilung, insofern wirkt der Blinde am Wunder mit (V. 7c).

Die Verse 8−12 dienen als öffentliche Feststellung des Wunders durch die Nachbarn, andere Bekannte und den Geheilten selbst.

Text und Botschaft

Die Initiative zur Heilung geht von Jesus aus, der − wohl aus Mitgefühl − einem Blindgeborenen helfen will (9,1). Bei diesem Kranken handelt es sich um einen besonders schweren Fall (vgl. 9,18−20.29). Jesus begegnete ihm in Jerusalem wohl in der Nähe des Teiches Schiloach, wo er bettelte (vgl. 9,8).

Die Jüngerfrage 9,2 setzte die übliche jüdische Vergeltungslehre voraus, nach der jedes Leiden der Gerechtigkeit Gottes wegen vom Menschen verschuldet sein muß. Bei Krüppeln von Geburt an führte man das Leiden auf die Eltern des Kindes oder auf dessen eigenes Verschulden im Mutterschoß zurück.

Die Antwort Jesu 9,3 zerbricht die jüdische Vorstellung von einem unbedingt gültigen Verschuldensgesetz und weist in diesem Fall darauf hin, daß »Gottes Wirken« am Kranken sichtbar werden soll. Jesus wird an ihm Gottes Heilswillen allen Menschen gegenüber exemplarisch offenbar machen. Dieselbe Zielsetzung findet sich in der Lazaruserzählung (vgl. 11,15.40).

Die Heilungstat wird auch zeigen, daß Jesus der Gesandte Gottes, der Heilbringer Gottes ist (9,4). Näherhin wird sich Jesus dadurch als »das Licht der Welt« erweisen (9,5). Die Kernaussage dieser Selbstdarstellung ist: Jesus macht Gottes Wahrheit und Liebe in der Welt offenbar (1,4; 3,19; 8,12; 12,46) und ermöglicht denen, die ihm glauben, in den Bereich des göttlichen Lebens einzutreten (8,12) und Kinder des Lichts zu werden (12,26). »Die Nacht, in der niemand mehr etwas tun kann« (9,4), bezieht sich zunächst auf den Tod Jesu, dann aber auch auf alle Situationen, in denen der einzelne Mensch nicht mehr wirken kann: der eigene Tod, der Untergang der Welt, Zeiten der Herrschaft des Bösen, Heimsuchungen und Zeiten des Unglaubens. 9,6f: Auffällig ist, daß eine Bitte des Blinden um Heilung fehlt, auch daß Jesus ihn selbst zunächst nicht anredet. Darf man voraussetzen, daß er als Bettler (9,8) auch Jesus um Unterstützung angegangen hatte? Oder hatte er schon so resigniert, daß er in Stummheit verharrte, als Jesus zu ihm kam?

Die Bestreichung der Augen mit einem Brei aus Speichel und Erde setzt die damaligen Vorstellungen von der Heilkraft des Speichels voraus (vgl. Mk 7,33; 8,23), dient aber hier als geistig-seelische

Vorbereitung des Blinden auf die bevorstehende Heilung. Die Heilung selbst tritt erst durch das Befolgen des Auftrags Jesu ein, die Augenlider im Wasser des Teichs Schiloach abzuwaschen (9,7).

Die symbolische Deutung des Namens Schiloach durch ›der Gesandte‹ weist auf Jesus hin, der die Heilung bewirkte als der Gesandte Gottes, der Messias. Das Wasser dieses von einer Quelle gespeisten Teiches deutet im vierten Evangelium zugleich auf das Wasser der Taufe hin (vgl. Joh 3,5: »Wenn jemand nicht aus Wasser und Geist geboren wird, kann er nicht in das Reich Gottes eingehen«; beachten Sie die angeschlossene Deutung der Sendung Jesu, 3,14−21, mit der Aussage: »Das Licht kam in die Welt, und die Menschen liebten die Finsternis mehr als das Licht; denn ihre Taten waren böse. Jeder, der Böses tut, haßt das Licht und kommt nicht zum Licht, damit seine Taten nicht aufgedeckt werden. Wer aber die Wahrheit tut, kommt zum Licht, damit offenbar wird, daß seine Taten in Gott vollbracht sind«).

Sowohl in dieser Wundergeschichte wie in jener von der Heilung des Sohnes des königlichen Beamten am Teich Betesda (Joh 5,8 f.) ist von Jesus her ein Auftrag eingeschaltet, an dessen Erfüllung das Geschehen der Heilung geknüpft ist. Der Hilfesuchende muß Jesu Wort befolgen. Insofern wirkt der Kranke oder sein Vertreter durch den Gehorsam des Glaubens am Wundergeschehen mit. Dies wird nicht passiv empfangen, sondern gläubig mitbewirkt.

Der Abschnitt 9,8−11 dient der Sicherung der Wundertat. Sowohl die Nachbarn als auch der Kranke bezeugen, daß der Geheilte der blindgeborene Bettler war, den viele kannten, und daß es Jesus war, der ihn geheilt hat, und zwar auf eine verblüffend unauffällige Weise. Die Frage nach Jesus (9,12) bereitet auf die Selbstoffenbarung Jesu vor.

Der nächste Abschnitt dient noch einmal der Sicherung des Wunders, diesmal gegenüber den Pharisäern (9,13−33). Der einleitende Vermerk, daß die Heilung an einem Sabbat geschah (9,14), weist darauf hin, daß es durch die Heilung zu einem Konflikt mit den Pharisäern kam. Denn diese sahen in der Heilung einen Verstoß gegen das Sabbatgebot (9,16). Das Kneten von Teig zählte damals zu den 39 verbotenen Arbeiten am Sabbat. Durch den Sabbatkonflikt kommt es, wie schon bei Joh 5,9 f., zu einer Auseinandersetzung über Person und Sendung Jesu, zu einer Scheidung der Geister und zur Selbstoffenbarung Jesu. Die Herausarbeitung des rechten Verstehens Jesu und seiner Sendung ist das Ziel des Evangelisten.

Die Diskussion zwischen den Juden und dem Geheilten über Jesus, 9,13−34, verläuft in drei Stufen: 9,13−17; 9,18−23 und 9,24−34. Auf der ersten Stufe stellen einige der Pharisäer fest: »Dieser Mann kann nicht von Gott sein, weil er den Sabbat nicht hält.« Andere aber fragen noch: »Wie kann ein Sünder solche Zeichen tun?« (9,16). Die Situation ist unter den Pharisäern also noch offen. Der Geheilte dagegen bekennt: »Er ist ein Prophet« (9,17).

Auf der zweiten Stufe spitzt sich der Konflikt zu, da ›die Juden‹, d.h. die jüdischen Gegner Jesu, nicht glauben wollen, daß überhaupt eine Heilung solchen Ausmaßes stattgefunden habe. Denn sie wollen die Folgerung nicht ziehen, die der Geheilte bereits zog: Muß nicht Jesus von Gott mit besonderer Vollmacht ausgestattet sein, wenn er solche Wunderzeichen zu vollbringen vermag?

Diese Stufe spiegelt eine neue Situation: aus den Pharisäern sind allgemein ›Juden‹ geworden, d.h. Gegner Jesu. Diese haben bereits beschlossen, jeden aus der Synagoge auszuschließen, der Jesus »als den Messias bekenne« (9,22). Da der Synagogenbann über Judenchristen erst um 90 n. Chr., also nach dem Untergang des Tempels, seitens des Hohen Rats verhängt wurde, zeigt sich auf dieser Stufe der christlichen Meditation der Blindenheilungsüberlieferung die Situation der von den jüdischen Autoritäten abgelehnten und verfolgten Judenchristen im letzten Jahrzehnt des 1. Jahrhunderts n. Chr. in Palästina und Syrien. Daran wird zugleich deutlich, daß diese Perikope den christlichen Messiasglauben, wie er sich am Ende des 1. Jahrhunderts herausgebildet hat, scharf und klar gegenüber der jüdischen Ablehnung Jesu herausarbeitet und auf die schuldhafte Verweigerung des Glaubens an Jesus Christus durch die jüdischen Führer und Lehrer hinweist.

Die letzte Stufe der Auseinandersetzung dient der Infragestellung des jüdischen Urteils über Jesus und der Herausstellung des bewußten Nicht-Sehen-Wollens der Wirklichkeit Jesu durch die jüdischen Führer. Zwei Urteile stehen dabei einander gegenüber: das der jüdischen Autoritäten: »Wir wissen, daß dieser Mensch ein Sünder ist« (9,24) (deshalb bleiben sie bei Mose als Heilsmittler stehen) und das des Geheilten und der Christen: »Wir wissen, daß Gott einen Sünder nicht erhört; wer aber Gott fürchtet und seinen Willen tut, den erhört er. Noch nie hat man gehört, daß jemand die Augen eines Blindgeborenen geöffnet hat« (9,31f.).

Der christologische Streit wird von seiten »der Juden« dadurch entschieden, daß der Blindgeborene als Sünder abgewertet (»Du bist ganz und gar in Sünde geboren!« – Anspielung auf die Blindheit bei Geburt) und aus der Synagoge ausgestoßen wird (9,34). Sie sind nicht bereit, umzudenken und auf die Zeichen Gottes, die für Jesus sprechen, zu achten. Damit verweigern sie sich Gottes Heilsplan und verfallen verstockter Blindheit gegenüber der Offenbarung Gottes in Jesus Christus.

Die Entscheidung der jüdischen Führer gegen Jesus und seine Anhänger bildet den Anlaß zur Selbstoffenbarung Jesu, mit der die Erzählung abgeschlossen wird (9,35–37). Das Selbstzeugnis Jesu ist das Ziel der Erzählung. Sie steht im Dienst der Enthüllung des Wesens und der Sendung Jesu.

Auf diese Selbstoffenbarung gibt es nur zwei mögliche Antworten: Glaube oder Unglaube. Der Blindgeborene kommt zum Glauben und wird daher sehend vor Gott; die Pharisäer verweigern sich dem Glauben und werden daher blind. Ihre Blindheit gründet in ihrem Nicht-Sehen-Wollen. Daher ist sie Sünde und zugleich Strafe Gottes (vgl. 12,37–43).

Die Selbstoffenbarung Jesu wird eingeleitet durch die Frage an den Ausgestoßenen: »Glaubst du an den Menschensohn?« (9,35). Jesus will den Mann, der aufgrund der Heilung ihm offen begegnet, zur Erkenntnis seiner Person und Sendung führen. Dem dient auch der für den Mann rätselhafte Begriff »Menschensohn«. Er kann »Mensch« bedeuten, zielt aber auf einen besonderen Menschen hin. Im Alten Testament bezeichnet er im Buch Daniel den endgültigen Weltrichter in der Vollmacht Gottes (Dan 7,13ff.). Bei Johannes schwingt in diesem Begriff nicht so sehr der Gerichtsgedanke, als vielmehr der Gedanke der göttlichen Herrlichkeit des Menschensohnes mit, wie die Stellen 1,51; 3,14; 12,23; 13,31; auch 8,28 zeigen. Hier ist vor allem die Aussage aufschlußreich: »Die Stunde ist gekommen, daß der Menschensohn verherrlicht wird... Wenn ich über die Erde erhöht bin, werde ich alle an mich ziehen« (12,23.32). Die Verherrlichung des Menschensohns beginnt ab dem Leiden Jesu (13,31). Demnach will Jesus den nun Sehenden zur entscheidenden Sicht, der des Glaubens an Gott und seinen Sohn, den endgültigen Heilbringer, führen. Auf die Frage des Mannes: »Wer ist das, Herr, damit ich an ihn glaube?« antwortet Jesus auf unverhüllte Weise – wie bei der Samariterin am Jakobsbrunnen (vgl. 4,25 f.) –: »Du siehst ihn vor dir; er, der mit dir redet, ist es« (9,37).

Darauf antwortet der Mann mit einem Glaubensbekenntnis des Wortes und der Tat: »›Ich glaube, Herr!‹ Und er warf sich vor ihm (huldigend) nieder« (9,38). Nun hat die Öffnung der Augen wirklich zum Ziel geführt, zur Erkenntnis Jesu als des Messias, des Menschensohnes, des Gesandten Gottes, des Gottessohnes.

Weil Jesus Christus die Situation der Menschen aufdeckt, führt seine Person ebenso wie sein Wort zur Scheidung der Geister und zu einer Vorwegnahme des Endgerichtes. »Jesus sprach: ›Um zu richten, bin ich in diese Welt gekommen; damit die Blinden sehend und die Sehenden blind werden!«« (9,39). Das gilt ausdrücklich für die Pharisäer, wie der Schlußvers 9,40 feststellt: »Ihr sagt: ›Wir sehen!‹ Darum bleibt eure Sünde« (9,40). Für den vierten Evangelisten ist damit die Scheidung zwischen »den Juden« und »den Christen« in der Frage nach Jesus von Nazaret grundsätzlich festgestellt.

Rahmen

Diese ›Zeichenhandlung‹ markiert einen ersten Höhepunkt in der Auseinandersetzung des menschgewordenen Sohnes Gottes mit ›den Juden‹. Er erweist sich darin als der wahre Offenbarer und Heilbringer Gottes; dennoch stößt er auf Ablehnung (›Sünder‹) und Verfolgung (Ausschluß seiner Anhänger aus der Synagoge). Dadurch wird deutlich, daß sich zwischen Jesus und ›den Juden‹ eine Scheidung der Geister vollzieht. Die Zeichenerzählung bildet daher den dramatischen Abschluß der wachsenden Auseinandersetzung zwischen ›den Juden‹ und Jesus, die in Kap. 8 ihren zuvor schärfsten Ausdruck gefunden hatte. Ihren endgültigen Abschluß findet sie in Kap. 11 f., im Anschluß an das letzte und größte Zeichen Jesu, die Erweckung des Lazarus vom Tode, mit dem Todesbeschluß des Hohen Rates und mit dem von Gott beglaubigten Hinweis Jesu auf seine Erhöhung, die Entmachtung Satans und das bereits im Sterben Jesu sich vollziehende Gericht Gottes über die Welt und ihren Unglauben (s. bes. 12,20−36). Jesus erweist sich in der Blindenheilung als »das Licht der Welt« (9,5). Wer an ihn glaubt, erkennt die Wahrheit der Heilsführung Gottes und gewinnt dadurch das Leben. Wer Jesus als den endgültigen Heilbringer Gottes ablehnt, verliert den klaren Blick und verfällt der Finsternis des Unheils.

In dieser theologisch reflektierten Wundererzählung wird deutlich, welchen Sinn die Verkündigung der Wundertaten Jesu in der Zeit der Kirche hat: sie soll zum Heilbringer Gottes, zu Jesus Christus, und dem durch ihn vermittelten ewigen Heil führen. Dies ist ohne Glaube und Anbetung Jesu Christi (s. 9,38) nicht möglich. Die Wunder, die nach der Auferstehung im Namen Jesu Christi geschehen, sind bereits Ausdruck des durch Glaube und Taufe gegenwärtigen Heiles Gottes und führen hin zum ewigen Heil in seiner Vollgestalt.

Anregungen für die Auslegung heute

1. Prüfen Sie den Aufbau des Kapitels 9 des Johannesevangeliums, und stellen Sie die Gliederung dieses kerygmatischen Lehrstücks fest. Welche Funktion kommt der Wundererzählung im Ganzen dieses Abschnitts zu?

2. Welche Bedeutung hat der Hinweis auf den Sabbat (9,14) für den Fortgang der Erzählung?

3. Wie deuten die Jünger, wie die Pharisäer (9,34), wie Jesus die Blindheit des Mannes? (Hilfsfrage: Teilt Jesus die jüdische Auffassung von dem notwendigen Zusammenhang zwischen Krankheit und Sünde des Erkrankten oder seiner Eltern?)

4. Wie vollzieht sich die Heilung? (Hilfsfragen: Bewirkt allein Jesu Wort das Wunder? Welchen Einfluß hat der Speichelbrei auf die Heilung? Trägt der Gehorsam des Mannes gegenüber dem Auftrag Jesu etwas zur Heilung bei? Wie wirken diese Faktoren zusammen?)

5. Wie gehören Glaube und Wunder zusammen? Geht der Glaube dem Wunder voraus? Folgt der Glaube dem Wunder? Auf welche Art von Glauben zielt Jesus hin?

6. Wie deutet die Erzählung das ›Zeichen‹ des Wunders? Als Hinweis auf
   a) den Anbruch der Heilszeit,
   b) Wesen und Sendung Jesu,
   c) auf die heilsgeschichtliche Situation der Juden?

7. Wie versteht die Erzählung den Titel ›Menschensohn‹? (Beachten Sie hier die Stellen im Johannesevangelium: 1,51; 3,13f.; 6,62; 8,28; 12,23; 13,31! Hilfsfrage: Ist das ein Hinweis auf die künftige Gerichtsfunktion, vgl. Dan 7,13, oder auf die Heilbringeraufgabe Jesu, vgl. 12,23?)

8. Welchen besonderen Akzent setzt diese ›Zeichenwundererzählung‹ im Ganzen der Wunderzeichen des vierten Evangeliums? (Vgl. 2,1–12; 4,46–54; 5,1–15; 6,1–15; 6,16–21; 11,1–44; beachten Sie den Gang der Auseinandersetzung zwischen Jesus und »den Juden«.)

7. Die Auferweckung des
   Lazarus am vierten Tag
   nach seinem Tod
   zu Betanien
   (Joh 11,1−53)

Hinführung

Auch im vierten Evangelium findet sich eine Erzählung von einer Totenerweckung Jesu. Sie unterscheidet sich aber von den synoptischen Totenerweckungszeugnissen grundlegend: sowohl durch den Umfang und die Eigenart der Darstellung, durch die handelnden Personen, die theologische Deutung, als auch durch den Zeitpunkt, zu dem sie stattfindet: am 4. Tag nach dem Tod, als bereits die Verwesung des Leichnams eingetreten war (11,17.39).

Dieses Auferweckungszeugnis bildet den Abschluß und Höhepunkt der 7 Wunderzeugnisse, die im ersten Teil des Johannesevangeliums stehen. In diesem Zeichen finden alle anderen ihr Ziel. Das Zeichen der Totenerweckung hat wie die übrigen eine christologische und soteriologische Mitte. Es ist die Selbstaussage Jesu 11,25 f.: »Ich bin die Auferstehung und das Leben. Wer an mich glaubt, wird leben, auch wenn er stirbt, und jeder, der lebt und an mich glaubt, wird auf ewig nicht sterben!« Dieses Zeichen veranlaßt den Tötungsbeschluß des Hohen Rates (11,45−53). Ab hier gibt es keine Zeichenwunder mehr im Evangelium. Vielmehr weiß Jesus, daß seine Stunde gekommen ist (13,1), und geht zielbewußt seinem Tod und damit seiner Erhöhung entgegen (13,19).

Kap. 20 beschließt das Evangelium durch die Berichte über das leere Grab, die Erscheinungen des Auferstandenen in Jerusalem und die Bevollmächtigung der Jünger. Die eigene Auferstehung bildet den Höhepunkt des Weges und Wirkens Jesu. In ihr verwirklicht sich das, was in der Auferweckung des Lazarus zeichenhaft im voraus enthüllt wurde: Jesus überwand nicht nur das von Gott verfügte Todesschicksal des Menschen, sondern gewann neues, ewiges, göttliches Leben, das er den Seinen zugänglich macht und durch sie allen, die ihrer Botschaft von Jesus, dem Retter der Welt, glauben.

Form

Es handelt sich um eine theologisch geprägte Erzählung von der Rückkehr eines Toten ins Leben, dessen Auferweckung ein christologisches und soteriologisches Zeichen darstellt.

Jesus erfuhr von der Erkrankung seines Freundes (11,3), blieb bewußt noch zwei Tage an dem Ort, wo er mit seinen Jüngern weilte, und ging erst am 4. Tag nach Betanien bei Jerusalem, wo der Kranke gelebt hatte (11,6). Er fand ihn bereits seit 4 Tagen im Grab liegen (11,17).

Jesu Stellungnahme zur Krankheitsnachricht ist merkwürdig: »Diese Krankheit wird nicht zum Tode führen, sondern dient der Verherrlichung Gottes: Durch sie soll der Sohn Gottes verherrlicht werden« (11,4). Als er zwei Tage danach aufbrach, sagte er zu den Jüngern: »Lazarus, unser Freund, schläft; aber ich gehe hin, um ihn aufzuwecken« (11,12). Dem Mißverständnis der Jünger, er schlafe der Genesung entgegen, trat Jesus entgegen mit der Erklärung: »Lazarus ist gestorben. Und ich freue mich für euch, daß ich nicht dort war; denn ich will, daß ihr glaubt« (11,15). Jesus strebte also von vornherein danach, Lazarus ›aufzuwecken aus dem Todesschlaf‹ (vgl. 11,11.14), um einerseits Gott zu verherrlichen, andererseits seine Jünger zum vollen Glauben an ihn, den menschgewordenen Sohn Gottes, zu führen (vgl. 1,14.18).

Lazarus, der Freund Jesu, kommt in der Erzählung nicht zu Wort; nach seinen Hoffnungen und Befürchtungen, nach seinem Schicksal wird nicht gefragt. Er dient als Objekt der Selbstoffenbarung Jesu. Insofern handelt es sich bei der Totenerweckung um eine christologische Demonstration, eine Zeichenhandlung mit christologischer und soteriologischer Bedeutung.

Im Unterschied zu den Zeichenwundern Joh 5,1–9a (Gelähmtenheilung am Sabbat); 6,1–15 (Brotvermehrung) und 9,1–12 (Blindenheilung), bei denen der Wundervorgang den Ausgangspunkt für eine christologische und soteriologische Offenbarungsrede Jesu bildet, wird in der Lazarusperikope – wie bei dem Zeichenwunder von der Fernheilung des Sohnes eines königlichen Beamten (4,43–54) – die Glaubensaussage im Vorgang des Wundergeschehens selbst mitentfaltet. Man kann insofern von einer theologisch gestalteten Wundererzählung, einer narrativen Wunderkatechese, einer Glaubensunterweisung über Person und Heilswerk Jesu in Form einer Wundererzählung sprechen.

Bei dieser Charakterisierung der Auferweckungserzählung ist aber festzustellen, daß alle Zeichenwunder im vierten Evangelium eine besondere, außergewöhnliche Tat Jesu voraussetzen und diese christologisch und soteriologisch zu erschließen suchen.

Auch die Überlieferung von der Erweckung des Lazarus aus dem Tod fand der vierte Evangelist in der sogenannten Zeichensammlung (›Zeichenquelle‹) vor, wobei nicht sicher gesagt werden kann, welche Grundform dieser Wunderbericht aufwies. Die *Grunderzählung* dürfte wohl so ausgesehen haben (Abschnitte in Klammern sind unsicher): »Ein Mann war krank, Lazarus aus Betanien (11,1). Daher sandten die Schwestern (Maria und Marta) Jesus die Nachricht: ›Herr, dein Freund ist krank‹ (11,3). Als er hörte, daß Lazarus krank war, blieb er noch zwei Tage an dem Ort, wo er sich aufhielt (11,6). Als Jesus ankam, fand er, daß Lazarus bereits vor vier Tagen verstorben war (vgl. 11,7). Betanien war nahe bei Jerusalem, etwa 15 Stadien entfernt (11,18). (Als Maria dorthin kam, wo Jesus war, fiel sie ihm zu Füßen und sagte zu ihm: ›Herr, wärst du hier gewesen, dann wäre meine Bruder nicht gestorben‹ [11,32].) Als Jesus sah, (wie sie weinte und) wie (auch) die Juden weinten, die (mit ihr) gekommen waren, war er im Innersten erregt und erschüttert. Er sagte: ›Wo habt ihr ihn bestattet?‹ Sie antworteten ihm: ›Herr, komm und sieh!‹ (11,34). Jesus ging zum Grab. Es war eine Höhle, die mit einem Stein verschlossen war (vgl. 11,38). Jesus sagte: ›Nehmt den Stein weg!‹ (11,39). Da nahmen sie den Stein weg (11,41). Dann rief er mit lauter Stimme: ›Lazarus, komm heraus!‹ (11,43). Da kam der Verstorbene heraus; seine Füße und Hände waren mit Binden umwickelt, und sein Gesicht war mit einem Schweißtuch verhüllt. Jesus sagte zu ihnen: ›Löst ihm die Binden, und laßt ihn weggehen!‹ (11,44). (Viele der Juden, die zu Maria gekommen waren und gesehen hatten, was Jesus getan hatte, kamen zum Glauben an ihn« [11,45].)

Diese Grunderzählung ähnelt im Aufbau der Grundgestalt der Erzählung von der Erweckung der Tochter des Jaïrus (vgl. Mk 5,21–24a.35–43). Der vierte Evangelist hat die vorgegebene Grunderzählung christologisch und soteriologisch bearbeitet und zum Höhepunkt des ersten Teils seines Evangeliums ausgestaltet.

Unsere *Auslegung* geht von der Form aus, die sich heute im Evangelium findet. Sie will die theologische Aussageabsicht des Evangelisten freilegen, der unter Mitwirkung des Heiligen Geistes sein Evangelium verfaßte. Die Rückbesinnung auf die vermutliche Grundgestalt ist jedoch hilfreich für die Bestimmung der Motive, nach denen der Evangelist die ihm vorliegende Überlieferung stilistisch und theologisch ausgestaltete.

Aufbau

Die Erzählung von der Erweckung des Lazarus aus dem Tod weist in ihrer heutigen Gestalt eine klare Gliederung auf. 11,1–16 bildet die *Einleitung*. Sie berichtet vom Eintreffen der Nachricht der Erkrankung bei Jesus und seinem Verhalten sowie von der Reaktion der Jünger auf den Entschluß Jesu, Lazarus und seine Schwestern aufzusuchen. 11,17–38 schildert die *Begegnung* Jesu mit den beiden Schwestern als den Stellvertretern des Toten, zuerst mit Marta, dann mit Maria. Beide betonen, Lazarus wäre nicht gestorben, wenn Jesus anwesend gewesen wäre (11,20–27: Marta; 11,28–32: Maria). Marta bekennt dabei ihren Glauben: »Alles, worum du Gott bittest, wird Gott dir geben« (11,22). Durch diese Vertrauensäußerung bittet Marta Jesus indirekt um seine Fürbitte bei Gott für ihren Bruder und rechnet mit sicherer Erhörung. Daraufhin bekennt Jesus: »Dein Bruder wird auferstehen!« Auf die Entgegnung Martas, die auf der jüdischen Auferstehungshoffnung gründet, antwortet Jesus mit einer Selbstoffenbarung: »Ich bin die Auferstehung und das Leben. Wer an mich glaubt, wird leben, auch wenn er stirbt, und jeder, der lebt und an mich glaubt, wird auf ewig nicht sterben! Glaubst du das?« (11,25f.). Daraufhin bekennt Marta ihren Glauben an Jesus: »Ja, Herr, ich glaube, daß du der Messias bist, der Sohn Gottes, der in diese Welt kommen soll!« (11,27).

Das Zwiegespräch zwischen Marta und Jesus bildet das theologische *Zentrum* der soteriologischen Lehrerzählung. Der christliche Auferstehungsglaube gründet auf der Selbstoffenbarung Jesu Christi. Die Wunderzeichen beglaubigen seine Worte.

Die Wundererzählung gelangt zu ihrer *Mitte* aber erst im nächsten Abschnitt, in der Wundertat Jesu, 11,33–44. Die Erschütterung Jesu über die Trauer Marias und der anwesenden Leute beschleunigt diesen Vorgang. Der Einwurf der Menge (11,37) stellt zum drittenmal fest, Jesus hätte seinen Freund vor dem Tod bewahren können. Für die Menge endet Jesu Vollmacht an der Grenze des Todes.

Jesus aber geht zum Grab und läßt es öffnen. Er will zeigen, daß seine Vollmacht diese Grenze übersteigt. Marta versucht, ihn daran zu hindern durch den Hinweis auf die eingetretene Verwesung. Selbst sie ist noch nicht zum Kern des Christusglaubens vorgedrungen, daß Jesus auch Herr über Leben und Tod ist: »Habe ich dir nicht gesagt: ›Wenn du glaubst, wirst du die Herrlichkeit Gottes sehen‹?« (11,40).

Jesus dankt dem Vater für die bereits im voraus mitgeteilte Erhörung und weist auf den Sinn des Zeichens hin: »Die Menschen sollen glauben, daß du mich gesandt hast!« (11,42). Abgeschlossen wird die dramatische Vorbereitung auf das Wunder durch den lauten Ruf Jesu:

»Lazarus, komm heraus!« (11,43) und die sofort eintretende Verwirklichung dieses Befehls (11,44a).

Der Auftrag Jesu, Lazarus zu befreien, dient der Feststellung des eingetretenen Zeichens: Lazarus wurde wieder lebendig und heil. Jesu Vollmachtswort hat ihn neu erstehen lassen aus dem Bereich des Todes und der Verwesung.

11,45–53 schildert abschließend die *Wirkung* des Geschehens: Viele Zeugen kamen zum Glauben, daß Jesus der verheißene Messias sei (11,45), der Hohe Rat aber faßte daraufhin den Beschluß, Jesus zu töten. Das überzeugendste Zeichen der messianischen Vollmacht Jesu gibt den Anstoß zur endgültigen Verblendung des Hohen Rates und damit zur Tötung Jesu. Allerdings kommt im Tötungsbeschluß des Hohen Rates Gottes Heilsplan zur Verwirklichung. Der Hohepriester deutet aus prophetischer Eingebung den Tod Jesu als stellvertretenden Sühnetod (11,51 f.) für ›die versprengten Kinder Gottes‹.

So beglaubigt die theologische Verkündigungserzählung die höchste Selbstoffenbarung Jesu und deutet zugleich sein Sterben im Licht dieser Selbstaussage, der endgültige Heilbringer und Erlöser für Israel und alle Menschen zu sein.

Text und Botschaft

Die Namens- und Ortsangabe ›Lazarus aus Betanien‹ (11,1) ist historisch glaubwürdig. Der Name Lazarus, Gotthilf (wörtlich: »der, dem Gott hilft«), wird in der Erzählung symbolisch nicht ausgewertet. Dieses Betanien lag ca. 3 km (11,8: 15 Stadien) südöstlich von Jerusalem.

Überraschend ist der Hinweis auf Maria und Marta als Geschwister des Lazarus, obwohl bisher von beiden im Evangelium noch nicht die Rede war. Bei Lk 10,38–42 tauchen beide Schwestern ohne Hinweis auf Lazarus auf. Die Bemerkung, Maria habe dem Herrn die Füße gesalbt und sie mit ihren Haaren getrocknet, nimmt 12,3 vorweg und darf daher nicht auf die Sünderin Lk 7,36–50 bezogen werden.

Jesus wird 11,3 als Freund des Hauses des Lazarus vorgestellt. Offensichtlich lebten die Geschwister zusammen. Von einer Frau des Lazarus ist nicht die Rede.

Die Nachricht der Schwestern über die Erkrankung des Bruders (11,3) erstrebte wohl, daß Jesus dem Kranken zu Hilfe eile. Daher ist die Reaktion Jesu verwunderlich: »Die Krankheit wird nicht zum Tode führen, sondern dient der Verherrlichung Gottes. Durch sie soll der Sohn Gottes verherrlicht werden« (11,14). Diese Aussage konnte Jesus nur aufgrund göttlicher Eingebung machen. Mit ihr wird einerseits das

Verhalten Jesu erklärt, der nicht zu seinem kranken Freund eilt, andererseits aber der Gesichtspunkt angegeben, unter dem das sich entfaltende Geschehen betrachtet werden soll. Jesus wird hier als einer gezeichnet, der in den Ablauf der Geschichte Einblick hat und seinem eigenen Schicksal souverän gegenübersteht. Er ist nicht Objekt, sondern Subjekt der Geschichte (vgl. Joh 2,24; 18,4; dazu die Hinweise auf das Wissen um ›die Stunde‹: 2,4; 13,1.3; 17,1; 19,28–30). Daher blieb Jesus noch zwei Tage an dem Ort, wo er weilte, wohl bei Betanien, am Ostufer des Jordan, wo Johannes zuerst getauft hatte (10,40–42; 1,28). Erst dann ging er nach Betanien am Ölberg (11,7).

Die Jünger fürchteten sich, dorthin zu gehen, weil Jesus bereits verfolgt wurde (11,8; vgl. 8,59; 10,31; auch 9,34; 10,39). Die Antwort Jesu 11,9 verweist auf die von Gott festgesetzte Zeit (›die Stunde‹; vgl. 7,30; 8,20), vor der ihm niemand schaden könne.

Die Worte Jesu 11,11–15 spielen sodann auf den bereits eingetretenen Tod des Lazarus an, und zwar unter Verwendung des Bildes vom ›Todesschlaf‹ (vgl. Mk 5,39 par), aus dem er den Lazarus ›erwecken‹ will. Jesus wußte von Anfang an um den gottgewollten Ablauf des Geschehens. Das Sterben des Freundes wird die Voraussetzung für sein größtes und wichtigstes Offenbarungszeichen sein. Darum freute sich Jesus auf das, was kommen wird. Thomas (11,16) aber ahnte, zu welchen Konsequenzen dieses Zeichen führen wird.

Der nächste Abschnitt (11,17–44) beschreibt den Ablauf der Begegnung mit den Schwestern in Betanien und deren Besuchern, nachdem sich beim Eintreffen Jesu zeigt, daß Lazarus bereits 4 Tage im Grab lag. Jüdische Tote wurden in Palästina wenn möglich noch am Todestag beerdigt. Marta ging Jesus entgegen und stellte traurig fest, daß Jesus zwar zu spät komme, aber immer noch helfen könne: »Herr, wärst du hier gewesen, dann wäre mein Bruder nicht gestorben. Aber auch jetzt weiß ich: Alles, worum du Gott bittest, wird Gott dir geben« (11,21). Sie rechnete also mit der Möglichkeit einer Auferweckung. Dabei dachte sie wohl an die Auferweckung zweier Jungen durch die Propheten Elija und Elischa (vgl. 1 Kön 17,17–24; 2 Kön 4,18–37). Dennoch bezog sie die Antwort Jesu: »Dein Bruder wird auferstehen!« aufgrund ihres jüdischen Glaubens auf die allgemeine Totenauferstehung am Letzten Tag (11,24). Diese Hoffnung wurde seit den Makkabäern von den Pharisäern und der Mehrheit der Juden, auch von Jesus, geteilt (vgl. Mk 12,18–27; Apg 23,1–9).

Das Mißverständnis Martas dient in der heutigen Erzählung aber dazu, Jesus Gelegenheit zur Selbstoffenbarung zu geben: »Ich bin die Auferstehung und das Leben. Wer an mich glaubt, wird leben, auch wenn er stirbt, und jeder, der lebt und an mich glaubt, wird auf ewig nicht sterben!« (11,26). Diese Worte führen das weiter, was Jesus im Evangelium des Johannes bereits vorher kundgetan hat, und zwar ebenfalls im Zusammenhang mit einem Wunderzeichen: »Jesus sagte zu ihnen: ›Amen, amen, ich sage euch: ...Was der Vater tut, tut in gleicher Weise der Sohn... Denn wie der Vater die Toten auferweckt und lebendig macht, so macht auch der Sohn lebendig, wen er will... Wer mein Wort hört und dem glaubt, der mich gesandt hat, hat das ewige Leben; er kommt nicht ins Gericht, sondern ist aus dem Tod ins Leben hinübergegangen. Amen, amen: Die Stunde kommt, und sie ist schon da, in der die Toten die Stimme des Sohnes Gottes hören werden; und alle, die sie hören, werden leben. Denn wie der Vater das Leben in sich hat, so hat er auch dem Sohn gegeben, das Leben in sich zu haben...‹« (5,19–30).

Bereits der irdische Jesus besaß als der menschgewordene Sohn Gottes die Vollmacht, Tote aufzuerwecken, wenn auch in Unterordnung unter den Willen des Vaters. Die Auferweckung des Lazarus soll auf Jesu Vollmacht sichtbar hinweisen und zugleich zeigen, was der Glaube an ihn an Heilsgaben einschließt. Daher fragte Jesus Marta, die Schwester und Fürbitterin des toten Lazarus: »Glaubst du das?« (11,26). »Marta antwortete ihm: ›Ja, Herr, ich glaube, daß du der Messias bist, der Sohn Gottes, der in die Welt kommen soll‹« (11,27). Damit ist die entscheidende Aussage über den Sinn des Wunderzeichens und über Jesus gemacht. Zugleich ist darauf hingewiesen, daß der Mensch nur durch den Glauben an Jesus Christus das ewige Leben gewinnen kann.

Das Gespräch mit Maria (11,28–32) fügte dem Gesagten nichts Neues hinzu, sondern drängte Jesus – Maria wiederholte die Feststellung der Marta: »Herr, wärst du hier gewesen, so wäre mein Bruder nicht gestorben« (11,32) –, Lazarus nicht im Tod zu lassen. Deshalb fragte er nach dem Grab (11,34). Die Betroffenheit Jesu über den Schmerz der Schwestern (11,33) darf nicht als Element der Erregung und Kräftesammlung zur Vorbereitung auf die bevorstehende Wundertat mißdeutet werden, sondern ist Ausdruck der Teilnahme Jesu am Schmerz der Schwestern über den Tod des Freundes (vgl. 11,35: »Jesus weinte«). Daneben schwingt darin wohl (s. das Verb tarassai, 11,33, das verwirren, erschüttern heißt) die Erschütterung über den bevorstehenden eigenen Tod mit, dessen Wirklichkeit an seinem Freund sichtbar wurde (vgl. 12,27!).

Die Bemerkung einiger Juden: »Wenn er dem Blinden die Augen geöffnet hat, hätte er dann nicht verhindern können, daß dieser hier starb?« (11,37), führte die zweimalige bittere Feststellung der beiden Schwestern fort und drängte darauf hin, Lazarus aus dem Tod zu rufen. Darum wird im Anschluß daran zum dritten Mal betont: »Da wurde Jesus wiederum innerlich erregt« (vgl. 11,33 und 11,35) und festgestellt: »Und er ging zum Grab« (11,38). Bei diesem handelte es sich um ein Höhlengrab, das mit einem Rollstein verschlossen war. Jesus ließ das Grab öffnen und bekundete damit seine Absicht. Der Zwischenruf der Marta: »Herr, er riecht aber schon, denn es ist bereits der vierte Tag!« (11,39) zeigt auf, daß es sich bei der bevorstehenden Totenerweckung nicht um die Wiedererweckung eines kurz zuvor Verstorbenen handelt, sondern um die Wiederherstellung, die Neuerschaffung eines bereits in Verwesung übergegangenen Leichnams, um die neue Geburt eines Menschen.

Zu beachten ist in diesem Zusammenhang, daß nach jüdischer Auffassung die Seele als das Lebensprinzip eines Menschen bis zum 3. Tag in der Nähe des Leichnams verweilte und daher in einen Körper zurückgerufen werden konnte, solange dieser noch unversehrt war (s. die Totenerweckungen des Elija und des Elischa; beachte auch Lk 24,21: »Heute ist schon der dritte Tag!«).

Die Antwort Jesu wies demgegenüber erneut auf die Macht des Glaubens hin: »Habe ich dir nicht gesagt: ›Wenn du glaubst, wirst du die Herrlichkeit Gottes sehen‹?« (11,40). Sie stellt zugleich die Bedeutung des Glaubens für die Teilhabe an der Heilssendung Jesu und den Gewinn des ewigen Lebens heraus. Sie ist vor allem an den christlichen Leser und Hörer des Evangeliums gerichtet.

Vor der Öffnung des Grabes sprach Jesus ein Dankgebet (11,41 f.) an den Vater: »Vater, ich danke dir, daß du mich erhört hast. Ich wußte, daß du mich immer erhörst; aber wegen der Menge, die um mich herum steht, habe ich es gesagt; denn sie sollen glauben, daß du mich gesandt hast!« Dieses Gebet setzt die völlige Einigung des Willens Jesu mit dem Heilswillen des Vaters voraus. Der Sohn »tut immer, was dem Vater gefällt« (8,29). Darum wußte er auch, was der Vater will, und durfte dort, wo er in der Vollmacht des Vaters handelt, der Mitwirkung des Vaters gewiß sein.

Das Vierte Evangelium zeichnet Jesus durchgehend als den gehorsamen Sohn, der als echter Mensch zu Gott betet und auch bittet (vgl. 14,28.31). Aber er bittet nie für sich persönlich, sondern für seine Sendung. So setzt auch dieses Dankgebet voraus, daß Jesus in dem Augenblick, in dem er um das Sterben des Lazarus, seines Freundes, durch Eingebung wußte, auch erfuhr, daß der Vater ihm die Vollmacht zur Auferweckung schenken werde, um seine Sendung damit endgültig zu beglaubigen. Insofern widerspricht dieses ›Wunderzeichen‹ nicht den synoptischen Zeugnissen von Totenerweckungen, nach denen Jesus ohne vorhergehendes Gebet aus eigener Sendungsvollmacht handelte (vgl. Mk 5,41 par; Lk 7,14). Das Gebet Jesu hat hier nicht eine bittende, sondern eine offenbarende Funktion: »Wegen der Menge um mich herum habe ich dies gesagt; sie sollen glauben!«

Dann setzte er sein machtvollstes Offenbarungszeichen: »Nachdem er dies gesagt hatte, rief er mit lauter Stimme: ›Lazarus, komm heraus!‹« (11,43). Es war ein Ruf göttlicher Vollmacht, der ins Reich der Toten eindrang und Lazarus zurück ins Leben rief. Das Hervorgehen des Lazarus aus seinem Grab zeigte an, daß Jesus vor seiner Auferstehung die Macht hatte, solches zu bewirken. Allerdings hatte dieser Rückruf ins diesseitige Leben nur Hinweischarakter auf die endgültige Auferstehung zum ewigen Leben. Aber auch der Rückruf aus der Verwesung in das Leben dieser Welt war ein Akt göttlicher Schöpferkraft, nicht einfach eine Wiederbelebung eines nur kurz unterbrochenen diesseitigen Lebensprozesses. Insofern eignete dieser Totenerweckung ein transzendenter, endzeitlicher Charakter. Sie war der Beweis dafür, daß mit Jesu Wirken »die Stunde bereits angebrochen ist, in der die Toten die Stimme des Sohnes Gottes hören«, um neu zu leben (5,25).

Das Hervorkommen des Verstorbenen aus der Grabhöhle bildete einen eindrücklichen Hinweis auf die Wahrheit dieser theologischen Aussage. Der Auftrag Jesu, dem Neubelebten die Binden zu lösen und ihn gehen zu lassen (11,44), diente der Bestätigung des Wundergeschehens, gab aber auch Lazarus die Freiheit und Selbstverfügung des Lebens zurück.

Die Wirkung dieses Zeichens war zwiespältig: Viele der jüdischen Trauergäste bei Maria verstanden das Zeichen und kamen zum Glauben an Jesus, den Messias Gottes, und seine Vollmacht (11,45); einige aber gingen zu den Pharisäern (11,46). Diese veranlaßten eine Sondersitzung des Hohen Rates, die zu dem Beschluß kam, Jesus zu töten (11,53), damit nicht noch mehr Juden von Jesus ›verführt‹ würden. Sie fürchteten, das könnte zu einem messianischen Aufstand führen und sie um die religiöse und bürgerliche Selbstverwaltung bringen (11,48). Aber dieser Tötungsbeschluß entspricht dem Heilsplan Gottes, wie das hintersinnige Wort des Kajaphas, des damaligen Hohenpriesters, anzeigt (11,50–52). Vom Hohenpriester wurde damals angenommen, er stehe unter besonderem Einfluß des Geistes Gottes. Jesus wird so zum Knecht Gottes werden, der durch seinen stellvertretenden Sühnetod ›die Vielen‹ erlösen wird (s. Jes 52,13 –

53,12; Joh 19,31—37; auch 1,29: »Das Lamm Gottes, das die Sünde der Welt hinwegnimmt«).

Abschließend ist zu fragen, ob hinter diesem ›Zeichen‹ eine historische Begebenheit steht. Wie oben bereits ausgeführt wurde, entnahm der vierte Evangelist all seine ›Wunderzeichen‹ einer Sammlung von Wundertaten Jesu, die von uns unbekannter Hand niedergelegt worden war. In dieser Sammlung waren sowohl Wundertaten in Galiläa als auch bei und in Jerusalem aufgeführt. Wie der Vergleich dieser Wundertaten mit der synoptischen Wundertradition zeigt, näherhin der Heilung des Sohnes eines Beamten aus Kafarnaum (Joh 4,46—54; Mt 8,5—11; Lk 7,1—10), der Brotvermehrung (Joh 6,1—15; Mk 6,31—44; Mt 14,13—21; Lk 9,10—17), und des Gehens Jesu über den See (Joh 6,16—21; Mk 6,45—52; Mt 14,22—33), schöpfte diese Sammlung aus der gemeinsamen urchristlichen Überlieferung und wollte echte Wundertaten Jesu für die Um- und Nachwelt festhalten. Der Verfasser legte dabei Wert darauf, die Wundertaten Jesu sowohl in geographischer wie auch in zeitlicher Abfolge aufzuführen und dabei auch wichtige Gegebenheiten historischer Art festzuhalten wie Ort, Zeit, Namen, Erkrankung, Übel, Not, Umstände, besondere Vorkommnisse. Denn nur bei Sicherung der Glaubwürdigkeit des Überlieferten konnte mit Hilfe dieser Sammlung für den Glauben an die messianische Vollmacht Jesu überzeugend geworben werden. In einem kleinen Land wie Palästina, näherhin in Galiläa und in Jerusalem, waren die behaupteten Ereignisse lokal leicht nachprüfbar.

Wie die verschiedenartige Auswertung der aus dieser Sammlung entnommenen Überlieferungen zeigt, hat der vierte Evangelist die von ihm benützten Traditionen nicht geschaffen, sondern meditiert und sowohl christologisch als auch soteriologisch vertieft und ausgestaltet und sie dadurch der Zielsetzung seines Evangeliums dienstbar gemacht. Dies ist daher auch anzunehmen für die Überlieferung von der Erweckung eines Verstorbenen namens Lazarus aus dem Tod. Sowohl der Name und die Ortsangabe des Erweckten als auch der Hinweis darauf, daß Jesus zu spät bei Lazarus ankam, um ihn vor dem Sterben zu bewahren, stammen aus der vorgegebenen Sammlung. Fraglich ist, ob die Tradition von der Erweckung eines Lazarus aus Betanien und jene der Salbung Jesu durch eine Maria aus Betanien (s. Joh 12,1—8) ursprünglich zusammengehörten. Wenn erst der Evangelist beide Personen – wegen der gemeinsamen Ortsangabe – miteinaner verband, erklärt sich am leichtesten, weshalb bei Lk 10,38—42 neben den beiden Schwestern Maria und Marta nicht auch Lazarus genannt wird. Die Spannung zwischen den Angaben des Markus

(14,3−9) und Matthäus (26,6−13) und denen des Johannes (12,1−11) über die letzte Salbung Jesu in Betanien (Name der Frau, Vorgang der Salbung) erklärt sich ebenfalls am leichtesten dadurch, daß Johannes eine andere Tradition benützte als Markus, wobei diese Tradition mit Lk 7,36−50 und Lk 10,38−42 in Beziehung stand. Aus der Spannung zwischen den Salbungsberichten beider Traditionsstränge kann aber nicht auf die Ungeschichtlichkeit der Auferweckung eines Lazarus aus Betanien geschlossen werden.

Zu beachten ist auch, daß Lukas über Markus hinaus eine weitere Überlieferung von der Auferweckung eines Toten, die des jungen Mannes von Naïn bietet (7,11−17). Dies legt nahe, daß die urchristliche Überlieferung mehrere Totenerweckungen in Palästina kannte und nicht daran interessiert war, alle schriftlich zu sammeln. Die mündliche Wunderüberlieferung war sicher umfassender als das, was die Evangelien uns davon überliefern.

Problematisch ist die Aussage, daß Jesus den toten Lazarus erst am 4. Tag aus dem Tod ins Leben zurückrief. Die dreimalige Aussage: »Wärst du rechtzeitig hiergewesen, wäre Lazarus nicht gestorben« (11,21.32. 37) läßt noch erkennen, daß mit dem rechtzeitigen Eintreffen Jesu seitens der Betroffenen gerechnet worden war. Damit ist wohl auch angedeutet, daß Jesus nach der ursprünglichen Tradition kurz nach dem Tod bei Lazarus in Betanien eingetroffen war, als man diesen bereits beerdigt hatte. Beerdigungen fanden damals nach Möglichkeit wegen des heißen Klimas am Tag des Todes statt. Das Motiv des vierten Tages dürfte mit Rücksicht auf die Tradition von der Auferstehung Jesu und die Verheißung des Propheten Hosea (6,1 f.) von der Wiederbelebung Israels nach 3 Tagen der Not vom Evangelisten in die Erzählung eingefügt worden sein. Die Auferweckung am 4. Tag soll wohl darauf hinweisen, daß das Leben, das Jesus, der Auferstandene, den Seinen schenken wird, göttlicher Art sein wird.

In diesem Zusammenhang ist zu berücksichtigen, was die Offenbarungsrede Jesu vor Nikodemus über die neue Geburt von oben, Joh 3,1−13, ausführt. Dort weist Jesus auf das Leben hin, das nach seiner Auferstehung aufgrund seines Todes all denen geschenkt werden wird, die an ihn als den Erlöser glauben und sich auf ihn taufen lassen. Die »neue Geburt aus Wasser und Geist« versetzt in »das Reich Gottes« und geschieht durch den Geist, d. h. die Lebensmacht Gottes (vgl. Joh 20,22 f.).

Diese Geburt zu einem neuen, göttlichen, ewigen Leben findet ebenfalls bereits in dieser Welt im Namen Jesu statt. Wer den neuen Lebensgeist von oben besitzt, wird nicht im Tod vergehen, sondern ewig mit dem Auferstandenen leben.

Auf dieses neue Leben verweist auch die Verheißung Jesu an Marta: »Wer an mich glaubt, wird leben, auch wenn er stirbt, und jeder, der lebt und an mich glaubt, wird auf ewig nicht sterben« (11,26). Der vierte Evangelist sieht also im Zeichen der Auferweckung des Lazarus bereits angedeutet die neue Geburt von oben durch die Taufe in der Vollmacht des Auferstandenen und das daraus hervorgehende Leben mit dem Auferstandenen nach dem eigenen Sterben. Er versteht also die Totenerweckung des Lazarus soteriologisch als Zeichen der neuen Lebenswirklichkeit der Getauften nach der Auferstehung Jesu.

Rahmen

Das Evangelium des Johannes weist eine deutliche Zweiteilung auf. Der Maßstab dafür ist ›die Stunde‹, die Gott für die Verherrlichung des menschgewordenen Sohnes Gottes festgesetzt hat. Im ersten Teil (Kap. 1 – 12) ist die Stunde noch nicht da (s. 2,4; 7,30; 8,20), im zweiten Teil (Kap. 13 – 20) ist die Stunde da (13,1; 17,1); den Übergang bildet 12,23: »Die Stunde ist gekommen, daß der Menschensohn verherrlicht wird!« Im ersten Teil geht es um die Selbstoffenbarung des Sohnes Gottes in der Welt, im zweiten um den Weg Jesu zur Erhöhung am Kreuz und die Rückkehr zum Vater. Kap. 12 bildet die Brücke zwischen dem ersten und dem zweiten Teil des Evangeliums. Insofern stellt Kap. 11 den Höhepunkt der Selbstoffenbarung Jesu als des endgültigen Heilbringers, des Messias, des wesensgleichen menschgewordenen Sohnes Gottes, in der Welt dar. Die Auferstehung und Erhöhung Jesu im zweiten Teil ist vorweggenommen und in ihrem Sinn erschlossen in der Auferweckung des Lazarus.

Dieses Geschehen bildet auch den Höhepunkt und das Ziel der sieben ›Wunderzeichen‹ Jesu, in denen sich sein Wesen und seine Heilsbedeutung sichtbar offenbaren. Der Sinn der Sendung Jesu findet in der Auferweckung des Lazarus seinen sprechendsten Ausdruck. »Gott hat seinen Sohn in die Welt gesandt, damit die Welt durch ihn gerettet wird. Gott hat die Welt so sehr geliebt, daß er seinen einzigen Sohn hingab, damit jeder, der an ihn glaubt, nicht zugrunde geht, sondern das ewige Leben hat« (3,16f.). Jesus schenkt und vermittelt das neue, ewige Leben Gottes jedem, der an ihn glaubt und sich taufen läßt.

Was dieses Leben näherhin ist, legen die ›Zeichen‹ im einzelnen aus: Lebensfülle und Freude (2,1–11), Errettung aus Krankheit und Not (4,46–54), Gesundheit, Selbstverfügung und ewiges Leben (5,1–18), Lebensgemeinschaft mit Christus und ewiges Leben durch das Wort und die Eucharistie (6,1–15; vgl. 6,22–59), Errettung aus Todesgefahr (6,16–21), Öffnung der Augen für das wahre Leben (9,1–12; vgl.

9,35–41) und Übergang zum wahren Leben sowie Auferweckung aus dem Tod zum ewigen Leben (11,1–16). Dies ist deshalb möglich, weil sich in Jesus, dem menschgewordenen Sohn, Gott selbst als Vater offenbart. Wer in Lebensgemeinschaft mit Jesus, dem Auferstandenen, tritt durch Glaube, Halten der Gebote Jesu und Sakramente (Taufe, Sündenvergebung und Eucharistie), der tritt ein in die Lebensgemeinschaft mit Gott selbst. Denn Jesus ist »der Weg, die Wahrheit und das Leben« (14,6).

Das Glaubenszeugnis über das Zeichenwunder an Lazarus (11,1–53) ist also anhand der anderen ›Wunderzeichen‹ und dem Gesamtzeugnis des Johannesevangeliums über Jesus Christus, den Sohn Gottes, und über das durch ihn gewirkte Heil zu verstehen. Es ist sowohl lebendiges Wort des Auferstandenen wie auch Zeugnis der Kirche an die Hörer und Leser des Evangeliums.

Anregungen für die Auslegung heute

1. Stellen Sie den Aufbau des Zeugnisses über die Auferweckung des Lazarus fest (11,1–52), näherhin die Stufen des Zeugnisses, die handelnden Personen und die Wirkung des Geschehens.

2. Was erwarteten die Schwestern und ein Teil der Trauergäste von Jesus? (Siehe 11,3.21.32.37.)

3. Was sagen die Verse 11,4.6.9–15.23–26.41f. über die Gründe, die das Verhalten Jesu bestimmten? (Hilfsfrage: Woher wußte Jesus, wie es mit Lazarus gehen wird?)

4. Was sagen die Äußerungen 11,22.24.39 über den Glauben der Marta? (Hilfsfrage: Weiß sie, wie es gehen wird, oder vertraut sie Jesus, daß er trotz allem einen Weg der Hilfe finden wird?)

5. Welche Bedeutung hat der Glaube Martas für die Auferweckung ihres Bruders? (Vgl. 11,25f.40.)

6. Bittet Jesus um Gottes Hilfe bei der Auferweckung oder weiß er im Voraus um Gottes Willen und Beistand? Was sagt darüber das Gebet Jesu? (Siehe 11,41f.)

7. Warum ist betont, daß Jesus erst am 4. Tag den Lazarus auferweckte? (Siehe 11,6.17.39; vgl. dazu Lk 24,21; Hos 6,1f.) Hilfsfrage: Handelt es sich um eine Wiederbelebung oder um eine Neuschaffung?

8. Welche Funktion hat das Wunderzeichen nach 11,25f.42; 5,19–30?

9. Welche Bedeutung hat das Wunderzeichen für alle, die nach der

Auferstehung an Jesus Christus glauben nach Aussage von Joh 3,1–13? Wie wird das neue Leben mitgeteilt, das Jesus in die Welt brachte?

10. Inwiefern finden alle Wunderzeichen Jesu im Johannesevangelium in der Auferweckung des Lazarus ihren Höhepunkt und ihre Zusammenfassung? (Prüfen Sie dazu die christologischen und soteriologischen Aussagen der Zeichenwunder, außerdem die Grundsatzaussage des Evangeliums 3,14–17.)

11. Wodurch wurde die Selbstaussage Jesu Joh 11,25f. endgültig beglaubigt? (Durch die Auferstehung Jesu!)

12. Welchen Sinn hat es, die Lazarusperikope bzw. das Offenbarungswort Jesu Joh 11,25f. jeweils am Grab eines Christen und beim christlichen Totengottesdienst vorzulesen? Was wird dadurch den Christen heute gesagt?

VII. Rettungswunder

Eine eigene Gattung von Wundererzählungen bilden jene Texte, die von der Rettung einzelner Menschen oder einer Gruppe aus großer Not berichten. In den synoptischen Evangelien gehören dazu: die Errettung der Jünger aus einem Sturm auf dem See Gennesaret (Mk 4,35—41; Mt 8,18.23—27 und Lk 8,22—25) und die Rettung der Jünger aus widrigen Umständen bei einer Nachtüberfahrt über den See Gennesaret durch den über das Wasser schreitenden Herrn (Mk 6,45—52; Mt 14,22—33; vgl. Joh 6,16—21), wobei die Erzählung des Matthäus erweitert ist durch den Ausstieg des Petrus aus dem Boot und durch seine Rettung vor dem Ertrinken.

Vorausgesetzt ist bei den Rettungswundern aus Seenot der bedrohliche dämonische Charakter der aufgewühlten Wasserfluten (vgl. dazu Ps 89; 104 und 107 u. ö.), so daß diese von Jesus wie bei den Dämonenaustreibungen durch ein mächtiges Befehlswort zum Gehorsam gezwungen wurden.

Die Rettungswundererzählungen weisen dabei folgendes Erzählgerüst auf: Einleitung mit Vorbereitung des Geschehens; die eigentliche Darstellung der Gefährdung; die Reaktion der Jünger und der Anruf um Hilfe an Jesus; die Mitte des Geschehens: das Eingreifen Jesu und der wunderbare Gehorsam der bedrohlichen Mächte; der Schluß mit Hinweis auf die Größe des Wunders und des Wundertäters und das Staunen oder die Bewunderung der Teilnehmer.

In den Rettungswundern offenbart Jesus seine gottheitliche Macht und seinen wunderbaren Beistand gegenüber der Gemeinschaft der Jünger, welche im Boot die vielfältig bedrohte Gemeinschaft der Kirche darstellen. Den Rettungswundern eignet deshalb der Charakter einer Trostbotschaft für die vielfach gefährdete Kirche. Es ist dabei also nicht auf die Beherrschung der Naturmächte durch Jesus abgehoben, sondern auf die Rettung und Befreiung seiner Jüngergemeinde aus schwerer Bedrohung durch die Hilfe Jesu.

1. Die wunderbare
Errettung der Jünger aus
einem Sturm auf dem
See Gennesaret
(Mk 4,35–41;
Mt 8,18.23–27;
Lk 8,22–25)

Hinführung

In allen drei synoptischen Evangelien findet sich die Überlieferung von einer gefahrvollen Überfahrt Jesu mit seinen Jüngern über den sturmaufgewühlten See Gennesaret, von der Furcht der Jünger und dem machtvollen Eingreifen Jesu, der durch seine Autorität die lebensbedrohenden Naturmächte besiegte und Wasser und Wind zur Ruhe zwang. Jedes Evangelium weist dabei bemerkenswerte Unterschiede auf, auch steht die Erzählung je in anderem Zusammenhang. Doch ist deutlich zu erkennen, daß die Fassung des Markusevangeliums die Vorlage für Matthäus und Lukas bildet. Die Forschung hat als wahrscheinlich erwiesen, daß Markus das Überlieferungsstück einer schriftlichen Vorlage entnahm, theologisch selbst bearbeitete und bewußt in den heutigen Zusammenhang in seinem Evangelium einordnete.

Form

Es handelt sich bei allen drei Evangelien dem berichteten Vorgang nach um eine Rettungswundererzählung. Das wunderbare Eingreifen Jesu wird hervorgerufen durch die Angst der Jünger, die den im Boot schlafenden Jesus aufwecken und rufen: »Wir gehen zugrunde!« (Mk 4,38; Mt 8,25; Lk 8,24). Jedesmal ist das Handeln Jesu verbunden mit dem Vorwurf an seine Jünger, sie versagten im Vertrauen. Es wäre also nichts zu fürchten gewesen, da sich ja Jesus mit im Boot befand. Die Frage nach der Möglichkeit eines solchen Naturwunders wird nicht gestellt, weil vom Alten Testament her vorausgesetzt wird, daß Gott als Herr der Schöpfung seinem Volk und seinen Frommen auch auf wunderbare Weise in Gefahren aller Art zu helfen vermag (beachten

Sie die Verweise auf das Alte Testament: Mk 4,39 par; Ps 65,8; 89,10; 107,23–32; vor allem die Jonageschichte Jona 1). Neu ist, daß in dieser Erzählung von Jesus das ausgesagt wird, was im Alten Testament Gott allein zu tun vermag. Insofern handelt es sich vom christologischen Motiv her, das die Erzählung bei allen Evangelisten bestimmt (beachte vor allem die abschließende Frage: »Wer ist dieser [Mensch], daß ihm die See [das Meer] gehorcht?«), auch um ein christologisches Epiphaniewunder, durch das sich die göttliche Vollmacht des Menschen (so Mk!) Jesus überwältigend seinen Jüngern zeigt. Daneben ist zugleich aufgewiesen, was der Glaube an Jesus Christus vermag. Insofern hat die Erzählung zugleich kerygmatischen Charakter.

Aufbau

Die Verse Mk 4,35f.; Mt 8,23; Lk 8,22 bilden die Einleitung zum nachfolgenden Geschehen. Sie informieren über den Anlaß zur Überfahrt über den See. Nach Markus findet diese am Abend statt.

Die Verse Mk 4,37f.; Mt 8,24f.; Lk 8,23.24a bereiten auf das Wunder vor, wobei zwei Elemente das Geschehen bestimmen: das Losbrechen eines Wirbelsturms (so Mk, Lk) bzw. eines Seebebens (so Mt), während Jesus fest schläft, ohne durch den Sturm wach zu werden. Diese Situation versetzt die Jünger in Angst, so daß sie Jesus wecken und auf die lebensbedrohende Situation aufmerksam machen.

Der Abschnitt Mk 4,39f.; Mt 8,26; Lk 8,24b.25 bildet die Mitte der Erzählung: das machtvolle Eingreifen Jesu, der den Sturm wie eine dämonische Macht anfährt und zur Ruhe bringt, das sofortige Eintreten einer vollkommenen Stille (so Mk/Mt) verbunden mit einem Verweis an die Jünger ihrer Angst wegen, die letztlich im mangelnden Glauben an Jesus begründet ist (bei Mt geht der Verweis dem Eingreifen Jesu voraus; bei Mk fehlt der Glaube völlig; bei Mt wird Kleinglaube gerügt, bei Lk haben die Jünger auf die Kraft des Glaubens vergessen).

Die Erzählung mündet bei allen Evangelisten (Mk 4,41; Mt 8,27; Lk 8,25) in das Staunen der Jünger (Mt: der Menschen) über die Macht Jesu und in die Frage nach seinem Wesen.

Demnach geht es in dieser Wundererzählung um die Vertiefung des Glaubens an Jesus, den Christus, den Sohn Gottes in Macht (beachte den Wechsel der Anrede der Jünger an Jesus: Mk: Lehrer, didaskale; Lk: Lehrer, epistata; Mt: Herr, kyrie).

Markus hat die Wundererzählung mit der Rede Jesu über die Gleich-
nisse vom Reich Gottes (4,2−34) durch die Bemerkung verbunden,
daß dieser die Menge, die sich am Seeufer (bei Kafarnaum) versammelt
hatte, von einem Boot aus lehrte (4,1). Als bevollmächtigter Reich-
Gottes-Lehrer setzte er sich zu dieser Unterweisung. Die Unterweisung in der Synagoge geschah im Sitzen (vgl. Lk 4,20; auch Mt 5,1).
Die Auslegung der Offenbarung Gottes war ein hoheitlicher Akt. Jesu
Verhalten weist auf seine Vollmacht als der von Gott dazu bestellte
Lehrer und Offenbarer des Reiches Gottes hin (beachte Mk 1,27: »Hier
wird mit Vollmacht eine ganz neue Lehre verkündet«).

4,35 führt die redaktionelle Bemerkung 4,1 weiter und stellt fest:
»Am Abend des Tages sagte er zu ihnen: ›Wir wollen ans andere Ufer
hinüberfahren!‹« Ein Grund für diesen Wunsch Jesu wird nicht
genannt. Darf man entsprechend Mk 3,21; 6,31 vermuten, daß Jesus für
sich und seine Jünger Ruhe und Einsamkeit suchte? Jedenfalls werden
die Leute weggeschickt. Allerdings folgen einige Leute mit eigenen
Booten dem Boot Jesu.

Nach 4,38 legte sich Jesus hinten ins Heck des Bootes und schlief
sofort ein. Durch die Verbindung mit der Reich-Gottes-Predigt ist der
Grund für diesen Schlaf ohne weiteres einsichtig. Ob das Heck bei den
damaligen Fischerbooten auf dem See etwas erhöht war, so daß man
sich dort hinlegen konnte, ist historisch nicht gesichert. Normalerweise stand im Heck der Steuermann mit weiteren Ruderern. Der
Erzählung ist wichtig, daß Jesus an sichtbarer Stelle im Boot in tiefem
Schlaf ruhte, der auch durch den bald losbrechenden Sturm nicht
unterbrochen werden konnte. Diese Darstellung verweist den im
Alten Testament bewanderten Hörer und Leser auf den Propheten
Jona, der auf der Flucht vor seinem Auftrag mit einem Schiff »in dessen
untersten Raum hinabgestiegen war und dort fest schlief«, obwohl
»der Herr auf dem Meer einen heftigen Wind losbrechen ließ, so daß
ein gewaltiger Seesturm entstand und das Schiff auseinanderzubrechen
drohte« (Jona 1,3−5). Das plötzliche Losbrechen eines Wirbelsturms
(griech.: lailaps) über dem See Gennesaret hat zum Hintergrund die
geographische Lage dieses Sees zwischen dem Mittelmeer und dem
steppenartigen Hochland im Osten der Jordansenke. Wirbelstürme
entstehen häufig am Abend, wenn die kühleren Luftmassen vom
Mittelmeer her in die Seesenke hinabfallen und sich dort über die
heißen Luftmassen schieben, die durch die Tageshitze erwärmt wurden. Solche Wirbelstürme sind gefährlich und bringen kleinere Boote
leicht zum Kentern, weil es keine Möglichkeit gibt, sich der Windrich-

tung oder dem Wellengang anzupassen. Daß die Jünger als geübte Fischer, die den See und seine Tücken kennen, in Angst geraten, weist auf einen besonders schweren Wirbelsturm in der anbrechenden Dämmerung hin.

Mit Nachdruck wird durch die Erzählung auf den Kontrast hinge-wiesen: der trotz des Tobens der Elemente ruhig im Heck schlafende Jesus und die aufgeregten, vor Angst rat-, kopf- und mutlos geworde-nen Jünger. (Wie Jesus bei der stürmischen, nach allen Seiten schütteln-den Bewegung weiterschlafen konnte, darf nicht gefragt werden. Dieser Zug ist für die innere Dramatik des Geschehens und für die kerygmatische Ausgestaltung der Erzählung wichtig. Denn die Szene symbolisiert auch die nachösterliche Kirche und deren Lage zur Zeit des Evangelisten.)

Bedeutsam ist, daß dieser Kontrast auch die Erzählung vom Prophe-ten Jona prägt, so daß der heidnische Kapitän den Propheten weckt und ihm vorhält: »Wie kannst du schlafen? Steh auf, ruf deinen Gott an; vielleicht denkt dein Gott an uns, so daß wir nicht untergehen!« (Jona 1,6).

Ebenso heißt es bei Markus: »Sie (die Jünger) weckten ihn und riefen: Meister (griech.: didaskalos, Lehrer), kümmert es dich nicht, daß wir zugrunde gehen?« Die Jünger werfen Jesus vor, er kümmere sich nicht um ihr Leben. An Jesu Schicksal denken sie nicht. Die vorwurfsvolle Aufforderung an ihren Meister, endlich einzugreifen und die Verantwortung zu übernehmen, ist von egoistischer Lebens-angst geprägt. Vergessen ist jede Art von Ehrfurcht und Vertrauen. An Jesu Hoheit und Vollmacht, die sie bereits durch mehrere Wunder erfuhren, denken die Jünger nicht mehr. Hieran zeigt sich das Unver-ständnis der Jünger für Jesu Wesen und Sendung, das der Evangelist Markus in seinem Evangelium nachhaltig herausgearbeitet hat (vgl. 8,16–21; 9,10; 10,35–45; 14,29–31; 14,32–42.50). Mit einem Wunder scheinen sie deshalb auch nicht zu rechnen. In ihrer Angst wünschen sie lediglich, daß Jesus etwas unternimmt. Über das Was und Wie machen sie sich keine Gedanken. Vor allem kommen sie nicht darauf, daß Jesu Ruhe und Gelassenheit in seiner besonderen Gottesbeziehung als der geliebte Sohn, als ›der Heilige Gottes‹ (s. 1,11; vgl. 1,34; 2,10; 2,28; 3,11), begründet sein könnte. Daß es also genügen werde, darauf zu vertrauen, daß Jesu Anwesenheit im Boot sie vor einer wirklichen Bedrohung schütze, weshalb nun einer von ihnen, am besten Simon Petrus, das Kommando übernehmen könnte.

Jesus handelte auf den Aufschrei der Jünger hin rasch, entschieden und mit göttlicher Vollmacht: »Er stand auf, drohte dem Wind und sagte zu dem See: ›Schweig, sei still!‹« (4,39a). Das Vorgehen Jesu erinnert an sein exorzistisches Einreifen in der Synagoge zu Kafarnaum (1,25: »Schweig und verlaß ihn!«). Die aufrührerischen Schöpfungselemente, die das Meer aufpeitschten und Jesus und die Jünger vernichten wollten, wurden zum Gehorsam aufgefordert. Jesus handelte dabei genau so, wie es das Alte Testament von Gott selbst berichtet (vgl. Ps 104,7: »Die Wasser wichen vor deinem Drohen zurück«; 74,13f.: »mit deiner Macht hast du das Meer zerspalten«; 89,10f.: »du beherrschst die Empörung des Meeres«; auch Ijob 38,8–11; Jer 5,22). Sein Wort hatte auch dieselbe Wirkung: »Und der Wind legte sich, und es trat völlige Stille ein« (vgl. Ps 107,29: »Gott machte aus dem Sturm ein Säuseln, so daß die Wogen des Meeres schwiegen«).

Danach folgte die anklagende Frage an die Jünger, weshalb sie solche Furcht hätten, wo denn ihr Glaube sei. Glauben ist hier zu verstehen als Vertrauen auf die helfende und rettende Gegenwart Jesu, nicht als gewisse Hoffnung auf Gottes Hilfe. Die sofortige Brechung und Bannung des Sturmes und des aufgewühlten Wassers verwandelte zusammen mit dem Vorhalt Jesu die feige Angst der Jünger in religiöse Furcht vor der unheimlichen, übermenschlichen Vollmacht Jesu. In dieser Furcht ahnten sie Jesu göttliches Wesen. Dies bringt Markus durch die dialektische Frage zum Ausdruck: »Was ist das für ein Mensch, daß ihm sogar der Wind und die See gehorchen?« Welcher Mensch hätte je Macht über die Naturgewalten gehabt! Allerdings zogen die Jünger, wie der Fortgang des Evangeliums zeigt, keinen befriedigenden Schluß aus dieser Frage.

Diese Frage ist zugleich an die Leser und Hörer der Erzählung gestellt. Sie werden dadurch genötigt, die einzig mögliche Antwort auf diese Frage zu geben: Jesus ist nicht nur ein Mensch, er ist Gottes Sohn (vgl. Mk 1,1: »das Evangelium von Jesus, dem Christus, dem Sohn Gottes«).

Von der Situation der Jünger in der Erzählung ist auf die Situation der Christen zu schließen, für die Markus sein Evangelium schrieb. Es ist die nach Kaiser Nero vom römischen Staat und der römischen Gesellschaft bedrohte, bedrängte und verfolgte christliche Gemeinde, die sich von ihrem Herrn im Stich gelassen wähnt, weil er nicht eingreift und die widerchristlichen Mächte endgültig niederwirft. Ihr wird gesagt: Der Herr ist im Boot der Kirche. Wer im Glauben darum weiß, hat keinen Grund, sich zu fürchten und mit dem Untergang der Kirche zu rechnen. Ein fester Glaube in die Treue des Auferstandenen zu seiner Kirche ist das Gebot der Stunde.

Rahmen

Bei Markus beschließt die Wundererzählung das Lehrkapitel über das Reich Gottes 4,1–34 und beglaubigt die Botschaft Jesu. Zugleich enthüllt sich im Wundergeschehen selbst die göttliche Vollmacht Jesu über die Natur und alle bösen Mächte. Diese Offenbarung wird vertieft durch die Heilung der Frau mit Blutungen und die Auferweckung der Tochter des Jaïrus aus dem Tod (5,21–43). Diese Wunder enthüllen zugleich den Unglauben der Jünger und ihre Unfähigkeit, Jesu Wesen und Vollmacht vor seiner Auferstehung zu begreifen; sie zeigen aber auch an, was echter Glaube vermag (s. 5,34: »Dein Glaube hat dir geholfen«; 5,36: »Fürchte dich nicht, glaube nur!«). Damit wird der Kampf zwischen Glaube und Unglaube vorbereitet, der mit der Ablehnung Jesu in seiner Heimat beginnt (6,1–6a). Die Jünger sind aufgerufen, Jesus in diesem Kampf zu unterstützen und diesen Kampf fortzuführen (6,6b–13). Dieser Kampf ist durch die Verfolgung der Kirche durch den römischen Kaiser, aber auch durch die Juden in ein entscheidendes Stadium getreten (vgl. Mk 4,17: »Verfolgung und Bedrängnis um des Wortes willen«; 13,9–13: »Man wird euch um meinetwillen vor die Gerichte bringen, in den Synagogen mißhandeln und vor Statthalter und Könige stellen... Ihr werdet um meines Namens willen von allen gehaßt werden...«). Glauben heißt: unbedingt darauf vertrauen, daß Jesus bei seiner Kirche ist und daß sie, auch wenn er nicht unmittelbar zugunsten seiner bedrohten Jünger eingreift, deshalb nicht untergehen wird. Die größte Gefahr, die der Kirche droht, ist nicht die äußere Not oder das Ansichhalten Jesu Christi, sondern feige Angst und Unglauben, besser: Angst aus Unglauben.

nach Matthäus:

Der Evangelist hat die Erzählung aus dem Zusammenhang mit der Predigt Jesu über das Reich Gottes gelöst (vgl. Mt 13,1f. mit Mk 4,1f.) und in die große Sammlung messianischer Wundertaten eingereiht (Kap. 8f.). So wird aus einem dramatischen Ereignis mit epiphanischem Charakter ein Lehrstück über den Messias Jesus und seine Vollmacht und über den richtigen Glauben, der seinem Wesen entspricht. Die Wundererzählung selbst hat er gegenüber Markus gestrafft und an ihm wichtigen Stellen umgestaltet. Nach dem Lehrstück über die Bedingungen echter Nachfolge (8,18–22) betont Matthäus, daß die Jünger, als Jesus in das Boot stieg, um ans andere Ufer des Sees zu fahren (8,18.23a), »ihm nachfolgten« (8,23b). Er versteht demnach die Überfahrt »ans andere Ufer« als einen bedeutsamen

Abschnitt der Nachfolge Jesu. Bei dem Sturm handelt es sich um ein Seebeben (griech. seismos), seine Wucht und Bedrohlichkeit ist also ungeheuer gesteigert, weshalb er bemerkt, daß »das Boot von den Wellen überflutet«, ganz zugedeckt (kalyptein) wurde. Dennoch schlief Jesus im Boot, wobei der Evangelist nicht angibt, an welcher Stelle Jesus ruhte. Die Jünger wagten keineswegs, wie bei Markus, Jesus Vorhaltungen wegen seines Verhaltens in dieser äußerst bedrohlichen Lage zu machen, vielmehr kamen sie als demütige Bittsteller zu ihm, »weckten ihn und riefen: ›Herr, rette uns (Kyrie, sōson), wir gehen zugrunde!‹« Bedeutsam ist die Veränderung der Anrede in ›Herr‹. Jesus ist bereits vor der Auferweckung und Inthronisation zur Rechten Gottes für die Jünger ›derHerr‹ mit göttlicher Hoheit. Darum kann er bereits in seiner irdischen Existenz bittend angerufen werden. Die Bitte selbst ist dabei deutlich vom Bittgebet der Kirche zu Jesus Christus geprägt (vgl. Mt 14,30!; Apg 2,21; 4,12; 7,60; 9,10; 22,19; Röm 10,13; 1 Kor 1,2; 2 Kor 4,14; Phil 2,11). Durch die Herausstellung Jesu als des Kyrios und den Hinweis auf die demütige Bitte der Jünger an ihn ist es Matthäus möglich zu zeigen, daß diese Bitte Ausdruck ihres Glaubens an die göttliche Vollmacht Jesu ist, auch in dieser verzweifelten Situation helfen zu können. Deshalb stellt der Evangelist die Szenenfolge des Markus um und läßt Jesus bereits vor Erhörung der Bitte den Jüngern einen Verweis erteilen: »Er sagte zu ihnen: ›Warum habt ihr solche Angst, ihr Kleingläubigen?‹« Hätten sie genügend Glauben an seine Vollmacht, nähmen sie ihr Bekenntnis zu ihm als Kyrios mit gottheitlicher Vollmacht ernst, dann bräuchten sie nichts zu befürchten. Dann wüßten sie, daß ihnen nichts Böses geschehen kann, wenn der Herr bei ihnen ist. Erst nach diesem Vorhalt »stand er auf, drohte den Winden und dem See, und es trat völlige Stille ein«. Jesu drohendes Wort genügte bereits, dies zu erwirken. Ein eigenes Befehlswort war nicht erforderlich. Die Elemente spürten, wer hier sprach: ihr Herr selbst.

Weil die Jünger bereits wußten, wer Jesus war, sagt Matthäus, daß allein »die Leute staunten und fragten: ›Was ist das für ein Mensch, daß ihm sogar die Winde und der See gehorchen?‹« Das wunderbare Geschehen spielte sich nach Matthäus in der Nähe des Ufers ab, und zwar bei Tag, so daß das Geschehen genau beobachtet werden konnte. Es hat für die Juden, die zu Jesus gekommen waren und sich für ihn interessierten, offenbarenden Charakter. Die Jünger selbst mußten lediglich in ihrem Glauben bestärkt werden, um ihrem Glauben gemäß sich zu verhalten. Echte Nachfolge ist nur in vollem Vertrauen auf Jesus, den Herrn der Jünger, der Menschheit und der Schöpfung möglich. Nachfolgen heißt glauben, Jesus unbedingt vertrauen und dieses Vertrauen in der Gefahr bewähren. Darum ist der Kampf gegen den Kleinglauben nach Matthäus die wichtigste Aufgabe in der Kirche (beachte die Worte gegen den Kleinglauben, die sich nur bei Matthäus finden: 6,30; 14,31; 16,8; 17,20; vgl. auch 13,54−58; 21,18−22). Wie der Vergleich mit der Jonaerzählung zeigt, den Matthäus ausdrücklich durchführt, übertrifft Jesus daher bei weitem den Jona (vgl. 12,38−41: »Hier ist einer, der ist mehr als Jona!«). Während Jona sich selbst nicht zu helfen wußte in der Seenot, sondern um Hilfe zu bitten hatte (Jona 2), ist Jesus der Herr auch über aufrührerische Naturmächte. So ist bei Matthäus aus der Wundererzählung ein Lehrstück über Jesus, den Kyrios, und eine Mahnrede über Jüngerglauben und Nachfolge geworden.

Diese Einsicht wird noch verstärkt durch den *Zusammenhang*, den *Rahmen*, in den Matthäus die Überlieferung eingeordnet hat. Voraus geht die Unterweisung über die Bedingungen echter Jesusnachfolge (8,18−22), die der Evangelist durch den Einleitungsvers 8,18 mit der Überfahrtserzählung verknüpft hat (Befehl, ans andere Ufer zu fahren). Die Jünger »folgen Jesus«, indem sie ins Boot einsteigen und sich mit Jesus in die Gefahr wagen (8,23). Sie haben dabei Vertrauen, Glauben, so daß sie in der größten Not fähig sind, zu Jesus zu beten. Aber an sich bedürften sie solcher Bitte und eines besonderen Eingreifens Jesu nicht. Sie sollten unbedingt darauf vertrauen, daß Jesus im Boot ist. Durch ihre Bitte aber sind sie fähig, sich in der Bedrohung zu bewähren und so Jesu göttliche Vollmacht und seinen Beistand zu erfahren. Diese Christuserfahrung wird vertieft durch zwei weitere christologische Offenbarungsakte Jesu: die Befreiung und Rettung der Besessenen von Gadara aus der Macht der Dämonen (8,28−34) und die Befreiung des Gelähmten aus der Fesselung durch seine Krankheit und vor allem durch seine Sünden (9,1−8). Abgeschlossen sind diese christologischen Offenbarungsereignisse durch die Feststellung: »Die Leute erschraken und priesen Gott, der den Menschen solche Vollmacht gegeben hat« (9,8).

Die drei Offenbarungsakte Jesu, des Messias, des Herrn, haben also bei Matthäus die Aufgabe, den Glauben der Jünger zur vollen Erkenntnis und damit zum vollen Vertrauen zu führen, suchende Menschen aber auf Jesus aufmerksam zu machen. Bei Matthäus dient also die Rettungswundererzählung als Lehrbeispiel für die Vollmacht und die Kraft echten Jüngerglaubens an Jesus, den Herrn, den Kyrios.

nach Lukas:

Lukas hat die Verbindung mit der Reich-Gottes-Predigt gelöst. Nach ihm stieg Jesus mit den Jüngern »eines Tages in ein Boot«, um über den See (nicht das »Meer«) ans andere Ufer zu fahren. Während der Überfahrt schlief er ein. Dann brach ein Wirbelsturm über dem See los und brachte das Boot in große Gefahr. Daraufhin weckten die Jünger Jesus und bekannten ihre Furcht: »Meister, Meister, wir gehen zugrunde!« Daraufhin drohte Jesus den Gewalten von Wind und Wasser und bewirkte Stille. Dann fragte er sie nach ihrem Glauben: »Wo ist euer Glaube?« In der Gefahr hatten sie vor Furcht vergessen, daß Jesus im Boot war und sie deshalb nichts zu befürchten hatten. Jesu Macht über Wind und Wasser brachte sie zum Nachdenken über den »Menschen« Jesus, der solche Vollmacht besaß. Allerdings drang dabei ihre Erkenntnis nicht zum gottheitlichen Geheimnis seines Wesens vor.

Vom Zusammenhang her – Lukas schloß diese Erzählung an den Besuch der Verwandten an (8,19–21) – wird die Erzählung zu einem Hinweis auf die wahren Vertrauten Jesu. Das sind jene, die Jesus auch in Gefahr vertrauen und sein gottheitliches Wesen erkennen und bekennen. Auf Letzteres weist die anschließende Erzählung von der Heilung des Besessenen von Gerasa (8,26–39) ebenso hin wie die Auferweckung der Tochter des Jaïrus (8,40–56).

Auch bei Lukas dienen die drei Wundererzählungen im Abschnitt 8,22–56 als Hinweise auf die göttliche Vollmacht Jesu und sein gottheitliches Wesen. Sie stehen im Dienst der vertieften Christuserkenntnis der Jünger und bilden die Voraussetzung für die Aussendung der zwölf Jünger und ihre Reich-Gottes-Verkündigung an Israel (9,1–6). Die Vollmacht Jesu zeigt, daß mit seinem Wirken das Reich Gottes bereits angebrochen ist.

Anregungen für die Auslegung heute

1. Vergleichen Sie die Rettungswundererzählungen Mk 4,35–41; Mt 8,18.23–27 und Lk 8,22–25 miteinander, und stellen Sie die Übereinstimmungen und die Unterschiede fest.
2. Welche Motive prägen die Erzählung: der Erweis der Vollmacht Jesu; der Hinweis auf die Bedeutung des Glaubens für die Kirche in Notsituationen; der Aufweis, daß Jesus im Boot der Kirche ist, auch wenn er in Notlagen sich anscheinend nicht um die Kirche kümmert? (Alle drei.)
3. Auf welche Situation der Urkirche verweist die Auswahl und Prägung dieser Erzählung?

4. Spüren Sie die alttestamentlichen Bezüge der Erzählung auf (vgl. Ps 65,8; 89,10; 107,23−32; Jona 1). Was soll dadurch über Jesu Vollmacht ausgesagt werden? (Beachten Sie Mt 12,39−41.)
5. Inwiefern verdichten sich in dieser Erzählung Erfahrungen der Urjünger mit Jesus bei gemeinsamen Fahrten über den zuweilen gefährlichen See Gennesaret?
6. Weshalb greift die apostolische Kirche auf diese Erfahrungen zurück, als sie Verfolgung und Bedrängnis durch Juden und Heiden erfährt?
7. Wie soll sich die Kirche, wie der einzelne Christ in bedrohlichen Situationen verhalten?
8. Worauf darf die Kirche, worauf jeder einzelne Christ in allen Notlagen vertrauen?

2. Die wunderbare Errettung der Jünger aus widrigen Umständen bei einer nächtlichen Fahrt über den See Gennesaret durch den über das Wasser schreitenden Herrn (Mk 6,45–52; Mt 14,22–33; vgl. Joh 6,16–21)

Hinführung

Markus, Matthäus und Johannes berichten im Anschluß an die wunderbare Speisung von 5000 Männern am Ostufer des Sees von Galiläa, daß Jesus die Jünger nötigte, am Abend allein ans Nordwestufer zurückzufahren. Dabei seien sie in eine widrige Situation geraten. Jesus sei dann über das Wasser schreitend ihnen zu Hilfe gekommen.

Lukas hat diese Überlieferung nicht in sein Evangelium aufgenommen.

Form

Der Eigenart nach handelt es sich um eine Rettungswundererzählung, denn Markus und Matthäus weisen darauf hin, daß beim Einsteigen Jesu in das Boot sich der Wind legte (Mk 6,51; vgl. Mt 14,22), während Johannes bemerkt, daß das Boot in dem Augenblick das Ufer erreichte, als die Jünger Jesus ins Boot nehmen wollten (Joh 6,20). Zugleich ist die Überlieferung durch das Motiv der Selbstoffenbarung Jesu als Herr über Wind und Wasser geprägt, wie die bei allen drei Evangelisten sich findende Selbstaussage Jesu zeigt: »Ich bin es, fürchtet euch nicht!« (Mk 6,50; Mt 14,27; Joh 6,20). In dieser Hinsicht trägt die Erzählung die Eigenart einer Christusoffenbarung, einer Christophanie, einer Wundererzählung mit Epiphaniecharakter. Auf dieser Selbstoffenbarung Jesu liegt dabei der Schwerpunkt der Erzählung, denn sie läuft auf diese Selbstaussage Jesu zu.

Die sachliche Übereinstimmung zwischen der Fassung der Überlieferung durch die beiden synoptischen Evangelien und jener des vierten Evangelisten weist darauf hin, daß alle Evangelisten aus derselben urchristlichen Überlieferung schöpfen.

489

Aufbau

nach Markus:

6,45 f. bildet die Einleitung: Hinweis auf die Situation nach der Brotvermehrung; Wegschicken der Jünger und Rückzug Jesu zum Gebet. 6,48—50a: Vorbereitung des Epiphaniewunders: die Not der Jünger, Eingreifen Jesu und Reaktion der Jünger. 6,50b—51a: Höhepunkt des Geschehens: Selbstoffenbarung Jesu, Einstieg ins Boot und Abflauen des Windes. 6,51b—52: Abschließende Feststellung: Bestürzung und mangelndes Vertrauen der Jünger.

Dieser Aufriß zeigt, daß es sich um eine einzigartige Wundererzählung handelt, da ja bereits der Seewandel ein wunderbares Geschehen ist und auf Jesu göttliche Wesenheit und Vollmacht hinweist. Insofern bildet die Selbstoffenbarung Jesu den Höhepunkt der Seewandelepiphanie. Aber da Jesus am Boot vorbeigehen wollte, nötigte erst die Angst und das Erschrecken der Jünger ihn, sich auszuweisen und ins Boot zu steigen. Durch diesen Akt wird sodann die Not der Jünger gewendet. Insofern geht die Epiphaniehandlung in ein Rettungswunder über. Die Rettungstat ihrerseits beglaubigt die Selbstoffenbarung Jesu endgültig und beschließt sie. Jesus erweist sich durch sie als der Herr über die bedrohliche Macht des Sturms.

Die eigenartige Gestalt dieser Wundererzählung setzt verschiedene Stufen der Bearbeitung voraus: zunächst die Epiphanie Jesu vor seinen Jüngern durch das Schreiten über den aufgewühlten See, dann die Befreiung der Jünger aus der Not, schließlich der sich dem Evangelisten verdankende Hinweis auf das Unverständnis der Jünger.

Die Seewandelerzählung war bereits vor Markus mit der Brotvermehrungserzählung verbunden; beide dienten dazu, die außergewöhnliche Vollmacht und die gottheitliche Wesenheit Jesu zu enthüllen.

nach Matthäus:

Bei Matthäus hat die Erzählung eine weitere Ausfaltung erfahren durch den Einschub vom Seewandel des Petrus (14,28—31). Die Selbstoffenbarung Jesu dient als Anlaß für die Bitte des Petrus, als Erweis der Zuverlässigkeit der Gegenwart Jesu auch ihm ein Schreiten über das Wasser zu ermöglichen. Nach Gewährung der Bitte vermag dies Petrus auch so lange, als er Jesu Wort glaubt. Als er versagt, rettet ihn Jesus aufgrund seiner Bitte. Dann steigt Jesus mit Petrus ins Boot, und der Wind legt sich.

Während Matthäus die Vorlage des Markus bis hin zur Selbstoffenbarung Jesu nur geringfügig verändert hat (vgl. Mk 6,45—50 mit Mt 14,22—27), hat er den Abschluß der erweiterten Erzählung grundlegend verändert: die Jünger im Boot fallen nieder, beten Jesus an und bekennen ihn als Sohn Gottes im eigentlichen Sinn (14,33). Die dreifache Epiphanie durch Seewandel Jesu, Seewandel und Rettung des Petrus und Stillung des Sturms führte die Jünger zur Erkenntnis der wahren Wesenheit Jesu und damit zum Bekenntnis und zur Anbetung. Die Christophanie mündet damit in die Proskynese und Homologie (gemeinsames Bekenntnis im Gottesdienst), in Anbetung und Gottessohnbekenntnis. So ergibt sich bei Matthäus folgender Aufbau:

14,22—23 bildet die Einleitung: das Wegschicken der Jünger und der Rückzug Jesu zum Gebet. 14,24—26: der nähere Anlaß: die Not der Jünger, das Eingreifen Jesu durch das Kommen auf dem See und die Angst der Jünger. 14,27—31: die Mitte der Erzählung: die dreistufige Selbstoffenbarung Jesu und der Versuch des Petrus, Jesu Wort zu prüfen durch den Versuch, selbst über das Meer zu schreiten; das Versagen des Petrus im Glauben, seine Bitte um Hilfe und seine Rettung; das Einsteigen Jesu mit Petrus ins Boot und das Sich-Legen des Sturms. 14,33: der Abschluß: das Bekenntnis und die Verehrung Jesu als Sohn Gottes durch die Jünger.

Bei Matthäus steht die wunderbare Rettung der Jünger und des Petrus durch Jesus eindeutig im Dienst der Epiphanie Jesu. Die Rettungswundererzählung ist hier zu einer Epiphanieerzählung geworden.

Zu Johannes 6,16—21 s. unter VI, 2. Teil (die Zeichenwunder des Johannesevangeliums).

Text und Botschaft
nach Markus:

Es wird nicht gesagt, warum Jesus die Jünger nach der wunderbaren Speisung zwang, noch am Abend über den See in Richtung Betsaida zu fahren. Die Parallelüberlieferung Joh 6,15 gibt an, Jesus habe sich dem Vorhaben der Teilnehmer an der Speisung entzogen, ihn zum König zu machen. Daraufhin seien die Jünger nach Kafarnaum gefahren (6.17). Markus nennt statt dessen Betsaida als Zielort, das östlich von Kafarnaum, jenseits der Jordaneinmündung in den See lag. Die Angabe Mk 6,45, Jesus habe den Jüngern aufgetragen, nach Betsaida ›vorauszufahren‹, setzt voraus, daß Jesus plante, zu Fuß entlang dem Ostufer des Sees nach Betsaida zu gehen. 6,47 weist darauf hin, daß es den Jüngern nicht gelang, rechtzeitig vor Einbruch der Dunkelheit nach Betsaida zu gelangen; im Gegenteil, durch Gegenwind hatten sie große Mühe, mit dem Rudern voranzukommen. Weil sie aber »mitten auf dem See waren«, konnten sie auch nicht einfach ans Land fahren.

Wie Jesus ihre Situation ›sehen‹ konnte, wird nicht angegeben. Dabei wird wohl übernatürliches Erkenntnisvermögen vorausgesetzt. Zugleich zeigt dieser Hinweis, daß Jesus sich um seine Jünger sorgte und sie nicht aus den Augen ließ. Die Zeitangabe »in der vierten Nachtwache« fußt auf der römischen Einteilung der Nacht in vier Abschnitte. Im letzten Abschnitt unmittelbar vor Morgengrauen, wo es am dunkelsten ist, machte sich Jesus zu Fuß auf über den See, um in der Nähe seiner Jünger zu sein. Diese Angabe soll nicht nur andeuten, daß Jesus so lange betete, sondern sie nimmt wohl auch Bezug auf die Hinweise des Alten Testaments, daß Gott es liebt, im tiefsten Dunkel der Nacht vor Anbruch des Morgens zugunsten seines Volkes einzugreifen, um es aus der Finsternis ins Licht zu führen (vgl. Ex 14,24: »um die Zeit der Morgenwache blickte der Herr... auf das Lager der Ägypter«; Ps 46,6: »Gott hilft der Gottesstadt, wenn der Morgen anbricht«; vgl. noch Jes 17,14; Mk 16,2). Der Hinweis, Jesus habe »an den Jüngern vorübergehen« wollen, hat zum Hintergrund das Motiv des göttlichen Vorübergehens, wenn der ferne Gott seinem Volk oder seinen Frommen seine Nähe erweisen will (s. Ex 12,23: beim Auszug aus Ägypten; 33,19−23; 34,5f.: gegenüber Mose am Sinai; 1 Kön 19,11: gegenüber Elija am Horeb). Es handelte sich demnach um einen epiphanischen Vorgang, bei dem Jesus zugleich seine sorgende Nähe, aber auch seine göttliche Hoheit erweisen wollte. Auf diesen Sinn des Geschehens verweist auch der Zug, daß Jesus wie ein ›phantasma‹, eine Lichtgestalt (Geistergestalt), erschien, die sich auf wunderbare Weise über das Wasser bewegte. Die Jünger reagierten auf diesen Vorgang in dunkler, stürmischer und gefährlicher Nacht mit einem Aufschrei aus »Angst und Schrecken«, da sie mit dämonischen Mächten rechneten (vgl. Lk 24,37; Apg 12,18). Die Bemerkung, daß alle Jünger die Lichtgestalt sahen, soll das Geschehen in seiner Tatsächlichkeit sichern. Jesus befreite seine Jünger aus ihrer Angst durch eine Selbstvorstellung in Verbindung mit einer doppelten Aufforderung zum Vertrauen. Dabei weist sowohl die Wendung: »Fürchtet euch nicht!« wie auch die Selbstvorstellungsformel: »Ich bin es!« auf Jesu göttliche Hoheit hin. Die Wendung »Ich bin es« greift bewußt zurück auf Offenbarungsaussagen Gottes im Alten Testament (s. Ex 3,14; Jes 43,1−3.10f. u.ö.). Die Mahnung »Fürchtet euch nicht!« begegnet im Zusammenhang von Offenbarungsvorgängen (s. Jes 43,10f.; Mt 28,5; Lk 1,13.30; Mk 16,6).

Darauf, daß Jesus gottheitliche Würde und Vollmacht besitzt, verweist auch seine Fähigkeit, über das aufgewühlte Meer trockenen Fußes und ungefährdet zu schreiten. Denn dasselbe wird im Alten Testament von Gott selbst ausgesagt (s. Ps 77,20; Jes 43,16; Ijob 9,8;

38,16). Durch die Angst der Jünger bewegt, stieg Jesus dann zu ihnen ins Boot. Als er dort bei ihnen war, legte sich der Wind (vgl. Jona 1,11 f.). Mit der Gegenwart Jesu im Boot schwiegen alle Elemente, die das Leben und die Fahrt der Jünger bedrohten und ihr Vorankommen hemmten. Jesus erwies durch das Schreiten über das stürmische Wasser und seine sturmgebietende Gegenwart seine göttliche Vollmacht. Zugleich zeigte er, daß seine Jünger mit seiner steten, aufmerksamen Sorge und mit seinem übernatürlichen Beistand in allen Bedrohungen rechnen dürfen. Von der Zielsetzung her handelt es sich in dieser Erzählung auch um eine Beistandsgeschichte. Dabei gewährte Jesus seinen Beistand – im Unterschied zur Erzählung von der Stillung eines Sturms Mk 4,35–41 – unaufgefordert und ohne Hilfeschreie der Jünger. Er erkannte ihre Notsituation, die sich aus seinem Fernsein ergab, und schenkte ihnen aus eigenem Antrieb seine rettende Nähe. Verwunderlich ist das Verhalten der Jünger, die »ganz bestürzt waren und außer sich gerieten«. Die Offenbarung der göttlichen Wesenheit und Vollmacht Jesu, welche die entsprechende Selbsterschließung bei der Stillung des Seesturms noch überbot (4,35–41), versetzte sie offensichtlich in religiöse Furcht und heilige Scheu. Denn trotz jener wunderbaren Errettung aus Seenot und der ebenso wunderbaren Speisung, die diesem Geschehen unmittelbar vorausging, waren sie noch nicht zur Einsicht gekommen, daß Jesus mehr war als ein begnadeter Mensch, mehr als ein wundermächtiger und von Gott gesegneter Messias im jüdischen Sinn, nämlich Gottes Sohn (s. 1,1; 15,39). Ihre mangelnde Glaubenseinsicht gründete dabei, wie Markus betont, entscheidend in ihrer jüdisch-diesseitigen religiösen Voreingenommenheit und in ihrer geistlichen Stumpfheit. Sonst hätten sie gerade angesichts der großen Wundertaten längst merken müssen, was es um das Geheimnis Jesu war.

Der Rahmen

Die Erzählung steht in der Mitte einer Gruppe von drei Wunderzeugnissen, in denen sich Jesu gottheitliche Vollmacht und Wesenheit auf eine erschreckende Weise zeigen: die Speisung der 5000 Männer (6,30–44) und daneben die Heilung aller Kranken in Gennesaret durch Berührung seines Gewandes (6,53–56). Diese drei Zeugnisse gehören zu dem Abschnitt, der von der Ablehnung Jesu in seiner Heimat (6,1–6), von der Enthauptung des Täufers (6,17–29) und von der Aussendung der zwölf Jünger handelt (6,6–13). Jesus erweist sich in diesen Taten als der von Gott bevollmächtigte messianische Heilbringer, wobei die Jünger Jesu die besonderen Adressaten dieser Selbstoffenbarung sind. Sie sollen erkennen, wer er wirklich ist. Leider aber dringen sie durch eigenes Versagen nicht zur Erkenntnis seines eigentlichen Wesens vor. So sind sie ›blinde Zeugen‹ Jesu Christi vor Ostern. Erst durch den Auferstandenen werden sie inne, daß Jesus Christus Gottes Sohn in einzigartigem Sinne ist (16,6 f.; vgl. 15,39). An ihnen sollen die Leser und Hörer des Evangeliums lernen, daß für die Erkenntnis Jesu seine göttliche Vollmacht und sein Kreuzesgehorsam maßgeblich sind (s. 15,39; auch 14,36; 10,45). Deshalb kann erst von der Auferstehung des Gekreuzigten her erkannt werden (16,9 f.), was die Wundervollmacht Jesu für einen Sinn hatte und wie deshalb zum Wesen des Glaubens an Jesus Christus beides gehört: das Vertrauen auf die außergewöhnliche Vollmacht des auferstandenen Herrn und der Gehorsam zur Nachfolge (vgl. 8,31–33; 10,35–45).

Zu beachten ist in diesem Zusammenhang, daß auch der Abschnitt 4,1–5,43 von drei großen Wunderzeugnissen geprägt ist: Sturm auf dem See (4,35–41), Heilung des Besessenen von Gerasa (5,1–20) und die verschränkte Erzählung von der Heilung der Frau mit Blutungen und der Auferweckung der Tochter des Jaïrus (5,21–43). Auch der nachfolgende Abschnitt 7,1–8,26 weist eine Dreiergruppe von Wundertaten auf (7,24–30: Tochter der Syrophönizierin; 7,31–37: Heilung eines Taubstummen; 8,1–10: Speisung der Viertausend), wobei der ganze Abschnitt durch eine Wundertat mit Zeichencharakter abgeschlossen wird (8,22–26: die Heilung eines Blinden). Von der Großgliederung her bildet die Dreiergruppe 6,30–56 die Mitte der Selbstoffenbarungen Jesu im Großabschnitt 4,1–8,26. Durch sie wird das Messiasbekenntnis des Petrus 8,27–30 vorbereitet.

Text und Botschaft
nach Matthäus:
Matthäus folgt zunächst weitgehend der Markusvorlage. Er hat lediglich die Ortsangabe ›Betsaida‹ gestrichen. Er betont, daß Jesus »den Berg hinaufstieg, um in der Einsamkeit zu beten«. Die Lage des Bootes gibt er mit »viele Stadien vom Land entfernt« an. Die Schwierigkeit der Situation der Jünger ist etwas verstärkt: »Das Boot wurde von den Wellen hin und her geworfen, weil Gegenwind herrschte.« Da Matthäus den Vermerk des Markus streicht, daß Jesus »sah, wie die Jünger sich mit dem Rudern abmühten«, ist die Geschichte nicht aus der Sicht Jesu dargestellt, sondern aus der eines neutralen Beobachters. Dadurch wird der Charakter einer Tatsachenerzählung unterstrichen.

Bei der Schilderung des Kommens Jesu tilgt er die Anmerkung »er wollte an ihnen vorbeigehen«. Jesus wollte demnach den Jüngern zu

Hilfe kommen, nicht nur ihnen seine tröstende Nähe gewähren. Der Aufschrei der Jünger wird ausdrücklich als Ausdruck »der Angst« charakterisiert. Die Selbstvorstellung mit der Aufforderung, Vertrauen zu haben und sich nicht zu fürchten, wird wörtlich aus Markus übernommen.

Neu ist der Einschub des Wunsches Petri: »Herr, wenn du es bist, so befiehl, daß ich auf dem Wasser zu dir komme!« (14,28). Petrus tritt hier in Erscheinung als der Jünger, der Jesu Zuspruch aufgreift und es daraufhin wagt, wie Jesus den Abgrund des sturmbewegten Sees in der Kraft Gottes zu überwinden. Als Jünger redet er Jesus mit dem Hoheitstitel Kyrios, Herr, an. Dieser Titel eignet Jesus nach Aussage des Neuen Testaments aufgrund der Auferweckung und der Einsetzung in die Herrschaft Gottes (vgl. Phil 2,9−11; Apg 2,34−36; Röm 10,5−13). Petrus nimmt diese Anrede und dieses Bekenntnis voraus, weil er nach Matthäus das Geheimnis Jesu als wesenhafter Sohn Gottes (s. Mt 16,15−17) gnadenhaft weiß. Als erstberufener Jünger (4,18; 10,2) und als Sprecher des Zwölferkreises (s. 15,15; 17,4.24−27; 18,21; 26,33.35) spricht er in dieser Anrede das ›Bekenntnis‹ der Jüngerschaft Jesu aus. Allerdings möchte er die Wahrheit dieses Bekenntnisses glaubend erproben. Darum bittet er Jesus um ein Zeichen, ein Wort, das Jesu Vollmacht eindeutig erweist.

Zugleich aber drückt sich im Wunsch des Petrus sein Streben aus, in besonderer Weise zu Jesus zu gehören und daher die anderen in der Art des unbedingten Glaubens und der furchtlosen Nachfolge zu übertreffen (s. Mt 10,2: »an erster Stelle Simon«; 26,33: »Wenn alle an dir Anstoß nehmen − ich niemals«; beachte auch das Wagnis, dem gefangenen Meister in den Hof des hohepriesterlichen Palastes nachzufolgen, 26,58). Daß Jesus Petrus in diesem Streben entgegenkam und ihn als den Ersten der Jünger anerkannte, weil dies auch der Wille seines Vaters war, zeigt abgesehen von 16,18 f. (»Du bist Petrus«) besonders 17,24−27 (die Zahlung der Tempelsteuer auch für Petrus).

Darum lud Jesus den Petrus ein, auf dem Wasser zu ihm zu kommen, und sprach dazu sein vollmächtiges Wort: »Komm!« Daraufhin wagte es Petrus, aus dem Boot zu steigen und mitten im Dunkel der Nacht und im Sturm über das aufgewühlte Wasser zu Jesus zu gehen. Solange Petrus dem Wort Jesu glaubte, trug das Wasser; als er sich die Gefährlichkeit seiner Lage und den Wahnwitz seines Vorhabens klarmachte, »bekam er Angst und begann unterzugehen«. Er wurde aus einem Glaubenden zu einem ›Kleingläubigen‹, der dem Wort Jesu nicht mehr zutraute, ›Unglaubliches‹ zu vermögen. Er bewies so, daß Jesu Wort dem Glaubenden geradezu Unmögliches ermöglicht, daß glauben also heißt, im Vertrauen auf Jesu Wort auch scheinbar Unmögliches zu wagen und dabei frei zu werden von der furchtsamen Anpassung an die anscheinend unabänderlichen Umstände und Tatsachen.

Die Angst Petri führte zur Bitte an den den Untergangsmächten überlegenen Herrn: »Herr, rette mich!« Wie bei Matthäus öfter wird Jesus hier bereits als ›der Herr‹ angesprochen, der mit göttlicher Vollmacht in aller Not leiblicher, situativer und seelischer Art zu helfen vermag (s. Mt 8,25: »Herr, rette uns«; vgl. 8,2; 15,22; 20,30; 17,15). Vor allem verweist diese Szene auf die Erzählung von der wunderbaren Errettung aus dem Seesturm, wo Christus auf gleiche Weise von allen Jüngern um Hilfe gebeten wird. Diese Anrede deutet auf die Praxis der Kirche des Matthäus hin, Jesus, den Auferstandenen, im Gebet mit Kyrie anzureden und zu ihm in allen möglichen Nöten zu beten.

Jesus erhörte die Bitte des Petrus sofort, ergriff den Sinkenden, zog ihn heraus und ging mit ihm zum Boot. Wer bei Jesus ist und sich an seiner Hand festhält, ist allen Gewalten des Bösen entnommen.

Jesus wird hier in einer Vollmacht und Existenzweise geschildert, die erst dem Auferstandenen eignet. Die Erzählung wird hier durchsichtig auf ihre Bedeutung für die Urkirche hin: Sie zeigt auf, was der Glaube an den auferstandenen Herrn Jesus Christus vermag und worauf der hoffen darf, der sich voll Vertrauen an Jesus wendet. Diese Sinnspitze der Erzählung tritt ausdrücklich hervor in dem Verweis Jesu an Petrus: »Du Kleingläubiger! Warum hast du gezweifelt?« Die grundlegende Bedrohung der Kirche und ihrer Führer ist zu geringer Glaube an die Macht und den Beistand Jesu, des Auferstandenen. Zweifel , d.h. Halbherzigkeit, Gespaltenheit im Vertrauen auf Jesu Beistand, bringt in vielerlei Gefahren und ist verantwortlich für das Versagen der Kirche und ihrer Glieder. Das ist die durchgängige Aussage des Neuen Testaments (vgl. Mt 6,30; 8,26; 16,8; 17,20: Kleinglaube, vgl. auch Jak 1,8).

Zu beachten ist, daß dieser Verweis erteilt wird, während der Sturm noch andauert. Nicht die äußere Bedrohung ist demnach durch die Führer und Glieder der Kirche letztlich zu fürchten, als vielmehr Kleinglaube und Zweifel. Besonderes Gewicht kommt dabei dem Verhalten der Führer der Kirche, hier in besonderer Weise dem Petrus, zu. Sein Glaube bestimmt maßgeblich den Glauben aller Glieder der Kirche. Dabei darf gerade Petrus in besonderer Weise die Zuwendung und Fürsorge Jesu erfahren.

Daß das unbedingte Vertrauen auf Jesus berechtigt ist, zeigt der weitere Verlauf des Geschehens: »Als beide ins Boot gestiegen waren, legte sich der Wind.« Die plötzlich eingetretene große Stille erweist Jesu göttliche Vollmacht auch über die Schöpfung und ihre Elemente (vgl. Jona 1,11 f.; Ps 107,29 f.). Er ist der Herr, der alle, die vertrauensvoll zu ihm rufen, durch sein Eingreifen (»das Ausstrecken seiner Hand«) wunderbar zu erretten vermag (vgl. Ps 18,17 f.; 18,36; 144,7; auch 69,14−19).

Die Erfahrung der göttlichen Vollmacht und Erhabenheit Jesu führte alle Jünger daher notwendigerweise zur Erkenntnis, daß Jesus seinem Wesen und seiner Vollmacht nach Gottes Sohn ist, und damit zum Bekenntnis und zur Anbetung. Die bereits bei der wunderbaren Errettung der Jünger aus dem Seesturm, 8,27, gestellte Frage: »Was ist das für ein Mensch, daß ihm sogar die Winde und die See gehorchen?« hat damit zur einzig möglichen Antwort gefunden. Dazu hat der kühne Glaube des Petrus, der allerdings auf halbem Weg stecken blieb, sein Teil beigetragen. Die wunderbare Führung und Errettung des Petrus bildet insofern einen grundlegenden Teil der Epiphanie des Gottessohnes Jesus Christus. Das Führungs- und Rettungswunder an Petrus ist eingeschlossen in das Epiphaniewunder Jesu.

Der Rahmen

Die Aussage der Epiphaniewundererzählung Mt 14,22−33 gewinnt ihr theologisches Profil erst im Gesamt des ersten Evangeliums. Zunächst fällt die zielgerichtete Hinordnung des wunderbaren Geschehens nach Matthäus auf die Erkenntnis Jesu als des Sohnes Gottes auf. Diese Erkenntnis und das damit verbundene Bekenntnis der Kirche ist die eigentliche Zielsetzung der Erzählung. Ihr kommt dabei im Ganzen des Evangeliums eine bedeutsame Funktion zu. Bereits Mt 2,15 stimmte das Leitthema des Evangeliums an: »Aus Ägypten (spricht Gott) berief ich meinen Sohn«; es wurde vertieft durch die Taufepiphanie (3,17). Bei der ersten Gruppe von Wunderzeugnissen für die besondere messianische Vollmacht Jesu (Kap. 8 f.) erhebt sich die Frage, was für ein Mensch Jesus sei, nachdem er über außergewöhnliche Vollmachten verfügt, die gewöhnliches Menschenmaß übersteigen. Diese Frage meldet sich nachhaltig bei der Stillung des Seesturms 8,23−27: »Was ist das für ein Mensch?« Aber außer den Dämonen, 8,28−34 (s. 8,29), hat darauf niemand, auch nicht einer der Jünger, eine schlüssige Antwort. Erst bei der zweiten Gruppe von Wunderzeichen, 14,13−21; 14,22−33; 14,34−36, drängen die Jünger, allen voran Petrus, zur unabweisbaren Wahrheit vor: »Wahrhaftig, du bist Gottes Sohn!« (14,33). Damit wird das Bekenntnis des Petrus 16,16 verstärkt: »Du bist der Messias, der Sohn des lebendigen Gottes!« Dieses

Bekenntnis wird beglaubigt durch die Himmelsstimme Mt 17,5. Damit ist der Weg Jesu zum Leiden möglich. Denn die Passion und die Auferstehung Jesu werden diese Erkenntnis endgültig beglaubigen (27,54: »Wahrhaftig, das war Gottes Sohn!«, unter Hinweis auf das Erdbeben und die Totenauferweckung beim Sterben Jesu 27,52–54a; 28,18: »Mir ist alle Macht gegeben im Himmel und auf der Erde«). Insofern läuft eine klare christologische Linie von Mt 1,23 (»Gott ist mit uns!«) über 2,15; 3,17; 8,27 zu Mt 14,33. Die drei Bekenntnisse 14,33; 16,16 und 17,5, je in Verbindung mit Petrus, bilden demnach die christologische Mitte des Evangeliums, wobei 17,5 die göttliche Beglaubigung dieser Christusoffenbarung darstellt. Die Passion erweist zusammen mit der Auferstehung Jesu diese Erkenntnis auch öffentlich als wahr und von Gott beglaubigt und weist auf die heilsgeschichtliche Bedeutung der Christusoffenbarung hin.

Sodann tritt in diesem Abschnitt ein zweites Leitthema des Matthäusevangeliums eindrücklich hervor: der richtige, der Offenbarung Gottes in Jesus von Nazaret vollauf entsprechende Glaube. Einerseits hat dieser Glaube einen Inhalt: Jesus ist der verheißene Messias, der die alttestamentlichen Voraussagen und Hinweise erfüllt (s. Mt 1,1; 1,23; 2,6.15.18.23; 3,3.11–17; 4,12–17; 8,17; 11,3–6; 12,15–21; 13,15f.; 13,34f.; 16,16; 21,4–9). Ja, er ist mehr als dies, er ist »der Sohn des lebendigen Gottes« (2,15; 3,17; 11,27; 14,33; 16,16; 17,5; 27,41–45; 27,54). Zum anderen ist Glaube das aus dieser Erkenntnis wachsende unbedingte Vertrauen auf Jesu Macht und Treue, auch in scheinbar ausweglosen Situationen (vgl. 8,10.13.21.22; 9,2.22.29; 17,20; 21,21). Ein Glaube, der Jesu göttliche Macht und Hilfsbereitschaft nicht ganz ernst nimmt, verdient diesen Namen nicht. Er wird zum Verrat. Er ist die Ursache dafür, daß Jesu Vollmacht sich nicht voll zu entfalten, nicht zu retten und zu bewahren vermag. Der Kleinglaube (griech.: oligopistia), das halbherzige Glauben bilden daher die Grundsünde für die Jünger Jesu (s. Mt 6,30; 8,26; 14,31; 16,8; 17,20). Das tritt in den beiden bedrohlichen Seeszenen 8,23–27 und 14,22–33 am eindrücklichsten hervor. Sie sind insofern Beispiele für die Gefahr des Kleinglaubens und für die Macht des vollen Glaubens an Jesus, den Sohn Gottes.

Zuletzt spielt die Person des Petrus eine herausragende Rolle im ersten Evangelium. Er ist einer der beiden erstberufenen Jünger (4,18); im Kreis der Zwölf steht er an erster Stelle (10,2); im Haus des Petrus wohnt und wirkt Jesus in Kafarnaum (8,14). Sein Beiname weist auf seine Funktion und Führungsaufgabe in der Gemeinde Jesu hin (16,18); er ist bei der Verklärung und am Ölberg dabei (17,1; 26,37.40); er ist der Sprecher der Jünger (18,21; 19,27); für ihn zahlt Jesus die Tempelsteuer (17,25). Allerdings wird er auch am schärfsten zurechtgewiesen (16,23) und versagt am kläglichsten (26,69–75). Die Bitte des Petrus, über das Wasser zu Jesus kommen zu dürfen (14,28), weist ebenfalls auf die Sonderstellung des Petrus hin. Er will prüfen, ob die über das Wasser kommende Person der Herr ist, und er will es Jesus gleichtun beim Schreiten über den Abgrund. Der Ruf Jesu: »Komm!« gewährt Petrus diese Vollmacht. Insofern handelt es sich beim Hinschreiten über den aufgewühlten See um ein Führungswunder. Petrus nimmt in besonderer Weise an der göttlichen Epiphanie und Vollmacht Jesu teil. Das Wunder 14,28 f. bereitet die volle Erkenntnis Christi durch Petrus und damit das volle Christusbekenntnis der Jüngerschaft Jesu vor. Dieses Christusbekenntnis schließt nach Mt 16,13–20 ein Bekenntnis Christi zu Petrus ein. Er hat in besonderer Weise teil an der Vollmacht Christi, des Sohnes Gottes, solange er auf Jesu Wort hört und ihm voll vertraut. Es wird aber auch sichtbar, wie Jesu Liebe und Sorge in besonderer Weise hinter Petrus stehen. Diese Sonderstellung des Petrus darf nicht eingeebnet werden. Dennoch zeigt sich an seinem Beispiel zugleich, was glauben heißt und was der Glaube vermag. Es zeigt außerdem, wozu halber und kleiner Glaube führen.

Anregungen für die Auslegung heute

Bevor konkrete Hinweise geboten werden, ist darüber nachzudenken, was die Eigenart dieser Wundererzählung gegenüber den Erzählungen von den Erscheinungen des Auferstandenen ausmacht. Einerseits setzt die Erzählung besondere Erfahrungen der Jünger mit Jesus zur Zeit seines irdischen Wirkens voraus: mit seinem Beten, seiner Wundervollmacht, seiner Sicherheit gewährenden Nähe bei stürmischen und bedrohlichen Fahrten auf dem See. Andererseits weist sie auf Erfahrungen mit dem Auferstandenen hin: sein Fernsein, seine Fremdheit und sein Sich-Entziehen; seine göttliche Hoheit und Vollmacht über alle Bereiche der Schöpfung, sein gespensterhaftes Aufleuchten in der Dunkelheit, sein Wissen um die Situation der Jünger; die besondere Stellung des Petrus in der nachösterlichen Gemeinde (vgl. Mt 28,18; Lk 24,36–40; Joh 20,27 f.). Dadurch daß er dem Simon als erster erschien, begründete er dessen Führungsstellung in der Kirche (vgl. Lk 24,34; 1 Kor 15,5; auch Joh 21,15–17).
   Die Wundererzählung trägt also ein Doppelgesicht. Sie ist durch eine dringliche Frage der apostolischen Kirche motiviert: Ist der Auferstandene der bedrängten Kirche nahe und wie? Ist er bereit, ihr aus eigenem Antrieb zu Hilfe zu kommen? Was bedeutet die beson-

dere Zugehörigkeit des Petrus zu Christus für die vielfältig bedrohte Kirche? Wie kann und soll die Kirche ihre Ängste und Nöte bestehen? Von dieser nachösterlichen Fragestellung her ist das Zeugnis dieser Wundererzählung heute zu erschließen.

Fragen und Aufgaben

1. Vergleichen Sie die Erzählung vom Seewandel Jesu mit der Stillung eines Seesturms je a) bei Markus und b) bei Matthäus. Stellen Sie die gemeinsamen Züge und die Unterschiede fest.
2. Worin besteht die Eigenart der Seewandelerzählung nach Markus und worin nach Matthäus?
3. Handelt es sich vor allem um eine Rettungswunder- oder um eine Epiphanie-(Offenbarungs-)Erzählung? Hilfsfragen: Welche Elemente göttlichen Handels im Alten Testament werden hier von Jesus ausgesagt?
   Zu Markus s.: Ex 14,24; Ps 46,6; – Ex 12,23; 33,19–23; 34,5f.; 1 Kön 19,11;
   zu Markus und Matthäus s.: Ex 3,14; Jes 43,1–3.10f.; – Jes 43,10f.; – Ps 77,20; Jes 43,16; Ijob 9,8; 38,16.
4. Wie reagieren die Jünger auf das Kommen und Eingreifen Jesu bei Markus? Warum kommen sie nach ihm nicht zu einer tieferen Einsicht in das Wesen Jesu? (Vgl. 4,41; 8,14–21; 9,9f.; 9,11–13; 9,32; 14,37.40–42.) Wer erkennt als erster Jesu gottheitliche Würde? (S. 15,39.)
5. Wie reagieren die Jünger bei Matthäus auf das Erscheinen und die Wirkung der Erscheinung Jesu? (S. 14,26.32f.)
6. Wie reagiert Petrus auf das Erscheinen Jesu? (S. 14,28–31.) Inwiefern zeigt sich am Verhalten des Petrus die besondere Stellung dieses Jüngers gegenüber Jesus und seinen Mitjüngern? (Vgl. dazu die Aussagen des Evangeliums über Simon Petrus: 4,18; 10,2; 8,14; 16,18; 17,1.25; 26,37.40; 18,21; 19,27.) Welche besonderen Gefährdungen drohen Petrus? (Vgl. 16,23; 26,69–75.)
   Welche Bedeutung des Petrus für die Urkirche enthüllt diese Erzählung?
7. Welche Gefahren drohen der Kirche nach Ausweis des Verhaltens Jesu gegenüber Petrus?
8. Inwiefern enthüllt diese Erzählung die Stellung des auferstandenen Herrn gegenüber der Kirche? (Beachten Sie die Erscheinungsweise Jesu, seine Haltung gegenüber den bedrohlichen

Gewalten der Schöpfung, die Wirkung des Erscheinens Jesu, die
Anrede des Petrus.)
9. Wodurch wird die Botschaft dieser Erzählung als wahr erwiesen?
   (Durch die Auferstehung Jesu und den Beistand des Auferstandenen in der Geschichte der Kirche.)

VIII. Christologische Offenbarungswunder (Epiphaniewunder)

Sowohl bei den johanneischen Zeichenwundern wie auch bei den Rettungswundern trat eine eigene Gruppe von Wundererzählungen in Erscheinung, welche die Enthüllung des göttlichen Wesens Jesu zum Thema haben, und zwar im Zusammenhang der Heilsbedeutung Jesu für die Kirche und die Glaubenden allgemein. Hier sind näherhin zu nennen: die wunderbare Brotvermehrung (Joh 6,1—15), der Gang Jesu über den See (Joh 6,16—21), die Blindenheilung (Joh 9,1—41), die Auferweckung des Lazarus (Joh 11,1—44), die Stillung des Sturms auf dem See (Mk 4,35—41; Mt 8,18.23—27; Lk 8,22—25) und die wunderbare Errettung der Jünger aus Seenot (Mk 6,45—52; Mt 14,22—33; vgl. Joh 6,16—21). Zu dieser Gruppe ist noch zu rechnen der wunderbare Fischfang auf ein Wort Jesu hin (Lk 5,4—11; Joh 21,1—7). In entfernter Weise kann man auch die Auferweckung von Verstorbenen beim Tod Jesu (Mt 27,52f.) dazu zählen.

Diese Wundererzählungen sind deutlich von der Erkenntnis des Auferstandenen und von der Überzeugung seines Wirkens zugunsten der Kirche her gestaltet. Das wunderbare Wirken des Auferstandenen Herrn für seine Kirche bildet dabei einen Grundzug dieser Wunderzeugnisse. Diese selbst setzen an konkreten außergewöhnlichen Erfahrungen mit Jesus Christus an und entfalten diese auf das Wirken des Auferstandenen für die Kirche hin.

Der größte Teil dieser Wundererzählungen wird an anderen Stellen dieses Buches erschlossen. Daher soll nur die Erzählung vom wunderbaren Fischfang Lk 5,4—11; Joh 21,1—7 hier ausgelegt werden.

1. Der wunderbare Fisch-
   fang mit anschließender
   Berufung des Simon
   Petrus
   (Lk 5,4−11; Joh 21,1−7)

Hinführung

An zwei Stellen der Evangelienüberlieferung findet sich die Erzählung von einem wunderbaren Fischfang der Jünger auf ein Wort Jesu hin, dem die Berufung des Simon Petrus zu einem besonderen Dienst folgt. Ein näherer Vergleich ergibt, daß beide Überlieferungen auf dieselbe Grundtradition zurückgehen. Abgesehen davon, daß Johannes und Lukas z. T. aus derselben urkirchlichen Jesusüberlieferung schöpfen (vor allem in der Passions- und Ostertradition), erweisen dies für unsere Erzählung folgende Beobachtungen: Die Jünger unter Führung des Simon haben eine ganze Nacht lang vergeblich gefischt. Jesus fordert die Jünger (Simon) auf, das Netz erneut auszuwerfen. Darauf-hin drängen sich so viele Fische in das (die) Netz(e), daß diese(s) fast zu zerreißen droht (drohen). Dies führt zum Erstaunen über Jesu Voll-macht und Hoheit. Daraufhin beruft Jesus den Simon in die besondere Nachfolge und gibt ihm den Auftrag, Menschen für ihn zu fangen, bzw. seine Herde zu weiden (Joh). Beide Erzählungen enthüllen die besondere Vollmacht und Würde Jesu. Da beide Formen der Überlie-ferung in den beiden Evangelien je in einem besonderen Zusammen-hang stehen und von daher eigengeprägte Züge aufweisen, sollen sie hier gesondert erschlossen werden.

Die Gestaltung der Überlieferung nach Lukas (Lk 5,1−11)

Form

Dem Vorgang des Geschehens nach handelt es sich um ein Offenba-rungswunder, das Jesu göttliche Wesenheit und Vollmacht enthüllt. Das wunderbare Geschehen bereitet die Berufung des Simon und seiner Gefährten in den Dienst Jesu vor und weist zugleich auf die gnadenhafte Befähigung für die übertragene Aufgabe hin. Insofern kann man es als Offenbarungswunder mit Auftrag und Beistandszusage bestimmen. Die Wundererzählung steht im Dienst einer Berufungserzählung.

Aufbau

Näherhin bildet 5,1–3 die redaktionelle Hinführung zum Geschehen; 5,4–5 die Vorbereitung mit den Teilelementen: Auftrag Jesu, Einwand des Petrus mit Erklärung der Bereitschaft, den Auftrag auszuführen; 5,6–7 die Mitte: das Eintreten des Wunders in seiner Fülle; 5,8–10a die Reaktion des Simon Petrus und der übrigen Jünger. Mit 5,10b erreicht die Wundererzählung ihr Ziel: der Auftrag an Simon mit Beistandszusage. 5,11 bildet den Abschluß der Erzählung: die unbedingte Ausführung des Auftrags durch Simon und die Jünger.

Die Erzählung ist durch eine eigenartige Verschränkung der Adressaten des wunderbaren und vollmächtigen Handelns Jesu geprägt: Hauptperson ist Simon, und zwar als Vertreter einer Gruppe von Gefährten. Das zeigt sich auch an der Zahl der Boote (2). Das Ziel der Wundererzählung ist die Begründung der besonderen Jüngeraufgabe und Jüngervollmacht des Simon Petrus und seiner Gefährten. Das Wundergeschehen bereitet die Jüngerbeauftragung vor und bildet sie vorbildhaft ab; die Wundererzählung steht also im Dienst der Berufungserzählung.

Text und Auftrag

Lukas bietet anstelle der Markusvorlage 1,16–20 eine eigene Berufungsgeschichte der Hauptjünger Simon Petrus, Jakobus und Johannes (Andreas fehlt). Anders als bei Markus geht der Berufung eine längere Zeit des Wirkens Jesu voraus. Ort des Geschehens ist das Ufer des Sees Gennesaret. Eine genauere Ortsangabe fehlt, wegen der genannten Jünger ist das Seeufer bei Kafarnaum anzunehmen (vgl. Mk 1,21). Die Antwort des Simon an Jesus (V. 5) setzt voraus, daß das Geschehen sich am frühen Morgen abspielte, als die Fischer nach dem nächtlichen Fischfang die Netze reinigten. Da viele Menschen sich um Jesus drängten, um ihm zuzuhören (beachte: die Predigt Jesu wird V. 1 bereits als »das Wort Gottes« charakterisiert), stieg Jesus in ein Boot, um so Abstand zu gewinnen und besser gesehen zu werden. Außerdem verstärkte das Wasser seine Worte und trug sie zugleich leichter zu den Hörern. Über den Inhalt der Predigt Jesu wird nichts gesagt. Es genügt, daß festgestellt wird, Jesus verkündete das Wort Gottes, wobei vorausgesetzt wird, daß auch Simon und seine Gefährten es hörten. Damit können sie sich ein Bild machen, wer Jesus ist und wofür er sich einsetzt.

Jesus stieg nicht ohne Absicht in das Boot des Simon. Dahinter waltet hoheitliche Wahl, wie der Fortgang der Erzählung erweisen wird. Zwar weist Lukas nicht darauf hin, daß die Berufung und Sonderstellung des Simon auf göttlichen Ratschluß zurückgeht (vgl. dagegen Mt 16,17–19; Mk 10,40; Joh 1,42; 6,65), aber die Vorrangstellung des Simon wird in seinem Evangelium deutlich herausgestellt (vgl. neben unserer Stelle 4,38; 6,14; 9,20.28; 22,31 f.61; 24,34). Nach Abschluß der Rede gibt Jesus dem Simon den Auftrag: »Fahr hinaus auf den See! Dort werft eure Netze zum Fang aus!« Auffällig ist, daß zunächst Simon beauftragt wird, dann über ihn auch seine Gefährten. Simon wird von Jesus als Führer eines kleinen Gefährtenkreises angesehen. Ihm wird daher später selbstverständlich die Führungsrolle im Jüngerkreis zuwachsen. Der Auftrag hat von vornherein Zeichencharakter, denn weder werden Fische für eine Mahlzeit benötigt, noch ist es die günstigste Zeit zum Fischen. Dazu ist es zu hell und auch zu warm. Bei Nacht ist die beste Zeit, weil da die Fische aus der kühlen und sicheren Tiefe an die Oberfläche kommen. Da Simon keinen Sinn in dem Auftrag sieht, erhebt er Einwände. Er verweist eigens darauf, daß sie in der vorhergehenden Nacht nichts gefangen hätten. Vielleicht will er damit andeuten, daß der Standort ungünstig sei, weil die Fische sich anscheinend in andere Lagen des Sees zurückgezogen hätten. Dennoch erklärt er seine Bereitschaft, dem Auftrag Jesu zu entsprechen. Der Grund liegt in der besonderen Autorität Jesu. Simon redet Jesus als »epistátēs«, d. h. als »Meister«, nicht als »didáskalos«, d. h. als »Lehrer« an. Die Anrede epistátēs betont die Autorität dieses Lehrers; sein Wort ist daher nicht nur ein Wunsch, eine Aufforderung, sondern ein Auftrag, beinahe ein Befehl (vgl. zur Verwendung dieses Titels Lk 8,24.45; 9,33.49; 17,13). Daher ist die Wendung »auf dein Wort hin« (5,5) besser nicht durch »wenn du es sagst«, sondern durch »weil du es sagst« zu übersetzen. Simon nimmt Jesu Aussage ernst und gehorcht ihr um Jesu Person und Autorität willen. Ihm folgten seine Gefährten. An dieser Stelle fällt ein Bruch in der Erzählung auf. Denn nach 5,6a scheint neben Simon noch eine (oder mehrere?) weitere Person(en) im Boot gewesen zu sein. Darf hier analog Mk 1,16 an Andreas gedacht werden?

Sobald die Netze des Simon in den See einsanken, drängten sich die Fische so zahlreich in sie hinein, daß sie zu reißen drohten. Daraufhin winkten sie die Gefährten im anderen Boot zu Hilfe. Diese haben sich offensichtlich Simons Befehl voll unterstellt. Ihren Netzen ging es ebenso. Die gefangenen Fische füllten »beide Boote bis zum Rand, so daß sie fast untergingen«. Jesu Wort hatte offensichtlich dieses ungewöhnliche Geschehen bewirkt. Als Fachmann konnte Simon die Einzigartigkeit dieses Vorgangs beurteilen. Ihn erfaßte daher ein heiliger Schrecken vor der Würde und Macht Jesu, dessen Wort solch Außergewöhnliches hervorgerufen hatte. Dasselbe geschah auch seinen Gefährten, »sie waren erstaunt und erschrocken«. Das göttliche Geheimnis Jesu hatte sie ergriffen und erschauert zugleich. Daß sich in diesem Geschehen wirklich Jesu göttliche Hoheit und Heiligkeit offenbarte, wird sichtbar am Verhalten des Simon: »Er fiel Jesus zu Füßen«, genau: »er fiel vor Jesus auf die Knie nieder« und sagte: »Herr, geh weg von mir; ich bin ein sündiger Mensch!« Er kann als Mensch die Heiligkeit Jesu nicht ertragen. Bedeutsam ist in diesem Zusammenhang die Anrede Jesu als Kyrios, Herr. Kyrios ist griechische Übersetzung der altbundlichen Gottesanrede ›Adonaj‹, Herr (s. Ex 23,17; 34,23; Jes 6,1–5.11; Ps 135,1–6.13f.19.21; Lk 10,21; Mk 12,29f.; Apg 4,24.29). Dieser Titel wurde Jesus nach seiner Auferstehung und Einsetzung in die Herrschaft Gottes von der Urkirche beigelegt (s. Lk 20,41–44; Apg 2,34–36; Phil 2,11; Röm 10,8–13; 1 Kor 8,6).

Das Fangwunder hat ihn aufmerksam gemacht auf die Größe und Vollmacht des Gastes und Auftraggebers im Boot. Dadurch wurde er vorbereitet auf die Selbstoffenbarung der Person Jesu. Die Erfahrung der Sündhaftigkeit setzt auf seiten Jesu das Aufleuchten seiner göttlichen Heiligkeit und Hoheit voraus. Es handelt sich hier um eine Theophanie der göttlichen Hoheit Jesu, des Sohnes Gottes. Das erweist ein Blick auf alttestamentliche Epiphanien und die Reaktion der dazu erwählten Menschen (Ex 19,14–25; 33,18–23; 40,14–35; Jes 6,1–7; 1 Kön 8,10–12; 19,9–13; Ijob 25,1–6). Bemerkenswert ist, daß bei der Selbstoffenbarung Jesu zum erstenmal im Evangelium des Lukas der Titel des Simon im Text verwendet wird: »Als Simon *Petrus* das sah, fiel er Jesus zu Füßen und sagte: ›Kyrie, geh weg von mir, denn ich bin ein Sünder.‹« Bei der Wahl der Zwölf 6,12–16 wird dann beiläufig erwähnt: »Simon, dem er den Namen Petrus gab...« (6,14). Das weist darauf hin, daß dieser Titel damit zusammenhängt, daß Simon als erster die Gottessohnschaft Jesu erkannte und daß ihm von Jesus her eine besondere Funktion im Jüngerkreis und in der Kirche zuerkannt wurde. Hinter beidem steht dabei Gottes Wahl (vgl. Mt 16,13–20; auch Lk 22,31f.). Die Epiphanie Jesu dient der Vorbereitung der Indienstnahme des Petrus und seiner Gefährten durch Jesus. Seine Sonderstellung als der führende Mann der Kirche Jesu Christi, dessen

Glaubensverkündigung und Entscheidungen grundlegende Bedeutung haben, ist in der besonderen Erwählung und Bevollmächtigung des Herrn der Kirche begründet. Sie schließt eine besondere Christuserkenntnis notwendig ein. Welche Vorstellung Lukas mit dem Amtstitel »Petrus«, Felsenmann, verbindet, zeigt die Darstellung der Funktionen des Simon Petrus in der Apostelgeschichte (s. 1,15 ff.; 2,1–39; 4,1 ff.; 5,1 ff.; 6,1 ff.; 8,14 ff.; 9,32 ff.; 10 f.; 12,1 ff.; 15,1 ff.).

Das Bekenntnis des Petrus weist auf die Erkenntnis der eigenen Unwürdigkeit gegenüber Jesus hin. Jesu Antwort aber spricht ihm Vertrauen zu und nimmt ihn in Dienst.

Die einleitende Aufforderung »fürchte dich nicht« erweist das nachfolgende Geschehen als übernatürlichen Berufungsvorgang (vgl. dazu Jes 6,3–13; Jer 1,4–10; auch Ex 3,1–12; Lk 1,8–17; 1,26–38; Offb 1,9–20). Christi Gnade und Vollmacht wird ihn bei seinem neuen Dienst begleiten und zu außergewöhnlichen Leistungen befähigen. Das Zeichen dafür ist der wunderbare Fischfang, den Simon im Gehorsam gegenüber Jesu Wort wider alle Regeln der Erfahrung durchgeführt hatte (beachten Sie dazu die Zeichen für Zacharias und Maria bei Lk 1,18–20; 1,34–37).

Dann folgt die Beschreibung der neuen Aufgabe des Petrus: »Du wirst von jetzt an Menschen fangen.« Es wird nicht gesagt: Du sollst; sondern es wird festgestellt, was sein wird. Die innere Bereitschaft dazu wird auf seiten des Simon bereits vorausgesetzt. Sie ist schon ausgesprochen worden in dem Hinweis: »Auf dein Wort hin will ich die Netze auswerfen!« (5,5). Diese Bereitschaft wurde vertieft und gnadenhaft neu begründet in der doppelten Christusoffenbarung durch den wunderbaren Fang und die Erfahrung des Geheimnisses der Person Jesu. In der Beschreibung der neuen Aufgabe des Simon Petrus ist zugleich eingeschlossen, daß es ihm gelingen wird, viele Menschen für Jesus zu fangen, wider alle menschliche Erwartung.

Lukas blickt am Ende des ersten christlichen Jahrhunderts, etwa 50 Jahre nach dem Tod Jesu bereits mit Staunen zurück auf den weltweiten Erfolg der Jesusbewegung, die um das Jahr 27 in Galiläa mit der Berufung der ersten Mitarbeiter Jesu, allen voran des Simon Petrus, begann. Inzwischen ist das Christentum bereits zu einer Weltreligion geworden mit Ablegern in allen wichtigen Städten des römischen Weltreichs. Lukas weiß dies am besten, weil er als Heidenchrist sich mühte, die Geschichte der jungen Kirche bis zum Tod des Petrus und Paulus in Rom nachzuzeichnen. Dabei wurde ihm deutlich, welch grundlegende Rolle darin dem Simon Petrus zukam. Das Zeichen des wunderbaren Fischfangs war bereits geschichtliche Wirklichkeit geworden durch das Wirken des Geistes Gottes mit und durch das missionarische Wirken der Kirche hindurch. Zu beachten ist hierbei, daß es ja um das Überzeugen und Gewinnen von Menschen geht, nicht um das methodische Überlisten unachtsamer Menschen. Darauf weist das wunderbare Geschehen selbst hin. Daß die Menschen *für* Jesus gefangen, gewonnen werden sollen, deutet wieder auf die Einzigartigkeit der Person Jesu hin. Er selbst steht an Gottes Stelle und vermag deshalb das verheißene Heil zu schenken.

Das Wort vom ›Menschenfischen‹ als Beschreibung der Aufgabe der Mitarbeiter Jesu begegnet auch sonst im Neuen Testament und geht auf Jesus zurück (vgl. Mk 1,17 par).

Die abschließende Bemerkung stellt fest, daß Simon, ebenso wie seine Gefährten, sofort und unbedingt bereit ist, dem Auftrag Jesu zu entsprechen. Sie machen sich unbedingt frei von allem, was sie dabei hindern könnte. Damit zeigen sie zugleich an, daß die Mitarbeit am Werk der Kirche ein echter Beruf ist, der den ganzen Menschen einfordert. Darüber hinaus sind sie Vorbilder für jeden, der für den besonderen Dienst Jesu und der Kirche des Petrus berufen ist (s. 14,25–35).

Zuletzt stellt sich die Frage, ob die Wundererzählung nur eine Art bildhafte Erläuterung des Menschenfischerauftrags des Simon und seiner Gefährten ist, oder ob dahinter auch ein besonderes Ereignis steht. Sicher hat Jesus den Simon zu Beginn seines Wirkens in Galiläa zum Mitarbeiter berufen und ihm den Auftrag gegeben, Menschen für ihn und seine Botschaft zu gewinnen. Zwar weist die jetzige Erzählung deutlich nachösterliche Einflüsse auf (das zeigt vor allem ein Blick auf die Parallelüberlieferung bei Johannes), damit ist aber ein besonderes Zeichengeschehen bei der Berufung des Simon Petrus zum Menschenfischer nicht grundsätzlich ausgeschlossen (vgl. Mt 17,24–27). Jesus war nicht nur Schriftgelehrter, sondern ein Charismatiker und ein großer Wundertäter. Die Überlieferung auch anderer Wunderzeichen legt die Annahme nahe, daß Jesus bewußt Wunderzeichen wirkte (s. Kanawunder, Brotvermehrung, Seewandel, Verwünschung eines Feigenbaumes). Diese Zeichen waren Hinweise auf die besondere göttliche Vollmacht Jesu als Sohn Gottes. Das außergewöhnliche Wirken des Simon Petrus und seiner Gefährten in der damaligen Welt und Zeit ist ein deutlicher Hinweis darauf, daß die Macht des Auferstandenen hinter ihrem Wirken stand.

Rahmen

Lukas zeichnet einen anderen Verlauf der Berufung der ersten und wichtigsten Jünger Jesu als Markus (vgl. Mk 1,16—20). Er läßt Jesus diese Berufung sorgfältig vorbereiten. Erst nachdem die künftigen Jünger um die Wundermacht Jesu und seine Botschaft wissen, bereitet Jesus die dazu Berufenen durch ein außergewöhnliches Zeichen auf ihre Aufgabe vor und beruft sie zugleich. Die Schlüsselrolle kommt dabei Simon zu, dessen künftige Aufgabe in der nachösterlichen Kirche Christi sich bereits in der Weise seiner Berufung zeigt. So prägen drei Hauptmotive diese Wundererzählung: die historische Rückfrage nach dem Anfang der Kirche in der Berufung von Menschen in die Nachfolge und den besonderen Dienst Jesu, besonders des Simon und seiner Gefährten; die theologische Frage nach der Sendung und Vollmacht des Simon Petrus und seiner Mitapostel (vgl. 6,13—16) als der Träger der Mission und der Ämter der Kirche (vgl. Apg 6,1ff.), sowie die religiöse Frage nach der rechten Weise der Antwort auf den Ruf des Sohnes Gottes zu einem Dienst in seiner Kirche. Letzteres Motiv wird durch Stellen wie 6,13—16; 8,1—3; 9,1—6; 9,57—62; 10,1—12; 12,4—12; 12,49—53; 14,25—35; 18,18—30 näher ausgefaltet.

Nur wer Jesu Geheimnis als Sohn Gottes begegnet ist und seine Vollmacht erfahren hat, kann Jesu Ruf folgen und mit seiner Hilfe Großes, ja Außergewöhnliches wirken. Der Ruf Jesu erfordert aber unbedingten Gehorsam und absolute Freiheit für den übertragenen Dienst. Wer dem Ruf Jesu auf diese Weise entspricht, darf mit dem wunderbaren Beistand des Herrn rechnen.

Anregungen für die Auslegung heute

Die Auslegung hat zu beachten, daß Lukas die Überlieferung so gestaltete, daß er – wie die Paralleltradition bei Johannes zeigt – die nachösterliche Berufung des Simon Petrus durch den Auferstandenen und die Erstberufung des Simon und seiner Gefährten durch Jesus bei Beginn seines öffentlichen Wirkens in eine Szene zusammenzieht und darin zeigt, welche Aufgabe Jesus dem Simon Petrus zuerkannt hat und wie er diesen darauf vorbereitete. Das Offenbarungswunder der göttlichen Vollmacht Jesu enthüllt zugleich, wie Petrus und seine Mitapostel diese Aufgabe in der Welt durchsetzen werden. Dabei ist davon auszugehen, daß Simon und die übrigen Jünger Jesu bereits bei ihrer Berufung in Galiläa und dann bei vielerlei Gegebenheiten die Hoheit und außergewöhnliche Macht Jesu spürten und erfuhren. Diese gnadenhafte Erkenntnis fand ihre endgültige

Klärung und Bewahrheitung durch die Erscheinungen des Auferstandenen und dessen Mitwirkung bei der Mission der Kirche.

Fragen:

1. Vergleichen Sie die beiden Wundererzählungen Lk 5,1–11 und Joh 21,1–7 (21,15–23) miteinander, und stellen Sie die Gemeinsamkeiten und die Unterschiede fest.
2. Wie ist die Erzählung bei Lukas aufgebaut? (Gliedern Sie die Erzählung.) Welche Funktion hat dabei das Wunder? (Hilfsfrage: Geht es um das Wunder oder um die Vorbereitung der Berufung des Simon und seiner Gefährten?)
3. Wie bereitet Jesus die Berufung des Simon vor? (Vgl. 4,38–44; 5,1–3; 5,4–9.)
4. Worin besteht das Wunder?
5. Worin besteht die Mitte des wunderbaren Ereignisses: im ungewöhnlichen Fischfang oder in der Erfahrung des eigentlichen Wesens Jesu?
6. Wie ist die Erfahrung des Simon näher zu bestimmen: als eine schlußfolgernde Erkenntnis oder als ein gnadenhaftes Betroffensein von der göttlichen Wesenheit Jesu? (Vgl. dazu Ex 19,14–25; 33,18–23; 40,14–35; Jes 6,1–7; auch 1 Kön 8,10–12; 19,9–13; beachten Sie auch die Anrede Jesu.)
7. Welche Züge prägen den Berufungsvorgang des Simon im Vergleich mit alttestamentlichen und neutestamentlichen Berufungserzählungen? (Vgl. Ex 3,1–12; Jes 6,3–13; Jer 1,4–10; Lk 1,8–17; 1,26–38; Offb 1,9–20.)
8. Welche Rolle kommt Simon im Kreis seiner Gefährten zu? Auf welche Rolle im Kreis der Zwölf und der übrigen Jünger aufgrund seiner Berufung läßt sich daraus schließen? Warum verwendet Lukas zum erstenmal in seinem Evangelium für Simon den Titel ›Petrus‹? (Vgl. dazu die Aussagen über Simon Petrus im Evangelium des Lukas: 6,13–16; 22,31 f.) Welche Stellung hat Simon Petrus in der Urkirche nach Aussage der Apostelgeschichte inne? (Vgl. 1,15 ff.; 2,1–39; 4,1 ff.; 5,1 ff.; 6,1 ff.; 8,14 ff.; 9,32 ff.; 10 f.; 12,1 ff.; 15,1 ff.)
9. Wie wird die Aufgabe des Simon Petrus näherhin umschrieben? Inwiefern verdeutlicht das Wundergeschehen diese Aufgabe und zugleich den Beistand Jesu?
10. Wie antwortete Simon, zusammen mit seinen Gefährten, auf Jesu Ruf und Auftrag? Was wird dadurch über das rechte

Verhalten gegenüber dem Ruf Jesu Christi zu einem kirchlichen Dienst ausgedrückt? (Vgl. 8,1–3; 9,57–62; 10,1–12; 14,25–35.)

11. Wie wirkt der Herr heute in der Kirche nach Aussage dieser Wundererzählung? (Hilfsfrage: Zeigen sich analoge Zeichen des Wirkens des Auferstandenen auch heute?)

Die Gestalt der Überlieferung nach Johannes
(Joh 21,1−7.15−19)

Hinführung

Bei Johannes steht die Überlieferung im Nachtragskapitel, das dem Evangelium von seinen Herausgebern angefügt wurde (s. 20,30 f.; 21,24 f.). Hier handelt es sich um eine Erscheinung des Auferstandenen vor sieben seiner Jünger am Ufer des Sees von Tiberias an einem Morgen nach einer vergeblich durchfischten Nacht. Veranlaßt wurde der gemeinsame Fischfang durch Simon Petrus. Neben Jakobus und Johannes, den Söhnen des Zebedäus, werden hier Thomas, Natanaël und zwei andere Jünger Jesu genannt. Außer diesen ist noch »der Jünger, den Jesus liebte« im Boot. Er ist neben Simon Petrus Hauptperson des Geschehens. Wieder erfolgt *ein* wunderbarer Fischfang auf das Geheiß Jesu hin, wobei hier nur ein Boot mit einem großen Netz am Fang beteiligt ist. Im Unterschied zu Lukas wird die Zahl der gefangenen großen Fische angegeben.

Jesus ist zunächst den Fischern fremd und wird erst durch den Jünger, den Jesus liebte, erkannt. Anders als bei Lukas lädt Jesus die Jünger zum Essen ein und bittet dafür um Fische. Im Anschluß an das Mahl fragt Jesus den Petrus, ob er ihn mehr als die anderen liebe. Auf die dreimal gestellte Frage folgt dabei dreimal der Auftrag, die Herde Jesu zu weiden. Angeschlossen ist ein Hinweis auf den Tod des Petrus und ein Gespräch zwischen Petrus und Jesus über das Ende des Jüngers, den Jesus liebte.

Das Nachtragskapitel ist von der Hand der Herausgeber im Hinblick auf das vierte Evangelium gestaltet und weicht daher deutlich von der Fassung des Lukas ab.

Form

Die Wundererzählung 21,3−8 bildet einen Teil einer Erscheinungsgeschichte, 21,1−14, mit einem angeschlossenen Gespräch zwischen dem Auferstandenen und Simon Petrus, 21,15−23. Die Erscheinungsgeschichte bildet den Rahmen des ganzen Erzählungszusammenhangs, wie 21,1 und 21,14 zeigen.

Beim wunderbaren Fischfang auf Geheiß des Auferstandenen hin handelt es sich näherhin um eine Vollmachtstat Jesu, der sich einerseits damit als der auferstandene Herr erweist, andererseits die Vollmachtsübertragung samt Auftrag an Simon Petrus 21,15−23 zeichenhaft vorbereitet. Die Bearbeitung der Überlieferung durch die Verfasser des Anhangs (s. 21,24 ›wir‹) vermochte aber, wie die redaktionelle

Notiz 21,14 zeigt, die vorgegebenen Überlieferungen nicht zu einer stilistischen Einheit zusammenzufassen, so daß das Wunderzeichen und die Auslegung desselben auf Simon Petrus nun durch den Vermerk 21,14 getrennt sind. Doch sind beide Teile 21,1−14 und 21,15−19 als Einheit zu sehen, wie der innere Zusammenhang zeigt. Das legt auch ein Vergleich mit der Erzählung von einem wunderbaren Fischfang bei Lukas nahe (5,1−11).

Aufbau

Die Bemerkungen 21,1a und 21,14 bilden den Rahmen.

Die Einleitung der Wundererzählung geht von 21,1b (»Es war am See von Tiberias«) bis 21,3.

Die Vorbereitung auf das Wundergeschehen umfaßt die Verse 4−5. Die Verse 6−11 bilden die Mitte der Erzählung mit dem Auftrag Jesu, dem wunderbaren Fischfang, der Reaktion der Jünger und der Einladung Jesu zum Mahl. 21,12f. ist der Schluß der Wundererzählung.

Angeschlossen ist ein Anhang mit zwei Teilen: der dreifachen Beauftragung des Simon Petrus mit der Vollmachtsübertragung durch den auferstandenen Herrn samt Todesansage, 21,15−19, und dem Gespräch des Petrus mit Jesus über das Schicksal des Jüngers, den Jesus liebte, 21,20−23.

Das Fischfangwunder bildet als Zeichen der Vollmacht des Auferstandenen die Voraussetzung für die Beauftragung des Petrus und einen Hinweis auf seinen Dienst. Das Gespräch Petri über den Lieblingsjünger weist auf den Dienst dieses Jüngers hin und schließt das Nachtragskapitel mit einem Ausblick auf das Ende beider Jünger ab.

Von der Gesamtkomposition her handelt es sich bei Joh 21 um eine Unterweisung mit ekklesiologischer Bedeutung (Hinweis auf den Fortgang der Jesusgeschichte in der Herde Jesu unter Bezug auf die beiden Hauptpersonen Petrus und Lieblingsjünger). Durch das Nachtragskapitel schlagen die Verfasser eine Brücke zwischen der Zeit Jesu und der Zeit der Kirche. Aufgrund des Willens des Auferstandenen setzt sich sein Wirken, die Sammlung der Herde Gottes, durch die Kirche des Petrus und des Lieblingsjüngers in der Geschichte fort.

Text und Botschaft

Der Vermerk 21,1 beschreibt das nachfolgende Geschehen als Selbstoffenbarung des Auferstandenen und ordnet sie den beiden Erscheinungen vor Jüngern in Kap. 20 zu. Nach 21,1 fand sie am See von Tiberias statt. Auf galiläische Erscheinungen des Auferstandenen verweisen auch Mk 16,7 (vgl. 14,28) und Mt 28,7.16. Eine zweifelsfreie Zuordnung der Erscheinungen in Jerusalem und Galiläa zueinander ist nicht möglich. Als handelnde Personen werden Simon Petrus, Thomas und Natanaël genannt (s. Joh 1,40−42.45); dazu ist nach 21,7 auch der Jünger zu rechnen, den Jesus liebte. Darf man aufgrund von 1,35−51 auch noch Philippus oder Andreas dazu rechnen, oder kommt es 21,2 einfach darauf an, eine Siebenzahl zu erreichen? Denn es ist nicht einsichtig, warum der Text auf sieben Jünger verweist, aber nur fünf nennt. Daß Simon Petrus zum Fang einlädt, legt die Vermutung nahe, die Geschichte spiele in der Nähe von Kafarnaum, dem Wohnort des Petrus. Zu beachten ist, daß von Petrus immer als Simon Petrus die Rede ist. Die Titelübertragung durch Jesus an Simon nach 1,42 wird also vorausgesetzt. Das Geschehen ist demnach von vornherein auf die Aufgabe des Petrus für die Herde Jesu ausgerichtet. Auf die Frage, warum die Jünger nach der Auferstehung Jesu noch fischen gehen, kann von der Anlage der Erzählung her nicht geantwortet werden. Die Erzählung ist allein an der Weiterführung des Werkes Christi nach seinem Tod und seiner Auferstehung ausgerichtet. Eingeschlossen in diese Zielsetzung ist als Nebenmotiv der Hinweis auf Erscheinungen Jesu vor seinen Jüngern. Der Vermerk »sie fingen in jener Nacht nichts« bereitet auf das Wunder vor.

Bei der Rückkehr an den Ausgangspunkt im Morgengrauen fanden die Jünger einen Mann am Ufer stehen, den sie zunächst nicht erkannten. Er fragte sie nach etwas Fisch, wie aus Vers 10 zu erschließen ist. Die Anrede »meine Kinder« weist auf eine nähere Beziehung zu den Jüngern hin. Vielleicht veranlaßt diese Vertrautheit die Jünger, seiner unsinnigen Anweisung zu folgen und das Netz auf der rechten Seite des sich langsam dem Ufer nähernden Schiffes auszuwerfen. Als sich im seichten Uferwasser trotz des Morgenlichts die Fische geradezu ins Netz zu drängen begannen, gingen dem Jünger, den Jesus liebte, die Augen auf, und er sagte zu Petrus: »Es ist der Herr!« Hier wiederholt sich ein Vorgang, der für das Johannesevangelium bezeichnend ist: der Lieblingsjünger steht Jesus näher als Petrus trotz dessen führender Stellung im Jüngerkreis und seiner Erwählung zum Felsenmann, und er hat deshalb tiefere Einsichten in Jesu Person und sein Geschick (vgl. 13,23−26; 18,15−18; 19,25−27; 20,3−10). Diese johanneische Gestaltung der Erzählung weist auf den theologisch geprägten Charakter hin. Es handelt sich hier also nicht einfach um einen Bericht. Der Titel ›der Herr‹ setzt das Bekenntnis der Kirche zu ihrem auferstandenen Herrn voraus (vgl. Apg 1,21; 2,32; Phil 2,11; Röm 10,9). Zu beachten ist aber, daß das Vierte Evangelium Jesus durchgängig als Kyrios, Herr, bezeichnet und anredet. Dennoch gewinnt die Aussage in diesem Zusammenhang den Charakter eines österlichen Bekenntnisses. Es ist zunächst das Bekenntnis der Jünger, denen der Auferstandene in seiner unverhüllten gottmenschlichen Hoheit und in der neugewonnenen Vollmacht über die Welt begegnet und ihnen die Gnade des Osterglaubens schenkt; daraus erwächst dann das Grundbekenntnis der nachösterlichen Kirche: »Jesus ist der Herr!« (vgl. Phil 2,5–11).

Als Simon Petrus durch das Bekenntnis des Lieblingsjüngers selbst zur Erkenntnis Jesu, des Herrn, vordringt, legt er sein Obergewand um und springt in den See, um rascher dem Herrn begegnen und ihn ehren zu können. Dieser Zug weist auf seine ungestüme Liebe zu Christus hin. Während dessen kommen die anderen Jünger mit dem prall gefüllten Netz nach. Jesus hatte für seine Jünger ein Frühmahl vorbereitet, wie dies vor seinem Tod wohl oft nach nächtlichem Fang stattgefunden hatte. Obwohl bereits Fisch auf dem Holzkohlenfeuer brät, bittet Jesus, weitere Fische zu bringen. Dieser merkwürdige Bruch in der Erzählung dient wohl dazu, Petrus zu veranlassen, den Fang an Land zu bringen und zu sichten. Zwei Feststellungen werden damit verbunden: im Netz waren 153 große Fische – diese Zahl soll wohl die ungewöhnliche Fülle des Fangs andeuten (nach Hieronymus zählte man in der antiken Zoologie 153 Arten von Fischen!) –, und dennoch war das Netz nicht zerrissen. Dann lädt Jesus zum Essen ein. Ein wohlverdientes Mahl nach nachtlanger vergeblicher Mühe und unerwartetem Erfolg durch die Hilfe des Auferstandenen. Dennoch – trotz der neugeschenkten Gemeinschaft mit dem auferstandenen Herrn – bleibt dieser seinen Jüngern eigentümlich fremd. Er ist auf *neue* Weise gegenwärtig, und zwar beim Mahl, dem Hinweis auf die urchristliche Agape, das Gemeindemahl mit eucharistischem Abschluß (vgl. Joh 6,48–59; Lk 24,29–31; Apg 2,42; 20,7–12; 1 Kor 11,17–34).

Die Erzählung weist so zunächst darauf hin, daß es der Auferstandene war, der die Tischgemeinschaft mit seinen Jüngern wieder neu begründete und damit zugleich den Anstoß gab zur Feier der urchristlichen Gemeindemähler und Eucharistiefeiern. Er schenkte ihnen dabei eine neue Form der Gemeinschaft mit ihm und untereinander. Dieses Motiv wird aber nicht weitergeführt im Fortgang der Erzählung, sondern das wunderbare Fanggeschehen wird auf Simon Petrus und seine nachösterliche Aufgabe hin weitergeführt und in seinem Zeichencharakter enthüllt. Und zwar in der Weise eines Zwiegesprächs zwischen Jesus und Simon Petrus.

Daß der (die) Verfasser sich dabei einer anderen Überlieferung bediente(n), zeigt sich daran, daß nicht das Bild der Fische in Hinsicht auf die Menschenfischeraufgabe der Jünger Jesu ausgefaltet wird (vgl. jedoch Lk 5,10), sondern an das Bild von Hirt und Herde Gottes angeknüpft wird (21,15–17), das Joh 10 Anlaß zu einer mehrstufigen Meditation über Christus und die Kirche war (10,1–6.7–10.11–18).

Dreimal fragt Jesus Simon Petrus unter feierlicher Verwendung des Vaternamens »Simon, Sohn des Johannes«, ob dieser ihn liebe. Beim erstenmal wird hinzugefügt: »mehr als diese (mich lieben)?« Die beiden ersten Male bejaht Petrus diese Frage unbedingt. Beim dritten Mal wird erwähnt, Petrus sei traurig geworden, daß Jesus zum dritten Mal gefragt habe. Aber auch da bekennt er: »Du weißt alles, du weißt, daß ich dich liebhabe.« Nach jeder Antwort des Petrus gibt Jesus den Auftrag: »Weide meine Lämmer« bzw. »meine Schafe«!

Die feierliche Anrede und die dreimalige Frage mit der dreimaligen Beauftragung weisen auf die Bedeutung des Vorgangs hin. Jesus überträgt die eigene Hirtenaufgabe, die ihm der Vater übertragen hatte und die er in der Todeshingabe vollendete, an Simon Petrus (vgl. 10,11–15.16–18). Die dreimalige Frage erinnert aber auch an die feierliche Bekundung des Petrus im Abendmahl, Jesus bis in den Tod hinein nachfolgen zu wollen und dabei die anderen Jünger zu übertreffen (s. 13,36 f.).

Nach seinem Versagen bei der Festnahme Jesu (18,15–18.25–27) und seinem Fehlen unter dem Kreuz (19,25–27) gibt ihm Jesus nun Gelegenheit zur Reue, zur Überprüfung seiner Motive und zur erneuten Treuebekundung und ›rehabilitiert‹ ihn dadurch. Er wird nun in das ihm seit Anfang zugedachte ›Kephas‹-Amt, den Hirtendienst Jesu, eingesetzt (s. 1,42). Das »Weiden der Herde Jesu« beinhaltet Vollmacht und Amtsgnade (vgl. die entsprechenden Aussagen Apg 20,28; 1 Petr 2,25; 5,2 f.; Eph 4,11). Von Bedeutung ist, daß die Voraussetzung für die Bevollmächtigung des Petrus neben der Erwählung durch den Vater (s. 6,65) die freundschaftliche, dienstbereite, selbstlose, treue Liebe ist.

Da Jesus durch seinen Tod auch »andere Schafe«, die nicht aus dem jüdischen Volk stammen, zur einen Herde Gottes hinzugenommen hat (s. 10,16), bezieht sich der Hirtendienst des Simon Petrus auch auf die künftigen Heidenchristen. Sollte auf diesen Aspekt der Auftrag Jesu hinweisen, das Netz »auf der rechten Seite des Bootes auszuwerfen« (21,6)? Dies ist möglich. Trifft diese Vermutung zu, dann wird klar, worauf die vorangehende fruchtlose Fangbemühung hinweisen soll: auf die unergiebige Judenmission (vgl. dazu den Hinweis 9,34 auf die Exkommunikation der Judenchristen durch »die Juden« bzw. »die

Pharisäer«). Das ›Zeichen‹ des wunderbaren Fischfangs im Auftrag des Auferstandenen verwiese dementsprechend auf die wider alles Erwarten erfolgreiche Heidenmission der Kirche Christi. Der Auferstandene selbst gab dazu den Anstoß und steht mit seiner Gnade hinter diesem Vorgang, der noch immer anhält. Dabei ist das Netz der Jünger groß genug, alle Arten und jede erdenkliche Zahl von Menschen aufzunehmen.

An die Amtsübertragung und Rehabilitierung des Petrus sind noch zwei Anhänge angeschlossen: 21,18 f. und 21,20—23. Der erste beinhaltet eine Weissagung Jesu: im Hirtendienst wird sich Petrus in der Nachfolge Jesu sicher bewähren. Damit verweist das Evangelium bereits zurück auf den Märtyrertod des Petrus. Vom »Jünger, den Jesus liebte« war das nicht gesagt. Er »blieb in der Liebe seines Herrn« (vgl. 15,1—17) und hat sich darin bewährt. Er bedurfte des Märtyrertodes nicht, um seine Christusliebe zu beweisen; er tat dies bereits unter dem Kreuz Jesu (vgl. dazu 19,25—27). Allerdings war die Meinung falsch, vor seinem Tod komme Christus wieder. Diese Meinung ist durch den Tod dieses Jüngers überholt (21,23). Aber auch sein Zeugnis bleibt in der Kirche über den Tod hinaus lebendig.

So zeigt sich: Die Selbstoffenbarung des Auferstandenen als der oberste Hirt der Herde Gottes und als Herr der Jünger im wunderbaren Fischfang dient dem Hinweis auf die Aufgabe der Kirche nach der Auferstehung Christi unter der Führung des Petrus und ist zugleich ein Zeichen für den Beistand Jesu Christi beim Missionswerk der Kirche. Für das vierte Evangelium hat sich dieses Zeichen bis zum Tod der ersten Führungsgeneration der Kirche überwältigend bewährt.

Rahmen

Die Aussagen des Nachtragskapitels sind hineinzustellen in die Gesamtaussagen des Evangeliums. Näherhin weist das Zeichen des wunderbaren Fischfangs auf die Wunderzeichen der ersten Hälfte des Evangeliums zurück (Kap. 2—12) und zugleich voraus auf das Leben und Wirken der Kirche; das Wort an Petrus und die Darstellung seiner Person ist hineingestellt in die Gesamtaussage des Evangeliums über Simon Petrus und die Jünger (s. oben); die Amtsübertragung an Simon Petrus nach der Auferstehung Christi verweist auf die Aussage über die Herde und den Hirtendienst Christi (Kap. 10). Wie bei Lukas dient die Überlieferung vom wunderbaren Fischfang auch bei Johannes der Offenbarung Christi über die Aufgabe der Kirche des Petrus unter den Menschen und weist zugleich auf den wunderbaren Beistand des auferstandenen Herrn der Kirche bei diesem Dienst hin.

Anregungen für die Auslegung heute

Auch bei Johannes ist wie bei Lukas zu beachten, daß die Ausgestaltung und Auswertung der Überlieferung vom wunderbaren Fischfang des Petrus und seiner Mitjünger aus der Sicht der nachösterlichen Kirche gestaltet sind. Sie fragt damit nach der Gegenwart und dem Wirken des Auferstandenen in der Kirche, näherhin im Amt des Petrus und seiner Mitstreiter. Insofern ist nach dem kirchlichen Sinn des wunderbaren Zeichens für die Kirche, nicht nach seinem historischen Ansatz zu fragen.

Fragen:

1. Vergleichen Sie die beiden Wundererzählungen Joh 21,1–7.(15–17) und Lk 5,1–11 miteinander, und stellen Sie die Gemeinsamkeiten und die Unterschiede fest.
2. Wie ist der Abschnitt Joh 21 aufgebaut? Welche Funktion hat darin das Wunderzeichen? (Hilfsfrage: Geht es um das Wunder oder um die Vorbereitung der Amtsübertragung an Simon Petrus?)
3. Welche Rolle spielt Simon Petrus beim wunderbaren Fischfang? Wie wird seine Aufgabe im Gespräch mit dem Herrn 21,15–17 beschrieben? (Vgl. dazu Joh 10,1–18.)
4. Wie beschreibt das vierte Evangelium die Stellung und Aufgabe des Simon Petrus? (Vgl. 1,41f.; dazu Apg 20,28; 1 Petr 5,2f.)
5. Welche Rolle spielt das Motiv der Nachfolge bei der Vollmachtsübertragung an Simon Petrus? (Beachten Sie 21,18–22 sowie 13,36–38; 18,15–18.25–27.)
6. Worauf darf Simon Petrus (zusammen mit den übrigen Jüngern) bei seinem Hirten- und Missionsdienst nach Aussage des Wunderzeichens hoffen? (Vgl. dazu 10,16–18; beachten Sie die Aussage 21,11. Hilfsfrage: Ist *eine* Kirche trotz so vieler verschiedener ›Fische‹ möglich? Vgl. noch 17,20–23.)
7. Was sagt die Spannung zwischen Simon Petrus und ›dem Jünger, den Jesus liebte‹ über die rechte Art der Einheit der Kirche und ihrer Führer aus?
8. Was darf die ›verfaßte‹ Kirche heute aufgrund von Joh 21,1–11 für ihr Wirken erhoffen?

Anmerkungen

[1] *F. R. Lehmann*, Mana, Leipzig 1922; *J. Hackel*, Artikel: Dynamismus I, LThK 3, [2]1959, 618f.; *O. Schroeder*, Artikel: Machtglaube, LThK 6, [2]1961, 1259f.

[2] *V. Corbo*, The House of Saint Peter at Capharnaum, Jerusalem [2]1972.

[3] *R. Pesch*, Das Markusevangelium 1, HThK II,1, Freiburg 1976, S. 131.

[4] Z.B. Heilung eines Blinden in Alexandrien durch Kaiser Vespasian, so berichtet durch die Historiker Tacitus, Sueton und Dio Cassius. Nachweise bei *R. Pesch*, Markusevangelium 1, HThK II,1, Freiburg 1976, S. 418.

[5] *R. Pesch* formuliert: »Jesus erlöst die magische Fähigkeit des Menschen, indem er sie streng auf Gottes Allmacht bezieht; sie wird zum heilenden Glauben« (Das Markusevangelium 1, HThK II,1, Freiburg 1976, S. 305).

[6] »Die matthäische Neufassung der Blutflüssigenheilung ist somit von einer Wundergeschichte zur Lehrerzählung geworden, zu einem ›Traktat‹ über die heilschaffende (›Wunder-‹)Macht des Glaubens (an Jesus, den Offenbarungsmittler, und sein Heilsangebot)«: *R. Pesch/R. Kratz*, So liest man synoptisch 2, Frankfurt 1976, S. 64.

[7] *R. Pesch*, Das Markusevangelium 1, HThK II,1, Freiburg 1976, S. 127.

[8] S. dazu *W. Bousset*, Kyrios Christos, Göttingen [4]1935, S. 62 und 270–274.

[9] *R. Schnackenburg*, Das Johannesevangelium 1, HThK IV,1, Freiburg 1965, S. 496.

DRITTER TEIL

ANHANG

I. Übersichten – Verzeichnisse – Tabellen

1. Übersicht über die Wunderhinweise und Wundererzählungen im Neuen Testament

Zu den synoptischen Evangelien

H = Heilungswunder   **T** = Totenerweckung   **D** = Diskussion
Z = Zeichenwunder   **S** = Sammelbericht   **JZ** = Johanneische Zeichen
E = Exorzismus   **V** = Verweis

Matthäus	Markus	Lukas	Johannes
	E 1,23–28 Mensch mit unreinem Geist in Synagoge von Kafarnaum V.27 Wort mit Vollmacht (über unreine Geister)	**D** 4,16–30 Antrittspredigt in Nazaret **E** 4,33–37 Mensch mit Dämon in in Synagoge von Kafarnaum V.36 Wort mit Vollmacht und Kraft (über unreine Geister)	

Matthäus		Markus		Lukas		Johannes	
H	8,14f Heilung der Schwiegermutter des Petrus vom Fieber (verkürzt)	H	1,29–31 Heilung der Schwiegermutter des Simon vom Fieber	H	4,38f. Heilung der Schwiegermutter des Simon vom Fieber		
S	8,16f Kranke und Besessene (verkürzt) mit Deutung (Jes 53,4)	S	1,32–34 Kranke und Besessene	S	4,40f Kranke und Besessene		
S	4,24f »lehrte in Galiläa, predigte ... und heilte *jegliche* Krankheit und *jegliches* Gebrechen im Volk«	S	1,39 »predigte in ganz Galiläa und trieb die Dämonen aus«				
				Z	5,1–9 Wunderbarer Fischfang des Simon (u. Gefährten)	JZ	21,1–14 Wunderbarer Fischfang des Simon Petrus (u. Gefährten am See Tiberias)
H	8,1–4 Aussätziger (verkürzt)	H	1,40–45 Aussätziger	H	5,12–16 Aussätziger		

Matthäus		Markus		Lukas		Johannes	
8,5–13 Knecht des Hauptmanns von Kafarnaum	H			7,1–10 Knecht des Hauptmanns von Kafarnaum	H	4,46–54 Sohn eines königlichen Beamten in Kafarnaum	JZ H
9,1–8 Gelähmter in Kafarnaum (u. Sündenvergebung)	H	2,1–12 Gelähmter in Kafarnaum (u. Sündenvergebung)	H	5,17–26 Gelähmter in Kafarnaum (u. Sündenvergebung)	H		
12,9–14 Gelähmte Hand am Sabbat	H	3,1–6 Gelähmte Hand am Sabbat	H	6,6–11 Gelähmte Hand am Sabbat	H		
9,27–31 Zwei Blinde	H						
9,32–34 Ein Stummer (Besessener)	H E						
9,35f »heilte alle Krankheiten und Leiden«	S						
11,5 Antwort auf Täuferanfrage (Jes 35,5f usw.)	V			7,21f Antwort auf Täuferanfrage mit Rahmen/Heilungen	V S		

Matthäus	Markus	Lukas	Johannes
V 11,20–24 Drohworte gegen galiläische Städte		**V** 10,13–15 Drohworte gegen galiläische Städte	
S 12,15 Heilung aller Kranken	**S** 3,10–12 Heilung von Krankheiten und Dämonen	**S** 6,18f Heilung von Krankheiten und unreinen Geistern	
	V 3,15 Übertragung der Vollmacht an die zwölf Jünger, Dämonen auszutreiben		
		T 7,11–17 Erweckung des toten Jungen Mannes von Naïn	**JZ T** 11,1–44 Erweckung des Lazarus (11,17: am vierten Tag nach dem Tod)
		V 8,2f Hinweis auf Heilung von Frauen von Krankheiten und bösen Geistern	
		D 10,17–20 Hinweis auf Vollmacht über Dämonen	

Matthäus	Markus	Lukas	Johannes
E 12,22 Heilung eines Blinden und Stummen		**E** 11,14 Heilung eines Stummen (Dämonen)	
D 12,24–30 Verteidigung gegen Beelzebulvorwurf	**D** 3,22–27 Verteidigung gegen Beelzebulverdächtigung	**D** 11,14–23 Verteidigung gegen Beelzebulvorwurf	
D 12,38–42 Abweis einer Zeichenforderung		**D** 11,16.29–32 Abweis einer Zeichenforderung	
D 12,43–45 Rückkehr der Dämonen		**D** 11,24–26 Rückkehr der Dämonen	
N 8,18.23-27 Stillung eines Seebebens	**N** 4,35–41 Stillung eines Seesturms	**N** 8,22–25 Stillung eines Seesturms	
E 8,28–34 Zwei Besessene von Gadara	**E** 5,1–20 Besessener von Gerasa (Legion)	**E** 8,26–39 Besessener von Gerasa (Legion)	
E T 9,18–26 Blutende Frau – Tochter des Jaïrus	**E T** 5,21–43 Blutende Frau – Tochter des Jaïrus	**E T** 8,40–56 Blutende Frau – Tochter des Jaïrus	

Matthäus	Markus	Lukas	Johannes
13,54.58 Nazaret – Verweis auf Wundertaten **V**	6,2.5 Besuch in Nazaret – Verweis auf Wundertaten **V**	4,23–27 Nazaret – Verweis auf Wundertaten **V**	
10,1 Übertragung der Vollmacht an die Zwölf, alle Krankheiten zu heilen und Dämonen auszutreiben **V S**	6,7.13 Übertragung der Vollmacht an die Zwölf, zu heilen und Dämonen auszutreiben **V S**	9,1.6 Übertragung der Vollmacht an die Zwölf, zu heilen und Dämonen auszutreiben **V S**	
14,1f Deutung der Wunderkraft Jesu durch Herodes **V**	6,14f Deutung der Wunderkraft Jesu durch Herodes **V**	9,7–8 Deutung der Wunderkraft Jesu durch Herodes **V**	
14,14 Heilungen vor Brotvermehrung **S**		9,11 Heilungen vor Brotvermehrung **S**	
14,13–21 Speisung der 5000 **Z**	6,32–44 Speisung der 5000 **Z**	9,10–17 Speisung der 5000 **Z**	6,1–15 Speisung der 5000 **JZ**
14,22–33 Seewandel Jesu **Z**	6,45–52 Seewandel Jesu **Z**		6,16–21 Seewandel Jesu **JZ**
14,34–36 Heilungen in Gennesaret **S**	6,53–56 Heilungen bei Gennesaret **S**		

Matthäus	Markus	Lukas	Johannes
H E 15,21–28 Heilung der Tochter der Syrophönizierin (Dämon)	**H E** 7,24–30 Heilung der Tochter der Syrophönizierin (Dämon)		
S 15,30–31 Sammelbericht	**S** 7,37 Sammelhinweis		
	H 7,31–36 Taubstummer		
Z 15,32–39 Speisung der 4000	**Z** 8,1–10 Speisung der 4000		
V 16,1 Zeichenforderung der Pharisäer und Sadduzäer	**V** 8,11 Zeichenforderung der Pharisäer		
D 16,5–12 Jüngerbelehrung	**D** 8,14–21 Jüngerbelehrung		
	H 8,22–26 Heilung eines Blinden bei Betsaida		
Z 17,1–9 Verklärung Jesu	**Z** 9,2–10 Verklärung Jesu	**Z** 9,28–36 Verklärung Jesu	

Matthäus	Markus	Lukas	Johannes
E 17,14–21 Besessener Knabe	**E** 9,14–29 Heilung eines besessenen Knaben	**E** 9,37–43 Besessener Knabe	
	V E 9,38–41 Fremder Exorzist	**V E** 9,49f Fremder Exorzist	
Z 17,24–27 Steuerdrachme im Maul des Fisches			
		V 10,9–17 Vollmachtsübertragung für Krankenheilung an 70 Jünger	
		H 13,10–17 Heilung einer verkrümmten Frau am Sabbat	
		D 13,32 Antwort an Herodes	
		H 14,1–6 Heilung eines Wassersüchtigen	

Matthäus	Markus	Lukas	Johannes
S 19,2 Heilungen im Ostjordanland		**H** 17,11–19 Zehn Aussätzige	
H 20,29–34 Heilung zweier Blinder bei Jericho	**H** 10,46–52 Heilung des blinden Bartimäus bei Jericho	**H** 18,35–43 Heilung des blinden Bartimäus bei Jericho	
S 21,14 Heilungen im Tempel			
Z 21,18f Verfluchung eines Feigenbaums bei Jerusalem	**Z** 11,12–14 Verfluchung eines Feigenbaums bei Betanien		
V 21,20–22 Gebet und Wundermacht	**V** 11,20–26 Gebet und Wundermacht		
		H 22,50f Heilung des Ohres des Knechts des Hohenpriesters	
	V 16,17.20 Wundertaten der Jünger		

Im Evangelium des Johannes (7 Zeichen)

Z = Zeichen   V = Verweis
H = Heilung   D = Diskussion
T = Totenerweckung

1) 2,1–12: 2,23:	Hochzeit zu Kana: Weinwunder **Z** Hinweis auf *Zeichen* Jesu in Jerusalem **V**	*»1. Zeichen«* (2,11)
2) 4,43–54:	Heilung des Sohnes eines königlichen Beamten von Kafarnaum zu Kana **H**	*»2. Zeichen«* (4,54)
3) 5,1–18: 5,19–30:	Heilung eines Gelähmten am Sabbat in Jerusalem **H** Rede Jesu über seine Vollmacht **D**	
4) 6,1–15:	Speisung von 5000 Männern am See von Tiberias **Z**	*»Zeichen«* (6,14)
5) 6,16–21: 6,26–51:	Seewandel Jesu **Z** Deutung des Wunders der Brotvermehrung **D**	
6) 9,1–12: 9,35–41: 10,22–39:	Die Heilung eines Blinden in Jerusalem **H** Deutung des Wunders **D** Streitgespräch am Tempelweihfest **D**	(Hinweis auf die *»Werke«*: V. 25.38)

7) 11,1–44: Auferweckung des Lazarus **T**
11,45–48: Folgen des Wunders **V S** (11,47; 12,17f: »*Zeichen*«)
Ab Kapitel 12 keine Zeichen mehr!

18,6: Zurückweichen der Häscher bei Gefangennahme Jesu **Z**
20,30f: *Abschlußwort:* Hinweis auf »*Zeichen*« als Anstoß zum Glauben
(»damit ihr glaubt, daß Jesus der Messias ist, der Sohn Gottes«) **V**
Nachtrag:
21,1–14: Offenbarung Jesu am See von Tiberias: *Wunderbarer Fischfang* (vgl. Lk 5). **Z**
Wird nicht als »Zeichen« gezählt.

2. Sachverzeichnis der Hinweise auf Wunder Jesu in den Evangelien

	Mk	Mt	Lk	Joh
Heilungen:				
In den synoptischen Evangelien, auf der Grundlage des Markus				
Die fiebrige Schwiegermutter des Petrus (Kafarnaum)	1,29	8,14f	4,38f	
Ein Aussätziger (Galiläa)	1,40–45	8,1–4	5,12–16	
Ein Gelähmter (Kafarnaum)	2,1–12	9,1–8	5,17–26	
Ein Mann mit verdorrter Hand am Sabbat (Galiläa)	3,1–6	12,9–14	6,6–11	
Eine Frau mit Blutungen (Kafarnaum)	5,25–34	9,20–22	8,43–48	
Der blinde Bartimäus (Jericho)	10,46–52	20,29–34	18,35–45	
In einem Evangelium				
Ein Taubstummer (Dekapolis)	7,31–37			
Ein Blinder (Betsaida)	8,22–26			
Zwei Blinde (Kafarnaum)		9,27–31		
Ein wassersüchtiger Mann am Sabbat (Galiläa)			14,1–6	
Zehn Aussätzige (Galiläa/Samarien)			17,11–19	
Das Ohr des Knechts des Hohenpriesters (Jerusalem)			22,51	
Doppeltradition bei Matthäus und Lukas (Quelle Q)				
Der Diener des Hauptmanns von Kafarnaum		8,5–13	7,1–10	
Paralleltradition bei Johannes				
Der Sohn eines Beamten aus Kafarnaum				4,46–54

	Mk	Mt	Lk	Joh
Im Johannesevangelium				
Ein Gelähmter am Teich Betesda am Sabbat (Jerusalem)				5,1–9. 10–15
Ein Blindgeborener am Sabbat (Jerusalem)				9,1–34
PS: Die Übergänge zwischen Heilungen und Exorzismen sind fließend, da eine Reihe von Krankheiten auf Dämonen zurückgeführt wurden.				
Exorzismen				
In den synoptischen Evangelien, auf der Grundlage des Markus				
Ein Besessener in Kafarnaum am Sabbat (Synagoge)	1,21–28		4,31–37	Bei Joh keine Exorzismen!
Ein Besessener (bei Gerasa)-Mt: Zwei Besessene (bei Gadara)	5,1–20	8,28–34	8,26–39	
Tochter der Syrophönizierin (im Grenzgebiet)	7,24–30	15,21–28		
Ein besessener (Mt: mondsüchtiger) Knabe (Galiläa)	9,14–29	17,14–21	9,37–43	
Doppeltradition bei Matthäus und Lukas (Quelle Q)				
Ein stummer und blinder Besessener (Galiläa)		12,22f	11,14f	
Ein stummer Besessener (Galiläa)		9,32–34	11,14f	
Lukasevangelim allein				
Eine verkrümmte Frau am Sabbat (Galiläa)			13,10–17	
Totenerweckungen				
In den synoptischen Evangelien, auf der Grundlage des Markus				
Tochter des Jaïrus (Kafarnaum; kurz nach ihrem Tod)	5,22–24. 35–43	9,18f. 23–26	8,40–42. 49–56	

	Mk	Mt	Lk	Joh
In einem Evangelium, unabhänig von Markus				
Junger Mann von Naïn (Galiläa; am Tag des Todes)			7,11–17	
Lazarus (Jerusalem; am 4. Tag nach dem Tod)				11,1–44
Sonstige Wunder (»Naturwunder«/Zeichenwunder)				
In den synoptischen Evangelien, auf der Grundlage des Markus				
Stillung eines Seesturms (Mt: Seebeben)	4,35–41	8,18.23–27	8,22–25	
Speisung von 5000 Männern (Ostufer des Sees Gennesaret)	6,32–44	14,13–21	9,10–17	6,1–15
Rettung aus Seenot (»Seewandel«)	6,45–52	14,22–33		6,16–21
Speisung von 4000 Männern (Ostufer des Sees Gennesaret)	8,1–10	15,32–39		
Verklärung Jesu (Galiläa)	9,2–10	17,1–9	9,28–36	
Verwünschung eines Feigenbaums (Jerusalem)	11,12–14	21,18f		
In einem Evangelium, unabhängig von Markus				
Auffinden einer Steuerdrachme im Maul eines Fisches (Kafarnaum)		17,24–27		
Verwandlung von Wasser in Wein (Kana)				2,1–11
Wunderbarer Fischfang (See von Gennesaret)			5,1–11	21,1–14
Sammelberichte				
In den synoptischen Evangelien, auf der Grundlage von Markus				
Heilungen von Kranken und Besessenen am Abend (Kafarnaum)	1,32–34	8,16f		
Heilungen von Kranken und Besessenen (in Galiläa)	1,39	4,23f	4,30f	
Heilungen von Kranken und Besessenen (am See Gennesaret)	3,10–12	12,15	6,18f	
Heilungen von Kranken (in Nazaret)	6,2.5	13,54–58	4,23(–27)	
Heilungen von Kranken (bei Gennesaret)	6,53–56	14,34–36		
Heilungen von Kranken vor der 1. Brotvermehrung (Ostufer d. Sees)		14,14	9,11	

	Mk	Mt	Lk	Joh
In einem Evangelium, unabhängig von Markus				
Heilungen (in Galiläa)		9,35		
Heilungen von Kranken auf einem Berg (Galiläa)		15,30f		
Heilungen von Kranken im Ostjordanland (gegenüber Judäa)		19,2		
Heilungen von Kranken im Tempel (Jerusalem)		21,14		
Hinweis auf Heilungen von Kranken und Besessenen bei Antwort auf die Täuferanfrage (Galiläa)			7,21	
Hinweise auf Wunder in Worten Jesu				
In den synoptischen Evangelien				
Antwort auf Täuferanfrage (Krankenheilungen)		11,2–6	7,18–23	
Drohworte gegen galiläische Orte (Wunder allgemein) (Q)		11,20–24	10,13–15	
Ablehnung der Zeichenforderung	8,11f	16,1–4		
Hinweis auf Zeichen des Jona (Q)		12,38–40	11,16.29f	
Verteidigung gegen Beelzebulvorwurf	3,22–27	12,24–30	11,14–23	
Jüngerbelehrung (Brotvermehrungen)	8,14–21	16,5–12		
In einem Evangelium, unabhängig von Markus				
Antrittspredigt in Nazaret (Kranke)			4,16–30	
Vollmacht über die Dämonen (Exorzismen)			10,17–20	
Antwort an Herodes (Kranke)			13,32	
Rede Jesu über seine Vollmacht (Totenerweckungen)				5,19–30
Sinn der Brotvermehrung				6,26–71
Sinn der Blindenheilung				9,35–41

3. Hinweise auf die Wundertaten Jesu in den einzelnen Evangelien

Im Matthäus-Evangelium

S = Sammelbericht
EB = Einzelbericht
H = Heilung
E = Exorzismus
T = Totenerweckung
Z = Zeichenwunder
V = Verweis

Fundort	Stichwort	S	EB	H	E	T	Z	V	Besonderheit	Redegut
4,23–25	Heilungen in Galiläa	×		×						4,17–22
5,7										5,1–48 6,1–34 } Berg- 7,1–29 } predigt
8,1–4	Ein Aussätziger		×	×						
8,5–13	Diener eines Hauptmanns		×	×					Fernheilung/Heide	
8,14–15	Schwiegermutter des Petrus		×	×						
8,16–17	Heilungen aller Kranken	×		×						
8,23–27	Sturm auf dem See		×				×			8,18–22
8,28–34	Zwei Besessene/Gadara		×		×				Doppelung/Heiden	
9,1–8	Ein Gelähmter		×	×					Sündenvergebung	9,9–13 9,14–17

540

Fundort	Stichwort	S	EB	H	E	T	Z	V	Besonderheit	Redegut
9,18–26	Tochter des Jaïrus		×			×			Reinheit/Berührung Doppelung	
	Frau mit Blutungen		×							
9,27–31	Zwei Blinde		×	×						
9,32–34	Ein Stummer		×	×	×					9,35–38
10,1–8	Aussendung der Jünger							×	Vollmachtsübertragung	10,5–42: Missionsrede
11,2–6	Antwort an Täufer							×	Erfüllung des AT	11,7–19
11,20–24	Gerichtswort über galiläische Städte							×		
12,9–14	Mann mit verdorrter Hand	×	×	×					Sabbat	12,1–8
12,15–17	Heilung von Kranken			×					alle Kranken – »Jesus, der Knecht Gottes«	
12,22f	Ein taubblinder und stummer Besessener		×		×					
12,24–30	Beelzebulvorwurf							×	Apologie Jesu	12,25–37 12,38–42 12,43–45 12,46–50
13,54.58	Jesus in Nazaret							×		13,1–53 13,57 } Himmelreichsrede
14,1–2	Deutung des Wirkens Jesu							×	Deutung	

Fundort	Stichwort	S	EB	H	E	T	Z	V	Besonderheit	Redegut
14,13–21	Speisung der 5000 Männer (dazu Frauen u. Kinder)		×				×		Agape/Eucharistie	
14,22–33	Gang über den See		×				×		Szene mit Petrus	
14,34–36	Kranke in Gennesaret	×		×					alle Kranken	
										15,1–20
15,21–28	Tochter der Syrophönizierin	×	×		×				Fernheilung/Heidin	
15,29–31	Heilung vieler Kranker			×						
15,32–39	Speisung der 4000 (dazu Frauen u. Kinder)		×				×		Agape/Eucharistie	
										16,1–4
16,5–12	Frage an Jünger							×	Vollmacht Jesu	16,13–20.21–28
17,1–9	Verklärung Jesu		×				×		Jesus selbst	
										17,10–13
17,14–21	Mondsüchtiger Junge		×		×				Glaube	
17,24–27	Doppeldrachme im Fisch		×				×		Szene mit Petrus	17,22–23
										18,1–35: Jüngerrede 19,3–23 20,1–16 20,17–19 20,20–28

Fundort	Stichwort	S	EB	H	E	T	Z	V	Besonderheit	Redegut
20,29–34	Zwei Blinde bei Jericho		X	X					Doppelung	
21,14	Heilung von Blinden und Lahmen im Tempel	X		X						21,12f.16
21,18–22	Verwünschung eines Feigenbaums		X				X		Symbol-Handlung	21,23–27 21,18–32.33–46; 22,1–14.15–22. 23–33.34–40. 41–46 23,1–39: Weherede 24,1–25,46: Endzeit-rede
27,39–43	Hohn des Volkes und der Hohenpriester							X	»andern hat er geholfen«	
		Verse: Gesamt: 267								Gesamt: 610

PS: Ab dem Einzug in Jerusalem wirkt Jesus keine Wunder mehr!

Beachte: Heilung des Ohrs des Knechts des Hohenpriesters im Ölgarten ist nicht berichtet. Der Evangelist deutet den Tod auch durch apokalyptische Vorgänge 27,51f.

Im Markus-Evangelium

S = Sammelbericht **E** = Exorzismus **Z** = Zeichenwunder
EB = Einzelbericht **T** = Totenerweckung **V** = Verweis
H = Heilung

Fundort	Stichwort	S	EB	H	E	T	Z	V	Besonderheit	Redegut
1,23–28	Dämon in Synagoge		×		×					1,14–22
1,29–31	Schwiegermutter des Petrus		×	×					Sabbat	1,35–38
1,32–34	Heilungen in Kafarnaum	×		×	×					
1,39	Heilungen in Galiläa	×		×						
1,40–45	Heilung eines Aussätzigen		×	×					Berührung	
2,1–12	Heilung eines Gelähmten		×	×					Sündenvergebung	2,13–28
3,1–6	Mann mit verdorrter Hand	×	×	×					Sabbat	3,7–9
3,10–11	Heilung vieler am See		×	×						3,13–21
3,22–30	Beelzebulvorwurf				×			×	Apologie Jesu	3,23–35
4,35–41	Sturm auf dem See		×				×			4,1–34
5,1–20	Besessener von Gerasa		×		×				Heide	
5,21–43	Tochter des Jaïrus		×			×				
5,25–34	Frau mit Blutungen		×	×					Reinheit/Berührung	
6,6b–13	Aussendung der Jünger							×	Vollmachtsübertragung	
6,14–16	Deutung des Wirkens Jesu		×					×	Deutungen	
6,35–44	Speisung der 5000						×		Agape/Eucharistie	6,1–4

Fundort	Stichwort	S	EB	H	T	Z	V	Besonderheit	Redegut
15,31f	Hohn der Hohenpriester						×	»andern hat er geholfen«	

PS: Ab dem Einzug in Jerusalem wirkt Jesus keine Wunder mehr!   *Verse:* Gesamt: 204   274

Beachte: Heilung des Ohrs des Knechts des Hohenpriesters im Ölgarten ist nicht berichtet.
Bei der Zählung weggelassen: wunderbare Ereignisse bei Taufe und Versuchung in der Wüste.

Im Lukas-Evangelium

S = Sammelbericht
EB = Einzelbericht
H = Heilung

E = Exorzismus
T = Totenerweckung

Z = Zeichenwunder
V = Verweis

Fundort	Stichwort	S	EB	H	E	T	Z	V	Besonderheit	Redegut
4,16–30	Predigt in Nazaret							X	Deutung des Wirkens als Wundertäter	4,14f
4,33–37	Besessener in Synagoge		X		X					4,31f
4,38–39	Schwiegermutter des Petrus		X	X						
4,40–41	Kranke und Besessene in Kafarnaum	X		X	X					4,42–44
5,1–11	Wunderbarer Fischfang		X				X		Berufung von Jüngern	
5,12–14	Ein Aussätziger		X	X						
5,15f	Zustrom bei Jesus	X		X						
5,17–26	Ein Gelähmter		X	X					Sündenvergebung	5,27–39
6,6–11	Mann mit verdorrter Hand		X	X					Sabbat	6,1–5
6,17–19	Heilungen von Kranken und Besessenen	X			X					6,20–49: Feldrede

Fundort	Stichwort	S	EB	H	E	T	Z	V	Besonderheit	Redegut
7,1–10	Diener eines Hauptmanns		×	×					Fernheilung, Heide	
7,11–17	Junger Mann aus Naïn		×							
7,18–23	Antwort an Täufer					×		×	Erfüllung des Alten Testaments	7,24–30 7,36–50
										8,4–21
8,22–25	Sturm auf dem See		×				×			
8,26–39	Besessener von Gerasa		×		×				Heide	
8,40–56	Tochter des Jaïrus – Frau mit Blutungen		×	×		×			Reinheit	
9,1	Aussendung der Zwölf		×					×	Vollmachtsübertragung	
9,7–9	Deutungen des Wirkens Jesu		×					×	Deutungen	
9,10–17	Speisung der 5000						×		Agape/Eucharistie	9,18–27
9,28–36	Verklärung Jesu		×		×		×		Jesus selbst	
9,37–43	Besessener Junge								Glaube	9,43–48
9,49–50	Fremder Wundertäter							×	Namen Jesu	9,51–62
10,9	Aussendung der Siebzig			×	×					10,1–16
10,17–20	Bericht der Jünger							×	Vollmachtsübertragung Deutung des exorzistischen Wirkens Jesu	10,21–42

Fundort	Stichwort	S	EB	H	E	T	Z	V	Besonderheit	Redegut
11,14 11,15–23	Stummer Besessener Beelzebulvorwurf		X		X			X	Apologie Jesu	11,1–13 11,24–26
										12,1–59
13,10–17	Gekrümmte Frau		X		X				Sabbat	13,1–9 13,18–35
14,1–6	Ein Wassersüchtiger		X	X					Sabbat	14,7–24 14,25–30
										15,1–32
										16,1–13 16,14f 16,16–31
17,5–6 17,11–19	Macht des Glaubens Zehn Aussätzige		X	X				X	Glaube Dankbarer Samariter	17,1–4 17,20–37

Fundort	Stichwort	S	EB	H	E	T	Z	V	Besonderheit	Redegut
18,35–43	Ein Blinder bei Jericho		×	×						18,1–34
										19,1–27 19,28–46
										20,1–47
										21,1–4 21,5–36: Endzeitrede
22,49–51	Ohr des Dieners des Hohenpriesters		×	×					Im Rahmen der Passionserzählung	

PS: *Nach dem Einzug in Jerusalem wirket Jesus nur noch 1 Wunder.* *Verse:* Gesamt: 200   Gesamt: 540

Im Johannes-Evangelium

S = Sammelbericht
EB = Einzelbericht
H = Heilung

E = Exorzismus
T = Totenerweckung

Z = Zeichenwunder
V = Verweis

Fundort	Stichwort	S	EB	H	E	T	Z	V	Besonderheit	Redegut
										1,35–51: Jüngerberufung – Einzelworte
2,1–11	Verwandlung von Wasser in Wein		×						»1. Zeichen«	2,13–22: Tempelreinigung – Einzelworte
2,23–25	Wirkung der Wunder	×							»die Zeichen, die Jesus tat«	3,1–21 Selbstoffenbarung vor Nikodemus
										4,1–42: Selbstoffenbarung am Jakobsbrunnen
4,43–54	Fernheilung eines Jungen		×	×					»2. Zeichen«	
5,1–18 5,14–47	Heilung eines Gelähmten Selbstoffenbarung über die Vollmacht des Sohnes		×	×				×	Sabbat »die Werke Gottes« (5,20–36)	

Fundort	Stichwort	S	EB	H	E	T	Z	V	Besonderheit	Redegut
6,1–15	Speisung einer großen Menge		X				X		»das Zeichen, das er getan hatte« (6,14)	
6,22–59	Deutung des Wunders durch Jesus							X		
6,60–71	Wirkung des Wunders und der Rede									
6,16–21	Gang über den See		X				X	X	»Ich bin es« (6,20)	
7,3f	Aufforderung der Brüder Jesu							X	»die Werke, die du vollbringst«	
7,14–24	Deutung des Wunders am Gelähmten durch Jesus							X	»ein einziges Werk habe ich vollbracht«	7,28f Offenbarungswort Jesu
										8,12–59: Verschiedene Offenbarungsreden vor den Juden
9,1–12	Heilung eines Blindgeborenen		X	X						
9,13–34	Die Wirkung des Wunders							X	Am Sabbat »die Werke Gottes« (9,4)	
9,35–41	Deutung des Wunders durch Jesus							X	Deutung	

Fundort	Stichwort	S	EB	H	E	T	Z	V	Besonderheit	Redegut
										10,1–21 Offenbarungsrede vor den Juden
10,22–39	Streitrede mit den Juden über »die Werke« Jesu							×	»die Werke, die der Vater Jesus gab« (10,32f.37f)	
10,40–11,44	Die Auferweckung des Lazarus		×			×			am 4. Tag nach dem Tod	
11,45–53	Tötungsbeschluß des Hohen Rats							×	»dieser Mensch tut viele Zeichen« (11,47)	
12,12–19	Einzug Jesu in Jerusalem – Erwartung der Leute							×	»das Zeichen der Totenerweckung« (12,17f)	12,20–36.44–50: letzte öffentliche Rede Jesu
12,37–43	Urteil des Evangelisten							×	»so viele Zeichen« – doch kein Glaube	

Von Kap. 13 – 19 wirkt Jesus keine »Zeichen« mehr, da »die Stunde« der Verherrlichung durch den Tod gekommen ist (13,1; 17,1).
Doch finden sich noch Hinweise in den Abschiedsreden Jesu auf »die Werke« Gottes.

Fundort	Stichwort	S	EB	H	E	T	Z	V	Besonderheit	Redegut
14,1–14	Offenbarungsreden an die Jünger							×	»Werke des Vaters« (14,10ff) – Verheißung: »Wer an mich glaubt, wird noch größere Werke vollbringen« (14,12)	
15,18–16,4	Offenbarungsrede an die Jünger							×	»die Werke, die ich vollbracht habe« (15,24)	
17,1–8	Abschiedsgebet Jesu							×	»das Werk, das du mir aufgetragen hast« (17,4)	
	Im Rahmen der Passionsgeschichte wird noch ein wunderbarer Vorgang berichtet, aber nicht als Offenbarungszeichen gedeutet:									
18,1–14	Verrat und Gefangennahme Jesu							×	Vorherwissen Jesu (18,4) Zurückweichen der Häscher (18,6)	
20,30f	Erster Schluß des Evangeliums							×	»noch viele andere Zeichen« – »diese sind aufgeschrieben, damit ihr glaubt, daß Jesus der Messias ist, der Sohn Gottes«	
	Danach wird das Evangelium als »Zeugnis der Zeichen Jesu« charakterisiert!									

Fundort	Stichwort	S	EB	H	E	T	Z	V	Besonderheit	Redegut
	Im Nachtrag zum Evangelium (Kap. 21) findet sich noch eine Wundererzählung, und zwar bewirkt durch den Auferstandenen. Dieses Wunder hat zeichenhafte Bedeutung für die Aufgabe der nachösterlichen Kirche und des Petrus.									
21,1–13	Der wunderbare Fischfang						×	×	Zeichen des Auferstandenen für die Kirche und Petrus	
21,15–23	Deutung des Geschehens auf Simon Petrus hin (mit anderem Bildwort)									

Verhältnis der Texte, die von Wundern handeln, zum übrigen Text und und zur Wortüberlieferung:

im ersten Teil des Evangeliums, Kap. 1 – 12:
Gesamttext: 585 Verse
Hinweise auf Wunder: 297 Verse
Wortüberlieferung: (ca.) 175 Verse

im ursprünglichen Evangelium, ohne Kap. 21:
Gesamttext: 1177 Verse
Hinweise auf Wunder: 349 Verse

im heutigen Evangelium, mit Nachtrag (Kap. 21):
Gesamttext: 1202 Verse
Hinweise auf Wunder: 363 Verse.

4. Tabelle: Der Versumfang der Wundererzählungen und -hinweise in den Evangelien

Versumfänge der Evangelien
ohne Prologe, Vorgeschichten (Mt 1f; Lk 1f), Auftreten des Täufers
und Versuchung Jesu
und ohne Passions- und Nachgeschichten:

Mt	834 Verse
Mk	526 Verse
Lk	788 Verse

bei Johannes auch ohne Abschiedsreden, Kap. 13 – 17, und Nachtrag, Kap. 21:

Joh	551 Verse

mit den Abschiedsreden:

Joh	709 Verse

---

bei den synoptischen Evangelien auch ohne die Endzeitreden
(Mt 24f; Mt 13; Lk 21):

Mt	737 Verse
Mk	489 Verse
Lk	750 Verse

Die Hinweise auf Wundertaten Jesu in Beziehung zu diesen
Kompositionseinheiten:

Mt	267 Verse = 32 %
Mk	204 Verse = 38 %
Lk	200 Verse = 25 %
Joh Kap. 2 – 12	297 Verse = 53 %
Kap. 2 – 17	349 Verse = 49 %

Anteile der Wunderhinweise am Gesamtumfang der Evangelien:

Mt	1071 Verse = 25 %
Mk	678 Verse = 30 %
Lk	1151 Verse = 17 %
Joh	1202 Verse = 30 %

Wunderhinweise im Verhältnis zum Redegut in den Evangelien,
ohne Vorgeschichte bis zum Auftreten Jesu,
ohne Passions- und ohne Nachgeschichte:

Wunderhinweise		Redegut
Mk	204 Verse	274
Mt	267 Verse	610
Lk	200 Verse	540
Joh	297 Verse	175 (Kap. 1 – 12)

II. Verzeichnis wichtiger deutschsprachiger Veröffentlichungen zur Frage nach den Wundererzählungen der Evangelien, den Wundern Jesu und deren sachgemäßem Verständnis heute

Erstellt unter Mitarbeit von cand. theol. Maria Huber

Gliederung

1. Zur Problematik der Wunder

1.1 Artikel in Lexika und Handbüchern

Wunder, Lexikon für Theologie und Kirche 10, Freiburg [3]1965, 1251–1266 (Vf.: B. Thum, H. Haag, J. Schmid, A. Vögtle, A. Kolping, J. B. Metz).

Wunder, Sacramentum mundi 4, Freiburg 1969, 1417–1423 (Vf.: J. B. Metz).

Wunder, Religion in Geschichte und Gegenwart 6, Tübingen [3]1962, 1831–1847 (Vf.: G. Mensching, W. Villborn, E. Lohse, E. Käsemann, J. Baur, W. Philipp, L. Schmidt).

Wunder, Evang. Kirchenlexikon 3, Göttingen [2]1966, 1860–1868 (Vf.: J. P. Seierstad, W. Philipp).

A. *Kolping,* Fundamentaltheologie, Bd. 2: die konkret-geschichtliche Offenbarung Gottes, Münster 1974, 438–467.

C. *Schütz,* Die Wunder Jesu, in: J. Feiner, M. Löhrer, Mysterium Salutis III,2, Einsiedeln 1969, 97–123.

G. *Söhngen,* Wunderzeichen und Glaube, in: Die Einheit der Theologie, München 1952, 265–285.

B. *Weissmahr/O. Knoch,* Natürliche Phänomene und Wunder, Christlicher Glaube in moderner Gesellschaft 4, Freiburg 1982.

1.2 Zur Situation der Wunderfrage in theologischer und naturwissenschaftlicher Hinsicht

1.2.1 Allgemein

Beweise oder Zeichen? Bemühungen um eine Neuinterpretation der ‚Wunder Jesu'. Problemübersicht, in: Herder Korrespondenz 26 (1972), 509–514.

K. *Bornkamm,* Wunder und Zeugnis. Sammlung gemeinverständlicher Vorträge und Schriften aus dem Gebiet der Theologie und Religionsgeschichte, Tübingen 1968, 251–252.

W. *Heidrich,* Die Wunder der Evangelien in der Sicht der Gegenwart, St. Michael 1981.

K. *Kertelge,* Zur Interpretation der Wunder Jesu. Ein Literaturbericht, Bibel und Leben 9 (1968), 140–153.

W. *Schamoni,* Wunder sind Tatsachen. Eine Dokumentation aus Heiligsprechungsakten, Würzburg-Linz [3]1976.

L. *Scheffczyk,* Die ambivalente Situation bezüglich der Wunderfrage heute, Münchener Theol. Zeitschrift 32 (1981), 292–303.

B. *Schwank,* Das Problem der ‚Wunder'. Erbe und Auftrag 49 (1973), 233–236.

M. *Seckler,* Plädoyer für Ehrlichkeit im Umgang mit Wundern, Theol. Quartalschrift 151 (1972), 337–345.

W. *Theurer,* Die Zumutung des Heils, Theologie der Gegenwart 11 (1968),196–202.

1.2.2 Wunder und Naturwissenschaft

Wunder und Wissenschaft. Ein Gespräch zwischen Naturwissenschaft und Theologie, München 1963 (Dokument der Paulusgesellschaft 1).

Wunderfrage und Wunderglaube, hrsg. v. Ch. Schütz, R. Schnackenburg. Der Christ in der Welt IV,4, Aschaffenburg 1957.

B. *Bron*, Das Wunder. Das theol. Wunderverständnis im Horizont des neuzeitlichen Natur- und Geschichtsbegriffs, Göttingen 1975 (Göttinger Theol. Arbeiten 2).

E. *Brunner*, Offenbarung und Vernunft, Zürich 1941.

H. *Dolch*, Der Wunderglaube in der Kritik der Naturwissenschaft, in: Führt ein Weg zu Gott?, hrsg. von N. A. Luyten, Freiburg 1972, 245−264.

I. *Dollinger*, Aberglaube oder Wirklichkeit?, Donauwörth 1967.

G. *Ewald, B. Klappert, H. Demmer*, Das Ungewöhnliche. Wunder im Blick von Naturwissenschaft, Theologie und Gemeinde, Wuppertal 1962.

E. *Fascher*, Kritik am Wunder. Eine geschichtliche Studie, Stuttgart 1960 (Arbeiten zur Theologie 2).

U. *Forell*, Wunderbegriff und logische Analyse. Logisch-philosophische Analyse von Begriffen und Begriffsbildungen aus der deutschen protestantischen Theologie des 20. Jahrhunderts, Göttingen 1967.

G. *Hennemann*, Naturwissenschaft und Religion, Berlin 1963.

W. *Kasper*, Zur naturwissenschaftlichen Problematik der Wirklichkeit, Renovatio 32 (1976), 133−135.

E. *u. M. Keller*, Der Streit um die Wunder. Kritik und Auslegung des Übernatürlichen in der Neuzeit, Gütersloh 1968

H. *Lais*, Das Wunder im Spannungsfeld der theol. und profanen Wissenschaft, Münchner Theol. Zeitschrift 12 (1961), 294−300.

A. *M. K. Müller, W. Pannenberg,* Erwägungen zu einer Theologie der Natur, Gütersloh 1970.

W. *Schaafs*, Theologie und Physik vor dem Wunder, Wuppertal 1973.

J. *Trütsch*, Wunder mit oder ohne Durchbrechung der Naturgesetze?, Theol. Berichte 5 (1976), 147−161.

W. *Weidlich*, Fragen der Naturwissenschaft an den christlichen Glauben, Zeitschrift f. Theol. und Kirche 64 (1967), 241−257.

B. *Weissmahr*, Zauber, Mirakel, Wunder. Auf der Suche nach einem ausgewogenen Wunderverständnis, Bibel und Kirche 29 (1974), 2−5.

Ders., Gottes Wirken in der Welt, Frankfurt 1973 (Frankfurter Theol. Studien 15).

Ders., Gibt es von Gott gewirkte Wunder? Grundsätzliche Überlegungen zu einer verdrängten Problematik, Stimmen der Zeit 191 (1973), 47−61.

A. *Wenzel*, Begriff und Möglichkeit des Wunders vom Standpunkt des kritischen Realismus und der Naturphilosophie, in: Wunder und Magie, Würzburg 1962 (Studien und Berichte der Kath. Akademie Bayern 17), 43−60.

1.2.3 Wunder und Wunderbegriff in der Bibel, vor allem im Neuen Testament

A. *Suhl* (Hrsg.), Der Wunderbegriff im Neuen Testament (Sammelwerk wichtiger Aufsätze), Darmstadt 1980.

G. *Delling*, Das Verständnis des Wunders im Neuen Testament, in: Studien z. Neuen Testament und z. hellenistischen Judentum, hrsg. v. F. Hahn, Göttingen 1970, 146−159.

R. *Glöckner*, Biblischer Glaube ohne Wunder?, Einsiedeln 1983 (Horizonte, Neue Folge 15).

G. *Klein*, Wunderglaube und Neues Testament, Wuppertal [4]1962.

G. *Quell*, Das Phänomen des Wunders im Alten Testament. Verbannung und Heimkehr, FS für W. Rudolph, Göttingen 1961, 253—300.

D. *Schellong*, Hinweis und Widerspruch. Zum Verständnis der Wunder Jesu, Zeitwende 45 (1974), 390—407.

H. *Schlangensiepen*, Die Wunder des Neuen Testaments und Abwege ihrer Deutung in der Alten Kirche bis zur Mitte des 5. Jhdts, Leipzig 1933.

B. *Schwank*, Wunderbericht und Wunderkritik in den neutestamentlichen Schriften, Erbe und Auftrag 50 (1974), 259—273.

E. *Schweizer*, Die Wunder und das Wunder. Zur Wunderfrage im Neuen Testament, Zeitwende 45 (1974), 373—390.

A. *Vögtle*, Jesu Wundertaten vor dem Hintergrund ihrer Zeit, in: Wer war Jesus von Nazareth, hrsg. v. G. Strube, München 1972, 377—390.

F. *Zeilinger*, Zum Wunderverständnis der Bibel, Bibel und Liturgie 42 (1969), 27—43.

1.2.4 Theologische Deutung und Bedeutung der Wunder

D. *Betz*, Das Problem des Wunders bei Flavius Josephus im Vergleich zum Wunderproblem bei den Rabbinen und im Johannesevangelium, in: Josephus-Studien, FS f. O. Michel, Göttingen 1974, 23—44.

R. *Bultmann*, Zur Frage des Wunders, in: Gesammelte Aufsätze, Berlin 1973, 76—90.

Ders., Neues Testament und Mythologie, in: Kerygma und Mythos 1, hrsg. v. W. Bartsch, Hamburg [3]1954.

J. *Crossan*, Die Gegenwart der Liebe Gottes in der Macht der Taten Jesu, Concilium 5 (1969), 755—762.

U. *Forell*, Wunder und Nichtobjektivierbarkeit bei Bultmann vom logischen Gesichtspunkt aus, Neue Zeitschrift für Systematische Theologie 8 (1966), 327—360.

R. *Guardini*, Das Wunder als Zeichen, in: Wunder und Magie, Würzburg 1962 (Studien und Berichte der Kath. Akademie Bayern 17), 75—92.

W. *Kasper*, Zur theologischen Bedeutung der Wunder Jesu, Renovatio 32 (1976), 172—173.

W. *Kern*, Wunder im Glaubensprozeß. Einige fundamentaltheologische Überlegungen, Erbe und Auftrag 50 (1954), 274—288.

K. *Kertelge*, Begründen die Wunder den Glauben?, Trierer Theolog. Zeitschrift 80 (1971), 129—140.

A. *Kolping*, Wunder und Auferstehung Jesu, Bergen-Enkheim 1964.

H. *Küng*, Die Gretchenfrage des christlichen Glaubens. Systemat. Überlegungen zum neutestamentlichen Wunder, Theol. Quartalschrift 152 (1972), 214—223.

H. *Lais*, Was sagt die Kirche zum Wunder?, in: Wunder und Magie. Studien und Berichte der Kath. Akademie in Bayern 17, Würzburg 1962, 13—41.

E. *Lohse*, Wunder und Glaube. Ein Beitrag zur theologia crucis, in: theologia crucis – signum crucis, FS für E. Dinkler, Tübingen 1979, 335—350.

L. Monden, Theologie des Wunders, Freiburg 1961.

F. Neidl, Die soteriologische Bedeutung der Heilswunder Christi, (Dissertation), Salzburg 1970/71.

W. De Pater, Theologische Sprachlogik, München 1972.

R. Pesch, Zur theologischen Bedeutung der Machttaten Jesu. Reflexionen eines Exegeten, Trierer Theol. Zeitschrift 152 (1972), 203–213.

Th. Pröpper, Thesen zum Wunderverständnis, in: Bittgebet – Testfall des Glaubens, Mainz 1978, 71–91.

F. J. Schierse, Der Anspruch Jesu wird durch Wunder veranschaulicht und bekräftigt, in: Warum glauben?, hrsg. von W. Kern, Würzburg 1967, 242–249.

M. Seckler, Zum Sprachproblem in der Theologie, Theolog. Quartalschrift 153 (1973), 196–198.

K. Schubert, Wunderberichte und ihr Kerygma in der rabbinischen Tradition, Kairos 24 (1982), 31–37.

H. Schwarz, Das Wunderverhältnis bei K. Heim und R. Bultmann in vergleichender Darstellung (Arbeiten zur Theologie 2,6), Stuttgart 1966.

V. Veith, Die Wunder Jesu als Zeichen des Heiles für die Menschen nach dem Hl. Bonaventura, Laurentianum 8 (1967), 55–100.

B. Wenisch, Geschichten als Geschichte? Theologie des Wunders, Salzburg 1981.

H. Wenz, Mythos oder historisch-zeichenhaftes Geschehen?, Theol. Zeitschrift 18 (1962), 419–432.

1.3 Probleme religionsgeschichtlicher, medizinischer, psychologischer und psychosozialer Art

F. Annen, Parapsychologie und Wunder, in: G. Condrau (Hrsg.), Die Psychologie des 20. Jahrhunderts, Bd. XV: Transzendenz, Imagination und Kreativität, Zürich 1979, 706–716.

W. Beinert (Hrsg.), Hilft Glaube heilen? Mit Beiträgen von W. Beinert, J. C. Brengelmann, J. Eisenburg, K. Kertelge, G. Lanczkowski, H. Schaefer, R. Schnackenburg, Düsseldorf 1985.

Ders., Heil und Heilung durch den Glauben der Kirche. Systematisch-theologische Überlegungen, in: Beinert, Hilft Glaube heilen?, 64–83.

H. D. Betz, Jesus als göttlicher Mensch, in: Suhl, Der Wunderbegriff im Neuen Testament, 435–463.

W.Bitter (Hrsg.), Magie und Wunder in der Heilkunde, Stuttgart 1959.

O. Böcher, Christus Exorcista (Beiträge zur Wissenschaft vom Alten und Neuen Testament, 5. Folge, Heft 16), Stuttgart 1972.

W. Büchel, Spuk und Wunder, Entscheidung Heft 60, hrsg. von A. Pereira, Kevelaer 1968.

Ders., Wunder und parapsychologische Phänomene, in: Harsch, Voß (aaO.), 144ff.

E. Fascher, Jesus, der Arzt, in: E. Fascher, Frage und Antwort 9–41, Berlin (Ost) 1968.

A. Friedrichsen, Jesu Kampf gegen die unreinen Geister, in: Suhl, Der Wunderbegriff im Neuen Testament, 248–265.

A. *Görres*, Wunder und Wunderglaube. Zur Psychologie des religiösen Verhaltens, in: Wunder und Magie (Studien und Berichte d. Kath. Akademie in Bayern 17), Würzburg 1974, 61–74.

Ders., Psychologie des Wunderglaubens, Kontexte 1, Stuttgart 1965, 77–83.

H. *Harsch, G. Voss* (Hrsg.), Versuche mehrdimensionaler Schriftauslegung, Stuttgart 1972.

R. *u. M. Hengel*, Die Heilungen Jesu und medizinisches Denken, in: Suhl, Der Wunderbegriff im Neuen Testament, 338–373.

R. *Herzog*, Die Wunderheilungen von Epidauros. Ein Beitrag zur Geschichte der Medizin und Religion (1 Tafel), Leipzig 1931.

G. *Isermann*, Antike Parallelen zu den Wundergeschichten im Neuen Testament (Göttinger Quellenhefte für Unterricht und Arbeitsgemeinschaft 4), Göttingen 1970.

E. *Käsemann*, Die Heilung der Besessenen, Reformatio 28 (1979), 7–18.

H. *Kahlefeld*, Jesus als Therapeut, Concilium 10 (1974), 678–681.

K. *Kertelge*, Jesus, seine Wundertaten und der Satan, Concilium 11 (1975), 168–173.

J. *Kremer*, Besessenheit und Exorzismus. Aussagen der Bibel und heutige Problematik, Bibel und Liturgie 48 (1975), 22–28.

G. *Krönert*, Jesus in parapsychologischer Sicht, Neue Wissenschaft 7 (Bern 1957), 56–73.

G. *Lanczkowski*, Heilung in außerchristlichen Religionen, in: Beinert, Hilft Glaube heilen?, 14–30.

G. *Mensching*, Das Wunder in Glauben und Aberglauben der Völker, Heiden 1957.

J. *Mischo*, Parapsychologie und Wunder, Zeitschrift für Parapsychologie 12 (1970), 73–89.137–162; 13 (1971), 24–40.

H. K. *Nielsen*, Ein Beitrag zur Beurteilung der Tradition über die Heilungstätigkeit Jesu, Studien zum Neuen Testament und seiner Umwelt A 3, Wien-München 1978, 58–90.

G. *Petschke*, Historizität und Bedeutsamkeit von Wunderberichten. Möglichkeiten und Grenzen des religionsgeschichtlichen Vergleichs, in: Neues Testament und christliche Existenz, FS für H. Braun, Tübingen 1973, 367–385.

R. *Reitzenstein*, Hellenistische Wundererzählungen, Darmstadt ²1963.

R. *Schnackenburg*, Die Wunderheilungen Jesu im Zusammenhang von Glauben und Heilung, in: Beinert, Hilft Glaube heilen?, 45–63.

A. *v. Schrenck-Notzing*, Grundfragen der Parapsychologie, Stuttgart 1962.

H. *Seng*, Die Heilungen Jesu in medizinischer Beleuchtung, Berlin 1926.

G. *Siegmund*, Wunderheilungen und Parapsychologie, in: G. Schatz (Hrsg.), Parapsychologie, Graz 1970, 139–160.

H. *Spaemann*, Jesus und die Kranken, in: Lebendige Seelsorge 20 (1969), 146–149.

Y. *Spiegel* (Hrsg.), Psychoanalytische Interpretationen biblischer Texte, München 1972.

J. *Tenzler*, Tiefenpsychologie und Wunderfrage, Bibel und Kirche 29 (1974), 6–10.

Ders., Tiefenpsychologie und Wunderfrage, Münchner Theologische Zeitschrift 25 (1974), 118–137.

D. H. Thurston, Die körperlichen Begleiterscheinungen der Mystik, Luzern 1956.

Th. Traede, Wunderglaube im Heidentum und in der Alten Kirche, Leipzig 1901.

2. Wunder in der Bibel

2.1 Wunder im Alten Testament

A. De Groot, Die Wunder im Zeugnis der Bibel 2: Altes Testament, Salzburg 1965.

J. Haspecker, Wunder im Alten Testament, Theol. Akademie 2, Frankfurt 1965, 29–65.

G. Quell, Das Problem des Wunders im Alten Testament, FS für W. Rudolph, Tübingen 1961, 253–300.

F.-E. Wilms, Wunder im Alten Testament, Regensburg 1979.

2.2 Wunder im Neuen Testament

Glaube und Wunder. Ein Beitrag zur theologia crucis in den synoptischen Evangelien, in: theologia crucis – signum crucis, FS f. E. Dinkler, Tübingen 1979, 335–350.

F. Annen, Die Dämonenaustreibungen Jesu in den synoptischen Evangelien, Theol. Berichte 5 (1976), 107–146.

H. Baltensweiler, Wunder und Glaube im Neuen Testament, Theol. Zeitschrift 23 (1967), 241–256.

O. Betz, W. Grimm, Wesen und Wirklichkeit der Wunder Jesu: Heilungen, Rettungen, Zeichen, Aufleuchtungen (Arbeiten zum Neuen Testament und zum Judentum 2), Frankfurt 1977.

O. Böcher, Christus exorcista. Dämonismus und Taufe im Neuen Testament (Beiträge zur Wissenschaft vom Alten und Neuen Testament 96), Stuttgart 1972.

Ch. Dietzfelbinger, Vom Sinn der Wunderheilungen Jesu, Evangelische Theologie 38 (1978), 281–298.

P. Fiebig, Jüdische Wundergeschichten des neutestamentlichen Zeitalters, Tübingen 1911.

R. H. Fuller, Die Wunder Jesu in Exegese und Verkündigung, Düsseldorf 1967.

R. Glöckner, Neutestamentliche Wundergeschichten und das Lob Gottes in den Psalmen (Walberberger Theol. Studien 13), Mainz 1983.

K. Gutbrod, Die Wundergeschichten des Neuen Testaments. Dargestellt nach den ersten drei Evangelien, Stuttgart 1967.

E. Gutwenger, Die Machterweise Jesu in formgeschichtlicher Sicht, Zeitschrift für Kath. Theologie 89 (1967), 176–190.

A. Heising, Die Botschaft der Brotvermehrung (Stuttgarter Bibelstudien 15), Stuttgart 1966.

W. Hermann, Das Wunder in der evangelischen Botschaft. Zur Interpretation der Begriffe ‚blind' und ‚taub' im Alten und Neuen Testament, Aufsätze zur Theologie und Religionswissenschaft 20 (1961), 7–32.

K. Kertelge, Zur Interpretation der Wunder Jesu. Literaturbericht, Bibel und Leben 9 (1968), 140–153.

Ders., Die Überlieferung der Wunder Jesu und die Frage nach dem historischen Jesus, in: Rückfrage nach Jesus, Quaestiones disputatae 63, Freiburg 1974, 174–193.

Ders., Die Wunderheilungen Jesu im Neuen Testament, in: Beinert, Hilft Glaube heilen?, 31–44.

Ders., Die Wunder Jesu in der neuen Exegese, Theologische Berichte 5 (1976), 71–105.

W. Kirchschläger, Leid und Krankheit in der neutestamentlichen Verkündigung (Arzt und Christ 27), Salzburg 1981.

U. H. J. Köstner, Das Fischmotiv im Speisungswunder, Zeitschrift für die Neutestamentliche Wissenschaft und die Kunde der älteren Kirche 75 (1984), 24–35.

R. Kratz, Rettungswunder. Motiv-, Traditions- und Formkritische Aufarbeitung einer biblischen Gattung, Frankfurt 1979.

F. Lentzen-Deis, Die Wunder Jesu. Zur neueren Literatur und zur Frage nach der Historizität, Zeitschrift für Theologie und Philosophie 43 (1968), 392–402.

D. Merli, Glaube und Vertrauen in den Wundererzählungen der Evangelien. Überlegungen zu einem biblischen Grundbegriff, Bibel und Leben 24 (1973), 210–215.

F. Mussner, Die Wunder Jesu, München 1967.

H. K. Nielsen, Ein Beitrag zur Beurteilung der Tradition über die Heilungstätigkeit Jesu, Studien zum Neuen Testament und seiner Umwelt 3 (1978), 58–90.

R. Pesch, Jesu ureigene Taten? (Quaestiones disputatae 52), Freiburg 1970.

G. Petzke, Die historische Frage nach den Wundertaten Jesu. Dargestellt am Beispiel des Exorzismus Mk 9,14–29 par., New Testament Studies 22 (1975), 180–204.

W. Reiser, Taten und Wunder Jesu. (Arbeit am Evangelium 1), Basel 1969.

L. Schenke, Die wunderbare Brotvermehrung. Die neutestamentliche Erzählung und ihre Bedeutung, Würzburg 1983.

G. Schille, Die urchristliche Wundertradition, Stuttgart 1967.

B. Schilling, Die Frage nach den Wundergeschichten in der deutschen neutestamentlichen Forschung, Svensk Exegetisk Arbok 35 (Uppsala 1970), 61–78.

G. Schneider, Hat Jesus Wunder gewirkt?, in: Schneider, Anfragen an das Neue Testament, Essen 1973, 71–83.

Ders., Exkurs: Die Wundererzählungen, Die Apostelgeschichte 1, Herders Theologischer Kommentar 5,1, Freiburg 1980, 304–310.

H. Schürmann, Die Symbolhandlungen Jesu als eschatologisches Erfüllungszeichen. Eine Rückfrage nach dem historischen Jesus, Bibel und Leben 11 (1970), 29–41.73–78.

B. *Schwank*, Wunderbericht und Wunderkritik in den neutestamentlichen Schriften, Erbe und Auftrag 50 (1974), 259–273.

E. *Steinhart*, Wunder und Geschichte. Ein Beitrag zur gegenwärtigen Diskussion, Bibel und Kirche 29 (1974), 13–16.

A. *Suhl*, Die Wunder Jesu. Ereignis und Überlieferung, Gütersloh 1968.

G. *Theissen*, Urchristliche Wundergeschichten. Ein Beitrag zur formgeschichtlichen Erforschung der synoptischen Evangelien (Studien z. Neuen Testament 8), Gütersloh 1974.

H.-J. *Verweyen*, Die historische Rückfrage nach den Wundern Jesu, Trierer Theol. Zeitschrift 90 (1981), 41–58.

Ders., Einheit und Vielfalt der Evangelien am Beispiel der Redaktion von Wundergeschichten, Didascalia 11 (1981), 3–28.

A. *Weiser*, Glaube und Wunder. Eine Heilung in Kapernaum (Kleine Reihe zur Bibel 5), Stuttgart 1969.

F. *Zehrer*, Das Problem der Wunder Jesu, Theol.-Prakt. Quartalschrift 122 (1973), 233–243.

D. *Zeller*, Wunder und Bekenntnis. Zum Sitz im Leben urchristlicher Wundergeschichten, Biblische Zeitschrift, Neue Folge 25 (1981), 204–222.

2.3 Einzeluntersuchungen

2.3.1 Zum Markusevangelium

H. W. *Kuhn*, Ältere Sammlungen im Markusevangelium, Göttingen [2]1964.

R. *Pesch*, Exkurs: Die vormarkinische Wundergeschichtensammlung, in: Das Markusevangelium, Herders Theologischer Kommentar 2/1, Freiburg 1976, 277–281.

J. *Ernst*, Die Wunder Jesu im Markusevangelium, Exkurs, in: J. Ernst, Das Evangelium nach Markus, Regensburger Neues Testament, 1981, 80–82.

K. *Kertelge*, Die Wunder im Markusevangelium (Studien zum Alten und Neuen Testament 23), München 1970.

L. *Schenke*, Die Wundererzählungen im Markusevangelium, Stuttgart 1974.

S. *Schulz*, Wunder und Wunderverständnis bei Markus, in: Schulz, Schnakkenburg, Schütz, Wunderfrage, 7–28.

D.-A. *Koch*, Die Bedeutung der Wundererzählungen für die Christologie des Markusevangeliums, Berlin 1975.

H. J. *Verweyen*, Einheit und Vielfalt der Evangelien, dargestellt am Beispiel der Redaktion von Wundergeschichten (bes. Mk 5,25-34 par), Didascalia 11 (1981), 3–28.

J. *Blank*, Zur Christologie ausgewählter Wunderberichte, Der Evangelische Erzieher 20 (1968), 470–483.

E. *Aichinger*, Zur Traditionsgeschichte der Epileptiker-Perikope Mk 9,14–29 par, Studien zum Neuen Testament und seiner Umwelt A 3 (1978), 114–143.

J. *Maisch*, Die Heilung eines Gelähmten (Mk 2,1–12). Exegetisch-traditionsgeschichtliche Untersuchung (Stuttgarter Bibelstudien 52), Stuttgart 1971.

E. *Repo*, Fünf Brote und zwei Fische, Studien zum Neuen Testament und seiner Umwelt A 3 (1978), 99–113.

R. *Pesch*, Der Besessene von Gerasa. Entstehung und Überlieferung einer Wundergeschichte (Stuttgarter Bibelstudien 56), Stuttgart 1972.

2.3.2 Zum Matthäusevangelium

H. J. *Held*, Matthäus als Interpret der Wundergeschichten, in: Bornkamm, Barth, Held, Überlieferung und Auslegung im Matthäusevangelium, Neukirchen [2]1961, 155–287.

2.3.3 Zum Lukasevangelium

U. *Busse*, Die Wunder des Propheten Jesus (Forschung zur Bibel 24), Stuttgart 1977.

W. *Bruners*, Die Reinigung der zehn Aussätzigen Lk 17, 11–19, Stuttgart 1977.

2.3.4 Zum Johannesevangelium

R. *Schnackenburg*, Die johanneischen Zeichen, Exkurs, in: Das Johannesevangelium, Herders Theol. Kommentar zum Neuen Testament 4/1, Freiburg 1965, 344–356.

Ders., Die johanneischen Zeichen, in: Schulz, Schnackenburg, Schütz, Wunderglaube, 29–48.

N. *Walter*, Die Auslegung überlieferter Wundererzählungen im Johannesevangelium (Theolog. Versuche 2), Berlin 1970.

J. *Becker*, Wunder und Christologie. Zum literarkritischen und christologischen Problem der Wunder im Johannesevangelium, in: Suhl, Der Wunderbegriff im Neuen Testament, 416–434.

G. *Sass*, Die Auferweckung des Lazarus (Biblische Studien 51), Neukirchen 1967.

J. *Kremer*, Lazarus. Die Geschichte einer Auferstehung, Stuttgart 1985.

3. Hilfen zur Auslegung der Wunder in Verkündigung, Katechese und Bibelarbeit

3.1 Hilfsmittel

R. *Pesch*, R. *Kratz*, So liest man synoptisch. Anleitung und Kommentar zum Studium der synoptischen Evangelien, Hefte 2 u. 3: Wundergeschichten (Exorzismen, Heilungen, Totenerweckungen, Rettungswunder, Geschenkwunder, Normenwunder, Fernheilungen), Frankfurt [1]1976 (101 und 99 Seiten, je mit Übersichtsblättern).

R. H. *Fuller*, Die Wunder Jesu in Exegese und Verkündigung. Vorwort F. J. Schierse, Düsseldorf [1]1967.

A. *Weiser*, Was die Bibel Wunder nennt. Ein Sachbuch zu den Berichten der Evangelien, Stuttgart (o. J.).

G. *Delling*, Antike Wundertexte. Kleine Texte 79, Berlin 1960 (38 Texte in der Originalsprache. Mit Hinweisen auf die Fundorte).

R. *Herzog*, Die Wunderheilungen von Epidauros. Ein Beitrag zur Geschichte der Medizin und der Religion, Leipzig 1931 (Texte, Übersetzungen, Überlieferung, Gattungen der Heilwunder, Sachregister).

G. *Isermann*, Antike Parallelen zu den Wundergeschichten im Neuen Testament, Göttinger Quellenhefte für Unterricht und Arbeitsgemeinschaft 4, Göttingen 1970.

3.2 Allgemeine Überlegungen und Hinweise

O. *Betz*, Wie können wir heute die Wunderberichte im Neuen Testament verstehen?, Katechetische Blätter 91 (1966), 443–452.

E. *Bochinger*, Neutestamentliche Wundergeschichten – Anfechtung oder Glaubenshilfe?, Beiträge zur praktischen Theologie 4 (1965), 123–133.

K. *Friedrich*, Neutestamentliche Wundererzählungen. Problem und Aufgabe ihrer Predigt, in: Die Zeichen der Zeit 21 (1967), 121–127.

W. *Dignath*, Die Wunderberichte des Neuen Testaments und die Redlichkeit ihrer unterrichtlichen Behandlung, Der Evangelische Erzieher (1963), 197–213.

V. *Hertle, B. Mayer, M. Saller*, Neutestamentliche Wundererzählungen im Bibelunterricht. Arbeitsergebnis einer Projektgruppe, Christlich-pädagogische Blätter 90 (1977), 264–273.

F. *Kamphaus*, Die Wunder Jesu in der Verkündigung heute, Diakonia 3 (1968), 59–61.

Ders., Von der Exegese zur Predigt, Mainz 1968.

W. *Kirchschläger*, Wie über Wunder reden?, Bibel und Leben 4 (1978). 252–254.

O. *Knoch*, Die Wunder Jesu. Biblische Gesichtspunkte, theologie der gegenwart 24 (1981), 203–211.

F. *Mussner*, Die Wunder Jesu. Eine Hinführung (Schriften zur Katechetik 9), München 1967.

F. *Neidl*, Die soteriologische Bedeutung der Heilswunder Christi (Dissertation), Salzburg 1970/71.

E. *Nellesen*, Die Wunder Jesu im Religionsunterricht, in: K. Delahaye, E. Gatz, H. Jorissen (Hrsg.), Bestellt zum Zeugnis, FS für Bischof J. Pohlschneider, Aachen 1974, 289–304.

R. *Renner*, Die Wunder Jesu in Theologie und Unterricht, Lahr 1966.

M. *Schaafs*, Jesus – Meister der Natur, Wuppertal 1970.

F. J. *Schierse*, Wunder in der Verkündigung. Was Gott durch Jesus und seine Kirche tun will, Bibel und Kirche 29 (1974), 10–13.

F. *Staudinger*, Das neutestamentliche Wunder in der Verkündigung, Erbe und Auftrag 44/5 (1968), 355–366.

R. *Vandré*, Wundergeschichten im Religionsunterricht. Hilfen für den Unterricht in der Primar- und Sekundarstufe, Göttingen [2]1979.

A. *Vögtle*, Jesu Wunder einst und heute, Bibel und Leben 2–4 (1961), 234–261.

A. *Weiser*, Jesu Wunder – damals und heute (Kleine Reihe zur Bibel 2), Stuttgart 1968.

S. *Wibbing*, Wunder und christliche Existenz heute. Überlegungen für Unterricht und Predigt, Gütersloh 1979.

M. *Winkelmann*, Biblische Wunder. Kritik, Chance, Deutung (Pfeiffer Werkbücher 140), München 1977.

Das Wunder in Schrift und Predigt. Salzburger Arbeitstagung der Arbeitsgemeinschaft der Homileten, Herder Korrespondenz 22 (1968), 563–565.

G. *Aix*, Über Wasser wandeln. Bemerkungen und Fragen zu der unterrichtlichen Auslegung von Mt 14,22–31 von H. Halbfas, Katechetische Blätter 93 (1968), 321–331.

G. *Baudler*, Was ist nun wirklich passiert? Wundergeschichten oder Wundergeschehen?, Zeitschrift für die Praxis des Religionsunterrichts 9 (1979), 1–7.

A. *Baur, H. Kögel*, Die Wunder Jesu. Von der Exegese zur Katechese, Donauwörth 1970.

U. *Becker, S. Wibbing*, Wundergeschichten. Handbücherei für den Religionsunterricht 2, Gütersloh [5]1972 (Mk 2,1–12; 4,35–41; 8,18.23–27; 6,30–44 par).

O. S. *von Bibra*, Der Name Jesus – Seine siegende Macht nach dem Zeugnis des Neuen Testaments, Wuppertal 1976.

R. *Dölle*, Zur Behandlung von Wundergeschichten im Primarbereich, Zeitschrift für die Praxis des Religionsunterrichts 9 (1979), 7–10.

B. *Dreher*, Die Verkündigung der Wunder Jesu in der Katechese, Bibel und Kirche 22 (1967), 47–57.

K. *Heinemayer*, Synoptische Wunder als Problem der Religionspädagogik. Eine kritische Analyse aus didaktischer Sicht und Aufweis neuer Konsequenzen, Berlin 1975.

O. *Knoch*, „Diese Zeichen sind aufgeschrieben, damit ihr glaubt" (Joh 20,31). Überlegungen zur Eigenart, Bedeutung und kerygmatischen Auslegung der Wundererzählungen in den Evangelien, Katechetische Blätter 111 (1986), 180–189. 256–272.

J. *Kremer*, Besessenheit und Exorzismus. Aussagen der Bibel und heutige Problematik, Bibel und Liturgie 48 (1975), 24–28.

H. *Latour*, Wunder und Wunderberichte in Religionsbüchern der Sekundarstufe 1 (Schülermaterial), Zeitschrift für die Praxis des Religionsunterrichts 9 (1979), 26–32.

H. *Röhrbach*, Mit dem Unsichtbaren leben: Unsichtbare Mächte und die Macht Jesu (ABC-Team 72: Christsein heute), Wuppertal 1972.

W. *Schaafs*, Jesus – Meister der Natur, Wuppertal 1970.

L. *Schmidt*, Wunderauslegung im Unterricht, Der Evangelische Erzieher 15 (1963), 136–147. 193–196.

A. *Steiner, V. Weymann*, Bibelarbeit in der Gemeinde: Themen und Materialien 2, Basel–Zürich 1978.

H. J. *Verweyen*, Einheit und Vielfalt der Evangelien, dargestellt am Beispiel der Redaktion von Wundergeschichten, Didascalia 11 (1981), 3–28.

A. *Weiser*, Was die Bibel Wunder nennt. Ein Sachbuch zu den Berichten der Evangelien, Stuttgart 1985.

C. *Wellens*, Arbeitsmodell zur Übertextung neutestamentlicher Wundergeschichten im Bereich der Sekundarstufe 1, Zeitschrift für die Praxis des Religionsunterrichts 9 (1979), 17–21.

Ders., Die Heilung eines Blinden bei Betsaida. Mk 8,22–26 im 9. Schuljahr, Zeitschrift für die Praxis des Religionsunterrichts 9 (1979), 11–17.

O. *Witt*, Biblische Krankenheilungen heute?, Studia Anglicana 4 (1972), 101–107.

Was ist wahr an der Geschichte von der Totenerweckung des Lazarus? Informationen und Materialien, Sekundarstufe 1, Zeitschrift für Religionspädagogik 34 (1979), 199–202.

Wirkte Jesus Wunder? Steyl-Cassetten 144 (die diskussion 5., 30 Minuten), München 1979.

III. Register

Die Register wurden erstellt von cand. theol. Heiner Mühlhäuser

1. Verzeichnis wichtiger Schriftstellen

574

576

2. Liste wichtiger Namen

3. Liste wichtiger Stichworte und Wundererzählungen

Bibel vor Ort

Ökumenisches Werkbuch zur Bibelarbeit

168 Seiten; gebunden

DM 32,–
ISBN 3-460-32981-5

Das ideale Werkbuch für die Bibelarbeit in der Gemeinde:

○ erprobte, leicht anwendbare Modelle
○ für die Arbeit mit Kindern, Jugendlichen und Erwachsenen
○ zielgruppenorientiert
○ Generationen übergreifend
○ konfessionsübergreifend

Über 30 reich bebilderte Projekte vermitteln
etwas vom Reichtum der Bibel und vom Reichtum
biblisch orientierter Gruppenarbeit.

Verlag Katholisches Bibelwerk

STUTTGARTER TASCHENBÜCHER

Walter Kirchschläger
Kleiner Grundkurs Bibel
Im Blick: Das Neue Testament
STB Band 2; 128 Seiten;
DM 12,80
ISBN 3-460-11002-3

In 32 kurzen Kapiteln werden zentrale Aspekte zum Verstehen des Neuen Testaments vorgestellt. Anleitungen und Fragen helfen dem Leser beim Umgang mit der Bibel.

Walter Kirchschläger
Kleiner Grundkurs Bibel
Im Blick: Das Alte Testament
STB Band 8; 128 Seiten;
DM 12,80
ISBN 3-460-11008-2

Der Leser gewinnt einen leicht verständlichen Zugang zum Alten Testament. Mit Anregungen zur persönlichen Weiterarbeit und zur Arbeit in Bibelkreisen ist der Band jedem eine wertvolle Hilfe.

Alfons Deissler
Gehen mit Gott
Leittexte aus dem Alten Testament
STB Band 5; 128 Seiten;
DM 12,80
ISBN 3-460-11005-8

Der bekannte Exeget Alfons Deissler stellt 31 Texte aus dem Alten Testament vor, die als Leitlinien gelten können für ein Grundverständnis dieses „Ersten Testaments" für Christen.

Carlos Mesters
„Seht, ich mache alles neu"
Bibel und Neuevangelisierung
STB Band 6; 128 Seiten;
DM 12,80
ISBN 3-460-11006-6

Carlos Mesters liest die Bibel aus der Sicht der Armen in Lateinamerika und entdeckt so die ursprüngliche Dynamik dieser Texte neu – ein wichtiger Anstoß für Christen in Europa.

Verlag Katholisches Bibelwerk